Pour Joan, en offertant
et fidèle hommage
YH.

LA MOSAÏQUE FRANCE

HISTOIRE DES ÉTRANGERS
ET DE L'IMMIGRATION

LA MOSAÏQUE FRANCE

HISTOIRE DES ÉTRANGERS
ET DE L'IMMIGRATION

sous la direction de

Yves Lequin

professeur d'histoire contemporaine à Lyon Lumière

préface de

Pierre Goubert

Direction de l'ouvrage

Yves Lequin,
professeur d'histoire contemporaine,
Lyon-II/Lumière

Préface

Pierre Goubert,
professeur émérite
de l'Université de Paris-I-Sorbonne

Ont collaboré à cet ouvrage

Noël Coulet,
professeur d'histoire de la Renaissance,
Aix-en-Provence-I

Maurice Garden,
professeur d'histoire contemporaine,
Lyon-II/Lumière

Jean Gaudemet,
professeur d'histoire du droit,
Paris-II

Yves Lequin,
professeur d'histoire contemporaine,
Lyon-II/Lumière

Frances Malino,
professeur d'histoire
à l'université du Massachusetts

Jean-Pierre Poly,
professeur d'histoire du droit médiéval,
Paris-X

Jean-Pierre Poussou,
professeur d'histoire moderne,
Paris-IV-Sorbonne

Pierre Riché,
professeur d'histoire médiévale,
Paris-X

Dominique Schnapper,
directeur d'études
à l'École des hautes études en sciences sociales

Georges Tapinos,
directeur du département de démographie économique de l'I.N.E.D.,
professeur à l'Institut d'études politiques

ISBN 2-03-523114-0

Préface

Poser le problème des étrangers en France en cette fin du XXe siècle n'offre rien de bien surprenant : il occupe, beaucoup trop sans doute, les écrits, les discours et les esprits. Y réfléchir avec quelque sérieux est déjà plus original ; prendre du recul, avec des historiens qualifiés, s'avère vraiment indispensable. Mais un recul réel, qui franchisse les siècles, qui ose aborder des terres très anciennes, dont personne ne pouvait savoir qu'elles s'appelleraient un jour la France.

Car il n'y a de France que lorsqu'on la nomme. Encore l'a-t-on d'abord appelée en latin *Francia*. Cette large zone était dominée par les descendants d'envahisseurs germaniques (déjà des étrangers !), qui avaient plus ou moins asservi « nos ancêtres les Gaulois », Celtes venus de l'Est, voire d'Asie Mineure, et plus ou moins « romanisés ». De surcroît, cette *Francia* plus que millénaire était, pour un bon tiers, *orientalis*, et ne peut guère être rangée parmi les terroirs ancestraux, puisqu'elle commençait à l'est du Rhin et devait hériter du titre d'« Empire » à la fois germanique et romain, qui lui venait de Charlemagne. Notre *Francia, l'occidentalis*, longue et maigre, partait des « quatre rivières », Escaut, Meuse, Saône, Rhône, plus l'appendice catalan, et s'arrêtait aux espaces marins et à ce qui restait des Pyrénées. Et tout cela s'était dessiné au traité de Verdun (843), amélioré par quelques autres qui suivirent jusque vers 880. Et, de la Flandre à Barcelone, de la Bretagne celtique aux évêchés languedociens, cette *Francia occidentalis,* simple étendue de terres dépendant théoriquement d'un roi, le *rex Francorum,* ou roi des Francs, comprenait autant d'étrangers les uns aux autres qu'on y comptait de provinces, de « pays », de villes murées et parfois de villages. L'idée qu'ils puissent appartenir à une seule et vaste communauté apparut tardivement : elle fut d'abord perceptible dans les provinces proches de la capitale, ou bien vers les frontières en cas de danger, où elle se concrétisait sous la forme probable de la protection, de l'autorité, en quelque sorte du manteau royal, facteur essentiel, sinon unique, d'une unité souvent éphémère. Mais cette conception se précisa lorsque les premiers mois de la Révolution firent émerger l'idée de « nation », née de l'union des petites « nations » dialectales et provinciales, puis l'idée d'une « patrie » (à défendre), infiniment plus large que le vieux canton où vécurent et moururent les « pères ». L'étranger, c'était tout ce qui se trouvait en dehors de cette nouvelle patrie et de cette nouvelle nation. À ce moment apparut, en un premier temps, notre actuelle conception de la France et de l'étranger ; elle fut solidement renforcée sous Napoléon III, contemporain et partiellement promoteur de cette première et décisive « révolution industrielle », qui dut absolument faire appel à la main-d'œuvre étrangère, les Français se dérobant. C'est bien de ce XIXe siècle, présenté par Yves Lequin, que datent les premières entrées massives d'étrangers ressentis comme tels et les graves problèmes, principalement psychologiques, que déclencha leur passage ou leur installation. On put assister à des discussions éperdues sur le creuset, le *melting-pot,* la non-assimilation, le rejet, supposés ou affirmés, ainsi qu'à la résurgence des vieilles haines comme des moins anciennes tolérances.

Mais changeons de millénaire.

Les larges terres, « encore humides et molles du déluge », puis desséchées par de nouveaux climats, qui ont en quelque sorte servi de soubassement à l'indiscernable royaume de France, furent, depuis les lointains connaissables, toujours peuplées d'étrangers. De savants spécialistes des temps néolithiques nous enseignent qu'il y a quelques millénaires, trois grands courants de civilisation agricole et pastorale s'installèrent dans ce que César appela bien plus tard « la Gaule » : l'un, venu de Toscane, de Corse et de Ligurie, peupla notre Midi ; le deuxième, plus puissant, plus « avancé », né peut-être en Asie Mineure, arriva par le Danube et le Rhin jusqu'à la Loire moyenne ; le dernier, longtemps méconnu, passa du Portugal à la région entre Charente et Morbihan. Tous, naturellement, ont laissé des traces – céramiques, fonds de villages, outils, sépultures. Avant eux, ce fut probablement le désert, ou le néant, en tout cas l'inconnaissable. Tous ces gens se battirent, puis s'installèrent, se regroupant même en des sortes de régions parfois appelées à durer : Armorique, Poitou-Charente, Périgord, Pays basque...

Et, pendant des siècles et des siècles, arrivèrent, par mer et surtout par la terre – donc de l'Est, puisque la future France constitue, avec l'Espagne, le cap avancé de l'Ancien Monde – des hordes et des peuples qui ont laissé, assez discernables, leurs propres marques : vases, hypogées, tumulus, outils, bientôt de bronze. Ces peuplades, forcément étrangères, durent souvent se déchirer, parfois se croiser ou se juxtaposer. Vers le VIIIᵉ siècle, partis du lointain Orient, peut-être encore d'Asie Mineure, surgirent les puissants cavaliers celtes, les premiers munis de fer – armes et outils –, qui surimposèrent forcément leur empreinte sur tout ce qui les avait précédés : c'étaient « nos ancêtres les Gaulois », ceux qu'évoqua César, et qui s'étaient subdivisés, après s'être unis plus ou moins aux peuples qu'ils recouvraient.

Ainsi, nos aïeux venaient de partout, surtout de l'Est, fatalement. Tous étaient des étrangers qui se renouvelaient et s'installaient sur les terres des étrangers qui les avaient précédés. La plupart sortaient de ces grandes fabriques d'hommes sises au-delà du Danube, de la mer Égée, voire du Caucase : depuis l'Afrique orientale, qu'on nous dit matrice de l'homme, ils avaient accompli quelques détours. Ainsi donc, nos « racines » que nous cherchons avec une naïve passion, viennent de lointains Orients, se sont entrecroisées inextricablement avec tant d'autres, à peu près inconnaissables.

Les Romains, après tout, n'étaient que des étrangers de plus, qui venaient aussi de l'Est, apportant avec eux des civilisations orientales, grecque ou juive, ainsi que le christianisme, ces brûlants produits d'Asie, qui allaient sauver l'essentiel dans les horreurs à venir.

Car les tempêtes venues de l'Est n'avaient pas fini de souffler : dans une Gaule celtique romanisée et bientôt christianisée, dans ses élites surtout, s'abattront, du IVe au Xe siècle, avec de rares pauses (l'époque carolingienne surtout), des nuées de « Barbares », presque toujours pillards et cruels, en nombre qu'on nous dit réduit, mais suffisant pour brûler, piller, massacrer (pas les femmes, utiles au repeuplement), pour le plaisir et pour une sorte d'honneur guerrier. Pendant plusieurs siècles passèrent Wisigoths, Vandales, Alains, Burgondes, Huns, Francs, ces derniers s'installant quelque peu ; plus tard, Hongrois, Sarrasins (du Maghreb et d'Espagne) et Normands, qui, eux, s'enracinèrent, ainsi que les Bretons venus du Nord. Bref, des brassages indicibles, incroyables, presque toujours brutaux : au Xe siècle, combien d'authentiques « Francs », vaguement romanisés, les derniers Carolingiens prétendaient-ils commander ?

Puis les flots se calmèrent, et les Barbares s'installèrent ailleurs, ou s'assimilèrent. À partir du XIe siècle, dans chaque grande province, et surtout dans chaque petit « pays » *(pagus),* se groupèrent plus ou moins, à l'abri d'un donjon, d'un château de bois, de murailles urbaines rafistolées, de larges familles de vilains, de serfs, d'artisans, et quelques marchands qui, surpris peut-être, s'accoutumèrent à une relative tranquillité et purent espérer, chacun dans leur dialecte, planter de solides racines. Alors se posa moins violemment le problème des étrangers. Ou plutôt il changea de nature.

Car, au fond, qu'était-ce qu'un étranger ? Quelle que soit la dénomination dont on l'affuble, l'étranger, c'est celui qui se trouve en dehors du groupe dans lequel s'insère celui (ou ceux) qui utilise le terme, parfois injurieux, souvent méprisant, ou simple expression d'un fait. Lorsque les familles sont solides, nombreuses, bien ancrées dans une bonne maison avec un domaine autour, leur solidarité interne entraîne volontiers des rivalités, parfois haineuses, parfois plaisantes et souvent vives, avec les familles du voisinage. S'il arrive rarement qu'on s'assassine, on se bat fréquemment et on s'injurie. Il en fut à peu près de même entre les rudes clans seigneuriaux des XIe et XIIe siècles, dans les belles cités des Montaigus et des Capulets, et surtout dans les fonds farouches des campagnes buissonnières et forestières. Sans doute, la raison et l'intérêt finissant par jouer, d'inévitables mariages de voisinage firent des étrangers d'hier des alliés plus ou moins chaleureux. Ces jeux-là ont-ils vraiment disparu ? Et ces frontières sont-elles allègrement franchies ?

Frontière, voilà le mot clé : il n'est pas d'étranger sans frontières connues et ressenties. Frontières de terroirs et de paroisses, bien repérées et bornées : d'un village à l'autre, on échange quolibets et horions, on se vole du bois ou des pâturages, on s'injurie de berger à berger, on se livre des batailles rangées les soirs de fêtes patronales trop arrosées. La *guerre des boutons* de Pergaud en est une résurgence et un témoignage, avec l'esprit en plus.

En ces siècles, qui vont grossièrement des cathédrales aux philosophes, l'unité essentielle fut tout de même la province, bien à l'abri derrière ses forêts-frontières (comme les « marches séparantes » entre Bretagne, Anjou et Poitou), ses frontières incultes ou ses rivières, à la fois frontières et liens, comme longtemps le Rhône ou la Saône. Toutes vieilles unités, ducales ou comtales, avec leurs institutions et leur législation propres, leurs assemblées, leurs manières de compter, de mesurer et de cultiver, leur langue ou leurs dialectes. En des temps – sont-ils si lointains ? – où le Languedocien de la plaine ne comprenait pas celui des montagnes, et bien moins encore le Picard, l'Alsacien ou le Breton, on était de sa province avant que d'être du royaume. On se disait normand, champenois, auvergnat ou « breton de nation » – et même « allemand de nation » pour les Alsaciens, du fait de leur langue –, bien plus souvent que « français », puisque la France fut longtemps, dans les parlers populaires, la riche plaine au nord de Paris. Comment le Midi aimerait-il le Nord, qui l'a conquis rudement ? Et les vrais Bretons ce pays gallo qui les a annexés par un simple contrat de mariage, celui de la duchesse Anne ? Et l'on ne dit pas assez combien les provinces conquises par les armes furent récalcitrantes : le Roussillon refusa longtemps la langue nordique, même dans ses tribunaux, certaines villes se montrèrent peu collaboratrices, comme Strasbourg, et surtout comme Lille et Besançon, qui avaient connu des dominations plus douces, l'espagnole notamment. Bien sûr, ces anciennes étrangères s'inclinèrent plus ou moins vite.

Ici bien connues et ailleurs bien floues, les frontières du royaume se franchissaient avec facilité, sauf en quelques points stratégiques et fortifiés, ou à des postes fiscaux de traites et d'aides (souvent aux frontières... des provinces, comme ceux d'Ingrandes, sur la Loire, et de Valence, sur le Rhône). N'existait ni cordon douanier, ni poste de douane, sauf exception, ni, d'ailleurs, rien qui ressemblât à une carte d'identité (mais il valait parfois mieux détenir un extrait de baptême, qui révélait... le diocèse). Quoi qu'il en soit, les Français sortaient aisément du royaume par les Pyrénées (où l'on échangea toujours troupeaux et pâturages), par les Alpes de Savoie, quasi francophones, par les bois et les chemins incertains et nombreux du Nord et de l'Est, et les non-régnicoles – ceux qui n'habitaient pas le royaume – y entraient aussi facilement : bergers navarrais ou piémontais, banquiers italiens, négociants espagnols et juifs portugais (parmi eux les Eyquem, dont descend Montaigne), maîtres d'école de Haute-Provence, ramoneurs de Savoie, « Égyptiens » diseurs de bonne aventure et dresseurs de chevaux, maîtres d'armes allemands, servantes de partout, artisans et artistes débauchés par Colbert : à leur égard se manifestèrent rarement de francs sentiments d'hostilité. Il est vrai qu'ils étaient sans doute peu nombreux et peu concentrés.

Il semble qu'un certain esprit de tolérance, au moins civile (on sait le sort réservé aux protestants), ait été ordinairement assez répandu, notamment dans les couches les plus élevées de la société française. Les rois ne pouvant épouser que des filles de roi, les reines, italiennes, espagnoles ou autrichiennes, étaient naturellement escortées de flots de gentilshommes, pages, dames d'atour, caméristes, astrologues, jésuites et banquiers. Le plus souvent, ce beau monde, qui apprenait habituellement le français, s'installait et faisait souche avec plus ou moins de bonheur. Dans le monde de l'argent et du négoce, au XVIe siècle du moins, qu'eût été Lyon sans les Lucquois et les Florentins et, à un moindre degré, Bordeaux et Nantes sans les Portugais (dont plusieurs descendants – Ruiz ou Eyquem – accédèrent à la mairie), et la plupart des ports sans les Hollandais : rouliers des mers certes, ils avaient aussi asséché bien des marais côtiers, remonté les rivières atlantiques pour rafler vins, eaux-de-vie et baies de genévrier. Omniprésents, riches, avisés, ils paraissent bien acceptés ; à l'occasion, on les hébergeait et on les épousait. Du côté de la grande noblesse existait une sorte d'internationale de l'aristocratie : grands d'Espagne, lords, ducs et pairs, unis par des liens de parenté, qui pouvaient s'épouser, se fréquenter pendant les guerres, se recevoir avec de belles manières, comme le constata en Italie le jeune Mazarin, qui les fréquenta tous, Allemands, Génois, Espagnols, Savoyards, Français. Si les Italiens de basse extraction avaient mauvaise réputation depuis Concini (Mazarin en souffrit malencontreusement), il était courant que des princes étrangers fussent somptueusement reçus en France, où ils s'implantaient : citons les Broglie, les Schomberg, Berwick... et Turenne, descendant direct du plus illustre des Hollandais, qui, certes, n'était point français « de souche », comme on dit assez sottement.

Et qui pourrait nier que, du XIVe siècle à la Révolution incluse, la « république des Lettres » ait été souvent composée d'étrangers ? Ces théologiens, ces penseurs, ces philosophes, ces savants, qui correspondaient en latin avant d'adopter le français, ne constituaient-ils pas la plus belle des internationales ? Et qui songea à reprocher au Tourangeau Descartes de se plaire en Hollande, puis en Suède, auprès des grands esprits de son temps, souvent « étrangers » au sens mesquin du mot ?

Le plus grand nombre d'étrangers se trouvaient probablement dans les armées du roi, et cela depuis longtemps. Réagissant contre des exaltations intempestives, quelques bons esprits ont dû rappeler que les compagnons de Jeanne d'Arc comptaient bon nombre de ce que nous appellerions des Belges, des Allemands, des Suisses, des Italiens, des Espagnols, et même des soudards qui avaient traversé le Channel. Faut-il ajouter que Jeanne elle-même, si elle naquit vraiment en Lorraine, était donc issue d'une terre d'Empire... germanique, même si son cœur allait vers le roi de Bourges et de Chinon. Des historiens aussi sérieux et modérés que Corvisier avancent également que, outre les fidèles Suisses, Irlandais et Écossais qui le gardaient, le Grand Roi lui-même dut compter un petit quart de ses vaillants soldats qui n'était point français...

Alors que le siècle des Lumières finissant et la Révolution commençante accueillaient avec joie les étrangers cultivés à Paris, allant jusqu'à élire députés un Prussien (Cloots) et un Anglais (Paine), l'émigration aristocratique et la guerre contre l'Europe renversèrent d'un coup toutes les conceptions généreuses. Pour longtemps, l'étranger sera l'ennemi.

À vrai dire, on conçoit mal, de nos jours, la différence considérable qui existe entre l'ancienne et tolérante conception de l'étranger et celle qui suivit. La première révolution industrielle, puis les suivantes accentuèrent le contraste. Les étrangers invités ou venus en France depuis un siècle et demi (et non pas seulement depuis vingt ans) ont été regardés, traités ou maltraités, compris ou incompris, comme ils ne l'avaient jamais été auparavant. Aux tolérances habituelles ont succédé des intolérances fréquentes. La générosité est derrière nous.

Deux mots encore : pas plus que les États-Unis, où chacun connaît et revendique ses origines, la France n'a été un merveilleux *melting-pot ;* même à la troisième génération, ceux qui viennent d'ailleurs ont rarement oublié leurs racines, et au besoin, on les leur rappelle. Enfin, si l'on a peut-être exagéré en soutenant qu'un Français sur trois comptait un étranger parmi ses arrière-grands-parents, il est sûr que, sans alléguer l'âge du fer ou le néolithique, il suffit d'évoquer le mélange de peuples venus du Sud, du Nord et surtout de l'Est pendant deux millénaires et les traînées de soldatesque qui ont occupé et souillé ce pays pour comprendre que les Français d'aujourd'hui, souvent si orgueilleux de leurs racines, sont tous issus d'une multitude de peuples qui se sont mêlés aussi souvent qu'entr'égorgés.

Tout cela, qui sera éclairci dans le cours de cet ouvrage, devrait conduire à la modestie et aider à une acceptation réfléchie des divers flux qui ont contribué à conserver à ce pays une solide partie de sa puissance ancienne, et surtout de son rayonnement.

D'autant qu'une proportion fort considérable de nos étrangers ont pu s'adapter, voire se fondre, du moins jusqu'au milieu de ce siècle, dans des ensembles familiaux, scolaires – ô le merveilleux pouvoir unificateur de la vieille école primaire ! –, puis régionaux et nationaux, l'armée pouvant assumer ce dernier rôle, dans la rigueur ou dans la douleur.

Ce sont désormais les « nouveaux étrangers » qui nous dérangent le plus, par une couleur ou une croyance éloignée de nos habitudes. Est-ce une raison pour s'affaisser dans un racisme souvent honteux, ou, bien pire, envisager on ne sait quels affrontements religieux qu'on croyait éteints, même si le souvenir des croisades franques n'est peut-être pas mort ? Espérer en l'homme est bien difficile, mais pourtant indispensable.

Pierre Goubert

AU LECTEUR

« *E*tranges étrangers » : la redondance un peu galvaudée d'une formule dit déjà toute l'équivoque, pour le sens commun, d'un mot que le droit public contemporain a trop enfermé, à mesure que l'État moderne faisait coïncider les frontières et la communauté nationale. Le débat serait simple si, aujourd'hui, il s'agissait seulement d'identifier ceux qui n'en sont point citoyens tout en vivant sur son territoire. Mais qui ne voit à quel point ce serait réduire la réalité du problème ? Avant d'être le citoyen ou le sujet venu d'ailleurs, objet de statistiques – difficiles mais théoriquement réalisables –, l'étranger est d'abord l'Autre, dont la seule différence se charge d'inquiétude et de menace. Ainsi, une histoire des étrangers se doit de repérer les fonctions qu'a remplies cette notion dans les cultures et l'imaginaire de chaque époque. Elle ne doit notamment pas omettre de rappeler son utilisation – de Saint Louis à Vichy – par le politique, le clerc ou, plus simplement, le voisin envieux pour mieux contrôler, orienter, servir une stratégie particulière. En nul autre domaine ne joue davantage le miroir croisé des réalités et des images : le droit et les faits, dès lors, importent peu, quand peut être tout à coup perçu comme étranger le voisin depuis toujours, même l'ami et le parent.

Y. LEQUIN

14

L'ÉTRANGER :
DE L'IMAGE AU STATUT

Tout groupe social, par cela seul qu'il s'affirme, tient pour étrangers ceux qui diffèrent de lui. En face de l'individu, « l'autre » ; en face d'un groupe, l'étranger. C'est dire que chaque groupe social a ses étrangers. La généralité du phénomène explique l'infinie diversité de ses formes. Selon que le groupe constitue une entité politique, une communauté religieuse, une unité linguistique, un ensemble professionnel, une école philosophique, artistique, littéraire, l'image de l'étranger diffère. Car l'étranger est celui *qui n'est pas* du groupe.

Cette diversité des types interdit tout critère simple. Selon la nature du groupe social, celui qui lui est étranger sera défini de façon différente et sa « condition » sera appréciée différemment. L'État-nation définit l'étranger par un statut juridique, fixant les droits qui lui sont reconnus et ceux qui lui sont refusés. La communauté religieuse a ses hétérodoxes, ses infidèles, ses hérétiques ; le parti politique, ses adversaires ; la chapelle littéraire ou artistique, ses « béotiens » et ses « philistins ». La vie économique fait appel ou s'oppose à une main-d'œuvre étrangère, se prémunit contre la concurrence de marchands étrangers, et, sur son propre territoire, contre celle du voisin.

Généralité et diversité telles que, lorsque « la Société Jean-Bodin pour l'histoire comparative » inscrivit en 1955 au programme de ses journées d'études le thème de « l'étranger », elle reçut trente-trois rapports, qui, publiés, donnèrent deux volumes, plus de mille pages. Or l'enquête ne fut pas exhaustive.

Pour cerner de plus près la notion d'étranger, il sera nécessaire de conjuguer les leçons de l'histoire et les cadres du droit. Donnée sociale, l'étranger est l'expression d'un phénomène de relations (ou de refus de relations). C'est ce rapport social qui fera l'objet d'une investigation historique et juridique.

Dans ce parcours des siècles, l'exemple français sera privilégié. Mais, pour de nombreuses époques, le cadre de l'actuel Hexagone est sans valeur. Aussi des regards seront-ils parfois jetés hors de ses limites.

Cerner la notion d'étranger pour en proposer une image, décrire les attitudes accueillantes ou hostiles que suscite sa présence, dire sa condition au regard du droit, tels seront les axes de notre enquête.

I

À consulter les dictionnaires, la définition de l'étranger est toujours négative. Pour le *Grand Larousse encyclopédique,* c'est celui « qui est d'une autre nation ; par extension : qui n'est pas de la famille, n'appartient pas au même groupe... ; qui n'est pas en rapport, en relation avec... ; qui n'est pas de la même nature... ».

Dans son rapport général à la Session de la Société Jean-Bodin de 1955, John Gilissen proposait de définir l'étranger comme « celui qui ne fait pas partie du groupe social-politique » (famille, clan, tribu, cité, seigneurie, royaume, nation, etc.), perspective politico-juridique laissant de côté de multiples aspects sociaux, linguistiques, ethniques, culturels, religieux, etc.

Celui qui n'est pas

En fait, les définitions, même lorsqu'elles se veulent générales, restent dominées par cette perspective politico-juridique des sociétés modernes, enchâssées dans le cadre de l'État national. L'étranger est avant tout celui qui n'appartient pas à ce cadre et qui, pour cette raison, a un statut juridique particulier. Et si l'on envisage la notion d'étranger dans une perspective plus large, sociologique, et non plus simplement juridique, la définition demeure négative. L'étranger est celui « qui n'est pas... ».

Étranges étrangers

Le rapprochement s'impose alors entre étranger et étrange. Si les deux mots ont leur domaine propre, si, pour nous, l'étranger n'est pas toujours étrange, l'affinité des termes n'est pas seulement verbale. Le mot *étrange* apparaît le premier, dès le XIIe siècle, et c'est sur l'adjectif que se formera le substantif *étranger.* Le mot n'est pas attesté avant le XIVe siècle, c'est-à-dire lorsque, dans la France de Philippe le Bel et de Charles V, se précisent les contours de l'État et s'ébauche un sentiment national. L'étranger apparaît comme celui qui n'est pas du pays. Priorité chronologique de la signification politique, donnée comme première dans les définitions modernes.

Est « étrange » ce qui est « hors de l'ordinaire, étonnant, singulier », disent les dictionnaires. On retrouve ainsi la portée large du terme d'« étranger » : celui qui, n'étant pas connu de nous, nous étant extérieur, surprend ou étonne, et souvent inquiète par son « étrangeté ».

L'étymologie confirme ces observations. *Extraneus,* qui a donné en français « étrange » et « étranger », désigne « celui de l'extérieur » *(extra).*

Des étrangers de l'intérieur

Lorsque le groupe par rapport auquel l'étranger se définit est peu structuré, imprécis, s'il s'agit, par exemple d'un mouvement philosophique, d'une école artistique, d'une tendance littéraire, on ne saurait, en rigueur, tenir ceux qui y sont étrangers comme restant « à l'extérieur ». Pour un groupe imprécis, comment reconnaître ceux qui sont « en dehors » ? Plus qu'à l'image spatiale, c'est aux relations qu'il faut se référer. On en arrive ainsi à une définition plus large de l'étranger, considéré comme « celui qui n'est pas en rapport avec... ». Définition qui reste négative, mais qui dépasse l'aspect politico-juridique et la structure du groupe pour mettre en évidence l'aspect relationnel de la notion.

Du même coup, on échappe à l'opposition intérieur-extérieur. Car on ne peut ignorer les étrangers de l'intérieur. En effet, le même individu entretient de multiples rapports avec autrui. Chacun appartient à plusieurs groupes et, par là même, la cohésion des membres d'un groupe déterminé ne se retrouve plus lorsque ces membres sont envisagés dans leur appartenance à d'autres groupes. C'est ainsi qu'à l'intérieur du groupe national, ceux d'une autre région, d'un autre milieu social, d'une autre religion font figure d'« étrangers », catégories certes peu perceptibles dans un pays de forte unité comme la France. On hésitera à dire du Bordelais qu'il est un étranger pour le Marseillais. Et pourtant... Mais la chose est plus évidente dans d'autres cas. Les autonomies locales, soutenues par une longue histoire, souvent par des différences linguistiques, suscitent des étrangers dans un cadre national. L'Inde des castes a connu chez elle des « étrangers », par différence sociale, qui, jusqu'en 1949, ne pouvaient se marier entre eux.

La conquête territoriale introduit d'autres différenciations. L'Empire romain eut ses « provinciaux », latins ou pérégrins. Pour le citoyen romain, ceux-ci restaient des étrangers, encore qu'ils fussent dotés d'un statut et de certains droits auxquels ne pouvaient prétendre « les étrangers » extérieurs à l'Empire. Dans le Grand Empire napoléonien, les habitants des territoires annexés, Allemands, Belges, Italiens, Suisses, ne se confondaient pas avec les Français, bien que certains aient été accueillis dans les grands corps de l'État. Étrangers aussi, bien que soumis à la puissance conquérante, les « indigènes » des empires coloniaux.

La pluralité d'ordres politiques sur un même territoire, que connut le Moyen Âge occidental et qui persista parfois dans les temps modernes, suscita de multiples catégories d'« étrangers ». Le bourgeois d'une ville tient pour étrangers ceux qui n'ont pas accédé à la bourgeoisie, fussent-ils habitants de la ville. Ce même bourgeois relève aussi d'un haut seigneur, duc ou comte, ce qui le rend « étranger » à ceux d'une autre province, relevant d'autres grands féodaux. Enfin, il est sujet du roi de France. Allemands, Anglais, Espagnols sont pour lui des étrangers.

Curieusement, les sources de ces statuts ne sont pas toujours les mêmes. On l'a montré, pour les Pays-Bas, dans les rapports de J. Gilissen et de R. Feenstra consacrés à ces régions (*Recueils de la Société Jean-Bodin,* tome X). La « bourgeoisie » est souvent condition héréditaire. Le « droit du sang » détermine l'étranger à la commune. Cette bourgeoisie peut aussi être obtenue par une résidence plus ou moins prolongée, par l'acquisition d'un bien immobilier, le mariage ou la concession d'un privilège. L'appartenance à la principauté, au royaume, à l'empire dépend, au contraire, le plus souvent, du lieu de naissance et la naturalisation n'est accordée, par « lettres de naturalité » du prince, qu'avec parcimonie. Ainsi, dans une même ville, pouvait-on rencontrer des étrangers à la commune, au duché ou au comté, au royaume, à l'empire.

Bourgeois, forains, manants

Des divers types d'étrangers, celui qui compte le plus est l'étranger au groupe le plus proche, donc le plus étroit, la commune. Même s'il appartient à la province ou au royaume, celui-ci n'a que des droits limités. C'est l'opposition entre bourgeois et « forain ». Cependant, on rencontre des « bourgeois forains », habitants de la campagne, qui ont obtenu à titre individuel les privilèges des bourgeois. Dans une catégorie intermédiaire figure « le manant », habitant de la ville, où il « demeure » *(manere),* sans en être bourgeois, mais bénéficiant de quelques privilèges économiques et juridiques.

Dans cette hiérarchie médiévale qui conduit de l'étranger à la commune à l'étranger à la principauté, puis au royaume (ou à l'empire), le droit opère des distinctions, privilégiant tour à tour l'une ou l'autre de ces catégories. Le « droit d'aubaine » prend en compte l'étranger au royaume (ou à l'empire), l'accès aux fonctions publiques est refusé aux étrangers à la principauté. Certains droits civils, l'accès aux tribunaux, l'application des règles du droit pénal, privilèges, le plus souvent, du bourgeois, ne concernent pas les étrangers à la commune.

Barbarophonos

Si l'aspect politico-juridique est souvent dominant, les différences linguistiques ont également leur importance. Interdisant tout échange, elles constituent une barrière souvent infranchissable. Inversement, la communauté de langue crée des affinités culturelles et, dans ce cas, les frontières politiques comptent peu.

Cette différence dans l'expression orale s'exprime dans la plus ancienne référence à l'étranger du monde gréco-romain, celle qui détermine l'opposition entre Grec et Barbare. Ce dernier, en effet, est « celui qui ne parle pas grec », ou qui n'arrive pas à le parler, qui bégaie ou bafouille. Le mot serait une onomatopée. *L'Iliade* parle déjà du *Barbarophonos* (II, 867, à propos des Cariens). L'historien Hérodote cite des oracles où les Perses sont qualifiés de *Barbarophonoi*. On reviendra sur le concept de Barbare.

Que la communauté linguistique transcende les frontières politiques, on en pourrait donner de multiples exemples dans notre monde actuel. Il suffit de rappeler les liens que la langue anglaise maintient entre la Grande-Bretagne et ses anciennes colonies d'Amérique, ou les relations à l'intérieur de la « francophonie ». À côté d'autres traditions, la communauté de langue, française ou anglaise, assure la survie de relations solides entre les anciennes colonies africaines, devenues des États étrangers les uns aux autres. À l'inverse, lorsqu'une même ethnie s'est trouvée partagée du fait des conquêtes et des morcellements coloniaux, et que chacune de ses fractions s'est familiarisée avec la langue du colonisateur, français ou anglais, la différence des « langues d'adoption » a contribué à rendre étrangers les uns aux autres ceux qui, de même ethnie, en étaient venus à parler des langues différentes.

En laissant de côté certains types d'étrangers, ceux qui ne le sont que dans une acception très large du terme, on est conduit à caractériser l'étranger, au sens strict, par son appartenance à une autre nationalité ou à une autre famille linguistique. Citoyenneté et langue apparaissent ainsi comme les

« marques » essentielles qui le désignent. Nous laissons hors de cette analyse le cas très particulier des Juifs, qui exigerait une étude à lui seul par sa spécificité, la multiplicité des considérations historiques, affectives et religieuses qu'il fait intervenir, et par l'aspect passionnel du débat.

L'« étrangeté » de la langue, la difficulté d'accéder à un autre idiome furent parmi les premières manifestations de l'« étranger ». La quasi-impossibilité d'user d'une autre langue, l'originalité de la sienne sont faciles à saisir, comme le serait une profonde différence de type physiologique ou de pigmentation de la peau. Il n'en va pas de même pour l'étranger à l'ordre politique. Rien, extérieurement, ne distingue de façon évidente le voyageur, le pèlerin, le marchand « étranger » d'un marchand « national ». Du domaine des manifestations extérieures on passe à celui, plus subtil et plus secret, du statut juridique. Celui-ci seul mérite quelques explications.

Les références qui déterminent l'appartenance à une communauté « politique », cité antique, commune médiévale, principauté ou État national, permettent, a contrario, de définir l'étranger : c'est celui qui n'a pas été incorporé à la communauté politique par l'un des modes qui en ouvrent les portes, les liens du sang *(ius sanguinis)* ou ceux du sol *(ius soli)*. C'est dire que l'étranger est soit d'un autre sang, soit d'un autre territoire.

Le « droit du sang » remonte à la vieille tradition de la cité romaine, où le fils d'un citoyen était lui-même citoyen, alors que la résidence ou le mariage ne faisaient pas acquérir la citoyenneté. Le *ius soli* répond, au contraire, à la notion féodale de l'allégeance envers un suzerain, à raison de la terre sur laquelle on vit. La soumission à la justice du seigneur sur la terre duquel on réside entraîne le rattachement à son pouvoir politique (double sens de *iurisdictio*). Selon les temps et les pays, le plus souvent sous la pression de préoccupations démographiques, la loi fit prévaloir *ius sanguinis* ou *ius soli*. Un tel choix a nécessairement une incidence sur la notion d'étranger. Parfois d'ailleurs *ius sanguinis* et *ius soli* se combinent.

La Constitution de 1790 tenait pour étranger « celui né hors du royaume de parents étrangers » (titre II, art. 3). C'était reprendre la solution de l'ancien droit, telle que la formulait Pothier dans son *Traité des personnes et des choses* (n° 47) : « On appelle étrangers ceux qui sont nés de parents étrangers et hors des pays de domination française, alors même qu'ils feraient résidence continuelle dans le royaume. » Mais, faisant prévaloir le *ius soli*, la même Constitution (titre II, art. 2) déclarait français les enfants d'étrangers nés en France et y résidant. En cela elle restait aussi fidèle à l'ancien droit. Comme le disait Pothier (*Ibid.,* n° 43) : « Les citoyens, les vrais et naturels français... sont ceux qui sont nés dans l'étendue de la domination française. » C'était se montrer assez accueillant, puisque, loin d'écarter l'étranger au nom d'une sorte de marque héréditaire, on l'intégrait en tenant compte de la communauté de vie sur un même sol. Tel était déjà le droit du royaume de Castille au XIVe siècle, celui de l'Aragon (1461) ou de la Navarre (XVIe siècle). C'est également le principe de la « Common Law » anglaise ou du droit des États-Unis.

Si l'étranger est l'« autre », il n'apparaît que dans la rencontre. Des isolés, sur des îlots, privés de tout rapport humain, ignoreraient qu'il y ait des

La rencontre

19

étrangers. À la diversité des occasions de rencontre correspond la variété des types d'étrangers. Parmi ces occasions, les unes sont d'ordre politique – conquêtes, extension du territoire ou expéditions coloniales. Les populations conquises apparaissent comme des étrangers, souvent comme des ennemis vaincus. Leur pleine incorporation à la communauté conquérante, souvent difficile, exige de longs délais. Le conquis reste un étranger, plus ou moins durement traité. L'histoire offre de multiples exemples de déportation, de réduction en esclavage, de statut juridique inférieur. Parfois aussi, de pleine intégration.

Motif politique encore, celui qui contraint des étrangers à trouver refuge dans un pays d'accueil. Le statut de ces réfugiés, parfois privés de leur nationalité d'origine *(heimatlos)*, connaît bien des nuances, de la résidence forcée à l'incorporation, sans oublier les contraintes de la clandestinité. Le « milieu carcéral » a lui aussi ses étrangers, prisonniers politiques ou de droit commun.

Dans un tout autre domaine, la vie économique suscite les présences étrangères : au Moyen Âge marchands des grandes foires, aujourd'hui, main-d'œuvre en quête de travail, représentants d'entreprises étrangères, prospecteurs de marché ; colons hier, aujourd'hui coopérants.

Cosmopolitisme intellectuel

Le goût de l'aventure, le désir de connaître d'autres lieux et d'autres hommes, le prestige de villes illustres, les pèlerinages, autant d'occasions de « créer l'étranger ».

La vie intellectuelle, la recherche scientifique ont toujours suscité migration d'hommes. Les universités médiévales ont réuni maîtres et étudiants venus parfois de fort loin. À Paris, l'organisation en nations, qui entend regrouper ceux d'une même région, apparaît vers 1215 ou 1222. Ces « nations » font éclater le cadre français, tandis qu'elles réunissent des étrangers. On trouve ainsi, à côté de la nation des *Gallicani,* celles des Picards et des Normands. Sont regroupés dans la première, outre les étudiants d'Île-de-France, des Bordelais, des Espagnols, des Italiens. La nation anglaise (ou germanique) ajoute aux Anglais, Écossais, Allemands, des Scandinaves, des Polonais, des Hongrois, des Bohémiens. On voit combien la notion d'étranger restait vague. Bologne, en 1265, ne compte pas moins de treize « nations ».

L'usage de la langue latine pour les leçons et les débats supprimait la barrière linguistique. Aux XIIIe et XIVe siècles, Paris connut l'enseignement de maîtres illustres venus d'Italie, d'Allemagne, d'Angleterre.

L'humanisme et la Renaissance ne furent pas moins favorables aux migrations de savants, de poètes, d'artistes. Entre l'Italie et la France, les échanges sont incessants. Le monde intellectuel du XVIIIe siècle, « la philosophie des Lumières », le despotisme éclairé ne se laissèrent pas arrêter par des frontières politiques. Malgré des guerres incessantes, et parfois de leur fait, les capitales européennes accueillent des étrangers illustres. Aujourd'hui, nos universités connaissent des « professeurs d'échange » et des foules d'étudiants étrangers.

Les sanctions, qui excluent du groupe, réduisent leurs victimes à l'état d'étrangers. Des constitutions des empereurs romains, frappant les hérétiques de déchéances juridiques, n'établissaient-elles pas que l'empereur leur retirait « la faculté de vivre selon le droit romain » (Code théodosien, XVI, 5, 7, et XVI, 7, 2 ; 381 et 383) ? Chassés du groupe, méprisés et honnis, privés de tout droit, bannis, outlaws, excommuniés deviennent des étrangers.

Le refus ou l'accueil

L'étranger, « être étrange », si l'on s'en tient à l'étymologie, laisse rarement indifférent. La neutralité à son égard serait de l'indifférence, ou de la tolérance.
Or, le plus souvent, l'étranger suscite une réaction affective, difficilement contrôlable. L'indifférence suppose, en général, que le groupe en présence duquel se trouve l'étranger soit peu structuré et peu conscient de sa spécificité.

La tolérance, vertu tardive dans l'histoire des peuples, implique au contraire un haut degré de culture, l'acceptation des différences, la reconnaissance de leur légitimité. Privilège d'une minorité, la tolérance a rarement régi le statut de l'étranger. Restent l'hostilité ou la bienveillance.

De l'opposition naturelle

On a dit des attitudes hostiles qu'elles étaient le fait de populations peu évoluées. Une vie difficile oblige à la défense. Tout étranger au groupe qui constitue le cadre social habituel – famille, clan, ou tribu – appartient à un monde inconnu, mystérieux. Il suscite crainte, mépris, souvent haine. Il est source de péril. En latin, *hostis,* qui désigne d'abord l'hôte étranger, signifie aussi l'ennemi. Dans la Rome primitive l'étranger aurait été sans droit, exposé à une mort impunie ou, pour le moins, à l'esclavage. Tout étranger aurait été un esclave potentiel. Tout esclave aurait été d'origine étrangère. Vue sans doute trop simple. Ethnologues et historiens ont montré que les peuples abusivement tenus pour « primitifs » ne rejetaient pas systématiquement l'étranger. L'état normal des relations entre groupes n'est pas l'inimitié ou la guerre. Des échanges pacifiques, des relations commerciales, des rapports matrimoniaux s'instaurent. Ils supposent un accueil bienveillant. Or, l'hostilité vis-à-vis des étrangers, sous des formes multiples et pour des motifs divers, a toujours existé.

Nés pour la servitude

Aristote, déjà, disait des Hellènes qu'ils étaient « libres par nature », tandis que les Barbares étaient « faits pour la servitude » (*Politique,* I, 2, 9) ; seuls les premiers connaissaient une organisation politique en cité, régime de liberté. L'opposition, pour lui, se situait sur le terrain de l'organisation politique et de l'exercice du pouvoir. Le citoyen participe au pouvoir. Le Barbare est l'esclave d'un despote. De plus, l'opposition est fondée en « nature ». Les Barbares d'Asie semblent à Aristote plus disposés à la servitude que ceux d'Europe. Car la nature fixe une gradation. Seule l'âme hellénique est dotée de sensibilité et d'intelligence. Les Barbares d'Europe ont cette sensibilité, mais sans intelligence. Ceux d'Asie n'ont ni l'une ni l'autre.

L'attitude d'Aristote mérite attention. Elle offre, chez l'un des plus grands esprits de tous les temps, un bel exemple de justification « naturelle » de l'opposition au Barbare, et donc à l'étranger. La nature a fait les Hellènes supérieurs, exposant les Barbares au mépris ou à l'hostilité, en tout cas au rejet.

Cette explication fera bientôt place à une autre justification de l'infériorité barbare. L'époque hellénistique oppose volontiers au Grec cultivé l'inculture barbare. L'étranger ne se reconnaît plus à sa nature a-politique, faite pour la servitude, mais à son ignorance de la culture. Une série d'adjectifs péjoratifs le caractérisent : grossier, sauvage, stupide, insensé, infidèle, inintelligent, maladroit, ignorant, sans éducation...

Adjectifs le plus souvent négatifs. Le Barbare est celui « qui n'est pas » (sensé, fidèle, intelligent). Le signe distinctif, qui fait désormais frontière, est la participation à une culture et à une civilisation.

Lorsque Rome, conquérante de la Grèce, fut conquise par elle, le monde gréco-romain, acquis à une même culture et qualifié parfois d'hellène, tiendra pour étranger l'univers des Barbares. Au début de notre ère, Philon d'Alexandrie considère que le monde entier se partage entre « l'Hellade et la terre barbare ». Son coreligionnaire, Flavius Josèphe, réduit l'humanité, Juifs mis à part, à l'opposition entre Hellènes et Barbares. Ainsi s'affirmait, aux alentours de l'ère chrétienne, la supériorité du « civilisé » en face d'une masse hétéroclite d'étrangers. L'idée cheminera à travers les siècles. Elle servira la primauté que se reconnaîtra l'Europe sur les autres continents, peut-être celle à laquelle croit aujourd'hui le « monde occidental ». Conviction que ne parviendront à ébranler ni les travaux des ethnologues ni les recherches des historiens.

Ni Grecs, ni Juifs...

Mais faut-il rappeler que, dans le même temps, Paul de Tarse, dans un message révolutionnaire, qui rompait totalement avec les idées reçues et les mœurs de son époque, enseignait qu'il « n'était plus question de Grec ou de Juif... de Barbare, de Scythe, d'esclave, d'homme libre » (épître aux Colossiens, III, 11). Ainsi s'affirmaient au premier siècle de notre ère les thèses antagonistes qui ne cesseront plus d'alimenter le débat. On retiendra deux formes de cette opposition à l'étranger, l'hostilité et la xénophobie.

Les « Égyptiens »,
gens sans aveu

L'hostilité, expression la plus vive de l'opposition, conduit aux actes de violence, à la guerre ou au meurtre. Si l'étranger ne fut pas toujours un ennemi, il le fut souvent. Peur de l'inconnu, crainte de l'agression conduisent à l'attaque préventive, au mépris pour le Barbare ou le sauvage, quel qu'en soit le motif. La personne de l'étranger compte peu, sa liberté ou même sa vie ne méritent aucun respect.

Le souci de l'ordre et de la paix publique conduisit de bonne heure à se méfier de certains étrangers, les vagabonds, les « gens sans aveu », c'est-à-dire ceux qui ne peuvent se réclamer d'aucun seigneur. Parmi eux, les gitans, que le bas Moyen Âge appelle souvent des « Égyptiens ». Des dispositions, incluant parfois l'expulsion, furent prises par les autorités locales pour protéger contre leurs exactions, vols ou pillages.

Les villes médiévales ont parfois procédé à l'expulsion de ceux qu'elles jugeaient « inutiles ». À Malines, dans la seconde moitié du XVe siècle, 263 personnes, dont 126 femmes, furent bannies pour une durée variant entre un et dix ans, au motif de leur « inutilité ».

Autant que l'hostilité à l'« étranger de l'extérieur », celle qui se manifeste vis-à-vis de l'« étranger de l'intérieur » incite à des mesures extrêmes. Qui devient étranger au groupe, parce qu'il en transgresse les lois ou les croyances, s'expose à des peines redoutables, prison, bien sûr, mais aussi exil ou bannissement, parfois mort sur le bûcher.

La xénophobie, d'une autre nature que l'hostilité, est d'abord « crainte » *(phobos)*, que suscite l'étranger. Comme toute crainte, elle provoque la défiance, la réserve, parfois l'aversion. Dans certaines circonstances, elle conduit aux violences de l'hostilité. *Craindre jusqu'à l'aversion*

La xénophobie fait refuser toute relation avec l'étranger. Il s'agit moins alors de le mettre à l'écart par des mesures brutales que de se retirer dans un monde clos, dont on colmatera soigneusement les accès.

Le terme, sinon la chose, est récent. Né au début du XXe siècle, il est formé de deux mots grecs, et les cités de la Grèce archaïque avaient souvent fait preuve de xénophobie. Telle ne fut pas l'attitude de Rome, si dure cependant pour l'étranger vaincu. La géographie, certaines conditions de vie favorisent le repliement, voire l'isolement. Des communautés rurales, perdues dans d'étroites vallées de régions montagneuses, se sont montrées xénophobes.

L'exemple le plus célèbre de xénophobie fut offert par le Japon de 1636 à 1854. Une ordonnance de 1636 le ferma aux étrangers. Ceux qui y résidaient durent s'en aller sous peine de mort. Même menace à l'égard des Japonais qui auraient tenté de quitter leur pays. Ces dispositions furent appliquées pendant deux siècles, y compris à l'égard de naufragés jetés par la tempête sur les côtes japonaises. Seuls furent autorisés deux navires hollandais par an et des jonques chinoises. Mais ces étrangers étaient confinés à Nagasaki, les Chinois dans un quartier de la ville, les Hollandais dans un îlot du port. Le traité de 1854 accorda aux étrangers l'accès de six villes seulement, en les soumettant à la juridiction de leur consul, et il fallut attendre l'accord de 1894 avec l'Angleterre pour que le Japon s'ouvrît plus largement.

Sous d'autres formes, la xénophobie inspira de nombreuses législations contemporaines et l'afflux d'étrangers que connaissent les pays occidentaux ne fait que renforcer le courant xénophobe.

On a vu que les sociétés peu évoluées ne traitaient pas toujours l'étranger en ennemi. L'hospitalité vis-à-vis du « passant », du naufragé, de l'exilé n'y est pas inconnue. Des rites d'initiation permettent l'intégration au groupe. L'étranger en devient membre, souvent à un rang inférieur, parfois à part entière. Sans aller jusqu'à l'intégration, des relations d'affaire, le troc, les services obligent à respecter l'étranger. L'accueil n'est pas le privilège d'un monde « civilisé ». *L'accueil bienveillant*

Les mobiles sont divers, qui incitent à l'accueil : intérêts économiques, motifs politiques, préoccupations scientifiques, goûts artistiques ou considérations humanitaires. Tous peuvent se combiner. Ils conduisent à accorder aux étrangers une condition plus ou moins favorable, allant de la tolérance à la pleine intégration.

L'espoir de profits

Le commerce, dès lors qu'il dépasse les échanges quotidiens, implique une reconnaissance de l'étranger. Les foires de l'Occident médiéval furent un lieu de rencontre des hommes autant que de trafic des marchandises. Parce que le seigneur tire profit du marché, par la perception de taxes sur les transports et les ventes, l'affluence des chalands, l'essor de la région, la sécurité est garantie aux marchands et des privilèges leur sont accordés. Aux états généraux de 1560, le tiers état protestait contre les exemptions fiscales et les monopoles accordés aux marchands étrangers, ce qui faussait la concurrence. En Flandre, dès le XIIIᵉ siècle, le pouvoir comtal accorde un statut privilégié aux marchands venant du Poitou ou de Gascogne, d'Allemagne ou d'Espagne. Au XVIᵉ siècle, la « nation portugaise » obtient à Anvers des privilèges accordés ultérieurement à d'autres nations. C'est déjà la clause de la « nation la plus favorisée ». Souvent les marchands étrangers échappent à la compétence des juridictions locales pour ressortir à celle de consuls pris parmi eux et élus par eux.

Des privilèges accordés aux Lombards

Non moins avantagés sont les manieurs d'argent, originaires de l'Italie du Nord. On les désigne, de façon abusive, du nom de « Lombards » mais on trouve parmi eux des Florentins, des Siennois, des Lucquois, etc. Ce sont, avant tout, des prêteurs. Les princes font appel à eux. En contrepartie de leurs services, ils leur prodiguent des privilèges, leur assurent protection sous forme de sauf-conduits, qui les garantissent parfois au-delà des limites de la principauté. Ces Lombards sont exempts des taxes les plus lourdes et bénéficient d'un régime pénal moins rigoureux. En 1473, Charles le Téméraire leur permet d'établir leurs contrats de mariage et leurs testaments selon leurs coutumes propres. Même protection des marchands étrangers dans l'Espagne médiévale.

L'Angleterre médiévale ne se montra pas toujours aussi libérale. Sans doute la royauté est-elle favorable aux marchands étrangers. Édouard III leur réserve, aux dépens des Anglais, l'exportation des laines et l'importation des vins. Mais les villes redoutent leur concurrence. D'où, selon les lieux et les conditions économiques du moment, l'alternance des faveurs, des incapacités, d'un surcroît de taxes.

Dans les Provinces-Unies des XVIᵉ et XVIIᵉ siècles, les contingences économiques ont souvent incité à faire bon accueil à l'étranger. Un auteur hollandais du XVIIᵉ siècle le dit clairement : « La liberté de gagner son pain est accordée à tous les habitants. C'est là un point nécessaire pour attirer les étrangers, car on voit que, dans le plat pays, où il n'y a pas d'étrangers, les paysans sont obligés de donner des salaires [...] si élevés à leurs domestiques que les paysans vivent dans la gêne, alors que leurs domestiques sont dans l'opulence. Les personnes qui, par nécessité, sont obligées de quitter leur pays et apportent, outre leurs meubles [...], leurs connaissances de toutes sortes d'arts manuels ne peuvent pas vivre en Hollande de leurs rentes ni des revenus de leurs immeubles. Elles sont obligées d'imaginer de nouveaux métiers et de nouveaux négoces [...] Les autres habitants peuvent profiter de ces négoces [...] Par conséquent, il est fort utile que les étrangers puissent s'établir dans ce pays, sans que personne ne fasse d'objections. » (Anonyme, cité par R. Feenstra, in *les Étrangers aux Pays-Bas,* Rec. J. Bodin, t. X).

Dans la France du XVIIe siècle, les apports étrangers sont nombreux. L'économie et l'armée y trouvent leur profit : dessèchement des marais du Bas-Poitou par les Hollandais (le « canal des Hollandais », près de Luçon, en garde le souvenir) ; développement de l'industrie lainière dans le Nord grâce aux Flamands ; appoints écossais et irlandais aux armées de Louis XIV.

Aux considérations économiques s'ajoutent souvent des préoccupations politiques. L'étranger accroît la population. Toute doctrine qui voit dans une nation « populeuse » une source de puissance sera favorable à l'accueil, souvent même à l'intégration d'éléments étrangers. Le peuplement étranger chemine à travers l'histoire.

L'impératif de la puissance

Dès le récit légendaire de ses origines, et tout au long de son histoire, l'orgueilleuse Rome ouvre largement la citoyenneté aux peuples conquis.

Au Moyen Âge, « villes neuves », bastides, sauvetés attirent les étrangers par la concession de terres, l'octroi de privilèges et d'abord celui de la liberté. « L'air de la ville rend libre » enseigne un vieil adage. Des serfs fugitifs trouvent ainsi asile et liberté. Les chartes urbaines autorisent les étrangers à disposer de leurs biens entre vifs ou par testament. Elles les mettent sous la protection des magistrats municipaux. Sans parler des privilèges accordés aux marchands des foires et marchés.

À l'échelle du Nouveau Monde, le phénomène prend une ampleur inouïe : vers 1760, un tiers de la population des États-Unis était d'origine étrangère ; entre 1789 et 1800, le pays accueille 4 000 immigrants par an... et 300 000 dans les années 1850. Le recensement de 1980 dénombre près de 13 millions d'Américains d'ascendance française.

Les considérations militaires suscitèrent aussi des appels aux étrangers. Curieusement, l'armée, qui, chargée de la défense du groupe, devrait en être l'émanation, accueille des combattants étrangers. Troupes mercenaires ou alliées par nécessité, elles n'ont pas toujours assuré une défense efficace. L'Empire romain fit aux Barbares une place sans cesse grandissante dans ses armées à côté des citoyens. La monarchie, en France, eut ses « Suisses ». La « Grande Armée », en 1812, comptait de nombreux contingents « étrangers ». La république conserve sa « Légion étrangère ».

Aux mobiles économiques, politiques, militaires, s'ajoutent le désir de savoir, le goût du beau, des curiosités scientifiques qui suscitent voyages, séjours, établissement.

Culture sans frontières

Les jeunes Romains du dernier siècle de la République allaient à Athènes, attirés par la philosophie, la rhétorique ou les beaux-arts. À la fin du VIe siècle, un moine irlandais, Colomban, fonde des monastères en France (Luxeuil), en Suisse, en Italie (à Bobbio, où il meurt en 614). En 723, Charles Martel prend l'évêque missionnaire anglais Boniface « sous son maibour et sa protection ». Au temps de Charlemagne, l'Anglo-Saxon Alcuin, des Espagnols ou des Goths comme Théodulphe, évêque d'Orléans, ou Agobard, archevêque de Lyon, comptent parmi les grands esprits de la cour. À l'aube du XIe siècle, le principal conseiller de Robert le Pieux, Fulbert, évêque de Chartres, est italien, et de même, au milieu du XIIe siècle, le « maître des Sentences » Pierre Lombard, évêque de Paris. Avec l'essor des universités médiévales les échanges intellectuels se multiplient. Des collèges sont créés, qui accueillent des étudiants d'origine étrangère.

L'écolier voyageur

En 1159 une constitution fameuse de l'empereur Frédéric Barberousse, l'« Authentique *Habita* », mettait sous la protection spéciale de l'empereur « tous les écoliers qui voyageaient pour raison d'études », ainsi que leurs maîtres. Ceux qui les attaqueraient ou leur causeraient préjudice devraient indemniser au quadruple. Des privilèges de juridiction sont accordés aux membres des universités. Des lettres de recommandation permettent aux étudiants étrangers de trouver accueil, logement, aide matérielle.

Le prestige du savoir, les profits qu'apporte le surcroît de population universitaire incitent villes et princes à créer de nouvelles universités. Ils y attirent les étrangers. Des crises universitaires, des grèves de l'enseignement dans une ville sont à l'origine de créations d'universités dans d'autres villes. C'est ainsi que Cambridge est né d'une grève d'Oxford. À Paris, en 1229, lors d'un grave conflit entre l'université et le prévôt de la ville, provoqué par le meurtre de plusieurs étudiants, des maîtres menacent de cesser tout enseignement ; Henri III d'Angleterre les invite alors à faire cours en son royaume. En 1459, les mêmes mobiles animent les bourgeois de Bâle, fondateurs de leur université.

L'Italie reine

La place tenue par les Italiens dans la société française de la Renaissance et du XVIIe siècle est bien connue. Les mariages royaux, dictés par des considérations politiques, ont souvent uni des familles étrangères ; on connaît le rôle de Catherine et de Marie de Médicis, épouses d'Henri II et d'Henri IV, toutes deux régentes et mères de rois de France. C'est l'Italie encore qui donna Concini et Mazarin. Léonard de Vinci, accueilli par François Ier comme « un mage prodigieux », termina ses jours au Clos Lucé, près d'Amboise (1519). Aux dernières années de l'Ancien Régime, Necker, étranger et protestant, se vit confier à deux reprises (1776-1781 et 1788-1789) les finances de la France.

Mais la France laisse aussi ses plus grands esprits s'installer à l'étranger. Ainsi de Descartes, qui vécut vingt ans en Hollande et mourut à Stockholm, où l'avait appelé la reine Christine.

Le monde contemporain qui mêle curieusement protectionnisme, nationalisme étroit et internationalisation des échanges, de la culture et de la science, est riche en exemples d'accueils généreux. Pour des raisons évidentes, le monde de l'esprit et de l'art y est plus disposé que celui des affaires.

Certaines situations ou certains milieux en viennent à dépasser la notion d'étranger. Dans de grands organismes internationaux ou dans des réunions scientifiques ou économiques de caractère international, le qualificatif d'étranger n'a plus de sens. On en dira autant du monde des arts, lorsqu'un concert prestigieux ou la distribution d'un film fait appel à des artistes de pays différents. Qui serait « étranger » ? Chacun l'étant, plus personne ne l'est.

Le refuge huguenot

On ne saurait d'autre part oublier que l'accueil est parfois celui de l'exclu. Des impératifs humanitaires, la communauté de foi, l'adhésion aux mêmes valeurs ont, depuis des siècles, fait recueillir exilés et bannis. L'accueil des protestants français en Allemagne et aux Pays-Bas, après la révocation de l'édit de Nantes (1685), celui des victimes des régimes totalitaires, au XXe siècle, sont dans toutes les mémoires.

Les huguenots français reçus aux Pays-Bas depuis 1681 bénéficièrent d'importants privilèges : exemption des impôts extraordinaires pendant douze ans, liberté d'exercer un métier ou d'ouvrir un commerce, octroi de la bourgeoisie. En 1709, les états généraux décidèrent de tenir les réfugiés français pour des « indigènes », comme s'ils étaient nés en Hollande.

Les étrangers qui cherchent refuge devant les persécutions politiques ou religieuses représentent souvent une lourde charge pour les pays d'accueil, qui, parfois, dressent des barrières. Mais cette immigration est aussi source de richesse. Si l'analyse conduit à opposer l'accueil au rejet, la réalité ignore tout cloisonnement. Pour un même cas, les mobiles de l'accueil se combinent et parfois laissent la place à quelques manifestations, sinon d'hostilité, du moins de réticence.

Ainsi à la diversité des types s'ajoute celle des attitudes. Comment le droit peut-il alors dégager des règles et fixer des statuts ?

II

Lorsqu'il veut fixer le statut de l'étranger, le droit doit tout d'abord le définir. À la différence du sociologue, qui, pour chaque groupe social, reconnaît un étranger, le juriste est contraint de définir le type qu'il entend régenter.

Pour les droits modernes, l'étranger se définit dans le cadre étatique. Il est, comme l'indique le dictionnaire, « celui qui est d'une autre nation », ou « celui qui ne fait pas partie du groupe social politique » (Gilissen). Une telle conception suppose l'existence de l'État, avec ses citoyens, en face desquels apparaissent des étrangers. Tous les étrangers se définissent par cette opposition, qu'ils soient proches voisins, séparés par la seule ligne d'une frontière, ou qu'ils habitent un lointain continent ; qu'ils parlent ou non la même langue, vivent de la même manière, appartiennent à la même religion ou à la même ethnie.

Les choses, on l'a vu, sont plus complexes là où se superposent plusieurs structures politiques, commune, principauté, royaume, empire. C'est la situation qu'a connue le Moyen Âge occidental. Plus floue encore celle que vécut la Gaule après la ruine de l'Empire romain, avec la formation des royaumes « barbares », puis de l'Empire carolingien.

Aussi sera-t-il nécessaire de distinguer entre les étapes, et, pour la dernière, la plus proche de nous, la mieux connue, celle aussi pour laquelle le droit est le plus riche et le plus changeant, de marquer les nuances qui séparent l'âge monarchique du XXᵉ siècle finissant.

Rome : le noyau civique et les autres

L'Empire romain, dont faisait partie la Gaule, tenait la quasi-totalité de ses habitants libres (les esclaves n'y avaient aucun droit) pour des citoyens *(cives)*, ce qui les distinguait des gens de l'extérieur, le plus souvent qualifiés de « Barbares ».

Théoriquement, tous les citoyens ont mêmes droits et mêmes obligations. Mais, dans cette masse immense, des distinctions s'imposent. Le domicile, l'origine (lieu de naissance) sont pris en compte pour fixer les obligations aux charges municipales. Et, si Rome est « la patrie commune » de tous les citoyens, le terme de « patrie » désigne aussi, localement, le lieu d'origine ou celui que la vie fait adopter. Ainsi se profilent déjà des distinctions, génératrices de multiples formes d'étrangers, que l'émiettement médiéval viendra renforcer.

L'équivoque du pérégrin

En face du citoyen, l'étranger, le pérégrin *(peregrinus)*. Ce terme, qui, en droit romain classique, avait une signification nette pour désigner l'étranger privé des droits propres au citoyen, perd progressivement beaucoup de sa rigueur. Est « pérégrin » l'étranger qui demeure hors des frontières de l'Empire, ainsi que celui qui séjourne de façon plus ou moins durable dans l'Empire, sans accéder à la citoyenneté. Mais le terme est aussi employé pour désigner des citoyens romains, étrangers à une ville ou à une région, qui appartiennent à une autre cité ou une autre province. Sont pérégrins les voyageurs, ceux qui se trouvent temporairement hors de leur résidence habituelle, qui « pérégrinent » ; bientôt, ceux qui font un « pèlerinage ». Dans cette acception sociale, pérégrin n'a pas de portée juridique. Cet « étranger » est un citoyen et en a tous les droits. Mais on retrouve ici, vu du côté de l'étranger, les différences décrites plus haut à propos des citoyens. S'il existe une grande et une petite patrie, il est des étrangers du dehors et des étrangers du dedans.

Le Barbare

Plus totalement étranger est alors le « Barbare ». Pour Rome, héritière en cela de la Grèce, la notion se réfère moins à une donnée géographique (extérieur à l'Empire) ou ethnique (Germains, Celtes, Pictes, Sarmates, Nubiens, etc.) qu'à des considérations culturelles. Inculte, le Barbare l'est d'abord parce qu'il ignore le régime de la cité, forme politique mais aussi style de vie, avec ses constructions publiques, ses temples, thermes, théâtres, sa vie sociale au forum, ses organes d'administration (sénat municipal ou curie, assemblée des citoyens, magistrats locaux). Le citoyen *(civis)* est celui qui vit dans une cité *(civitas)*, mais aussi celui qui est « civilisé ». Le Barbare se reconnaît à son absence de culture, sa sauvagerie, sa férocité. Plus que son origine ou son statut, dont les textes juridiques ne se soucient guère, ce qui le désigne ce sont ses vêtements (ou sa nudité), souvent sa puanteur, son incapacité à raisonner « logiquement », son ignorance ou son mépris du droit, le primat de la force, les superstitions qui lui tiennent lieu de religion.

La loi entend prémunir contre ces contagions. Des constitutions d'Honorius, en 397, 399, 416, dénoncent l'invasion des modes barbares, le port de chaussures « parthes », de pantalons, ou les longues chevelures. Ceux qui cèdent à ces modes s'exposent à des peines dont la rigueur étonne : exil perpétuel et confiscation des biens. S'il faut sévir si fort, c'est que ces usages se sont trop répandus. C'est aussi que le Prince romain y voit un scandale.

Pour le poète espagnol Prudence, le Barbare est aussi différent du Romain que le quadrupède l'est d'un bipède, le muet de celui qui peut parler. Vers 440, le prêtre marseillais Salvien, qui, comme Prudence, se tient pour Romain, se scandalise de ses compatriotes que n'arrête pas « l'odeur fétide des corps et des vêtements barbares », détail confirmé par son contemporain Sidoine Apollinaire évoquant les Burgondes. Quant aux marins saxons, « au moment du départ ils exécutent un sur dix de leurs prisonniers... conformément à un rite... dû à la superstition ».

Le mépris

Ramenant tout à eux, les Romains brossent ainsi un tableau où les fausses interprétations et les à-peu-près abondent, comme le feront les explorateurs des XVIIIe et XIXe siècles décrivant les mœurs des « sauvages ».

Cependant, à partir du IVe siècle, des Barbares, chaque jour plus nombreux, vivent à l'intérieur de l'Empire. À l'infiltration progressive des marchands, à l'intégration d'hommes, qui, volontairement ou enrôlés de force, viennent compléter les effectifs d'une armée que les Romains désertent, s'ajoute, au Ve siècle, la pénétration plus massive de hordes, venant avec leurs chariots, leurs femmes et leurs enfants. Chassées elles-mêmes du territoire ancestral, elles sont en quête de terres d'accueil. C'est ce que l'on a appelé les « Grandes Invasions ».

Les portes de l'hospitalité

La présence de ces groupes étrangers sur le sol de l'Empire pose en termes nouveaux la question des relations avec les Barbares.

On n'en veut pour exemple que l'exode des Wisigoths. En 376, les Huns les expulsent de leurs terres, au nord du bas Danube. Sous la conduite d'Alaric, ils parcourent la Thrace, l'Illyrie, l'Italie, ponctuant leurs migrations de victoires sur les troupes impériales (Andrinople, 378). On les voit camper quelque temps en Macédoine, en Thrace, en Vénétie. En 395, ils menacent Constantinople, puis, en 408, Rome. En août 410, ils violent le territoire de la Ville éternelle, qu'ils pillent pendant trois jours.

Liés pendant un temps par un traité avec Rome, ce sont juridiquement des « fédérés » (de *foedus,* « traité »). Ils servent, à côté des légions romaines, contre un usurpateur. Leur chef, Alaric, est né hors de l'Empire. Mais il est officier dans l'armée romaine et, pendant quelques années (entre 397 et 399), il en sera l'un des responsables, en tant que « maître de la milice pour l'Illyrie ». Lui-même souhaite un accord avec Rome, qui assure à son peuple un établissement stable. Mais l'empereur Honorius s'y refuse. Alaric meurt en Calabre, où les Goths, qui auraient voulu passer en Afrique, sont bloqués faute de bateaux. Un peu plus tard, ils s'établiront dans le sud-ouest de la Gaule et en Espagne.

S'il est particulièrement caractéristique, l'exemple des Goths n'est pas un cas unique. L'alliance des peuples barbares avec l'Empire alterne avec les violences, les migrations guerrières avec les essais d'installation. Tour à tour ennemis ou « auxiliaires », les Barbares sont des pillards, mais aussi des malheureux en quête d'un sol nourricier qui veuille bien les recevoir. Les contours de l'étranger s'estompent. Des Barbares, étrangers d'origine, occupent de hautes fonctions auprès des empereurs, tels Dagalaifus, auprès de Julien ; le Franc Mérobaud, maître de la milice de Valentinien Ier ; le tout-puissant Stilicon auprès du faible Honorius, qui amorce une politique d'accueil des Barbares ; Magnence, fils d'un Breton et d'une Franque, proclamé empereur à Autun en 350.

Pour ces peuples barbares, Wisigoths du Sud-Ouest, Burgondes des pays de la Saône et du Rhône, Rome eut recours au régime de l'« hospitalité ». S'inspirant d'une pratique utilisée pour le logement des troupes chez l'habitant, l'empereur attribue aux nouveaux venus le tiers (pour les Burgondes) ou les deux tiers (pour les Wisigoths) des terres des Gallo-Romains dont ils sont devenus « les hôtes » forcés et onéreux. Spoliation partielle des anciens occupants, mais prélude à une fusion progressive des peuples.

Unité politique et personnalité des lois

Les monarchies, burgonde, wisigothique, franque, qui s'instaurent en Gaule sur les terres de l'Empire, durent organiser la vie des deux communautés, « étrangères » l'une à l'autre, mais vivant en osmose.

Chez les Wisigoths et les Burgondes, des lois différentes furent établies pour les anciens habitants, d'origine gallo-romaine, et les nouveaux venus, d'origine germanique, bien que les uns et les autres fussent sujets d'un même souverain. Ainsi, malgré l'unité politique, les statuts des deux populations n'étaient pas identiques. On a qualifié ce régime de « principe de la personnalité des lois ». Le droit maintenait donc les deux groupes « étrangers » l'un à l'autre. Mais la vie en décida autrement. La cohabitation entraîna des échanges, des relations d'affaires, des mariages.

L'union matrimoniale est en effet le meilleur moyen d'opérer la fusion de deux populations. Peut-être est-ce pour l'éviter qu'une constitution de Valentinien Ier (Code théodosien, III, 14,1) des années 370 menace de mort « les habitants des provinces » (le texte est adressé à la Rhétie) qui épouseraient des « Barbares ». Mais les inscriptions attestent la relative fréquence de telles unions entre légionnaires romains et femmes d'origine gauloise ou germanique. Les enfants nés de ces unions sont à la fois citoyens romains et membres de la tribu de leur mère.

De tels mariages se rencontrent jusque dans la famille impériale. Stilicon, demi-barbare, épouse la nièce de Théodose. La sœur d'Honorius, Placidia, prise en otage par Alaric, épouse successivement les Goths Ataulf et Wallia. Au début du Ve siècle, le poète Prudence évoquait déjà cette « descendance unique que tissent les sangs mêlés de peuples divers » (*Contre Symmaque,* II, 117-118). Un siècle plus tard, Cassiodore parle d'« anciens Barbares, qui se sont associés par le pacte nuptial à des femmes romaines ».

L'âge des invasions (IVe-VIe siècle) offre donc un bon exemple de la fusion progressive de peuples divers. La rencontre des Gallo-Romains et des Barbares aboutit peu à peu à la disparition de l'opposition autochtone-étranger, les deux groupes contribuant à la formation d'une population nouvelle.

Vers le VIIIe siècle, la fusion est acquise. De nouvelles hiérarchies sociales se sont constituées sur le sol de la Gaule. En face d'une aristocratie foncière riche, puissante, qui fournit l'essentiel des cadres de la société ecclésiastique (évêques, abbés), une population presque exclusivement rurale exploite les domaines des grands et doit se contenter de peu. Sans doute rencontre-t-on encore, et pendant des siècles, les termes de « franc » et de « romain » dans les actes juridiques ou les formulaires. Mais il ne s'agit plus d'opposer Gallo-Romain et étranger. Le « Franc » est un homme libre par opposition au serf. « Romain » se veut référence à un passé prestigieux, mais lointain et mal connu ; à moins qu'il ne s'agisse d'une sorte d'injure pour dénoncer le manque de courage et la déchéance d'une vie de plaisirs.

Qu'est, alors, l'étranger et quelle est sa condition aux temps du vaste Empire carolingien qui s'étend de l'Océan à l'Elbe (fin VIIIe-IXe siècle) ?

Le nouvel étranger

Les sources sont trop rares pour satisfaire pleinement notre curiosité. On pourrait, en un certain sens, tenir pour étrangères les unes aux autres les diverses populations *(Stämme)* réunies sous l'autorité du prince carolingien, Alamans, Bavarois, Frisons, Saxons, Aquitains, etc. De leur ancienne indépendance, ils ont conservé des coutumes (d'où les lois des Alamans ou des Bavarois) et des genres de vie. Mais l'unité qu'impose la forte autorité royale l'emporte sur ces survivances. L'étranger véritable est l'étranger à l'Empire.

Ces étrangers, réfugiés, esclaves, marchands, voyageurs ou pèlerins, sont en principe dépourvus de tout droit. Ils pourraient être vendus ou même mis à mort. Rigueur que corrige parfois la protection assurée par un particulier ou par le représentant du pouvoir politique. La « paix » et la « protection » impériale, promises par un capitulaire de Charlemagne en 802, concernent spécialement les pèlerins et les étrangers voyageant dans l'Empire. Quant aux marchands étrangers, soumis aux multiples taxes qui grèvent les transports et les échanges, ils bénéficient parfois de privilèges personnels ou de conventions « internationales », qui les exemptent des plus lourdes d'entre elles.

L'émiettement médiéval

Dans ce cadre nouveau, la situation des étrangers devient très différente. L'unité politique essentielle, la plus proche et la mieux ressentie, se réduit souvent aux dimensions d'une ville, la « commune », ou d'une modeste seigneurie. Au-delà s'ouvre le domaine de l'étranger. Sans doute existe-t-il un royaume de France (plus réduit cependant que l'actuel Hexagone). Ses habitants, sujets du roi, se distinguent juridiquement de ceux qui demeurent au-delà des frontières. Mais l'autorité du roi sur l'ensemble de ses sujets reste faible. Les contacts sont rares, les parlers différent.

Progressivement, la nation s'affirmera dans le royaume. À cet égard, la différence est grande entre le XIe et le XVe siècle. On parle souvent d'un haut Moyen Âge et d'un bas Moyen Âge. Cette distinction n'est pas ici sans intérêt.

Au premier âge féodal, l'étranger est d'abord celui qui n'est pas bourgeois de la commune ou qui ne réside pas dans la seigneurie. Quelques siècles plus tard, ce sont les frontières du royaume qui déterminent l'étranger.

L'homme estrange au ban

Depuis le XIIᵉ siècle, et jusqu'au XIXᵉ, l'étranger est appelé « aubain ». L'emploi du terme « albani » est attesté dès le IXᵉ siècle. L'origine du mot, sa signification première restent discutées. Les philologues le rattachent au « francique », langue des anciens Francs reconstituée de façon hypothétique. « Aubain » viendrait d'*aliban*, « celui qui relève d'un autre pouvoir » (« ban »). Nos anciens auteurs avaient proposé d'autres étymologies où le pittoresque l'emportait souvent sur la vraisemblance. « Aubain » viendrait d'*Albani*, appellation populaire des Écossais, à moins que ce ne soit celle des Saxons ! Le mot n'est pas d'origine savante ; il ne reprend pas un terme latin. Cela n'est pas sans importance. Le concept d'étranger et donc son statut se constituent sur des bases nouvelles vers les Xᵉ-XIᵉ siècles, en réponse aux conditions politiques et sociales du moment.

La notion première reste floue. Encore à la fin du XIIIᵉ siècle, un recueil juridique, abusivement qualifié d'*Établissements de Saint Louis,* parle d'« ome estrange », lorsque « gentishom a home mesqueneu en sa terre ». L'étranger, l'« homme étrange », est donc celui qui vient d'ailleurs. Définition qui exprime un sentiment, presque une sensation, mais qui manque de rigueur juridique. Juridiquement est étranger, moins celui qui vient d'au-delà du territoire sur lequel s'exerce théoriquement le pouvoir politique, que celui qui vient d'une terre où ce pouvoir n'a *en fait* pas d'action. Le rayonnement effectif de la puissance (royale, ducale, seigneuriale, municipale) détermine le territoire au-delà duquel on est étranger. Une charte de Louis VII, en 1145, dont la formule maladroite est un aveu, traduit bien l'ambiguïté de la notion. Elle parle des « étrangers qui viennent à Bourges et s'y construisent une maison *et qui sont du royaume* ».

Est, en principe, considéré comme étranger celui qui n'est pas né sur le territoire de la seigneurie. C'est ainsi que la coutume de Hainaut considère comme aubains « ceulx natifz de France, Flandre et Arthois ». C'est l'application du principe du *ius soli*. Solution généreuse qui intègre tous ceux qui sont nés sur le territoire. Elle est souvent adoptée par des communautés jeunes, désireuses de s'« étoffer ».

Il en va différemment dans les villes, où le bourgeois jouit d'un statut privilégié. Si, encore aux XIᵉ-XIIᵉ siècles, les villes se sont montrées accueillantes, leur attitude change par la suite. Seuls sont bourgeois les enfants nés de bourgeois. C'est alors l'application du principe du *ius sanguinis*, qui fait tenir pour étrangers, avec les infériorités que cela comporte, ceux qui ne peuvent se prévaloir du droit d'hérédité. Toutefois, une résidence prolongée, de quelques mois à quelques années selon les villes, faisait du « forain » un « manant ». Sans avoir tous les droits du bourgeois, le manant n'était cependant pas considéré comme un étranger.

Il est possible d'être reçu dans la communauté politique par ce qui deviendra plus tard la « naturalisation ». C'est ainsi que la femme étrangère qui épouse un bourgeois acquiert le plus souvent le droit de bourgeoisie. La chose est moins fréquente lorsqu'un étranger épouse une bourgeoise.

Cependant, en 1475, un privilège de Charles le Téméraire pour Malines accorde la bourgeoisie à l'étranger qui épouse la fille d'un bourgeois de cette ville ; et, deux ans plus tard, Marie de Bourgogne concède un privilège analogue à Bruges. D'autre part, après un certain temps de résidence, et s'il possède une terre dans la ville, l'étranger peut être reçu dans la bourgeoisie contre paiement d'un droit d'entrée. Il doit alors prêter serment de fidélité ou s'engager à observer les dispositions de la charte urbaine. L'acquisition de la bourgeoisie s'étend le plus souvent à la femme et aux enfants du nouveau bourgeois.

Jalouses de leurs privilèges, les bourgeoisies urbaines ont souvent refusé aux étrangers l'accès à leur gouvernement. Échevins, jurés, magistrats de divers noms et de diverses fonctions sont choisis parmi les bourgeois de la ville, souvent parmi les bourgeois de naissance. Ainsi en était-il à Lille, en vertu d'une ordonnance de Philippe VI de Valois, de 1344.

Les incapacités de l'aubain

Au contraire, le roi et les grands féodaux firent souvent appel à des étrangers lorsque se constituèrent peu à peu les rouages de l'État, conseil du prince, administration financière, services publics, armée. Au XVe siècle, les ducs de Bourgogne eurent recours à des étrangers pour l'administration des « Pays de par-deçà » (les Pays-Bas). Cette invasion des hauts postes suscita les vives protestations de la noblesse locale, ce qui contraignit parfois les princes à promettre de ne plus faire appel aux étrangers. Lorsqu'il acquiert le comté de Namur, en 1421, Philippe le Bon s'engage à n'instituer aucun officier notable « se ilz ne sont Namurois ou Flamans, natifs dudit pays de Namur ou de Flandre ».

Si le droit d'aubaine est exceptionnel en Hainaut, Flandre et Brabant, dans la France des pays de coutumes, l'aubain est exploité. Les incapacités qui le frappent, les charges dont il est grevé varient peu selon les coutumes. Dans l'ensemble, sa situation est misérable. Les profits que les seigneurs entendent tirer des aubains expliquent l'âpreté des procès qu'ils engagent pour faire valoir leurs droits. Des accords sont passés pour fixer les modes de répartition. Des aubains sont donnés à des abbayes ou concédés en fief. L'aubain est traité comme une marchandise, présentant une valeur économique.

Deux types d'incapacités principales le frappent : le formariage et des incapacités successorales. Le premier n'existe que dans le nord de la France. Les incapacités successorales sont plus répandues.

Le formariage interdit à l'aubain d'épouser une personne de condition libre sans l'autorisation du roi, à peine de soixante sous d'amende. Il paie cette autorisation par abandon d'une partie de ses biens. Les textes, qui édictent cette incapacité, rapprochent dans une même disposition « bâtards, espaves, aubains », soulignant ainsi le peu de cas qui est fait de ces derniers.

L'incapacité successorale emporta d'abord le droit pour le seigneur de recueillir les biens de l'aubain mort sans héritier. « Nichole, fame Joire le Riole... morut sanz hoir et éstoit aubanne. L'Église ot ses biens » note le Registre criminel de Sainte-Geneviève en 1296. À partir du XIVe siècle, le seigneur prend les biens à défaut de descendants. Un mémoire concernant

Espaves sont les biens des gens espaves

la Champagne, rédigé pour la reine Jeanne, épouse de Philippe le Bel, précise « ... Espaves sont les biens des gens espaves qui sont néz hors du royaume et puis viennent mourir en iceluy et ilz vont de vie à trespassement sans hoir de leur corps, leurs biens sont appelez espaves et appartiennent au Roy et non pas au hault justicier... pource que, selon la coustume de Champaigne, toutes telles semblables gens, quant ilz viennent demourer audit royaume, ilz sont homes et bourgeoys du roi... ».

Alors que l'incapacité de transmettre ab intestat se réduit, celle de disposer par testament apparaît au XVe siècle. Autre aggravation, qui survient vers le même temps : l'aubain est frappé d'une incapacité de recevoir à cause de mort.

D'autre part, l'aubain est astreint à certaines redevances, en particulier une redevance annuelle due par tête, d'où son nom de « chevage » *(capitale)*. À son propos, les textes rapprochent, de nouveau, bâtards, aubains, épaves.

Formariage et chevage, qui n'avaient jamais été généraux en pays coutumiers, disparaissent au cours du XVe siècle. Les coutumes rédigées du XVIe les ignorent (sauf à Péronne et à Laon). Restent les incapacités successorales, qui deviennent caractéristiques de l'aubain. D'où la notion d'un « droit d'aubaine », et le sens nouveau que prendra le mot « aubaine », à partir des années 1660, pour désigner un profit sur lequel on ne comptait pas.

Escas et quart-forain

Dans les villes d'Artois et de Flandre, l'étranger qui souhaitait acquérir un bien d'un indigène, que ce soit entre vifs ou par succession à cause de mort, devait payer une certaine somme à la commune. Cette taxe était appelée, selon les lieux, droit d'écart, d'escas, de quart-forain, d'issue. Attestée dès la seconde moitié du XIIIe siècle, elle ne se rencontre que dans les villes. Le monde seigneurial l'ignore, et le souverain ne l'exigera qu'au XVIIIe siècle. Le taux variait selon les lieux, 20 p. 100 à Aire-sur-la-Lys, 12 p. 100 à Saint-Omer. Les fiefs y échappaient et de nombreuses exemptions personnelles furent accordées. La gêne qu'elle apportait aux transactions la fit parfois réduire, ou même supprimer, par des accords passés entre les villes.

De même fut-il parfois interdit aux étrangers d'acquérir des immeubles. Là où elle existe, cette défense traduit la volonté (le plus souvent des bourgeois, plus rarement du seigneur) de faire de la détention des terres un privilège des seuls natifs.

La méfiance vis-à-vis des étrangers se marque également en matière judiciaire et dans le domaine répressif. Alors que la faculté de saisir la personne ou les biens du débiteur qui ne s'exécute pas (saisie privée) disparaît aux XIIe-XIIIe siècles, des ordonnances urbaines du XIIIe siècle concèdent aux bourgeois le privilège de procéder à l'arrestation extra-judiciaire d'un débiteur forain pour le faire comparaître devant la justice. Certaines coutumes autorisent à le garder pendant trois jours avant cette comparution. Mais, le plus souvent, le « droit d'arrêt » était suspendu pendant la durée des foires, afin de ne pas écarter les marchands étrangers.

Autre mesure exorbitante, l'assistance immédiate que doivent les bourgeois à celui d'entre eux qui est attaqué par un étranger. De nombreuses chartes urbaines des XIIe-XIIIe siècles font mention de ce retour à la vengeance privée. Le bourgeois attaqué et ses défenseurs qui blesseraient, ou même tueraient l'agresseur étranger, sont considérés en état de légitime défense.

De la défense, on passe parfois à la contre-attaque, à l'expédition punitive pour aller abattre ou brûler la maison de l'agresseur étranger. Ce droit d'« arsin ou d'abattis », répandu dans le nord de la France, s'y maintient longtemps, malgré les efforts des princes territoriaux pour y mettre fin. Des expéditions à main armée sont également menées pour récupérer chez l'étranger les objets qu'il a dérobés ou pour libérer un bourgeois arrêté hors de sa ville.

Le droit d'arsin

Enfin les amendes qui frappent les étrangers sont souvent plus fortes (le double, parfois davantage) que celles qui sont édictées contre les bourgeois.

Plus grave encore que ces mesures discriminatoires, la déchéance qui menace l'aubain. Si, à l'époque carolingienne, l'étranger restait un homme libre, à partir du XIIIᵉ siècle, dans certains pays de coutume (comme le Berry ou la Champagne), la prescription d'an et jour fait tomber l'aubain en servitude s'il n'a pu « avouer » un seigneur et établir sa condition d'homme libre.

Cette déchéance découle d'une présomption de servitude, qui, dans certains lieux, pèse sur tout résident. Le juriste Beaumanoir le dit, à la fin du XIIIᵉ siècle : « Il y a de teles terres, quant uns frans hons, qui n'est pas gentius hons de lignage, i va manoir, et i est résidans un an et un jour, il devient, soit hons soit fame, sers au seigneur » (*Coutumes de Beauvaisis,* 1438). Dans cette société d'ordre qui se met peu à peu en place, nobles et clercs sont à l'abri de ce risque. Les serfs ne peuvent tomber plus bas. La servitude par prescription ne menace donc que les hommes libres, paysans ou citadins, du futur « tiers état ».

Le statut médiéval de l'aubain rend sensible ce qu'est alors l'« étranger ». Les charges qui pèsent sur lui, les incapacités qui le frappent profitent au seigneur haut-justicier du lieu où il réside. L'étranger est celui qui vient des terres échappant à cette justice seigneuriale. Le cloisonnement extrême de la société féodale conduit juridiquement à la prolifération des « étrangers ». Cette conséquence ne fait d'ailleurs que traduire dans le domaine du droit une réalité sociale profondément ressentie. Dans une société où la plupart des relations ne s'étendent pas au loin, est « étranger » quiconque n'est pas du proche voisinage.

Mais, de bonne heure, un changement se profile. Au cours du XIIIᵉ siècle, le pouvoir royal affirme davantage son autorité sur tout le royaume. L'État renaît, tandis qu'un sentiment national commence à se former. La notion d'étranger et son statut subissent les contrecoups de ces transformations. L'aubain passe peu à peu sous le contrôle du roi.

Nul autre seigneur que le roi

Les coutumiers de la dernière décennie du XIIIᵉ siècle l'affirment, « l'aubain ne peut faire autre seigneur que le roy ». C'est dire que l'aubain ne peut reconnaître d'autre seigneur que le roi, et la réduction au servage par an et jour ne peut profiter qu'au roi. D'autre part, se prévalant de textes du droit romain, les officiers royaux assimilent le patrimoine de l'aubain mort sans héritier à des biens vacants, sans maître, et déclarent qu'ils reviennent au roi, comme les épaves ou l'héritage des bâtards.

Prétention contre laquelle s'insurgent les seigneurs, qui se voient menacés de perdre la succession des étrangers morts sans héritiers. Une ordonnance de 1301 fait quelques concessions. Elle émane cependant d'un Philippe le Bel peu disposé à renoncer à ce qu'il tient pour son droit. C'est dire la vigueur des résistances seigneuriales, la fragilité de la position royale. Les chartes, que Louis X est contraint d'accorder en 1315 aux Normands, aux Bourguignons, aux Champenois, aux bailliages d'Amiens et de Vermandois, reconnaissent les droits des seigneurs sur les aubains. Il faut attendre la fin du XIVe siècle pour que le roi reprenne l'avantage. « Comme il soit notoire [...] que [...] sont et doivent estre à nous, de notre droit, tous les biens meubles et immeubles des personnes, gens aubains et espaves, qui y trespassent sans convenables héritiers, en quelque haulte justice que yceulx espaves et aubains soient demourans et voisent de vie à trespassement... » (Lettres royales du 5 septembre 1386).

Nationaux et étrangers : l'État moderne

À partir du XIVe siècle, le droit envisage de plus en plus l'étranger dans le cadre politique de l'État, d'une monarchie qui tend vers l'absolutisme. Juridiquement, l'étranger est celui qui n'appartient pas au royaume, qui n'est pas sujet du roi. Cette conception persistera à l'époque contemporaine, quand, avec la Révolution, le sujet fera place au citoyen. L'étranger sera alors le non-citoyen, celui qui n'appartient pas au corps civique, à la nation.

Sans doute, à l'intérieur des frontières étatiques, des différences subsistent entre les sujets (ou les nationaux), qui réintroduisent la notion d'« étranger ». Mais, dans le cadre de groupes mineurs, régionaux, idéologiques, religieux, il s'agit d'étrangers au sens sociologique du terme, que le droit ne prend pas en compte. Nous n'envisageons pas ici la condition très particulière des Juifs. Celle des protestants du XVIe au XVIIIe siècle n'entre pas dans le cadre d'une étude consacrée aux étrangers.

La condition juridique de l'étranger présente une certaine continuité du XVIe siècle à nos jours. Certes, bouleversements politiques, mutations économiques, mouvements sociaux, diversité des doctrines et des idéologies ont influencé son statut. Sur la toile de fond de l'État, monarchique ou national, qui fournit un élément de continuité, de multiples changements sont intervenus au cours des cinq derniers siècles. Il faut donc distinguer les époques, celle de la monarchie absolue, la crise révolutionnaire, le droit du XIXe siècle et les changements récents, souligner les constantes, mais aussi mettre en évidence la spécificité de chaque temps et en rechercher les motifs.

L'accueil du roi   Dans la France monarchique, l'étranger est celui qui est « né hors du royaume ». Au début du XVIIe siècle, un avocat au parlement de Paris, Loisel, le dit dans ses *Institutes coutumières* (n° 67) : « Aubains sont étrangers, qui sont venus s'habituer en ce royaume, ou qui, en étant natifs, s'en sont volontairement étrangés. » Quelques années plus tard, celui qui est tenu pour le père du droit international moderne, Hugo Grotius, écrit dans son *Introduction au droit hollandais* (1620) : « C'est le lieu de naissance qui établit une autre distinction parmi les hommes, à savoir entre ceux qui sont nés dans le pays *(enborelingen)* et ceux qui sont du dehors du pays *(uitlanders)*. » À la veille de la Révolution, Pothier, professeur de droit à Orléans, dira encore des étrangers qu'on « les appelle aubains, quasi *alibi nati* (« nés ailleurs ») ». Il n'est plus fait référence, chez les juristes, à l'étranger qui est venu s'établir dans la justice d'un seigneur. Seul compte le cadre du royaume. Le roi seul peut prétendre au droit d'aubaine. Sans doute, quelques juristes du XVIᵉ siècle, tels que Dumoulin ou Guy Coquille, protestent encore contre cette spoliation des seigneurs. Mais c'était aller à contre-courant ; les parlements statuèrent toujours en faveur du roi et aux dépens des seigneurs.

Le droit d'aubaine n'est plus considéré comme la conséquence d'une sorte de servage. Il est rattaché à la doctrine des « biens en deshérence ». L'étranger étant « une épave », ses biens, à son décès, vont au souverain. On passe ainsi du droit privé (le servage) au droit public des prérogatives de la souveraineté. Le droit d'aubaine devient « droit régalien ». *Droit d'aubaine, droit du roi*

Passant sous contrôle royal, l'étranger y gagne de se voir doté d'un statut plus précis, qu'élaborent non sans peine les juristes. On ne se borne plus à l'envisager à son décès, pour faire valoir le droit d'aubaine. Ce sont ses conditions de vie qui sont désormais précisées. À une exploitation liée au souci de profit matériel se substitue l'élaboration d'un véritable statut juridique.

Reprenant, vaille que vaille, la vieille distinction romaine entre « droit civil » et « droit des gens », le premier étant propre aux citoyens romains et le second s'appliquant à l'ensemble de l'espèce humaine, nos anciens auteurs reconnaissent que l'étranger jouit des droits qui relèvent du second. Ainsi, l'étranger peut épouser une Française sans être astreint à payer le formariage. Il peut vendre, acheter, louer, donner mandat, créer une société, emprunter, hypothéquer. Il peut faire une donation, et, bien que cela ait été contesté, avoir un domicile dans le royaume. Mais il ne peut adopter des enfants ou exercer la tutelle. S'il meurt sans enfants, ses biens iront au roi (droit d'aubaine au sens strict). Il ne peut recueillir par succession à cause de mort.

L'étranger est exclu des fonctions publiques, du barreau, des bénéfices ecclésiastiques, de l'université – deux domaines où le triomphe de l'État monarchique, et déjà national, impose aux étrangers des incapacités qu'avait ignorées la chrétienté médiévale.

Enfin, s'il peut saisir les tribunaux du royaume, il doit verser caution de payer en cas d'échec de son procès *(cautio iudicatum solvi)*. Condamné, il est exposé à la contrainte par corps, alors que celle-ci fut supprimée pour les régnicoles par l'ordonnance sur la procédure civile d'avril 1667.

Dans la réalité quotidienne, ce régime connut de notables assouplissements. Ainsi, des provinces (le Languedoc) ou des villes (Bordeaux, Metz) ont exempté les étrangers de la déchéance successorale. Les ambassadeurs y échappent pour leurs meubles depuis Louis XI, les gardes-suisses en sont exempts.

Une discrimination malséante

Le droit d'aubaine est d'ailleurs très critiqué. Déjà en 1620, Grotius, à propos de la séparation entre indigènes et étrangers, écrivait que « cette distinction entraînait jadis beaucoup de conséquences (fâcheuses). Mais, comme dans le cours des années, le commerce et les métiers dans ces pays se sont beaucoup accrus grâce à l'affluence des étrangers, une telle discrimination a été jugée malséante... » *(Introduction au droit hollandais).*

Le juriste hollandais prônait l'assimilation pour des motifs économiques. Dans les milieux intellectuels du XVIII\ :sup:`e` siècle, d'autres considérations furent mises en avant. L'aubaine parut contraire au droit naturel, alors si prisé. Elle se conciliait mal avec la tendance des philosophes à faire tomber les barrières entre États. Montesquieu la dit « insensée ». Déjà, en 1529, le traité entre François Ier et Charles Quint avait supprimé le droit d'aubaine entre la France et les « Pays de par deçà » (principautés belges et Pays-Bas). Des dispositions analogues se retrouvent dans les traités du Cateau-Cambrésis (1559), de Vervins (1598), des Pyrénées (1659), Aix-la-Chapelle (1668), Nimègue (1678), Aix-la-Chapelle (1748). À partir des années 1750, de nombreux traités internationaux suppriment l'aubaine selon des modalités diverses. Il reviendra à l'Assemblée constituante de la faire disparaître.

Les lettres de naturalité

L'étranger pouvait d'ailleurs bénéficier d'une *naturalisation,* qui l'assimilait presque pleinement à un régnicole. Il n'avait cependant pas accès aux bénéfices ecclésiastiques majeurs (évêchés et abbayes), ni au Conseil du roi. Le terme de *naturalisation* apparaît au milieu du XVI\ :sup:`e` siècle pour désigner à la fois l'acclimatation durable d'une espèce végétale ou animale et l'intégration d'un étranger. Une telle ambivalence n'est pas sans signification.

La naturalisation s'opère par la concession de « lettres de naturalité », que l'étranger fait enregistrer à la Chambre des comptes. Il y eut aussi des naturalisations collectives, en récompense de services divers. Un édit de 1607 déclare « vrais et naturels régnicoles » les ouvriers étrangers de la manufacture de tapisserie des Flandres. La garde écossaise avait été naturalisée par Henri II en 1547 ; en 1687, une mesure analogue récompense les étrangers qui ont combattu durant cinq ans sur les navires de guerre du roi.

Les contradictions révolutionnaires

Les bouleversements survenus de la réunion des États généraux à la promulgation du Code civil de 1804 allaient marquer profondément le droit de l'étranger. L'émigration, l'invasion, les guerres victorieuses, les rattachements et les annexions territoriales mettent en question les frontières, suscitent de nouvelles oppositions, créent de nouveaux liens. Comment le droit put-il enregistrer de si rapides changements ?

Deux principes l'ont guidé : la poursuite de l'idéal universaliste de la philosophie des Lumières et l'identification affirmée de l'État avec la nation. Avec la chute de la royauté, les nationaux ne sont plus des « régnicoles ». Ce sont des « citoyens ». Désormais, et jusqu'à nos jours, le dualisme fondamental sera entre étranger et citoyen.

Car l'aubain, lui aussi, disparaît. Dès le 16 avril 1790, l'Assemblée abolissait le droit d'aubaine, « invitant les étrangers à jouir sous un gouvernement libre des droits sacrés et inviolables de l'humanité ». Avec une générosité qui devait bientôt se révéler inapplicable, une loi du 8 août 1791 donnait aux étrangers le droit de recueillir la succession d'un Français ou d'un autre étranger. Instruit par l'exemple, le Code civil n'ira pas aussi loin. Si la Restauration, par la loi du 14 juillet 1819, rétablit cette faculté, avec quelques précautions, ce fut pour satisfaire les banques étrangères, qui avaient contribué à rétablir le crédit de la France après les traités de 1815.

En proclamant des « droits de l'homme » et en affirmant l'égalité de tous les hommes « en droits », la Déclaration du 4 août 1789 ouvre largement l'accès des étrangers aux différents aspects de la vie nationale. La Convention admettra même les étrangers à siéger dans ses rangs.

L'inapplicable générosité

Fidèle à la doctrine de l'ancien droit, la Constituante considère comme étranger celui qui est né hors du royaume de parents étrangers. Mais un décret du 30 avril 1790 « répute français » tout étranger qui est domicilié en France depuis cinq ans, à condition qu'il y ait épousé une Française (le texte ne prévoit pas la situation inverse), ou qu'il y ait acquis un immeuble ou créé un commerce. La Constitution de 1791 reprend cette disposition. Elle y ajoute la naturalisation par acte du pouvoir législatif. Quant aux enfants des étrangers nés en France, ils seront français s'ils y fixent leur domicile.

Ce concept purement juridique d'étranger, le grand libéralisme manifesté vis-à-vis des étrangers ne résistèrent pas à la division entre Français et à l'invasion qui, bientôt, la suivit. Les « émigrés » deviennent des ennemis. Parmi les étrangers, ceux qui sont acquis aux idées nouvelles deviennent des amis, tandis que ceux qui s'opposent à la Révolution sont des adversaires. Le clivage politique ne recoupe pas les classifications juridiques. D'où des mesures qu'un regard superficiel tiendrait pour contradictoires.

Le 26 août 1792, la Législative « défère le titre de citoyen français à dix-huit personnalités d'une éminente dignité » ; parmi elles, Jeremy Bentham, George Washington, Tadeusz Kosciuszko. Le projet girondin de Constitution de février 1793, la Constitution montagnarde du 24 juin 1793 (qui ne fut jamais mise en vigueur) facilitaient l'accès des étrangers à la citoyenneté française.

Les ennemis de la liberté

Mais c'est aussi le temps de « la patrie en danger », celui où les Français émigrés « pactisent » avec l'ennemi qui envahit la France, où l'on dénonce les « complots de l'étranger ». Lorsqu'il s'agit des ennemis de la liberté et de la France (celle-ci incarnant celle-là), les mesures préventives ou répressives se multiplient. Les biens des étrangers sont mis sous séquestre, les personnes surveillées. Les ressortissants des pays ennemis sont arrêtés, à moins qu'ils ne servent la France (artistes, artisans, etc.) et qu'ils aient fait preuve de « patriotisme ». Entre juin et septembre 1792, diverses mesures visent à intégrer dans les armées françaises les officiers étrangers qui désirent combattre pour la liberté. En même temps, sont créées des « légions », batave, belge, liégeoise, germanique, qui viennent renforcer les contingents français.

Plus que la condition d'étranger, c'est celle d'adversaire de la France, et donc de la liberté, qui est prise en considération. On n'en veut pour exemple que les modalités d'application de la loi successorale de nivôse an II (janvier 1794). Son article 59 décide que ne pourront s'appliquer les dispositions de la loi qui profiteraient à des étrangers sujets des puissances ennemies, alors que les étrangers alliés ou neutres en bénéficieront.

Ce clivage est abandonné dès la réaction thermidorienne. La Constitution de l'an III, la législation du Directoire et celle du Consulat font à nouveau prévaloir la notion juridique d'étranger.

*Un accueil
mitigé*

Mais ce n'est pas pour la favoriser. La crise a été trop grave pour que toute méfiance ait disparu. L'étranger inquiète. À l'universalisme humanitaire fait place une réserve nationaliste, à laquelle les divers régimes du XIXe siècle resteront le plus souvent fidèles.

La Constitution du 5 fructidor an III (22 août 1795) rend plus difficile l'acquisition de la nationalité française. Elle exige sept années de résidence, et la Constitution de l'an VIII en exigera dix. Des conditions plus favorables sont cependant faites aux étrangers qui ont rendu des services à l'État, en introduisant des inventions, en créant des établissements... C'est une nouvelle manifestation d'une tendance qui n'a cessé de s'exprimer depuis le XVIe siècle : la méfiance s'estompe lorsqu'il y a profit.

Peu à peu, le péril s'éloignant, les étrangers résidant en France recouvrent leurs droits et leurs biens. Le séquestre des biens des ressortissants des pays ennemis est levé (décret du 14 nivôse an III [3 janvier 1795]). Les mesures de surveillance sont allégées par divers décrets, échelonnés de décembre 1794 à octobre 1797. Mais la vigilance demeure. Des étrangers n'ont-ils pas été impliqués dans le complot de Babeuf ? ou dans celui des Égaux ? Et le nationalisme protectionniste leur refuse l'accès aux professions libérales.

La Constitution de l'an III (art. 335) confirme l'accès des étrangers aux droits civils. Ils peuvent à nouveau succéder, acquérir des immeubles, disposer de leurs biens, passer tout contrat. Sur certains points, le droit pénal se montre encore rigoureux (art. 12 et 13 du Code pénal de brumaire an IV [24 octobre 1795]).

L'époque contemporaine
et la recherche des équilibres

L e droit privé du XIXe siècle, et, dans une large mesure, celui du XXe restent dominés par le Code de 1804. Certes les profonds changements qu'a connus la société française au cours de ces deux siècles, les multiples courants d'opinion qui s'y sont exprimés ont contribué à modifier sur des points importants l'économie du Code. C'est cependant de lui qu'il faut partir avant de relever les atteintes qu'il a subies.

*Ius sanguinis,
ius soli*

C'est dans son titre Ier « De la jouissance et de la privation des droits civils » que le Code envisageait le statut de l'étranger.

Alors que la France monarchique avait fait du lieu de naissance l'élément essentiel pour distinguer l'étranger du régnicole (principe du *ius soli*), le Code de 1804 faisait prédominer la filiation *(ius sanguinis)*. C'est ainsi que « tout enfant né d'un Français en pays étranger est français » (art. 10, al. 1). L'étranger est donc celui qui n'est pas né d'un Français.

Si le Code faisait prévaloir « la nationalité de filiation », c'est que ses rédacteurs, œuvrant dans une époque de guerres incessantes, souhaitaient instaurer une forte cohésion nationale vis-à-vis d'un étranger le plus souvent hostile. La filiation, plus que le lien du sol, favorise cette cohésion. La France n'avait d'ailleurs pas besoin de l'apport de nouveaux nationaux que procure l'application du *ius soli*. Elle était alors la plus « populeuse » d'Europe : 27 millions d'habitants, contre 20 en Allemagne et 16 en Angleterre.

Le Code civil prévoyait d'ailleurs la possibilité d'acquisition de la nationalité française par un étranger.

C'est ainsi que la femme étrangère qui épousait un Français « suivait la condition de son mari » (art. 12) et devenait française par son mariage. Mais, si un étranger épousait une Française, celle-ci perdait sa nationalité pour prendre celle de son mari (art. 19). C'est que, dans la conception des rédacteurs du Code (et du Premier consul), la femme mariée devait « suivre » en tout son mari. L'unité du couple exigeait qu'elle eût la même nationalité que lui.

Future mère d'enfants qui seraient français par leur père, l'étrangère devait, par son mariage, être devenue française. D'autre part, « l'individu né en France d'un étranger » pouvait, dans l'année de sa majorité, « réclamer la qualité de Français », à condition d'avoir son domicile en France ou de faire « sa soumission de fixer en France son domicile » et de s'y établir dans l'année à compter de l'« acte de soumission » (art. 9). Par cette disposition le Code revenait au principe du *ius soli*.

La Constitution de l'an VIII (art. 3) avait également accordé la nationalité à l'étranger qui, après sa majorité, aurait résidé en France pendant dix années de façon continue. Cet automatisme, marqué par la tradition libérale de la Révolution, disparut avec le décret du 7 mars 1809, qui réintroduisit les lettres de naturalisation émanant du chef de l'État. En cela aussi, on retrouvait des pratiques de l'Ancien Régime.

Ces conditions d'accès des étrangers à la nationalité française ont subi de nombreuses fluctuations. Celles-ci traduisent les oscillations de l'opinion publique, les variations des instances politiques, tantôt accueillantes et tantôt réservées, selon les incitations de la démographie ou du « protectionnisme » de l'« identité française ».

Le poids de la démographie

C'est ainsi qu'au cours du XIXe siècle, sans répudier le principe du *ius sanguinis*, diverses lois ont donné la possibilité à des personnes nées de parents étrangers de devenir Français par application des principes du *ius soli*. Il en fut ainsi en particulier des lois du 26 juin 1889 et du 22 juillet 1893, et cela selon des modalités complexes. Dans certains cas, les enfants d'étrangers nés en France devenaient automatiquement Français, ou pouvaient réclamer cette qualité à leur majorité. On voulait ainsi intégrer dans la communauté nationale, et par là même soumettre aux charges militaires, les nombreux enfants d'origine étrangère qui naissaient sur notre sol.

Les dernières décades du XIXe siècle avaient fait apparaître la gravité du fléchissement de la natalité française, tandis que l'immigration étrangère prenait plus d'ampleur. Du fait d'une forte immigration d'ouvriers, les mariages entre Françaises et étrangers étaient devenus beaucoup plus fréquents que les unions entre étrangères et Français. Il apparut dangereux d'établir un lien absolu entre nationalité et mariage. Si la loi de 1889 décide encore, en reprenant la formule du Code civil, que « l'étrangère qui aura épousé un Français suivra la condition de son mari » (art. 12, al. 1), celle du 10 août 1927 considère que le mariage est sans incidence sur la nationalité de la femme, en même temps qu'elle déclare français les enfants légitimes nés en France d'une mère française.

Les profondes transformations intervenues dans la conception même de la vie conjugale depuis quelque trente ans, l'égalité aujourd'hui reconnue entre l'homme et la femme, qu'ignorait le Code civil, ont conduit le législateur à revoir la question. La loi du 9 janvier 1973 pose la règle selon laquelle « le mariage n'exerce de plein droit aucun effet sur la nationalité ». L'homme ou la femme d'origine étrangère peuvent, lors de leur mariage avec un Français ou une Française, réclamer la nationalité française, sans d'ailleurs que cela entraîne toujours et nécessairement la perte de leur nationalité antérieure.

Ce libéralisme n'allait pas sans péril. Des mariages de complaisance furent conclus pour permettre à un étranger (le plus souvent un homme, mais parfois une femme) d'obtenir la nationalité française sans qu'aucune vie conjugale ne soit instaurée. Ce qui conduisit à imposer (loi du 7 mai 1984) une période de « vie commune » d'au moins six mois avant que le conjoint étranger puisse souscrire une déclaration de nationalité française. Mesure jugée insuffisante par certains, qui souhaitent un contrôle judiciaire de ce mode d'accès à la nationalité française.

La naturalisation

Les conditions de la naturalisation ont subi, elles aussi, de profondes modifications au cours de ces deux siècles, tantôt réduites à peu de chose, tantôt, au contraire, aggravées. Les délais de naturalisation varient : cinq ans au lendemain de la révolution de 1848 (décret du 28 mars 1848) ; dix ans, moins de deux ans plus tard (loi du 13 décembre 1849) ; trois ans en 1867 ; un an, dans certains cas, en 1889 ; et, avec la loi du 10 août 1927, grandes facilités pour le gouvernement de naturaliser les étrangers résidant en France. Mais, dans tous ces cas, la naturalisation émane d'un décret du chef de l'État.

Le libéralisme de cette législation permit de naturaliser quelque 40 000 personnes par an dans les années 1928-1937. Le recensement de 1936 fit apparaître un accroissement de la population de 350 000 Français, par suite des divers modes d'accès à la citoyenneté française. Mais la qualité des naturalisés n'était pas toujours ce que l'on aurait pu souhaiter. D'où des manifestations de xénophobie, fortifiées par l'opposition des milieux ouvriers, qui voulaient être protégés contre le chômage, et par les réticences des milieux patronaux et des professions libérales, qui redoutaient la concurrence des étrangers établis en France. Tenant compte de cette situation, le décret-loi du 12 novembre 1938 réduisit les possibilités d'accession à la nationalité française.

Le « Code
de la nationalité »

Au lendemain de la Seconde Guerre mondiale, le « Code de la nationalité française » (ordonnance du 19 octobre 1945) et, plus tard, la loi du 9 janvier 1973 ont entendu donner une réglementation d'ensemble de la matière. Le Code combine l'application du *ius sanguinis* et le *ius soli*.

C'est ainsi que l'article 23 du Code considère qu'est français dès sa naissance l'enfant né en France de parents étrangers, dont l'un au moins était lui-même né en France. Si l'enfant est né en France de parents nés à l'étranger, il devient automatiquement français à dix-huit ans, à moins qu'il ne renonce à cette nationalité dans l'année qui précède sa majorité. Ici encore l'automatisme de l'accès à la nationalité française parut excessif à certains, ce qui les a conduits à proposer d'exiger une demande expresse du candidat. Certaines condamnations encourues par lui entraîneraient le rejet automatique de sa requête. D'autre part, l'octroi de la nationalité se ferait avec une certaine solennité devant le juge d'instance.

La législation française combine ainsi depuis près de deux siècles *ius sanguinis* et *ius soli,* selon des « dosages » qui varient en fonction des circonstances économiques et des dominantes idéologiques.

Un regard hors de France ferait apparaître la diversité des législations en la matière. Les États-Unis privilégient le *ius soli.* Toute personne née sur leur territoire est automatiquement américaine. La naturalisation est au contraire soumise à de multiples exigences (cinq ans de résidence, connaissance de l'anglais, de la Constitution américaine et des lois du pays). L'Espagne, l'Allemagne fédérale, la Belgique se réfèrent au *ius sanguinis*, selon des modalités variables. La Belgique connaît deux formes de naturalisation. La « grande naturalisation », qui seule confère les droits politiques, suppose que le candidat a rendu d'importants services au pays.

Au gré du politique

Plus encore que les modalités d'accès à la nationalité française, la condition juridique des étrangers a subi très profondément, au cours des XIXe et XXe siècles, les conséquences des fluctuations économiques et des options politiques.

Pendant la plus grande partie du XIXe siècle, la France fit preuve de libéralisme dans l'admission des étrangers sur son sol. Leur établissement étant libre, les libertés fondamentales de circulation, de travail, de réunion, de conscience leur furent reconnues. Toutefois, le gouvernement gardait sur eux un pouvoir de police, l'autorisant à prendre les mesures qu'exigeaient la sécurité du territoire et la défense nationale. À partir des années 1880, les menées anarchistes, dans lesquelles les étrangers tinrent un rôle non négligeable, et l'opposition des milieux ouvriers à la concurrence de la main-d'œuvre étrangère conduisirent aux premières mesures de contrôle (immatriculation) et à certaines restrictions à l'embauche de non-nationaux (décret du 10 août 1899). Une carte d'identité fut exigée des étrangers en 1917.

Contrôles et mesures tendant à maîtriser l'immigration se multiplièrent entre les deux guerres. La protection de l'économie et de la main-d'œuvre nationale, les exigences de la sécurité du pays passèrent au premier plan.

Au lendemain de la Seconde Guerre mondiale, une révision de ces mesures s'imposa, ainsi que la réunion dans un texte d'ensemble de nombreuses dispositions législatives prises en fonction des exigences du moment. Tel fut l'objet de l'ordonnance du 2 novembre 1945, qui opéra une véritable codification du statut des étrangers (conditions d'entrée et de séjour, éventuelles mesures de rejet). Ces textes reprirent beaucoup au passé, sans pour autant s'interdire les innovations jugées souhaitables. C'est ainsi que fut créé un « Office national de l'immigration ».

En déterminant les conditions dans lesquelles un individu peut revendiquer la qualité de Français, le Code de la nationalité fixa, par a contrario, le domaine des étrangers : est étranger celui qui ne peut invoquer ces dispositions.

Depuis trente ans, considérations économiques, sociales, humanitaires ou protectrices, orientations politiques diverses ont marqué la législation en la matière. Diverses, parfois contradictoires, ces considérations expliquent la complexité du statut des étrangers et les distinctions à respecter. L'instauration du Marché commun eut sur ce point une importance considérable.

Ces divers facteurs pesèrent aussi bien sur les droits civils reconnus aux étrangers que sur leur statut à l'égard du droit public ou du droit pénal.

Les droits civils, un texte encombrant

En ce qui concerne les droits civils, le Code de 1804 s'était montré moins généreux que le droit révolutionnaire : il n'est plus question d'une égalité en droits de tous les hommes. La fraternité des peuples fait place au marchandage. L'article 11 du Code civil accorde à l'étranger en France « les mêmes droits civils que ceux qui sont ou seront accordés aux Français par les traités de la nation à laquelle ce citoyen appartient ». C'est le principe de réciprocité diplomatique. Si le droit dont l'étranger veut se prévaloir en France n'a pas été reconnu par un traité au profit des Français par l'État dont cet étranger est ressortissant, celui-ci voit rejeter sa prétention. On s'est interrogé sur les raisons profondes de la sévérité de ce régime : peut-être, la volonté de disposer d'un moyen de pression vis-à-vis des États étrangers, afin d'obtenir un traitement satisfaisant pour les Français établis hors de France.

Toujours est-il que le XIXᵉ siècle a tenté d'atténuer les effets de l'article 11. La doctrine juridique en proposa diverses interprétations pour en réduire la rigueur. Au milieu du siècle, deux éminents civilistes, Aubry et Rau, proposèrent d'entendre par « droits civils » les seuls droits créés par le législateur. Selon eux, l'article 11 n'aurait pas concerné les « droits qui relèvent du droit des gens », ceux qui appartiennent « par nature » à tout homme – droit de propriété, droit de se marier... De leur côté, les tribunaux s'efforcèrent de limiter les effets de l'article 11. Progressivement, ils reconnurent aux étrangers les mêmes droits civils qu'aux Français, à moins d'une disposition légale établissant une exception. Finalement, un arrêt de la Cour de cassation du 27 juillet 1948, qui devait faire date, affirma qu'« il est de principe que les étrangers jouissent en France des droits qui ne leur sont pas spécialement refusés ».

En fait, l'étranger jouit de la quasi-totalité des droits de famille, y compris ceux de tutelle et d'adoption que lui avait refusés le droit de l'Ancien Régime. Il peut être propriétaire d'immeuble, et, si le droit d'aubaine avait reparu dans les articles 726 et 912 du Code civil (sous réserve du jeu de la réciprocité), il fut supprimé par la loi du 14 juillet 1819. Depuis cette date, l'étranger peut succéder, disposer, recevoir comme un Français.

D'ailleurs, depuis l'arrêt de la Cour de cassation de 1948, on ne peut plus parler, en matière de droit privé, de règle fixant la condition des étrangers en France. L'étranger, en ces matières, est assimilé au Français, sauf exception spécialement prévue par la loi. Seules certaines lois, d'objet particulier, opèrent, sur un point limité, une discrimination entre national et étranger. Il en va ainsi, par exemple, en matière de fermage, de reprise de bail à usage d'habitation, d'activité syndicale dans les entreprises.

Du fait de l'instauration du Marché commun, la situation des étrangers, ressortissants des États membres, est encore plus favorable. Elle relève d'un « droit européen », qui s'élabore peu à peu et tend à un rapprochement progressif de la situation juridique de tels ressortissants. Les deux principes fondamentaux posés par le traité de Rome en 1957 sont la liberté d'établissement (art. 52 et suiv.) et la libre circulation des travailleurs (art. 48 et suiv.). Ici réapparaît la variabilité du concept d'étranger. Dans le cadre de l'« Europe du Marché commun », transcendant les frontières étatiques et les nationalités, des « étrangers » se trouvent réunis dans une communauté, ce qui efface, sur certains points, la situation première qu'ils avaient les uns par rapport aux autres.

Une communauté européenne

Le droit français se montre beaucoup moins libéral dans le domaine des droits politiques et des activités publiques. L'étranger ne jouit pas des droits politiques, qui sont le propre du « citoyen ». Il ne vote pas et n'est pas éligible aux assemblées politiques. Il ne peut exercer de fonctions publiques : il ne peut être juge, fonctionnaire, concessionnaire de service public, officier ministériel, avocat.

Droits politiques et activités publiques

L'activité professionnelle des étrangers a fait l'objet de nombreuses mesures restrictives, dont certaines instaurent un régime de réciprocité.

Les interdictions, fort nombreuses, mais auxquelles des dérogations individuelles peuvent être apportées, répondent à des soucis divers. Parfois on a voulu se prémunir contre le risque d'influences étrangères, dans les domaines de l'enseignement (loi du 30 octobre 1886), du spectacle (direction ; ordonnance du 13 octobre 1945), de la vie sociale (administrateur de syndicat ; loi du 12 mars 1884), de l'information (participation financière à un périodique ; ordonnance du 26 août 1944), des activités bancaires. Parfois le législateur cherche à empêcher ou limiter la concurrence (en matière de pêche, cabotage, transports routiers ou aériens). Enfin, au nom de garanties de qualification suffisante, plusieurs mesures législatives ont refusé aux étrangers l'exercice de la médecine, de la pharmacie, de l'architecture. Quant au principe de réciprocité, il a été mis en avant pour les professions industrielles, commerciales ou artisanales.

Sur tous ces points, la législation demeure complexe et sujette à variations. Son interprétation par les tribunaux n'est pas univoque. L'administration la fait respecter plus ou moins strictement ; des dérogations individuelles rendent ses contours encore plus incertains.

L'enseignement supérieur dans les universités en offre un bon exemple. Il est normalement assuré par des enseignants, considérés en France comme des fonctionnaires, et, comme tels, nécessairement français. D'autres pays, plus libéraux, n'hésitent pas à confier des chaires universitaires à des étrangers, ce qui, parfois, leur vaut d'acquérir automatiquement la nationalité du pays d'accueil. La rigueur a autrefois privé la France de l'enseignement de savants

Enseignement supérieur et recherche

45

éminents, contraints pour raison politique de fuir leur pays. Pour remédier à cette situation furent créés des postes de « professeurs associés », ouverts aux étrangers, et le C.N.R.S. accueille également des étrangers. Ainsi des savants ont-ils trouvé en France la possibilité de poursuivre leurs travaux et d'en faire profiter leur pays d'accueil.

S'il n'est pas astreint au service militaire, l'étranger résidant en France est soumis au système fiscal français. En retour, il bénéficie de services tels que l'enseignement ou l'assistance hospitalière. L'étranger jouissant en France des libertés fondamentales de l'homme peut demander à la justice de les faire respecter : liberté individuelle, liberté de conscience et de pensée, liberté de publier des livres, liberté d'expression dans la presse, sûreté de sa personne et de ses biens.

Libéralisme et contrôle

Faisant partie de « ceux qui habitent le territoire », les étrangers sont tenus par les lois de police et de sûreté, comme les nationaux (Code civil, art. 3).

Mais, parce qu'« il vient d'ailleurs », qu'il manque souvent d'assise ou de cautions sur un sol où il réside de façon en général transitoire, l'étranger ne peut être pleinement assimilé au national, lorsqu'il s'agit de mesures de police destinées à garantir la sécurité publique. Le libéralisme de l'accueil n'est pas exclusif de mesures de contrôle.

Celles-ci ont varié selon les régimes politiques et les circonstances. On en indiquera seulement quelques-unes, pour en dire les raisons plus que le détail réglementaire. Ici encore, la diversité est grande. Certains étrangers jouissent d'un statut privilégié : ainsi le personnel diplomatique et consulaire. Ce privilège, aussi ancien que l'instauration de véritables relations diplomatiques entre les États, est consacré par des traités internationaux. Le violer ramène à des pratiques que l'Antiquité avait déjà condamnées.

Les motifs du séjour, sa durée modifient la situation de l'étranger. Des accords internationaux peuvent aussi avoir sur elle une incidence. Les liens qui unissent les membres de la Communauté européenne privilégient sur certains points ses ressortissants, lorsqu'ils se trouvent dans un pays membre, bien qu'ils y fassent figure d'étrangers.

Pour s'en tenir à l'essentiel, on dira tout d'abord que l'*admission* des étrangers sur le territoire national est soumise à contrôle : cartes d'identité, passeports, visas, documents précisant les conditions du séjour (loi du 29 octobre 1981 et décret du 27 mai 1982) sont, selon les catégories d'étrangers, exigés à leur entrée en France. La loi du 9 septembre 1986 (art. 1) ajoute : « L'accès du territoire peut même être refusé à tout étranger dont la présence constituerait une menace pour l'ordre public ou qui a fait l'objet soit d'une interdiction du territoire soit d'un arrêté d'expulsion. »

Des cartes de *séjour,* de résident temporaire, de résident ordinaire, de résident privilégié ont été délivrées aux étrangers selon des modalités qui ont varié. Depuis la loi du 17 juillet 1984, seules subsistent les cartes de séjour temporaire et celles de résident. Cette loi a également modifié le système des cartes professionnelles. Ces exigences sont d'ailleurs assouplies dans le cas d'étrangers des pays limitrophes du territoire français ou de ressortissants de la Communauté économique européenne.

Au contrôle des entrées et des séjours s'ajoute l'éventualité de mesures d'expulsion. Celle-ci est prononcée par le ministre de l'Intérieur ou le préfet. Il s'agit d'une mesure de police qui n'est susceptible d'aucun autre recours que celui pour illégalité, porté devant le juge administratif. Mais, par le biais de ce recours, entendu de façon assez large, le Conseil d'État exerce un contrôle sur les mesures d'expulsion.

À cette mesure administrative, la loi du 29 octobre 1981 avait substitué, dans de nombreux cas, une procédure judiciaire, confiant au juge répressif le soin de décider du sort de l'étranger en situation irrégulière. À l'expulsion administrative se substituait « la reconduite à la frontière », dont décidait le juge répressif saisi de l'infraction à la réglementation de l'entrée et du séjour des étrangers. Appel était possible contre une telle décision. La loi de 1981 ne maintenait la possibilité d'expulsion qu'en cas de « menace grave pour l'ordre public », qu'aurait constituée la présence de l'étranger sur le territoire français. Plusieurs catégories d'étrangers étaient d'ailleurs à l'abri d'une telle procédure. D'autre part, les garanties de formes et de procédure en matière d'expulsion étaient renforcées et cette mesure administrative ne pouvait émaner que du ministre de l'Intérieur, dont la compétence ne pouvait être déléguée aux préfets.

Ce régime très libéral fut modifié par la loi du 10 juin 1983, permettant une « reconduite à la frontière » immédiate nonobstant l'appel de l'intéressé. La loi du 9 septembre 1986 a considérablement atténué le libéralisme de la loi antérieure, en mettant en avant les impératifs de sécurité. Elle maintient la procédure d'expulsion (art. 7 à 10), mais prévoit que, dans un certain nombre de cas, « la reconduite à la frontière » sera prononcée par arrêté motivé du préfet. Cette mesure administrative est toutefois susceptible de recours devant le tribunal administratif.

Contrôlé, parfois menacé, l'étranger bénéficie de la protection des représentants diplomatiques de son pays en France. Garantie qui, évidemment, n'existe pas pour les apatrides. Pour eux et pour les réfugiés, qui le sont souvent pour des raisons politiques, a été créé en 1952 un Office français de la protection des réfugiés et apatrides.

Depuis quelque trente ans, révolutions, coups d'État, catastrophes naturelles, avec leurs cortèges de disettes et de misères, ont donné à la question des réfugiés, donc à celle de l'asile, une acuité jusqu'alors inconnue. La France comptait en 1986 environ 30 000 demandeurs d'asile.

Les Préambules des Constitutions françaises de 1946 et 1958 affirment avec générosité que « Tout homme persécuté en raison de son action en faveur de la liberté a droit d'asile sur le territoire de la République ».

En des termes plus généraux, la Convention de Genève sur les réfugiés du 28 juillet 1951, ratifiée par la France en 1954, a prévu dans son article 31 que « les États contractants n'appliqueront pas de sanction pénale, du fait de leur entrée ou de leur séjour irrégulier, aux réfugiés qui, arrivant directement du territoire où leur vie ou leur liberté est menacée, entrent ou se trouvent sur leur territoire, sans autorisation, sous réserve qu'ils se présentent sans délai aux autorités et leur exposent des raisons reconnues valables de leur entrée ou présence irrégulière ».

De nos jours, beaucoup de demandeurs d'asile ne répondent plus aux critères de la Convention de Genève. Ainsi qu'on l'a fait observer, « À l'heure actuelle, ce ne sont pas les réfugiés au sens de la convention de Genève qui posent des problèmes, mais le nombre croissant de personnes qui cherchent à fuir les graves troubles intérieurs et les conflits armés qui ravagent leur patrie » (H.O. Vetter).

En avril 1986, une réunion tenue à La Haye de onze pays de la Communauté européenne s'est saisie de cette question. L'idée s'est dégagée d'une responsabilité des États vis-à-vis de ces demandeurs d'asile, qui interdirait de les renvoyer vers des pays où leur sécurité et leur dignité ne sont pas garanties. Mais, pour endiguer un flot parfois inquiétant pour la sécurité publique, les États sont tentés d'appliquer une politique de strict contrôle au moment de l'entrée de ces réfugiés. En France, il est envisagé de confier ce contrôle à la police des frontières, qui relève du ministère de l'Intérieur, de même que l'Office de protection des réfugiés et apatrides passerait sous la tutelle du ministère de l'Intérieur.

En ce qui concerne le domicile des étrangers en France, l'article 13 du Code civil subordonnait à « une autorisation de l'Empereur » l'établissement par l'étranger d'un domicile en France. Pendant tout le XIXe siècle, la jurisprudence entendit ce texte comme impliquant un refus de principe à ce que l'étranger soit domicilié en France. Les inconvénients de cette solution étaient graves et évidents. Aussi la loi du 10 août 1927 abrogea-t-elle l'article 13.

Dans un tout autre domaine, l'article 16 du Code civil maintenait l'obligation pour l'étranger demandeur dans un procès de fournir la *cautio iudicatum solvi*. Mais cet article a été lui aussi abrogé par la loi du 9 juillet 1975.

Le droit,
reflet de la vie

Ces quelques indications sur la condition juridique de l'étranger confirment une évidence : le droit est reflet de la vie. S'il entend parfois l'orienter, il ne peut en ignorer les exigences. Il traduit des mentalités et met en forme des données politiques et sociales.

On a dit en débutant le flou que présente à toute époque la notion d'étranger et on a montré les contradictions qui en résultent : défiance, voire hostilité, mais aussi appel intéressé ou générosité envers un frère malheureux. Le droit, sous des formes variées, répondant à la diversité des époques, offre lui aussi plusieurs images de l'étranger et se montre envers eux réservé ou bienveillant.

J. G.

LA CONFUSION DES PEUPLES

Tout est en cours de transformation.
Toi-même aussi
tu es en état de transformation continue
et, à certains égards, de dissolution ;
de même pour l'univers entier.

(Marc-Aurèle, « Pensées pour moi-même », IX-XIX.)

Soleil, jusqu'à quand te lèveras-tu dans la guerre ?
Jusqu'à quand rouleras-tu dans les cieux
comme un bouclier sanglant ?

(Ossian, « la Guerre de Temora », II.)

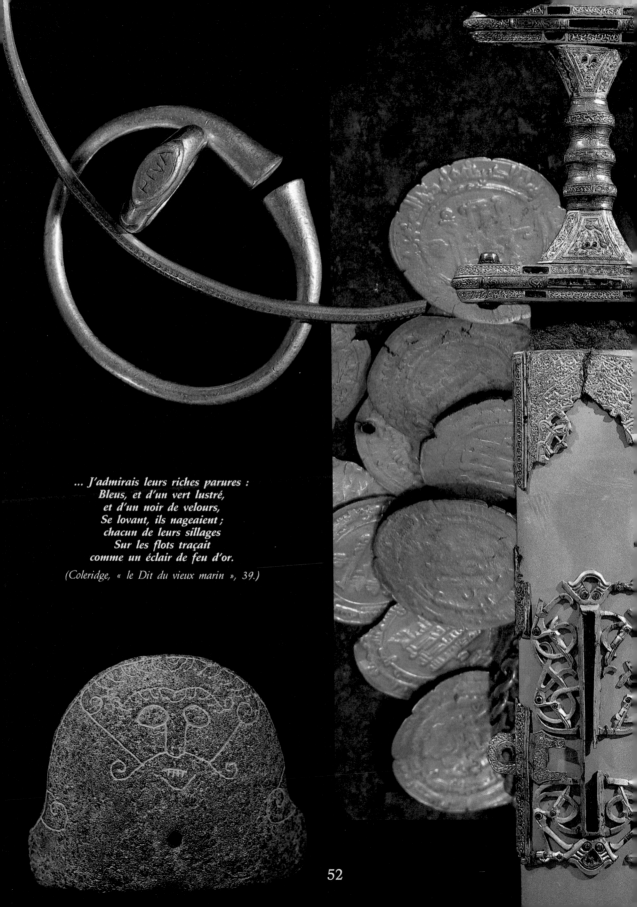

... J'admirais leurs riches parures :
Bleus, et d'un vert lustré,
et d'un noir de velours,
Se lovant, ils nageaient ;
chacun de leurs sillages
Sur les flots traçait
comme un éclair de feu d'or.

(Coleridge, « le Dit du vieux marin », 39.)

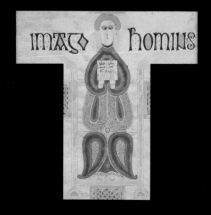

Aussi longtemps que l'éternel et l'historique
restent extérieurs l'un à l'autre,
l'historique n'est que l'occasion.

*(Kierkegaard, « les Miettes philosophiques,
III, le Paradoxe absolu ».)*

page 49. – *Stèle funéraire provenant de la Horgne au Sablon.
Musée d'Art et d'Histoire, Metz. – Boucles d'oreilles d'époque
mérovingienne. Musée archéologique, Strasbourg. – Jeune Germain.
Art gallo-romain, musée de Trèves.*

pages 50-51. – *Armes mérovingiennes, Ve s. Trésor de Pouan,
musée des Beaux-Arts, Troyes. – Barbare captive ; grès rouge
IIe-IIIe s. Musée de Trèves. – Cavaliers en armes ; art lombard,
VIIIe s. Musée d'Archéologie, Pavie.*

pages 52-53. – *Bague et bracelet en or du Ve s. Trésor de Pouan,
musée des Beaux-Arts, Troyes. – Tête du dieu Loki ; pierre runique,
prov. Arhus. Musée d'Archéologie de Moesgard, Danemark. – Épée
(VIe-IXe s.) ; Trésor de Vendel. Musée historique, Stockholm.
– Argenterie prov. Birka ; art viking, IXe s. Musée historique,
Stockholm.*

pages 54-55. – *Miniature de l'Évangéliaire d'Echternach, VIIIe s.
B.N. – Tête de statue reliquaire (Ve s. ?), trésor de Sainte-Foy de
Conques. – Miniature carolingienne du Bréviaire d'Alaric ;
IXe s. B.N.*

page 56. – *Saint Étienne entouré de Juifs, fresque, IXe s. Abbatiale
de Saint-Germain, Auxerre.*

Introduction

Pendant plus de six cents ans, l'étranger – si le mot a un sens – renvoie, pour les pays qui constitueront la France, à la vision dramatique des Grandes Invasions et de leurs vagues successives, depuis l'Europe centrale et orientale d'abord, puis à partir des pays du Nord et de la Méditerranée ensuite : le royaume franc lui-même n'est-il pas né de l'une d'entre elles ? Les marchands « syriens », présents dès le IIe siècle, sont toujours là avec les négociants juifs, que rien, jusqu'au IXe siècle, ne distingue, dans l'espace urbain, des populations chrétiennes ; ils finiront par assurer la liaison avec le monde musulman. À la fin du VIIe siècle arrivent les trafiquants frisons et anglo-saxons, bien accueillis par les villes marchandes, même si la cohésion précoce de leurs communautés éveille une certaine méfiance ; et les ambassadeurs d'un Orient munificent et mystérieux – ceux de Byzance, ceux des califats arabes – suscitent toujours l'étonnement devant les mystères d'un Orient de rêve, tandis que l'internationale des moines, des pèlerins et des clercs atteste de l'universalité de la chrétienté.

Les uns et les autres comptent peu face au déferlement des Barbares, sans cesse renouvelé, vers ce qui est alors la Gaule. Il ne se résume pas aux coups de boutoir conquérants qui crèvent l'antique *limes ;* l'Empire romain finissant sait aussi attirer les plus proches d'entre eux pour faire d'eux ses esclaves et ses défenseurs : les lètes d'abord, surtout présents dans la France du Nord, avant les *fœderati,* installés par peuplades entières sur ses marches frontières, sorte de légions étrangères de laboureurs et de soldats, qui représentent peut-être 7 p. 100 des habitants de l'espace « français » à la fin du IVe siècle ; à leur tour, les Bretons, arrivés de l'Ouest, ont tôt fait de devenir des « Romains », le cantonnement en Normandie, aux IXe et Xe siècles, finit par apaiser les terribles Vikings eux-mêmes. Si bien que le royaume capétien apparaît, aux Xe et XIe siècles, comme un agrégat de peuples divers.

Derrière l'unité – encore imparfaite – du pouvoir politique, demeure la variété des droits et des pratiques juridiques, des calendriers et des pratiques festives, des sensibilités religieuses surtout, où les idoles germaniques n'ont pas tout à fait renoncé à résister à une conversion au christianisme, d'ailleurs incomplète. La peur ne disparaît jamais complètement chez les premiers occupants, ou chez les étrangers les plus précocement installés, vis-à-vis de peuples qui soufflaient tous, en arrivant, la mort et l'incendie, ces « hordes chevelues » qu'évoque Sidoine Apollinaire au Ve siècle, mais au milieu desquelles il faut se résigner à vivre puisque leur présence est le seul moyen de survivre. La crainte oubliée, il reste le mépris face à l'étrangeté de leurs noms et au remugle écœurant de leurs cuisines. Mais l'image de leur sauvagerie passe sans cesse d'un peuple à l'autre, à mesure de leur arrivée, et ne perdurera in fine que pour ceux qui repartent et s'évanouissent, ces « armées funèbres » des Huns, des Avars et des Hongrois, avant les Basques et les Navarrais, vers un monde extérieur qui, hors de l'Empire, ne peut être que celui de l'horrible et du merveilleux, mi-humain mi-animal, où les hommes côtoient les amazones et les cynocéphales, les bêtes sauvages et les monstres marins, un monde tôt marqué de la présence du Diable. Tout aussi mystérieux est cet Orient d'où viennent, à partir du VIIe siècle, Arabes et Sarrasins, et où ils repartent.

Déjà s'esquisse une ethnographie des apparences, où les traits physiques renvoient aux vices de la morale, mais aussi à ses vertus ; elle fixe, en même temps, une image, déjà, du « bon sauvage » qui, apprivoisé, est devenu un sauveur, voire un exemple par ses qualités guerrières et privées. Dans cette Gaule devenue la France de cent peuples divers, les eaux se mêlent difficilement chez les petites gens restés plus fermement attachés à leurs croyances, à leurs parlers, à leurs pratiques. Mais la fusion – sans cesse renouvelée – est déjà en marche du côté des aristocraties, au travers de ces écoles de cadres que sont les cours et les armées, et dans le creuset de la chrétienté.

I

LA FIN
DE L'ERRANCE

« Des peuples innombrables et sauvages occupent la Gaule. Des Alpes à l'océan, des Pyrénées au Rhin, on voit les Quades, les Vandales, les Sarmates, les Alains, les Gépides, les Hérules, les Saxons, les Burgondes et les Alamans dévaster villes et villages... Mayence, cité jadis si magnifique, est prise et détruite ; dans son église des milliers de gens ont péri. Worms est à demi écroulée après un long siège, Reims est en ruine. Amiens, Arras, l'extrême terre des Morins (Thérouanne), Tournai, Spire et Strasbourg sont passées à la Germanie. L'Aquitaine est ravagée. » ☐

Tel est l'impressionnant tableau que saint Jérôme dresse de la Gaule en 410, lorsqu'il écrit à Ageruchia, une jeune noble de Gaule devenue veuve, pour lui déconseiller de se remarier. Mieux valait abandonner un tel monde à lui-même et se retirer en quelque lieu écarté pour prier.

Comment en était-on venu là ? Reportons-nous par la pensée quelques mois plus tôt. Nous sommes en hiver 409, le Rhin a gelé. Les files des chariots vandales le franchissent, protégées par les guerriers à cheval : quelques dizaines de milliers de désespérés, orgueilleux de leur passé épique, sortis de leur lointaine Silésie pour fuir la domination des Huns, ont remonté le Danube durant toute l'année. Ils ont dû attendre plusieurs jours, affamés, dans les forêts du Main, que la glace prenne. Les Alamans qui tenaient le pays les ont bon gré mal gré laissés passer. Certes, l'arrivée des émigrants à la frontière de l'Empire n'est pas restée inaperçue. Le commandement impérial de Gaule, depuis Trèves où il réside, a envoyé au secours du général commandant le district militaire de Strasbourg – le *tractus argentoratensis* – des régiments d'élite, les *auxilia palatina,* en majorité d'origine franque. Ils tombent sur les colonnes vandales, le roi et ses guerriers sont taillés en pièces. Surviennent alors, quand on les croyait écartés, d'autres Barbares, les Alains, dont la cavalerie écrase l'armée de Gaule. Ainsi commençaient, aux yeux des historiens du XIXe siècle, les « grandes invasions », où allait s'engloutir l'Empire d'Occident, et avec lui la civilisation romaine.

Champs déserts et déportations

Cette vision dramatique, et qui parle encore à l'imagination de nos contemporains, laissait de côté quelques problèmes et non des moindres : pourquoi l'Empire était-il tombé devant une tribu germanique, lui qui en avait tant vaincu et massacré durant sa longue histoire militaire ? Et pourquoi le plus durable des royaumes barbares, celui des Francs, avait-il été établi non par les envahisseurs triomphants, partis fonder en Afrique du Nord un royaume éphémère, mais par le fils d'un général romano-barbare, commandant les descendants de ces troupes qui avaient si vaillamment combattu sur le Rhin pour la défense de l'Empire ? Les invasions ne sont qu'une conséquence des contradictions qui minaient le monde romain.

Il n'est guère possible d'exposer ici en détail la crise qui détruisit l'Empire d'Occident, la dernière d'une série qui commence au milieu du IIIe siècle. Au risque d'être schématique, disons que l'un des éléments majeurs de ces crises est le dépérissement de l'esclavage en étable, fondement non seulement matériel, mais idéologique, de tout le système de dépendance sur lequel s'était édifié l'Empire. L'esclave de prise fourni par l'armée romaine devient plus rare à mesure que les sociétés sauvages de l'Europe centrale apprennent à combattre l'État impérial et se transforment à son contact. Les grands et les moins grands propriétaires se retournent alors contre la paysannerie libre et s'efforcent de la réduire en dépendance, généralement en jouant sur les « mauvais » fonctionnements de l'appareil étatique et notamment du système fiscal, dont ils sont les bénéficiaires.

La classe moyenne, prise entre deux feux, est sinon laminée, du moins sérieusement affaiblie. Pression des sociétés sauvages à l'extérieur, soulèvements paysans à l'intérieur, parfois à l'échelle de plusieurs provinces comme les deux révoltes bagaudes, putschs et rivalités pour le pouvoir suprême entre cliques dirigeantes : l'Empire de Dioclétien puis celui de la nouvelle dynastie constantinienne affrontent la crise par la militarisation croissante de la société, la création de véritables castes où les fils doivent succéder aux pères et le renforcement de l'armée, garant de plus en plus pesant de l'autorité administrative. Parfois l'évolution arrive à son terme : ainsi dans le nord de notre pays où des secteurs entiers, les *tractus,* sont soustraits à l'autorité civile et placés directement sous contrôle militaire. La réponse à cette politique, hors les temps de révolte, est la fuite : fuite devant l'impôt, devant la conscription, devant le travail agraire : « les champs, disent les auteurs du temps, sont désertés ». L'État constantinien doit donc regarnir les terres et les régiments, où l'on meurt autant de maladies que de batailles, reconstituer l'armée du travail et l'armée tout court.

Les sociétés barbares vont fournir la main-d'œuvre nécessaire à l'Empire défaillant, non plus sous la forme de l'esclavage – au sens technique, romain, du terme, qui impliquait la fiction d'un humain-objet, manipulé selon les règles « individualistes » du droit privé –, mais en constituant une dépendance

Le guerrier barbare captif attend peut-être la mort, mais c'est plus sûrement le servile travail de la terre qui sera son lot dans l'Empire romain.

(ARC DE TRIOMPHE DE CARPENTRAS. Ier S.)

limitée, collective, dans le cadre de la fonction publique – on dira en droit romain un *corpus publicum* –, un statut qu'on appela tantôt d'un nom ancien du vieux droit romain, celui de *déditices* (« ceux qui se sont livrés »), tantôt d'un nom nouveau, emprunté aux Barbares germaniques eux-mêmes, celui de *lètes*. Le mot désignait dans les sociétés encore tribales d'outre-Rhin des familles d'agriculteurs astreints au tribut : une dépendance certes considérée comme dégradante dans ces sociétés, mais beaucoup moins dure que l'esclavage romain et qui, à ce titre, fit l'étonnement des officiers de l'Empire au Ier siècle av. J.-C., lorsqu'ils la découvrirent.

Au IVe siècle, les groupes sauvages irréductibles qui résistent encore trop durement à l'armée romaine sont, comme par le passé, détruits, les guerriers massacrés ; les non-combattants, emmenés et vendus comme esclaves, disparaissent – en quel nombre ? – dans l'anonymat de la population servile de l'Empire. Mais, lorsque certaines tribus acceptent de se soumettre, leurs « grandes familles » sont déportées et installées, à l'intérieur de l'Empire, sur les « champs désertés » des mauvais cantons ; les chiffres sont parfois impressionnants : en 287, 100 000 Germains installés au sud du Bas-Danube, dans le diocèse de Thrace ; en 332, 300 000 Sarmates de tous sexes et de tous âges accueillis en Thrace, en Italie et en Gaule. Dans ces sortes de réserves ou de semi-réserves – car les Barbares « étrangers » y voisinent avec des agriculteurs romains ou romanisés –, l'Empire recrutera les éléments à ses yeux les meilleurs – fils des familles les plus guerrières, les plus nobles – pour ses régiments d'élite : « Je suis franc de nation, mais sous les armes soldat romain », fit-on graver sur la tombe de l'un d'eux enterré en Pannonie, dans la courbe du Danube. Certaines de ces recrues deviendront citoyens romains, gardes du corps de l'empereur, leurs fils officiers, car il faut bien des cadres bilingues ; quelques-uns de leurs petits-fils, métis de guerriers barbares et de soldats modernes, élevés dans le dévouement à l'armée et à leur impérial seigneur, atteindront le poste de général en chef *(magister militum)* et l'honneur suprême réservé aux triomphateurs, le consulat honoraire, que daigne parfois partager le maître de l'Empire. Ils peuvent naître en Rhénanie, combattre dans la Dobroudja, commander en Égypte, leur cœur bat pour l'Empire et, à la fin du IVe siècle et au Ve, le Franc Arbogast, le Vandale Stilicon, l'Alain Aspar en sont un temps les chefs, véritables « faiseurs de rois ».

Cependant la destinée grandiose de quelques familles romano-barbares et l'influence politique de leur entourage palatin – les quelques centaines d'officiers et gardes d'origine germanique, maure ou scythique – ne doivent pas faire illusion. Il ne s'agit, dans la population barbare de l'Empire, que de la partie la plus visible de l'iceberg ; la plus visible et la moins préoccupante : de tels « étrangers » étaient très vite romanisés, ou l'auraient été s'ils avaient été seuls. Même les simples soldats des « régiments étrangers », certes plus nombreux, ne nous intéressent que parce qu'ils relèvent d'un groupe démographiquement plus étendu : celui des Barbares restés simples « lètes », cultivateurs d'État et recrues éventuelles dans les campagnes gauloises.

Ce groupe létique occupe une position centrale, entre les Germano-Romains, citoyens, officiers et propriétaires ou simples « vétérans » retirés à la campagne, dont nous savons peu de choses, et d'autres Germains, trop

*Lètes
et romano-barbares*

Les bandes molletières en écorce de bouleau attestent l'origine germaine de ce prisonnier ; cette identité se perdra en quelques générations dans l'assimilation de la Paix romaine.

(ARC DE TRIOMPHE DE CARPENTRAS. Ier S.)

61

souvent oubliés, qui formaient avec bien d'autres, d'origines diverses, la masse de la classe servile en Gaule romaine, dont nous ne savons presque rien. D'où l'intérêt d'estimer, même grossièrement, la population des lètes.

Les pillards à la charrue

Rapporter, comme on l'a souvent fait, le chiffre des effectifs barbares de l'armée impériale au IVᵉ siècle – environ 97 000 hommes – à celui de la population globale de l'Empire, Orient et Occident réunis – 90 millions d'habitants ? – outre le caractère très hypothétique du second chiffre, ne nous révèle pas grand-chose du problème des étrangers dans des régions bien déterminées de l'Empire, dont la Gaule, où les lètes étaient si nombreux qu'au IVᵉ siècle ils apparaissent comme caractéristiques du pays : l'historien oriental Zosime n'hésitait pas à qualifier les lètes d'"εθνος γαλλικος, « un peuple de Gaule », expression tout à fait juste. Il y avait en effet plus d'un siècle que, génération après génération, des groupes nombreux de Barbares avaient été établis dans cette partie de l'Empire. Sur la réalité de ce peuplement et les conditions dans lesquelles il s'opéra, les témoignages officiels sont sans équivoque.

LES INVASIONS BARBARES
AU Vᵉ SIÈCLE

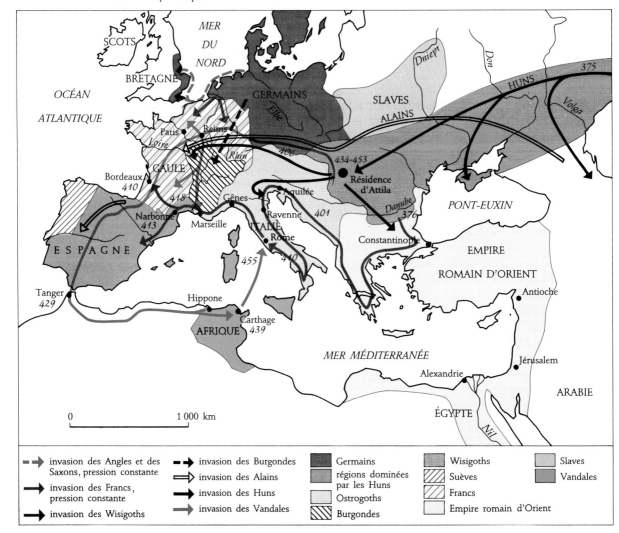

Le premier est une déclaration (son propre éloge) envoyée par l'empereur Probus au Sénat de Rome peu avant son triomphe, en 281 : « Je rends grâce aux dieux immortels, pères conscrits, qui ont approuvé le choix que vous avez fait de ma personne. Toute la Germanie de la frontière est soumise, neufs rois de peuples divers se sont prosternés, suppliants, à mes pieds, que dis-je, aux vôtres. Tous ces Barbares, les voilà qui laborent pour vous, pour vous ils sèment et contre ceux de l'intérieur [de la Germanie] ils servent... car 400 000 environ ont été tués, et 16 000 guerriers nous ont été livrés. »

Une dizaine d'années plus tard, Maximien, puis son lieutenant Constance le Pâle, père du grand Constantin, achèvent de rétablir l'ordre en Gaule et écrasent les Francs sur le territoire de l'actuelle Belgique. L'orateur qui prononce en 297 l'éloge de Constance déclare : « Sous les portiques de toutes les cités, des Barbares prisonniers sont assis à la file... tous, répartis entre les provinciaux pour servir chez eux, attendent d'être conduits sur les terres désolées dont ils doivent assurer la culture », et le panégyriste de s'écrier « c'est donc pour moi, à présent, que laborent le Chamave ou le Frison, que ce vagabond, ce pillard peine à travailler sans relâche mes terres en friche, peuple mon marché du bétail qu'il vient y vendre, et que le laboureur barbare fait baisser le prix des denrées ».

C'est au figuré, bien entendu, qu'il faut entendre ces enthousiastes « pour vous », « c'est pour moi », « mes terres », « mon marché » : les terres de « nos » provinces gauloises où le fléchissement de la population posait aux notables locaux le problème du paiement des impôts, calculés à la fois sur « les terres labourées et les têtes » *(juga et capita)* de chaque cité, une cité étant alors le territoire et non la ville elle-même. Les terres attribuées aux déportés barbares sont des terres abandonnées, tombées aux mains du fisc, terres publiques, donc dépendant, en tant que *terrae leticae,* directement de l'empereur qui nomme, pour contrôler les Barbares ainsi « assignés à résidence », un préfet des lètes *(praefectus).* En dernière analyse, cette repopulation profite aux provinciaux en allégeant considérablement le poids de l'impôt et celui des levées militaires. Car, dernier motif de se réjouir, le lète, au lieu de fuir la conscription comme la plupart des habitants de l'Empire, « s'empresse d'accourir à la levée s'il est convoqué, il est heureux de servir comme soldat ».

Les terres données aux lètes, les terres létiques, étaient assimilées aux lots de terre distribués aux vétérans, l'exemption d'impôt en moins. Elles étaient héréditaires et en principe inaliénables au profit des civils. Cette générosité n'était évidemment pas désintéressée : comme devait déclarer crûment, bien plus tard, un évêque de Reims, le célèbre Hincmar, en traitant du fief et du service de ses chevaliers : « Si on n'élève pas le veau, on n'attelle pas le bœuf à la charrue. » Tacite, déjà, comparait les Bataves aux armes des dépôts et fabriques d'armement : « Comme des flèches ou des boucliers, on les garde pour la guerre. » En échange de leur terre, les lètes ont l'obligation héréditaire de servir. Comme les paysans dépendants assignés à la glèbe – *glebae adscripti* –, ils sont attachés à leur tenure pour pouvoir, eux ou leurs fils, « accourir à la levée s'ils sont convoqués ».

« Heureux de servir »

63

En fait, deux types de recrutement doivent être envisagés. Le plus immédiat, et sans doute le mieux accepté, était la levée opérée pour la défense d'une région, pour un temps limité : les *collectae tumultuariae,* levées d'urgence, dont lètes et vétérans fournissaient l'essentiel. La levée normale était une autre affaire : on prélevait chaque année de petits groupes de recrues qui, une fois reconnus aptes, étaient marqués au fer, affectés selon leur taille et leurs capacités à une unité, et, dûment munis d'une plaque d'affectation en plomb attachée au cou, dirigés sous la conduite d'un officier « vers leur bannière ». Les moins bons éléments servaient comme auxiliaires des troupes de garnison – *castrenses* –, les meilleurs étaient versés dans les *auxilia palatina,* régiments d'élite de la « grande garde » impériale. Ainsi, Julien, qui commandait en Gaule, promit-il à son oncle Constance, qui s'était plaint de l'arrêt du recrutement, de lui envoyer à Constantinople les recrues létiques nécessaires pour maintenir les effectifs de ses sept régiments de la garde, *gentiles* et *scutarii.*

Des recrues qui se dérobent

Mais, au fil des générations, la bonne volonté des fils de lètes pour les grandes promenades militaires semble s'émousser sérieusement. En 358, les soldats barbares du futur empereur Julien, surtout des Francs, renâclent à passer les Alpes, de peur, disent-ils, de laisser leurs familles en proie aux pillards alamans, leurs vieux ennemis. Quarante ans plus tard, la répugnance à servir s'est accrue et, signe d'acculturation, les lètes rejoignent les citoyens parmi les « tire-au-flanc ». Témoin cette constitution de l'empereur Honorius adressée à son général en chef romano-vandale Stilicon, le 30 janvier 400, à une époque, il est vrai, où les revers de l'Empire ne devaient guère inciter les recrues à l'enthousiasme ; nous traduisons en respectant le style : « Beaucoup, après avoir obtenu par fraude des certificats, deviennent vétérans sans jamais avoir été soldats. Certains, qui ont commencé leur service, s'en retirent à la fleur de l'âge (le service durait plus de vingt ans). Celui donc, quel qu'il soit, lète, vagabond alaman ou sarmate, ou bien fils de vétéran, ou issu de quelque autre corps, qui, astreint à la levée pour être intégré dans nos très florissantes légions, aura obtenu les certificats des *protectores* (ici, les officiers inspecteurs chargés de surveiller les levées) ou de quelque autre dignitaire, ou ceux qui sont parfois fournis par l'autorité comtale (c'est-à-dire par les généraux des *tractus*), qu'il ne demeure point caché, mais qu'on le dresse parmi les recrues du service de garnison (c'est-à-dire dans les régiments de moindre valeur). »

Admirons l'optimisme de commande et les euphémismes de la langue de bois des constitutions impériales : alors que le gouverneur de l'Afrique, Gildon, se révolte et affame Rome, que la préfecture du prétoire des Gaules, le gouvernement civil, a dû être replié de Trèves à Arles, qu'Alaric, franchissant le Danube avec ses Wisigoths, est parvenu en Macédoine et s'apprête à prendre la route de l'Italie, les légions sont toujours « florissantes ». En fait, les recrues se dérobent bientôt à un point tel qu'en avril 406, lors de l'arrivée d'Alaric, on promet aux esclaves qui s'engagent la liberté et une prime de deux sous d'or en appelant principalement à servir, « parce qu'ils ont déjà l'habitude de la guerre, les esclaves des soldats, ceux des déditices (les lètes) et ceux des fédérés », les fédérés n'étant autres que ces « vagabonds alamans ou sarmates » dont on parlait six ans avant avec tant de mépris !

Déjà les destins des deux parties de l'Empire divergent et se séparent. Désormais privés de recrutement, les régiments *castrenses* germaniques cessent d'exister en tant qu'unités ethniques ; en Gaule, ils disparaissent, probablement remplacés par les communautés létiques elles-mêmes ; en Égypte, et peut-être aussi en Grande-Bretagne et sur le Danube, ils s'indigénisent par recrutement local ; les régiments de la garde d'Orient vont à présent faire appel aux montagnards isauriens ou arméniens ; les régiments de manœuvre d'Orient, recrutés à l'origine en Gaule, sont remplacés par des fédérés gothiques. Il ne reste de recrues létiques que pour l'indispensable, l'armée de manœuvre d'Occident, c'est-à-dire les 25 régiments déjà connus auxquels sont venus s'ajouter deux régiments alamans, les *Brisingani.* C'est là un effectif à maintenir bien moindre que dans les décennies antérieures, environ 13 500 hommes, ce qui laisse supposer soit des levées plus légères parce que plus difficiles, soit une forte diminution de la population létique *stricto sensu* : il est possible que les fils de certains lètes, devenus vétérans et citoyens, soient entrés comme tels dans les régiments « romains » locaux. En tout cas, vers la fin du IVe siècle, le gouvernement impérial renforce le peuplement étranger de Gaule en y installant de nouveaux Barbares, établis cette fois en groupes

Symbole d'un monde qui s'achève. Jovin, général romain des Gaules, chasse en compagnie de ses auxiliaires germaniques. Ces anciens vaincus ne sont pas les égaux des citoyens romains : c'est à pied qu'ils suivent la chasse, comme des domestiques.

(TOMBEAU DE JOVIN, MUSÉE DES BEAUX-ARTS, REIMS IVe S.)

65

beaucoup plus homogènes que les lètes ; on appelle ces nouveaux venus les *gentiles,* quelque chose comme « les tribaux », ou encore les *foederati,* « les alliés », parce qu'ils sont accueillis en groupes et non comme prisonniers ; ce sont ces vagabonds dont parlait Honorius, des Alamans surtout et, parmi les non-germaniques, des Sarmates. Encore une ou deux générations, et ce sont des débris de peuples, tels les Burgondes ou les Wisigoths, qui obtiendront d'être installés comme fédérés, mais dans une situation politique bien meilleure pour eux. Elle leur permettra d'imposer le fameux régime de l'hospitalité, c'est-à-dire un partage des bonnes terres, puis, à mesure que l'Empire faiblissait, d'établir leurs propres royaumes, occultant ainsi, aux yeux des historiens, leurs parents pauvres, les lètes germaniques, pourtant bien plus nombreux.

Pour une démographie létique

Mais la documentation militaire ne nous montre pas seulement la lourde machine par laquelle furent happés, puis en partie acculturés, les immigrants germaniques, elle nous permet aussi de tenter une approximation démographique du peuplement létique. L'habitude s'était prise, dans l'armée impériale, de caractériser la plupart des régiments « étrangers » par le nom de l'ethnie dans laquelle ils étaient en principe recrutés. Ailes de cavalerie ou cohortes d'infanterie portaient, outre cet ethnonyme, un numéro d'ordre, ainsi la 11ᵉ cohorte de (Francs) Chamaves, qui suppose qu'au moins 10 autres régiments aient été levés chez les Francs. Nous savons par ailleurs qu'ailes ou cohortes ont un effectif théorique de 500 hommes, les chiffres véritables étant parfois un peu inférieurs : la 11ᵉ de Chamaves, pour reprendre cet exemple, comptait, au début du IVᵉ siècle, 493 rationnaires, stationnés en Égypte.

Or un document extraordinaire, la *Notice des dignités,* qui est un état presque complet de l'appareil civil et militaire de l'Empire entre 394 et 406,

---

NOTICE DES DIGNITÉS

LE PRÉFET DES LÈTES TEUTONIQUES, À CHARTRES DE (LA PROVINCE) DE LYONNAISE SÉNONAISE.
LE PRÉFET DES LÈTES BATAVES ET DES TRIBAUX SOUABES, À BAYEUX ET COUTANCES DE LYONNAISE SECONDE.

LE PRÉFET DES LÈTES (ET) DES TRIBAUX SOUABES, À SÉES ET AU MANS, DE LYONNAISE TROISIÈME.

LE PRÉFET DES LÈTES FRANCS, À RENNES DE LYONNAISE TROISIÈME.

LE PRÉFET DES LÈTES DE LANGRES DIPERSÉS EN DIVERS LIEUX DE BELGIQUE PREMIÈRE.

LE PRÉFET DES LÈTES DE MERSCH, À IVOY (AUJ. CARIGNAN) DE BELGIQUE PREMIÈRE.

LE PRÉFET DES LÈTES DU PAYS NERVIEN, À FAMARS DE BELGIQUE SECONDE.

LE PRÉFET DES LÈTES BATAVES ARRAGEOIS, À ARRAS DE BELGIQUE SECONDE.

LE PRÉFET DES LÈTES BATAVES DE CONDREN, À NOYON DE BELGIQUE SECONDE.

LE PRÉFET DES LÈTES (ET) DES TRIBAUX, À REIMS (ET SENLIS) DE BELGIQUE SECONDE.

LE PRÉFET DES LÈTES DE LAUW PRÈS DE TONGRES DE GERMANIE SECONDE.

LE PRÉFET DES LÈTES (ET) DES TRIBAUX SOUABES, À ANGOULÊME D'AQUITAINE SECONDE.

Traduit de la « Notitia Dignitatum », O. Seeck éd., Berlin 1876.

nous fournit la liste des régiments de l'armée de garnison orientale, ceux de l'armée d'Occident ayant à cette époque disparu. En se fondant sur les numéros des régiments étrangers stationnés en Orient mais recrutés en Gaule, et en ajoutant à cette liste quelques mentions éparses, on peut établir des effectifs minimaux de recrues létiques pour le milieu du IVe siècle : 5 500 Bataves, 9 500 Francs, 8 500 Alamans dont 3 000 Jutungs, 4 000 Vandales, 1 000 Frisons et 1 000 Saxons, soit au total une trentaine de milliers d'hommes, dont la quasi-totalité était levée parmi les descendants des 16 000 recrues létiques de Probus et de leurs pareils constantiniens plutôt que chez les tribus extérieures à l'Empire. Les lètes de Gaule devaient en outre fournir des hommes à l'armée de manœuvre (aux régiments qu'on appelait *comitatenses*) et même, nous l'avons vu, aux régiments des deux gardes, orientale et occidentale, dont ils formaient l'essentiel : soit 25 régiments de manœuvre en Occident, 10 en Orient, 23 000 hommes avec les deux gardes. C'est donc un effectif permanent d'au moins 50 000 soldats germaniques qu'il faut maintenir sur pied durant le IVe siècle en puisant dans les réserves de lètes. Mais il faut aussi garder au pays un certain nombre d'hommes, de femmes, d'enfants nécessaires à la survie agricole et à la reproduction de la communauté létique ; cela suppose au moins l'existence des deux géniteurs de la recrue, d'un frère ou d'un autre jeune qui succédera à la ferme, de quelques jeunes filles, quelques enfants et, peut-être, un ou deux serviteurs ; en fait, l'exemple du cimetière familial de Vert-la-Gravelle paraît indiquer qu'il fallait environ une dizaine de résidents pour une recrue. On aurait, dans ces conditions, une population létique « porteuse » d'environ 500 000 personnes.

À quel chiffre de population globale pour la Gaule peut-on rapporter cette estimation ? Les chiffres proposés sont assez variables : A.H.M. Jones, le grand historien du Bas-Empire, propose le chiffre de 7 millions, à partir d'une interprétation assez contestable d'un texte autunois ; les chiffres proposés en amont, pour la période de la conquête, varient de 9 à 16 millions ; en aval, pour la période carolingienne, de 3,5 millions à 15 millions. Après avoir étudié l'exemple autunois et l'avoir confronté aux différences régionales de densités qu'impliquent les chiffres de l'époque de la conquête, nous nous risquerons à proposer le chiffre (optimiste et maximal) de 12 millions d'habitants, sans pouvoir malheureusement, faute de place, le justifier ici. Si l'on retient les deux hypothèses haute (12 millions) et basse (7 millions) pour la population gauloise, et si on rapporte ces deux chiffres à celui de la population létique estimé plus haut, on obtient un pourcentage moyen minimal d'étrangers germaniques de 4 à 7 p. 100.

C'est relativement peu, mais le pourcentage devient plus important, si l'on prend en compte la répartition fort inégale des lètes sur le territoire gaulois, à l'époque où se construit le peuplement de la future France. Lors de leur établissement, les lètes avaient été concentrés dans les territoires de certaines cités, toutes ou presque toutes situées dans le nord du pays : les panégyristes citent les régions de Trèves, Bavai-Cambrai, Amiens, Beauvais, Reims, Troyes et Langres. Un siècle plus tard, la *Notice des dignités* nous donne la liste presque complète des préfectures de lètes et de fédérés. Six sont des préfectures de cavaliers scythiques, les Sarmates, laissons-les ici de côté ; douze autres sont des préfectures germaniques, et onze d'entre elles sont situées au nord de la Loire et de l'Autunois. Rapporté à ces seules régions, le pourcentage des lètes atteint 12 à 21 p. 100, ce qui est loin d'être négligeable. Encore ces pourcentages seraient-ils majorés si l'on descendait au niveau des territoires des cités, ou même des cantons où les lètes étaient regroupés : il est probable qu'ils y étaient parfois majoritaires. Mais les mutations démographiques de la Gaule ne se limitent pas aux seuls Barbares germaniques. Les migrations bretonnes, peut-être moins spectaculaires, sont tout aussi importantes.

Un nouveau nom pour l'Armorique

Au début du Ve siècle, l'Armorique, soulevée par les révoltes paysannes, et peut-être gauloises, des Bagaudes a été dévastée par les troupes impériales sous le commandement du général en chef pour les Gaules, Aetius. Les troupes de la cavalerie hunnique, véritables « fléaux de Dieu », ont réduit sans pitié les rebelles, exterminé la population. Certes, tous les Armoricains ne périrent pas, mais le pays dut être démographiquement saigné à blanc.

Dans les mêmes années noires, de l'autre côté de la Manche, des contingents de fédérés saxons avaient remplacé l'armée romaine régulière, rapatriée sur le continent pour défendre la Gaule. Ces fédérés, s'affranchissant bientôt de l'autorité du *protector* de la « grande » Bretagne, en entreprirent

Loin de toute influence méditerranéenne, les monnaies du « système armoricain » se distinguent par des têtes baroques et des chevaux androcéphales inlassablement reproduits. Croix, roue, boucles de cheveux en S, autant de symboles qui se propagent dans la Gaule Celtique, à une époque où la circulation des monnaies s'intensifie.

(MONNAIES ARMORICAINES, B.N., PARIS.)

la conquête. Mais une partie des habitants de l'île, notamment ceux de l'ouest, se réfugièrent en Armorique plutôt que d'accepter de verser le tribut aux Saxons. Ce sont ces réfugiés qui donnèrent le nom de leur ancien pays à la péninsule armoricaine.

Sans doute, des légendes ont obscurci les faits historiques, car l'installation des Bretons en Armorique a été bien souvent racontée à partir de Vies de saints écrites trois ou quatre siècles après l'événement. C'est en effet à l'ombre des monastères établis par les « fondateurs », les futurs saints Samson, Brieux, Malo, Guénolé, que l'on a vu grandir la Bretagne, et c'est à partir de ces textes hagiographiques que les historiens locaux, les poètes, les hommes politiques ont puisé les arguments propres à nourrir les sentiments particularistes de leur pays. L'historien doit résister à l'attrait des récits que l'époque romantique et post-romantique a répandus.

Ces émigrés celtes, en principe citoyens romains, présentent avec les Barbares germaniques bien des points de comparaison. La famille, les clans se regroupent en peuplades et en tribus. Le chef de la tribu est celui qui possède le plus de terres et de troupeaux. Dans ces familles, la femme tient une grande place, possède des biens et domine les concubines que son mari peut acheter ou louer dans les grandes foires annuelles.

Certes, comme l'écrit Léon Fleuriot : « L'émigration bretonne en Armorique doit être replacée dans le cadre plus général des migrations bretonnes sur le continent européen. » Des Bretons se trouvent dans les armées romaines depuis le Haut-Empire. Au IVe siècle, certains chefs ont suivi Maximus lorsqu'il s'est rendu sur le continent en se révoltant contre l'empereur. Parmi eux figure peut-être celui qui a donné naissance à l'histoire légendaire de Conan Mériadec. Les trouvailles archéologiques témoignent de premiers établissements bretons en Armorique au IVe siècle.

Les Bretons sur le continent

Les guerriers bretons se considèrent comme des Romains et se mettent au service des empereurs pour lutter contre les Barbares. Un certain Riothime, arrivé par la mer avec douze mille guerriers, se met au service de l'empereur Anthémius contre les Wisigoths mais, battu par ces derniers, il se réfugie en Bourgogne. Nous retrouverons un Riothime, peut-être le même, parmi les correspondants de Sidoine Apollinaire : il s'agit d'un ami de Sidoine assez romanisé. Le même Sidoine parle des Bretons de la Loire vers 467-470. Leur arrivée en Armorique est signalée à la même époque. Elle n'est pas causée seulement par l'arrivée des Angles et des Saxons dans l'ancienne Bretagne romaine, mais par un courant d'émigration déjà amorcé. Les chefs de clans arrivent et installent les Celtes dans des îles ou des régions qui rappellent leur pays d'origine.

La toponymie armoricaine évoque l'implantation de monastères et d'ermitages celtes : *plou,* du latin *plebs,* désigne la paroisse, et la paroisse de Cado donne Pleucadec ; *lan,* qui signifie lieu consacré, s'accompagne lui aussi du nom d'un personnage considéré comme un saint : Lanmodez en Côtes-du-Nord, par exemple. Enfin, les hameaux sont désignés par la forme *tre* : Tréméheuc, le hameau de saint Maloc. En dehors de l'Armorique septentrionale et occidentale, où sont concentrés les Bretons, les régions entre Loire et Seine abritent d'autres Celtes.

Avec Clovis, arrivé au pouvoir en 481, ils parviennent à un accord, mais ses successeurs refoulent ensuite les Bretons dans l'ouest de l'Armorique, puis essaient de pénétrer dans la péninsule à partir de Nantes, de Vannes, de Rennes. Les Bretons contre-attaquent et font des ravages dans cette région, qui devient une sorte de marche entre la Bretagne et le royaume mérovingien. L'Armorique bretonne est divisée en trois ensembles que certains appellent royaumes : la Domnonée au nord, la Cornouaille à l'ouest, le Broerec dans le sud.

Un schisme latent

L'opposition politique entre Celtes, d'une part, Gallo-Romains et convertis francs, d'autre part, se double d'une opposition religieuse. En effet, les Celtes sont des chrétiens dont les coutumes liturgiques diffèrent de celles de l'Église romaine. Francs et Bretons célèbrent la fête de Pâques à des dates différentes, l'Église bretonne donne le baptême d'une façon originale, les moines restent fidèles à la tonsure qui va d'une oreille à l'autre. Au début du VIᵉ siècle, deux prêtres, Lovocat et Catihern, vont de cabane en cabane célébrer la messe sur des tables de bois et se font aider par des femmes qui distribuent la communion sous les deux espèces. On sait que dans le monde celte la femme joue un grand rôle. Les évêques d'Angers et de Rennes, ainsi que l'archevêque de Tours de qui dépend la province métropolitaine dont fait partie l'Armorique, adressent à ces prêtres une lettre sévère et les considèrent comme schismatiques. En 567, le concile de Tours interdit de donner la consécration épiscopale à un Breton sans l'assentiment du métropolitain. Il est certain qu'à l'époque les abbés de Dol, Saint-Pol-de-Léon, Quimper, Saint-Malo se considèrent comme des évêques sans relation avec le métropolitain de Tours. Le particularisme de l'Église bretonne sera à l'origine des profonds désaccords de mentalité entre Bretons et gens de l'intérieur. Nous verrons plus loin comment l'arrivée de moines irlandais, à la fin du VIᵉ siècle, renforça encore cette opposition.

Courbes et entrelacs fantasmagoriques traduisent une constante de l'art celtique : le souci du mouvement.

(PIED DE CROIX CELTIQUE, ÎLE DE MAN. MUSÉE DU TROCADÉRO, PARIS.)

Les envahisseurs du Nord

On s'est souvent demandé pourquoi les paisibles paysans danois ou les pêcheurs norvégiens sont soudain devenus, à la fin du VIIIᵉ siècle, les Vikings – c'est-à-dire les pirates qui fréquentent les baies *(viks)* – et ont envahi les îles Britanniques et l'Empire carolingien. L'hypothèse d'une surpopulation de la Scandinavie, invoquée par les vieux chroniqueurs, doit être écartée. Si les hommes du Nord sont sortis de leur pays, c'est que leurs navires, les *langships,* leur conféraient la maîtrise des mers. Découvrant les faiblesses de l'Empire carolingien, ils acquirent par la suite le goût de l'aventure et du pillage. Les récits faits par les premiers conquérants encouragèrent sans doute d'autres Vikings à suivre leur exemple. Ainsi, lorsque le chef danois Ragnar eut pillé la région parisienne et l'abbaye de Saint-Germain-des-Prés, il rentra dans son pays, montra l'or et l'argent qu'il rapportait, vanta les abondantes richesses de la France et affirma que l'on pouvait s'emparer facilement de ces terres fertiles tant le peuple était peureux et couard.

Pour les contemporains, la Scandinavie apparaît comme un archipel situé à l'extrémité du monde, au bord du disque terrestre, face au vide, et bordé de régions complètement inconnues, où l'on place volontiers tous les peuples monstrueux, à la limite de l'humain. Ainsi des Lapons, dont Paul Diacre parle avant même les invasions : « Ils ont de la neige même en été et comme ils n'ont pas de mode de vie très différent de celui des animaux sauvages, ils n'ont pas d'autre chose à manger que de la chair crue de ces animaux dont ils prennent la peau brute pour se faire des vêtements... Chez eux existe un animal peu différent du cerf. J'ai vu un vêtement en forme de tunique

La fureur nordique

C'est au nom d'Odin que les guerriers vikings combattent et sèment la destruction. En les rendant téméraires, le dieu leur ôte toute crainte de la mort. À la base de cette pierre, commémorative de son culte, le vaisseau de la mort symbolise le voyage dans l'autre monde. Un aigle accompagne les guerriers : c'est « l'Esprit au regard perçant », autre forme d'Odin.

(PIERRE GRAVÉE PROVENANT DE GOTLAND. ART VIKING. MUSÉE HISTORIQUE DE STOCKHOLM, IXᵉ S.)

descendant jusqu'au genou, fait avec la peau de cet animal comme en portent lesdits Skitofines. »

Les Scandinaves, en effet, profitèrent de l'affolement que causait leur arrivée, d'abord dans les estuaires, puis à l'intérieur du royaume. Des chroniqueurs ont décrit les maux subis par les populations : « Les Normands se mirent à réduire en esclavage ou à massacrer hommes et femmes. Ils dévastèrent les monastères, ils saccagèrent, ils incendièrent les églises, les localités qu'ils purent atteindre, ils mettaient la main sur le bétail ; ils déchaînaient leur fureur sur ceux qui avaient été le peuple de Dieu à cause de l'énormité de leurs péchés. » Témoin aussi cette phrase célèbre du moine Ermentaire : « Le chiffre des navires augmente. La multitude innombrable des Normands ne cesse de croître. De tous les côtés, les chrétiens sont les victimes de massacres, de pillages, de dévastations, d'incendies dont subsisteront des témoignages manifestes tant que durera le monde. » Les Normands ont laissé pendant des siècles le souvenir de leurs dévastations. Raoul Glaber expliquera plus tard leur nom et leur venue : « Ces Normands tirent leur nom de ce qu'à l'origine, poussés par leur instinct de rapine hors des contrées de l'Aquilon, ils gagnèrent audacieusement les rivages d'Occident. Dans leur langue, *nort* signifie l'Aquilon et *mint* veut dire peuple, d'où « normand » équivaut à dire peuple de l'Aquilon. Dans les débuts de leur émigration, ils firent assez longtemps le tour de l'océan, se contentant de petits butins en attendant de trouver à vivre sur une nation importante. Mais dans la suite, les vastes espaces de la terre et des flots connurent le passage de leurs mains meurtrières, et ils soumirent à leurs propres lois plusieurs villes et provinces. »

Les Vikings commirent des ravages bien pires que ceux des Barbares du Ve siècle, et ceci est important pour les futures relations entre Normands et population carolingienne. L'annonce de l'arrivée de ces pirates païens provoque des ondes de panique partout. Les moines entassent leurs richesses sur des bateaux ou des chariots et fuient le plus loin possible. Ceux de Noirmoutier se retrouveront ainsi à Tournus, sur la Saône. Les prédicateurs appellent les chrétiens à la pénitence car, disent-ils, ce sont leurs péchés qui ont causé l'arrivée des pirates. « Dieu brandit son glaive, écrit Paschase Radbert (856), en menace nos cous et la hache est au pied de l'arbre car notre esprit est rebelle au bien. Telle est la raison pour laquelle sévit le glaive des Barbares, glaive sorti du fourreau du Seigneur. »

Pour avoir une idée de l'opinion qu'un moine carolingien se faisait des pirates normands, il faut lire le poème que Abbon de Saint-Germain-des-Prés consacra au siège de Paris de 885. Les Normands sèment la terreur puis regagnent leurs bases où ils entassent leurs dépouilles. Les rois et les seigneurs se ressaisissent, construisent des châteaux, barrent les rivières. Charles le Chauve confie de grands commandements à ses vassaux mais les attaques ne cessent pas. Pour en finir avec ce péril, il faudrait renouveler ce qui avait été fait avant les invasions germaniques, installer les populations barbares sur des terres qu'on leur abandonnerait. Déjà, en 882, Charles le Gros avait accordé au chef Godfrid une grande partie de la Frise et, pour délivrer Paris assiégé, il avait autorisé les Normands à s'installer provisoirement en Bourgogne. En Angleterre, le roi Alfred le Grand ordonna, en 878, au chef

Guthrum de s'installer au nord-ouest de l'Angleterre que l'on appela le Danelaw. Ce précédent allait être repris en France.

Depuis 900, les Normands occupent la région de la Basse-Seine ; d'autres sont installés sur la Basse-Loire, d'où ils lancent leurs attaques jusqu'au centre du royaume. En 911, Rollon, chef des Normands de la Basse-Seine, assiège Chartres. Les marquis de Bourgogne, Richard, de Neustrie, Robert et le comte de Poitiers savent profiter d'un orage qui effraie les Normands pour écraser l'armée ennemie. Alors, le chef Rollon accepte de faire la paix avec le roi Charles le Chauve. Le roi rencontre Rollon à Saint-Clair-sur-Epte et, imitant ce qu'avait fait Alfred le Grand, accorde aux Normands des territoires situés autour de Rouen, jusqu'à l'Epte à l'est, et au sud de la Seine dans le pays de Caux et d'Évreux. Il le fait à condition que Rollon lui fasse hommage et se convertisse au christianisme. Rollon accepte et s'engage à protéger le royaume d'éventuelles attaques d'autres bandes normandes.

Voilà donc des étrangers fixés dans le royaume de France avec l'acceptation du roi. Rollon s'installe à Rouen dans le chef-lieu du comté. Ses guerriers, qui n'étaient sans doute pas nombreux, reçoivent des terres de laïcs et d'ecclésiastiques. Rollon profite des luttes entre les derniers Carolingiens et les Robertiens pour acquérir les territoires occidentaux de la Normandie, la région d'Avranches et le Cotentin. Toute la province ecclésiastique de Rouen se trouve alors soumise à son autorité.

Quels furent les rapports entre les habitants et les occupants, nous ne le savons pas. Les Normands semblent avoir assuré la paix du vainqueur ce qui dut être apprécié des populations. Le prince Rollon et ses successeurs : Guillaume Longue-Épée (927-942), Richard Iᵉʳ (942-996), se sont montrés très habiles et ont fait de la Normandie la principauté la plus puissante du

Dès le Xᵉ siècle, la langue et le mode de vie des Normands évoluent au contact des Carolingiens. Ainsi, la nécessité de trouver femme dans le pays les entraîne à accepter le sacrement du mariage, élément inconnu dans la société viking.

(COUPLE DE CHRÉTIENS. DÉTAIL D'UNE PIERRE RUNIQUE PROVENANT DE KALMAR CHURCH, PROVINCE D'UPPLAND. MUSÉE HISTORIQUE DE STOCKHOLM. AN 1000.)

royaume. On a longtemps discuté pour savoir si les Normands avaient imposé les coutumes scandinaves à leurs conquêtes ou s'ils avaient hérité des cadres carolingiens. Il est certain que le scandinave fut longtemps employé, comme en témoignent des termes du vocabulaire nautique passés dans la langue française : bâbord, tribord, quille, étrave, havre, varech qui signifie à l'origine épave, marsouin, etc. On peut également relever des toponymes qui se terminent par *bec* (ruisseau), *mare* (étang), *clif* (rocher), *of* (cabane), *flodh* altéré en *fleur* (golfe), *diep* (profond). Les noms de Caudebec, Barfleur, Dieppe, Elbeuf rappellent l'installation scandinave. L'influence nordique est plus profonde dans le Cotentin et l'ouest du pays de Caux qu'en d'autres points où furent installés les guerriers scandinaves. Mais, chose curieuse, aucune tombe de Barbare n'a été conservée. La fusion par le mariage avec les filles du pays dut être assez rapide.

Ajoutons que l'influence du droit scandinave se retrouve ici et là : obligation de laisser les charrues dans le champ, de défendre les maisons contre toute violation, monopole du prince sur les épaves, interdiction de privilégier tel héritier par rapport à l'autre, et même, peut-être, mariage à la danoise *(more danico),* qui est une forme de concubinage. De plus, les tenures rurales ont longtemps gardé le nom scandinave de *mansloth,* que l'on retrouve en Angleterre du Nord.

Pour autant, il est certain que les Normands reprirent, en grande partie, les traditions carolingiennes, et même qu'ils leur redonnèrent de la vigueur. Les différents comtés sont maintenus avec leur subdivision, la vicomté. La cour de Rouen rappelle les cours carolingiennes, avec chancellerie et service financier. Les impôts *graverie* (du mot *graf*) et *bernage* sont d'origine carolingienne. Les tonlieux rapportent toujours, d'autant que les Normands ont rétabli le commerce avec l'Angleterre à partir des ports de Dieppe et de Caen. Un trésor trouvé à Fécamp, résidence princière, en date de 980, a livré 8 584 deniers d'argent, dont 6 044 frappés à Rouen.

De bronze et de corne

Les chefs normands cherchent à entrer dans la communauté des autres princes. Ils doublent leur nom scandinave d'un nom chrétien : ainsi Rollon, qui représente le norois Hlôlfr, s'appelle Robert, sa fille Gerloc s'appelle également Adèle. La femme de Richard Ier se nomme Gunnor et Alderada. Les chefs épousent des filles de descendants carolingiens, ils jouent un rôle important dans les luttes politiques qui opposent les Carolingiens et les Robertiens. Enfin, ils s'efforcent de rétablir les églises de Normandie et de restaurer les monastères.

D'autres envahisseurs tardifs, ainsi les musulmans venus d'Espagne au VIIIe siècle, tentèrent aussi de s'établir dans l'ancienne Gaule. Il en reste peu de traces, quelques vestiges archéologiques dans la cathédrale de Narbonne, quelques pièces de monnaie alentour. Les pirates sarrasins, en fait espagnols, installés vers 890 au Freinet, au-dessus du golfe de Saint-Tropez, en laissèrent moins encore. Quant aux Hongrois, qui dévastaient la Gothie (le Languedoc actuel), atteints d'un genre de peste, ils furent presque tous épuisés par une inflammation de la tête et par la dysenterie. Peu y échappèrent. En dehors de quelques objets de bronze et de corne, retrouvés dans l'est de la France, ils ont surtout marqué par leurs dévastations.   J.-P.P. – P.R.

II

LE CHRIST
QU'AIMAIENT LES FRANCS

Au IXe siècle, l'Espagnol Agobard, devenu archevêque de Lyon, paraphrasait avec à-propos un passage de saint Paul pour souhaiter qu'il n'y ait plus dans l'Empire « ni gentils, ni Juifs... ni Barbares, ni Scythes, ni Aquitains, ni Lombards, ni Burgondes, ni Alamans, ni esclaves, ni libres, tout [n'étant] qu'un en Christ ». ☐

Agobard avouait ainsi que, malgré les efforts de l'Église, la christianisation des coutumes, l'influence unificatrice de la royauté et de la haute aristocratie qui l'entourait, la fusion n'était pas encore définitive. Elle se réalisa plus ou moins bien, et plus ou moins lentement selon les régions. Là où les populations d'origine germanique étaient denses – en Brabant, Picardie, Champagne –, les Gallo-Romains furent assez vite absorbés. Au contraire, au sud de la Loire et du plateau de Langres, le caractère romain se conserva plus longtemps.

On l'a souvent remarqué, il existe une solidarité entre les aristocrates. Les sénateurs gallo-romains s'étaient d'abord opposés aux envahisseurs germaniques. Vaincus, ils se rallièrent à l'occupant, car, d'une part, ils voulaient sauver leurs grandes propriétés, et, d'autre part, ils voulaient assurer l'administration des régions qu'ils tenaient. L'écrivain Sidoine Apollinaire résista aux Wisigoths, son fils combattit dans les rangs wisigoths contre les Francs à Vouillé, en 507, puis ses petits-fils, comme d'autres Aquitains, servirent les rois francs. Il y eut, certes, épisodiquement, des révoltes en Aquitaine mérovingienne, mais nous devons reconnaître que la paix franque fut réalisée jusqu'au milieu du VIIe siècle dans cette région de la Gaule.

Les Francs étaient fort peu nombreux, et les rois choisirent comtes ou évêques parmi les aristocraties romaines. La civilisation et la culture romaines se maintinrent jusqu'au premier tiers du VIIe siècle en Aquitaine et en Provence, et les Francs bénéficièrent de la collaboration des lettrés du sud de la Gaule. C'est grâce aux Aquitains que l'Église de la Gaule septentrionale et orientale put se réorganiser après la tourmente des invasions. Ayant adopté l'habitude de l'acte écrit, les rois mérovingiens firent appel à des fonctionnaires du sud du royaume. Les uns et les autres parlaient une langue commune, qui s'éloignait du latin classique et fut à l'origine de la langue romane ; dans leurs écrits, ils s'efforçaient de maintenir un style correct, sans y parvenir bien souvent.

Le rapprochement des aristocraties

Dans le nord du royaume, des mariages mixtes facilitèrent la fusion des aristocraties. Puisque Romains et Barbares étaient catholiques, rien ne s'opposait à ces unions. La loi de Valentinien (370) interdisant, sous peine de mort, le mariage des Romains et des Barbares, maintenue par les rois wisigoths, fut abandonnée par les Mérovingiens. Ce qui est désormais proscrit, c'est l'union de personnes de conditions sociales différentes : le droit franc précisait que l'homme libre qui épouse une esclave devient esclave du maître de la femme, que la femme libre qui épouse son esclave est dépouillée de ses biens et livrée à la merci de sa famille. Dans la loi ripuaire, le comte présente à la coupable d'une main une épée, de l'autre une quenouille : si elle choisit la quenouille, elle devient esclave, si elle prend l'épée, elle reste libre, à condition de tuer de cette épée l'esclave qu'elle a épousé. En Aquitaine et en Provence, les mariages mixtes sont plus rares au début, mais il arrive que des aristocrates mérovingiens enlèvent des filles de sénateurs ou prennent, parmi les Gallo-Romaines, des concubines. Grégoire de Tours nous raconte comment le petit-fils de Clovis, Théodebert, s'était uni à une certaine Déotérie, de Béziers, et avait même refusé de recevoir sa fiancée barbare, ce qui avait scandalisé les Francs.

L'anthroponymie révèle aussi la fusion. À lire les noms des évêques réunis en concile, on constate que, jusqu'à la fin du VIe siècle, 508 se rapportent à l'onomastique latine, alors que 28 sont d'origine germanique. Au siècle suivant, l'onomastique germanique l'emporte : le père de Didier de Cahors, Salvius, un aristocrate d'Albi, épouse Herchenfreda qui, en dépit de son nom germanique, n'est pas d'origine barbare.

À l'inverse, les rois mérovingiens ont conscience d'épouser une étrangère lorsqu'ils choisissent leur femme en Thuringe – ainsi Clotaire, marié à Radegonde –, ou en Espagne – tel Sigebert épousant Brunehaut –, ou encore comme Clovis II, marié à la Saxonne Bathilde.

L'« école » du Palais

La famille de Didier de Cahors révèle un autre aspect de la fusion entre les aristocraties. Les deux fils de Salvius sont envoyés à la cour mérovingienne après avoir reçu une bonne instruction dans leur famille. Ils y retrouvent des jeunes gens de leur âge, venus de différentes régions de Gaule, d'Aquitaine, mais aussi de Neustrie et d'Austrasie. La cour est une sorte d'« école de cadres », où les jeunes gens se forment sous la direction du maire du palais afin de devenir officiers ou fonctionnaires. Didier, encore adolescent, est nommé trésorier par le roi Clotaire II, lit-on dans sa *Vie*. Dagobert, le fils du roi, devient son ami et lui confie les trésors du palais avant de le nommer évêque de Cahors. Didier rencontre à la cour d'autres aristocrates : Paul, futur évêque de Verdun, Arnoul, futur évêque de Metz, Éloi, un Aquitain, monétaire de Dagobert et, plus tard, évêque de Noyon, et Ouen, référendaire, c'est-à-dire chef de la chancellerie, nommé évêque de Rouen après la mort de Dagobert. Ces jeunes gens gardent un excellent souvenir de l'époque de leur adolescence. Plus tard, ils l'évoqueront entre eux : « Comme je voudrais, si le temps me souriait un peu, m'entretenir avec vous, comme jadis sous l'habit du siècle, dans l'entourage du sérénissime prince Clotaire, [où] nous avions coutume de nous délasser en échangeant des propos sans importance. » Ainsi, Didier de Cahors évoque-t-il pour un ancien camarade, devenu également évêque, l'heureux temps de leur jeunesse. À la cour, ces jeunes gens d'origine différente connaissent les habitudes de la vie, les coutumes juridiques du milieu germanique en même temps qu'ils apportent aux Mérovingiens les bienfaits de la culture romaine. Pourtant, à mesure que le temps passe et que les souvenirs romains s'estompent, se confirme le risque que l'influence

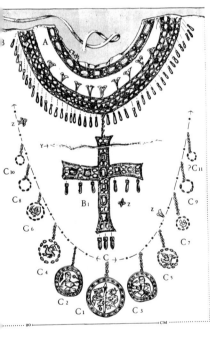

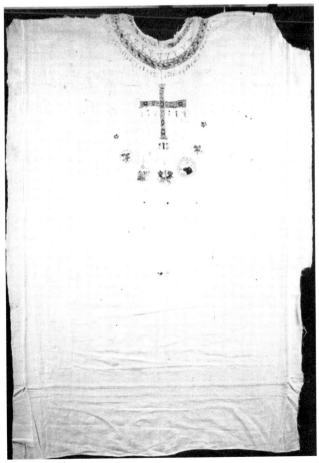

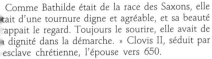

Comme Bathilde était de la race des Saxons, elle était d'une tournure digne et agréable, et sa beauté frappait le regard. Toujours le sourire, elle avait de la dignité dans la démarche. » Clovis II, séduit par l'esclave chrétienne, l'épouse vers 650.
(TUNIQUE DE SAINTE BATHILDE VIIe S. MUSÉE ALFRED-BONNO, CHELLES.)

germanique l'emporte. Les Gallo-Romains adoptent les habitudes, les vêtements, les bijoux des Barbares. La culture classique, encore vivante dans les familles sénatoriales, va être remplacée par une culture uniquement religieuse ; la connaissance du latin va se perdre jusqu'à l'époque carolingienne.

L'armée des Francs

Si, au Ve siècle, pratiquement seuls les Barbares portent les armes, désormais tout homme libre peut, à partir de quinze ans, être enrôlé. La loi en ce domaine est très nette : « Quiconque aura été appelé à l'armée par le ban du roi et n'aura pas obéi sera condamné à une amende de soixante sous. » Même des esclaves peuvent combattre. Lorsque le roi décide d'entreprendre une campagne, il demande aux comtes de lui envoyer des troupes sous la direction de chefs soit romains, soit germaniques ; il se forme ce que Grégoire de Tours appelle l'*exercitus,* ou même, ce qui est significatif, le *populus militaris.* Sans doute, les rois respectent-ils les divisions ethniques. Ainsi apprend-on du pseudo-Frédégaire, que : « Dans la quatorzième année du règne de Dagobert, comme les Vascons s'étaient dangereusement révélés et faisaient de nombreux pillages dans le royaume des Francs tenu par Caribert, Dagobert ordonna de lever l'armée dans tout le royaume de Bourgogne, désignant pour la commander un référendaire au nom de Chadoind... Celui-ci se rendit en Gascogne avec dix ducs et leurs armées, à savoir Arimbert, Amaliaire, Leudebert, Wandalmar, Walderic, Ermeno, Barontus et Chairagri de la race des Francs, Chramnelenus de la race romaine,

Aigynard de la race des Saxons, ainsi que plusieurs comtes qui n'avaient pas de ducs au-dessus d'eux. » Pour les guerres locales, les rois convoquent les hommes des provinces voisines. Chilpéric, s'attaquant aux Bretons, fait marcher les habitants de Tours et du Poitou, ainsi que les Manceaux et les Angevins.

Tous ces contingents forment l'armée des Francs. Le mot « franc » vient du vieil allemand *frekkr,* qui veut dire brave et sauvage, et qui prendra le sens de libre. Le vocabulaire de la Gaule s'enrichit de termes guerriers d'origine germanique : garde, guerre, guet, maréchal, sénéchal, adouber, heaume, éperon, étendard, gonfanon, etc. Les parents donnent à leurs enfants des noms qui symbolisent les vertus guerrières : Guillaume (volonté-casque), Jérôme (lance forte), Gertrude (sûreté de lance), Mathilde (puissance pour la guerre), Louis ou Clovis (combat de gloire), Lothaire (célèbre guerre), Gontran (corbeau de combat), Clothilde (bataille de gloire), Brunehaut (cuirasse, bataille), Richard (puissant, hardi), Armand (homme de guerre), Roger (glorieuse lance). À lire les chroniqueurs, cette armée prend conscience de son unité lorsqu'elle s'oppose aux Basques, aux Goths, aux Lombards.

Mourir loin de son pays est considéré comme un châtiment, et il faut que la famille puisse rapatrier le cadavre et l'enterrer là où l'homme était vivant. Le soldat mort, qu'il soit barbare ou romain, est enseveli avec ses armes et ses objets familiers. Les cimetières dits « par rangées » montrent non la germanisation, mais la militarisation des hommes libres en armes

Confondus
dans le dernier sommeil

ù les amours antiques côtoient... des scènes de
vie du Christ. L'œuvre de Sidoine Apollinaire,
témoin de la culture latine chrétienne face à
arrivée des Barbares, tient tout entière dans ce
pprochement.

ARCOPHAGE DIT « DE SAINT SIDOINE » Vᵉ S. CRYPTE DE LA BASILIQUE DE
NT-MAXIMIN.)

Le partage de la Gaule au Vᵉ siècle s'accompagne de larges migrations et colonisations. Les Francs s'installent ; ils adoptent les usages funéraires du pays. Leurs sépultures reflètent la position sociale du défunt.

(TOMBE DE GUERRIER, CIVILISATION MÉROVINGIENNE, ANDILLY-EN-
BASSIGNY.)

(Frisons et Saxons pratiquent encore l'incinération au lieu de l'inhumation). Les anthropologues ont tenté d'utiliser les ossements trouvés dans les cimetières pour distinguer Romains et Barbares, mais le résultat de ces études est assez décevant. Si quelques régions eurent un peuplement homogène, la plupart possèdent des cimetières où se mêlent des hommes d'origines différentes, et qui se confondent dans le dernier sommeil.

L'« affranchissement » des campagnes

Si, dès l'époque mérovingienne, la fusion semble assez bien entamée aux niveaux aristocratiques, il n'en va pas de même aux niveaux plus humbles des populations paysannes d'origine germanique. Et il nous faut revenir aux lètes.

La population létique au sens strict – le statut de lètes/déditices ayant disparu avec l'Empire à la fin du Ve siècle – a vécu deux siècles. Deux siècles d'histoire marqués par deux problèmes démographiques qui ont conditionné les relations des lètes avec le reste de la paysannerie. Le premier est le manque de femmes, le second le manque d'hommes. Le manque de femmes apparaît d'emblée, avec l'arrivée de 16 000 Alamans, Burgondes et Vandales déportés par Probus : il s'agit de jeunes recrues, *tirones,* et leur établissement suppose un nombre important de compagnes tirées de la population d'accueil. Or les lètes, « déditices » du droit romain, sont exclus de la citoyenneté romaine par la Constitution antonine, dès 212 ; ils ne peuvent donc contracter de mariage légitime avec les femmes libres de l'Empire. Et quelles familles paysannes libres auraient bien pu souhaiter donner leurs filles à des Barbares à la fois prisonniers de guerre et soldats, quelle femme aurait voulu contracter une union qui ferait de ses enfants des dépendants, gibier habituel des recruteurs ?

Pourtant, les années passant, les communautés létiques furent sans doute mieux tolérées, leur lien avec l'autorité militaire, substituée dans les *tractus* au gouverneur civil et de plus en plus présente, devint un avantage social. Les mêmes familles paysannes qui avaient vu d'un mauvais œil l'installation des étrangers sur leur sol pouvaient à présent trouver intéressante une alliance avec la famille d'un vétéran létique : l'homme avait la possibilité d'intervenir auprès de son préfet, un officier d'origine germanique comme lui, mais à qui sa qualité de citoyen, sa double culture, ses parents ou ses amis dans l'entourage impérial et son commandement régional donnaient une influence certaine.

La filiation létique

De telles unions ne faisaient pas l'affaire de l'administration impériale, qui souhaitait maintenir ses lètes dans leur état social séparé. D'où, en 370-373, un texte draconien de Valentinien, que nous traduisons, en

respectant, une fois de plus, les lourdeurs caractéristiques du style officiel :
« Aux provinciaux, quels que soient leur rang social ou leur résidence, nous
interdisons l'union avec une épouse barbare ; pareillement, qu'aucune femme
provinciale ne s'accouple avec un « tribal » *(gentilis)*. Si ont été établies des
alliances issues de noces de cette sorte, et si le fait soupçonné et coupable
est découvert, qu'on l'expie sur sa tête. » Notons bien que ce qui est interdit
ici n'est pas le mariage légitime, romain, juridiquement impossible, mais
l'union stable dans ce qu'elle a de coutumier, et aussi de charnel – *conjugium,
copulatio* –, qualifiée d'un méprisant « les noces de cette sorte ». Les lètes
étaient donc drastiquement renvoyés soit aux femmes de leur groupe – ce
qui les confrontait peut-être à des interdits dans leur propre système de
parenté –, soit aux unions serviles.

En principe, les lètes de l'époque constantinienne avaient dû amener
dans leurs rangs un certain nombre de femmes, mais il ne faut pas trop se
faire illusion sur la fréquence de ces arrivées : la façon d'agir des autorités
impériales en Thrace à l'égard des réfugiés gothiques montre que les femmes
et les enfants étaient des proies faciles et très appréciées des marchands
d'esclaves ; beaucoup devaient disparaître avant d'atteindre les établissements
assignés aux déportés. Le sénateur Ausone, un temps préfet des Gaules, et
commensal des empereurs, fréquentait à la cour des officiers d'origine
alamane, alors très en faveur ; cela ne l'avait pas empêché d'acquérir une
ravissante Alamane, Busila (« Petite Méchante »), d'en vanter partout les
charmes en se félicitant devant ses amis d'avoir fait faire le portrait de la
belle en nu, « seulement les couleurs du lys et de la rose ». Étonnantes
ambiguïtés des sociétés esclavagistes.

Force était donc aux lètes d'acheter, eux aussi, quelques-unes au moins
de leurs épouses, un « mariage par achat » qui ne devait rien à l'ancienne
société tribale. Mais la plupart n'étaient pas riches, et, même en renonçant
aux Busila, les prix étaient trop élevés pour eux. Aussi avaient-ils recours,
au Ve siècle, à une méthode moins coûteuse, que l'un des derniers empereurs
d'Occident, Libius Severus, se préoccupait en 465 d'interdire, toujours dans
le style officiel : « Par l'entremise de l'illustre Ausonius nous est parvenue
la plainte unanime des provinciaux : que ceux que nous nourrissons pour
la guerre, lètes ou impériaux [*Marti aliti, aut laeti aut dominici ;* les impériaux
sont ici les soldats de l'armée de manœuvre], et les autres corps établis pour
le service public [probablement les fédérés] se sont unis aux colons [sic] ou
aux esclaves de certains maîtres à l'insu de ceux-ci, et, à présent, ils s'efforcent
de libérer du joug de la servitude les enfants qu'ils ont procréés, sous le
prétexte d'appartenir à un corps de la fonction publique. »

Ainsi, à la fin de l'Empire, l'union avec un lète affranchissait de fait la
femme dépendante et sa progéniture, et les paysans-guerriers bravaient
impunément les maîtres. Ironie ou logique de l'histoire ? L'illustre Ausone,
qui protestait au nom des grands propriétaires de Gaule pour faire interdire
aux lètes ces rapts libérateurs, était le petit-fils de celui qui appréciait tant
les femmes barbares ; mais, comme on disait alors : *quod licet Jovi non licet
bovi !* Le fait que les propriétaires romains aient dû adresser leur plainte
directement à l'empereur montre que les préfets des lètes toléraient ou
protégeaient ces unions, et que l'état-major du général en chef, le maître de

L'incrustation de fils d'argent ou de laiton, le placage de feuilles ou de fils juxtaposés permettent d'attribuer à un atelier de l'ancien royaume burgonde cet ornement de ceinture ayant appartenu à une femme.
(PLAQUE-BOUCLE MÉROVINGIENNE, FIN VIIe OU DÉBUT VIIIe S. MUSÉE DE TROYES.)

la milice, laissait faire : ils avaient désormais trop besoin de leurs recrues barbares ! La réponse impériale manifeste bien la situation nouvelle : Libius Severus décréta solennellement la restitution des enfants aux maîtres, mais seulement à l'avenir, en épargnant expressément les unions déjà conclues, tacitement légitimées. Le malheureux n'était-il pas le fantoche du général en chef Ricimer, un noble d'origine alamane ? L'avenir pour lequel il prétendait édicter ne lui appartenait plus.

À comparer ce décret avec celui de 370 – qui interdit d'abord l'union d'un provincial avec une Barbare, et non l'inverse, comme on l'aurait attendu d'un racisme « classique » –, on a l'impression d'un système à la fois exogamique, et, si l'on peut dire, hypogamique en cascade : les petits propriétaires épousent les filles des lètes, et ceux-ci, par compensation, vont chercher leurs épouses dans les rangs de la paysannerie dépendante, colonaire ou esclave. D'où deux remarques possibles. La première, c'est qu'il ne faut pas trop espérer trouver de squelettes de haute taille, « typiquement germaniques », dans nos cimetières campagnards des IVe et Ve siècles, ni, évidemment, par la suite ; Ammien Marcellin, officier d'état-major de Julien, l'avait déjà remarqué à la bataille de Strasbourg : les soldats des régiments d'élite, pourtant d'origine létique, qui attaquaient les premières lignes de guerriers alamans étaient moins grands qu'eux. Voilà pour l'exogamie. L'hypogamie pourrait s'expliquer par le peu d'enthousiasme des femmes libres à épouser des maris trop souvent absents, car trop souvent recrutés. Et nous en venons au second problème démographique des communautés létiques, le manque d'hommes.

La ration des valets

De même qu'ils achetaient ou enlevaient des femmes pour remplacer celles qui leur manquaient, de même, pour compenser leurs pertes en hommes, les lètes vont acheter des serviteurs, qu'ils traitent à certains égards comme des hommes libres, les entraînant aux exercices guerriers. Aussi Honorius, durant la terrible année 406, appelait-il en première ligne ces serviteurs militaires des soldats barbares, « car il apparaît qu'ils font la guerre en compagnie de leurs maîtres », comme les valets d'armes des soldats romains. Bientôt, l'habitude se prit de remplacer les recrues manquantes par ces soldats-serviteurs ; c'était l'intérêt des officiers et des militaires en titre, qui touchaient les rations et ne donnaient à ces remplaçants que du biscuit militaire, en argot *buccela*, d'où leur nom de *buccelarii*, « biscuitiers » ou « boucheliers ». Un document égyptien du VIe siècle donne une idée de l'importance numérique de cette pratique. Il s'agit de la liste des rations fournies à un peloton de cavalerie scythe en déplacement, sans doute levé chez les Scythes des bouches du Danube, et qui servait d'escorte à un officier supérieur, un tribun. Outre les quatre serviteurs de celui-ci, l'effectif compte 53 hommes : les cavaliers scythes en titre sont 14, les *buccelarii* scythes 13, les *buccelarii* non-scythes 26. La différence entre ces deux dernières catégories était nettement marquée par leurs rations (les Scythes domestiques recevaient la même ration que les cavaliers en titre, les non-Scythes des rations moindres). On voit que, dans une unité ethnique du VIe siècle, la moitié de l'effectif pouvait être recrutée parmi les domestiques d'origine diverse. Mais était-ce toujours le cas, et notamment en Gaule ?

Nous retrouvons le problème, évoqué plus haut, de l'autre immigration étrangère, celle des esclaves. Là encore, les Germaniques semblent avoir payé un lourd tribut. Prenons l'exemple du testament fait en 530 par Remi, évêque de la métropole de Reims, une cité qui était aussi chef-lieu de préfecture létique : il y nomme 79 dépendants, dont 65 portent des noms linguistiquement identifiables (les autres noms étant sans doute germaniques ou gaulois, mal compris par les copistes ultérieurs). 63 p. 100 du total de ces noms est d'origine germanique ; chez les esclaves, le chiffre est de 68 p. 100. La diffusion des noms germaniques semble en progression, les enfants nés d'unions « onomastiquement mixtes » portant pratiquement tous des noms de cette sorte. Il est clair que dans la paysannerie dépendante, au début du VIe siècle, l'anthroponymie germanique est recherchée. Le contraste est frappant avec l'anthroponymie de la classe supérieure, les parents, amis et relations de Remi : sur 22 noms, 18 sont nettement romains, 2 seulement nettement germaniques, et ce sont ceux du roi Clovis et d'un officier, le tribun Friaredus. Encore ce personnage est-il très probablement l'un de ces nobles germano-romains dont nous avons déjà parlé, parent d'un Renatus (« baptisé » !) Profuturus Frigeridus, auteur d'une *Histoire* en latin écrite après 450, et lui-même descendant d'un Frigeridus, général de Gratien et auxiliaire du général oriental Profuturus. Au conservatisme onomastique de la classe dominante, encore romaine, s'oppose donc l'anthroponymie germanique de la paysannerie dépendante, qui recouvre probablement deux phénomènes successifs : une première germanisation, ethnique, par l'immigration forcée d'une population servile « recrutée » outre-Rhin, relayée, à la suite des mariages mixtes, par une seconde germanisation onomastique, qui pourrait bien trahir l'influence grandissante sur la population paysanne des ex-communautés létiques, passées sous le contrôle des généraux francs. Le processus de fusion entamé dans ce nouveau et premier royaume de France allait suivre des voies bien différentes selon les niveaux sociaux où il intervenait : pour les officiers germano-romains, une romanité au moins partielle était encore le but ; pour les paysans dépendants, attirés par les groupes germaniques, francs ou francisés, liberté juridique et « affranchissement » culturel allaient de pair.

Les tombes lètes offrent pêle-mêle les armes des guerriers et les outils nécessaires à leurs activités de terriens.

(CISEAU À TONDRE ET COUTEAU D'UNE TOMBE DE CORTRAT, VERS 340-380. MUSÉE DE CHÂTILLON-COLIGNY.)

La « barbarie » culturelle

Si l'on persiste, malgré ce qui vient d'être dit, à considérer que le royaume franc est né d'une invasion, il est difficile de poser correctement le problème de l'hétérogénéité culturelle dans la France médiévale, et de s'affranchir des controverses nationalistes du XIXe et du début du XXe siècle qui ont tant fait pour obscurcir la question. Si, en effet, les Francs sont des envahisseurs du Ve siècle, il faut imaginer l'entourage du roi mérovingien et les quelques milliers de parents et de clients qui forment sa maison comme les vecteurs principaux de la « barbarisation culturelle », dans un monde où la romanité tardive – et chrétienne – aurait été largement majoritaire et encore bien vivante. Dès lors, on s'expliquerait mal que les deux éléments principaux, religieux et juridique, de cette culture barbare aient réussi à s'établir aussi fortement et aussi largement dans les campagnes du nord de la Gaule, surtout après que Clovis et trois mille de ses fidèles eurent passé au christianisme. Si, en revanche, on admet que Clovis et les siens n'ont fait que prendre la tête des colonies létiques pour assumer le pouvoir en Gaule du Nord, le problème se pose de façon fort différente, et le baptême de la future aristocratie franque, la progressive mais profonde christianisation de certains de ses membres n'en changent pas radicalement les données, établies en fait depuis déjà deux siècles.

Les lètes barbares et leurs descendants mérovingiens ne sont pas seulement, dans la Gaule du Nord, des « étrangers d'origine », ils sont aussi les porteurs d'une culture que nous appellerons, faute de mieux, païenne germanique, mal conciliable avec la culture romaine vulgarisée, chrétienne ou du moins déjà en partie christianisée. C'est cette altérité culturelle qui maintient ces communautés dans leur « étrangeté », dans leur extranéité aux schémas mentaux dominants, et non leur taille, leur blondeur ou la forme de leur crâne ! Comme le dit, dans les années 1920, le grand linguiste allemand Simon Feist, « je ne connais pas de grammaire dolichocéphale », axiome qu'il n'est sans doute pas inutile de rappeler aujourd'hui. C'est cette barbarie culturelle qui allait constituer un obstacle de taille au travail des missions entrepris par certains Gallo-Romains.

Coutumes et païenneries

Un texte remarquable montre l'attachement à leur culture des Francs de Noyon, descendants des Chauques ou des lètes bataves, adorateurs de Freya et de Frey. Le fameux saint Éloi était, on le sait, le conseiller écouté du non moins fameux roi Dagobert, qui l'avait fait évêque de Noyon, Vermand et Tournai. Son biographe et ami nous conte l'un des incidents les plus dramatiques de la carrière du digne prélat : Éloi prêchait avec énergie contre les pratiques païennes de certains de ses diocésains ; un jour de février, il tenta d'empêcher la célébration de la grande fête des « amis d'Ing/Frey » ; et, comme il essayait, au péril de sa vie, de tenir tête à la foule déchaînée, celle-ci « avec une incroyable audace, hurlait des insultes en réponse (à ses exhortations), le menaçait de mort, lui criant : Blâme ça tant que tu veux, Romain, jamais tu ne pourras nous enlever nos coutumes, nos fêtes ; nous continuerons encore et toujours à y venir, comme nous l'avons fait jusqu'à aujourd'hui, et jamais personne ne pourra nous interdire ces jeux anciens si chers à nos cœurs ».

Voilà comment, dans la deuxième moitié du VIIe siècle, en Picardie, à quelques jours ou même quelques heures de cheval des capitales royales, certains Francs opposaient « leurs coutumes » aux enseignements d'une Église qu'ils qualifiaient fort justement de romaine. Vers la même époque, les moines de Luxeuil en étaient encore à évangéliser les immigrés alamans du Varais, au sud de Besançon, dont certains avaient été gagnés à l'hérésie arienne, mais dont les autres « se livraient au culte des idoles ». En pays de Caux, à l'est de Rouen, avant l'arrivée de Wandrille, « tous les peuples de la région étaient stupides et semblables à des bêtes sauvages, au point que la religion chrétienne était de fait presque abolie, il n'en restait que le nom » ; une fois convertis par le saint, on nous dit qu'ils « brisèrent les statues d'idoles qu'ils vénéraient auparavant par un rite sacrilège ».

On peut cependant douter de la solidité ou du nombre de ces conversions lorsqu'on voit le missionnaire anglo-saxon Wynfrith-Boniface s'écrier amèrement, quatre-vingts ans plus tard, à propos de ces mêmes régions du nord de la France, « les règles de l'Église chrétienne sont (ici) depuis longtemps, au moins soixante à soixante-dix ans, foulées aux pieds et anéanties ; le duc des Francs a promis qu'il essaierait d'en corriger et amender quelque chose » ; et, de fait, le duc ordonna « que le peuple de Dieu ne fasse plus de païenneries, qu'il rejette et repousse toutes les obscénités du paganisme ». Ainsi donc, ce qui était pour les uns coutumes vénérables et chères était pour les autres obscénités païennes. De telles déclarations ont longtemps passé pour des figures de rhétorique ; l'examen de quelques cas concrets nous convaincra qu'il faut au contraire les prendre au pied de la lettre.

Transportons-nous en Franche-Comté, dans ce Varais dont nous avons vu qu'il était, encore au VIIe siècle, en partie voué au culte des idoles. Là, sur le froid Revermont du Jura, ont été autorisés à s'établir, vers 450, les débris d'une des plus illustres tribus de la confédération alamane, les *Waeraeskas,* les « Frênes de l'alliance ». Bien des années plus tard, en 1921, un étudiant en droit se promenait sur les hauteurs qui dominent le Doubs, à quelques kilomètres au sud-ouest de Besançon ; sur l'éboulis d'un talus, il ramasse par curiosité une petite pierre informe, dure et compacte, un caillou ocré taché de porosités noirâtres, d'un type fréquent dans la contrée. Mais ce caillou présente une particularité exceptionnelle : il est gravé de signes indéchiffrables pour l'étudiant, et bientôt identifiés comme des runes. Ce sont des caractères de l'ancienne écriture germanique dont un disciple de Boniface disait fort justement que, par leur moyen, « ceux qui sont encore entraînés par les rites païens tâchent de mettre en signes leurs chants, leurs incantations et leurs divinations ». Le lieu de la trouvaille en confirme l'importance ; il s'agit du territoire d'Arguel, dans une zone toponymique nettement germanique, où La Vèze désigne, comme en Allemagne du Nord, un vaste pâturage marécageux (v. sax. – vieux saxon – *weisa*), où, non loin, Beure indique des cabanes (v.a. – vieil anglais – *buru*), peut-être celles où se logent, aux grandes fêtes de l'année, les parentèles rassemblées. Plus à l'ouest, un Larnod/Larnaud, Larnosch, au XIIe siècle, n'est-il pas un arbre saint, un « frêne aux enseignements » (v.a. *laeran-aesk*) ? On en connaît, ailleurs dans la région, une variante significative, Ornosc, au Xe siècle, « le frêne maléfique » (v.a. *orne-aesk*), dont la péjoration pourrait être le fait de convertis chrétiens. Aux alentours étaient édifiés les villages de Torpes, Antorpe et Trépot (Torpot au XIIe siècle). Le nom d'Arguel, qui se retrouve en Normandie et en Picardie, est encore plus intéressant : s'il est germanique, comme son voisinage paraît l'indiquer, il signifie l'« Asile du temple » (v.a. *hearg-hael,* v.h.a. – vieil haut-allemand – *harug-heil*), temple

Le caillou d'Arguel

Les Germains utilisaient le pouvoir magique des runes pour accéder à la sagesse, au monde de l'au-delà, au royaume sacré d'Odin.
(LE CAILLOU D'ARGUEL. AVERS).

étant ici un équivalent approximatif pour ce qui est, dans le rituel des religions germaniques, un grand amas de pierres destiné aux sacrifices, un cairn sacrificiel ; l'asile s'entend du territoire consacré qui l'entoure, et qui est protégé par une paix spéciale.

Dans cet environnement, les 27 runes du caillou d'Arguel prennent tout leur sens ; elles disent ceci : « Montre l'héritage, Wodan ; Hagn ment, moi, Aelk, je suis (l'héritier) ! ». L'incantation invoque le grand dieu Wodan, le voyant borgne, le vagabond à la barbe grise, l'inquiétant et sarcastique cavalier bleu qui rôde sous les frênes au hurlement des loups. Que demande-t-on au Vieux ? De montrer, par un signe miraculeux – c'est le sens précis du vieil haut-allemand *zeihhan* ou du vieil anglais *taecan* – un héritage : non pas un bien-fonds hérité, mais plutôt la qualité d'héritier, de successeur d'un chef, revendiquée par deux prétendants. L'informe petit roc, affirmant le droit d'un des rivaux, évoquait le dieu impitoyable en une sorte de défi ordalique.

Wodan et le Christ

Les gens du Varais n'étaient pas seuls à manier les runes magiciennes. À une soixantaine de kilomètres à l'ouest d'Arguel, à la pointe d'un autre vieux pays barbare, l'Amaus des Francs *Hameowas*, non loin de l'endroit où la Saône et le Doubs mêlent leurs eaux, se trouve le cimetière de Charnay. Dans l'une de ses tombes avait été inhumée une femme qui portait, gravée au revers d'une de ses broches, donc sur la partie normalement non visible, la suite des runes, moins les quatre dernières ; était-ce comme protection contre les sorts, ou plutôt comme une affirmation de la maîtrise exercée sur les terribles caractères ? Dans ce cas, la femme qui détenait cette fibule runique aurait été la magicienne du groupe qui enterrait ici ses morts. Par ses enchantements, peut-être, l'un des guerriers qui reposait non loin de là, dans le même cimetière, avait fait graver sur la plaque-boucle de son ceinturon, et sur le revers, en principe invisible, une courte invocation protectrice : « Les accueillantes s'en sont allées, hardiment je me hâte ». Ces « accueillantes » ne sont autres que les *dises,* les esprits protecteurs féminins qui passent en chevauchant dans le ciel.

Même lorsque la culture barbare se christianise, elle conserve souvent des traits païens. Voici, près de Beaune, la plaque-boucle d'un guerrier enterré dans le cimetière de Ladoix-Serrigny, à quelques lieues à peine de la pointe sud de l'Attuyer, le pays des Francs *Hattehare,* les « Gris de Hatti ». Elle est ornée de symboles chrétiens indéniables : la croix et deux chrismes, dont l'un avec l'alpha et l'omega. L'homme a en plus gravé ou fait graver une courte formule propitiatoire : « Landelin a fait (son) nom. Qui la possédera vive jusqu'à mille ans dans le Seigneur. » La boucle paraît donc le pendant chrétien de celle de Charnay. Mais, au-dessus de la formule, se campe un cavalier aux longs cheveux hirsutes qui brandit sa lance, monté sur un étalon, tandis qu'un dragon (?) le suit ou l'attaque. La charge du cavalier à la lance n'a évidemment pas une simple valeur illustrative, mais plus probablement une force apotropaïque. Qui est-il ? Landelinus lui-même ? Dans ce cas, on choisit la première et la moins vraisemblable hypothèse. Le Christ ? Il faut alors admettre qu'il est sérieusement barbarisé, à l'image des psautiers anglo-saxons. Parler de Christ barbarisé ne fait d'ailleurs qu'esquiver l'analyse du phénomène par une formule commode. Le protecteur de Landelin a une mine bien odinique, quel que soit le nom qu'il ait pu porter. Les Carolingiens ne s'y trompaient pas, lorsqu'ils interdisaient les banquets des guildes où l'on faisait des vœux en invoquant des saints, parmi lesquels Michel, dont le nom sonnait un peu trop heureusement à des oreilles germaniques (v.h.a. *mihil,* v.a. *mycel,* grand).

L'odinisme militant de la Bourgogne du Nord n'était peut-être le fait que de quelques groupes de païens endurcis, *Waeraeskas* ou *Hattehare,* mais l'influence qu'il avait prise dans la paysannerie se mesure à l'ombre caractéristique qu'il a laissée dans le folklore de la région. Comme en tant d'autres pays, on y entendait, on y voyait parfois passer dans le ciel nocturne, en rafale hurlante, la bande tumultueuse des esprits des morts et des loups sorciers. Mais ici, cette chasse fantastique était conduite par un personnage apparemment biblique, le roi Hérode, appellatif convaincant pour un chef de damnés, et qui survécut pour cela aux censures ecclésiastiques ; en fait, le nom n'est qu'un calque transparent pour la forme germanique *Her-wod* (v. a. ; en v.h.a. *Heri-wuot*), « le Possédé de l'armée », le même Wodan qui conduisait dans les régions alémaniques le *wutendes heer.* Au XIIe siècle, de nouveaux clercs formés aux écoles pré-universitaires et amateurs, comme les princes qu'ils servent, de *mirabilia,* de choses merveilleuses, nous révéleront l'étendue, dans la France du Nord, des croyances similaires en une Mesnie Hellequin : la parenté de Helle, ou la compagnie du parent de Helle (appellatif germanique probablement déjà péjoratif, puisque Helle est une déesse

Contemporain d'une fusion encore imparfaite, ce pèlerin en route pour Rome, un Northumbrien, conserve pourtant ses croyances ancestrales, gravées sur les éléments d'un coffret : d'une part, Odin, dieu de la Guerre, doté du Pouvoir et de la Connaissance (à gauche) ; d'autre part, l'adoration des Mages (à droite).

(ART NORTHUMBRIEN, COFFRET EN OS DE BALEINE, VIIIe S. MUSÉE DU BARGELLO, FLORENCE.)

infernale peu engageante ; dans les textes scandinaves, plus explicites que les nôtres, son parent est Loki, le double maléfique de Wodan).

À cette époque, la dominance enfin réalisée de la paroisse et de la seigneurie relèguent le paganisme d'origine germanique au rang de la sorcellerie, qui est, on le sait à présent, autant et plus la création des inquisiteurs que celle des sorciers. Ce qui avait été « étranger » n'est devenu « français » que pour relever de l'étrange, de cet exotisme intérieur qui donnait à la paysannerie de certaines régions un aspect quelque peu sauvage et inquiétant. Au XIIe siècle, les bourgeois des villes et leurs porte-parole, les maîtres des écoles, commençaient seulement à exorciser cette culture, avant de pouvoir la tourner en dérision. Bien plus tard, un Arlequin de folklore et ses mascarades pourront venir de l'Italie lombarde comme une nouveauté ; son double français s'était fondu dans la morne grisaille du diable, ce commode ennemi de la foi.

La colline aux palabres

Le second aspect hétérodoxe de ce qu'on pourrait appeler la culture germano-paysanne en France du Nord est celui du droit, second à nos yeux de modernes, qui séparons le juridique du religieux. Cette séparation précoce entre *fas* et *jus* était précisément caractéristique du droit romain appliqué dans l'Empire, sous sa forme « vulgaire », lorsqu'y furent introduites les populations létiques. La coutume barbare en revanche ne distinguait pas entre les deux, et nous avons vu le Wodan des Warasques intervenir dans un conflit successoral, comme, plus tard, durant le premier Moyen Âge, Dieu et ses saints.

L'Empire n'avait rien fait pour diffuser son droit parmi les lètes-déditices ; bien au contraire, par la célèbre Constitution de Caracalla en 212, ils se voyaient exclus, seuls parmi les habitants de l'*oikouméné,* de la citoyenneté romaine et donc de l'usage de son droit. La mesure ne touchait alors que des groupes très restreints, les Bataves tributaires des bouches du Rhin, et les Sicambres déportés dès le Ier siècle sur la rive gauche. La mise en œuvre d'une véritable politique létique après la crise du IIIe siècle allait multiplier les îlots coutumiers. À la fin du Ve siècle, la prise du pouvoir par Clovis haussait la coutume franque au niveau du droit impérial, qui perdait sa primauté pour devenir seulement le droit des « Romains » du royaume. De fait, l'aristocratie mise à part, chez qui la mémoire généalogique gênait les choix opportunistes, l'adhésion de communautés paysannes d'origines parfois diverses à l'un ou l'autre droit allait déterminer, autant que leur passé, la conscience de leur « ethnicité », franque ou romaine. Le statut juridique d'un individu ne relevait donc plus de son établissement permanent dans un territoire contrôlé par un État dont il était le sujet, mais de son appartenance à une communauté dont les ancêtres appliquaient déjà, ou étaient supposés avoir appliqué l'un ou l'autre droit. D'où d'inévitables conflits de droit, qui ne sont pas sans ressembler, *mutatis mutandis,* à ceux que connaît aujourd'hui le droit international privé.

Cette pluralité des droits dans les royaumes barbares, appelée par les historiens personnalité des lois, devait durer en principe jusqu'à la crise féodale, au début du Xe siècle. Elle est probablement un élément essentiel de différenciation sociale. Laissons de côté l'aristocratie franque, certes en partie romanisée, pour nous placer au niveau des villages : il faut des critères très larges pour prétendre, comme on l'a fait parfois, que le droit romain du Code théodosien, même dans la version d'Alaric, était pour l'essentiel identique à la coutume franque, même limitée à sa partie rédigée et adaptée dans la loi salique. C'est plutôt leur profonde différence qui explique le succès de la seconde dans la France du Nord. Bornons-nous, pour le montrer, à quelque chose d'essentiel pour un juriste, la procédure.

Le lieu et les acteurs du drame judiciaire sont foncièrement différents. Le procès romain, encore à la fin de l'Empire, se tient dans un local clos, en présence d'un fonctionnaire impérial assisté de juristes professionnels qui interprètent, parfois tant bien que mal il est vrai, un code, c'est-à-dire un texte écrit relativement méthodique et d'une ampleur assez considérable, émané d'une autorité supérieure. Toute autre forme procédurale est considérée par les classes aisées comme grotesque et dangereuse. Ainsi, l'auteur du *Querolus* – « le Pleurnichard » –, une comédie du Ve siècle, se moquait-il du « droit forestier » des révoltés paysans de l'Ouest, les Bagaudes. Son héros, Pleurnichard, souhaitait avoir du pouvoir tout en restant prudemment une personne privée ; il implore son génie domestique, le *lar familiaris*. Celui-ci lui demande : « Quelle sorte de pouvoir veux-tu ? – Pouvoir dépouiller ceux qui ne me doivent rien, battre ceux qui ne sont pas mes gens, bref, battre et dépouiller mes voisins », avoue crûment et naïvement Pleurnichard. Le génie, sarcastique, lui conseille d'aller dans les régions de Loire : « Là tu as ton affaire... les hommes vivent selon le droit naturel ; là, pas d'artifices, on rend les sentences capitales du haut des chênes et on les écrit sur tes os ! Là ce sont les paysans qui plaident et les particuliers qui jugent, là tout est permis... Ô forêts, ô solitudes, qui vous dit libres ? » Bref, en d'autres temps et d'autres lieux, la loi du juge Lynch, tout le contraire, pour notre auteur gallo-romain, de la justice publique, garantie à ses yeux de la liberté du citoyen-propriétaire.

Or la justice des Francs rappelle en effet, le caractère expéditif et répressif en moins, celle des paysans bagaudes. On la rend en plein air, sur la « colline aux palabres », le *mallberg*, souvent un ancien tumulus, demeure des morts garants de la coutume. Y font office de juges les anciens du canton, qui portent pour l'occasion le nom de *rachimburgi*, « ceux qui préservent des conséquences » ; la litote est significative : la « conséquence » des actes qui donnent lieu à la rencontre des parties sur le *mallberg* c'est, comme nous l'indique la destinée du mot, la vengeance (m.h.a. – moyen haut-allemand – *rache*), qui implique des parentés entières. Sur leur colline, autour de laquelle, une fois par mois, se rassemblent les hommes libres du canton, les *rachimburgi* examinent le cas et disent par quels présents coutumiers, désormais tarifés en sommes d'argent, on doit apaiser la colère ou le deuil de la parenté lésée. Garant de la décision des *rachimburgi*, l'ancien chef de canton, devenu pour le préfet des lètes un centenier, a fait porter son bouclier sur le tertre ; on lui donne encore son ancien nom, *thunginus*, l'excellence, le courageux, c'est-à-dire peut-être, étymologiquement, « celui qui a été élevé » au-dessus des autres (sur le fameux pavois ?).

L'exécution des sentences était aussi originale. Ceux qui méprisaient les décisions et la paix du *mallberg* étaient déclarés *weargas*, « maudits » au sens

La chasse aux têtes

religieux du terme, bannis et chassés du groupe. Il en était également ainsi pour les crimes les plus graves, qui touchaient au sacré : la loi salique, dans une disposition qualifiée d'ancienne, déclare que : « Si quelqu'un a déterré et dépouillé un corps auparavant enseveli, et cela a été prouvé – au *mallberg* c'est *muther tornechale* [v.a. *morthor, toren hael,* « crime pour avoir détruit un asile »], qu'il soit *warg* jusqu'au jour où il s'accordera avec les parents du défunt, et il faut que ceux-ci interviennent en sa faveur pour qu'il lui soit permis de revenir parmi les humains. » Les *weargas* formaient donc de petits groupes d'exclus, qui battaient les forêts et se livraient pour survivre au brigandage. Une habitante de Troyes avait de la sorte été enlevée par ceux de Champagne, qui avaient par la même occasion commis un homicide ; la malheureuse avait ensuite été vendue par les hors-la-loi, et un citoyen « romain » de Troyes, apparemment notable, n'avait pas hésité à garantir par sa souscription l'acte de vente. Puis la dame avait échoué à Clermont, où ses parents, après une longue enquête, retrouvèrent sa trace dans la maison d'un marchand, homme d'affaires de l'évêque de la cité. On voit ici très concrètement que les circuits de la société romaine esclavagiste s'adaptaient admirablement à une structure archaïque pour en tirer profit.

Les communautés barbares, en revanche, étaient moins indulgentes à l'égard des bannis. Lorsque les « maudits » avaient excédé les villageois, lorsque les parentèles protestaient, le centenier levait un groupe de guerriers assermentés – une *truste* – et leur donnait impitoyablement la chasse. Une fois qu'on les avait rattrapés et abattus, on exposait leur tête sur un pieu, que les Anglo-Saxons appelaient un « arbre à forban », ou un « arbre pour les têtes de loup » *(wulf-heafod-treow, wearg-treow, wearg-rod),* noms qui désignèrent plus tard le gibet ; le même pieu infamant devint peut-être le *nidh-stöng* scandinave. La loi salique interdisait d'enlever du pieu la tête, ou le corps s'il y était aussi suspendu. Après exposition, la tête était donnée à celui qui avait abattu l'*outlaw,* et l'homme la conservait comme trophée, l'emportant parfois dans la tombe. Ainsi, à Lèzeville, en Haute-Marne, un défunt de haute taille avait entre ses jambes un crâne percé de deux trous au pariétal gauche ; une situation quasi identique se retrouve dans une autre tombe du même cimetière. À une soixantaine de kilomètres à l'est, à Poussay dans les Vosges, un homme d'une quarantaine d'années avait emporté dans la mort une tête décapitée ; le pariétal droit était percé d'un trou de 7 centimètres, qui avait presque fendu le crâne. À Villecloye, près de Verdun, dans une tombe des environs de l'an 600, était inhumé un guerrier avec son sabre, ce qu'on appelait, par ironie sauvage, un *scremmsaex,* un « couteau à égratigner », un « couteau d'escrime ». Dans sa fosse, on avait placé huit têtes, et, derrière sa tombe, les huit corps correspondants étaient enterrés ; les inhumations, et donc les décès, avaient coïncidé, l'homme avait dû mourir pendant la chasse ou au retour, et ses compagnons lui firent l'hommage du sinistre gibier. Si la poursuite des *weargas* est ancienne, il n'en est peut-être pas de même de la chasse aux têtes : l'empereur Probus semble avoir inauguré la pratique de payer aux soldats une pièce d'or par tête d'ennemi abattu, et Julien, malgré sa répugnance, dut confirmer plus tard la mesure, devenue habituelle. La prime romaine a-t-elle créé, ou seulement renforcé, la coutume germanique ? En tout cas, la décapitation ne choquait pas les Romains, seulement peut-être l'usage *post mortem* qui en était fait par les champions, et qui, là aussi, ressortissait sans doute à une pratique religieuse.

Envisageons pour finir quelques rituels de juridiction gracieuse. Le premier est celui par lequel un homme peut transférer tout ou partie de sa fortune mobilière hors des règles coutumières de dévolution. Au jour convenu, le *thunginus* fait mettre son bouclier sur le *mallberg,* comme lors d'une assemblée de justice ordinaire. En présence de trois témoins, celui qui veut transférer son bien, disons le « délégant », jette dans le sein de celui à qui il transfère, le « délégataire », une baguette symbolique. Puis le délégataire entre dans la maison du délégant et se conduit en maître des biens devant trois autres témoins. Enfin, dans un second plaid, et devant trois nouveaux témoins, le délégataire rend les biens au délégant par le même rite de la baguette, ce qui permettra à celui-ci de léguer à sa guise les biens ainsi libérés du contrôle de la parenté. La baguette était également utilisée dans d'autres cas : lorsqu'un créancier engageait ses biens devant le *graf,* le supérieur du *thunginus,* afin d'obtenir de lui la saisie des biens de son débiteur ; ou, en cas de revendication de meuble, pour mettre provisoirement hors jeu le bien revendiqué ; ou encore pour permettre à un individu de quitter définitivement les liens de parenté : il venait au *mall,* muni de quatre baguettes, qui, dans ce cas au moins, devaient être d'aulne, les brisait au-dessus de sa tête et les jetait aux quatre points cardinaux, en déclarant solennellement l'abandon qu'il faisait.

Là encore, la vieille *religio pagana* n'est pas loin. Nous savons en effet que ces baguettes des Francs étaient des *festucae notatae,* c'est-à-dire des baguettes marquées, les marques étant très probablement des runes. Un

La fusion relative

Tenant une tablette et un bâton de commandement, le législateur carolingien, représenté sous une arche italo-lombarde, conserve de ses origines « barbares » les motifs celtiques des entrelacs décoratifs.
(DESSIN SUR PARCHEMIN, VERS 793. BIBLIOTHÈQUE DE SAINT-GALL.)

Romain de la cour mérovingienne, l'évêque de Poitiers Fortunat, fait, au VIᵉ siècle, une allusion fugitive aux « runes barbares peintes sur des tablettes de frêne », tablettes étant ici une approximation latine ou peut-être une ironie discrète : au lieu de se servir, comme les gens cultivés, de tablettes enduites de cire, les Francs n'ont que des bâtons de frêne ! Et l'on a, en effet, retrouvé de telles baguettes runiques dans les *terpen,* les tertres artificiels de Frise, où elles sont en if, et, à Ribe, au Danemark, des réglettes de bois qui permettaient l'écriture de véritables textes. Les baguettes de justice ne portaient probablement que quelques runes, peut-être même une seule, celle, en forme de lien, qui signifiait en vieil anglais *oedel,* « bien propre ». Ce caractère magique des *baguettes juridiques* est bien mis en lumière par l'un des noms du transfert, *wandilanc,* où *wand* signifie « bâton magique ». Pour les évêques du royaume mérovingien, toutes ces baguettes devaient un peu sentir le fagot ! L'aristocratie, même franque, leur préférait l'acte écrit, de tradition romaine.

Il est enfin un dernier plan sur lequel rites païens et coutumes juridiques se distinguaient mal chez les immigrants barbares et leurs descendants, c'est celui du calendrier. Il semble en effet qu'assemblées festives et religieuses et assemblées judiciaires aient coïncidé dans le temps, à l'instar de ce qu'on observera plus tard en Scandinavie, en une convivialité où les périodes sobres voisinaient avec des chants et des ivresses qui, pour être rituelles, n'en étaient pas moins gaies. De telles assemblées apparaissaient de ce fait aux gens de culture romano-chrétienne comme d'assez sordides orgies. On verra l'aristocratique évêque de Clermont, Sidoine Apollinaire, exprimer l'énervement et la fatigue que lui causent les fêtes des fédérés burgondes casernés sur le domaine lyonnais qu'il était allé visiter : l'odeur de l'oignon mis partout dans leurs sauces mitonnées, la familiarité de leurs visites et de leurs demandes, et, surtout, le soir venu, pendant le banquet, les chants en langue germanique

L'IVRESSE DU BURGONDE

Comment moi, même si j'en étais capable,
préparer selon ta demande, l'hymne
fescennin à Vénus ?
Mais je vis au milieu de hordes chevelues !
Je n'entends parler que le germanique ;
J'applaudis, l'air sombre, à ce que chante,
dans son ivresse, le Burgonde aux cheveux
parfumés de beurre rance.
Tu veux que je te dise ce qui me coupe
l'inspiration ?
Chassée par les plectres des Barbares,
Thalie dédaigne des vers de six pieds,
Depuis qu'elle voit mes protecteurs hauts de
sept pieds.
Heureux tes yeux, heureuses tes oreilles,

Heureux même ton nez,
Car chaque matin dix ragoûts m'envoient
la puanteur de l'ail et de l'oignon.
Tu n'es pas forcé comme si tu étais
leur grand-père ou le mari de leur nourrice
De recevoir, avant le jour, tous ces géants
à la fois,
Si nombreux que la cuisine d'Alcinoos
pourrait à peine les contenir.
Mais déjà ma Muse se tait et retient
ses coursiers,
Après ces quelques endécassyllabes,
[...]
De peur que l'on ne dénonce mes vers comme
une satire.

Sidoine Apollinaire, « Chant XII ».

qu'accompagnaient les harpes barbares, les « cithares à trois cordes » (sans doute trois doubles cordes) que l'on retrouve dans les tombes anglo-saxonnes ou alamanes. Fort heureusement, il ne comprenait pas les paroles, et s'en félicitait.

Cette attitude d'ignorance volontaire sera celle de beaucoup de ses semblables pendant près de cinq siècles, durant lesquels les étonnantes, ou, pour certains, les répugnantes coutumes des immigrés et les usages indigènes allaient fusionner pour former, évoluant avec le temps, la culture de la paysannerie française du Nord.

Le Christ aime-t-il les Francs ?

L'établissement massif des Barbares dans l'Empire avait entraîné de très profondes réactions de rejet. Jadis, certes, Tacite avait présenté les Germains d'une façon assez sympathique, mais son livre un peu provocateur n'avait pas eu de succès. Les Barbares qui s'introduisent dans l'armée romaine comme mercenaires ou qui sont installés sur des terres désertées ont mauvaise presse. « Nous sommes protégés par des armées composées d'hommes qui sont de même race que nos esclaves », écrit un Romain à l'empereur Arcadius. Un autre se plaint que les Barbares forment dans l'Empire un corps étranger qu'il faudrait extraire de la cité comme le ferait un chirurgien. Certains parmi eux cherchent à avoir des magistratures mais, sitôt sortis du Sénat, ils reprennent leurs habits de fourrure et en petit comité se moquent de la toge, qui est une gêne quand on veut dégainer l'épée. Lorsque les Wisigoths arrivent dans l'Empire, à la fin du IVe siècle, c'est l'effroi : « Des paroles célestes, nul n'est témoin mieux que nous, écrit saint Ambroise, nous qui touchons à la fin du monde, car que de batailles et de bruit de batailles. Les Huns se sont jetés sur les Alains, les Alains sur les Goths, les Goths sur les Taifales et les Sarmates ; les Goths, refoulés de leur patrie, nous ont refoulés en Illyricum et ce n'est pas fini. »

Ces Barbares sont des monstres, indignes du nom d'homme, et, disait le poète Prudence : « Il y a autant de différence entre un Romain et un Barbare qu'entre un bipède et un quadrupède. » En 406, la Gaule est envahie par les Vandales et les Alains de Pannonie. En 410, Rome à son tour cède. « Il nous vient d'Occident, écrit saint Jérôme, une rumeur effrayante. Rome est investie, les citoyens rachètent leur vie à prix d'or, mais, sitôt dépouillés, ils sont encerclés de nouveau... Elle est conquise cette ville qui a conquis l'univers. Que dis-je, elle meurt de faim avant de périr par l'épée... » Pour beaucoup, la chute de Rome signifie la fin du monde. C'est alors que saint Augustin commence à écrire *la Cité de Dieu*, pour rassurer les chrétiens.

Les Barbares sèment partout la terreur. L'évêque Orens d'Auch le rapporte : « Dans les bourgs, les domaines, les campagnes, aux carrefours, dans tous les cantons, çà et là tout au long des routes, c'est la mort, la souffrance, la destruction, l'incendie, le deuil, un seul bûcher a réduit en fumée la Gaule entière. »

Mais enfin, ils sont là, il faut les supporter. Considérés comme des fédérés par les Romains, ils sont installés sur les domaines des grands propriétaires. Sidoine Apollinaire, qui possède d'immenses biens dans la région lyonnaise, doit accepter l'installation des Burgondes.

Dans un poème humoristique adressé à l'un de ses amis, il évoque leur grossièreté, qui tue son inspiration. Sidoine n'aime pas les Barbares, « nations bestiales et inflexibles » ; lorsqu'il devient évêque de Clermont, son hostilité grandit encore car les Wisigoths sont des hérétiques.

Les Francs, qui avaient fait alliance avec les derniers Romains, lui sont sympathiques. Ce sont des guerriers, curieusement vêtus d'habits collants, qui lancent leur francisque avec rapidité ; dès l'enfance, la passion de la guerre les tient. Premiers des Barbares à se convertir au catholicisme, ils seront bien vus des clercs de la Gaule. Grégoire de Tours dépeint, certes, les débauches, l'avidité et les brutalités de certains princes, mais il fait l'éloge de Clovis et de Gontran.

À la clef des grandes mutations, l'alliance étrange de la violence barbare, de la paix romaine et de la chrétienté. Avec de remarquables qualités d'adaptation, les anciens guerriers rendent à la terre une fertilité nouvelle.

(PAYSAN TENANT DES JAVELOTS. ÉVANGILES D'EBBON, VERS 820-830. BIBLIOTHÈQUE MUNICIPALE D'ÉPERNAY.)

Les Lombards, eux, restés longtemps ariens, étaient considérés comme des peuples féroces. Grégoire le Grand, dont on sait l'autorité au Moyen Âge, avait fustigé cette cruelle nation « sortie de ses déserts comme le glaive sort du fourreau pour faucher encore une fois la moisson de l'espèce humaine ». Après leur conversion au catholicisme, ils restent suspects aux yeux de la papauté, d'autant plus qu'au milieu du VIIIe siècle ils cherchent à prendre Rome. Le pape Étienne III, apprenant qu'un prince franc veut épouser une Lombarde, représente son peuple comme une race fétide où règne la lèpre à l'état endémique. Quant au fils de Désirée – qui avait été fiancée à Charlemagne –, il serait né avec un pied bot car sa mère était affligée de pieds palmés comme ceux de l'oie. Elle aurait été ainsi une des premières « reines pédauques » (de l'italien *pede d'occa*).

*Les Lombards,
une race de lépreux*

Le bon Barbare, un mythe nécessaire

Avec le temps, le sentiment d'une nécessaire évolution se fait jour au sein de l'Église. Dès le début du Ve siècle, un disciple de saint Augustin, Orose, reprenant le travail de son maître, écrit une sorte d'histoire universelle dans laquelle il évoque les Grandes Invasions. Il montre que Dieu a envoyé son Fils au moment où le monde allait être unifié par les Romains et qu'à présent, dans ce cadre idyllique, il fait entrer les Barbares, appelés à la conversion : « Si les Barbares ont été envoyés sur le sol romain à seule fin que les Églises chrétiennes d'Orient et d'Occident se remplissent de Huns, de Suèves, de Vandales, de Burgondes, il faudrait louer et exalter la miséricorde de Dieu puisque, fût-ce par notre écroulement, tant de nations se verraient révéler la vérité et ne pouvaient sûrement la découvrir qu'à cette occasion. »

Les Barbares ont des qualités qu'il faut reconnaître : vers 450, Salvien de Marseille oppose Romains à Barbares en dénonçant les vices des uns et en exaltant les qualités naturelles des autres. Déjà se forme le concept du « bon Barbare », qui, ignorant la loi religieuse, ne peut vraiment pécher : « Le peuple saxon est cruel, les Francs perfides, les Gépides inhumains, les Huns impudiques. Mais leurs vices sont-ils aussi coupables que les nôtres ?... La fourberie chez le Hun ou chez le Gépide est-elle surprenante puisqu'il ignore que la fourberie soit une faute ? Le parjure chez le Franc est-il quelque chose d'inouï, puisqu'il pense que le parjure est un discours ordinaire et non un crime ? » Salvien estime qu'ils ont ici et là libéré les Romains de la tyrannie des fonctionnaires et de la rapacité des percepteurs. Les Barbares traitent les Romains en camarades et en amis, « si bien que l'on peut trouver des Romains qui préfèrent vivre libres et pauvres avec des Barbares plutôt que d'être chez eux inquiétés et obligés de payer l'impôt ».

L'innocence du crime

Salvien se rend compte que de tels propos vont scandaliser, mais ces témoignages prouvent que certains chrétiens, peu à peu, se préparent à accueillir ces nouveaux venus.

Le concept du « bon Barbare » ne disparaît pas dans les siècles suivants. On apprend, par une lettre de l'Anglo-Saxon Boniface, écrite au VIIIᵉ siècle, que « le peuple saxon a de tout temps condamné l'adultère ». Peut-être d'ailleurs Boniface est-il influencé par la lecture de Tacite qui, dans la Germanie, voulait opposer les mœurs des Barbares à celles de ses contemporains romains.

Les qualités naturelles des Barbares ne peuvent que les conduire à accepter la loi chrétienne. Les Francs ont été les premiers à se convertir au catholicisme, les autres Barbares restaient fidèles à l'hérésie arienne. Le prologue de la loi salique, que l'on pourrait appeler la « *Marseillaise* des Francs », commence ainsi : « Race illustre des Francs instituée par Dieu lui-même, courageuse à la guerre, constante dans la paix, profonde dans ses desseins, de noble stature, au teint d'une blancheur éclatante, d'une beauté exceptionnelle, audacieuse, rapide et rude, convertie à la foi catholique et indemne de toute hérésie lorsqu'elle était encore barbare, cherchant la clé de la connaissance sous l'inspiration de Dieu, ayant le désir de la justice dans son comportement de vie et cultivant la piété. C'est alors, grâce à Dieu, que le roi des Francs Clovis, impétueux et magnifique, le premier reçut le baptême catholique... Vive le Christ qui aime les Francs, qu'Il protège leur règne, qu'Il remplisse les dirigeants de la lumière de sa grâce, qu'Il veille sur leur armée, qu'Il leur accorde le rempart de la foi, qu'Il leur concède les joies de la paix et le bonheur de ceux qui dominent leur époque. » Ce texte est écrit à l'époque où les rois carolingiens font alliance avec l'Église romaine. Alors le peuple franc passe pour le nouveau peuple élu à qui Dieu a donné mission de christianiser l'Occident et de faire régner partout la loi de Dieu.

La mission des Irlandais

Il est malgré tout significatif que le premier effort missionnaire réellement efficace ait été l'œuvre non des Gallo-Romains, mais de moines irlandais venus évangéliser les Barbares sur le Continent. Leur maître était Colomban, qui aborda vers 575 avec ses disciples en « petite » Bretagne, puis s'en alla prêcher aux contingents barbares de Besançon et du plateau de Langres et fonda le monastère de Luxeuil. Mais l'attitude des « Scots » ne leur valait pas que des amis.

Les moines colombaniens ignorent les évêques mérovingiens, créent des monastères sans leur autorisation. C'était affirmer, dès le début, leur indépendance et leur particularisme. Le clergé mérovingien accepte très mal la présence de ces moines étrangers qui, non seulement se distinguent par leur costume et leur tonsure, mais qui, en fêtant Pâques à une date différente de la sienne, apparaissent comme des schismatiques. Invité à se présenter à la cour mérovingienne, Colomban, tel un nouvel Élie, fustige les mauvaises mœurs des princes ; il se voit bientôt obligé par la reine Brunehaut de quitter son monastère de Luxeuil et de regagner l'Irlande sous bonne escorte. Le bateau qu'il devait prendre à Nantes s'étant ensablé, ce qui apparut comme un miracle, Colomban et ses amis purent s'échapper et se réfugier dans le royaume rival, celui de Clotaire II. Finalement, Colomban ira prêcher aux

« La nécessité l'obligea à confesser ce que la veille il s'obstinait à nier. »

(BAPTÊME DE CLOVIS. IVOIRE, XIᵉ S.)

Alamans autour de Saint-Gall, puis aux Lombards autour de Bobbio. Mais, à la fin du VIIᵉ siècle, le mouvement missionnaire s'essouffle. Dans le nord de la Gaule la chrétienté recule et, dans certaines régions, notamment sur le Rhin inférieur, disparaît pratiquement. La prise du pouvoir par les maires du palais d'Austrasie, les fameux Pippinides, permet l'arrivée d'une nouvelle vague de missions, issues des jeunes chrétientés anglo-saxonnes. Leur chef est Wynfrith, de son nom chrétien Boniface. Il reprend en main l'Église de Gaule entre la Seine et le Rhin et porte ensuite ses efforts vers les paysans rhénans, en Frise, en Hesse, en Franconie et en Thuringe. L'importance de ces missionnaires anglo-saxons est bien marquée par l'honneur conféré à Boniface : c'est lui qui sacre roi Pépin, le premier des « Carolingiens ». Après Boniface, la christianisation paraît définitivement assurée.

Mais, à chaque nouvelle invasion, l'effort de conversion est à reprendre. Alors que les Scandinaves commencent à pénétrer en Occident, Louis le Pieux

ÉTABLISSEMENT DES MOINES BRETONS SUR LE CONTINENT DU Vᵉ AU VIIᵉ SIÈCLE.

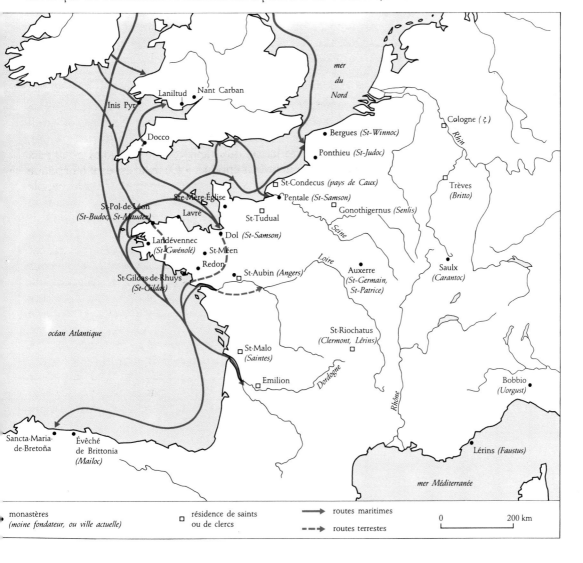

réussit à établir une Église au Danemark, patronnée par l'évêque de Hambourg Anscar. Pendant les invasions normandes, les évêques songent à la conversion de leurs adversaires. Lorsque les accords sont conclus, l'une des conditions est que le chef normand devienne chrétien. Sédulius exulte lorsqu'il écrit à Louis le Germanique : « Les Normands farouches, craintifs, tremblent devant vous, les voilà extasiés et radieux, de corbeaux, ils sont devenus colombes. » Au traité de Saint-Clair-sur-Epte, en 911, le chef Rollon accepte le baptême contre la remise de territoires qui forment la future Normandie. Mais ces guerriers baptisés retournent bientôt à leur paganisme, et l'archevêque de Rouen de demander conseil à son collègue de Reims. Ce dernier lui envoie une collection canonique contenant différents textes, dont la fameuse lettre du 18 juillet 601 de Grégoire le Grand à Mellitus : « J'ai beaucoup réfléchi au cas des Angles [...], décidément les temples des idoles ne doivent pas être détruits dans cette nation, mais seulement les idoles qu'ils renferment. On fera de l'eau bénite, on en aspergera les temples, on construira des autels, on y déposera des reliques, parce que si ces temples sont bien bâtis, il faut qu'ils passent du culte du démon au service de Dieu [...] Comme les païens ont l'habitude de fêter les démons en immolant des taureaux, il faut instituer une autre solennité à la place de celle-ci, par exemple le jour de la dédicace ou de la naissance des martyrs. »

Les conseils du premier « pape des missions » seront souvent repris et suivis par des pasteurs travaillant en pays païens. Alors que les rois, Charlemagne en tête, avaient tenté de faire entrer par la force les peuples païens dans la chrétienté, les missionnaires travaillent patiemment à diffuser l'Évangile et acceptent même des compromis avec certaines traditions païennes. C'est ainsi que, peu à peu, en dépit de quelque résurgence du paganisme, la Normandie entra dans la chrétienté, que les ducs furent les premiers à restaurer le monachisme dans leur duché et que Guillaume le Conquérant fut un des partisans les plus zélés de la réforme grégorienne.

Malgré bien des survivances du paganisme, malgré des syncrétismes parfois jugés regrettables, la conversion des païens au christianisme accéléra la fusion des populations de la Gaule. Pendant tout le haut Moyen Âge, les rois francs s'efforcent de faire pénétrer partout la loi de Dieu en multipliant églises et monastères. Sans doute ils se heurtent à des traditions, des habitudes acquises, des coutumes juridiques particulières. Certains clercs, tel l'archevêque de Lyon Agobard, rêvent de la fusion des peuples et de l'abolition des différentes coutumes : « [...] ni gentils, ni Juifs... ni Barbares, [...] ni esclaves, ni libres... » À la confusion réelle des lois et des coutumes, Agobard oppose l'idéal chrétien de l'unité.

J.-P. P. – P. R.

III

CENT PEUPLES DIVERS

À l'époque carolingienne s'achève le lent et difficile processus de fusion des populations. Mais, à examiner de près le royaume des Francs de l'Ouest aux IXe et Xe siècles, force est de constater qu'il est composé de petites patries dont chacune offre un caractère propre, et qui, parfois, s'opposent les unes aux autres.   □

Chaque groupe de Francs a sa patrie. Le mot même de *patria* est employé par les lettrés pour représenter le pays où l'on est né, d'après la définition donnée par Isidore de Séville dans les *Étymologies* (XIV, V, 11). Reprenant le *pro patria mori* des Romains, les princes encouragent la défense de la patrie. Dans la correspondance de Gerbert de Reims, « patrie » peut désigner la France par opposition à l'Italie, mais aussi Reims, où le clerc demeure. Le mot est le plus souvent synonyme de *pagus,* d'où vient « pays ». Il suffit pour le constater de relire les capitulaires carolingiens.

La France des Xe et XIe siècles est faite de peuples différents. Richer de Saint-Remi nous dit que Hugues Capet est proclamé à Senlis « roi des Français, des Bretons, des Normands, des Aquitains, des Goths, des Espagnols et des Gascons ». De même, dans la *Chanson de Roland,* Charlemagne reçoit les conseils des Poitevins, des Normands, des Français, des Alamans, des Thiois.

Au début du Xe siècle, le canoniste Reginon de Prüm écrit que chaque nation se différenciait par l'origine, les mœurs, la langue, les lois *(genere, moribus, lingua, legibus)*. Le voyageur qui parcourt la France découvre en ce pays de nombreux langages. Les Basques et les Bretons conservent leur langue ; chez les Aquitains, une grande partie des habitants parle la *lingua romana,* le protoroman, dont la prononciation varie suivant les régions. Ce que l'on appellera la langue d'oc regroupe le limousin, l'auvergnat, le gascon, l'occitan proprement dit, le catalan, le provençal. Au nord, dans les pays de langue d'oïl, on entend les dialectes de l'ouest, le normand, le francien, les dialectes de Champagne, de Picardie, et le wallon. Dans le diocèse de Thérouanne, on parle le germanique. L'hypothèse selon laquelle Charles le Chauve reçut, en 843, la Francie occidentale parce qu'on y parlait la même langue est fausse. Il est impossible d'exercer le pouvoir à moins d'être bilingue ou même trilingue. Les princes carolingiens l'étaient. Charlemagne, soucieux de donner une norme à la langue germanique, ébaucha une grammaire qui ne nous est pas parvenue. Louis le Pieux, qui parlait roman, utilisait volontiers le francique. C'est en roman que Louis le Germanique s'adressa aux troupes de Charles le Chauve à Strasbourg en 842 ; c'est en francique que Charles répéta le même discours aux hommes de Louis. Les officiers des souverains devaient, pour se faire comprendre, connaître les différentes langues ou du moins utiliser les glossaires, ancêtres de nos dictionnaires. La communication pouvait se faire par le latin, langue de la liturgie mais aussi des actes et de l'administration. Depuis la Renaissance carolingienne, on s'efforçait d'apprendre dans les écoles un latin conforme aux règles des grammairiens antiques, mais, selon les milieux culturels, les résultats étaient variables ; de plus, la langue parlée influençait parfois ce latin.

Les petites patries

À la diversité des langues s'ajoute, dans l'ensemble de la France, celle des droits. Le principe de la « personnalité des lois », suivi depuis l'installation des Barbares en Occident, fut respecté par les Carolingiens. Dans le domaine du droit privé, à chaque peuple sa loi. « Charlemagne a fait recueillir et consigner par écrit les lois transmises jusqu'alors par la tradition orale de tous les peuples placés sous sa domination » écrit Éginhard, ce que confirment d'autres textes. Au sud de la Loire survit le droit romain, transmis par le *Bréviaire d'Alaric,* qui est un abrégé du Code théodosien. La loi Gombette est appliquée en pays bourguignon, la loi salique dans le nord de la France, la loi des Alamans dans l'est de la France, etc. Lorsque le tribunal se réunit, les juges doivent poser la question relative à la loi nationale qui devra être appliquée. On passe inévitablement de la personnalité à la territorialité du droit, mais son unification ne va pas de soi.

L'Aquitaine, pays de droit romain

Prenons l'Aquitaine. Entre le Ve et le VIIIe siècle, les Aquitains forment une nation héritière de la tradition romaine, vivant sous le droit romain et dont les grandes familles aristocratiques se rattachent aux familles sénatoriales. Lorsque Éloi, né à Limoges, cherche à convertir ses diocésains de Noyon, il se fait traiter avec mépris de « Romain ». L'Aquitaine est une sorte d'appendice du royaume mérovingien. Les Carolingiens l'ont brutalement annexée et reconquise. Pour satisfaire le particularisme de ses populations, bien différentes des hommes du Nord, Charlemagne lui donne un roi en la personne de Louis le Pieux, âgé de deux ans. Et voici que le petit prince se présente à Paderborn en 787 vêtu à la façon des Aquitains, avec petit manteau rond, manches bouffantes, large pantalon et bottes à éperons. Les Francs s'en étonnent, se scandalisent. On pourrait multiplier les phrases malveillantes des chroniqueurs parlant des Aquitains. Pépin II, petit-fils de Louis le Pieux, mène joyeuse vie « à l'exemple des Aquitains » ; le clergé d'Aquitaine « sait mieux se consacrer à l'équitation, aux exercices belliqueux, au lancement des javelots qu'au culte divin ». À la mort de Louis le Pieux, les Aquitains, « réputés pour la versatilité de leur tempérament, se mettent à se battre et à s'enivrer ». Abbon, de Saint-Germain-des-Prés, oppose les Francs « prompts et orgueilleux » aux Aquitains « rusés ». Au Xe siècle, les témoignages se font encore plus nombreux et plus significatifs. Quand les princes du Nord épousent des Aquitaines, le résultat est peu encourageant. Ainsi, Lothaire maria son fils Louis V à Azalaïs. Le mariage se fit à Brioude. Le prince était encore un adolescent et son épouse, veuve déjà deux fois, une vieille femme. Ils ne s'entendirent pas, mais cela n'empêcha pas Louis, nous dit Richer, « d'abandonner les costumes de son pays pour des costumes étrangers ». Deux ans plus tard, Lothaire vint rechercher son fils.

Quant à Azalaïs, elle épousa Guillaume de Provence, dit « le Libérateur ». Elle en eut une fille, Constance. C'est cette dernière que Robert le Pieux épousa en troisième mariage, après avoir répudié Suzanna, puis Berthe. L'arrivée de la Méridionale à la cour de Robert le Pieux fit scandale. Selon Raoul Glaber : « On vit à la suite de cette princesse affluer en France et en Bourgogne des hommes venus de l'Auvergne et de l'Aquitaine pleins de légèreté et de vanité, de mœurs aussi contrefaites que leurs habits, mettant un luxe effréné dans leurs armes et dans les harnais de leur monture, les cheveux coupés à mi-hauteur de la tête, la barbe rasée à la manière des histrions, portant des chaussures et des jambières indécentes, dépourvus de toute bonne foi et de tout respect de la paix jurée. » Raoul y voit un signe des cataclysmes qui annoncent le millénaire de l'Incarnation. En épousant une Aquitaine, Robert le Pieux a certainement désiré faire la paix entre la nation franque et celle d'Aquitaine car, comme le dit Adhémar de Chabannes, Aquitain lui-même : « Là un terrible combat mit en présence les haines des Francs et des Aquitains. Le sang coula à flots de part et d'autre. » Sans doute les Francs sont-ils réputés bien meilleurs soldats que les Aquitains, qui préfèrent aux combats les plaisirs de l'existence. Raoul de Caen nous donne même un proverbe courant à son époque : *Franci ad bella, provinciales ad victualia,* que l'on pourrait traduire par : « les Francs à la bataille, les hommes du Sud à la ripaille ». Les Aquitains préfèrent la paix à la guerre et c'est d'ailleurs au sud de la Loire que naquirent, à la fin du Xe siècle, les « ligues de paix ».

À l'intérieur même de l'Aquitaine, chaque pays a son caractère propre. Lorsque l'écolâtre Bernard d'Angers va en Auvergne, il s'étonne de l'aspect extérieur d'un abbé rencontré sur la route de Conques et de la façon dont les populations vénèrent les reliques en construisant des reliquaires de saveur, selon lui, idolâtre. Le *Guide du pèlerin de Saint-Jacques* distingue les Poitevins des Saintongeais, des Bordelais : « Les Poitevins sont des gens vigoureux, de bons guerriers, habiles au maniement des armes, des arcs, des flèches, des lances à la guerre... Beaux de visage, spirituels... Puis on trouve le pays saintongeais... Les Saintongeais ont déjà un parler grossier, mais celui des

Le scandale des cheveux courts

Bordelais l'est davantage. » Au sud-est des Cévennes, les populations du Languedoc ont une autre personnalité, que l'occupation gothique leur a façonnée. Au milieu du VIIIe siècle, pour échapper à l'influence arabe, beaucoup de Goths se sont installés dans cette région, tels les *Hispani,* pour lesquels Charles le Chauve promulgue un important capitulaire. Au sud des Pyrénées, les Catalans sont étrangers aux populations du Nord : ils ont une langue qui diffère de l'occitan. Passé le Rhône, nous sommes dans l'Empire, et la Provence, elle aussi, a ses caractères spécifiques.

Des terres et des langues inconnues

Les Normands installés par Charles le Simple en 911 passent pendant longtemps pour des étrangers. Richer de Saint-Remi les appelle invariablement « pirates ». Il les présente comme des hommes rusés et cruels, bien qu'ils se soient officiellement convertis au christianisme. Adhémar de Chabannes rapporte que Rollon, converti au christianisme par des prêtres francs, « sombra dans la folie à l'approche de la mort. Il fit décapiter en sa présence cent prisonniers chrétiens en l'honneur des idoles qu'il avait adorées puis enfin distribua cent livres d'or aux églises des chrétiens en l'honneur du vrai Dieu au nom de qui il avait reçu le baptême ».

Si les Normands passent pour des étrangers, que dire des Bretons d'Armorique ? Ils vivent au pays où le soleil se couche, dans les régions les plus lointaines du royaume. Dès leur installation, ils se sont opposés aux Mérovingiens. Grégoire de Tours accumule vis-à-vis d'eux les jugements de valeur hostiles : les Bretons s'enivrent, sont infidèles à leurs serments, pillent les territoires voisins, etc. À l'époque carolingienne, Ermold le Noir fait parler le duc Lambert, envoyé de Louis le Pieux, en Bretagne : « Cette nation perfide et insolente a toujours été rebelle et dénuée de bons sentiments. Traîtresse à sa foi, elle n'est plus chrétienne que de nom car d'œuvres, de culte, de religion, plus de traces. Nul égard pour les enfants, ni pour les veuves, ni pour les églises. Le frère et la sœur partagent le même lit. Le frère prend l'épouse du frère. Tous vivent dans l'inceste et le crime. Ils habitent les bois et installent leur couche dans les forêts. Ils vivent de rapts, semblables à des

« Ici Harold fit un serment au duc Guillaume. » Comme pour « garantir » le serment, la main droite du « Breton » repose sur les reliques de saint Raven et de saint Rasiphe, moines irlandais, honorés en Normandie, tandis que la gauche se pose sur un autel catholique romain.

(TAPISSERIE DE LA REINE MATHILDE, XIe S. MUSÉE DE BAYEUX.)

bêtes sauvages. » Raoul Glaber n'est pas plus généreux : « La corne de la Gaule est en tous points la plus méprisable. Elle a pour capitale Rennes. Elle est depuis longtemps habitée par le peuple des Bretons, qui eurent d'abord pour toute richesse l'exemption des charges fiscales et du lait en abondance. Parfaitement étrangers à toute civilisation, ils sont de mœurs incultes, prompts à la colère et bafouillent un patois stupide. » On pourrait croire que c'est déjà le « baragouin » dont on parlait au XIXe siècle.

Avec Guillaume de Poitiers, biographe de Guillaume le Conquérant, autre portrait : « En ces contrées, un seul chevalier en engendre cinquante, ayant en partage, à la manière des Barbares, dix épouses ou davantage : C'est là un trait qu'on rapporte des anciens Maures, ignorants de la loi divine et de la chasteté des mœurs. Cette multitude s'adonne principalement aux armes et à l'art équestre ; elle se détourne de la culture des champs. Elle vit de lait en abondance et de pain avec parcimonie... Lorsqu'ils ne sont pas occupés à la guerre, les Bretons vivent de rapine, de brigandage, de guerre domestique... La victoire et la gloire acquises au combat sont l'objet de grandes réjouissances et d'une excessive fierté. Ils aiment arracher les dépouilles de ceux qu'ils ont tués, c'est pour eux un honneur et un plaisir. »

Tous ces lettrés sont étrangers à la Bretagne. Or, même chez un Breton, tel Abélard, on trouve des jugements de la même veine. À Saint-Gildas-de-Rhuys, il trouve « une terre barbare, une langue inconnue, une population brutale et sauvage et, chez les moines, des habitudes de vie honteuses et rebelles à tout frein ». Les Bretons qui émigrent à l'intérieur sont astreints à des travaux pénibles et dégradants. On peut lire, dans un manuscrit de Saint-Gall, l'annotation d'un moine qui commente un passage d'Horace où il est question des prisonniers thraces nettoyant les égouts de Rome : « C'est la même chose pour les Bretons qui nettoient les égouts de Laon ». Le *Privilège aux Bretons*, du XIIIe siècle, édité par E. Faral, enseigne que « les Bretons avaient le monopole de curer les fosses d'aisance à Paris. » Au XIIe siècle, heureusement, Chrétien de Troyes et ses émules utiliseront avec bonheur la « matière de Bretagne » dans les romans à la mode. Mais, même alors, aventures, merveilleux, prodiges peuvent apparaître comme les éléments d'un monde étranger.

Rouliers et marchands orientaux

P armi tant de patries soumises à la domination du roi des Francs, circulaient des communautés marchandes qui n'en avaient aucune, étrangères elles aussi, mais à un autre titre, étrangères de l'intérieur.

Tous ceux que l'on appelle Syriens *(Syri),* en fait des Orientaux originaires de l'Empire byzantin, s'adonnent au trafic commercial entre l'Orient et l'Occident. Ils retrouvent des colonies de Grecs installés en Gaule méridionale depuis le IIe siècle – à Marseille, Narbonne, Arles, Vienne, Lyon. Ils remontent la vallée du Rhône, pénètrent même dans la région du Rhin, comme en témoignent certaines inscriptions. Henri Pirenne a beaucoup insisté sur le rôle de ces marchands « syriens », « ces rouliers des mers comme les Hollandais le seront au XVIIe siècle ». Ils apportent d'Orient des épices, des soieries, du papyrus pour la clientèle aristocratique de la Gaule. Salvien de Marseille dit, au Ve siècle, « qu'ils ont pris possession en foule de la plus grande partie des villes ». En fait, « ils vont et viennent », comme dit l'auteur de la *Vie de sainte Geneviève*, qui les met en scène, au moment où saint Siméon Stylite, à Antioche, leur demande d'aller saluer la vierge de Paris. Au VIe siècle, on signale des Syriens à Arles, Marseille, Narbonne, Lyon, Orléans, Clermont-Ferrand, Bordeaux, Bourges, Tours, Paris. Dans cette dernière ville, nous apprend Grégoire de Tours, un marchand nommé Eusèbe réussit par le moyen de sa fortune à devenir évêque : « Après avoir accepté l'évêché, il licencia tout le personnel de son prédécesseur et choisit des Syriens de sa race pour le service du palais ecclésiastique. » Grégoire de Tours parle également d'un marchand de Bordeaux nommé Euphrone, qui possédait les reliques de saint Serge et avait offert jusqu'à deux cents sous d'or, somme énorme, pour qu'on ne puisse pas les lui ôter.

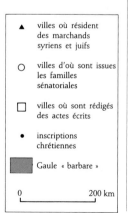

IMPLANTATION DE JUIFS ET DE « SYRIENS » AU VIe SIÈCLE EN GAULE « ROMAINE » ET EN GAULE « BARBARE ».

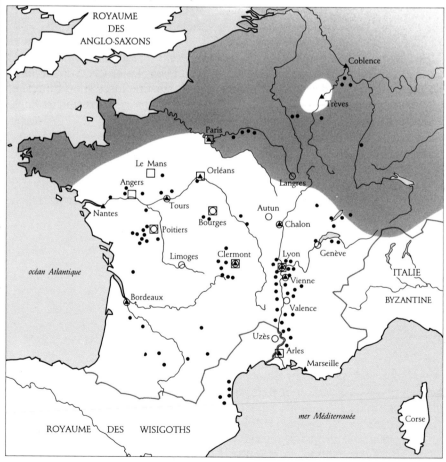

Ces Orientaux, chrétiens fervents, ont en effet permis la pénétration des cultes orientaux en Gaule. Saint Serge de Resafa était honoré à Bordeaux, mais aussi à Angers, le culte de sainte Thècle a pénétré à Chamalières, celui de sainte Basilice en Bourgogne. Après la fondation de Sainte-Croix à Poitiers, la reine Radegonde envoie un médecin oriental, un certain Réoval, demander au patriarche de Jérusalem une relique de saint Mammès.

La présence des Orientaux en Gaule, si intéressante pour l'histoire du commerce, a marqué la vie religieuse et l'activité artistique. En effet, les reliques, envoyées ou apportées, étaient enveloppées dans des tissus de soie brodés dont les dessins ont pu inspirer les artistes de l'époque. La liturgie gallicane subit l'influence des liturgies orientales. Des noms nouveaux sont donnés à des Gallo-Romains : Anatole, Christophe, Théodore, Basile, Marc, etc. Par ces Orientaux installés en Gaule, jusqu'au VIIe siècle, le pays reste étroitement lié au monde méditerranéen. Mais, lorsque l'Empire byzantin subit l'attaque des Slaves et surtout des Arabes, les Syriens se font de plus en plus rares et bientôt disparaissent de la Gaule mérovingienne. Ils laissent la place à ceux qui depuis longtemps vivaient auprès d'eux, participant également aux opérations commerciales, les Juifs.

Les premières colonies de Juifs apparaissent en Gaule au IVe siècle : il s'agit de Juifs de la Diaspora, venus des pays méditerranéens. Au Ve siècle, ils habitent dans les mêmes villes que les Syriens, et sont particulièrement nombreux en Narbonnaise. Mais n'allons pas croire qu'ils sont enfermés dans des ghettos. Jusqu'au XIe siècle, ils vivent au milieu des autres populations, selon le genre de vie des Gallo-Romains. On lit sur une inscription funéraire du VIIe siècle retrouvée à Narbonne : « Ici reposent en paix les trois enfants de bonne mémoire du seigneur Paragorus, fils de feu le seigneur Sapaudus, ce sont Justus, Matrona et Dulciorella. Ils ont vécu Justus trente ans, Matrona vingt ans, Dulciorella huit ans. Paix sur Israël. Ils sont morts dans la seconde année du règne du roi Egica ». L'expression « Paix en Israël », les caractères

Des Juifs prosélytes

Au saint nom de Dieu
Pelester, fils de Nid,
que Dieu soit avec lui oh ! Cieux
jaloux ! Crepen a fait don
de ce monument, Iona l'a fait.
Shalom

INSCRIPTION BILINGUE DE SÉPULTURE JUIVE DU SUD-OUEST DE LA FRANCE, VIIe-VIIIe S. MUSÉE ARCHÉOLOGIQUE D'AUCH.

hébraïques et le chandelier à sept branches indiquent bien qu'ils sont juifs, mais, comme on le voit, leurs noms ressemblent à ceux de leurs concitoyens. Les Juifs semblent avoir adopté le costume des Gallo-Romains et même la langue, en dehors des rites liturgiques. Grégoire de Tours nous dit qu'en 585 les Juifs d'Orléans acclamèrent le roi Gontran en leur langue, s'écriant : « Que tous les peuples t'adorent et fléchissent le genou devant toi et te soient soumis », mais il s'agit là d'un verset de la Genèse qui, évidemment, était prononcé en hébreu. Les Juifs jouent un rôle important dans la vie économique et militaire de la cité. Comme les autres Orientaux, ils sont négociants ; ils occupent, à la cour des rois mérovingiens, une place particulière, tel le Juif Priscus, qui était le fournisseur du roi Chilpéric. Et, comme les Orientaux, certains sont médecins. D'autres cultivent la terre, directement ou avec des esclaves.

Les Juifs sont régis selon le droit romain, le Code théodosien, puis, au Ve siècle, selon le *Bréviaire d'Alaric* qui en est le résumé. Il va de soi qu'ils ont aussi leur droit propre, établi par la Bible et augmenté par la décision des rabbins. Le législateur prend envers eux des dispositions comme il en prend pour d'autres groupes de populations romaines. Ce qui peut faire penser qu'ils ont un statut particulier, c'est le nombre de restrictions et d'interdictions : interdiction de construire de nouvelles synagogues, interdiction de mariages mixtes avec des chrétiens, interdiction de vendre des esclaves chrétiens, interdiction de faire du prosélytisme. Car les Juifs parviennent à convertir des chrétiens dits « judaïsants », qui optent pour les pratiques juives. Puis les édits des rois et les conciles des évêques mérovingiens aggravent ces mesures : les Juifs ne peuvent pas être fonctionnaires publics, juges ou percepteurs (concile de Mâcon, 581), ne doivent pas porter d'armes (concile de Clermont, 535), doivent demeurer isolés pendant les fêtes pascales (conciles

Un Juif, à gauche, enseigne l'hébreu à Jérôme lors de son passage en Palestine. Au XIe siècle, c'est intentionnellement que les miniaturistes effacent les différences apparentes entre Juifs et chrétiens.

(BIBLE DE CHARLES LE CHAUVE, ÉCOLE DE TOURS, VERS 846. BIBLIOTHÈQUE NATIONALE, PARIS.)

d'Orléans, 538 et de Mâcon, 581), ne doivent pas convertir leurs esclaves au judaïsme, ni posséder d'esclaves chrétiens. Certains pensaient que, pour supprimer l'obstacle entre les communautés chrétiennes et juives, il suffisait de convertir les Juifs au christianisme et c'est à cela que se sont employés certains clercs.

À la différence de ce qui se passe en Espagne, les Juifs de Gaule ne furent jamais vraiment persécutés et convertis de force. Une tradition de tolérance est née dès l'époque romaine. Sidoine Apollinaire, écrivant à un de ses amis au sujet d'un Juif, dit : « Non que j'aime l'erreur dans laquelle des Juifs sont enveloppés pour leur perte, mais il ne convient pas de déclarer aucun d'eux irrémédiablement damné tant qu'il est en vie. Il est certain que, soit dans les affaires, soit dans les débats de ce monde, ces gens-là tiennent très habituellement les bonnes causes. Tu peux donc, tout en déplorant qu'il n'ait pas la foi, prendre la défense de ce pauvre homme » (Lettre VI, 11). Au VIe siècle, on assiste à des conversions individuelles. Chilpéric, qui avait converti un Juif, tente d'entraîner Priscus dans la foi chrétienne mais n'y réussit pas. L'évêque de Clermont, Avit, obtient en 576 la conversion d'un Juif, ce qui provoque des incidents entre Juifs et chrétiens. La synagogue de Clermont est démolie de fond en comble. Pour éviter que sa ville ne soit déchirée par des troubles, l'évêque invite les Juifs à se convertir, il y parvient partiellement et ceux qui refusent s'en vont à Marseille. Fortunat, invité à célébrer en vers cet événement, rapporte : « Le peuple de Clermont était troublé par une agitation le coupant en deux, la ville était une, mais il n'y avait pas une seule foi... Pourquoi n'êtes-vous pas les brebis d'un seul troupeau ? Pourquoi n'allez-vous pas vers l'unité ? Qu'il y ait, je t'en prie, un seul troupeau comme il n'y a qu'un seul pasteur. »

L'erreur dans laquelle ils sont enveloppés

Dans la cité chrétienne, les minorités étrangères doivent disparaître. Au début du VIIe siècle, l'empereur byzantin Héraclius aurait envoyé une lettre à Dagobert pour lui demander de convertir les Juifs de son royaume. L'invitation ne semble pas avoir été suivie d'effet, sauf à Bourges, où l'évêque Sulpice « ne permit à aucun hérétique païen ou juif d'habiter sans la grâce du baptême, et ceux-ci, obtempérant, se rassemblèrent dans l'église d'abord en petit nombre puis en totalité pour recevoir cette grâce. » Mais l'exemple de Sulpice ne fut pas imité, et les Juifs, comme dans le passé, furent tolérés dans le royaume. Même les persécutions du VIe siècle ne semblent pas avoir entravé l'essor de leurs communautés ; nous les retrouvons à l'époque carolingienne en position dominante sur les routes de l'Est et du Sud.

Contrairement à ce que disait Henri Pirenne, la Méditerranée n'est pas entièrement bloquée par les flottes arabes. Le commerce a pu diminuer, il n'est pas supprimé. Marseille, Fos, son comptoir, Arles reçoivent toujours des produits venant d'Orient.

Les marchands du palais

Charlemagne utilise des Juifs pour ses relations avec l'Orient. Le plus célèbre, Isaac, fut envoyé avec deux comtes francs auprès du calife Haroun al-Rachid. Il revint chargé de présents magnifiques, dont le fameux éléphant Aboul Abbas, qui traversa les Alpes et fit une entrée triomphale à Aix. À en croire Notker de Saint-Gall, Charlemagne utilisa aussi les services d'un autre Juif pour guérir un évêque de sa cupidité. L'empereur lui demanda de parfumer une souris et de la montrer audit évêque qui, désireux d'acquérir un objet si précieux, lui en offrit finalement une mesure pleine d'argent. Le Juif consentit, et rapporta la scène à Charlemagne. Quelque temps après, ce dernier réunit un synode et montra l'argent à l'assemblée en s'écriant : « Vous, les évêques, devriez servir les pauvres et, par eux, le Christ et ne pas rechercher des choses futiles... Voilà tout l'argent qu'un d'entre vous a payé à un Juif pour une simple souris domestique un peu parfumée » (*Histoire du roi Charles,* I, 16).

Un fournisseur juif de Charlemagne se trouve vers 840 à Ravenne ; il est réputé pour sa connaissance de l'orfèvrerie. En 828, Louis le Pieux prend sous sa protection les marchands du palais : « Qu'il leur soit permis, écrit-il, ainsi qu'aux Juifs, de servir fidèlement dans les différentes parties de notre palais et s'ils veulent accroître leurs moyens de transport à l'intérieur de notre royaume, avec l'aide du Christ, en vue de commercer pour notre profit comme pour le leur, qu'ils en aient licence et qu'aucune saisie, ni aux cluses, ni en aucun autre lieu, ne soit tolérée à leur égard. »

Trafiquants d'esclaves

Mais les Juifs qui font le commerce des esclaves ne peuvent être ainsi protégés. La traite des esclaves n'a pas diminué avec les progrès du christianisme ; au contraire, les invasions, puis la pénétration carolingienne aux confins des pays slaves lui ont donné un nouvel essor. Au temps de

Captifs puis esclaves, hommes et femmes sont les nouveaux produits des marchés opulents de la Gaule.
(SARRASINS ENCHAÎNÉS. DÉTAIL DE LA PORTE DE L'ÉGLISE SAINTE-MARIE D'OLORON, XIᵉ S.)

Dagobert, déjà, un certain Samo avait gagné l'Esclavonie, c'est-à-dire la Bohême, pour commercer ; il avait même fini par être roi des Wendes. Des Juifs, des chrétiens même allaient acheter ces hommes et ces femmes en Bohême ou dans les pays wendes et les emmenaient à travers l'Empire, vers les ports méditerranéens, par Raffelstatten et Ratisbonne, en Bavière, Mayence et Verdun. Sturm, abbé de Fulda, rencontrant une troupe d'esclaves qui se rendent de la Thuringe à Mayence, déplore leur situation. En 870, les moines de Saint-Bertin, en route pour Rome, croisent une caravane de marchands de Verdun qui conduisent des esclaves en Espagne. D'autres sont débarqués à Marseille, Venise, Aquilée, Rome. L'émirat de Cordoue est grand demandeur, surtout depuis que al-Hakam (822) a décidé de se constituer un corps de cinq mille esclaves pour peupler ses milices, ses bureaux et ses harems.

Les rois carolingiens ne peuvent rester insensibles à ce trafic et tentent de le surveiller. Pépin le Bref interdit la vente d'esclaves chrétiens aux païens, et Charlemagne réglemente la vente en 779 puis 781 : elle doit avoir lieu en présence des comtes, de l'évêque et jamais hors des frontières. Lorsque Louis le Pieux accorde son patronage à un Juif de Saragosse, Abraham, il fait les mêmes recommandations. En 845, les évêques réunis à Meaux s'inquiètent à leur tour de ce marché d'êtres humains fait par des Juifs et des chrétiens. Ils souhaitent que des chrétiens puissent les racheter afin qu'ils soient baptisés et n'aillent pas augmenter la force des Infidèles, « ennemis les plus féroces de l'Empire ». L'archevêque de Lyon, Agobard, qui, d'origine wisigothique, est assez hostile aux Juifs, se scandalise en apprenant que l'empereur a interdit de baptiser les esclaves des Juifs sans la permission de leurs maîtres. Il est prêt à rendre les vingt ou trente sous qui représentent le prix d'un esclave afin de sauver les âmes de ces malheureux. Il accuse les Juifs de Lyon de voler des enfants en bas âge pour les vendre en Espagne après leur avoir fait subir la castration. Contrairement à ce que nous pourrions penser avec nos mentalités d'aujourd'hui, nous n'avons aucun témoignage d'un quelconque sentiment de pitié vis-à-vis de ces esclaves. Rares même sont les chrétiens qui tentent de les racheter, comme saint Éloi l'avait fait au VIIᵉ siècle. Ce sont des marchandises, que l'on achète et revend, et leur appartenance à la nationalité slave, nous en reparlerons, n'attire pas la bienveillance des populations de Gaule.

Parmi les négociants qui parcourent la France, il faut signaler les fameux Radanites, dont parle Ibn Khordadbeh, maître des postes de l'Empire perse au milieu du IXᵉ siècle. Il dit, dans son *Livre des routes et des provinces,* que ces marchands juifs parlent le persan, le romain, l'arabe, les langues franque, espagnole et slave, qu'ils voyagent de l'Occident à l'Orient, de l'Orient à l'Occident, tantôt par terre, tantôt par mer. D'Occident, ils apportent des eunuques, des esclaves, femmes et garçons, de la soie, des pelleteries, des épées. Ils embarquent dans le pays de Firandja – le pays des Francs –, sur la mer occidentale, et font voile vers Farama – un port d'Égypte, près de Péluse. Pendant longtemps on a traduit « Radanite » par « Rhodanien » ; on sait maintenant que ce mot veut dire « connaisseur des routes ». Il faut aussi mentionner le cas d'Ibrahim Jacob, Juif d'Espagne envoyé en 965 à l'empereur Otton Iᵉʳ, qui résidait alors en Saxe. Il prit la peine de tenir une sorte de journal de voyage, et décrit à sa façon les villes qu'il traversait : Bordeaux, Saint-Malo, « un lieu fortifié au pays des Francs », Rouen, Utrecht, Mayence, pour terminer par Magdeburg, Cracovie et Prague.

Les mers du Nord

Les Orientaux, Syriens ou Juifs, avaient été les seuls grands marchands jusqu'au VIIe siècle. À cette époque, l'axe de gravité du monde occidental se déplace des régions méditerranéennes vers le nord pour voir s'établir une sorte de Méditerranée nordique, lieu d'échange de produits, d'hommes, d'idées entre les pays riverains de la mer du Nord et de la Manche. À la fin du VIIe siècle et au VIIIe siècle, nous assistons à un premier essor économique et monétaire dans ces régions. Les ports de la Manche et de la mer du Nord, Rouen, Quentovic sur la Canche, Dorstadt sur le Rhin, accueillent pèlerins et marchands venus d'outre-Manche. Le Rhin, l'Escaut, la Meuse sont les voies de pénétration naturelles des marchands anglo-saxons et frisons. Ces derniers, s'ils travaillent dans les mêmes régions, s'ils échangent les mêmes produits et utilisent les mêmes monnaies, doivent être distingués les uns des autres.

Contre bons « sceattas » trébuchants

Les Anglo-Saxons pénètrent sur le Continent au milieu du VIIe siècle. Des navires emmènent clercs et moines désireux de faire un pèlerinage à Rome, car l'Angleterre s'est christianisée sous l'action des missionnaires romains envoyés à la fin du VIe siècle. Des marchands remontent la Seine pour aller à la foire de Saint-Denis chercher du vin. Dans un diplôme daté de 710, le roi Childebert III parle de *tonlieu,* ce droit de douane levé sur tous les marchands anglo-saxons qui viennent au marché auprès de la basilique de Saint-Denis en la fête dudit saint, le 9 octobre. L'autre port de débarquement est Quentovic, sur l'estuaire de la Canche : de là, les Anglo-Saxons parviennent aux bouches de la Meuse et du Rhin et remontent ces fleuves. C'est avec eux que le missionnaire Willibrord et son disciple Wynfrith, devenu saint Boniface, sont arrivés en Frise. La présence des Anglo-Saxons a été rendue évidente par la découverte de monnaies d'argent frappées en Angleterre et répandues dans toute la Gaule, les *sceattas*. On en a trouvé en Bretagne dans le trésor de Bais, près de Bordeaux à Blassac, et même à Cimiez, près de Nice. Le *sceatta* remplace la monnaie d'or, de plus en plus dévaluée et rare, et annonce la création des deniers d'argent carolingiens. Sous Pépin et Charlemagne, les marchands anglo-saxons continuent à faire du trafic avec le Continent. Alcuin utilise leurs services. Lorsqu'en 790 il repart momentanément en Angleterre, il se fait livrer du vin, car il lui manque cruellement. C'est l'époque où il évoque un conflit commercial entre Charlemagne et Offa de Mercie : à la demande du roi d'Angleterre, Charlemagne envoie des pierres noires – des pierres de meule – et réclame des manteaux de la même longueur que ceux qu'il avait reçus autrefois. On a beaucoup épilogué sur le passage de cette lettre, d'autant plus que certains textes parlent de draps frisons aussi bien que de draps anglo-saxons. Notker dit dans sa chronique « que les marchands vendaient à Charlemagne les tuniques courtes aussi cher que les grandes. Leur petitesse empêchait Charlemagne de se couvrir dans son lit, de se protéger contre le vent lorsqu'il était à cheval ou contre le froid lorsqu'il allait aux latrines » (*Histoire du roi Charles,* I, 34). Dans cette même lettre, le roi franc se plaint que des marchands anglo-saxons se déguisent en pèlerins pour ne pas payer les tonlieux, c'est-à-dire les douanes à leur entrée dans le royaume. Toutefois, il leur accorde sa protection sur tout le territoire et leur promet d'intervenir si quelque entrave leur est faite, à la condition qu'Offa agisse de même pour les marchands francs. En 828, dans son *Précepte des marchands,* Louis le Pieux suit la même politique : il décide de protéger les marchands qui arrivent dans l'Empire par Quentovic et Dorstadt. Ces derniers pouvaient même aller vers la Méditerranée, puisque le père de l'abbé de Saint-Martin de Tours, Augier, était, nous dit un texte, un certain Saxon Otto, *negociator* à Marseille à la fin du VIIIe siècle. Traversant les Alpes, les marchands proposent leurs produits à l'Italie. Au Xe siècle, un document issu de la cour de Pavie précise : « En ce qui concerne Anglais et Saxons, des gens de cette nation ont coutume de venir avec leurs marchandises et denrées. Mais, quand ils doivent à la douane vider leurs ballots et leurs sacoches, ils s'emportent. Des altercations

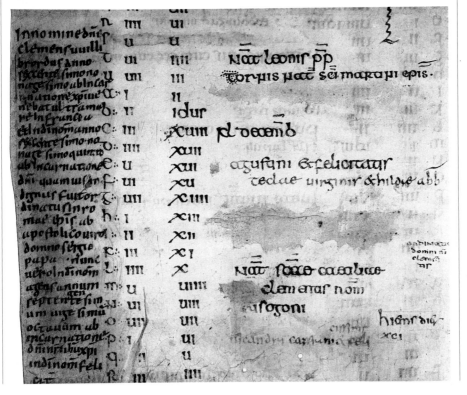

Annoté de sa propre main, le calendrier de Willibrord rend compte au jour le jour de la collaboration du clergé anglo-saxon et du pouvoir carolingien pour implanter la chrétienté en Occident.

(MARTYRIUM KALENDARIUM « WILLIBRORDI », VIIIe S. BIBLIOTHÈQUE NATIONALE, PARIS.)

naissent avec les agents du trésor ; on s'injurie, on se frappe à coups de couteau et des deux côtés il y a des blessés. »

À bord des houlques frisonnes

L'activité des marchands frisons est contemporaine de celle des Anglo-Saxons. Les Frisons étaient installés dans les pays des bouches du Rhin et, vers 625 déjà, cherchaient à étendre leur domination vers l'Escaut. Dagobert avait établi, à la demande de l'archevêque de Cologne, un château à Utrecht afin de surveiller leur progression, et, sans doute, d'amorcer leur conversion. Vers 678, des missionnaires, Wilfrid d'York et Wictbert, portent l'Évangile en Frise. Leur œuvre est poursuivie par un de leurs compatriotes, Willibrord, qui, vers 690, s'installe. Mais le chef frison Radbod refuse de se convertir. Pépin II de Herstal fait alors pénétrer son armée en Frise et contraint Radbod à donner une de ses filles à son fils Grimoald. La conquête franque s'accompagne de la fondation de nombreuses églises et de la création de l'évêché d'Utrecht.

Vivant dans un pays où la mer le dispute à la terre, les Frisons se sentent une vocation de navigateurs et de marchands autant que de pirates. Sur les *houlques* et les *cogues,* bateaux ronds munis d'un mât puissant, ils transportent verrerie et céramique rhénanes vers l'Angleterre et la Baltique. C'est d'eux que parle le poète Ermold le Noir lorsqu'il fait dialoguer les Vosges et le Rhin. Ainsi parle le Rhin : « Si ta population, Alsace, conservait pour son propre usage tout ce que produit ta terre féconde, on verrait cette race vaillante étendue dans les champs, noyée dans l'ivresse... C'est un bien de vendre le vin aux Frisons et aux nations maritimes et d'importer des produits meilleurs. Ainsi notre peuple se pare : nos marchands et ceux de l'étranger transportent pour lui des marchandises brillantes. Car des manteaux le vêtent, teints de couleurs diverses qui ne t'étaient pas connues, Vosges. » Le vin et le blé s'en vont à l'étranger, et les Frisons apportent des vêtements qui d'ailleurs ont reçu leur nom, les *pallia frisonica*. Ces gens ont des quartiers à Mayence et à Cologne sur le Rhin, à Trèves sur la Moselle, et des entrepôts à Dorstadt sur les bouches du Rhin. Alcuin les accuse d'être avares dans un poème adressé à un de ses amis : « À Utrecht, le prieur Hadda t'apportera pour la nuit du miel, de la bouillie et du beurre, car la Frise ne produit ni huile ni vin. Ensuite lève les voiles et évite Dorstadt, car il y a des chances que le noir Hrotbert ne t'offre pas l'hospitalité d'un toit puisque, marchand avare, il n'aime pas ta poésie. » Les Frisons chrétiens peuvent provisoirement abandonner leur négoce pour aller en pèlerinage à Rome : l'existence, à la fin du VIIIe siècle, d'une fondation destinée à l'accueil des pèlerins, la *schola* des Frisons, le prouve.

Créateurs de nombreux comptoirs en Scandinavie, les marchands frisons furent victimes des invasions scandinaves. Dorstadt fut détruite, Quentovic perdit son importance. Les Scandinaves prirent le relais, exerçant aussi bien la guerre que la piraterie et le commerce, surtout dans les régions de l'est de la Baltique.

L'accueil

En général, on accueille bien les négociants, car on a besoin d'eux, surtout au sein des villes. On envie leur richesse ; on est heureux qu'ils aient ce métier peu honorable car, comme dit un proverbe venu sans doute d'une décrétale du pape : « Il est difficile de ne pas pécher quand on fait profession d'acheter et de vendre. » On ne sait pas trop ce que font ces hommes, enfermés dans leur quartier isolé du reste de la ville. En effet, dès cette époque, les *portus* sur les fleuves ou les *wik* dans leur enclos forment une sorte de faubourg des marchands. Richer de Saint-Remi de Reims écrit, à propos de Verdun, « qu'il existait un enclos des marchands [...], entouré d'un mur comme une citadelle et séparé de la ville par le cours de la Meuse, mais relié à elle par deux ponts jetés sur la rivière. » Dans leur quartier, ils s'entraident par des sociétés de secours mutuel apparentées aux *ghildonias,* connues depuis longtemps, et qui ont donné le mot guilde. Au milieu du XIe siècle à Saint-Omer, le règlement d'une telle association est le suivant : « Un marchand habitant notre ville et qui n'a pas voulu entrer dans notre guilde ne recevra absolument aucune aide de notre part s'il est molesté, s'il a perdu ses biens ou s'il est provoqué en duel. À l'époque du banquet, la coutume est que les doyens convoquent le chapitre la veille et qu'ils recommandent aux membres de la guilde de venir tranquillement à leur place à la neuvième heure et de se tenir en paix pour tout fait ancien et nouveau... Si quelqu'un est malade il recevra un « lot » par nuit... Si quelqu'un est hors du pays, sa femme recevra un « lot » par nuit... Une fois le banquet terminé et les dépenses payées, le reliquat de l'argent sera affecté à des dépenses d'utilité commune pour les places, les portes, les murs de la ville... » Ces marchands, constitués en sorte d'associations plus ou moins secrètes, inquiètent certains clercs. Nous avons le témoignage d'Alpert de Metz, parlant de ceux de Tiel, sur le bas Rhin. Il est très dur pour les mœurs de ces hommes : « Dès le matin, ils se livrent à de grandes beuveries, s'excitant mutuellement à boire par des discours les plus grossiers, ils ne se soumettent pas au droit commun, tranchent eux-mêmes les litiges, ils parjurent en matière de dettes et, même s'ils tenaient dans leurs poings l'objet du litige, ils jureraient de l'autre main qu'ils ne le possèdent pas, continuellement ils prêtent serment pour couvrir des mensonges. Enfin, pour eux, l'adultère n'est pas un péché » (*De diversitate temporum,* II, 20).

Les voies diplomatiques et religieuses

Il est d'autres voyageurs sur les routes de France, les ambassadeurs. Laïques ou bien clercs, partis de tous les points cardinaux, ils viennent proposer un traité de paix, une alliance ou un mariage, et, le plus souvent, arrivent chargés de cadeaux. Les chroniques et les annales signalent leur venue.

Depuis que les Carolingiens ont fait une étroite alliance avec la papauté, beaucoup d'Italiens séjournent en France. Le pape Étienne II, le premier, vient en France. Le *Codex carolinus,* qui rassemble les lettres échangées entre la papauté et les princes carolingiens, donne les noms des clercs romains envoyés par les pontifes en 753, 755, 756, 758, etc. Certains d'ailleurs se fixent en France, tels Wilchaire, ancien évêque de Nomentana, qui devient archevêque de Sens, le prêtre Marin ou Georges d'Ostie, qui est évêque d'Amiens en 768. Quelques clercs romains viennent former les clercs carolingiens à la liturgie de l'Église romaine que Pépin veut introduire en France. Siméon le *secundus* de la *schola cantorum* fait un séjour auprès de l'évêque de Rouen Remi, frère de Pépin. Sous Charlemagne et ses successeurs, les clercs italiens à la cour restent nombreux. La papauté prend l'habitude d'envoyer des légats représenter ses intérêts et faire connaître ses volontés. Et, quand le clergé de France veut garder son indépendance, ils sont mal reçus, ainsi au temps d'Hincmar de Reims, ou sous son successeur du Xe siècle, Gerbert.

À l'époque mérovingienne, les filles du roi Athanagild, Brunehaut et Galswinthe, avaient épousé les princes francs Sigebert et Chilpéric, ce qui avait suscité l'arrivée d'ambassadeurs wisigoths en France. Plus tard, la présence d'émigrés wisigoths, tels Théodulf, évêque d'Orléans, Agobard, archevêque de Lyon, ou Benoît d'Aniane, facilitera les bonnes relations avec le royaume chrétien d'Espagne. Mais Charlemagne reçut également des ambassadeurs venus de l'Espagne arabe. En 777, la cour eut la surprise de voir arriver Soliman ben Alarabi, gouverneur de Barcelone : révolté contre l'émir de Cordoue, il invitait le roi franc à intervenir à Saragosse. Cette expédition se termina par le désastre de Roncevaux.

Pour contrecarrer la politique des émirs de Cordoue, le roi franc s'adressa au calife abbasside Haroun al-Rachid. Il envoya en 797 une ambassade à Bagdad. En 802, nouvelle ambassade à laquelle répond, en 807, l'arrivée de l'envoyé d'Haroun al-Rachid, Abdallah, chargé de tentes aux couleurs variées et d'une merveilleuse horloge dont le chroniqueur fait une description précise : « Un mécanisme mû par l'eau marquait le cours des douze heures et, au moment où chaque heure s'accomplissait, un nombre égal de petites boules d'airain tombait sur un timbre placé au-dessous et le faisait tinter par leur chute. Il y avait douze cavaliers qui sortaient par douze fenêtres qui se fermaient aussitôt derrière eux. »

La Grèce mande, elle aussi, ses ambassades. C'est d'un Grec que Dagobert reçoit la lettre de l'empereur Héraclius par laquelle ce dernier lui demande de faire baptiser les Juifs de son royaume. C'est d'ailleurs, avant les Carolingiens, le dernier témoignage de relations diplomatiques entre l'Orient

Une captive pour Clothaire : princesse, chrétienne, étrangère, Radegonde, du royaume de Thuringe.

et la cour franque. Pépin le Bref reprendra contact le premier avec Byzance au lendemain de l'expédition d'Italie. L'empereur lui répond en 757 en envoyant des ambassades à Compiègne ; un orgue figurait parmi les présents dont elles sont chargées. Le chroniqueur officiel ajoute : « Je ne sais pourquoi, mais ces mutuelles marques d'amitié n'ont pas eu de conséquences durables. » Pourtant, brouillés avec la papauté à propos des images, les empereurs cherchent à gagner Pépin à leur camp. En 765, ils envoient une ambassade, puis a lieu, en 767, un synode à Gentilly près de Paris, « au sujet de la Sainte Trinité et des images des saints ». Ces relations ont pour effet de raviver l'étude du grec dans le royaume. En 827, l'empereur Michel le Bègue fait donner à Louis le Pieux les œuvres du pseudo-Denys, célèbre manuscrit que Jean Scot devait traduire ; il est toujours à la Bibliothèque nationale.

Un long cheminement de pèlerins

Les sanctuaires de France attirent les pèlerins. Nous savons par Grégoire de Tours, qui consigne les miracles observés sur la tombe de saint Martin, qu'au VIe siècle 12 p. 100 d'entre eux sont des étrangers. Les plus nombreux viennent d'Espagne, d'autres d'Italie et des pays méditerranéens orientaux. Lorsque les reliques qu'on avait soustraites aux invasions normandes reviennent à Tours en 887, les pèlerinages reprennent. On sait qu'à la suite de l'incendie de la basilique, l'impératrice Adélaïde offrit une importante somme d'argent et une partie du manteau de son fils, l'empereur Otton II, afin d'orner l'autel. On apprend encore, par le chroniqueur polonais Gallus Anonymus, que Ladislas, duc de Pologne († 1102), et sa femme Judith, n'ayant pu avoir d'enfant, suivirent le conseil de l'évêque Franco et invoquèrent saint Gilles : « ... aux frontières de la Gaule, au midi, près de Marseille, là où le Rhône se jette dans la mer en terre de Provence, et ce saint possède tant de mérites auprès de Dieu que quiconque met sa dévotion en lui et implore sa mémoire, s'il demande quelque chose, il l'obtiendra sans aucun doute. Fabriquez donc une statue d'or en forme d'enfant, leur fut-il recommandé, préparez des dons royaux et hâtez-vous de les envoyer à saint Gilles ». Ainsi, des moines polonais furent-ils envoyés ; à leur retour, ils apprirent que la princesse était enceinte.

Le Mont-Saint-Michel, le « mont Tombe », comme on l'appelait alors, reçoit vers 870 la visite d'un pèlerin de Rome et de Jérusalem, le moine Bernard. Il voit l'afflux des pèlerins qui attendent la marée basse pour passer, et s'émerveille : « Au sommet du mont il y a une église en l'honneur de saint Michel et, chaque jour, par deux fois, à savoir le matin et le soir, la mer déborde, encercle le mont et les hommes ne peuvent se rendre au mont tant que la mer ne s'est pas retirée. Cependant, à la fête de saint Michel, la mer n'encercle pas le mont mais se tient comme des murs à droite et à gauche. » Dans le sud de la Gaule, Sainte-Foy de Conques et Saint-Géraud d'Aurillac sont fréquentés par des Espagnols.

Si l'on regroupait les récits de translations de reliques et des miracles qui les accompagnent, récits très nombreux entre le IXe et le XIe siècle, on aurait une idée de l'origine des pèlerins qui ont obtenu une guérison. L'auteur de la *Translation de saint Sébastien* à Soissons, au IXe siècle, écrit : « De tout le territoire des Gaules et de la Germanie, également des provinces situées au-delà des mers, arrivait un si grand nombre de personnes, qu'elles occupaient, telles des sauterelles, ce lieu pourtant assez étendu. Parmi ceux-ci la foule des aveugles, des boiteux, de ceux qui avaient des membres desséchés, des lépreux, des épileptiques, ainsi que la foule des gens atteints de toutes sortes d'infirmités était si grande qu'elle semblait dépasser leur nombre total. » Enfin il faut mentionner les pèlerins venus d'Orient. L'Arménien Siméon († 1016), après être allé à Rome, vient en Bourgogne, puis à Saint-Martin de Tours. Grégoire, un autre Arménien, s'installe, au début du XIe siècle, à Saint-Martin-le-Solitaire, à Pithiviers. Le duc de Normandie, Richard II (996-1026), a la réputation de bien accueillir les Orientaux : « En sont témoins les Grecs et les Arméniens, qu'en ce temps-là la réputation d'un si grand homme fit venir de chez eux et que sa seule libéralité incita à venir au pays des Normands en abandonnant leur Grèce natale. » Il reçut même des envoyés du mont Sinaï, et, par leur intermédiaire, envoya beaucoup de présents en or et en argent aux saints qui y menaient une vie céleste. Parmi ces moines du Sinaï figure Siméon, qui arriva à Rouen vers 1028 et qui, selon une tradition non vérifiée, aurait apporté les reliques de sainte Catherine du Sinaï. Il est intéressant de noter qu'un manuscrit d'Autun comporte un glossaire latin-arménien, indiquant le nom des jours, des nombres, des éléments, et un vocabulaire ecclésiastique qui pouvait servir à ces étrangers. De même le glossaire latin-grec contenu dans un manuscrit d'Avranches présente quelques phrases de conversation courante : « Donne-moi du pain », « Donne-moi du poisson, du fromage, de la viande », « Donne-moi à boire du vin, de l'eau et du lait ».

Artistes et messagers

Parmi les étrangers sillonnant la France, se trouvent aussi ces porteurs de « rouleaux des morts », sortes de faire-part qu'une abbaye envoyait à d'autres abbayes à l'occasion de la mort d'un illustre personnage. Certains, provenant de Catalogne, parviennent à Liège, tel celui de Guifred († 1049), frère de l'abbé Oliva : parti de Saint-Martin-du-Canigou en avril 1051, il rentra à la fin du mois de décembre, passa par le Poitou, la Touraine pour aller jusqu'à Liège et Maëstricht et revint par Aix-la-Chapelle, Cluny, Saint-Guilhem-du-Désert.

Les routes sont également parcourues par des artistes appelés à travailler dans des monastères ou dans des églises épiscopales. Des mécènes, évêques ou abbés, qui connaissent la réputation de certains artistes, orfèvres, peintres, s'efforcent de les faire travailler dans leur église. L'archevêque de Trèves, Egbert, avait appelé un Italien, connu comme le « Maître du Registre de saint Grégoire » : il travaille non seulement à Trèves mais à Lorsch, Echternach. Au début du XIe siècle, l'abbé de Saint-Sever fit peindre par l'Espagnol Étienne Garcia le fameux manuscrit du *Commentaire de l'Apocalypse* de Beatus. Fleury-sur-Loire abrita des peintres et des dessinateurs anglo-saxons. L'abbé Gauzlin invita le Lombard Nivard à orner la nouvelle abbatiale qu'il avait fait construire. Ce même Nivard travailla peut-être à un évangéliaire que Robert le Pieux offrit à Fleury-sur-Loire. Ailleurs, Odbert, abbé de Saint-Bertin, fait venir des peintres d'Angleterre pour orner des manuscrits. Il est évident que ces artistes venus d'ailleurs se sentaient comme incorporés à la famille monastique dans laquelle ils résidaient quelque temps ; pas plus que les clercs et les moines installés dans les églises, ils ne devaient se considérer comme étrangers.

Le monde étrange de l'étranger

Jusqu'au Xe siècle, hormis les marchands, qui savaient certainement à quoi s'en tenir, l'étranger du dehors prend aux yeux des clercs, nos seuls informateurs, une dimension quasi mythique.

Représentons-nous le lettré réfléchissant sur la situation du monde dans lequel il vit. S'il veut dépasser l'horizon de son abbaye, de son terroir, s'il veut imaginer le vaste monde créé par Dieu, il a recours aux ouvrages géographiques légués par l'Antiquité : le *Dictionnaire géographique* de Vibius Sequester, l'*Exposition de tout le monde et des peuples*, la *Cosmographie* d'Ethicus, etc. Ces manuels peuvent avoir des cartes, les *mappae mundi*, d'où le nom de mappemonde, qui représentent schématiquement les trois continents : Asie, Afrique, Europe, séparés par les grands fleuves du Tanaïs et du Nil et par la Méditerranée. Isidore de Séville a repris, au livre XIV des *Étymologies*, cette encyclopédie qui est dans toutes les bibliothèques, la division tripartite. Pour chaque continent il donne la liste des noms de fleuves, de villes, de montagnes. Certaines cartes ajoutent, aux trois continents, un continent austral inconnu, de l'autre côté de l'Équateur et d'où viennent des peuples monstrueux. Si l'on s'en tient à l'Europe, on trouve mention des principaux pays : *Alamnia, Dacia, Germania, Saxonnia, Fresia, Graecia, Italia, Britannia, Scottia.*

Le monde est une création de Dieu. Sur les cartes figure le Paradis terrestre, avec les quatre fleuves Pison, Gihon, Tigre et Euphrate. Il a été partagé entre les trois fils de Noé, Sem recevant l'Asie, Cham l'Afrique et Japhet l'Europe. Le monde, les Grecs lui ont donné le nom de *cosmos,* qui veut dire « univers » et « parure », les Latins celui de *mundus,* qui signifie « net », « pur », « élégant ». L'harmonie est renforcée dans une grande partie du monde par la domination romaine, puis par la conversion au christianisme. Il y a deux capitales, Rome et Jérusalem. Ce monde romain et chrétien est menacé par d'autres peuples, venus des régions d'outre-mer ou d'Asie, ces peuples qu'on appelle Barbares. Le terme, à l'origine, n'a rien de péjoratif ; il désigne tous ceux qui ne sont pas de la civilisation romaine. Au IVe siècle, la conversion des empereurs au catholicisme a permis d'établir un empire chrétien qui laisse espérer que le royaume de Dieu est en train de se réaliser en partie sur terre. À la veille des invasions, on ne peut concevoir d'autre solution que celle de cet empire chrétien. Or, à peine est-il réalisé qu'il s'effondre sous le coup des Barbares. Le même processus semble se répéter avec l'Empire carolingien.

L'harmonie du monde

La Scandinavie, quant à elle, abrite des êtres monstrueux. Au XIe siècle, Adam de Brême écrit : « Des hordes de monstres humains empêchent l'accès à ce qui s'étend au-delà des monts rhiphaeans. On y trouve les amazones, les cynocéphales et les cyclopes, qui ont un œil sur le front, il y a aussi les himontopodes, qui sautent sur un pied, et ceux qui se délectent de la

Cynocéphales et amazones

chair humaine. » Les cynocéphales, ces hommes à tête de chien, retiennent volontiers l'attention des chroniqueurs. Déjà Solin, auteur latin du IIIe siècle et dont les lettrés du Moyen Âge se délectèrent, les avait décrits, au milieu d'une série de monstres. Vers 850, Ratramne, moine de Corbie, écrivit au prêtre Rimbert pour lui demander ce qu'il savait des hommes à tête de chien. Si la lettre de Rimbert est perdue, dans une deuxième lettre Ratramne se demande si les cynocéphales descendent d'Adam, s'ils sont des hommes, ou s'il faut les considérer comme des animaux. Rimbert pense que ce sont des êtres raisonnables, qu'ils peuvent distinguer le bien du mal, réfléchir, éprouver de la pudeur. Ratramne donne l'exemple de saint Christophe, un cynocéphale auquel Dieu accorda sa grâce, et estime que, puisque des enfants mal formés viennent au monde, il n'est pas impossible que des êtres humains à tête de chien aient vu le jour. Adam de Brême rapproche les cynocéphales des amazones : « Il y a encore de nombreuses îles pleines de peuples barbares ; les navigateurs les évitent. On dit aussi que, sur ces côtes de la mer Baltique, vivent des amazones et aujourd'hui ces rivages s'appellent « Pays des femmes ». Les uns racontent qu'une gorgée d'eau les féconde, d'autres qu'elles

Géants, pygmées et grandes oreilles refusent ou ignorent l'Évangile. Pierre et Paul se dirigent vers ces étrangers si éloignés d'eux pour leur enseigner la parole de Dieu.
(TYMPAN DU NARTHEX, BASILIQUE DE VÉZELAY, XIe S.)

118

le sont par des marchands de passage, des prisonniers qu'elles font, ou par d'autres êtres étranges qui, dans ce pays, sont chose courante, et je crois que cela est plus vraisemblable. En effet, tous les enfants mâles naîtraient cynocéphales, mais les filles fort belles. Elles vivent ensemble et méprisent le commerce des hommes qu'elles repoussent vaillamment si d'aventure quelques-uns approchent. Les cynocéphales ont la tête sur la poitrine. En Russie on les voit souvent prisonniers et ils parlent en aboyant » (*Histoire des évêques de Hambourg,* IV, 19). En Norvège, vivent des bergers magiciens qui attirent des monstres marins sur la plage ; ils vivent dans les bois. Leurs femmes portent la barbe ; ils se vêtent de fourrure de bêtes sauvages. Eux aussi ont un parler curieux : ils grincent des dents plutôt qu'ils ne parlent. Selon Adam de Brême : « Ils ne peuvent vivre sans la neige et [...] ils volent plus vite que les bêtes sauvages. » Ce qui semble indiquer que déjà ces hommes du Nord utilisaient les skis. Vivant dans un pays très froid, ces Scandinaves sont incapables de sentiments en raison de la rudesse du climat. S'ils quittent leur pays, c'est qu'ils ont besoin d'un espace vital car ils pratiquent la polygamie : « Il n'y a que dans leurs relations sexuelles avec les femmes qu'ils ne connaissent aucun frein, dit Adam de Brême. Un homme selon ces manières a en même temps deux ou trois épouses ou plus, les hommes riches et les princes en nombre illimité. Et ils considèrent que les fils nés de telles unions sont légitimes. » Le chroniqueur aurait pu faire remarquer que la polygamie, habitude germanique, persistait chez les princes chrétiens. On pense que c'est dans ces pays que l'on trouve le plus de devins, augures, sorciers, enchanteurs et « autres satellites de l'Antéchrist ». C'est avec l'aide du diable que les Scandinaves ont réussi à pénétrer dans le monde chrétien.

On pourrait en dire autant des Hongrois, cette *gens ferocimma* dont nous avons rappelé les incursions en Occident. Les Hongrois ont laissé un souvenir affreux parmi les chrétiens : ils voient en eux les descendants des Scythes dont les écrivains antiques racontaient les ravages, avec ceux des Huns et des Avars. Les chants épiques maintenaient le souvenir des méfaits d'Attila, le « Fléau de Dieu ». Les chroniqueurs carolingiens avaient noté la présence, à l'est, de l'empire des Avars, « ce peuple sans raison et illettré » que Charlemagne avait enfin combattu victorieusement. Et voilà que le péril jaune renaît avec l'arrivée des Hongrois. Ces monstres d'une laideur repoussante, se nourrissant de viande crue, vêtus de manteaux aux couleurs criardes et agrémentés de clochettes, ces monstres qui boivent le sang de leurs ennemis, qui emmènent femmes et enfants dans leur repaire, d'où viennent-ils ? On ne sait trop ; on oppose, en tout cas, la Hongrie blanche à la Hongrie noire, « ainsi nommée parce que les gens y ont le teint foncé comme les Éthiopiens », selon Adhémar de Chabannes.

Quant aux Slaves, une haine immémoriale les sépare des Germains. Les Francs ont contenu les Slaves sur l'Elbe et créé des marches ; les Ottoniens poursuivent leur poussée vers l'est *(Drang nach Osten),* pour soumettre ces Wendes dont le nom est volontairement rapproché de celui des Vandales. Qu'un guerrier rentre chez lui et que ses amis lui demandent ce qui s'est passé au pays des Wendes, il répond : « Que m'importent ces petites

Les peuples de l'Est

grenouilles, j'en portais çà et là sept, huit et même neuf enfilées sur ma lance et murmurant je ne sais quoi. C'est bien à tort que notre seigneur roi et nous-mêmes nous nous fatiguons contre de pareils vermisseaux. » Bref, ces Slaves ne sont bons qu'à être réduits en esclavage, vendus sur les marchés de l'Occident ou de l'Espagne arabe !

Un guide pour Saint-Jacques-de-Compostelle

Car il existe deux Espagnes : l'une chrétienne, l'autre musulmane. Dans l'Espagne dite chrétienne, certaines populations ont mauvaise réputation, les Basques ou les Gascons, par exemple, qui n'ont jamais accepté la domination des Mérovingiens, puis des Carolingiens. On se souvint longtemps de l'affaire de Roncevaux. Le *Guide du pèlerin de Saint-Jacques-de-Compostelle* met en garde ceux qui s'en vont vers Saint-Jacques contre les Basques et leurs cousins les Navarrais ; ce peuple est en effet issu des Basques et, ajoute le Guide, « le mot navarrais vient de *non verus* (non vrai) ». Car ils ne sont pas issus d'une race pure, d'une souche légitime. Ils se ressemblent pourtant.

Quant aux Arabes d'Espagne, du siège de Barcelone, en l'an 800, raconté avec emphase par le poète Ermold le Noir, jusqu'au début de la *Reconquista,* au XIe siècle, les chrétiens n'ont pas manqué de les décrire sous des traits caricaturaux. Ils fourniront même à la chanson de geste, et d'abord à la *Chanson de Roland,* les matériaux où se mêleront faits et légendes.

À l'inverse, l'Orient est imaginé, avant la croisade, comme une suite de contrées mystérieuses. À la vue des produits qui en viennent, or, soie, encens, épices, ou des bêtes exotiques, éléphants ou lions, offerts aux souverains, l'imagination s'emballe. Le *Roman d'Alexandre*, qui a été traduit en latin, décrit les merveilles de l'Orient, « merveilles » au sens d'étrangetés : animaux à huit pattes, serpents à deux têtes, arbres portant des pommes d'or, balais de pierres précieuses. Les cartes d'Asie et d'Afrique portent les noms des Éthiopiens, noirs comme les diables, des cynocéphales, encore eux, des Panotii, peuple à grandes oreilles, des Sciapodes, qui se mettent à l'abri grâce à leur large pied unique, etc. On retrouvera ces peuples étranges au XIIe siècle aux voussures de l'église d'Aulnay en Saintonge, et au tympan de Vézelay. Mais alors ils seront appelés à être sauvés par le Christ.

P. R.

NAVARRAIS, BASQUES ET GASCONS

Chez les Navarrais, toute la maisonnée, le serviteur comme le maître, la servante comme la maîtresse, tous ensemble mangent à la même marmite [...]. C'est un peuple barbare différent de tous les peuples et par ses coutumes et par sa race, plein de méchanceté, noir de couleur, laid de visage, débauché, pervers, ivrogne, impie et rude, cruel et querelleur, inapte à tout bon sentiment, dressé à tous les vices et iniquités. Le Navarrais met un cadenas à sa mule et à sa jument pour empêcher tout autre que lui-même d'en jouir [...]. Les Gascons sont légers en paroles, moqueurs, débauchés, ivrognes, gourmands [...]. Pourtant, ils sont entraînés au combat et remarquables par leur hospitalité envers les pauvres.

« Guide du pèlerin de Saint-Jacques-de-Compostelle », XIIe siècle, éd. J. Vieillard, Mâcon, 1938.

IIᵉ PARTIE (XIIᵉ - XVIᵉ s.)

LES FRONTIÈRES
DU ROYAUME

La terre dont il est, dit-il,
le soleil n'y luit pas et le blé
n'y peut croître,
la pluie n'y tombe pas, la rosée
ne s'y pose,
il n'y a pierre qui ne soit toute noire :
certains disent que les diables
y demeurent.

(La « Chanson de Roland », la Bataille.)

C'est un étrange sentiment
que celui de fixer
le destin de certains êtres.
Sans votre intervention,
la médiocre table tournante de la vie
n'aurait pas autrement regimbé.
Tandis que les voici livrés
à la grande conjoncture pathétique...

(René Char, « Fureur et mystère »,
Feuillets d'Hypnos.)

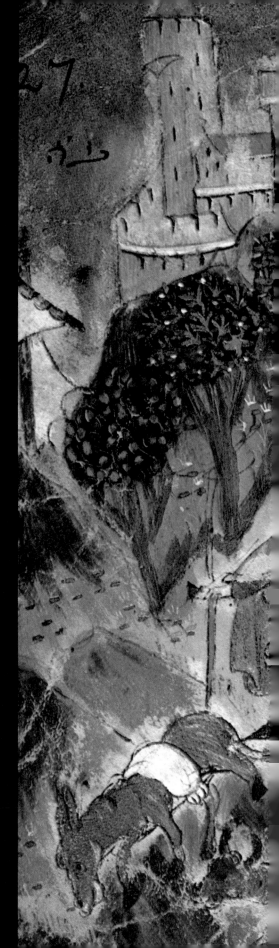

124

צַדִּ
הֵד
יִלְרֹב
אַם לְבֵּי אֲרָל
וְלַמֵי שֶׁהָיוּ יִשְׂרָ
וָלְרֵעִים שֶׁנֵּוֹבַ
צַוְרַבִּישֵׁ צָמוֹ בְּמִי
בַּם

Le temps fuit,
les heures ont fourni leur voyage,
elles ne me laissent le temps de penser
tandis que je cours à la mort.
A peine en Orient un rayon de soleil
a-t-il jailli
que sur l'autre montagne, à travers
l'horizon,
on le verra au-dessus des chemins
escarpés...

(Pétrarque, Poésies, Canzone IV.)

page 121. – *Fresque romane, XIIᵉ s. St-Gilles, Montoire-sur-le-Loir.*
pages 122-123. – *Arabes et Indiens, représentés au tympan du narthex de la cathédrale de Vézelay. – Au-dessous, Éthiopiens. – Profanation de l'hostie (détail) ; Paolo Uccello, XVᵉ s. Musée d'Urbino.*
pages 124-125. – *Adoration de la Croix ; Très Riches Heures du duc de Berry. Musée Condé, Chantilly. – Juifs expulsés d'une cité allemande, XVᵉ s. ; Staats-und Universitätsbibliothek, Hambourg.*
pages 126-127. – *Fresques de la chapelle St-Martial, par Matteo Giovanetti de Viterbe, XIVᵉ s. Avignon, palais des Papes. – Masque funéraire supposé de Jeanne de Laval ; Francesco Laurana, XVᵉ s. Musée de Villeneuve-lès-Avignon. – Triptyque des Perussis ; détail : vue d'Avignon et donateurs. École française du XVᵉ s., Metropolitan museum, New York.*
page 128. – *Portrait d'Erasme, 1534 ; Hans Holbein le Jeune. Musée de Capodimonte, Naples.*

Introduction

Dans un monde où l'arrêt des Grandes Invasions met fin au grand mouvement des peuples, l'étranger prend, à partir du Xe siècle, le visage des populations flottantes des désordres féodaux. Cet « aubain » sans résidence ni garant peut ne pas venir de loin : de la seigneurie voisine, tout simplement, dans un espace des pouvoirs émietté par l'impuissance de l'autorité royale. Il est logique qu'en se redressant, celle-ci change le sens du concept et du mot : peu à peu, l'aubain n'est plus « celui qui est hors du ban », mais l'étranger, qui est « né ailleurs », c'est-à-dire hors du royaume. La manière de le voir et de le recevoir distingue déjà cependant les deux Frances.

Au nord, le pays des Francs – on dit de plus en plus les « Français » – pays de gens « de bataille » et pays de la coutume, dont l'identité s'affirme aussi, jusqu'à l'orée du XIIIe siècle, par la résistance aux prétentions de l'Empire, en opposition au stéréotype des populations tudesques. Au sud, le pays des Provençaux et du droit écrit, largement ouvert sur les pays méditerranéens : une terre de marchands, où les Pisans, les Génois et les Espagnols ne sont pas vraiment des étrangers, où l'échange entre les grandes universités, Montpellier, Bologne et Salerne, va de soi, et où le musulman lui-même n'a rien d'une figure barbare, même si s'esquisse le futur enfermement des Juifs, en attendant les pogroms des croisades commençantes.

C'est la croissance multiforme du XIIIe siècle qui, partout, met en marche les hommes en même temps que les biens dans l'ensemble du royaume : au service de Dieu, toujours, les moines des nouveaux ordres mendiants, nomadisant à l'image, plus ancienne, des évêques et des clercs ;

129

au service du pouvoir politique, celui des villes, qui va puiser ses fonctionnaires dans l'Italie des cités républicaines ; celui des princes, surtout : le cosmopolitisme des premiers grands commis de l'État, qui entraînent avec eux sculpteurs, peintres et légistes, dit celui de leurs intérêts et de leurs ambitions ; en attendant les mercenaires puisque, paradoxalement, l'État national va affirmer sa puissance en mobilisant des guerriers étrangers, prompts, d'ailleurs, à se retourner contre lui ou ses populations.

Plus nombreux que jamais sont cependant les marchands, tels ces Italiens de la France du Sud, surtout, qui apportent avec eux les nouvelles techniques du crédit ; nombreux aussi sont les premiers réfugiés de la contraction byzantine, et déjà ces spécialistes que sont les charpentiers ligures ou les mineurs allemands, qui annoncent les imprimeurs de la fin du XVe siècle. Plus que les progrès techniques, c'est le différentiel des densités de population et des besoins de main-d'œuvre qui commence à jouer avec, dans les dernières décennies du Moyen Âge, l'appel des villes et l'esquisse des migrations saisonnières. Les étrangers sont désormais assez nombreux et assez durablement fixés pour que leur regroupement local ne se borne plus aux habituelles « nations » des communautés universitaires : on se retrouve dans l'auberge tenue par un compatriote, on se serre en quartiers qui marqueront les toponymies citadines, on se regroupe en confréries nationales pour s'entraider ou, simplement, pour prier ensemble. Et la géographie des « colonies » commence à tracer les itinéraires des voyages au long cours. C'est assez pour que, selon les aléas de la conjoncture politique ou économique, l'accueil par les régniales se révèle inégal, se ponctuant de phases d'ouverture et de moments de méfiance, où l'étranger est vécu, au-delà de sa balourdise et de la dérision populaire, comme un concurrent, voire un traître en puissance. Vis-à-vis des Juifs – une centaine de milliers en 1306 –, l'expulsion décrétée par Philippe le Bel marque un tournant décisif : l'idée se propage qu'ils « n'ont de pays ni de lieu propre en chrétienté », et les premiers bûchers succèdent tôt aux rumeurs de meurtres rituels, surtout dans la France du Nord.

IV

LES
DEUX FRANCE

« Nous avions fait des édits pour maintenir le bon ordre, mais les invasions des païens et les mauvais desseins de gens qui ne sont chrétiens que de nom en ont détruit les bons effets... Notre pays est désert, les habitants en ont été tués ou mis en fuite parce que nous nous sommes tués avec le glaive du péché. Les églises et les cités ont été incendiées parce que nous avons allumé le feu de l'avarice et de la rapacité, les passions les plus impures... C'est Dieu qui nous châtie : par les ravages extérieurs, il montre les désordres intérieurs. » □

A insi s'exprimaient dans l'édit de Pîtres de 862 le roi Charles et ses conseillers. Les clercs qui rédigeaient les annales, le trouvère de langue germanique qui chanta en 881 la victoire de Louis III sur les Normands près d'Abbeville – « Dieu permit aux païens sur mer de s'en aller, pour avertir le peuple franc de ses péchés » –, tous pensaient la même chose.

L'analyse est normale chez des chrétiens, et fort traditionnelle. À regarder de près la situation à la fin du IXe siècle, elle n'est pas sans fondements : la société franque cède à ses ennemis extérieurs parce que sa cohésion intérieure se lézarde et se brise. Oublieux des solidarités et des devoirs anciens, les plus nobles, les plus puissants s'érigent en véritable classe dominante et entreprennent l'asservissement des paysans restés libres. Entre les deux, la royauté et l'Église, son alliée, hésitent. Les mêmes capitulaires qui dénoncent « l'avarice et la rapacité » des tyranneaux locaux et ordonnent aux comtes de les juger interdisent aussi, en 857 comme en 884, les ligues jurées par les paysans « pour résister à ceux qui les pillent ». Lorsqu'en 859 ceux d'entre Seine et Loire font des levées, en principe pour combattre les Normands, la cavalerie royale les écrase. Et, lorsque, vers 940, cessent les « invasions » du IXe siècle, se démasque dans la crise une société nouvelle, qui va généraliser la dépendance et l'usage des fiefs, et qu'on appelle pour cela féodale.

Qu'il traverse un pays ou qu'il s'y installe, l'aubain se voit rapidement assujetti au pouvoir du seigneur.

(TÊTE DE SAINT JOSEPH, SCULPTURE DU XIIe S. MUSÉE DE L'HOSPICE SAINT-ROCH, ISSOUDUN.)

L'aubain, le serf et le marchand

La consolidation dans le Nord d'un grand domaine fiscal, public, néo-esclavagiste, sur lequel s'étaient établis le pouvoir royal et la cohésion de « l'aristocratie d'Empire », a peu à peu affaibli et divisé la paysannerie libre. Certains, parmi les plus vigoureux des campagnards, passent dans la clientèle militaire des grands, d'autres, parmi les plus faibles, sont contraints d'accepter une dépendance qui, pour être moins draconienne que l'esclavage antique, demeure très lourde. À la fin du IXe siècle, ceux qui restent se réfugient en masse, comme protégés dépendants, sur les terres d'Église. Au siècle suivant, les laïques les y poursuivent en s'emparant des domaines ecclésiastiques, sous couvert d'avouerie. Bientôt, certains parmi les grands seigneurs d'Église imitent les méthodes de leurs parents laïques.

Dans le Midi, la crise est identique, mais plus tardive, donc à la fois plus voyante – les envahisseurs ne sont plus là pour tout justifier – et sans doute moins profonde. Pour contraindre les villages libres, pour briser la protection que les gens d'Église, ou au moins certains d'entre eux, sont tentés d'accorder aux paysans, les maîtres des châteaux et leurs hommes de main, les chevaliers, se livrent à un véritable terrorisme : en Pallars, dans les Pyrénées, l'un des deux comtes tue ou capture systématiquement les paysans des villages qui refusent sa seigneurie. Vers Béziers, un grand châtelain nîmois, le sire d'Anduze, assiège Loupian. « Par le fer, par le feu et par le pillage », il détruit tout. Dans le sud de l'Auvergne, « les chevaliers se sautaient dessus les uns les autres et détruisaient par le fer et le feu les maisons et les provisions des campagnards. Et, comme cela se passait en plusieurs endroits, les paysans, qui craignaient l'incendie de leurs chaumières, avaient éteint tous les foyers, afin que les uns ou les autres qui voulaient piller ou réduire leurs cabanes en cendres ne puissent trouver de brandons pour allumer le feu ».

Société féodale et seigneurie banale

En même temps que les simples hommes libres, disparaissent les services et les prestations fournis au représentant du roi pour le bien public, ou présumé tel. Partout ou presque, le pouvoir ancien se morcelle et se disloque, tandis que se montre sans fard celui des maîtres de châteaux, les sires, tandis que se répandent et s'appesantissent dans le plat pays leur dispendieuse protection, leur justice intéressée, tandis que s'établit leur seigneurie. Non plus un ensemble plus ou moins lâche de terres et de fermes, mais un territoire où le chef d'une lignée dominante exerce à son seul avantage les pouvoirs jadis dévolus à la puissance publique et, bon gré mal gré, acceptés comme tels parce que légitimes et coutumiers. Lorsque les roitelets se multiplient dans les campagnes, les prestations coutumières, les « coutumes » deviennent de « mauvaises coutumes », non plus fondées sur l'usage, mais imposées par la violence et par la force. Sans se soucier des plaintes des villageois, « vilains », ou des remontrances des clercs, les sires, ces « mauvais chrétiens », ordonnent et commandent à leur gré dans tout leur canton. Ils y mettent leur « ban ». Ainsi naît la seigneurie banale.

Le ban
et l'arrière-ban

L'adjectif « banal » a été proposé par Georges Duby pour qualifier les nouvelles seigneuries féodales et il convient particulièrement bien pour celles de la moitié nord de la France, installées sur le domaine public qu'elles ont dépecé. C'est, en effet, autour de ce domaine que s'exerçait, directement ou par délégation, le pouvoir royal, le seul à l'origine à mériter ce nom de *bannum*, « ban ». C'est en vertu du « ban », de la proclamation officielle faite au nom du roi, que se faisaient les convocations à l'armée – *herebann* – et, lorsque, dans les situations d'urgence, on levait, outre les recrues normales, tous les hommes valides, on appelait « le ban et l'arrière-ban ». Lorsque le pouvoir royal avait des ordres à donner aux hommes libres, il les « bannissait » par la proclamation des « bans » ; la même proclamation qui convoquait et commandait pouvait aussi chasser et proscrire, « mettre au ban » de l'Empire, et le terme de « banni » ne subsistera que pour désigner les proscrits. Lorsque le roi ou ses officiers mettaient par leur ban un homme hors la loi et réclamaient sa tête, comme pour les anciens *weargas*, il devenait forban, « proclamé sur sa vie ».

Les hommes, vivants à la limite de la famine, s'entassent sur d'étroits terroirs, des « clairières cultivées », Isolées par d'immenses déserts de bois et de broussailles, que l'aubain peut avoir à défricher, comme le serf ou le vilain.

(VILAINS BÊCHANT, PSAUTIER DE CÎTEAUX, XIIᵉ S. BIBLIOTHÈQUE DE BESANÇON.)

Au XIᵉ siècle, le sire du château a pris le ban sous sa bannière, et l'applique sans vergogne à son profit là où celui-ci n'avait auparavant que faire : il ordonne aux « vilains » d'aller moudre leur grain à son moulin, de cuire leur pain à son four, de presser leur raisin à son pressoir, qui deviennent ainsi moulin, four ou pressoir banaux. Il leur interdit de vendre leur récolte de vin avant la sienne, c'est le « banvin ». Bref, le ban, jadis solennel, se multiplie en droits banaux, en « banalités », il investit toute la vie paysanne. Il finit même par se fixer dans l'espace pour signifier l'étendue où il s'exerce, désignant tantôt des lieux campagnards, tel, par exemple, Ban-le-Duc dans les Vosges, tantôt, lorsque le pouvoir est celui d'une cité, la zone d'une lieue autour des murailles, la banlieue. On voit l'importance qu'avait la notion de ban dans notre langue médiévale, et c'est par rapport à elle que va désormais se définir l'étranger dans la société féodale.

L'aubain corvéable

À côté du vieux français « étrange » ou « advenu », formes vulgaires, disaient les clercs, du latin *extraneus* ou *advena*, on trouve aux XIᵉ et XIIᵉ siècles des *albani*, des « aubains ». Il s'agit là, comme ban dont il dérive, d'un mot d'origine « francique », l'équivalent de ce que serait le vieil anglais *ael-bannen*, « celui qui est banni ailleurs » – banni au sens ancien de convoqué, commandé ; le vieil anglais, pour lequel nous avons un vocabulaire très riche, donne comme mots voisins *ael-fylc, el-land, ele-laende, ele-lendisc*, glosés respectivement par *aliena provincia, externa terra, peregrinus, advena*. L'Espagne, qui a ignoré le ban, fournit le germanique latinisé *albaranus*, l'équivalent d'une forme anglo-saxonne, *ael-barn*, « né ailleurs », un sens que finira par prendre le mot français aubain, mais qu'il n'avait pas.

Quelques textes permettent d'esquisser l'histoire des aubains. Le premier vient du Mans où un jugement précise les limites juridiques de la qualité d'aubain : « La cour a jugé que nul ne devait être dit aubain hormis celui qui allant sur une terre, n'y avait ni parent, ni ami, ni hôte, et n'y demeurait que pour la traverser. Sur de tels hommes on pouvait lever les coutumes comme sur son fief. Et si quelqu'un de cette sorte mourait en la terre, le seigneur pouvait avoir ses biens, sauf s'il (le décédé) avait un parent qui les réclamait ou s'il avait fait héritier un saint (donné ses biens à une église). » On voit que l'aubain, dans ce texte, est entendu très restrictivement : à la fois celui qui n'a dans la seigneurie aucun garant, et qui n'y réside pas de façon habituelle, mais qui la traverse ; un tel homme ne peut exciper de sa qualité d'étranger, c'est-à-dire de son extériorité à la seigneurie, pour échapper au pouvoir du sire : celui-ci pourra lever sur lui les mêmes droits coutumiers que sur les autres hommes de son fief et même, en l'absence d'héritiers connus, venir à succession.

Mais, en 1026, à Arras, l'abbé de Saint-Vaast, seigneur temporel de la région, rappelle aux étrangers à sa terre que « si un homme d'outre la forêt *Aridagamantia* (corriger *Ardena vel Arvatia,* « d'Ardenne ou d'Arrouaise » ?) veut se donner, une fois que le châtelain l'aura accepté, il sera aubain et ne pourra plus se donner à nouveau ». Le châtelain dépendant ici de l'abbé, on voit que les aubains qui veulent s'établir en Arrageois doivent le prendre pour seigneur ; naturellement, la chose faite, ils perdent leur pleine liberté et il leur est interdit de se dédire ou de s'en aller en se donnant à un autre sire. On devine bien, à travers ces textes, des populations flottantes qui profitent – si l'on peut dire – des désordres de la crise féodale pour glisser de forêt en forêt, de terre en terre sans jamais accepter de seigneur, et trouvent dans la précarité une arme contre la servitude. Quoi que disent ces vagants, on les soupçonne – a beau mentir qui vient de loin – d'avoir déserté un premier seigneur, d'être « en rupture de ban », pour fuir la pire des conditions dépendantes, celle des serfs.

Aussi, dans la seconde moitié du XIIIe siècle, les coutumes rédigées par les légistes mettent-elles l'aubain dans la dépendance presque inévitable du seigneur. Écoutons un coutumier des pays de Loire, vers 1270, les prétendus *Établissements de Saint Louis* : « Se aucuns homs estrange vient ester en aucune chastellerie de aucun baron, et il ne fasse seigneur dedans l'an et le jour, il en sera exploitable au baron ; et se avanture estoit que il mourut et n'eut commandé à rendre IV deniers au baron, tuit li muebles seroient au baron. » L'aubain n'a désormais plus le choix : s'il ne se reconnaît pas l'homme d'un autre seigneur – s'il « n'avoue pas » un autre seigneur –, il est acquis au seigneur justicier du lieu, au baron, au bout du délai d'an et jour qui est celui de la saisine, pendant lequel son ancien seigneur aurait pu le réclamer. Le baron « l'exploite » ; il se saisit de sa personne, et évidemment de ses biens. En 1283, le bailli de Clermont en Beauvaisis, Beaumanoir, rédigeant les coutumes de sa région remarquera qu'« il y a de telles terres, quant uns frans hons qui n'est pas gentius hons de lignaige i va manoir et i est résidans un an et un jour, il devient... sers au seigneur ». Celles des communautés paysannes qui, dans la seconde moitié du XIIe siècle, arrivent à desserrer l'étreinte seigneuriale ne sont pas non plus toujours tendres avec les aubains. Certes, on avait eu besoin de ces « hôtes » pour défricher, mais, à mesure que les marges des terroirs se peuplent, les communautés leur refusent parfois les droits chèrement maintenus ou gagnés. C'est le cas en Cambrésis. En Champagne, au contraire, on accepte souvent de les intégrer dès qu'ils prennent maison dans le village ; en Vermandois, seulement après un délai.

Mort par aventure

135

Restait le problème de la succession de l'aubain. Lorsqu'il décédait dans le délai d'an et jour, sa succession était immédiatement considérée comme vacante, même en cas d'héritiers, et revenait de ce fait au baron. L'aubain prévoyant pouvait racheter cette incapacité à transmettre, auquel cas, comme le précisent ailleurs les *Établissements*, le roi ou le sire n'avaient les biens qu'en l'absence « d'hoir ou de lignage ». Il n'est plus question, on le voit, de ces parents, de ces amis, de ces hôtes, dont, au Mans, la garantie permettait à l'étranger de passage d'échapper au seigneur. La mort de l'aubain sur le territoire de la seigneurie, lorsqu'elle est inattendue, « par aventure », c'est-à-dire qu'il n'a pas eu le temps de verser les quatre deniers salvateurs, constituait pour le seigneur un droit dit d'aubaine.

L'étranger du dehors

Il faut donc distinguer au XIIe siècle deux sortes d'aubains. L'aubain « d'an et jour » est rarement un véritable étranger ; il peut avoir, il a souvent, la même langue, la même allure, la même culture que les « manants » de la seigneurie, ceux qui y demeurent. Lorsque commence à prévaloir l'adage qu'il n'est « nulle terre sans seigneur », il est présumé avoir appartenu à un autre ban qu'il a quitté pour devenir un homme sans seigneur avoué, un homme « sans aveu ». Le baron, joignant le profit au devoir, l'invite à rentrer dans l'ordre féodal d'où il avait pensé sortir, et à besogner comme les autres « rustres » pour lui verser sa rente. En revanche, l'aubain de passage qui décède dans la seigneurie souhaitait rarement s'y établir. Ce peut être un vagabond, « une épave », ou un pèlerin, et le seigneur n'a là rien de bien intéressant ; mais, si c'est un marchand, venu de loin, sans défenseur dans le pays, il est bon à piller, et on profite de sa mort pour s'emparer de ses biens.

Or les marchands se font plus nombreux à mesure que se développent ou se redéveloppent les foires. L'héritage de ces aubains-là est toujours de bonne prise, et le vocabulaire s'efforce de les distinguer des autres. Ainsi, la chancellerie de Philippe Auguste parle-t-elle en 1222 « d'aubains du

Facteur de brassages et d'échanges, la Hanse, association de marchands du nord de l'Europe, transporte, à bord des « kogges », les produits de la mer du Nord et de la Baltique, les cuirs et les fourrures de Russie, les draps flamands.

dehors » *(albanati forinseci),* opposés à ceux qui viennent du ressort de la coutume de Paris, les « aubains parisiens ». Vers la même époque, en Champagne, où les marchands italiens sont nombreux, on précise qu'il s'agit d'« aubains outremontains qui sont marchands de foire ». Ce sont là, comme on disait encore il n'y a pas si longtemps dans le Midi, des « estrangié dou defors ». Présumer échappés d'un autre ban ces négociants-voyageurs n'a pas de sens, aussi va-t-on refaire au mot une étymologie latine, plus conforme à son sens récent, étymologie dont témoigne la forme employée en 1222 : *alibi nati,* « ceux qui sont nés d'ailleurs », par opposition à ceux qui sont nés sur le sol du royaume, en principe tous sujets du roi.

Dans le même temps, la royauté réimpose son pouvoir aux seigneuries et s'efforce, entre autres, de mettre la main sur les aubains marchands. Déjà, les *Établissements de Saint Louis* déclarent : « Mes aubains ne puet faire autre seigneur que le roy en son obéissance, ne en autre seigneurie ne en son ressort, qui vaille ne qui soit estable, selon l'usage de Paris, d'Orléannois et de la Soloingne. » Dans ces trois régions au moins, l'aubain qui veut échapper à un baron ne peut « avouer » pour seigneur que le roi. Au XIVe siècle, la victoire presque totale de la royauté et l'unification du royaume achèvent de faire de l'aubain un personnage respectable, au domicile et à l'état civil connus, bien distinct des simples migrants vagabonds ; la Chambre des comptes le dira très clairement en 1378 : « Albains sont hommes et femmes qui sont nez en villes dehors le royaume, si prouchaines que l'en peut congnoistre les noms et nativités de tels hommes ou femmes, et quant ilz sont venuz demourer ou royame, ilz sont proprement appellez ablains et non espaves. » Le mot subsistera jusqu'à l'abolition, par les lois du 6 août 1790 et des 15 et 28 avril 1791, de son archaïque corrélat, le droit d'aubaine. Mais, en fait dès la fin du XIIe siècle, « l'aubain banal », si l'on peut risquer ce néologisme, était en voie de disparition, alors que s'était développée la catégorie des aubains non-régnicoles, sujets d'une autre domination résidant pour un temps dans le royaume.

Ces gens venus d'ailleurs

L es premiers, et parfois les plus menaçants, sont les gens de l'Est, sujets de l' Empire. La plupart parlent une langue germanique, le wallon ; les Normands, sujets du roi d'Angleterre, et les nobles de l'entourage de ce roi parlent l'anglo-normand, les Picards ont aussi leur langue, et ces trois dialectes se distinguent assez nettement des dialectes proprement « franciens », groupés autour de la langue parlée en Île-de-France, celle de l'entourage royal. À quand remonte cette situation linguistique ? On a vu qu'au IXe siècle l'aristocratie d'Empire était souvent bilingue, et il est probable que ce bilinguisme n'était pas sans conséquence pour chacune des deux langues.

*L'aigle
qui regardait
vers l'Est*

Dès le début du Xe siècle, un certain nombre de faits montrent que la situation du XIIe est déjà en place. Le moine de Reims Richer nous conte une histoire assez significative, survenue deux générations auparavant, en 920, à l'occasion de l'entrevue, à Worms, du carolingien Charles le Simple, roi de France, et d'Henri l'Oiseleur, roi de Germanie : « De jeunes Germains et de jeunes Gaulois (c'est-à-dire, dans la langue volontiers archaïque de Richer, des Français), qu'excitait comme d'habitude la différence des langues, commencèrent à s'injurier avec beaucoup de hargne. » La fiction d'une parenté carolingienne entre les royautés du vieil « Empire des Francs » avait dû longtemps contenir cette animosité réciproque ; après les luttes des années 911-919, où disparaissent les Carolingiens de l'Est, la dynastie saxonne monte sur le trône germanique, et la saxonnisation du royaume s'affirme. Les événements de l'année 978 allaient rendre publique cette hostilité. Cette année-là, le roi de France Lothaire et ses hommes tentent et réussissent une attaque surprise sur Aix-la-Chapelle, où résidait alors l'empereur Otton II. Celui-ci parvient à s'esquiver, mais les gens de Lothaire prennent et pillent le palais impérial. Ce faisant, ils remarquent une chose : l'aigle que Charlemagne avait, disait-on, placée au faîte du bâtiment ne regardait plus vers l'est, comme l'exigeait la tradition ; les impériaux l'avaient tournée vers l'ouest, dans une intention évidente ; aussi, avant de revenir chez eux, les guerriers de Lothaire remirent-ils l'aigle dans le bon sens, ou celui qu'il considéraient comme tel. Otton II à peine de retour, l'aigle regarda à nouveau vers l'ouest. L'affaire allait laisser des traces durables.

En 987, la dynastie capétienne accède à la royauté occidentale avec l'appui des rois saxons, pas mécontents d'en finir avec leurs rivaux carolingiens. Durant le siècle suivant, la crise féodale et la réforme grégorienne occupent suffisamment les esprits pour faire oublier les antagonismes. Ils reprennent durant les premières décennies du XIIe siècle. Le roi de France, recevant une ambassade impériale dont l'aspect solennel l'agaçait, répond au discours de l'ambassadeur en lui montrant son cul et en ricanant « Prout, Allemands ! », le tout ponctué d'un pet retentissant. Il fallait toute la popularité des rois de France de ce temps et l'orgueil de la « chevalerie royale », rompue aux plus durs combats, pour oser un tel camouflet. La plaisanterie, triviale, était probablement calculée, et le défi qu'elle supposait allait se révéler payant : lorsqu'en 1124 l'empereur menace d'envahir le royaume, les « batailles » des grands princes territoriaux du Nord viennent se grouper autour de l'ost royal. Auprès du roi, claque dans le vent la rouge oriflamme, la bannière sainte qu'avait eue Charlemagne et qu'il avait léguée à monseigneur saint Denis, patron des rois de France. « Baruns franceis vus estes bon vassal, tantes batailles avez faites es camp » : combien de petits chevaliers bourguignons, picards ou champenois, lorsqu'ils virent de loin passer ce prince gaillard et son vieil étendard, entendirent chanter dans leur tête ces deux vers de la *Chanson de Roland* ? Combien rentrèrent chez eux désireux d'imiter cette gloire insolente, désormais prêts à mourir non pour leur province ou leur seigneur, mais « pour la France » ?

Presque un siècle plus tard, en 1214, à Bouvines, les « batailles » de France affrontent à nouveau celles de l'Est. Le conflit est l'occasion de voir surgir, sous la plume du chroniqueur de Saint-Denis, des « clichés » qui vont avoir la vie dure. Le chef de guerre choisi par le roi, frère Guérin, un chevalier de Saint-Jean revenu de Terre sainte, exhorte les troupes après les avoir rangées : « Notre gent, victorieuse dans tous les combats, a toujours détruit l'ennemi. » Les gens de l'Est n'ont pour eux que la « fureur teutonique », il s'agit de leur montrer « qu'ils sont réellement inférieurs aux Français, et qu'il n'est point de comparaison entre eux possible aux exercices de Mars », que « la violence tudesque est dominée par la valeur française » ; la cruauté du Brabant, la fourberie du Hainaut, la rage de la Saxe se seront en vain révélées ! Les alliés anglais de l'empereur ne sont pas mieux traités, « ces fils de l'Angleterre pour qui les plaisirs de la débauche et les dons de Bacchus ont plus de charmes que les présents du redoutable Mars ». La différence de traitement est sensible, comme le remarque Georges Duby dans sa fascinante description, entre les « allogènes » et leurs alliés nés dans le royaume. Ainsi, le comte de Boulogne, né à Dammartin-en-France : « Sa valeur naturelle à la guerre proclamait hautement qu'il était vraiment issu de parents français, et, quoique sa faute l'ait fait dégénérer à tes yeux, ô France, garde-toi d'avoir honte de lui ! » Bon sang ne sait mentir. Que dire de l'anecdote exemplaire contée par Richer de Sénones, un Lorrain, mais influencé par Saint-Denis ? Avant la bataille, on apporte à nouveau la précieuse oriflamme, sortie du trésor royal ; le roi prend conseil des grands : « Qui veut porter l'honneur de France ? », et l'on choisit pour porte-étendard non un prince ou un baron, mais un petit chevalier d'Île-de-France, Galon de Montigny, si pauvre qu'il a dû mettre en gage toute sa terre pour acheter un cheval de bataille et rejoindre l'ost.

Enracinement de la mémoire : en 1250, les gens d'Arras firent graver sur la porte Saint-Nicolas, celle par laquelle on sortait de la ville pour aller vers le nord, en terre d'Empire, un poème de quarante-deux vers. On y

La France se constitue autour de l'étendard royal. « il est beau de voir foule et boucliers froisser les lances, trancher les écus, et fendre les heaumes brunis et donner et rendre des coups », écrit Bertrand de Born, troubadour périgourdin.

(PIÈCE DE JEU D'ÉCHECS ; IVOIRE, ART FRANÇAIS DU XIIe S. MUSÉE DU BARGELLO, FLORENCE.)

évoquait le souvenir encore récent du roi Philippe, qui avait eu maille à partir avec les Flamands et le « faux empereur » Otton. Et le poème ajoutait qu'un roi de France, longtemps auparavant, avait déjà vaincu un autre empereur, nommé lui aussi Otton, référence étonnante aux événements de 978. Pendant quatre siècles au moins, les voyageurs qui sortaient de la ville purent lire cette inscription, qui « insérait délibérément le triomphe de Bouvines dans le fil d'un long courant de gloire militaire, réunissant en une même célébration... deux victoires royales que déjà, sans conteste, chacun regardait comme celles d'une nation ». L'accueil triomphal réservé au roi par la population paysanne sur la route du retour de Bouvines confirme la résonance de l'événement.

Ainsi se forme, à l'orée du XIIIᵉ siècle, l'image stéréotypée de l'étranger tudesque, brave soldat, mais arrogant, sans mesure et toujours un peu fourbe dans ses engagements ; les étrangers ne sont jamais sûrs, ceux des marches intermédiaires moins sûrs encore que les autres : « Lorrain vilain, traître à Dieu et à son prochain » ! Ce ne sont pas les Brabançons, les routiers venus du Brabant, qui amélioreront cette image de bravoure féroce, ni non plus, comme on aurait pu le penser, les marchands flamands. Voilà pour les voisins de l'Est. Au nord, l'Angleterre n'a pas d'image bien nette à l'époque : les sujets de son roi comptent dans leurs rangs, à la fin du XIIᵉ siècle, les Angevins, les Poitevins, les Aquitains et bien entendu les Normands. Sont-ils vraiment étrangers ? Peut-être bien que oui, peut-être bien que non. Reste le Sud.

L'étranger du Sud

Les étrangers qui viennent du Sud sont, à l'inverse de ceux de l'Est, plutôt des marchands que des guerriers. On a vu que la circulation des négociants, comme celle des lettrés et des pèlerins, n'avait jamais cessé durant toute l'époque franque. Mais, vers le milieu du XIᵉ siècle, se produisent en ce domaine d'importants changements, à la fois qualitatifs et quantitatifs. Observons par exemple la route qui conduisait d'Angleterre en Italie, par la Seine, Besançon, le col de Joux et celui du Saint-Bernard, jusqu'à Pavie. Des textes convergents nous indiquaient la prépondérance des marchands anglo-saxons sur cette route durant les IXᵉ et Xᵉ siècles, et, encore au début du siècle suivant, le règlement des douanes royales de la cité de Pavie, la vieille capitale de la Lombardie, nous montre ces « Saxons » comme l'une des trois grandes communautés de marchands au long cours, à l'égal des Vénitiens et des Amalfitains. Les marchands lombards, ceux de la cité et leurs semblables d'Asti, Plaisance, Crémone ou Brescia se contentaient alors d'assurer les échanges régionaux. Les marchands « saxons » remontaient la Seine jusqu'au-delà de Troyes, soit en utilisant leurs propres barques, soit en louant celles des bateliers de Rouen et de Paris. Ils arrivaient ainsi à Chappes, à la rupture de charge, où existait en 861-862 une sorte de caravansérail, les *sedes negociatorum*. Les balles de marchandise pouvaient y attendre les bêtes de somme qui assuraient le convoyage à partir de là.

Dans la seconde moitié du XIᵉ siècle, personnages et décor ont changé. Les entrepôts de Chappes ont disparu. À côté de certains gros châteaux ou de certaines abbayes se sont créées des foires que fréquentent les marchands locaux, et des trafiquants étrangers, au premier rang desquels les Italiens. En 1074, le pape Grégoire VII reproche au roi de France Philippe Iᵉʳ d'avoir pris

« comme un brigand une énorme somme d'argent aux marchands qui, venus de plusieurs régions, s'étaient rassemblés à une certaine foire en France », et, dans une seconde lettre, le pape précise que ce sont « des Italiens et des marchands d'autres régions ». La première lettre est écrite à l'archevêque de Reims, la foire doit donc être en Champagne.

Les Italiens de 1074 sont les premiers de ces Lombards, négociants et banquiers, qui deviendront au fil des siècles si puissants dans le royaume. À l'époque, la plupart d'entre eux semblent s'arrêter en Champagne ou à Paris : le tarif douanier de Londres, du début du XIᵉ siècle, ne les mentionne pas, alors qu'il cite les marchands de Normandie (Rouen), de France (Paris), de Ponthieu (Abbeville), et avec eux les marchands d'Empire – qui sont les anciens Frisons de Tiel, Deventer, Staveren –, les Liégeois et leurs voisins mosans, et les Flamands. Ces Flamands sont ceux de la célèbre Hanse drappante, dominée par les gens d'Ypres, d'Arras, de Douai et de Cambrai, à cheval donc sur la frontière du royaume et de l'Empire. Ils reprennent peu à peu le commerce frison avec la Scandinavie et la Russie : dès le XIᵉ siècle, les monnaies des comtes de Flandre atteignent le Danemark, la Prusse et la Russie ; dès le début du XIIᵉ, les draps d'Ypres sont une marchandise de luxe normale à Novgorod ; dès 1127, des Lombards résident à Bruges.

Une génération plus tard, l'attitude de la royauté à l'égard des Lombards s'est modifiée : en 1107, elle intervient en leur faveur lorsqu'un châtelain des environs de Lagny, Hugues de Pomponne, pille à son tour les caravanes.

Rioba, citoyen vénitien, coiffé d'un turban, fournit à l'Europe occidentale les produits exotiques de l'Orient méditerranéen. Le développement de leur commerce incite les Italiens du Nord à mettre au point, dès le XIIIᵉ siècle, un système de comptabilité plus complexe.

(STATUE DU MARCHAND RIOBA, XIIIᵉ S. CAMPO DE' MORI. TRAITÉ DE COMPTABILITÉ, XIIᵉ S., ITALIE).

Sans doute au XIIe siècle, les moines de Saint-Denis en France forgent un pseudo-diplôme mérovingien pour la foire du Lendit, où ils ajoutent à la traditionnelle mention des « Saxons et Frisons », les Lombards, les Espagnols et les Provençaux, c'est-à-dire les gens du Midi. En 1209, Philippe Auguste accorde son « conduit », c'est-à-dire sa protection, aux Italiens qui vont aux foires de Champagne, et s'engage à les prévenir de toute action hostile trois mois à l'avance. En 1224, Louis VIII les autorise à demeurer cinq ans à Paris. C'est le début d'une longue, profitable mais parfois conflictuelle alliance.

Marins pisans et génois

Au Midi s'est développé un égal expansionnisme italien, œuvre de marins de Pise et de Gênes. Là aussi, les Italiens ont supplanté sur les routes d'Orient des communautés marchandes plus anciennes, dominées par les Juifs des grandes villes rhodaniennes et méridionales, et par des Grecs, principalement les marins d'Amalfi, Gaëte et Salernes. Les frères Mauro et Pantaleone d'Amalfi avaient des comptoirs à Constantinople ou à Antioche, et les marchands « radanites », surtout des Juifs, atteignaient – aux dires du maître des postes persan Ibn Khordadbeh – Alexandrie ou Antioche, puis Médine ou Bagdad et, au-delà, l'Inde et la Chine. Au retour, certains passaient par Constantinople, d'autres allaient directement à Aix-la-Chapelle. Les uns et les autres étaient alors protégés par la redoutable marine byzantine, et autorisés par les Carolingiens comme par les pouvoirs musulmans.

Mais, dès le début du XIe siècle, les navires pisans ou génois interviennent en Calabre, en Corse et en Sardaigne. En 1063, un témoin nous indique qu'ils relâchent en Sicile et en Afrique. Bientôt, ils pilleront Amalfi. De fait, c'est au milieu du siècle que des Grecs trafiquants d'épices sont mentionnés pour la dernière fois à Arles. En 1113, les Pisans reprennent un temps Majorque aux Infidèles, avec l'aide des marines du Midi : les Arlésiens envoient 34 navires, les gens de Montpellier 20, ceux de Narbonne autant ; les Pisans en ont 80. En 1119, leurs rivaux génois peuvent tenir la mer avec une flotte de 80 galères et 67 autres navires, montés par 22 000 hommes ; en 1136, ils attaquent Bougie, en 1137 Almeria et l'Al-Garb, angle nord-ouest de la péninsule Ibérique, aujourd'hui réduit à l'Algarve portuqais. Les Lombards sont signalés aux foires de Saint-Gilles ou de Fréjus, à Arles, à Marseille. Ils protègent les marchands des ports du Midi et y achètent l'exemption des taxes douanières. Ils soldent l'appui des comtes ou des sires locaux, parfois les tuent ; leurs galères s'affrontent en combat naval dans le delta du Rhône. La première croisade leur a donné les nouveaux comptoirs d'Orient. Désormais, nulle flotte, sauf celle de Venise, ne peut rivaliser avec celles de Pise et Gênes. Il leur arrive d'abuser de leur suprématie et de mener une sorte de « politique de la canonnière » dans les ports méridionaux : les Génois avaient ainsi rudement houspillé le sire de Montpellier et ses hommes, coupables d'avoir ravitaillé leurs rivaux pisans, et les reproches du pape Alexandre III sont sans équivoque : « Vous envahissez à plusieurs reprises son port, vous détruisez et incendiez ses navires, vous dépouillez voyageurs et marchands de leurs vêtements, vous les forcez à éviter Gênes... Les païens eux-mêmes (les musulmans) ne sont pas soumis à pareil traitement ! »

La lettre d'Alexandre contient une allusion, qui, pour être fugitive, n'en est pas moins perfide, à des païens auxquels les Génois auraient dû réserver leurs rigueurs, et avec lesquels, en fait, ils s'entendaient fort bien.

Les offensives génoises de 1137 avaient en effet été fructueuses, nous l'apprenons par les traités conclus entre Gênes et cinq ports de Provence en 1138 ; les Génois y exigeaient que ces villes maintiennent la paix avec le roi du Maroc, protègent ses hommes et ses biens en mer et sur terre, et n'arment aucun bâtiment pour la course contre les Sarrasins sans serment préalable de sauvegarde des navires de ce roi. Moins de trente ans plus tard, les Génois sont devenus les partenaires commerciaux des « Sarrasins » du Maroc et d'Espagne. La place par excellence de ce négoce interlope avec l'Orient musulman était précisément Montpellier, ville nouvelle née au XIᵉ siècle, et dont un lettré juif d'Espagne, Benjamin de Tudela, fait en 1173 un tableau coloré : « Un lieu très favorable au commerce, où viennent trafiquer en foule chrétiens et Sarrasins, où se pressent les Arabes d'Al-Garb, les marchands de Lombardie, ceux du royaume de la Grande-Rome (Byzance), de toutes les parties de l'Égypte, d'Israël, de Grèce, de la Gaule, de l'Espagne, de l'Angleterre, de Gênes et de Pise ; on y parle toutes les langues. » Remarque amusante, si l'on songe à l'arabe mêlé de berbère et d'espagnol des gens d'Al-Garb, l'*al-garbiyya* (espagnol *algarabia*) qui allait donner « charabia ». La présence sarrasine est confirmée par d'autres témoignages. En 1155, un traité avec les Génois nous parlent des navires montpelliérains qui trafiquent avec l'Espagne musulmane. Lorsqu'en 1162 Alexandre III séjourne dans la ville, on lui présente un ambassadeur sarrasin, sans doute envoyé par Abd al Mou'men, fondateur de la dynastie Almohade, qui unifie alors le Maghreb et le sud de l'Espagne. Plus intéressant encore, dans son testament, daté de 1121, le sire de Montpellier Guillem V, interdit à ses héritiers de prendre un Juif pour baïle, c'est-à-dire pour officier seigneurial de la cité. Il se conformait ainsi à une interdiction canonique, d'ailleurs assez mal respectée dans le Midi, puisque, vers le milieu du siècle, les baïles de l'archevêque d'Arles, du comte de Saint-Gilles et du sire des Baux étaient tous juifs. Mais, à l'exclusion des baïles juifs, Guillem ajoute une mesure propre à sa cité, celle des baïles sarrasins : il y avait donc à Montpellier des marchands musulmans, qui pouvaient prendre à ferme les revenus seigneuriaux. Ces Sarrasins de Montpellier étaient des sujets des Almohades, qui tenaient la vieille route hispano-moresque. Montpellier, ville neuve, était leur point de rencontre avec les Lombards.

Ils n'étaient pas les seuls Sarrasins à parvenir dans le royaume : la différence religieuse fournissait un prétexte commode aux pirates des deux rives de la Méditerranée, et l'on trouve, dans les tarifs douaniers méridionaux, la mention, comme marchandise taxée, d'esclaves sarrasins. Parmi eux figuraient sans doute des Africains noirs qui, dans le nord du royaume, étaient la marque d'un luxe barbare : l'évêque de Laon, Gaudry, avait à son service un « Éthiopien » – dans la langue de l'époque, un Noir –, qu'il utilisait comme bourreau pour terroriser ses ennemis et leur crever les yeux.

Il est, dans le royaume de France un autre Orient que l'Orient sarrasin, beaucoup plus ancien, mais qui va devenir à partir du XIᵉ siècle aussi marginalisé que lui, c'est celui des communautés juives. On a vu que les marines « lombardes » avaient ravi aux négociants juifs la prédominance sur les routes de l'Est, vers Alexandrie, Antioche ou Constantinople, mettant ainsi fin aux prodigieuses aventures de ces marchands *radaniya* – rhôdaniens ou routards –, qui, bien avant Marco Polo, avaient bourlingué d'Aix-la-Chapelle à Alexandrie d'Égypte et à l'Inde, de Kairouan ou de « Tarragone des Juifs » au lointain Huzistan, de Mayence à Cracovie et même à la Volga et au Hwarizm, aux portes de la Chine. Une aventure dont Maurice Lombard et Agus ont donné un fascinant tableau. Dans les royaumes francs, qui s'accommodent, on l'a vu, de groupes culturels et de « lois » diverses, le particularisme juif n'a rien de spécialement choquant. Il est d'ailleurs à cette époque, comme l'a montré Bernard Blumenkranz, d'autant moins prononcé qu'il est dans une position dominante, et même prosélyte. Les exploits des grands marchands-aventuriers assuraient alors aux Juifs un incomparable prestige. Mais, à partir du XIe siècle, pour des raisons qui n'ont peut-être pas encore été suffisamment analysées, leur maîtrise des routes s'effondre, sauf, semble-t-il, sur la route de l'Est, par Prague ou par le Danube, et sans doute sur la côte du *Levante* espagnol, et ils sont peu à peu éliminés des marchés importants, en Occident par les Italiens, en Orient par les Arméniens.

Les communautés sont affaiblies par des moyens divers : associations et mariages dans les villes d'Italie, conversions forcées, exils, massacres. Paradoxalement, le prétexte de ces efforts de « destruction complète » – nommés bien plus tard en pays slave « pogroms » – est cette relation avec l'Orient, précisément reprise par les Vénitiens, les Lombards et les Provençaux, mais il est vrai, *mezza voce*.

LA RUMEUR D'ORLÉANS

en ce temps-là, c'est-à-dire la neuvième année après l'an mille, l'église qui contenait le tombeau de Notre Seigneur et Sauveur à Jérusalem fut complètement détruite par ordre du prince de Babylone. Cette destruction eut pour origine les faits que nous allons rapporter. Comme une très nombreuse multitude de fidèles s'en venait de toute la terre visiter Jérusalem en souvenir du Seigneur, le Diable jaloux recommença de propager le venin de sa méchanceté contre les pratiquants de la vraie Foi, par l'entremise des Juifs, ses intermédiaires accoutumés. Dans la ville d'Orléans, en France, se trouvait un groupe assez important de cette espèce, plus audacieux, envieux et orgueilleux que tous ceux de leur peuple. Après délibération, ces gens-là corrompirent pour de l'argent un vagabond qui se cachait sous l'habit de pèlerin, un nommé Robert, serf fugitif du monastère de Notre-Dame-de-Moutiers (en Auxerrois). Ils le recueillirent, et, astucieusement, l'envoyèrent au prince de Babylone avec des lettres écrites en caractères hébraïques, insérées en bandelettes de parchemin dans un bâton de fer, pour qu'il ne puisse les déchirer. Lui s'en alla et porta au susdit prince ces lettres pleines de mensonge et de méchanceté, à savoir que, s'il ne détruisait pas très vite la vénérable maison des Chrétiens, qu'il sache que les Chrétiens allaient bientôt occuper son royaume et lui ôter toute dignité... Lorsque ceci fut révélé, il fut décrété, du consentement unanime de tous les Chrétiens par toute la terre, que tous les Juifs seraient chassés des terres et des cités chrétiennes. Ainsi pris en haine universelle, on les expulsa des cités, les uns tués à coup d'épée, les autres noyés dans les fleuves, d'autres encore massacrés de façons diverses ; quelques uns se suicidèrent de quelque autre manière, de sorte qu'après cette juste et méritée vengeance, on ne les trouve plus qu'en petit nombre dans le monde romain.

Raoul Glaber, « les Cinq Livres des Histoires », L. III, 4.7.

On vient de lire la première formulation, sous la plume du chroniqueur bourguignon Raoul Glaber, de cette accusation qui va servir de prétexte à « l'extranéisation », à la mise en *ghetto* – le mot est cette fois vénitien – des Juifs d'Europe. Est-ce un hasard ? le style de Glaber paraît encore plus contourné que d'habitude.

Ainsi, dès 1008, les mesures prises par Al-Hakim, le calife fatimide d'Égypte, sont mises sur le compte des Juifs, qu'auraient indisposés les trop nombreux pèlerinages en Orient. Et il est tout aussi tristement significatif que la première croisade ait débuté par des pogroms à Rouen et dans les grandes villes commerçantes du Rhin. Dans le nouveau schéma des relations avec le monde oriental, dans les rêves de conquête de cet Eldorado, les Juifs, intermédiaires pacifiques, n'avaient plus leur place. Ils furent sinon supprimés, au moins réduits à des rôles secondaires dans les activités commerciales, petits prêteurs ou boutiquiers, victimes toutes désignées, parce que proches, des

Ménélik Ier, descendant présumé de Salomon et de la reine de Saba, offre une représentation des « Juifs noirs », dont l'origine reste mystérieuse. Selon les hypothèses, ils sont soit immigrants du Yémen, soit Hébreux, venus d'Égypte sous la conduite de Moïse, soit descendants des sujets de Salomon ayant raccompagné la reine de Saba en son royaume.

(MANUSCRIT ÉTHIOPIEN. B.N., PARIS.)

colères paysannes. Le seul domaine dans lequel, tout au contraire, des relations amicales semblent s'être développées est celui des lettrés, où des Juifs vont jouer un rôle très important dans la transmission du savoir oriental à l'Occident. Est-ce une coïncidence si cette influence paraît liée à la route d'Espagne, où leurs marchands avaient conservé un rôle non négligeable ?

Un dernier Orient vient lui aussi d'Espagne. On ne pouvait en effet évoquer les Sarrasins, au XIIe siècle, sans songer à Roncevaux et à la « perfidie des Basques ». Ce fâcheux souvenir est ravivé par la présence, dans toutes les guerres du Midi, de mercenaires recrutés parmi la population pauvre et belliqueuse des montagnes Pyrénées, et appelés tantôt Basques, tantôt Navarrais ou même Aragonais. Troupes mal armées mais opiniâtres dont la *Chanson de la croisade des albigeois* esquissera en deux vers la silhouette de « méchants flécheurs qui crient toujours Aspe ! et Ossau ! ». Ces soudoyers, ces routiers, comme leurs pareils brabançons dans le Nord, se louent collectivement au plus offrant par l'intermédiaire de leur chef de bande. Ils ont, on s'en doute, fort mauvaise presse : pillards et larronneux, leurs chariots encombrés de femmes et d'enfants – les femmes sont, bien entendu, des « putains » pour les chroniqueurs –, ces sortes de gitans guerriers ne respectent même pas les gens d'Église. Ils sont donc régulièrement excommuniés. Leur activité, pourtant appréciée des princes, leurs utilisateurs, est dès lors considérée comme diabolique et païenne – « comme des païens, ils perdent et gâtent tout ». Au demeurant, les linguistes, même ceux d'origine basque, notent que, après avoir beaucoup emprunté au latin, la langue *eskuara* a pris quelques mots à l'arabe, ou à ce qu'ils appellent, de façon plus générale, le groupe linguistique « chamito-sémitique » : *jabe*, « maître », *aba*, « père », *korban,* « don », *merraga*, « linceul de peau », et cet étonnant *Ochala*, « plaise à Dieu », qui devait suffire à faire passer les basques, auprès des chevaliers français, pour une espèce un peu particulière de Sarrasins.

Les écoles, les maîtres et les écoliers

En même temps que les guerriers et les marchands, d'autres étrangers fréquentent le royaume, ce sont les lettrés. Au nord, certaines écoles cathédrales issues de la réforme carolingienne se sont maintenues à travers la crise féodale : c'est le cas, notamment, à Chartres, Orléans, Reims, Laon, et surtout Paris, où brillent d'un vif éclat la logique et la théologie. À partir du milieu du XIIe siècle, Paris draine les meilleurs des étudiants des autres cités, et Guillaume Le Breton peut écrire fièrement : « Paris, capitale du royaume, enseigne au monde entier. » Quelques décennies auparavant, un disciple d'Abélard énumérait avec la même fierté les nations qui étaient venues à son maître : « La Bretagne lointaine vous envoyait ses animaux à dégrossir, les Angevins, domptant leur ancienne brutalité, s'étaient mis à votre service.

Poitevins, Gascons, Espagnols, Normands, Flamands, Germains et Suédois s'accordaient à vous louer et à vous suivre assidûment. » Les écoliers viennent en effet nombreux d'Angleterre – parmi eux deux hommes célèbres, Thomas Beckett et Jean de Salisbury – et aussi d'Allemagne. Les écoliers d'Angleterre sont suffisamment bien en cour pour être reçus par le roi lui-même, qui ne dédaigne pas de s'entretenir avec eux, comme en témoigne l'histoire, déjà citée, de Gautier Map.

Si les étudiants septentrionaux sont nombreux dans le nord du royaume, on n'y trouve en revanche guère d'Italiens ou de Provençaux, ni même, contrairement aux dires du disciple d'Abélard, beaucoup d'Espagnols. Certes, il y a des exceptions : les Chartrains entretiennent avec les traducteurs juifs de Tolède une fructueuse correspondance qui leur donne accès aux commentateurs arabes de la pensée grecque, et deux de leurs élèves étrangers, Herman de Carinthie et Robert de Chester, ont séjourné en Espagne. De même, le roi de France a dans sa maison, vers 1160, un traducteur de grec, Jean Sarrasin, qui doit être le fils du traducteur salernitain du même nom, mort vers 1130 ; le nom porté par un autre membre de la famille Sarrasin, Philippe, montre que le roi avait eu à honneur d'être son parrain. Le roi a aussi accueilli à Paris le théologien et canoniste Pierre Lombard, le « Maître des sentences », né à Lomello ; il l'apprécie même si fort qu'en 1159, un an avant la mort de Pierre, il lui fera avoir l'évêché de Paris. On connaît aussi le Romain Giacinto, futur pape sous le nom de Célestin III, et, plus tard, Prévostin. Mais ce sont des cas qui restent isolés.

Dans le Midi, la situation est assez différente. On va plutôt chercher la science à l'étranger, avant de la diffuser autour de soi. Cette science est celle du droit romain savant, édifié à partir des commentaires du *Corpus juris civilis* de Justinien, et enseigné en Italie, spécialement à Bologne, où font cours le fondateur, Irnerius, et après lui les « quatre docteurs » ses élèves, Bulgarus dit « Bouche d'or », Jacobus, Hugo, et le dissident Martinus. Des légistes sont aussi connus à Rome et à Pise, et il se peut qu'ils aient enseigné. En tout cas, dès 1124-1127, un moine de Saint-Victor de Marseille, envoyé outre-monts pouvait écrire à son abbé, pour justifier son séjour à Pise : « Dans presque toute l'Italie, je vois sans cesse des étudiants, surtout des Provençaux, et notamment plusieurs de mon ordre, qui se livrent en troupe à l'étude des lois. » Dès les premières années du XIIe siècle, les élèves des maîtres lombards, revenus dans le Midi, enseignent le nouveau droit dans le cloître de Saint-Ruf d'Avignon, puis, un peu plus tard, dans ceux de Maguelonne (près de Montpellier), de Béziers et de Narbonne. Le monastère de Saint-Ruf est, semble-t-il, le premier centre à partir duquel le nouveau droit venu d'Italie se diffuse dans le midi de la France : dès 1110, les chanoines y utilisent à leur profit des formules du droit romain savant, et, dès 1127, trois d'entre eux l'enseignent. À Montpellier, l'influence italienne est trahie par la présence du légiste Dulcianus (Dolcino) [1122-1140], à Béziers, par celle du maître ès lois Oberto le Lombard (1148-1175), chanoine de la collégiale Saint-Aphrodise. À Narbonne, c'est un enfant du pays qui enseigne, le cabiscol puis archidiacre Roger (1145-1171), qui n'est autre, nous pensons l'avoir démontré, que le fameux Rogerius, élève à Bologne de Bulgarus et seul capable

Juristes et médecins plutôt que philosophes

de rivaliser avec les quatre docteurs. Un élève de Rogerius, le Lombard Placentin, né à Plaisance vers 1135, et qui a enseigné à Mantoue vers 1161, va s'établir vingt ans plus tard à Montpellier, où il ose enseigner hors du cloître de Maguelonne, jusqu'à sa mort, survenue en 1192. Placentin, fier de sa science transalpine, se moquait des grammairiens qui continuaient à enseigner dans le cloître, mais, soit estime soit prudence, il ne dit rien d'un autre enseignement qui s'y est développé, là encore sous influence étrangère, celui de la médecine.

Dans le même temps où elle recevait ses premiers juristes, Montpellier accueille en effet ses premiers médecins, André (1123-1146) et Raimon (1125). En 1137, Anselme de Havelberg et son condisciple Adalbert, futur archevêque de Mayence, après avoir étudié les lettres et la théologie à Reims et à Paris,

Méthode d'auscultation et de palpation traditionnelle. Dès le XIIe siècle, les médecins italiens formés à l'université de Salerne dispensent leur enseignement en France.

(MÉDECIN AUSCULTANT UN PATIENT. MANUSCRIT DE GUY DE PAVIE, 1345 ; MINIATURE DU MUSÉE CONDÉ, CHANTILLY.)

viennent y apprendre la médecine. Vers 1160, l'école de Montpellier peut rivaliser avec celle de Salerne dans la critique qu'en fait le théologien anglais Jean de Salisbury, alors évêque de Chartres : certains, dit-il « considérant leur incapacité en philosophie (c'est-à-dire en théologie) s'en vont à Salerne ou à Montpellier, s'y font les élèves des médecins, et les voilà dans l'instant qui deviennent eux-mêmes médecins, tels qu'ils avaient été philosophes ! » Un certain nombre parmi les maîtres de Montpellier semble d'ailleurs avoir étudié à Salerne : parmi eux, on trouve des méridionaux, comme l'Arlésien Bernard Provençal, le Montpelliérain Ricard Anglic ou Jean de Saint-Paul. Salomon Matthieu est probablement juif ; en revanche, si l'on se fie à son surnom, Bienvenu de Jérusalem est un Oriental. Mais, à en croire le Parisien Gilles de Corbeil, qui avait tâté des deux enseignements, les Montpelliérains, à part Bernard et Salomon Matthieu, étaient des « pharmacophobes » livrés à la médecine arabe, qui trahissaient Hippocrate et Galien : « La secte ennemie mugit bruyemment mais en vains, tandis qu'elle broute d'une dent rude l'ivraie stérile dont s'enfle et s'enorgueillit son erreur montpelliéraine... la boue de tes ennemis n'arrivera pas à te troubler... cette vile et prostituée populace de Montpellier. » On le voit, la controverse allait bon train. Si rude qu'ait pu être leur dent, certains des aliborons de Montpellier étaient néanmoins capables d'enseigner le grec, ce qui est au fond normal pour des élèves, même fourvoyés, des Salernitains. Quant à leur intérêt pour la médecine arabe, qui les faisait diverger d'avec leurs maîtres, les relations de la ville avec les « Sarrasins » d'Espagne suffisent amplement à l'expliquer ; et cette influence a été amplifiée par l'arrivée d'émigrés juifs d'Espagne, chassés par les persécutions almohades, tel Juda ibn Tibbon de Lunel, qui recommandait à son fils Siméon de bien entretenir sa bibliothèque, et notamment « d'examiner les livres hébreux à chaque nouvelle lune, les volumes arabes une fois tous les deux mois et les rouleaux (c'est-à-dire probablement les manuscrits antiques) chaque trimestre ».

Ce qui frappe dans la situation des groupes de lettrés étrangers du royaume de France au XIIe siècle, c'est non seulement la situation inverse des écoles septentrionales et des écoles méridionales – pour schématiser, les premières, théologiques et donnant, les secondes, juridiques et recevant –, mais aussi le peu de communication entre elles : les quelques maîtres qui enseignent le droit savant à Paris semblent l'avoir appris en Italie, à l'exception d'un légiste, maître Mainier (1160-1174), chanoine de la cathédrale de Paris, mais peut-être d'origine arlésienne. On sait aussi que le glossateur nîmois Raimon des Arènes a séjourné quelque temps à Reims. Les seules exceptions à cette relative dichotomie sont Avignon et Montpellier. En Avignon, le chapitre de Saint-Ruf est un lieu de rencontre de clercs venus de tous pays : on y voit des Flamands, comme l'abbé Lietbert et son ami Gautier, évêque de Maguelonne, qui sont Lillois ; des Anglais, comme Nicolas Breakspear, d'abord prieur de Melgueil près de Montpellier avant d'être lui aussi abbé, puis pape sous le nom d'Adrien IV ; des Catalans, très nombreux, tels l'abbé Ollegaire, futur évêque de Barcelone, puis archevêque de Tarragone après sa reconquête, Bertram, son successeur à Barcelone, Bérenger, futur évêque d'Orange, Bernard, ex-évêque de Saragosse ; l'évêché de Tortosa, reconquise sur les Maures, est confié à un rufain, l'abbé Geoffroi. La correspondance des messieurs de Saint-Ruf nous les montre en relations suivies non seulement avec la papauté, ce qui est normal pour une abbaye chef d'ordre, mais aussi avec Pise, avec leurs confrères chanoines de Ferraria près de Savone, dans la zone d'influence génoise, avec ceux de Chaumousey en Lorraine, de Marbach en Rhénanie, de Prémontré en Champagne.

En 1158, devant la montée du courant philo-toulousain et anti-barcelonnais dans la cité, le chef d'ordre est déplacé d'Avignon à Valence. Les chanoines de Maguelonne-Montpellier héritent alors du rôle de leurs amis de Saint-Ruf et deviennent, pour le siècle à venir, les fermes soutiens des Catalans et de la papauté. Ils ont repris, apparemment, leur cosmopolitisme, et l'on verra étudier ou résider dans la ville le théologien Alain de Lille, le Champenois Gui de Bazoches, le Parisien Gilles de Corbeil, les « tudesques » Anselme et Adalbert ou cet écolier anglais mentionné au chapitre de Maguelonne en 1168, R. de Grinvudo. En sens contraire, des Montpelliérains partent à Paris, peut-être ce Dolcino qui était en 1141 le médecin de Louis VII, le médecin avignonnais Guillem de Gap, devenu, grâce à ses connaissances du grec, abbé de Saint-Denis, ou le chroniqueur Rigord. Mais il est temps, si l'on veut éviter l'anachronisme, de poser la question : qui, parmi ces marchands et ces lettrés, est véritablement étranger, et à qui ?

Français et Provençaux

Dans le Midi du XIIe siècle, Espagnols et Italiens ne sont ni plus ni moins distingués des indigènes que ceux que l'on appelle en latin les *Francigeni*, les « Français ». On disait encore au XIXe siècle les « Franchimans ». Inversement, nous avons vu un faux diplôme de Saint-Denis en France mettre sur le même plan que les Lombards et les Espagnols des *Provinciales*, des « Provençaux », terme qui désigne alors non les habitants de notre moderne Provence, mais bien tous les Méridionaux du royaume. La distinction est très clairement formulée par un croisé méridional, le chroniqueur Raimon d'Aguilers : « On appelle Provençaux tous ceux de Bourgogne, d'Auvergne, de Gascogne, et aussi les Goths (c'est-à-dire à peu près les gens de Languedoc) ; les autres sont appelés Français. » Certes, les chroniqueurs de l'entourage royal, Guibert de Nogent, chantant les *Gesta Dei per Francos*, ou, un peu plus tard, l'abbé Suger de Saint-Denis prennent bien soin de toujours parler du royaume de France dans sa plus grande extension. Pourtant, même chez eux, on trouve des lapsus révélateurs. Ainsi Guibert, dans son autobiographie, ouvrage plus intime que son récit de la croisade, lorsqu'il décrit la conversion de Simon de Crépy : « Il abandonne son pays et sa fortune, franchit la frontière de la France et se retire en Bourgogne, à Saint-Oyen, dans la région du Jura [...] après avoir pris l'habit monastique, il revint en France. » La frontière de cette France mineure se situait donc pour lui, vraisemblablement, quelque part au-delà de Troyes, où commençait la Bourgogne du XIIe siècle.

L'habitude de parler de *Francigeni* et non de *Franci*, de « Français » et non de « Francs », semble s'être prise au tournant du IXe et du Xe siècle, et il faut la mettre en rapport avec la disparition progressive de la personnalité des lois. Dans la liste des évêques d'Auxerre, où l'on avait l'habitude de mentionner l'origine « franque » ou « romaine » des prélats, l'évêque Wibaldus, mort en 887, est dit « de nation française ». *Provincialis*, en revanche, doit être plus tardif : Michel Rouche le met ingénieusement en rapport avec l'ancien diocèse des Sept-Provinces, au Bas-Empire. Peut-être a-t-on seulement voulu faire référence à la vieille *Provincia* augustéenne, la Narbonnaise. Dans l'un et l'autre cas, il s'agit d'une expression romanisante, dont le succès est probablement parallèle à la diffusion du nouveau droit romain.

La Loire frontière

Cette distinction des « Français » et des « Provençaux » n'est pas de pure rhétorique, elle est profondément ressentie aussi bien dans le Nord que dans le Midi. Marie-Thérèse Lorcin a systématiquement étudié le témoignage des fabliaux, ces contes faits sinon pour les paysans, du moins pour un public laïque relativement populaire. La géographie qu'ils véhiculent paraît antérieure à Philippe Auguste, sans doute parce qu'ils ont été fixés par l'écrit à cette époque. Les lieux où le conteur situe son récit dessinent parfaitement la « France » du XIIe siècle, qui finit, à l'ouest, au Cotentin et au Poitou, à l'est, à Arras et à Reims, au sud, à La Loire. Hors de cette zone, ne sont cités que l'Angleterre et Londres, la Flandre et Anvers, le Hainaut, et, au sud, la grande abbaye de Cluny, la Lombardie et Montpellier. La carte du monde des affaires confirme ce premier repérage : on y trouve les foires de Champagne, à Provins et à Troyes, les étoffes flamandes d'Ypres et de Bruges et celles de Reims, les vins d'Auxerre ou de Soissons. Au sud, le commerce ne connaît qu'une direction, jalonnée par Saint-Gilles et, à nouveau, Montpellier, puis Gênes « en Lombardie », et pour finir, l'Égypte. À la différence de la littérature épique, qui cherche l'exotique, le fabliau est une littérature de chez-soi, et ce chez-soi, pour un public de « Français », ne dépasse guère la Loire. Une enquête semblable dans les littératures méridionales donnerait sans doute des résultats assez symétriques.

Comme la poule diffère du canard

L'ignorance est parfois renforcée par une solide hostilité réciproque. En voici deux exemples qui se répondent l'un l'autre. En 1110, l'abbé de Saint-Pierre-le-Vif de Sens décida de changer le doyen du prieuré de Mauriac, en Auvergne ; mais le doyen destitué, Pierre de Saint-Baudier, était un Auvergnat. Le nouveau doyen, Robert, qui arrivait de Sens avec son entourage, fut accueilli par une émeute de la population prenant fait et cause pour son doyen, et chassé de la ville. Durant la bagarre, une femme criait aux émeutiers : « Frappez, tuez, brûlez les Français ! » La hargne antifrançaise des Méridionaux est, on le voit, bien antérieure à la croisade des albigeois par laquelle on l'explique parfois. Les « Français » ne sont pas en reste d'amabilités. Écoutons un autre croisé, un Normand celui-là, Raoul de Caen : « Les Provençaux diffèrent autant (de nous) que la poule du canard, pour les coutumes, l'esprit, la culture et la nourriture ; ils sont persévérants pour vivre de peu et fouiller soigneusement, mais, à dire vrai, nettement moins pour se battre... Leurs efforts en cas de famine leur sont bien plus utiles que ceux de bien des gens plus hardis à la guerre. Lorsqu'on manque de pain, ils le supportent et se contentent de racines, sans mépriser les légumes secs... Ils vendaient aux autres gens de la viande de chien pour du lièvre et de l'ânesse pour de la chèvre. » La conclusion de Raoul prend la forme d'un proverbe, apparemment déjà ancien, excellemment traduit par Pierre Riché : « De là vient qu'aujourd'hui encore, on chantonne ce refrain puéril : 'les Français à la bataille, les Provençaux à la ripaille.' »

Il y a sans doute là plus qu'une calomnie classique sur la lâcheté de l'autre. Ce que reproche Raoul de Caen aux Méridionaux n'est pas leur absence de pugnacité, ou leur caractère pacifique – il note que « ce peuple a l'esprit féroce et met vite la main droite à son arme » –, mais leur manque de goût pour la guerre en tant qu'activité organisée. Chez les Lombards, en revanche, le même manque d'intérêt est considéré comme franche couardise : lorsqu'un fabliau, tel celui de Bérenger au Long Cou, veut faire rire aux dépens d'un chevalier vaniteux, lâche et menteur, il en fait un homme de Lombardie « où la gent n'est gaires hardie ». Dans le Midi, où l'on a appris, parfois chèrement, la valeur des marines italiennes, c'est un autre son de cloche. Ainsi Peire Vidal écrivant : « Bon'aventura don Dieus als Pisans / Car son audits e d'armas ben apres. » Rien n'y fait : seuls les « Français », à les en croire, sont bons chevaliers. Le Charlemagne des chansons de geste – qui n'était pas alors petite autorité – leur en décernait, on s'en souvient, le brevet dans la *Chanson de Roland :* « baruns franceis, vus estes bon vassal... » La prétention, à force d'être répétée et crue, devait avoir quelque vérité ; témoin la remarque pertinente de ce noble syrien, Usama ibn Munqidh, qui déclare à propos des croisés français du XIIe siècle qu'il a souvent fréquentés à Jérusalem : « Chez les Francs – Dieu les confonde –, aucune qualité humaine n'est appréciée hormis la valeur militaire, et personne n'a de prééminence ou de grade élevé, sauf les cavaliers, les seuls qui vaillent chez eux. »

Les armes et les lois

Si les « Français » étaient fiers de leurs vertus militaires, le droit romain professé dans le Midi ranimait chez les « Provençaux » à la fois un sentiment de supériorité intellectuelle et des « souvenirs » historiques revanchards. Voici par exemple ce qu'enseignait vers 1160 l'auteur – Rogerius ou Placentin ? – des *Questiones de juris subtilitatibus*. Il s'agit d'un petit traité populaire touchant quelques notions fondamentales du droit romain et qui, rédigé sous la forme d'un dialogue entre l'étudiant, *auditor*, et le professeur, *interpres*, nous fait en quelque sorte pénétrer dans un cours de l'époque. Après que les deux protagonistes ont discuté de la différence entre le droit naturel et le droit civil, l'« auditeur » aborde le problème de la diversité des droits positifs : « C'est l'autorité de notre cité qui nous enseigne le droit commun et nous donne à observer le sien propre ; elle s'étend, comme il appert de nombreuses constitutions (dans le Code de Justinien), à tous ceux qui sont *sub Imperio Romano* ; mais, parce que chaque peuple s'est fait lui-même son droit, il y a un droit propre de cette cité ; de là vient que beaucoup de peuples se sont constitué des droits contraires aux lois (au droit romain), non seulement de façon coutumière, mais par écrit. »

La réponse de l'« interprète » mérite d'être bien pesée. « La règle de droit ne subsiste que soutenue par le pouvoir autant que par la connaissance ; il s'ensuit qu'on ne peut donc véritablement appeler législateur ou créateur de droit que celui qui croît et prospère en sagesse et en pouvoir (...) en quelle abondance le peuple romain a eu l'un et l'autre, tu ne peux l'ignorer sans mauvaise foi. » Suit un éloge du peuple romain, de sa mesure, de sa justice dans l'exercice du pouvoir, suivi par la constatation que « la loi divine » s'est associée à ce pouvoir qui ne peut donc être « ni tyrannique, ni injuste », et enfin le « Rendez à César... » pour prouver que la création du droit est une prérogative impériale. La conclusion tombe, très professorale : « Tu comprends à présent, j'imagine, quelle force et quelle autorité a *notre* droit. »

L'« auditeur », pourtant, insiste, rappelant de façon réaliste l'existence de royaumes et de coutumes particuliers. L'« interprète » va alors au fond de sa pensée, en des termes qui évoquent étrangement certains de nos modernes raisonnements politiques : « Ceux qui ont envahi notre espace, nous ne considérons pas leurs statuts comme ceux d'ennemis aussi longtemps qu'ils peuvent être repoussés *jure gentium* ! Mais si, leur royaume ayant disparu d'une manière ou d'une autre, ils se joignent à nous par unions et par épousailles, chaque fois qu'ils invoquent le nom ou les statuts (le droit) de leur peuple, ils ne font rien d'autre que de réveiller la douleur d'une ancienne blessure... Lorsque les gouvernants d'aujourd'hui le permettent, ils ne voient pas ce qui découle de ce nom d'Empire : car celui qui maintient le nom

« La plume est serve mais la parole est libre. » Considérant le droit romain comme la raison écrite, les légistes l'utiliseront pour favoriser le développement des prérogatives royales, par opposition aux coutumes.

(PRESTATION DE SERMENT DE GUIL-LAUME JAUBERT, ENTRE LES MAINS DU PROCUREUR ROYAL. CAPBREU DE SAINT-LAURENT-DE-LA-SALANQUE, 1292. ARCHI-VES DÉPARTEMENTALES DE PERPIGNAN.)

de l'Empire doit aussi en maintenir l'autorité, laquelle se doit de protéger les droits par lui promulgués. Il faut, par conséquent, admettre l'un ou l'autre : ou bien, il n'y a qu'un seul droit comme il n'y a qu'un Empire, ou bien si les droits sont nombreux et divers, de nombreux royaumes continuent d'exister. » La diatribe était au départ très probablement dirigée contre le droit lombard et les coutumes des cités qui continuaient à s'en réclamer. Mais l'analyse pouvait tout aussi bien s'appliquer à des coutumes d'origine burgonde, gothique ou salique. Dans tous les cas, on voit quelle nostalgie de l'universalisme romain trahit la position de l'« interprète », et quel mépris pour tous ceux qui ne se réclament pas de « notre droit ».

Une longue inintelligence

Le Maître des *Questiones*, quel qu'ait été le lieu de sa naissance, – s'il était Italien, il ne se considérait pas comme Lombard ! – se sentait proche de tous ceux qui vivaient sous l'empire du droit romain, qu'ils fussent Transalpins ou « Provençaux », et cette communauté s'opposait, dans son esprit, à la communauté de ceux qui se réclamaient à la fois des coutumes et du nom des anciens peuples barbares. Comment pouvait-il en être autrement ? À l'est du Rhône, on était en Empire, à l'ouest, dans le royaume, mais cette limite était toute théorique. Les familles seigneuriales du bas Rhône, les marchands, les paysans qui parlaient la même langue n'en avaient que faire. Les grands rivaux du Midi, les comtes de Toulouse et ceux de Barcelone, avaient étendu leurs dominations antagonistes aussi bien en Provence qu'en Languedoc, et les comtes de Toulouse, malgré leurs origines franques, n'hésitaient pas à se dire « de droit romain » à la fin du XIe siècle. Il y avait là amplement de quoi justifier une division nord-sud du royaume de France, d'autant plus dangereuse qu'elle pouvait, à la fin du XIIe siècle, ouvrir la porte à l'influence impériale, alors étendue par le prestigieux Frédéric Barberousse. Il est peu probable que l'« interprète » ait souhaité aller aussi loin, dans la mesure où son ton est assez critique envers « ceux qui gouvernent aujourd'hui ». Il ne faisait que théoriser selon son goût et ses lumières historiques un sentiment identique à celui que hurlait l'émeutière de Mauriac. On sait comment tout cela finira au XIIIe siècle, lorsque les chevaliers du Nord viendront, sous l'étendard de la foi, montrer aux Méridionaux que le dicton « Français à la bataille... » n'était pas vantardise. Quelques générations plus tard, les légistes du Sud passeront au service du roi de France et feront voir aux nobliaux du Nord que les armes du droit avaient aussi leur efficacité. L'antagonisme politique entre France du Nord et France du Midi allait avoir de la sorte un bel avenir.

J.-P.P.

V

LE MIGRANT NÉCESSAIRE

Dès l'aube du XIIIᵉ siècle l'étranger n'est plus un être d'exception. La croissance démographique partout a mis en route des hommes en quête d'un ailleurs meilleur. Ce « mouvement brownien » (M. Bloch) résulte surtout de déplacements à courte distance, qui n'en sortent pas moins les cellules villageoises du face-à-face casanier entre natifs et enrichissent de familles nouvelles la population des villes. □

Cette mutation se traduit par un renouvellement de l'anthroponymie, car nombre de ces nouveaux venus reçoivent des surnoms d'origine. Dans les campagnes picardes, on repère ainsi, entre 1250 et 1300, une moyenne de 10 p. 100 d'immigrés, un tiers même en Vermandois. Étrangers du voisinage, ils n'ont pas couvert plus de 15 km durant leur migration, mais ont franchi, ce faisant, les frontières d'une seigneurie, voire d'un pays, passant de l'Empire dans le royaume de France et vice versa. La plupart des petites villes ne recrutent pas dans un bassin plus large : les quatre cinquièmes des « étrangers » établis à Montbrison avant 1260 viennent d'un rayon de 20 km.

L'aire accrue des migrations

Mais, dans la ville nouvelle de La Rochelle, grand port atlantique, en 1224, le tiers des immigrés seulement se recrute sur un rayon de 30 km et un bon quart sur plus de 100 km. À Arles, en 1271, plus de la moitié des migrants a parcouru plus de 100 km. Partout l'aire des migrations s'élargit progressivement. Revenons à Montbrison : entre 1260 et 1300, la zone où la ville puise l'essentiel de son recrutement (79 p. 100 des immigrants) passe de 20 à 30 km. Pour regrouper 67 p. 100 des immigrés, il faut aller, dans le demi-siècle qui suit, jusqu'à 40 km des portes de la ville. Le Lyonnais et l'Auvergne étaient, vers 1250, l'horizon le plus lointain de ce peuplement : entre 1260 et 1300, il s'étend jusqu'à la Saintonge et à la Normandie. Entre 1300 et 1349 arrivent des Espagnols et des Italiens. Dès les premières décennies du XIVᵉ siècle, l'étranger, au sens propre du terme, est ainsi présent dans la plupart des villes françaises, même les plus modestes.

Les effets de ces migrations se font inégalement sentir. Voici tout d'abord deux villes de Champagne autour de 1320. À Reims, encore peu ouverte sur les lointains – 85 p. 100 des immigrés viennent du pays rémois et des Ardennes –, une quarantaine de noms de famille évoque la Flandre, une douzaine l'Allemagne, une dizaine l'Angleterre, tandis qu'un Espaingnot représente seul l'Europe du Sud. La population étrangère de Provins est plus diverse. Les Allemands (plus de 20) y sont au moins aussi nombreux que les Flamands, et si 16 noms suggèrent une origine anglaise, 17 se réfèrent à l'Italie. L'activité des foires explique une présence transalpine plus intense, mais, les Italiens mis à part, l'Europe – et la France – du Sud, est absente, comme à Reims.

Nord contre Sud   Paris, à en juger par ses rôles de taille, est le lieu d'un plus grand brassage. Y affluent des hommes originaires de toute la moitié nord de la France et des étrangers au royaume, issus surtout des îles Britanniques et, à un moindre degré, de l'Italie du Nord et de l'Allemagne. On y rencontre quelques Hennuyers, Frisons ou Brabançons. Ici encore, l'étranger vient surtout des régions voisines et des pays du Nord les plus proches. La péninsule Ibérique

Les escales, si nombreuses soient-elles, ne suffisent pas aux marchands itinérants. Peu à peu, les foires deviennent les rendez-vous périodiques du traitement des affaires. À Saint-Denis, les Flamands vendent draps et toiles ; les Italiens soieries, épices, produits de luxe ; les gens du Midi, des cuirs ; les Allemands, des fourrures. Les gens, les produits, les savoir-faire de l'Europe, dans sa plus grande extension, se côtoient à cette occasion.

(LA FOIRE DU LENDIT, À SAINT-DENIS. « GRANDES CHRONIQUES DE FRANCE », XIVᵉ S. MUSÉE GOYA, CASTRES.)

est à peine mieux représentée que la Scandinavie ou la Hongrie. Pour près de 300 noms de personnes évoquant la Bretagne, une dizaine seulement se réfèrent à la France du Midi. Revenons à Arles : en 1271, la carte de l'immigration est le décalque inversé de celle de Paris. Aucun étranger du nord de la Loire, ni Anglais ni Allemand, mais une vingtaine d'Espagnols, Catalans en majorité. Le registre du notaire Amalric permet de recenser les marchands opérant à Marseille en 1248 : 47 p. 100 sont extérieurs au comté de Provence. Parmi eux, sur 152, quatre seulement représentent les places commerciales du nord-est du royaume, Flandre, Champagne, Lorraine. L'immigration est encore plus méridionale qu'à Arles, et dominée à part presque égale – 21,9 et 21,3 p. 100 – par les pays de langue d'oc et l'Italie.

Effectués dans un milieu urbain plus propice aux pesées globales, ces sondages, au début du XIVe siècle, soulignent la présence, partout attestée, d'étrangers, mais aussi la part restreinte des étrangers au royaume ou à l'espace français. Ils ne dépassent pas 7 p. 100 du nombre des Parisiens assujettis à la taille. Voici qui recoupe les observations de M. T. Lorcin sur les fabliaux, contes à rire « sécrétés par les pays de langue d'oïl » entre la fin du XIIe siècle et le milieu du XIVe : « L'étranger en tant que tel (y) tient [...] une place secondaire [...] Les conteurs ne cherchent pas encore à caricaturer ceux qui ne sont pas du pays, ils se contentent de les ignorer. » Le net clivage nord-sud, l'image contrastée de deux France et, par-delà, de deux Europe peu perméables qui nous est apparue se reflètent dans la géographie des fabliaux : on y passe la Manche plus volontiers que la Loire ou la Saône et seuls les Anglais font suffisamment partie de la famille pour que l'on se moque d'eux et du bizarre accent avec lequel ils prononcent le français. Ces sondages suggèrent également l'existence de deux types différents d'immigration, que l'on cerne bien sur l'exemple parisien. D'un côté, le grand nombre de Bretons (plus de 300), contribuables faiblement taxés, artisans modestes, sans compter la foule des pauvres hères qui curent les fosses d'aisances. De l'autre, un groupe plus restreint de Lombards, marchands et prêteurs, dont plusieurs comptent parmi les contribuables les plus imposés. Une immigration en nombre de main-d'œuvre non qualifiée. Une immigration d'élite, apportant des compétences, des talents. La seconde l'emporte de beaucoup dans les flux migratoires encore limités qui irriguent notre pays.

Bretons et Lombards

Qu'est-ce qui conduit ces étrangers à s'établir en France ? Un premier facteur de mobilité est d'ordre politique. Ces immigrés sont des serviteurs de l'État, c'est-à-dire du prince. Un nouveau maître venu d'ailleurs n'arrive jamais seul. Des fidèles, recrutés dans son pays d'origine, l'accompagnent, ainsi en Angleterre avec les rois normands puis angevins. C'est ce qui advient sur les marges du royaume, dans ces terres du Midi qui entrent dans l'orbite capétienne au cours du XIIIe siècle. Dans le comté de Provence, qui fournit un bon exemple de ce type d'immigration, la souveraineté catalane, instaurée en 1112, s'affirme surtout avec l'avènement, en 1166, d'Alphonse Ier. S'il réside peu en Provence, il y implante des compatriotes, sûrs appuis de son autorité. À certains, il donne des seigneuries dans les régions qu'il contrôle encore mal, par exemple aux Villeneuve. C'est un modeste lignage des environs de

Au service des princes

Barcelone. Giraud, qui vint le premier, peu avant 1180, n'avait dans son terroir natal que quelques lopins de terre et de nombreuses dettes. Alphonse II, en lui confiant la baillie d'Antibes, le gratifie de plusieurs seigneuries dans la vallée de l'Argens. L'un de ses fils, Romée, devient l'homme de confiance de Raimond Bérenger V (1216-1245). Il inspire la politique du dernier comte catalan et impose son autorité dans tout l'est du comté. Une illustre lignée prolongera son nom, de sainte Roseline, au XIVe siècle, à l'amiral défait à Trafalgar. L'entourage de Raimond Bérenger V associe aux Provençaux et aux Catalans des Italiens. On y voit le poète Sordel de Mantoue, un des guides de Dante en Purgatoire, mais surtout des juristes originaires de cités telles que Plaisance, où fleurit l'enseignement d'un droit nouveau repris de l'Antiquité romaine, qui s'impose par sa technicité et sa précision et qui plaît aux princes parce qu'il renforce l'autorité publique. Dans le même temps, les villes qui cherchent à s'émanciper de la tutelle comtale regardent également vers l'Italie pour recruter des techniciens du gouvernement communal : les podestats. Ainsi Spino de Sorresina, qui avait été podestat de Gênes en 1222 et 1223, exerce cette charge à Marseille de 1224 à 1225, à Marseille et à Avignon de 1225 à 1226. Ces magistrats, embauchés par un contrat d'un an renouvelable, échappent, parce qu'étrangers, aux querelles et luttes d'influence qui affaiblissent les consulats. Ils arrivent de Gênes, de Bologne, de Pavie, avec une petite équipe d'hommes d'armes et de juristes.

Le temps des Italiens

Au milieu du XIIIe siècle, la Provence change de maître. Charles d'Anjou, frère de Saint Louis, arrive de France accompagné de familiers, notamment de légistes. Ces étrangers suscitent des réactions hostiles qui visent certes leur action tout autant que leur origine. Pourtant ils ne sont pas seuls à inventorier, récupérer, affirmer les droits souverains du comte, réduisant par là la marge d'indépendance des seigneurs et des communautés. Bien des Provençaux imbus de droit romain partagent la même idéologie. Mais ce sont les Français que dénoncent les plus virulents adversaires du comte, tel Boniface de Castellane qui les dit « si habiles que, chaque jour, ils les [les Provençaux] emmènent les mains liées sans ménagement tant ils les croient lâches ». Peu nombreux, ces étrangers occupent quelques postes clés, tel l'office de sénéchal qui, en quarante ans, sous Charles Ier, ne revient que trois fois à des Provençaux. Deux clercs d'Île-de-France, les frères de Lusarches, sont l'œil d'un maître absent dans son comté. Car, une fois affermi son pouvoir, l'Angevin entreprend une politique d'expansion outre-monts qui trouve son apogée dans la conquête du royaume de Naples en 1266. Ainsi s'ouvre un nouvel épisode : le temps des Italiens. De 1298 à 1315, tous les sénéchaux, véritables maîtres du pays en l'absence du comte, sont italiens. Plusieurs juges aussi : un tiers dans la viguerie de Nice au XIVe siècle par exemple. C'est alors que, dans une atmosphère de grogne, mûrit la revendication de l'« indigénat », qui réserverait aux seuls natifs du comté les charges et les profits de l'administration. Les Provençaux finiront par faire admettre ce principe aux rois de Naples, ils auront plus de mal à en obtenir l'application. Ce sera une pomme de discorde jusqu'à la perte des États italiens des Angevins.

Avant même que Charles d'Anjou ne devienne comte de Provence, les Capétiens s'étaient rendus maîtres des États du comte de Toulouse. C'est là un des aspects de la grande expansion du royaume au XIIIe siècle. Ils installent en Languedoc une administration dirigée par des officiers français. Les neuf sénéchaux qui se succèdent à Nîmes entre 1254 et 1285 sont originaires de l'Île-de-France ou de l'Orléanais. Mais leurs conseillers et leurs subordonnés sont le plus souvent indigènes. Cette pénétration française n'a donc rien d'une invasion. Mais elle revêt des caractères particuliers, qui ne tiennent pas seulement aux réactions suscitées par la violence de la conquête ou par les excès de la pacification et de la répression de l'hérésie. Le Français est, comme en Provence, étranger par sa langue, une différence qui demeurera longtemps entrave à la communication et signe de contradiction. Bernard Saisset, évêque de Pamiers en conflit avec Philippe le Bel, ne disait-il pas, vers 1300, de l'évêque de langue d'oïl occupant le siège de Toulouse, que « les gens du pays le haïssaient à cause de (sa) langue ».

Attirés en France par le service des princes, les étrangers y sont aussi conduits par le service de Dieu. Le caractère de communion internationale de l'Église se renforce, en contrepoint du développement d'une centralisation pontificale qui accentue la mobilité des clercs. Les papes, à partir du milieu du XIIIe siècle, étendent leur réserve, allongeant la liste des cas qui les habilitent à pourvoir directement les bénéfices. « Les évêques ne peuvent plus pourvoir les clercs lettrés ni les personnes honorables de leur diocèse [...] Aux gens du pays on préfère des étrangers. » Les protestations de Saint Louis révèlent un contentieux qui va rester longtemps ouvert. Un cinquième des chanoines nommés à Laon entre 1272 et 1305 et dont on connaît l'origine sont des Italiens. Dans le même temps s'élève le nombre des évêques extérieurs à leur diocèse. Les prélats véritablement étrangers sont encore peu nombreux et leur nomination répond souvent à l'attente du prince. En 1295, Philippe le Bel obtient de Boniface VIII la nomination au siège de Bourges de l'augustin Gilles Colonna (Gilles de Rome), qui fut son précepteur, et, en 1329, Philippe VI procure à André de Florence, maître des requêtes de son hôtel, le siège d'Arras. Ce type de promotion est plus précoce en Provence. Il est vrai que les papes portent, vers le milieu du XIIIe siècle, un intérêt particulier à ce pays d'Empire où se joue un des coups de la partie qui les oppose à Frédéric II. L'élection, en 1243, du légat du pape, le Bolonais Zoen Tencarari, comme évêque d'Avignon s'explique par cette conjoncture. Le chapitre désigne le candidat du pape et du comte. Ces choix ne sont pas sans conséquences. Avec l'évêque, s'installe tout un monde de familiers. À l'un de ses neveux, Zoen confie un office de juge, à l'autre, ainsi qu'à de nombreux cousins, il procure des bénéfices en Provence. Ses chapelains, ses écuyers, ses domestiques sont en majorité ses compatriotes. L'élection du Placentin Visdomini, autre homme de confiance du comte, au siège d'Aix, en 1257, inaugure même une lignée épiscopale. Appelé en 1272 au Sacré Collège par son oncle, le pape Grégoire X, il permettra à son neveu Grimier de lui succéder à Aix.

L'expansion des ordres mendiants se situe délibérément dans la dimension universelle de la chrétienté. En 1217, François d'Assise et ses compagnons décident d'envoyer des frères outre-mer, en France, en Angleterre

Une internationale : l'Église

« Notre intelligence n'a pas à être docile sous la tutelle d'un homme », note Gilles de Rome, archevêque de Bourges en 1295. Italien d'origine, et élève de Thomas d'Aquin, c'est dans le royaume de France qu'il dispense son enseignement.

(GILLES DE ROME. MANUSCRIT. XIVe S. BIBLIOTHÈQUE NATIONALE, PARIS.)

Ordres sans frontières

Dotés de la règle de François d'Assise, les Franciscains arpentent les routes d'Europe, créent des couvents, viennent en aide aux masses populeuses des « villes nouvelles » nées au XIIIᵉ siècle.

(SAINT FRANÇOIS ET LES OISEAUX, HISTORIA MAJOR, V. 1236, CAMBRIDGE, CORPUS CHRISTI COLLEGE.)

et en Allemagne. Le Florentin Jean Bonnelli et trente compagnons se dispersent en Provence, Languedoc et Aquitaine. La prédication d'Antoine de Padoue contribue à leur succès. Un autre groupe, que François dut renoncer à conduire lui-même, se dirige vers le cœur du royaume : à sa tête, Pacifique des Marches, qui sera le premier ministre provincial de France. Les frères passent aisément d'un pays à l'autre. Grégoire de Naples est ainsi envoyé d'Italie pour remplacer frère Pacifique des Marches, et, après lui, à trois reprises entre 1257 et 1289, la province de France est dirigée par des Flamands. Frère Salimbene, un Parmesan qui voyage en France en 1247-1248, rencontre plusieurs religieux italiens dans les couvents où il loge, à Provins ou à Sens. Même communauté sans frontières chez les Frères prêcheurs, nés en Languedoc du dessein d'un chanoine espagnol d'opposer aux hérétiques cathares une prédication efficace. Deux Espagnols sont au nombre des six premiers frères qui s'établissent à Toulouse. Lorsque, en 1217 également, Dominique, comme François, décide de disperser à travers l'Europe son ordre nouvellement approuvé, la petite équipe de sept frères qu'il destine à Paris comprend trois Espagnols et un Anglais.

L'organisation des études chez les Dominicains, dont tous les autres ordres mendiants vont s'inspirer, favorise la circulation des maîtres et des frères dans la chrétienté. Chaque province peut envoyer trois étudiants au *studium generale* de Paris, rue Saint-Jacques. La liste des maîtres en théologie qui y enseignent entre 1230 et 1300 comprend sept Italiens, dont Thomas d'Aquin, trois Anglais, deux Allemands, dont Albert le Grand, cinq Flamands et deux Espagnols. Le rayonnement international n'est pas moindre au couvent des Cordeliers, qu'illustre l'enseignement de l'Anglais Alexandre de Halès et de l'Italien Bonaventure, ou au couvent des Augustins, marqué par la personnalité de Gilles de Rome.

L'errance universitaire

La notion de *studium generale*, de centre d'enseignement à vocation universelle, est celle-là même qui préside à la naissance de l'Université de Paris. Les structures dont se dote la communauté des maîtres et des étudiants associent une organisaton sur la base des domaines du savoir, les facultés, et un regroupement par origine géographique, les « nations ». Dès le XIIᵉ siècle, les étudiants qui affluaient à Paris avaient coutume de se rassembler par pays pour s'entraider et mieux se défendre. Mais le cadre de ces solidarités : France, Angleterre, Picardie, Normandie, s'il correspond toujours aux courants d'immigration dans la capitale, est inadapté à l'aire bien plus vaste du rayonnement universitaire. Il fallut inclure les pays méditerranéens dans la nation de France et élargir la nation anglaise à toute l'Europe centrale et septentrionale. Car on vient étudier à Paris de toute la chrétienté. Lorsqu'en 1229 le légat du pape fonde à Toulouse une université destinée à répandre la saine doctrine afin que l'hérésie ne puisse renaître de ses cendres, les premiers maîtres qu'il recrute à Paris sont tous des étrangers : Jean de Garlande, d'origine anglaise, Hélinand, fils d'un Flamand réfugié en France, et Roland de Crémone, un dominicain italien. Ce ne sont pas les premiers étrangers à enseigner à Toulouse : saint Dominique y avait suivi, dès 1215, à l'école cathédrale les cours de théologie d'un maître anglais, Alexandre Stavenby. Car la quête du savoir, depuis longtemps, est incitation à l'errance.

Le profit, enfin, est un puissant facteur de mobilité. Les commerçants italiens, notamment placentins et toscans, fréquentent les ports du littoral méditerranéen, Marseille et Montpellier. Plus au nord, les foires de Champagne ne sont pas seulement le lieu d'un rendez-vous périodique entre marchands-drapiers flamands et négociants italiens. Les Lucquois ont loué à Troyes une maison pour y demeurer pendant et hors la période des foires. Toutefois, la majorité des Italiens qui résident en France s'adonne plus au crédit qu'au commerce. Ils apportent une technique et comblent un vide dans le tissu économique français. Un chroniqueur astesan affirme que c'est en 1226 que « les citoyens d'Asti commencèrent à prêter et faire l'usure en France et dans les pays d'outre-mont, où ils gagnèrent beaucoup d'argent ». De fait, autour de 1230 apparaissent les premiers privilèges autorisant des Italiens à s'établir pour pratiquer le prêt et leur garantissant le monopole de cette activité. C'est seulement dans le dernier quart du siècle que le réseau des Lombards et de leurs *casane* devient dense. Ce terme de « Lombard » ne doit pas faire illusion. Si, en Savoie, les Astesans sont les plus nombreux, les premiers Lombards qui s'installent en 1251 au bourg Saint-Germain-des-Prés de Paris sont trois Siennois. Toute l'Italie du Nord et la Toscane sont représentées. Le prêt est leur activité dominante, mais non exclusive : ils font

Pour atteindre une position « respectable », certains Lombards masquent leur pratique de l'usure par des activités d'honnêtes marchands drapiers, aux étals bien fournis.

(« L'USURE », EXTRAITE DES « BONNES MOEURS », XVᵉ S. MUSÉE CONDÉ, CHANTILLY.)

aussi le change, se livrent au commerce des laines et des chevaux, des draps et des produits de mercerie. Leur rôle de prêteurs les met en contact avec les princes, qui profitent de leur compétence financière. Ils leur donnent à ferme certains péages et revenus ou leur confient la direction d'ateliers monétaires. Le duc Othon IV de Bourgogne a même pour trésorier et receveur le Florentin Jacques Scaglia, et pour conseiller Ardeçon d'Ivrée, juriste tout autant que manieur d'argent. Le roi d'Angleterre Édouard Ier fait d'Amerigo dei Frescobaldi, chef de la compagnie florentine qui soutient sa trésorerie, son connétable à Bordeaux ; il devient chef de l'administration financière de la Guyenne, fonction qu'exercent en fait deux facteurs de la société de 1309 à 1311. On sait le rôle politique autant que financier que jouent auprès de Philippe le Bel les deux frères Albizzo et Musciatto Guidi dei Franzesi, Biche et Mouche.

Bannis et experts

L'étranger ne s'expatrie pas toujours de son plein gré. Le nombre des exilés, victimes des bannissements qui scandent l'histoire des cités italiennes et aussi des villes flamandes, s'accroît à partir du XIIIe siècle. Fuyant Florence, passée aux gibelins, Brunetto Latini se réfugie à Paris en 1260 et y rédige, en français, son encyclopédie *le Livre du trésor*. L'échec du parti populaire à Gênes, en 1262, conduit en France Guillaume Boccanegra. Le roi lui confie le gouvernement d'Aigues-Mortes et le charge d'édifier l'enceinte et le port, travaux que d'autres Génois poursuivront après ta mort.

On touche là à un dernier motif de l'immigration. Les Génois sont en effet des techniciens reconnus de la circulation maritime et, déjà en 1250, on a recruté en Ligurie les ouvriers nécessaires à l'équipement de la flotte royale à Rouen. Les Allemands ont une réputation analogue pour le travail du métal et l'exploitation des ressources minières. Le renom des écoles de médecine italiennes contribue à l'afflux de praticiens transalpins. Qu'on les appelle, comme ces trois Allemands dont Charles IV espère qu'ils découvriront de nouvelles mines dans le royaume, ou qu'ils viennent spontanément s'établir, les étrangers s'imposent et prospèrent surtout en raison de leurs compétences.

C'est à un étranger expulsé pour raisons politiques que l'on doit le tracé de la ville d'Aigues-Mortes. Il s'agit de l'Italien Guglielmo Boccanegra, qui adopte les plans quadrillés des villes romaines.

(FORTIFICATIONS D'AIGUES-MORTES, FIN DU XIIIe S.)

Autres fonctions, autre échelle

Aucun site n'est plus propice à observer les mutations de l'immigration à partir des premières décennies du XIVe siècle qu'Avignon. Environ 5 000 habitants vers 1310, plus de 30 000 vers 1360, sans compter une population flottante qui, certaines années, porte ce chiffre à près de 50 000 : Avignon, ville moyenne du comté de Provence, promue au rang de capitale de la chrétienté, doit sa croissance à l'afflux des étrangers. Outre les curialistes, employés dans les organes centraux de l'Église et dans les services domestiques de la cour pontificale, le statut des personnes distingue les courtisans, étrangers domiciliés, des citoyens. Mais un dénombrement de ces derniers, effectué en 1358, différencie les « originaires » et les autres, révélant ainsi qu'une partie seulement de ces citoyens sont des Avignonnais de souche. C'est aux étrangers que l'on doit l'explosion urbaine. Dès le milieu du XIVe siècle, « les étrangers étaient partout. Ils étaient implantés. Ils avaient colonisé la ville » (B. Guillemain). Trois Avignonnais sur quatre sont des étrangers vers 1360. C'est encore le cas de deux sur trois un siècle plus tard, à en juger par l'identité des testateurs. On aurait tort de lier exclusivement cette coulée migratoire à l'installation de la cour romaine. Des circonstances exceptionnelles ne font ici qu'anticiper sur une évolution propre au bas Moyen Âge. Descendons le Rhône : à Arles, vers 1310, la part des étrangers dans la population n'excède sans doute pas un sixième. Dans le dernier quart du XVe siècle, un tiers au moins des Arlésiens sont d'origine extérieure. L'immigration change d'échelle, en même temps qu'elle assume une autre fonction.

Elle ne comble plus seulement des manques qualitatifs. Elle opère une véritable « transfusion de sang ». En effet, l'épidémie sans cesse renaît de ses cendres, la faim rôde toujours autour des murailles, l'insécurité, plus encore qu'une guerre intermittente, fait peser périodiquement ses menaces. En ce temps de malheurs où, comme se lamente Eustache Deschamps, « tout se défait et ne sait-on comment », c'est bien de survie, de réanimation qu'il s'agit désormais. Les trois quarts des patronymes des chefs de feu recensés à Chalon-sur-Saône en 1360 ne sont plus représentés dans les documents fiscaux de 1381. À Pourrières, village de basse Provence, 45 p. 100 seulement des patronymes du cadastre de 1368 se maintiennent jusqu'en 1401. On retrouve là le taux décennal de déracinement des lignages de 14 p. 100 calculé par E. Le Roy Ladurie pour Saint-Guilhem-le-Désert, bourgade languedocienne, entre 1398 et 1442. À Arles, dans le second quart du XVe siècle, ce taux décennal s'élève même à 24 p. 100. Le coefficient familial établi à partir du nombre d'enfants en vie mentionnés dans les testaments le confirme : Arles comme Pourrières laissés à eux-mêmes seraient voués à une prompte disparition. L'immigrant, l'« indispensable immigrant », selon la formule de F. Braudel, est plus qu'un simple renfort sur la voie de la croissance. Il est

Une transfusion

l'instrument d'une survie : plus du tiers des patronymes du cadastre de 1401 sont apparus à Pourrières depuis 1368, et 57 p. 100 des patronymes relevés à Arles en 1459 ont émergé depuis vingt ans. S'adressant en 1428 à leur évêque, des paysans de l'Oisans déplorent en ces termes le dépeuplement dont souffre leur localité : « Chaque jour, plusieurs quittent la paroisse et nul étranger ne vient y demeurer. » Dans certains cas même, l'étranger est l'instrument d'une résurrection. Ainsi dans l'Entre-deux-Mers, en Quercy ou en Provence où, entre 1450 et 1520, des immigrants redonnent vie à des terroirs abandonnés et à des villages désertés. Ce sont des populations voisines, Rouergats, Auvergnats et Limousins, qui repeuplent le Quercy. Une partie des colons de l'Entre-deux-Mers vient du Poitou, de Saintonge, voire des pays de la Loire, terres de langue d'oïl, et leur regroupement engendre un îlot linguistique original, la Gavacherie. Encore plus étrangers, les trente-trois chefs de famille de Montegrosso, dans l'Apennin ligure, qui, en 1477, répondent à l'appel du seigneur de Pontevès, village de Provence orientale dépeuplé depuis une quarantaine d'années. Quelques décennies plus tard, d'autres colons venus du Piémont feront renaître d'autres villages au flanc sud du Lubéron, apportant avec eux leur foi vaudoise.

ORIGINE DES COURTISANS, AVIGNON, 1371

On appelle « courtisans » les immigrés relevant de la juridiction de la cour romaine, alors installée à Avignon. Le dénombrement de ces derniers, effectué en 1371, au moment où le pape prépare son retour à Rome, donne une vue générale de l'origine des étrangers installés dans la ville.

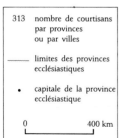

313   nombre de courtisans par provinces ou par villes

———   limites des provinces ecclésiastiques

•   capitale de la province ecclésiastique

0   400 km

Ces migrations ne résultent pas d'un déficit technologique mais procèdent d'un différentiel de population. D'un côté, des zones de dépression persistante dans tout le midi de la France. De l'autre, des régions qui, assez tôt, recouvrent un équilibre et même un excédent démographiques ; les livres de raison limousins, les testaments des campagnes lyonnaises et les cadastres piémontais en témoignent. Tel est l'arrière-plan de la carte de l'immigration dans l'Avignon pontificale dressée par B. Guillemain : pour l'essentiel « le grand axe du Rhône et de la Saône, ses bordures et ses prolongements septentrionaux », un courant Flandre-Méditerranée. En revanche, taches blanches sur la carte, sont absents le Sud-Ouest français, les pays ibériques et l'Angleterre. Cette immigration de masse est aussi, et de plus en plus, une immigration à long rayon d'action. Au cours du XVe siècle, à Avignon comme à Arles, la part des migrants provençaux et comtadins décroît au profit des Savoyards des diocèses de Belley et de Genève, qui passent au premier plan. À Aix et en basse Provence, ce sont les Piémontais et les Ligures qui prennent le relais d'un bassin régional en voie d'épuisement.

Dès l'origine, ce grand flux migratoire est très divers. Il fournit à l'administration pontificale les services techniques, notamment financiers, qui font défaut à l'Avignon du XIVe siècle. Il achemine des marchands et des artisans aptes à répondre aux goûts raffinés d'une cour. Il contribue à équiper la ville en métiers nécessaires à la vie quotidienne d'une population considérable, artisans qualifiés mais aussi manœuvres et ouvriers agricoles. C'est cette immigration de main-d'œuvre qui croît à partir du milieu du XVe siècle, tant à Avignon, où les étrangers sont moins nombreux à ouvrir boutique après le départ des papes, que dans les autres villes du Sud-Est. À Arles, « les ouvriers agricoles, 'affanadors', 'fangueiaires', 'terraillons', 'manobres', constituent, de tous les groupes socio-professionnels, celui qui occupe la place la plus grande dans l'immigration » (L. Stouff). À Aix, la prépondérance des Toscans dans la population d'origine étrangère, liée jusque-là à leur rôle dans le négoce, s'estompe au profit d'une main-d'œuvre rurale non qualifiée venue de Piémont et de Ligurie. Les actes d'habitation ne sont pas des phénomènes isolés : dans toute la basse Provence les affaneurs transalpins viennent au moment de la moisson chercher du travail et des terres. Parmi eux, un certain nombre de saisonniers. Ainsi à Arles où, selon les termes d'un édit de Charles VIII de 1493, « se treuvent... au temps des moissons souventes fois jusques au nombre de sept à huit ou neuf mil personnes d'estrange pais pour illec gaigner leur vie ».

Les formes plus classiques de l'immigration connaissent dans le même temps d'importantes mutations. Tout d'abord l'aire d'origine des étrangers s'élargit. Au lendemain de la chute de Constantinople, des Grecs se réfugient en France, où ils parviennent souvent dans un grand dénuement. Parmi eux, des nobles qui quémandent des pensions et qui mettent leurs armes au service du roi sur terre ou sur mer, comme Georges Bissipat, dit Georges le Grec, établi à Honfleur sous Louis XI, redoutable pirate et audacieux navigateur. Parmi eux, des savants qui contribuent à la renaissance des études antiques, tels Hermonyme de Sparte et Janus Lascaris, qui initient à la langue grecque le jeune Guillaume Budé. Autres sujets de l'Empire byzantin, les Albanais,

Naissance d'une immigration de masse

De Byzance à l'Atlantique

165

qu'à l'imitation de Venise Louis XII embauche pour former un corps de cavalerie légère, les « stradiots ». À l'autre extrémité de l'Europe méridionale, l'Espagne entre en scène. Ses marchands, Castillans et Navarrais en majorité, s'installent tardivement dans les ports atlantiques : avant le milieu du XVe siècle à Nantes, vers 1470 à Rouen, peu avant 1500 à Bordeaux. Ils viennent avec leurs familles. De nouveaux venus renforcent régulièrement leur groupe, surtout entre 1490 et 1520. Ils sont près de 80 à Rouen vers 1525. Leurs affaires prospèrent, d'autant qu'elles s'appuient sur un réseau dense d'amis et de parents dans tout l'espace atlantique. Ils restent unis par des liens familiaux et par des traditions communes. En 1527, à Nantes, Jean, fils de Gonzalo de Compludo, épouse Françoise d'Astoudille, dont le nom cache mal l'origine ibérique : ils auront pour fils Ferrando et Gonzalo. Mais la mère du marié était née Guyonne Le Gouz, et les autres enfants se nomment Isabeau, Françoise et Jean. L'assimilation et l'intégration sont rapides. L'union avec des familles notables et l'achat de terres préludent à l'acquisition d'offices et à l'anoblissement. Tel est, en deux générations, le destin de ce marrane aragonais devenu bourgeois de Bordeaux au début du XVIe siècle, sans doute un grand-oncle de Montaigne, Antoine Lopez de Villeneuve. Le fils de ce riche armateur obtiendra la noblesse avec sa charge de conseiller au parlement de Bordeaux. Au service du duc de Bourgogne, un Aragonais, Jean de la Huerta, achève les travaux entrepris par Sluter à Dijon. D'autres Espagnols gravitent autour du roi tout au long de cette période, du Castillan Charles d'Espagne, connétable de Jean le Bon, que Charles le Mauvais, roi de Navarre, fait assassiner en 1355, jusqu'à Gabriel Miro, médecin d'Anne de Bretagne. On a même pu parler d'une véritable mode espagnole à la cour de Charles VIII. On trouve autour du roi plusieurs capitaines, tel ce Jean de Salazar qui, selon un chroniqueur malveillant, « vint en France [...] aussi garni de biens qu'un singe de queue ». Et l'auteur d'ajouter : « Il avait été page de Rodrigue (de Villandrado) qui fut empereur des pillards, toutefois Salazar en ce métier le passa. »

La guerre
au visage d'étranger

Si, en effet, le service du roi retient toujours nombre d'étrangers, cette forme d'immigration prend de nouveaux caractères avec la croissance des besoins militaires d'un souverain affronté à une longue guerre. L'armée des premières campagnes de Philippe VI comprend déjà un bon tiers d'allogènes, Béarnais, Savoyards, Dauphinois, Lorrains, Liégeois, contingents amenés par les alliés du roi. C'est ainsi que Jean de Luxembourg, roi de Bohême, le preux chevalier aveugle, trouve la mort à Crécy, tandis que les Anglais emmènent parmi leurs prisonniers le comte de Sarrebruck. Mais, très vite, le développement du conflit et l'insuffisance de la noblesse française imposent le recours à des mercenaires. Le roi y trouve son avantage : ils font la guerre avec l'efficacité de professionnels ; déracinés, ils sont libres de toute attache et, notamment, échappent à l'autorité concurrente des princes ; enfin, lorsqu'ils restent sur le champ de bataille, « le dommage n'est pas si grand », comme l'écrit Charles VII après la défaite de Cravant, puisque « s'y trouvaient très peu et comme rien des nobles de nôtre royaume, mais seulement Écossais, Espagnols et autres gens de guerre étrangers qui avaient coutume de vivre sur le pays ». Belle ingratitude, puisque, alors, les Écossais constituent la moitié des effectifs que peut aligner le royaume de Bourges et que, délibérément, Charles VII n'a engagé dans ce combat que ses contingents étrangers ! Mais ces propos soulignent les vices du système. Déracinés, les mercenaires ne rentrent pas chez eux une fois congédiés, ils n'obéissent plus qu'à leur capitaine et mettent toute leur efficacité à piller. Avignon est ainsi successivement menacée, au XIVe siècle, par les Gascons du comte d'Armagnac, les Espagnols d'Henri de Trastamare, les Bretons de du Guesclin. Et, pour défendre la ville, l'hospitalier Juan Fernandez de Heredia recrute des « brigands » en majorité italiens. Pour le bon peuple, victime de ces routiers, la guerre a le visage de l'étranger. Eustache Deschamps s'en fait l'écho dans une de ses ballades : « Je ne sais qui aura le nom d'aller par les champs désormais... toudis (chaque jour) vient un nouveau langage. » Même après la réorganisation de l'armée et la constitution des compagnies d'ordonnance par Charles VII, les étrangers conservent une place importante dans l'encadrement de l'armée française. Aux états de Tours, en 1484, la noblesse demande au roi de lui donner la préférence sur les étrangers dans l'attribution des « grands états et offices » du royaume et notamment les « capitaineries de gens d'armes ». De fait, à cette date, un cinquième des capitaines de l'ordonnance sont écossais, espagnols ou italiens. Mis à part l'expérience peu concluante des francs archers autochtones sous Louis XI, c'est à l'étranger que l'on recrute tout au long de cette période les corps de spécialistes, arbalétriers génois ou archers écossais, et l'infanterie, d'autant plus que s'ouvre à la fin du XVe siècle dans les cantons suisses un nouveau marché de la main-d'œuvre militaire.

Les cours princières sont longtemps, plus que celle du roi, un pôle d'attraction pour les étrangers. D'autant que les possessions, les liens de parenté et les ambitions de plusieurs princes débordent les limites du royaume. Leur puissance et leur richesse s'expriment dans le luxe dont ils s'entourent. Aussi recherchent-ils partout les talents les plus divers comme ils collectionnent les objets les plus rares. Les migrations des artistes – c'est alors que leur condition commence à se distinguer de celle de l'artisan – doivent, pour l'essentiel, leur spectaculaire essor aux commandes et aux pensions des princes. Des réseaux d'immigration s'organisent ainsi à partir des cours et des chantiers des princes : Claus Sluter, appelé à Dijon pour diriger l'atelier de sculpture de la chartreuse de Champmol, fait venir son neveu Claus de Werwe, qui lui succédera, et appelle aussi plusieurs tailleurs de pierre de Bruxelles, ses anciens compagnons de travail. Le Flamand Jean Malouel, peintre du duc de Bourgogne, introduit auprès de son maître ses neveux, les frères Limbourg, qui mettront ensuite leurs talents d'enlumineurs au service du duc de Berry. Tous les princes recrutent pour leurs chapelles des chantres issus des mêmes pays flamands, tels les Hennuyers Jean de Ockeghem et Josquin Des Prés, qui passent quelques années l'un à Moulins et l'autre à Aix avant de rejoindre la chapelle des rois de France. Ce véritable monopole d'une région et d'un style contraste avec la diversité des traditions et des écoles picturales qui convergent alors pour donner naissance au style international. Avant même l'installation de la papauté sur les rives du Rhône, des peintres romains sont venus en France sous Philippe le Bel et ont travaillé

Le mécénat des princes

Un Toscan dans les Flandres : Giovanni Arnolfini, natif de Lucques, s'installe à Bruges. Le port, situé à la croisée des courants commerciaux de l'Europe médiévale, satisfait ses ambitions. À l'égal des grands dynastes italiens, ses contemporains, il a la haute main sur le trafic entre Italie et Flandre.

(« GIOVANNI ARNOLFINI ET SA FEMME », PEINTURE DE JEAN VAN EYCK, XVᵉ S. NATIONAL GALLERY, LONDRES.)

à Béziers. Mais c'est avec l'arrivée à la cour pontificale du Siennois Simone Martini et surtout de l'équipe de fresquistes toscans que dirige Matteo Giovannetti de Viterbe que la peinture italienne s'acclimate en France et imprime son influence sur toute l'Europe.

Le retour à Rome disperse les ateliers, et c'est désormais des Flandres, par le relais de la cour de Bourgogne, que souffle le vent. Les peintres flamands séjournent auprès des princes, tels Barthélemy Van Eyck, enlumineur préféré de René d'Anjou, Jean Van Eyck, valet de chambre de Philippe le Bon à Lille. Le renom de ces artistes de cour ne doit pas faire oublier le grand nombre de peintres, flamands en majorité, mais aussi lombards ou piémontais, établis dans les villes comme Lyon, Avignon, Marseille ou Aix, qui répondent à la demande croissante d'une clientèle bourgeoise et ecclésiastique. C'est encore des pays voisins du Nord et du Sud que viennent nombre des sculpteurs qui se déplacent de chantier en chantier ou qui s'attachent un temps à un prince, tels le Hollandais Claus Sluter en Bourgogne, les Italiens Francesco Laurana et Pietro da Milano dans la Provence du roi René, ou ce Guido Mazzoni qui sculptera le tombeau de Charles VIII. À partir de ce règne, les expéditions en Italie s'accompagneront régulièrement d'un transfert de modèles, de techniques et d'artistes.

L'Université demeure un foyer international, même si Paris n'occupe plus la même place sur la carte intellectuelle de l'Occident. Les courants de population qui alimentent les écoles se sont modifiés. Les échanges avec l'Angleterre ont été taris par la guerre et le schisme. Signe des temps, la nation anglaise est devenue allemande, et les pays du Nord comptent davantage dans la communauté universitaire. Moins importante numériquement, mais fondamentale parce qu'elle engage l'avenir, est l'ouverture vers le Sud, vers l'Italie. Le transfert de la papauté à Avignon a établi le contact entre l'humanisme italien et les milieux intellectuels français, notamment à la faveur du séjour de Pétrarque (1326-1353). Ces liens se renforcent, à la fin du

Aux sources de l'humanisme

Fille d'un médecin de Pise installé à Paris, Christine de Pisan est une des très rares femmes du Moyen Âge dont le statut d'écrivain fut reconnu. Elle structure ici *la Cité des Dames* : en face d'elle, la Raison, qui lui tend un miroir, la Droiture, un bâton, et la Justice, une mesure.

(« LA CITÉ DES DAMES », XVᵉ S. ; CHRISTINE DE PISAN. BIBLIOTHÈQUE NATIONALE, PARIS.)

XIVe siècle, à Paris lorsqu'un cercle d'amateurs de belles-lettres se forme autour de ce secrétaire que Louis d'Orléans est allé chercher à Milan, Ambrosio Migli. L'humanisme pénètre à l'Université où, en 1458, Gregoire de Città di Castello enseigne le grec et commente les auteurs antiques selon les méthodes en usage dans la Péninsule. Un intense courant s'instaure dès lors, qui conduit à Paris plusieurs humanistes italiens parmi les plus notables, de Philippe Beroalde à Pic de la Mirandole et à Jérôme Aléandre, mais aussi maints poètes médiocres qui profitent d'un phénomène de mode. Ceux qui les accueillent, pour beaucoup des maîtres et des étudiants de l'Université, ne séparent pas l'amour des lettres antiques du désir de Dieu et aspirent intensément à une réforme de l'Église. Ce qui les porte à regarder à la fois vers l'Italie et vers les Flandres, les deux foyers d'où sont partis les mouvements de retour à l'observance dans les ordres mendiants et où se manifestent de nouvelles formes, plus exigeantes, de vie religieuse, avec les Minimes de ce François de Paule que Louis XI a appelé auprès de lui et les Frères de la Vie commune de Windesheim, dont on attend le renouveau des communautés de chanoines réguliers. Les Flamands, tels Jean Standonck au collège de Montaigu, Josse Clichtove dans l'entourage de Lefèvre d'Étaples, et Didier Erasme sur des voies plus originales, tiennent une place importante dans les courants qui traversent alors les milieux universitaires parisiens.

Exil, exode, occupation

Les luttes de factions dans les cités italiennes contraignent toujours des familles entières à prendre le chemin de l'exil. Ainsi se renouvelle le groupe des Florentins d'Avignon avec, par exemple, l'installation vers 1445 d'une branche des Peruzzi (les Perussis). Quarante ans plus tard, c'est un flot plus important de bannis qui vient s'installer sur les bords du Rhône. On leur doit la fondation d'une des premières compagnies de pénitents connue sur le sol français. Aux exilés s'ajoutent désormais, du fait de la guerre, les réfugiés qui cherchent la sécurité des murailles urbaines. Ils s'installent provisoirement, campant même sur les places comme à Tours au plus fort du conflit, ou plus durablement, gardant l'espoir de rentrer chez eux la paix revenue. Ils forment, vers 1360, selon les paroisses, du quart à la moitié de la population qui s'entasse dans Reims. L'occupation de la Normandie par les Anglais déclenche un véritable exode vers la Bretagne, les pays de la Loire ou le Poitou. On a avancé le chiffre de 125 000 pour l'émigration en Bretagne, la plus massive. L'artisanat et le commerce des pays d'accueil en tirent bénéfice, mais le gonflement du nombre des bouches à nourrir fait flamber les prix des denrées, et cette masse d'hommes souvent contraints au chômage ne laisse pas d'inquiéter. À plusieurs reprises, la menace d'expulsion pèse sur les Normands réfugiés à Tours.

La guerre a en effet donné à l'étranger un nouveau visage, celui de l'occupant. Une partie du royaume – essentiellement la Normandie – forme, au lendemain des campagnes d'Henri V, le « pays de conquête ». L'expérience de Harfleur, vidé de ses habitants afin de recevoir des colons anglais et de devenir un second Calais, tourne court. Une partie des familles ainsi implantées abandonnent la place au bout de quelques années. Mais, dans toute la Normandie, de façon moins brutale, des maisons ou des terres confisquées sont redistribuées pour servir d'assise foncière au service d'armes ou pour loger des administrateurs, des marchands et des soldats. Le poids de l'occupation militaire, en Normandie comme dans la partie du royaume qui reconnaît Henri V comme roi de France et d'Angleterre, n'est pas en lui-même très lourd : pas plus de cent à deux cents hommes d'armes en garnison à Caen ou à Paris. Mais le comportement des soudards et la pression fiscale cristallisent un mécontentement qui, progressivement, devient opposition et même résistance.

Maîtres de montagne et maîtres en batterie

Indispensables parce qu'ils permettent au pays de survivre, les immigrants le sont en un autre sens, qu'a bien dégagé aussi F. Braudel : « Ils apportent avec eux des techniques nouvelles, non moins indispensables que leurs personnes à la vie urbaine. » Ce sont souvent effectivement des étrangers qui répondent à ces appels périodiquement lancés par les villes et assortis de nombreux avantages, notamment fiscaux, pour attirer de nouveaux artisans dans leurs murs. D'autant que, dans plusieurs domaines, ces étrangers bénéficient d'une avance technologique. Quand le duc de Berry veut orner ses palais de carreaux émaillés, il doit importer de Valence une équipe de Maures qui travaille à Bourges et à Poitiers de 1383 à 1387, et Charles VIII

UN MAÎTRE FONDEUR DE BRISACH

appoinctements faiz entre honnorable homme et saige, maistre Jehan Dauvet, conseillier et Procureur général du Roy notre seigneur, commissaire ordonné par ledit seigneur en ceste partie, d'une part, et Hens Brouart, bourgoiz de Brisac, sur le Rin, du païs d'Almaigne et du diocèse de Constances, maistre fondeur et affineur, d'autre part.

Et premièrement, ledit maistre Jehan Brouart, maistre fondeur et affineur, viendra demourer et fera sa résidence sur le lieu des mines d'argent et de plomb de Pampalieu. C'est assavoir ou martinet de Brucieu, lequel mon dit seigneur le Procureur général et commissaire luy délivrera pour faire sa demourance avec ses gens et servicteurs pour besongner et ouvrer en l'ouvraige estant audit martinet et autre luy baillié et délivré luy sera dedens le XXe jour d'avril prochain venant.

Item, a esté appoincté que ledit Jehan Brouart, maistre fondeur et affineur, ouvrera et affinera tout le cuivre coulé et lait de mine estant oudit martinet qui luy sera baillié et délivré par le gouverneur et receveur desdictes mines à ses propres coustz, mises et despens, excepté boys et charbon seulement,

dont ledit gouverneur et receveur sera tenu le pourveoir et ce pour le pris qui s'ensuit. C'est assavoir, chacun quintal de cuivre fin qu'il ouvrera et rendra desdiz cuivre coulé et lait, pour 27 s. 6 d. tournois, et pour chacun marc d'argent fin qu'il en tirera, avec son plomb, 25 s. tournois

Item, ou cas que lesdiz cuivre et lait tiegne or, ledit maistre fondeur et affineur séparera ledit or dudit cuivre, ou cas toutesfoiz qu'il en tiengne tele quantité qu'il puisse porter sa despence. Et aura ledit maistre fondeur et affineur pour chacun marc d'or fin qu'il en séparera et rendera audit gouverneur et receveur, huit escuz d'or neufz avecques ses despens ; et ou cas que ledit Brouart face ses despens, il en aura 16 escuz d'or neufz.

Item, ledit maistre fondeur et affineur sera tenu laver, adouber et ouvrer de toutes façons, tous les regretz et louppes estant de présent ou dit martinet, à ses propres despens et missions, excepté boys et charbon, comme dit est, dont on le fournira aux despens du Roy. Et pour chacun marc d'argent fin qu'il en tirera, ouvrera et délivrera audit receveur avec son plomb aura ledit Brouart, la somme de 25 s. tournois.

Contrat de service de Hans Brohart, maître fondeur et affineur, de Brisach, in M. Mollat, « les Affaires de Jacques Cœur. Journal du procureur Dauvet », Sevpen, Paris, 1953.

fera construire à Amboise un four à l'intention de l'Italien Solobrino da Forlì, sculpteur de terres cuites émaillés. Que deviendraient les mines et la prospection minière sans les Allemands ? Le visiteur des mines du royaume écrit en 1472 à Louis XI : « Les estrangiers mineurs qui s'en vouloient partir sont demeurés et ont fait venir des autres beaucoup [...] et m'ont escrit vos officiers du Lyonnais que le peuple du pays en est très réconforté. » C'est que les Allemands (le mot désigne aussi les Alsaciens, Lorrains, Hongrois, Tchèques, Autrichiens, Luxembourgeois) fournissent à Paimpalais ou Allevard un bon tiers de la main-d'œuvre, constituent l'essentiel du personnel qualifié, affineurs et fondeurs, et surtout assurent l'encadrement, avec les « maîtres de montagne », contremaîtres et ingénieurs. Pour attirer ces spécialistes de l'étranger, les rois comme les villes pratiquent l'immigration dirigée. On le voit sous Louis XI avec les ouvriers italiens de la soie installés successivement à Lyon et à Tours, et avec les métiers de l'armement. Dès le milieu du XVe siècle, la protection et les pensions du roi ont permis à quelques « brigandiniers » italiens d'établir à Bourges et à Tours des ateliers produisant ces armures à l'italienne que l'on faisait jusque-là venir à grand prix de Lombardie. Désireux de limiter les sorties de numéraire du royaume, Louis XI, dès son avènement, envoie à Milan le chef de cet atelier pour recruter de nouveaux compagnons. Bientôt s'y ajouteront des techniciens issus d'autres centres de production, Allemands ou Brabançons, et Louis XI mettra à profit la brutale répression que Charles le Téméraire exerce à Dinant et à Liège pour orienter vers la Champagne et fixer autour de Château-Thierry des réfugiés forgerons, fondeurs, « maîtres en batterie », dont plusieurs fabricants d'arbalètes.

Les étrangers sont bien des vecteurs de l'innovation technologique. On pourrait en donner maints exemples, certains pittoresques, comme ce « four à faire éclore les poulets sans poule » qu'un Italien construit à la fin du XVe siècle à Amboise, ou comme l'introduction en France d'un nouveau mode de chauffage domestique, avec ces poêles à l'allemande que Jacques Desabern installe dans les châteaux d'Angers, de Saumur et des Ponts-de-Cé en 1451. Retenons surtout l'invention décisive de ce temps, l'imprimerie. C'est parmi les orfèvres d'origine germanique que germe au XVe siècle l'idée d'un procédé mécanique d'écriture : le Praguois Procope Waldfohgel, qui promet en 1444 à des habitants d'Avignon de leur enseigner un « art d'écrire artificiellement », tout comme Gutenberg, un Mayençais établi à Strasbourg vers 1434, qui a mis au point un procédé, qu'il ne dévoile qu'à mots secrets, utilisant des formes et une presse, participent à cette quête qui va déboucher, en 1457, sur l'impression du psautier de Mayence. Et c'est d'Allemagne que, en 1470, Jean Heynlein, lui-même originaire de Stein am Rhein, prieur de la Sorbonne, très engagé dans le mouvement humaniste, fait venir Ulrich Gering, de Constance, et Michel Friburger, de Colmar, pour ouvrir un atelier – le premier en France – dans son collège. Quelques années plus tard, ces presses, à l'enseigne du « Soleil d'or », déménagent rue Saint-Jacques, où elles voisinent avec l'atelier du « Chevalier au Cygne », tenu par deux autres imprimeurs allemands, Pierre César et Jean Stoll. Tandis que des Français se lancent à leur tour dans l'exploitation du procédé nouveau, les Allemands contribuent à sa diffusion dans le pays, comme Trechsel, qui installe ses presses à Lyon.

N.C.

Extrait de son gisement, le minerai, hissé à la surface, est lavé, trié et vendu. Dans une galerie proche, un mineur découvre un autre filon. Les Allemands, recherchés pour leur spécialité, enseignent dans l'est de la France l'art de la mine.

(TRAVAIL DES MINEURS EN BOHÊME, v. 1490. BIBLIOTHÈQUE NATIONALE, VIENNE.)

VI

LA MALÉDICTION
DE BABEL

« Ceux qui ne partent de l'hôtel/Sans aller en divers pays/Ne savent la douleur mortel/Dont gens qui vont sont envahis »/. Voyageant dans l'Empire, le poète Eustache Deschamps fait l'expérience de la condition de l'étranger. Tout le dépayse : le lit, la table et, pis encore, la langue. Dans des chambres « sans fenêtre fermée », un « lit sans couverture », garni de « gros draps et durs » et d'une insolite couette. Au repas, où l'on apporte « toujours sans demander moutarde », il faut « manger comme pourceaux, douze en un plat » et « boire cervoise amère et sure ». Les frontières de civilisation matérielle se doublent d'une barrière linguistique, « car ce n'est pas pays roman (...)/Et n'entends chose qu'on me die,/Fors entre clercs, le latin. » □

On comprend que l'étranger de passage recherche l'auberge tenue par un compatriote. Parfois une enseigne familière – *l'Écu de Bretagne* à Toulouse ou *le Roi d'Aragon* à Avignon – la signale à son attention. Il y retrouvera les usages et la langue de son pays. L'hôte lui servira de truchement, de courtier et, éventuellement, de caution. Ceux-là même qui sont plus durablement établis, même les clercs qui parlent le latin, n'en ressentent pas moins ce besoin de lieux de sociabilité et de liens de solidarité qui les regroupent en fonction de leur origine commune.

En 1200, un tavernier parisien malmène le serviteur d'un étudiant allemand. Le bruit s'en répand dans les écoles et les compatriotes de la victime en tirent rude vengeance. Le prévôt, responsable du maintien de l'ordre dans la cité, et les Parisiens s'attaquent à leur tour, sans ménagements, aux auteurs de ces représailles.

Au cours de la bagarre, cinq étudiants périssent. Les maîtres des écoles s'en émeuvent, se plaignent au roi et obtiennent de Philippe Auguste, outre des sanctions contre les coupables, un privilège qui soustrait la population scolaire à la justice royale au profit de la juridiction épiscopale. C'est la première des franchises universitaires.

Le jeu des solidarités

Ce privilège inaugure le statut particulier, reconnu dans la capitale, à la communauté des maîtres et des étudiants. L'Université naît ainsi à l'entrecroisement des solidarités nationales et d'une solidarité qui les transcende. Elle ne connaît pas d'étrangers et, lorsque Louis XI voudra, en 1476, « qu'en raison des périls qui pourraient en résulter aucun étranger ne soit désormais élu officier de l'Université », elle répondra fièrement en choisissant pour recteur Cornelius Oudendiick, du diocèse d'Utrecht. Les nations qui la composent et dont les particularismes parfois s'opposent, au point de dégénérer en batailles rangées, tel ce conflit entre Picards et Champenois qui ensanglante Orléans à la fin du XIV\e siècle, ne coïncident pas avec les frontières politiques des royaumes. Mais, en deçà de la nation et de ses subdivisions, les provinces, la solidarité des pays d'origine, proches ou lointains, du Nivernais au Danemark, trouve à s'exprimer dans le réseau des collèges. Ces maisons sont vouées à loger des étudiants pauvres, compatriotes du ou des fondateurs. En les instituant, en contribuant à leur accroissement ou à leur entretien, de nombreux étrangers manifestent leur attachement à la fois à l'université qui les a formés et à leur pays natal. En 1291, André, prévôt de la cathédrale d'Upsal, fait don aux étudiants de son diocèse d'une maison qu'il a acquise, voici peu, rue Serpente. Peut-être avait-il fait ses études à Paris, comme le docteur « du pays de Dacie », qui créa en 1275 le collège de Danemark, ou le chanoine Emphastus de Växjö, qui, avec l'appui de l'évêque Brynolph, autre ancien étudiant, acquit à la fin du XIII\e siècle les bâtiments du collège de Skara. Les douze pensionnaires du collège d'Upsal s'engagent à verser pour l'entretien de leurs successeurs une

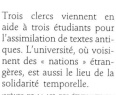

Trois clercs viennent en aide à trois étudiants pour l'assimilation de textes antiques. L'université, où voisinent des « nations » étrangères, est aussi le lieu de la solidarité temporelle.

(SCÈNES DE LA VIE DES ÉTUDIANTS DU COLLÈGE DE L'AVE MARIA, À PARIS, XIV\e S. ARCHIVES NATIONALES.)

part des revenus des bénéfices que leurs études leur auront permis d'acquérir. Plus connue sous le nom de collège des Lombards, la « maison des pauvres écoliers d'Italie de la charité de Notre-Dame », fondée en 1334 par André de Florence et quelques compatriotes, accorde onze bourses annuelles à des étudiants transalpins. Les Allemands, les Écossais, les Anglais ont également leurs collèges. Même si les règlements interdisent d'y parler une autre langue que le latin, ce sont là des lieux où revivent les souvenirs du pays natal. Les étrangers s'y retrouvent chez eux, entre eux.

La rue des Lombards

Le même désir de « faire corps » pousse les immigrés étrangers, là où ils forment de véritables colonies, à constituer des confréries qui les unissent dans une dévotion commune et servent de canal aux diverses formes de l'assistance mutuelle entre compatriotes. Les Italiens et les Allemands d'Avignon ont ainsi leurs confréries dès le XIVe siècle. La confrérie Notre-Dame-de-la-Majour, composée en majorité d'Italiens, est administrée par des dignitaires transalpins qui tiennent dans leur langue les comptes et autres registres de la compagnie. Elle distribue des secours à ses membres âgés, malades ou nécessiteux. Deux hôpitaux en dépendent, qui accueillent les pauvres et les pèlerins de passage. Le patronage de la Vierge de l'Assomption transcende les particularismes civiques. Mais les Florentins d'Avignon appartiennent en même temps à une autre confrérie qui leur est propre, sous l'égide de saint Jean-Baptiste. Et les Lucquois, à Paris comme dans tous leurs comptoirs en Europe, se réunissent pour vénérer le San Volto, visage du Christ sculpté de main d'ange. Dès 1328, deux merciers lucquois

Comme un visage reflète un passé, Paris conserve des traits de sa jeunesse. Cette censive révèle la rue des Lombards, la rue Saint-Merry, le cloître Saint-Merry, la rue Saint-Martin.

(CENSIVE DU CHAPITRE DE SAINT-MERRY : XVe S. ARCHIVES NATIONALES, PARIS.)

fondent, dans l'église du Saint-Esprit, une chapelle du saint Vout, cœur religieux de leur communauté parisienne. De la même manière, les Espagnols à Nantes, les Hollandais à La Rochelle ont leur chapelle et leur desservant.

La solidarité la plus visible est celle du quartier : les Italiens se regroupent à Paris dans les paroisses Saint-Merry et Saint-Jacques, autour de cette rue Buffeterie qui prend de ce fait, à la fin du XIIIe siècle, le nom de « rue des Lombards ». Mais, avec l'accroissement de la colonie transalpine, cette forme de cohésion se relâche et d'autres noyaux de peuplement se créent rue Vieille-du-Temple, aux abords de la place Saint-Michel ou au bourg Saint-Germain. L'éclatement du quartier ne rompt pas les liens qui soudent la communauté. Ainsi qu'on l'a observé à propos des confréries, divers niveaux de solidarité se superposent. Retenons l'exemple, bien connu grâce à L. Mirot, des Lucquois. Ils forment à Paris, comme à Bruges ou à Londres, une communauté dirigée par un consul, qui les représente auprès des autorités locales et des pouvoirs publics. Les relations fraternelles entre les autres communautés des grandes villes marchandes d'Europe maintiennent l'unité de la nation. Quand, en 1378, les Lucquois de Bruges décident d'exclure certains fautifs de leur communauté, leurs compatriotes de Paris en sont avisés afin qu'ils ne donnent pas asile aux coupables. Tout aussi forts sont les liens qui rattachent la communauté de Paris à la cité mère : à la fin du XIVe siècle, le Conseil des anciens intervient plusieurs fois auprès du roi de France en faveur des Lucquois de Paris. Mais, par-delà ce réseau étroit, une communauté des marchands lombards et toscans et son capitaine veillent sur les intérêts généraux du commerce italien en France.

Dans le *Roman de Renart*, miroir de la société féodale du XIIe et du XIIIe siècle, les héros sont sans cesse confrontés à la présence, pacifique ou belliqueuse, des peuples voisins, parmi lesquels des Sarrasins.

(ROMAN DE RENART, XIIIe S. BIBLIOTHÈQUE NATIONALE, PARIS.)

D'autres solidarités, moins institutionnelles, facilitent l'installation et la vie quotidienne des immigrés. Par-delà la diversité des origines civiques, un sentiment d'unité anime les gens de la « langue de si ». Il s'exprime dans les lettres des facteurs avignonnais du marchand Francesco di Marco Datini lorsqu'ils parlent des « gens de notre langue ». Il sous-tend le réseau d'accueil que constituent les compatriotes en place. Ch. de la Roncière a montré, en étudiant l'établissement en France en 1323 d'un changeur florentin, Lippo di Fede del Sega, que « ce sont les villes et bourgades (de la région parisienne) déjà pourvues d'une petite colonie italienne qui attirent de manière privilégiée, à mesure qu'ils arrivent, les hommes d'affaires de la Péninsule. [...] C'est à Paris, dans le milieu actif des négociants italiens, qu'ils (sont) orientés vers ces villes provinciales... où seul l'exemple de leurs compatriotes était à même de les amener à se fixer si rapidement ». La famille aussi joue son rôle. Celle que l'on a quittée : à trois reprises, entre 1325 et 1329, Lippo di Fede – Philippe de Bonnefoy, comme on le nomme à Pontoise – envoie de l'argent à sa sœur et à son beau-frère qu'il fait bénéficier de sa réussite, mais, en 1350, quand le vent des affaires a tourné, le secours financier provient de la même parenté toscane. La famille que l'on fait venir : Datini s'installe à Avignon en 1350 ; à peine commence-t-il à réussir qu'il fait venir, en 1358, son frère auprès de lui. C'est un sujet de plaisanterie classique que le nombre des cousins de l'immigré breton.

La manne familiale

De l'étranger on a longtemps raillé principalement la maladresse à s'exprimer en français. C'est là un effet comique assuré pour les auteurs de contes à rire. Dans le *Roman de Renart*, le chameau, juriste venu de Lombardie

Lombard couard, Anglais coué

MESSIRE,
ECCO LA MIENNE SENTENCE

Le chameau était assis tout à côté du roi. Arrivé de Lombardie pour apporter à Sa Majesté Noble le tribut en provenance de Constantinople que le Pape, dont il était à la fois le légat et l'ami, lui avait confié, il était fort estimé à la cour. C'était un homme de grand sens et un excellent juriste.
– « Maître », dit le roi, « s'il vous est arrivé d'entendre en un autre pays une plainte semblable à celle-ci (et ici ce n'est pas la première du genre), nous voudrions apprendre de vous la sentence qu'il faut rendre.
– « Quare, messire, m'écoutez ; nous, il trouve écrite au Décret dans la rubrique publique du matrimoine violé, primo, tu dois examen à l'accusé et s'il ne peut pas se purgar, toi le peux accabler comme te plaire, car il a grand crime meffait. Ecco la mienne sentence s'il ne veut être en réparation, que sa toute entière argent devienne commune, alors le lapidar ou brular le corps ce diable de Renart. Et vous monstrar être bon roi : si est que la loi détruire et la vouloir violar, devoir cher payar, messire, par corpus sainte, si ta justice sainte et toi si être bon seignor, far bon jugar par honneur. Par la Sainte Croce de Dieu, toi n'être pas bon roi, si pas far justice et droit comme a fait Julius Cesar et volar le droit dire en cette chose. Si toi veuilles être bonne seignor, vois à bonnes paroles. Par la tienne foi, prends le bien. Si toi n'aimes pas tes barons, toi devenir moine pour amandar leur vie, plus souciar de royauté. Si toi jugar pas bien et ne far justice, tu non être bonne seignor. Parlar ce que bien semblar, plus savoir quoi te dire.

Extrait du « Roman de Renart », trad. Micheline de Combarieu du Grès et Jean Subrenat ; U.G.E. Paris 1981, série « Bibliothèque médiévale » dirigée par P. Zumthor.

et légat du pape, participe au jugement du Goupil par un long discours où le latin et l'italien se mêlent à un français approximatif (« Ecco la mienne sentence... »). Ailleurs, Renart trompe Ysengrin en se faisant passer pour étranger : il « change son langage » et baragouine à la façon d'un Anglais récemment immigré. S'ajoutent à ce répertoire de plaisanteries quelques stéréotypes de psychologie nationale. Le Lombard est couard : à en croire un fabliau, une limace le met en déroute. Le péché mignon de l'Anglais est passé en proverbe : « Les meilleurs buveurs en Angleterre. » En outre, on attribue à tous les habitants de ce pays la mésaventure survenue, selon la légende, aux gens de Dorchester pour avoir insulté Augustin de Cantorbéry : il leur poussa un appendice caudal, héréditaire. L'Anglais est donc « coué », mais n'oublions pas que le mot « queue » désigne aussi un tonneau... Dans le courant du XIVe siècle, l'image se dégrade encore : « N'ont pas Anglois souvent leurs roys trahis ? Certes ouyl : tous en ont connaissance », écrit Charles d'Orléans. Ce jugement déborde l'histoire interne du royaume des Plantagenêts. La guerre de Cent Ans suscite un regard hostile sur un peuple faux et déloyal. Les Bretons aussi pâtissent du conflit, à cause de ces mercenaires qui justifient l'usage du verbe « bretonner » (piller) et l'expression proverbiale « Breton Larron ». Leurs révoltes successives valent aux Flamands une réputation d'orgueil et d'insubordination. Leur langue est à leur image. Comme l'Allemand dont le « haut langage » où « chacun crie » heurte les oreilles d'Eustache Deschamps, le Flamand « braille » ou « jappe », révélant ainsi à Chastelain sa nature d'« homme de palus bestial ».

Le traître potentiel

Tout autant que son image, la condition de l'étranger est sensible à la conjoncture politique. La solidarité avec le pays d'origine peut devenir un facteur négatif. En 1255, le comte Thomas de Savoie, oncle de la reine de France, qui cherche à se tailler une principauté en Piémont, est capturé par les Astesans. Aussitôt, leurs compatriotes en France sont arrêtés et leurs biens saisis. Même scénario en 1312, en Savoie, lorsque Asti, au grand dam du comte Amédée VI, se place sous la domination des Angevins de Naples et de Provence. Prenant le parti de Gauthier de Brienne, que Florence, après l'avoir élu seigneur à vie, a chassé en 1343, Philippe VI expulse en 1346 les Florentins de son royaume et met leurs biens sous séquestre. L'intercession du pape Clément VI obtient leur retour en grâce trois ans plus tard. Mais, en 1376, un autre pape, Grégoire XI, chasse des centaines de Florentins d'Avignon pour châtier la politique antipontificale de leur cité. Louis XI, en 1470, expulse de Paris 400 étudiants, sujets de Charles le Téméraire. L'étranger originaire d'un pays devenu ennemi est, de ce fait, traître potentiel et suspect, tels ces étudiants anglais chassés de Toulouse et tous ces Flamands, Brabançons, Hennuyers et Allemands contraints à quitter Reims en 1340. Les facteurs parisiens des compagnies florentines, Bardi et Peruzzi, qui soutiennent de leur crédit le trésor d'Édouard III, sont arrêtés sur l'ordre de Philippe VI en 1338. La hantise des traîtres s'étend bien au-delà de l'adversaire et de ses alliés. Quelques marchés passés avec des clients britanniques valent à Pierre de Vérone, un étudiant italien qui fait commerce de manuscrits précieux, d'être, en 1415, inculpé d'intelligence avec les Anglais. Parfois c'est l'affrontement entre deux pays étrangers qui se répercute sur le sol français.

La très vive concurrence qu'Anglais et hanséates se livrent en mer du Nord au XVe siècle dégénère en un conflit qui retentit dans les ports de la baie de Bourgneuf, où les importateurs de sel ont des comptoirs. Pour éviter la répétition de rixes sanglantes, on dut interdire aux deux parties de débarquer en armes et assigner pour résidence un port différent aux Anglais et aux Hollandais. En 1284-1285, c'est la querelle entre deux villes voisines de Flandre qui se vide jusque dans le royaume. Un incident banal déclenche, entre Lille et Douai, une véritable guerre sans répit ni ménagement. Et sans discernement : un malheureux Lillois nommé Douays fut pris et torturé par des concitoyens qui n'avaient retenu que son patronyme. Les représailles appellent les contre-représailles. Si l'abbé de Saint-Denis put empêcher les belligérants d'en venir aux mains lors de la foire du Lendit, il n'en fut pas de même à Provins. Un des pires dangers qui menace l'étranger est le droit de marque qui permet à un individu ou à une communauté de compenser un préjudice par la saisie de marchandises ou de biens appartenant à un homme venu du lieu d'origine du coupable, qu'il s'agisse d'un marchand de passage ou d'un étranger domicilié.

La fermeture des métiers

Mais le sort de l'étranger dépend plus encore de la situation économique, des difficultés d'approvisionnement, de l'âpreté de la lutte pour l'emploi. Sur tous les marchés du travail, y compris l'Église, comme en témoignent ces lettres de Charles VII de 1431 : « Nul ne sera reçu aux bénéfices ecclésiastiques s'il n'est naturel français. » Le plus souvent cet étranger, qui fait concurrence aux « nourris de la cité », commence aux portes de la ville. Les ouvriers de la soie que Louis XI veut installer à Lyon et que certains membres du consulat de la ville tentent d'écarter par tous les moyens, de la corruption des officiers royaux aux menaces envers les immigrés, sont italiens en majorité. Mais les « estrangiers coquins » qu'à plusieurs reprises, dans les dernières décennies du XVe siècle, les autorités de Tours expulsent, « sous peine d'être battus par les carrefours de la ville », viennent surtout du plat pays voisin. Qu'il arrive de la banlieue ou qu'il soit issu « d'estrange pays », le forain qui se présente sur la place de Grève, où se tient à Paris le marché de l'embauche, ne trouve de travail qu'une fois que les habitants de la ville ont pu louer leurs bras. Pour justifier leur protectionnisme vétilleux, certains métiers n'hésitent pas, tels les selliers parisiens au XVe siècle, à mettre en doute la qualification de ces ouvriers venus d'ailleurs qui leur ôtent l'ouvrage. La tendance à la fermeture des métiers, qui s'accroît vers la fin du XVe siècle, renforce ces attitudes exclusivistes. Mais elle ne se développe pas partout avec la même intensité : l'accès au métier reste plus longtemps libre dans la France du Midi. Et, dans de nombreux secteurs de l'artisanat où l'étranger s'impose par sa compétence et son talent, l'exclure serait impossible. Le monde du négoce est plus ouvert. À Paris, les marchands étrangers sont rapidement admis, une fois installés, à profiter de ce monopole, établi dès la fin du XIIe siècle, qui réserve à la hanse des marchands de l'eau les profits du trafic sur la Seine et notamment ceux du fructueux commerce du vin. L'attitude des autorités communales n'est pas la même pour tous les étrangers. En 1492, le conseil de ville de Forcalquier adopte une délibération inspirée par l'afflux d'immigrants venus des Alpes du Sud. Les « gavots » qui ont manifesté ou

Les artisans originaires de Bohême ou d'Italie possèdent une exclusivité qui les font apprécier en Europe : le soufflage du verre.

(LES SOUFFLEURS DE VERRE, XVe S. BIBLIOTHÈQUE DE MODÈNE.)

qui démontreront à l'avenir leur intention de demeurer dans la ville en y acquérant des propriétés pourront rester, mais les autres seront expulsés, « attendu qu'ils sont plus nuisibles qu'utiles puisqu'ils retournent dans leurs montagnes l'été ».

Citadinage, bourgeoisie, naturalité

L'étranger peut, en effet, devenir citoyen et transmettre cette qualité à ses descendants. Il échappe dès lors aux incapacités juridiques qui frappent l'« aubain ». Les conditions d'accès au citadinage ou à la bourgeoisie varient quelque peu d'une localité à l'autre. Elles comportent souvent un temps minimum de résidence, un an par exemple. Nombre de communautés imposent à l'immigrant, comme le fait Forcalquier, de transférer et d'investir tout ou partie de son capital, au moins le tiers, en achats de biens fonciers et immobiliers. Jointe à l'obligation de résider la majeure partie de l'année dans la localité d'adoption, cette exigence élimine ceux qui chercheraient seulement à profiter des avantages de la citoyenneté sans en assumer les charges, notamment les taxes assises sur le capital foncier. En outre, le nouveau citoyen doit prêter serment de garder et d'observer les franchises et privilèges de sa nouvelle communauté. Les lettres du souverain offrent une autre voie d'intégration. Le roi de France a fait largement usage de son droit de créer des bourgeois dans les villes de son royaume : plusieurs marchands italiens, que l'on veut détourner de s'installer à Montpellier, soumise au roi de Majorque, deviennent ainsi, dès la fin du XIIIe siècle, bourgeois de Nîmes, par un privilège qui les libère de l'incapacité de tester de l'aubain et qui les affranchit aussi de certains des devoirs militaires et fiscaux des citoyens. Des groupes entiers d'étrangers attirés en France en raison de leur compétence, tels les artisans de la soie, les ouvriers des mines ou les mercenaires suisses, sont soustraits au droit d'aubaine. En 1340 apparaissent les premières « lettres de naturalité » permettant au bénéficiaire de disposer de ses biens à son gré, « tout aussi bien que comme il fust nez franchement de nostre royaume ». Elles se multiplient dans le courant du XVe siècle.

La marginalité saisonnière

Certains étrangers se contentent d'un statut intermédiaire qui garantit le droit de résidence de l'étranger domicilié, « manants » dans les villes du Nord, « seldener » à Comar. Leur sort est moins précaire que celui des artisans et domestiques passant de ville en ville en quête d'emploi ou, plus encore, celui des travailleurs agricoles saisonniers, monde instable de célibataires et de déracinés qui sombrent aisément dans la violence ou la délinquance. Ainsi ces moissonneurs, « gavots » ou « figons », qui, à la fin du XVe siècle, défoulent leur agressivité sur les communautés juives de Provence. À Tarascon, en 1488, on les fouille aux portes de la ville pour vérifier qu'ils n'ont sur eux ni armes ni bâtons ferrés. On n'a pu, en 1484 à Arles, les empêcher de « courir sus » aux Juifs. Aussi les autorités communales de cette ville craignent-elles bien pire : « et doubtent les susdits suppliants que, quant lesdits estrangiers se trouveront en si grand nombre en ladite ville soubz couleur de faire commocion contre lesdits Juifz se pourroient facilement par convoitise de biens semblablement eulx esmouvoir contre lesdits habitans et piller ladite ville, eulx et leurs biens ». C'est là l'arrière-plan de la délibération du conseil de Forcalquier sur les « gavots ».

Entre l'exclusion et l'expulsion

Certains groupes d'étrangers sont tenus en marge ou rejetés, en raison de leur condition, de leurs activités ou de leur religion.

Les esclaves se situent hors des limites de la communauté civile. Certains contribuent à l'ornement des cours, à l'éclat des fêtes princières. Lors des joutes qu'il donne à Saumur, le « Pas de la Joyeuse Garde », René d'Anjou entre en lice précédé de deux Maures, vêtus à la mode de leur pays, qui tiennent deux lions par la bride. Un Maure a la garde des dromadaires que ce prince élève à Gardanne. L'esclave arabe n'est pas pour autant réservé au décor exotique des collections princières. Dans bien des villes du Midi, il fait partie de la maison, à Marseille, Montpellier, Perpignan, régulièrement alimentées par les courants maritimes de la traite, mais aussi dans une partie du Languedoc, dans toute la basse Provence jusqu'à Avignon et, sans doute, mais sous forme de rares cas isolés, au-delà. La documentation, trop éparse, ne permet pas d'estimer leur nombre, mais on est frappé à Marseille de la très large diffusion de cette main-d'œuvre servile dans la société. La diversité des maîtres identifiés – laboureurs, artisans, marchands – suggère une forte densité du phénomène. Dans les villes de l'intérieur, l'esclave, denrée plus rare, devient un signe de distinction sociale et ne se rencontre guère que chez les notables. Il s'agit là d'un esclavage domestique, la prépondérance des femmes le montre. Ce sont en majorité des servantes non salariées et non libres. Elles jouent parfois d'autres rôles. Vers 1440, un noble d'Antibes donne la liberté à l'esclave éthiopienne qui l'a nourri. Un marchand marseillais affranchit, en 1381, l'esclave tartare dont il a eu huit enfants. Jacques Grilho, marchand arlésien d'origine génoise, épouse en 1464 Marguerite, son esclave qu'il vient d'affranchir.

On le voit à ces exemples, le Maghreb n'est pas seul à alimenter ce marché de la main-d'œuvre servile. La traite est tout aussi active sur les rives de la mer Noire, ramenant dans ses filets un lot important d'esclaves orientaux, abkhases, circassiens, turcs, grecs, bulgares et, surtout, russes et tartares, les mieux cotés sur les marchés de l'Europe du Sud. On les achète plus cher que les Maures au teint basané, que les métis « olivâtres » d'Afrique du Nord et que ces Noirs, dont le nombre s'accroît à partir du milieu du XVe siècle, qui proviennent des monts de Barca, c'est-à-dire de la Cyrénaïque, débouché des caravanes sahariennes parties du Soudan.

Les couleurs de la peau

Capturés souvent dans leur jeune âge, passant parfois de main en main, ces esclaves finissent rarement leurs jours en servitude. Quelques captifs de Catalogne parviennent à gagner Toulouse, dont la coutume accorde la liberté aux serfs fugitifs. L'affranchissement est une œuvre pie et bien des maîtres n'attendent pas pour le faire d'être sur leur lit de mort, d'autant que l'esclave prenant de l'âge ne rend plus les mêmes services. Beaucoup sont originaires de peuples chrétiens ou ont été baptisés. Ils ont longtemps vécu dans l'intimité des familles de leurs propriétaires. Une fois affranchis, ils s'assimilent aisément au reste de la population. Encore que la couleur de la peau puisse pour certains faire obstacle à cette intégration. C'est en tout cas ce que suggère la mésaventure d'un Éthiopien tiré du marché aux esclaves de Rhodes par le grand maître de l'Hôpital et donné par lui comme serviteur à son neveu, un seigneur auvergnat. Libre, il n'en était pas moins semblable aux Maures par sa pigmentation. Prudent, son maître fit établir par un notaire un acte de notoriété attestant de sa condition. Cette précaution ne put empêcher qu'à deux reprises on l'incarcérât sous le soupçon d'être un esclave fugitif. Il ne lui resta pour prouver sa liberté qu'à se rendre volontairement esclave en faisant librement don de sa personne à un des grands officiers du comté de Provence.

Le péché d'usure　　Le dense réseau des *casane* lombardes s'est tissé à l'abri de fermes garanties statutaires. L'essentiel des clauses qui protègent les prêteurs italiens figure dans l'un des plus anciens privilèges rédigé en leur faveur, celui que l'abbé de Saint-Germain-des-Prés accorda, en 1251, à trois Siennois, Sygero Janni (ou des Galerani), Conuti Pepi et Francesco Bonaventure. Ils pourront s'établir pour une durée déterminée, ici dix ans, avec leurs associés et leurs familles, dans ce bourg de la rive gauche où ils auront le monopole du commerce de l'argent. Placés sous la sauvegarde de l'abbé, ils seront francs de toute taille ou exaction. Ils transmettront leurs biens à leurs héritiers, même s'ils meurent intestats. Ils échappent au droit de marque. La conjoncture leur est favorable : l'expansion économique accroît la demande de crédit. Les bailleurs de fonds qui y ont subvenu jusqu'alors, notamment les monastères, en proie désormais à de graves difficultés financières, sont hors d'état de faire face à ces besoins. Leur clientèle s'étend à toutes les catégories sociales, des nobles aux paysans. En échange de leur protection, le roi et les princes, tels le duc de Bourgogne, les comtes de Champagne et de Savoie ou le Dauphin de Viennois, peuvent espérer trouver chez ces hommes d'affaires expérimentés, qui ont leurs correspondants sur toutes les places de foire, des prêteurs complaisants et des auxiliaires de leurs finances. Ils rendent de grands services comme percepteurs ou fermiers des droits princiers, maîtres des monnaies, changeurs. Ils sont de bon rapport pour le trésor, car le privilège qui les autorise à s'installer est concédé en échange d'un droit d'entrée et ils sont astreints à un cens annuel. Les raisons mêmes de leur succès font leur faiblesse. La faveur du prince est une assise instable. Le crédit est une commodité bienvenue, mais la dette une charge intolérable. Et, de surcroît, l'usure est un péché.

La boîte aux Lombards　　Saint Louis, le premier, s'en émeut et expulse les usuriers lombards en 1268, dix ans après les Juifs. Sans grand effet, car on ne peut se passer d'eux. Mais la menace subsiste et ses successeurs sauront en jouer. En 1277, les Lombards incarcérés doivent acheter leur liberté au prix fort. Le trésor royal a trouvé de nouveaux moyens de ponctionner leur richesse. On le voit sous Philippe le Bel : leurs biens sont saisis et ils doivent les racheter, une taxe frappe les profits de leurs affaires et toujours resurgit le spectre de l'expulsion ou du cantonnement dans un petit nombre de places commerciales. La politique des souverains connaît des fluctuations : plus dure sous Louis X et Philippe V, plus libérale sous Charles IV. La ligne n'en est pas moins constante. La fiscalité se fait plus lourde. Aux deux impôts permanents, la « boîte aux Lombards » qui pèse sur les transactions commerciales, et la « finance » des Italiens qui taxe le chiffre d'affaires des prêteurs, s'ajoutent fréquemment les « dons » et les prêts au roi. L'octroi des lettres de bourgeoisie est subordonné à l'engagement de ne pas « prester à usure ni faire autres mauvès contraux ». Philippe VI durcit encore l'offensive contre les usuriers italiens. Il autorise, en 1330, leurs créanciers à ne restituer que le capital, les trois quarts, précise-t-on l'année suivante, s'il est prouvé que le prêt était usuraire. Menacés de perdre leur droit de bourgeoisie, pour préserver leurs biens et échapper à de lourdes pénalités, de nombreux Lombards consentent

« Le visage rusé laisse supposer que le sculpteur avait l'intention de créer un usurier qui se réjouit de son gain ». Symbole de l'usure, la bourse est fréquemment associée aux Juifs dans l'imagerie alsacienne médiévale.

(LE JUIF AUX TRENTE DENIERS, SAINT-LÉGER DE GUEBWILLER, 1180-1200.)

en 1334-1335 à prêter serment de renoncer à l'usure. Stimulé dans son zèle par les besoins d'argent que crée l'ouverture de la guerre contre l'Angleterre, Philippe VI récidive en 1337, 1344, 1346, avant de publier, en 1347, une ordonnance prononçant l'expulsion des « Lombards usuriers » et la confiscation de leurs biens. Cette politique, où le trésor trouve son compte tout autant que la morale, a des échos favorables dans l'opinion publique. Elle n'est pas cependant à proprement parler xénophobe, car ce même règne funeste aux usuriers lombards est l'âge d'or des marchands lucquois. Étroitement liée à une conjoncture financière et économique, la tension se relâche à la fin du XIVe siècle. Il n'en sera pas de même pour les Juifs.

Les Juifs du royaume

Lorsqu'en 1306 Philippe le Bel expulse les Juifs, on estime à plus de 100 000 le nombre des israélites qui sortent du royaume. Nombreuse, cette population est, au XIIIe siècle, dispersée dans presque toutes les régions de la France. C'est l'image que nous en donnent les enquêtes effectuées sur l'ordre de Saint Louis et d'Alphonse de Poitiers pour la réforme du royaume. En relevant les mentions de Juifs qui figurent dans ces dépositions relatives aux exactions et malversations des officiers royaux, G. Nahon a pu dresser une carte suggestive, mais incomplète, car plusieurs bailliages manquent où le peuplement juif est bien attesté par ailleurs, comme Sens, Mâcon ou Orléans. Au total, si l'on tient compte des informations que livrent d'autres sources, les Juifs sont alors présents dans quelque 300 localités : des villes, dont un bon nombre de villes moyennes, centres administratifs, mais aussi des villages, car ce judaïsme est toujours bien implanté dans le monde rural. La taille des communautés est donc très variable. Celle de Narbonne compte au moins 165 familles en 1305, celle de Toulouse en rassemble vraisemblablement 85 en 1288. En revanche, des documents rabbiniques attestent l'existence de petits noyaux de peuplement qui n'atteignent pas le quorum (minyan) de dix adultes mâles exigé pour la célébration cultuelle, et même de familles isolées. Il n'en va pas autrement dans tous ces pays qui ne figurent pas sur la carte parce qu'ils ne sont pas du royaume et où les Juifs sont également nombreux : l'Aquitaine, la Provence, le Dauphiné, les deux Bourgognes, la Lorraine et l'Alsace. Une forte mobilité caractérise cette population : les nécessités de l'étude et les exigences des affaires l'expliquent. Mais plus encore les persécutions.

Le sang du Seigneur   Cette minorité a un statut particulier au regard de l'Église et du pouvoir civil. Plusieurs conciles au XIIIe siècle rappellent et codifient les dispositions canoniques qui s'appliquent aux Juifs, témoins de la continuité de l'action de Dieu dans l'histoire, porteurs d'un dessein de salut qui s'accomplit dans l'Église, mais aussi témoins de l'aveuglement de leur peuple face au Christ et porteurs du signe de la dispersion qui les punit. La vie de ces « restes vivants de Jérusalem » doit être protégée et le statut religieux propre de leur communauté reconnu dans toutes ses exigences rituelles. Mais il importe aussi d'éviter que les Juifs ne bénéficient d'une quelconque position de supériorité face aux chrétiens, tant collectivement – leurs synagogues ne doivent pas s'élever plus haut que les églises – qu'individuellement – un chrétien ne peut servir un maître juif, obéir à un Juif pourvu d'un office public ou recourir comme patient à la science d'un médecin juif. Les Juifs, rappelle Innocent III à l'archevêque de Sens, « doivent se reconnaître comme les esclaves de ceux que la mort du Christ a libérés alors qu'elle les a asservis ». Il convient, en outre, de limiter ces occasions de fréquentation que le prosélytisme juif pourrait mettre à profit en interdisant aux membres des deux communautés de partager la même table ou le même toit. La marge est mince qui sépare cette préoccupation pastorale de l'organisation d'un développement séparé. Le concile de Latran demande que les Juifs portent un signe distinctif sur leurs vêtements. À ces prescriptions spécifiques s'ajoute la rigueur de l'enseignement de l'Église envers le prêt à intérêt. Ce n'est pas là l'unique

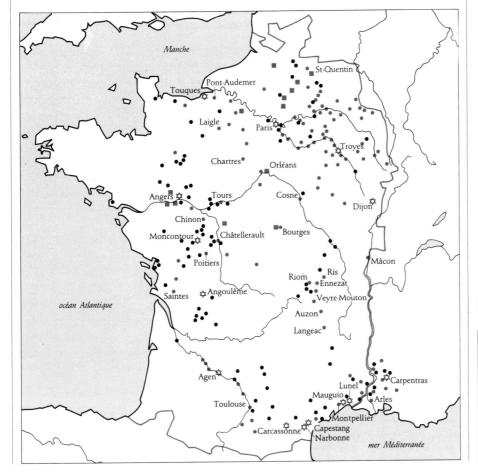

LES JUIFS EN FRANCE AU DÉBUT DU XIIIᵉ SIÈCLE.

☆ communauté juive
   attestation rabbinique

• communauté juive

• présence juive isolée

■ Juifs convertis

0   150 km

activité économique des Juifs, qui s'adonnent aussi à l'agriculture, au commerce et à l'artisanat. Mais ils dominent, avec les Lombards, le marché du crédit et partagent de ce fait la même réprobation.

« Nos Juifs »

La mise en œuvre de ces exigences requiert la collaboration du pouvoir civil. De ce point de vue, un tournant se dessine à l'orée du XIIIe siècle. Une idée neuve émerge en France. Guillaume le Breton, qui écrit alors la vie de Philippe Auguste, affirme, à propos des mesures prises par ce souverain contre les Juifs, qu'il aurait pu, sans leur faire tort, s'emparer de tous leurs biens « puisque c'était là les possessions de ses serfs ». Depuis la fin du XIIe siècle, le roi et les seigneurs voisins du domaine s'entendent pour contrôler la mobilité de « leurs » Juifs par des accords d'extradition. Dans l'un d'eux, en 1230, Louis VIII garantit le droit du seigneur à reprendre le Juif fugitif qui lui appartient « comme étant son serf ». Le Juif du royaume n'est donc plus reconnu comme un homme libre. Son statut n'a pas pour autant la rigueur qui affecte, dans l'Empire, et notamment en Alsace et en Franche-Comté, les « serfs de la chambre » (= du trésor). Mais l'idée prévaut désormais que, selon les termes d'une ordonnance royale du XIVe siècle, les Juifs « sont

Les habitudes alimentaires, dictées par la Loi, contribuent à créer entre les communautés juives un lien puissant, de même que l'abattage des bêtes, qui obéit à un rituel précis.

(ABATTAGE RITUEL, MANUSCRIT DU XVe S. BIBLIOTHÈQUE VATICANE, ROME.)

de telle condition qu'ils n'ont du pays ni lieu propre aucun en toute chrétienté où ils puissent demeurer... si ce n'est de la propre et pure licence et volonté du seigneur... sous qui ils se voudraient asseoir pour demeurer sous eux comme leurs sujets et qui à ce les voudraient recueillir et recevoir ». Partout étrangers, ils n'ont de droits qu'octroyés.

Philippe Auguste et Louis VIII réglementent et contrôlent le crédit juif pour en limiter les excès et en taxer les profits. Saint Louis entend, lui, extirper un péché et punir ceux qui le commettent. Aux spoliations qui résultent de l'annulation autoritaire d'une partie des dettes s'ajoutent, à la veille du départ du roi pour la croisade, la saisie des biens et l'expulsion des Juifs se livrant à l'usure. L'hostilité du souverain s'alimente à d'autres sources. Un néophyte, Nicolas Donin, a porté de graves accusations contre les Juifs. Ils ne sont plus le peuple de la Loi. Ils ont ajouté à la Loi contenue dans l'Écriture une autre loi, qu'ils disent avoir été confiée oralement à Moïse et conservée longtemps dans les esprits avant sa rédaction. Ce Talmud contient d'horribles blasphèmes. Le procès qui se déroule à Paris en 1240, en dépit de l'ardente défense des plus grands savants juifs d'Île-de-France, aboutit à la condamnation du Talmud. Le 6 juin, 24 charrettes de livres juifs se consument sur un bûcher dressé place de Grève. Un zèle convertisseur anime Saint Louis et, après lui, Philippe le Hardi, qui soutient la mission de prédication du converti espagnol Paulus Christiani. Ils mettent toute leur ardeur à faire observer les prescriptions pontificales, notamment l'obligation de coudre sur les vêtements une petite roue écarlate, la rouelle (1269). Avec Philippe le Bel, l'exploitation fiscale passe au premier plan : la somme énorme requise comme don de joyeux avènement en 1285 en témoigne. Les Juifs doivent dorénavant acheter la rouelle. Mais les revenus qu'ils rapportent déclinent tandis que les besoins du trésor se font plus pressants. L'expulsion de 1306 permet au roi de s'emparer des biens des Juifs et de se substituer à eux comme créancier.

La loi blasphématoire

... « Un juif ayant prêté de l'argent sur gage à une pauvre femme, convint qu'elle lui porterait le Saint Sacrement qu'elle recevrait le jour de Pâques ».

(LÉGENDE DE LA PROFANATION DE L'HOSTIE. PRÉDELLE DE PAOLO UCELLO, GALERIE NATIONALE, URBINO. XVᵉ S.)

Parmi les expulsés, certains ont déjà été chassés de Bretagne, en 1239, ou d'Angleterre, en 1290. L'exil n'est pas définitif pour tous car, sensible aux besoins de l'économie et aux nécessités de ses finances, Louis X, en 1315, rouvre aux Juifs les portes du royaume. Ils recouvrent une partie de leurs créances. Ils rentrent en possession, moyennant rachat, de leurs synagogues et de leurs cimetières. Ils peuvent reprendre, dans certaines limites, leurs activités de crédit. Les dispositions les plus vexatoires des derniers règnes connaissent quelque atténuation, à commencer par la rouelle, qui se fait moins voyante. L'ordonnance de rappel garantit, sous le contrôle de deux « auditeurs des Juifs » désignés par le roi, le respect de leurs privilèges. Mais le statut ainsi octroyé, en échange d'un lourd droit de retour, a une portée limitée dans le temps : douze ans. Les Juifs ne reviennent pas en bannis que l'on pardonne, mais comme des étrangers que l'on tolère.

Une explosion de violence interrompra le bail avant terme. L'hostilité envers les Juifs est latente chez leurs créanciers, qui se recrutent pour une

LE BAPTÊME OU LA MORT

Le dimanche suivant, le sous-viguier de Toulouse, Alodet, amena à Toulouse 24 charrettes chargées de Pastoureaux, qu'il avait capturés pour le massacre de 152 juifs. [Ils] se mirent à appeler à l'aide, de ce qu'on les emmenait ainsi prisonniers, parce qu'ils voulaient venger la mort du Christ [...]. Certains, de la foule toulousaine, alors, brisèrent les cordes qui les liaient dans les charrettes. Ainsi détachés, ils [...] se mirent à crier avec la foule : « À mort, à mort, qu'on tue tous les juifs ! »

Ces Pastoureaux et la foule envahirent alors le quartier des juifs. J'étais dans ma chambre à étudier et à écrire, quand arrivèrent un grand nombre de ces gens chez moi, qui se mirent à hurler : « À mort, à mort, fais-toi baptiser ou nous te tuerons immédiatement ! »

Voyant la fureur de ce peuple, et qu'ils tuaient sous mes yeux d'autres juifs qui refusaient d'être baptisés, je répondis que j'aimais mieux être baptisé que d'être tué. Ils se saisirent alors de moi, me firent sortir sur-le-champ de la maison [...] et m'emmenèrent tel que j'étais à l'église Saint-Étienne. Lorsque j'y fus arrivé, deux clercs me montrèrent quelques cadavres de juifs devant l'église, me disant : « Si tu ne te fais pas baptiser, il te faudra mourir, comme ceux que tu vois. » Je fus même frappé légèrement par quelques assistants, et je répondis que je voulais bien être baptisé, mais que j'avais un ami, Frère

Prêcheur au couvent de la ville, qui s'appelait Frère Jean l'Allemand, et que je voulais qu'il fût mon parrain. Je disais cela, pensant en moi-même que si je pouvais arriver entre les mains de ce Frère, qui était un grand ami, je pourrais éviter la mort sans être baptisé.

[...] Quand nous fûmes hors de l'église, on massacra devant mes yeux le juif Asser, de Tarascon de Provence, ainsi qu'un autre, et des gens de la foule de Toulouse demandèrent à ces clercs si j'étais baptisé, et ils répondirent que non. Moi, je leur demandais de dire que je l'étais, mais ils refusèrent. Je fus alors frappé sur la tête, non jusqu'au sang, mais il y eut une bosse, qui guérit toutefois toute seule, sans le secours d'un médecin, d'un pansement ou d'un remède. Je crus que ce coup me faisait sortir les yeux de la tête. Et voyant qu'on tuait d'autres juifs qui ne voulaient pas se laisser baptiser, comme les deux clercs me disaient qu'ils ne pouvaient pas me défendre, ni me mener à la maison des Prêcheurs, car je serais tué avant d'être au milieu de la rue, je leur demandai ce que je pouvais faire pour n'être pas tué. Ils me dirent : « Tu vois bien qu'il faut, ou être baptisé, ou mourir ! » Je répondis : « Retournons à l'église ; j'aime mieux être baptisé que me laisser tuer. »

Nous retournâmes à l'église aussitôt, et quand nous y fûmes, je dis aux clercs d'attendre un petit peu pour voir si mes fils arriveraient.

« Baruch, Juif baptisé », in « Le Registre d'inquisition de Jacques Fournier »,
traduction J. Duvernoy ; Mouton, 1978.

large part dans les couches les plus déprimées de la population. Elle est entretenue par un enseignement du mépris dont les bases se trouvent dans la doctrine de l'Église : l'aveuglement du peuple « perfide » contre qui crie le sang du Seigneur, autant de thèmes que développe la prédication des ordres mendiants. Elle se nourrit de fantasmes ; l'enfant assassiné pour servir à la Pâque, l'hostie profanée, la main criminelle qui empoisonne les puits et les sources. Ces accusations resurgissent en force à la fin du XIIIᵉ siècle. Treize Juifs champenois montent sur le bûcher à Troyes, en 1288, sous l'accusation de meurtre rituel. Deux ans plus tard éclate l'affaire de la rue des Billettes : un Juif parisien, prêteur sur gages, se serait procuré, abusant de la pauvreté d'une de ses débitrices, une hostie consacrée afin de la profaner et la torturer. Dans les villes du Languedoc, en 1320, l'irruption des Pastoureaux cristallise l'antisémitisme populaire. Ces jeunes gens d'humble origine, gardiens de troupeaux pour beaucoup, avaient rêvé d'une croisade dont le roi prendrait la tête. Ils sont éconduits, chassés de la capitale et détournés vers le Midi. Renonçant à l'espoir de délivrer le tombeau du Seigneur, ils entreprennent de venger sa mort sur les Juifs. Ils pillent, massacrent et baptisent par force. L'année suivante se répand le bruit que les Juifs ont empoisonné les puits. Pourchassés par la vindicte populaire, condamnés à une forte amende par le parlement, les Juifs sont à nouveau expulsés par Philippe V. Un petit nombre paiera encore le prix du retour en 1359, avant d'être expulsés à nouveau, définitivement, en 1395.

Les exilés fuient les uns vers le nord-est, en Rhénanie, les autres vers le sud-est en Provence, dans le Dauphiné et le Comtat Venaissin. En désignant, en 1315, deux « auditeurs des Juifs », Louis X prenait acte de la division du judaïsme français en deux espaces culturels différents. Les controverses autour de l'œuvre de Maïmonide l'ont bien montré. Mais il ne s'agit pas seulement d'un débat intellectuel autour de la légitimité de la réflexion philosophique. On l'a vu au cours de ces discussions : certains écrits sépharades ne se privent pas de dénoncer la crédulité et les préjugés des Juifs de Tsarfat. On le voit à observer les réactions que suscite dans les communautés provençales l'arrivée des Juifs étrangers. Au début du XIVᵉ siècle, le poète Kalonymos ben Kalonymos proclame son aversion pour les Juifs français établis à Manosque et leur comportement. Sous l'emprise, il est vrai, de la colère, un Juif de Manosque rappelle à son adversaire d'origine anglaise que ses congénères ont été chassés de leur pays pour avoir rogné la monnaie, reprenant ainsi à son compte un ragot antisémite vieux d'un demi-siècle. La langue n'est pas un des moindres facteurs d'incompréhension, car les Juifs provençaux n'entendent pas le français que parlent les Tsarfatim.

Deux espaces culturels différents

Le statut des Juifs n'a pas connu en Provence la même dégradation que dans le royaume. Dans la plupart des villes, le Juif a le statut de citoyen. Les dispositions des chapitres de paix signés de 1385 à 1390 entre Aix, Arles, Tarascon et le nouveau maître du comté, Louis II d'Anjou, stipulent que les Juifs de la cité sont compris dans le traité et jouissent des privilèges que le comte vient de confirmer. En dépit des prescriptions des conciles, des israélites lèvent des péages et des droits comtaux ou seigneuriaux durant tout le

Fin du judaïsme provençal

XIVe siècle. Les Provençaux, des plus pauvres aux plus riches et jusqu'aux évêques, se confient aux soins des médecins juifs. Dans les villes, les Juifs se regroupent auprès des bâtiments communautaires, mais les quelques tentatives du pouvoir comtal pour astreindre tous les Juifs de la cité à résider dans ces « carrières » et en faire sortir les chrétiens qui y logeaient ont échoué. Les comtes ont eu plus de succès avec la rouelle et ont instauré, à la fin du XIIIe siècle , une taxe spécifique, la taille des Juifs, dont la répartition est laissée à la charge d'une structure intercommunautaire. Progressivement, le champ des métiers exercés par les Juifs se restreint à la médecine, à la confection, au courtage, au petit commerce et à l'usure. Ils distribuent largement un petit crédit à court terme portant sur de petites sommes d'argent ou de faibles quantités de grains. La clientèle, largement rurale et dominée en ville par des gens de condition moyenne et modeste, voit en eux un recours toujours accessible, mais aussi un bouc émissaire tout désigné dans les temps difficiles. On le voit lors de la peste noire qui provoque en Provence, comme ailleurs, une explosion de haine qui bouleverse profondément la situation des Juifs dans le comté. Les Juifs abandonnent la majorité de leurs implantations rurales, en particulier en Provence orientale et dans les Alpes du Sud, pour se concentrer dans quelques grandes villes de basse Provence. Et, pourtant, la population juive de ces cités s'effondre. Dans la capitale, par exemple, elle n'est plus, vers 1425, avec 70 familles, que le tiers de ce qu'elle était avant la peste.

Dans ces périodes de tension, le pouvoir comtal et les autorités urbaines s'emploient à protéger les Juifs. Mais, au cours du XVe siècle les incidents se répètent, troubles localisés dont certains font tache d'huile. Ainsi, en 1430, où le spectacle de la punition des coupables d'une agression contre la juiverie de Manosque déclenche une émeute contre les Juifs d'Aix. Les agressions se font plus fréquentes et plus violentes après 1475. Les étrangers, attirés par les gros travaux d'été, on l'a vu, jouent un rôle actif dans ces violences, qui semblent de plus en plus incontrôlables. C'est en tout cas le motif avancé par les conseils de ville d'Arles et de Tarascon pour chasser les Juifs de leurs murs en 1493 et 1495. Ils sont bientôt suivis par le nouveau maître du comté, le roi de France Louis XII, en 1501. Désormais, la peau de chagrin du judaïsme français se réduit aux quatre carrières du Comtat.

Les plus étranges étrangers

Au XVe siècle surgit une nouvelle minorité étrangère. Le 17 août 1425, d'étranges créatures se présentent aux portes de Paris. « Les hommes étaient très noirs, les cheveux crépus, les femmes les plus laides et les plus noiraudes que l'on pût voir ; toutes avaient des plaies au visage et les cheveux noirs comme queue de cheval. En guise de robe, elles portaient une vieille couverture attachée sur l'épaule par une grosse attache de drap ou de corde ; dessous elles n'avaient qu'un vieux sarrau ou une vieille blouse... Presque tous avaient les oreilles percées et portaient à chacune d'elles un ou deux anneaux d'argent. » Les Tsiganes, dont l'auteur du *Journal d'un bourgeois de Paris* relève la pauvre apparence (« bref, c'étaient les plus pauvres créatures que l'on ait vues en France »), pénètrent dans notre pays dans l'été 1419 par la Savoie et, de là, empruntant le couloir rhodanien, ils gagnent les Alpes du Sud, où leur passage est signalé à Sisteron en octobre. Deux ans plus tard, ils parcourent les régions du Nord. On les voit aussi dans le Midi languedocien, en Rouergue, avant qu'ils ne se dirigent vers Paris.

Partout, l'irruption de ces caravanes surprend : « Merveilles. Venue d'estrangers du pays d'Égypte », lit-on à la date du 11 octobre 1421 sur les registres de l'échevinage d'Arras. Leur aspect étonne, effraie même : « Estoient gens de terrible stature », écrit un scribe mâconnais témoin de leur première incursion dans le royaume. Leurs mœurs semblent bizarres : « Gisoient aux champs comme les bêtes. » Ils sont environnés de mystère, comme en témoigne ce nom d'« Égyptiens » qu'on leur donne. Il évoque leurs origines. « Ils prétendaient qu'ils venaient de Basse-Égypte. Ils disaient qu'ils avaient été autrefois chrétiens et qu'il y avait peu de temps qu'ils l'étaient redevenus. » En effet, attaqués par les Sarrasins, « ils s'étaient rendus à leurs ennemis, avaient renié leur foi et étaient redevenus Sarrasins ». Ce reniement suscita contre eux la colère de souverains chrétiens tels que l'empereur et le roi de Pologne, qui leur firent victorieusement la guerre et décidèrent « qu'ils ne pourraient rester sur leurs terres qu'avec le consentement du pape ». Un long voyage les a donc conduits à Rome, où le pape, « quand il eut entendu leur confession, leur donna pour pénitence d'aller pendant les sept ans à venir à travers le monde, sans jamais coucher dans un lit ni disposer de quelque aisance ou confort ». Au terme de cette pénitence il a promis « de leur donner un pays bon et fertile où ils pourront se reposer ».

Les Égyptiens

Souvent nommés « Égyptiens », les Tsiganes occupent la place de ces derniers dans les représentations de la vie du Christ. Ici, l'un d'eux dit la bonne aventure à un seigneur.

(PORTEMENT DE LA CROIX, DÉTAIL, XVIe S. TAPISSERIE, MUSÉE D'ANGERS.)

Qu'importe que l'*Égypte* soit en fait la déformation d'un lieu-dit voisin de Modon, dans le Péloponnèse, où s'échoua au XIVe siècle cette peuplade indo-européenne au terme de six siècles d'errance et d'où elle reprit la route autour de 1400, ce récit, recueilli par le bourgeois de Paris et répété partout par les Tsiganes eux-mêmes, est un mythe efficace. Il s'accorde avec les apparences de ce peuple étrange, dont le teint basané, les turbans et les robes flottantes rappellent les Maures. Il justifie le titre de duc, comte ou prince dont se parent ses chefs. Il donne un fondement sacré à l'errance de ces gens du voyage. Il explique par la contagion du paganisme les pratiques magiques de ces femmes quelque peu sorcières qui disent la bonne aventure et guérissent avec des herbes mystérieuses. Il permet d'obtenir des autorités locales aumônes et protection. Tout d'ailleurs n'est pas fable : l'empereur Sigismond, roi de Bohême, a donné aux « Égyptiens » le sauf-conduit et les lettres dont ils se prévalent à leur entrée en France, un patronage qui leur vaut le nom de bohémiens. Une bande s'est bien rendue à Rome en 1422 et en est revenue nantie d'une bulle pontificale. Restituer l'itinéraire des bohémiens en France au XVe siècle est impossible, car nous sommes tributaires de mentions sporadiques, dans des archives communales inégalement conservées. Ces notations, qui les signalent en Alsace dès 1418, en Lorraine en 1430, en Champagne en 1442, à Nevers en 1436, à Millau en 1457, à Bayonne en 1483, laissent penser que la France tout entière est devenue leur terrain de parcours. Certaines régions semblent jouir de leur prédilection, telle la Provence, où ils reviennent à maintes reprises. Les bandes qui sillonnent le pays comptent de 40 à 100 personnes. Des rassemblements comme celui qui réunit plusieurs centaines d'« Égyptiens » sur les bords de la Moselle, devant Metz, en 1494, sont exceptionnels. On les dit habiles voleurs. « Tandis qu'elles parlaient [...] par magie, par le diable ou par adresse, elles vidaient le contenu de la bourse de leurs auditeurs dans la leur. C'est du moins ce qu'on disait, car en vérité, je fus leur parler trois ou quatre fois et jamais je ne m'aperçus qu'il me manquât un seul denier. » Tout le monde n'a pas l'esprit critique du Bourgeois de Paris. L'approche des bohémiens suscite des sentiments mêlés où les devoirs de charité envers les pèlerins le disputent à la peur des rapines. Certains font même fermer les portes devant leur troupe, comme à Angers en 1498. Dans divers pays d'Europe ces réactions hostiles suscitent au tournant du siècle des mesures de rejet sans grand effet pratique. Un édit de François Ier, faisant écho aux doléances reçues touchant les abus et tromperies commis « sous ombre d'une simulée religion ou pénitence qu'ils font par le monde », interdit aux bohémiens l'entrée du royaume. L'intérêt de ces dispositions réside moins dans leur efficacité, fort douteuse, que dans leur chronologie : elles sont en effet contemporaines de l'expulsion des derniers Juifs demeurant dans le royaume et traduisent la même montée de l'intolérance.

N.C.

LE SERVICE
DU ROI

« J'aime le jeu, l'amour,
les livres, la musique,
La ville et la campagne,
enfin tout ; il n'est rien
Qui ne me soit un souverain bien,
Jusqu'au sombre plaisir
d'un cœur mélancolique. »

(J. de la Fontaine,
« Les Amours de Psyché et de Cupidon ».

Légers,
filés, enflant leur onde,
purs et profonds, grâce perlée,
essor qui se débat,
désir qui fuse, joie qui chante,
eau mouvante, flamme qui monte...

(Arno Holz, « Soudain un violon ».)

L'Orient a glorieusement
Franchi la Méditerranée ;
Celui-là seul qui aime et connaît Hafiz
Sait ce qu'a chanté Calderon.

(Goethe, « le Divan ».)

page 193. – *Le Primatice et N. dell' Abate, « Apollon et les muses », fresque, détail. Salle de bal d'Henri II, château de Fontainebleau.*
pages 194-195. – *Le Primatice, « Danaé ». Galerie François-Iᵉʳ, château de Fontainebleau. – Le Titien, « Portrait de François Iᵉʳ ». Musée du Louvre, Paris. – « La Troupe des comédiens-italiens dits les farceurs gelosi », peinture anonyme, XVIᵉ siècle. Musée Carnavalet, Paris. Le Rosso, « le Défi des Piérides ». Musée du Louvre, Paris.*
pages 196-197. – *Escalier à vis, XVIᵉ siècle. Château de Saint-Aignan, Loir-et-Cher. – Le Rosso, « la Mort d'Adonis », fresque. Château de Fontainebleau. – Tapisserie du XVIIᵉ siècle, détail. Cabinet vert, château de Chenonceaux. – Mascaron. Galerie François-Iᵉʳ, château de Fontainebleau.*
198-199. – *« Le Maure ». Musée dauphinois, Grenoble. – G. de La Tour, « le Tricheur à l'as de carreau ». Musée du Louvre, Paris. – C.J. Vernet, « Intérieur du port de Marseille », 1754. Musée de la Marine, Paris.*
page 200. – *« la Fête de l'Être suprême », aquarelle, 1794. Musée Carnavalet, Paris.*

Introduction

Du XVIe au XVIIIe siècle, l'épanouissement national de la monarchie s'inscrit dans une plénitude démographique de l'espace français. Contrairement à une opinion trop marquée par la situation contemporaine, la France est alors plus terre de départ, qui participe au peuplement européen du reste du monde, que d'arrivée. La figure de l'étranger ne renvoie pas à celle de l'immigré d'aujourd'hui, presque toujours intégré dans un déplacement de masse ; le refuge français est exceptionnel, limité, et la trace y est mince des coulées de population nées ailleurs, des déséquilibres démographiques et économiques ou des vicissitudes politiques et religieuses.

Longtemps le visage de l'étranger ne se distingue donc guère de celui de l'élite cosmopolite, dont les fidélités ne sont pas déterminées par le lieu de naissance. Pour n'être pas nés français, quelques grands serviteurs n'en deviennent pas moins les piliers, et même les constructeurs de l'État-nation. C'est, toujours, la vieille tradition des mercenaires, des capitaines prestigieux aux régiments étrangers de l'Ancien Régime finissant. C'est aussi le haut personnel politique, le plus proche du roi. Les uns et les autres attestent d'une politique d'ouverture qui va chercher les talents où ils sont afin de se les attacher, et où le concept même de xénophobie est anachronique. Tout aussi accueillante est la vie économique, et ce n'est pas seulement avec Colbert qu'arrivent négociants, industriels, banquiers, des Bonvisi de Lyon à Law de Paris, des assécheurs de marais à Oberkampf.

Dans les grandes villes, leurs communautés s'installent en gardant, sans doute, plus de liens que les commis de l'État avec leur pays d'origine. Que les régnicoles montrent des signes de rejet vis-à-vis des uns et des autres, c'est certain ; mais ce rejet vient plutôt du petit peuple, et ce n'est pas à leur condition d'étrangers qu'on en a en priorité, mais à leurs fonctions. Enfin, bien sûr, la France n'est que la province française d'une Europe du goût qui est longtemps italienne, et la monarchie installe peintres, architectes et musiciens avec autant de soins que les élites du commerce ou de l'administration. Une greffe qui se heurte aussi à des résistances, mais que la matrice française sait accepter, en matière de belles-lettres et de théâtre lyrique, par exemple.

Plus étrangers finalement apparaissent toujours les Juifs, même s'ils sont régnicoles : un vieil héritage d'hostilité chrétienne ? la persistance du particularisme religieux ? la diversité même d'une « nation » divisée entre sépharades et ashkénazes, bien intégrée aux élites dans le Sud-Ouest, et mal dans l'Est ? Ce n'est pas un hasard si c'est d'eux que s'empare la philosophie universaliste des Lumières, bien avant l'inflexion décisive de la Révolution et de ses prolongements napoléoniens. Après bien des hésitations et des ambiguïtés, les édits de 1808 fixent leur place dans la nation, mais les textes ne transforment pas les sensibilités des populations qui les entourent. Comment en serait-il autrement en un temps où le contexte guerrier fait succéder à une période d'accueil à tous les « amis de la Liberté » et aux « citoyens du genre humain » une méfiance vis-à-vis des « complots » de l'étranger ? Au-delà de son idéologie universaliste, la Révolution est aussi l'achèvement de l'État-nation, et son patriotisme s'accommode mal d'un cosmopolitisme où la figure de l'étranger demeurait difficile à cerner.

VII

Un monde
plein

« ... Malgré la fécondité des unions d'antan, le nombre des habitants vivant sur le territoire français, tel qu'il s'était constitué en 1792, s'est très lentement et très faiblement accru ; si le royaume n'avait continuellement reçu des étrangers qui se fondaient dans le sein de la population, on eût promptement observé dans le nombre des sujets du roi un fléchissement considérable. » ☐

Telle est la conclusion péremptoire à laquelle en arrive Jules Mathorez dans *les Étrangers en France sous l'Ancien Régime,* ouvrage publié en 1919, au lendemain de la Première Guerre mondiale, si coûteuse en vies humaines. Par ailleurs, depuis les années 1880 le recul de la fécondité française, l'afflux de plus en plus important d'immigrants n'ont cessé d'agiter les esprits.

Jules Mathorez reprend là, sans autre examen, le point de vue des mercantilistes, entre autres Jean Bodin. Position que partagent nombre de bons auteurs des XVIIe et XVIIIe siècles : celle d'une France menacée de dépopulation.

En réalité, s'il est bien une époque où les étrangers n'ont joué qu'un rôle marginal dans l'évolution de la population française, c'est celle qui court du XVIe au XVIIIe siècle. Certes, il y eut souvent des crises démographiques, mais, même à la suite de celles-ci, la reprise de la population se fit quasi totalement grâce au stock original. Pour reprendre une expression forte de Pierre Chaunu, le royaume est alors un « monde plein », beaucoup plus densément peuplé que ses voisins, Pays-Bas exceptés. Il n'a donc nul besoin d'accueillir de nombreux immigrants.

Bien au contraire, durant toute l'époque moderne, plus nombreux sont les Français à partir que les étrangers à venir. On en trouve à peu près partout, et souvent en nombre élevé. On ne saurait réduire ce phénomène à des causes politico-religieuses, malgré l'importance des départs des protestants, dont la plupart ont cherché refuge à l'étranger après la révocation de l'édit de Nantes.

On ne sait pas assez que ce mouvement commença dès le XVIᵉ siècle, à destination essentiellement de l'Angleterre et de la Suisse : entre le dernier tiers du XVIᵉ et 1630, il y a environ 5 000 réfugiés français en Angleterre et bien davantage en Suisse, notamment à Genève. L'Allemagne et les Provinces-Unies n'en sont pas dépourvues. De 1685 à 1690, de 140 000 à 160 000 personnes partent et, dans la période 1680-1730, sans doute de 190 000 à 200 000. Comparables, les départs vers les colonies d'Amérique (Antilles, Canada) s'étalent sur une période plus longue, et, dans l'ensemble, sont librement consentis.

Journaliers en Espagne

Enfin, il faut tenir compte du nombre élevé de Français qui vont travailler dans les divers royaumes d'Europe. Nul n'ignore que les Espagnols sont venus nombreux en France depuis le milieu du XIXᵉ siècle, or on parle peu du mouvement inverse, de très grande ampleur, survenu de la fin du Moyen Âge au début du XIXᵉ siècle, et qui intéressa essentiellement le sud du Massif central, les Pyrénées et les régions intermédiaires. L'Espagne manque de bras pour son artisanat, pour certains travaux agricoles, des petits métiers de ville (porteurs d'eau par exemple), des tâches domestiques. Les Français s'y rendent en foule, beaucoup d'ailleurs comme migrants temporaires, pour une période s'étendant de un à quatre ans.

De même, on retrouve des Français installés, comme migrants temporaires, en Allemagne, en Suisse ou en Italie. D'autres s'installent dans les îles Britanniques, les Flandres ou les Provinces-Unies. Parmi eux, il faut rappeler de nombreux négociants, qui constituent, au XVIIIᵉ siècle, de dynamiques colonies – à Cadix, Lisbonne, Amsterdam, Hambourg, notamment. Ce même XVIIIᵉ siècle voit la réussite brillante de talents français à l'étranger – sculpteurs, architectes, peintres, couturières, modistes, précepteurs... –, dans cette « Europe française du siècle des Lumières ».

L'attraction du royaume

En comparaison, le royaume ne reçoit qu'un apport limité d'immigrants, la célébrité d'étrangers illustres étant tout à fait trompeuse à cet égard. On souhaiterait pouvoir esquisser une pesée globale de cette immigration, mais les données manquent pour le faire. Nous savons seulement qu'elle concerne, chaque année, plusieurs dizaines de milliers de personnes, peut-être de 60 000 à 80 000 étrangers au maximum, soit nettement moins que les émigrants temporaires.

Par ailleurs, le royaume n'accueille jamais de vagues de réfugiés comparables à celle des huguenots ou aux départs pour les colonies. Les étrangers les plus nombreux sont, au lendemain de leur défaite de 1691, à la bataille de la Boyne, les Irlandais partisans de Jacques II Stuart, soit

13 000 personnes, qui viennent s'installer en France, de manière temporaire, pour la plupart.

Les protestants n'ayant pas trouvé asile dans la France du XVIᵉ siècle, la recherche d'un refuge religieux ou politique ne joue, au cours de ces trois siècles, que pour un nombre réduit d'individus : Juifs ibériques venus pour motifs religieux (deux ou trois milliers à peine), groupes d'Italiens, en conflit avec leurs princes, installés au XVIᵉ siècle (quelques centaines). Finalement, dans ce domaine, on ne peut guère retenir que les Irlandais, dont nous venons de parler, et, dans les années 1780, les Genevois. Les partisans de la révolution belge, enfin, et avec ces derniers, nous entrons pratiquement dans la période révolutionnaire.

Démographiquement, ces courants ne comptent pas. Ils représentent beaucoup moins que les immigrations de proximité, notables dans l'est de la France, où elles contribuent au repeuplement rural. Enfin, nos villes, et en particulier Paris, accueillent des centaines d'étrangers, tous venus pour des raisons individuelles variées, que l'on peut regrouper autour des motivations suivantes : attrait de Paris et de la vie parisienne ; souci de formation culturelle ou artistique ; quête d'une « belle carrière » artisanale ou artistique..., soit le pendant de l'émigration française vers l'Europe des Lumières. Parmi eux, de nombreux migrants temporaires, les Savoyards.

Le service du roi joue un très grand rôle. D'une part, il y a le recrutement *Entrepreneurs de guerre* d'entrepreneurs, d'ouvriers, de spécialistes de toutes sortes, moyennant des conditions très favorables et, le plus souvent, des privilèges ; il s'agit de développer ou de faire prospérer notre économie. D'autre part, il y a le recrutement de soldats étrangers, qui ne caractérise en rien les armées du roi de France : c'est une pratique générale. Lorsque, à partir de la fin du Moyen Âge, ont augmenté les effectifs, il fallut trouver des hommes : on eut recours, à partir du XIVᵉ siècle, à des « entrepreneurs de guerre » (F. Redlich), solution qui connut son apogée en Italie au XVᵉ siècle et en Allemagne dans la première moitié du XVIIᵉ siècle. Les souverains recrutaient des mercenaires, faisant souvent appel pour cela à des chefs militaires – des « condottieri » – qui se louaient avec leur troupe. Ainsi vit-on se former

FASCHEUX ET MALAISEZ À CONTENTER, LES REÎTRES

Pour moy et pour en faire fin, je scay bien ce que j'en ay veu dire et jurer à M. l'admiral, combien cela le fascha d'avoir esté contrainct de s'estre jamais aidé de ces reîtres et de quoy ils estaient jamais venus en France et que s'il estoit à reffaire ou que la guerre recommença jamais, il n'appellerait plus de tel gens pour s'en servir ; ils estoient trop avares, fascheux, importuns et malaisez à contenter.

Ces bons Allemands se sont pleu à piller et ruiner la France ; lesquels quand ils demandaient auparavant secours au roi Henri proposaient pour leurs principales raisons qu'eux et les Français estoient germains et frères et que pour ce, se devoient maintenir et aider les uns les autres. Quels Germains et quels frères ! »

Brantôme, cité dans « les Capitaines », Édition de la Société d'Histoire de la France.

des corps ethniques possédant un armement et une technique de combat particuliers, tels les lansquenets, d'origine germanique, les Gascons, les hussards, d'origine hongroise... Les pays allemands et, plus encore, les cantons suisses furent de grands pourvoyeurs. On sait le rôle des troupes suisses au cours des guerres d'Italie.

C'est parmi les Suisses que s'effectue, au cours de l'époque moderne, le recrutement étranger le plus stable pour le roi de France. En fait, malgré des difficultés croissantes, comme l'a souligné André Corvisier, et à l'instar des autres souverains, le roi de France fait des efforts constants pour maintenir sur pied, parfois à grands frais, d'importants effectifs étrangers. À partir du milieu du XVIIe siècle, et déjà largement au moment de la guerre de Trente Ans, les motifs deviennent surtout d'ordre politique, comme le rappelle ce mémoire de 1780 : « L'entretien des troupes étrangères multiplie les relations politiques d'un État avec les nations qui les lui fournissent, établit son

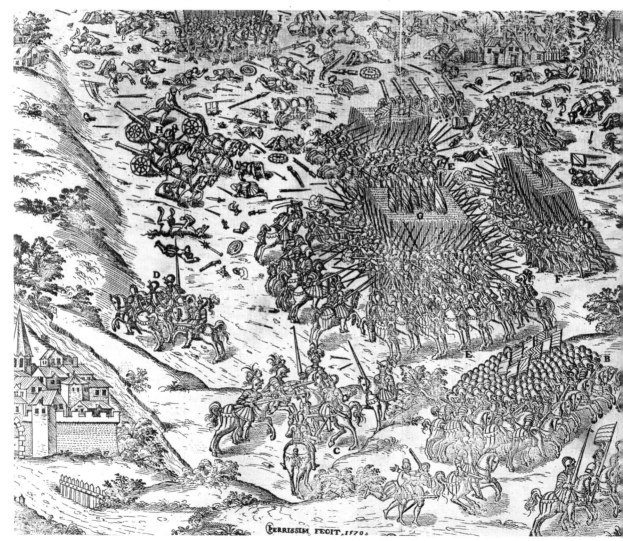

influence sur elles, étend son commerce en raison de leurs besoins ou de leur industrie, leur inspire enfin pour ce même État un attachement qui augmente sa prépondérance dans le système général. »

Ce système a d'autres avantages, que rappelle le 24 janvier 1748 le maréchal de Saxe dans une lettre au maréchal de Noailles : « Un Allemand nous sert pour trois hommes ; il en épargne un au royaume, il en ôte un à nos ennemis et il nous sert pour un homme. » Mais cela implique le maintien de gros effectifs étrangers en temps de paix, car, à la moindre déclaration d'hostilité, la concurrence des autres souverains rend le recrutement difficile. Il reste que les régiments étrangers coûtent cher : André Corvisier a calculé que, pour la période allant de 1741 à 1748, un soldat français revient en moyenne à 122 livres 1 denier, les étrangers à 160 livres au moins, les Allemands et les Suisses à plus de 178 livres. Déjà, un mémoire de 1713

L'homme qui en vaut trois

Moncontour, 3 octobre 1569 : reîtres (B), Suisses (F) et lansquenets (G) livrent un rude combat aux côtés de l'infanterie et de la cavalerie, corps réguliers de l'armée du roi de France. En quelques semaines, des régiments sont sur pied. Les éléments les plus divers s'y côtoient, individus de tous pays, langues et religions, qui combattent non pour une cause, mais par métier et par espoir de profit. Unique lien entre ces hommes, le chef qui les a recrutés et sous les ordres duquel ils se battent.

(BATAILLE DE MONCONTOUR. GRAVURE DE PERISSIN, 1570, BIBLIOTHÈQUE NATIONALE, PARIS. – HUSSARD DE BERCHENY, 1776. SERVICE HISTORIQUE DE L'ARMÉE, VINCENNES. – LANSQUENET SUISSE. GRAVURE DE J. SCUPPER, 1572, BIBL. DES ARTS DÉCORATIFS, PARIS.)

affirme : « La paie la plus forte de toutes les nations sont les Allemands et les Suisses ; un bataillon allemand ou suisse coûte autant que deux français. »

Les autres sujets de Sa Majesté

Il y a donc en permanence une large proportion de soldats étrangers dans nos régiments ; malgré les nombreuses désertions, souvent dénoncées, ils représentent une importante présence allogène. Mais, les militaires étant mis à part, si l'on cherche à fixer des ordres de grandeur numérique, il est clair que nous avons essentiellement affaire à une immigration de proximité, en diminution d'ailleurs constante au fur et à mesure que le royaume s'agrandit. Elle est, en effet, d'abord dominée par les ressortissants des États de Savoie, ce qui rend l'analyse complexe, dans la mesure où les Savoyards du XVIe siècle représentent des groupes bien plus larges que ceux du XVIIIe ou du XIXe siècle. Ils viennent de pays entrés par étapes dans notre territoire. D'où l'importance de l'immigration savoyarde au XVIe siècle.

Lyon la savoyarde

L'effet de voisinage en amène un grand nombre par Lyon et sa région, la métropole des Gaules jouant pour eux le rôle de grande capitale régionale. Tous les textes le soulignent, tel celui-ci, de 1600, cité par Henri Hauser : « Chacun scait que Lyon est tout plein d'estrangiers, les plus qualifiés des marchans et artisans sont savoysiens, comtoys, lombards et d'autres nations. Et presque tous les menus artisans sont de Savoye, de la Comté et du Comtat d'Avignon, le moindre desdits marchans et artisans ha en leslection des echevins voix libre et du mesme poids que celle du plus apparent, et les naturels de la ville qui ne font pas la vingtième partie n'y peuvent rien par dessus sy grand nombre des estrangiers. » Dans une ville où les natifs sont minoritaires – 22 p. 100 des chefs de feu –, les Savoisiens sont presque aussi nombreux que les Lyonnais de souche : 21,2 p. 100 ; on notera que les natifs du Lyonnais, du Forez et du Beaujolais ne représentent, ensemble, que 18,3 p. 100 des chefs de feu. Même si le fait de ne disposer que des chefs de feu sous-évalue, à coup sûr, la proportion des Lyonnais de souche, cette proportion est frappante et très significative ; et, parmi les serviteurs, les Savoyards sont les plus nombreux !

Faut-il donc reprendre le mythe d'une « Lyon savoyarde », comme le fait, en 1586, l'ambassadeur de Savoie, déclarant à son souverain : « Les deux tiers de Lyon sont enfants de Savoisiens et comme sujets de votre Altesse » ; ou, en 1595, Pomponne de Bellièvre, « intendant pour le roi » : « Presque tous les hommes de bras, qui font le tiers de la ville, sont du pays de Savoie » ? En fait, au-delà de la proportion moyenne de 1 chef de feu sur 5, le pourcentage des Savoyards varie d'un quartier à l'autre. Il s'agit d'une immigration essentiellement populaire : dans les quartiers riches, ils ne sont qu'en petit nombre ; à l'opposé, ils sont particulièrement nombreux dans les rues pauvres, entre Rhône et Saône, c'est-à-dire entre Cordeliers et Griffon, où l'on trouve surtout des « hommes de bras ».

Il s'agit essentiellement de montagnards, même si, à cette époque, le groupe le plus nombreux se recrute chez les natifs du Bugey et du Valromey – alors Savoisiens – avec 31,1 p. 100 du total, la Bresse et les Dombes en regroupant 8,2 p. 100. On saisit par là le rôle direct de la frontière, en même temps que le caractère excentré de Lyon dans le royaume. On a largement affaire à un mouvement de « frontaliers », comme l'a si bien analysé Oliver Zeller. Dès 1601, le groupe le plus nombreux de ces immigrants cesse d'être « estrangier », puisque Bresse, Bugey et Valromey quittent les États du duc de Savoie pour être rattachés au royaume de France. L'accroissement territorial de celui-ci entraîne de fortes réductions de l'immigration étrangère, puisque des provinces aussi importantes que la Flandre, l'Alsace, la Lorraine, la Franche-Comté, le Roussillon, la Corse ont elles aussi rejoint le royaume de France, entre la fin du XVIe siècle et la Révolution. Il faut le souligner d'autant plus nettement que, l'Alsace et la Corse mises à part, il s'agit, dans chaque cas, de provinces contribuant au peuplement du royaume bien avant de lui être rattachées.

Si nous mettons à part l'Alsace et la Corse, nous constatons que, dans les campagnes, les seules immigrations étrangères de quelque ampleur au XVIIe siècle sont constituées de Suisses et de Savoyards, avec des groupes notablement moins nombreux d'Allemands. En fait, les repeuplements agraires, qui avaient été si fréquents au cours des siècles précédents, n'ont alors concerné que des zones géographiquement limitées, celles directement ravagées par la guerre de Trente Ans, soit l'Alsace, la Franche-Comté et leurs confins. Malgré plusieurs études, dont beaucoup sont anciennes, nous ignorons, faute de sources exhaustives et par suite de la forte mobilité des populations, poussées par le passage des troupes et les combats, l'étendue exacte du dépeuplement et de la recolonisation agraires. Il est néanmoins sûr qu'ils intéressèrent des milliers de personnes, en Alsace essentiellement, en Franche-Comté partiellement – par exemple, pour la principauté de Lure. Dans les deux cas, on est en présence de larges étendues de terres vides, offrant de réelles possibilités d'installation.

Dans les étendues vides de l'Est

Les nouveaux venus sont, pour l'essentiel, des Suisses et des Allemands, ces derniers étant surtout issus des régions rhénanes et méridionales. On peut les estimer entre 15 000 et 20 000, de 1660 environ à 1740, la majorité étant d'origine suisse. Mais les études que nous possédons sont trop localisées pour qu'il soit possible d'aller plus loin.

Pour une large part, la venue des étrangers tient à des relations anciennes. Les difficultés dans leur région d'origine expliquent leur déplacement, en particulier dans le cas des Suisses : les immigrants sont souvent des gens d'assez humble condition, qui s'installent d'abord dans les zones rurales. Soulignons les suites de la guerre de Trente Ans, marquées, en Suisse, par une assez grande misère, consécutive à la baisse des prix. Après quoi, la guerre des Paysans entraîne, en 1653, dans les cantons d'Argovie, de Berne et de

Lucerne, un exode massif. Enfin, dans ces mouvements de populations, les conflits religieux suisses ont aussi leur part : l'opposition entre catholiques et protestants provoque d'importants départs vers l'Alsace pendant les guerres de religion suisses de 1656, 1694 et 1697. Comme l'a montré R. Bonnaud-Delamare, « de même que la révocation de l'édit de Nantes, en 1685, avait provoqué des départs de France vers les cantons protestants, de même de nombreuses familles catholiques se réfugièrent sur les terres relevant du roi de France ».

Cette immigration est très dispersée : on vient de partout, même si l'Argovie, les cantons de Berne et de Lucerne sont les plus concernés ; elle est très étalée, les différentes crises politiques, religieuses ou économiques subies par la Suisse apportant chacune leur vague ; elle est essentiellement individuelle ou familiale : il s'agit d'artisans ruraux ou d'agriculteurs, ces derniers se tournant vers l'élevage du bétail et ce qui concerne la laiterie ; ailleurs, comme à Lutzelbourg, ils accaparent la meunerie. On les trouve dans une partie de la Franche-Comté – dont les principautés de Murbach et de Lure –, et surtout dans l'ensemble des villages de la Haute-Alsace, avec des

« Le genre humain, tel qu'il est, ne peut subsister à moins qu'il n'y ait une infinité d'hommes utiles qui ne possèdent rien du tout ; car, certainement, un homme à son aise ne quittera pas sa terre pour venir labourer la vôtre ». Voltaire.

(UN RAMONEUR, GRAVURE DE MICHEL LASNE, XVIIᵉ S. BIBLIOTHÈQUE NATIONALE, PARIS. – UN COMMISSIONNAIRE ULTRAMONTAIN, GRAVURE DE J. B. TILLAUD, XVIIIᵉ S. BIBLIOTHÈQUE DES ARTS DÉCORATIFS, PARIS.)

regroupements très nets, qui relèvent de la religion : par exemple, les réformés s'installent en Hanau-Lichtenberg, les catholiques à Murbach et Lure ; ou encore de l'origine géographique : les gens de l'Oberland bernois, de la région de Schwarzenbourg et de l'Emmenthal sont d'abord attirés par les villages au pied des Vosges. Il y a également en Franche-Comté une immigration savoyarde ; ancienne, mais limitée en nombre jusqu'au milieu du XVIIe siècle, elle prend alors plus d'importance par suite des ruines et du dépeuplement : de 2 000 à 3 000 personnes au moins.

Au bout du compte, cette immigration rurale ne pèse guère en regard de l'immense paysannerie qu'est alors la population française. Or, on ne peut pas dire non plus qu'elle compte beaucoup en ville, excepté le cas des immigrants saisonniers ou temporaires. Encore ceux-ci sont-ils en très grande majorité des régnicoles. Cependant, il faut une nouvelle fois faire une place à part aux Savoyards, que l'on trouve un peu partout : d'abord ramoneurs et frotteurs, ils sont aussi petits commerçants, colporteurs, voire cabaretiers. Tout un petit monde intéressant sur lequel il convient de s'arrêter un moment. Les ramoneurs savoyards, en particulier, sont bien connus. Leur travail est lié à la nécessité de ramoner périodiquement les cheminées, ce qu'imposent partout les autorités de police urbaine, en cette époque où les incendies sont tellement redoutés. Chaque opération implique l'intervention de deux individus, dont l'un escalade l'intérieur de la cheminée, tandis que l'autre, au bas de celle-ci, recueille la suie. Henri Onde a dépeint, en un passage désormais classique, les petits ramoneurs de la Maurienne et de la Tarentaise : « barbouillés de suie, leurs pauvres hardes renforcées de genouillères et d'une culottière de cuir, la raclette à la ceinture, sabots aux pieds et le bonnet de coton rabattu en cagoule, ils se glissent dans le canon des cheminées, détachant au fur et à mesure de leur lente ascension l'enduit déposé par la fumée de bois et de tourbe, surgissent enfin au plus haut des toits, et entonnent un joyeux couplet de compagnon. » Ils viennent en caravanes de leurs montagnes, sous la conduite d'un maître ramoneur. La plupart ont entre 10 et 15 ans, mais il en est de plus jeunes. Marchant pieds nus pour économiser leurs sabots, ils mendient sur leur route le pain et le gîte. La paie est maigre, la nourriture peu abondante, et la nécessité de ramener au pays le maximum d'argent aggrave encore leurs conditions de vie au point que leur misère a ému. Ainsi est née l'œuvre des petits Savoyards.

D'autres familles se dirigent vers des activités différentes, un peu comme s'il y avait, dans les paroisses savoyardes, des spécialisations non seulement locales, mais même familiales. Aux ramoneurs, il faut, en effet, ajouter les frotteurs de parquet ; en 1759, 34 partent de Sainte-Foy-Tarentaise : ils vont tous à Bordeaux, où le nom de « savoyard » désigne non pas les petits ramoneurs, mais les frotteurs. Et, dans toutes les grandes villes, se côtoient les deux spécialités. Au contraire, les colporteurs parcourent les campagnes, emmenant sur leurs épaules des balles de 40 à 60 kilogrammes – d'où leur autre nom de porte-balles –, seuls ou en équipes, parfois encore en association avec des compatriotes installés à demeure. Les plus aisés se libèrent de leur fardeau sur un mulet ou un cheval de bât.

Les « petits »
Savoyards

Frotteurs et porte-balles

La Compagnie des Trois Frères

Les migrants temporaires savoyards n'ont guère d'originalité, par rapport aux Auvergnats ou aux Limousins, en dehors du fait qu'ils ne sont pas sujets du roi de France. Ils vont aussi gagner leur vie en Italie, en Suisse, en Allemagne. Au nombre de plusieurs milliers par an, sans qu'il soit possible d'avancer un chiffre exact (10 000 ? 15 000 ?), ils alimentent surtout une immigration urbaine, englobant aussi les colporteurs s'installant à demeure.

Dans ce cas, on a bientôt affaire à des marchands ou à des négociants, telle la « Compagnie des Trois Frères », fondée à Strasbourg par les Bittot, venus de la Tarentaise. D'abord colporteurs arrivés dans les années 1560, ils créent une société marchande qui prend une ampleur considérable : son rayonnement s'étend de Copenhague à Milan, avec des ramifications polonaises. Toutefois l'Allemagne méridionale et centrale est leur principale zone d'activité avec la Suisse.

Les faibles ressources de leurs montagnes, l'inactivité forcée à laquelle ils sont condamnés une grande partie de l'année expliquent la venue des Savoyards dans le royaume. Les mêmes raisons valent pour les Suisses, qui, pourtant, pratiquent peu la migration temporaire. En plus de ceux qui sont venus repeupler les campagnes de l'Est, il faut, en effet, faire une large place à une immigration urbaine très typée et à un recrutement militaire important.

Les migrants pâtissiers

L'immigration urbaine des Suisses est complexe. Elle porte en effet aussi bien sur de grands banquiers, des financiers, des négociants, dont nous reparlerons, des commerçants ou des artisans de niveau moyen ou médiocre, ou encore sur ces « suisses » présents dans les cathédrales ou les grandes églises. Ces personnages, habillés à la façon des gardes suisses de la maison du roi, avaient une spécialisation dont le vocabulaire a gardé la trace : à partir du XVIIe siècle, on appelle « suisse » le bedeau chargé de la surveillance de l'église et du bon ordre des cérémonies. Par ailleurs si certains Suisses exercent des métiers artisanaux divers, tels ceux de couteliers, potiers d'étain, fondeurs ou cordonniers, il faut rappeler leur place prééminente dans la pâtisserie. Un peu partout dans le pays, des immigrants venus des Grisons dominent ce secteur d'activité : on les trouve dans toutes les villes, où ils constituent parfois de véritables groupements, ainsi à Bordeaux, en 1780, sur 62 maîtres pâtissiers, 25 sont nés dans les Grisons !

Une armée dans l'armée

Enfin, il faut insister sur les régiments suisses. Leur recrutement est réglé par des « capitulations », traités passés entre le royaume et les cantons suisses, et qui permettent aux régiments étrangers de faire appel à des troupes enrôlées par les autorités locales. Dans certains cas, le colonel, qui recrute dans le cadre des accords passés par le canton, se comporte comme un véritable entrepreneur. Ce recrutement est donc légal, et rares sont, de ce fait, les Suisses qui s'engagent individuellement. En même temps, on a affaire à une « industrie » nationale, dont les débuts se situent à la fin du XVe siècle : dès 1496, le royaume de France dispose de régiments suisses, et cela jusqu'en 1830. Mais ce n'est pas une particularité, les autres États en ont également. En France, comme partout, ils forment une armée dans l'armée, ayant un code et une justice particuliers. Avec, par moments, de très forts effectifs : en 1702, 6 000 hommes sont levés ; vers le milieu du XVIIIe siècle, on compte, outre le régiment des gardes suisses, 11 régiments d'infanterie de 1 bataillon, dont 4 sont « avoués » par des cantons, c'est-à-dire levés sous leur autorité. À cette date, sont en vigueur les capitulations de 1671, complétées toutefois par des conventions particulières signées à chaque fois. Une fois le temps de service achevé, la plupart des hommes retournent au pays ; le montant de leur solde leur assure une vieillesse plus aisée et, à cet égard, leur engagement s'apparente étroitement aux autres migrations temporaires. Il n'est pas rare cependant qu'ils restent en France, et y fondent une famille. Il s'agit donc d'un courant continu d'immigration, d'une importance notable malgré des chiffres relativement modestes, contrairement à l'avis général.

Une autre immigration s'est dessinée à la fin du Moyen Âge, celle des Irlandais. Elle intéresse déjà, comme pour les Écossais, militaires, étudiants et lettrés. Elle reste de peu d'ampleur jusqu'à ce que se manifeste la volonté anglaise de réaliser la conquête effective de l'Irlande et sa protestantisation, les deux mouvements étant liés. C'est donc à partir de 1534 que commence véritablement l'émigration irlandaise, les exilés fuyant l'oppression politique

Clercs et mercenaires

En franchissant les Alpes, les montagnards espèrent gagner leur vie dans un État plus riche. « Le Suisse intrépide et fidèle, dans les sièges et les combats ne recule jamais d'un pas » : on l'enrôlera. Pour l'Italien, il est « le pâtissier des dames, il leur fait cent petits ragouts ; et s'il est bien dans leurs âmes, elles le baptisent l'entre-engoust ».

(SUISSE DU ROY, GRAVURE DE J.-B. BONNART, FIN XVIIᵉ S. BIBLIOTHÈQUE NATIONALE, PARIS. – SUISSE, HABITANT DE THOURGAU, XVIIIᵉ S. BIBLIOTHÈQUE DES ARTS DÉCORATIFS, PARIS. – LE PÂTISSIER, GRAVURE DE J.-B. BONNART, BIBLIOTHÈQUE NATIONALE, PARIS.)

et religieuse, et ses contrecoups économiques et sociaux. En fonction des événements, vague après vague, le continent – et notamment la France – reçoit des milliers d'émigrants irlandais.

Un premier groupe est constitué de prêtres ou de séminaristes. Dans l'impossibilité de former assez de prêtres en Irlande et de le faire dans de bonnes conditions, Rome et le clergé irlandais décident d'assurer cette formation sur le continent, d'abord en Espagne et dans les Pays-Bas autrichiens, puis à Rome et surtout en France, où l'on trouve des séminaires à Paris (1578), Bordeaux (1603), Rouen (1612), Toulouse (1659), Nantes (1689). D'autres ont été fondés en 1594 et 1610 à Douai et Lille. Celui de Bordeaux est le mieux connu. Fondé en 1603, il est à la fois refuge et séminaire. D'un côté, il accueille les missionnaires et tous autres prêtres irlandais chassés par les persécutions, ainsi que les jeunes catholiques manifestant une vocation religieuse ; d'un autre côté, il doit d'abord former de jeunes missionnaires qui iront « porter le secours de l'instruction aux catholiques affligés de l'Irlande et les garantir contre les pièges que l'hérésie ne cesse d'inventer pour les détacher de la communion de l'Église ». Prévu pour dix prêtres et dix alumnes, ce n'est qu'un petit collège qui ne cesse d'être insuffisant et de manquer de ressources. C'est un échec. En moyenne, il ne forme qu'un missionnaire par an ! Le paradoxe est qu'il procure, au contraire, des prêtres au diocèse de Bordeaux : plus de cinquante sur la centaine qui sort du collège au cours du XVIIIe siècle. Ainsi se crée parmi le clergé paroissial aquitain une présence irlandaise, qui subsiste encore ; elle provenait, à l'origine, du sud-ouest de l'île et de Dublin. En fait, la réussite de cette éducation religieuse à l'extérieur paraît avoir varié suivant les collèges, Douai ou Paris ayant plus d'efficacité que Bordeaux. En effet, en 1704, sur 1 088 prêtres irlandais, 253 avaient fait leurs études sur le continent ; par rapport aux efforts déployés, c'est une proportion décevante. Il n'empêche que ce fut un apport essentiel pour la préservation du catholicisme en Irlande et qu'au total la majorité des prêtres irlandais formés sur le continent revinrent dans leur île.

La levée des Irlandais

L'émigration militaire s'inscrit dans un contexte tout différent. Des mercenaires irlandais ou écossais viennent depuis des siècles et louent leurs services aux souverains, dynastes et grands princes européens. Certains sont de véritables soldats de fortune à la recherche d'une bonne solde et, parfois, de la gloire. D'autres quittent leur pays à l'issue des guerres anglo-irlandaises, soit que la paix les ait privés de ressources, soit qu'elle les ait contraints à l'exil. Ce sont des mouvements individuels ou par groupes, qui se poursuivent tout au long de l'Ancien Régime. Ici apparaît l'originalité de l'exode jacobite massif, au lendemain du traité de Limerick de 1691, qui entraîne d'un coup une véritable armée, ou peu s'en faut. On est loin alors de ces « oies sauvages » qui n'avaient cessé de parcourir le continent, mettant leur épée au service du plus offrant. Depuis longtemps, en effet, à l'image des cantons suisses, l'Irlande est une terre d'émigration de soldats et mercenaires, au point que l'on y pratique parfois des levées systématiques, comme le fait la France entre 1635 et 1664. La première a lieu, avec l'accord du roi d'Angleterre, en 1635, à l'occasion de la lutte anti-espagnole, notre ambassadeur à Londres, Pomponne de Bellièvre, jouant un rôle essentiel à partir de 1637. Ainsi voit-on débarquer en France un millier d'Irlandais en juin 1639 ; ils sont 4 000 en 1640. Après des fluctuations, on en est, vers 1653, à 8 régiments et 15 000 hommes.

Dans la réalité, ces levées de troupes fluctuent au gré des événements sur le sol irlandais, de l'évolution des relations franco-britanniques et de la politique française. L'insurrection de 1641 entraîne un mouvement prononcé de retour au pays et, en 1664, il ne reste plus en France qu'un seul régiment. Les échecs irlandais, la répression cromwellienne provoquent l'afflux très important des années 1652-1655. L'arrêt des hostilités avec l'Espagne amorce le reflux : le dernier régiment, celui de Dillon, est dissous en 1664. Mais, dès 1618, le recrutement par la France reprend et, en 1689, en échange de troupes françaises envoyées en Irlande soutenir Jacques II, Louis XIV recrute des Irlandais : de 5 000 à 6 000 mercenaires, formés en trois régiments. On sait que Jacques II échoue et qu'après une longue résistance les Irlandais finissent par s'incliner ; une clause essentielle du traité de Limerick de 1691 stipule que les soldats irlandais qui feraient leur reddition seraient emmenés en France : 12 000 d'entre eux partent, ainsi que 700 femmes et enfants. Ils forment des régiments irlandais, placés sous le contrôle de Jacques II, avec leurs propres couleurs et leurs uniformes : 2 bataillons de gardes à cheval, 2 régiments de cavalerie, 2 régiments de dragons et 6 d'infanterie. Au traité de Ryswick, Louis XIV reconnaît Guillaume III comme roi d'Angleterre : les Irlandais qui le désirent peuvent rester dans l'armée française, mais intégrés à celle-ci – soit 1 régiment de cavalerie et 5 bataillons d'infanterie ; certains partent se mettre au service d'autres souverains. Mais, tout au long du XVIIIe siècle, des régiments irlandais servent le roi de France, le plus célèbre étant le régiment de Dillon. À Fontenoy, les troupes irlandaises – il y a alors 6 régiments d'infanterie et 1 de cavalerie – jouent un rôle décisif. D'autres combattent en Inde sous Lally-Tollendal ; elles s'illustreront encore pendant la guerre de l'Indépendance américaine. Cependant, si certains de leurs chefs se rendent célèbres – les Dillon, les Berwick –, en dehors des années 1691 à 1697, ils ne représentent que quelques milliers de soldats – de 4 000 à 5 000 ; il y a, par exemple, à Fontenoy, 4 000 Irlandais, pour 50 000 hommes dans l'armée française.

D'autres soldats étrangers viennent mettre leur épée au service du roi de France : des Allemands, des Suédois et des Hongrois. La célébrité des premiers est entachée des récriminations que suscitent, au XVIe siècle et dans la première moitié du XVIIe, reîtres et lansquenets – peu à peu, en effet, le premier mot, qui désignait tout cavalier allemand au service de la France, devient synonyme de soldat brutal, de soudard. Dès le règne de François Ier, nombreux sont ces mercenaires allemands servant sous les ordres d'un colonel ou d'un capitaine. C'est au moment des guerres de Religion qu'ils gagnent leur sinistre réputation ; tour à tour à la solde des catholiques ou des protestants, ils se donnent au plus offrant, mettant toujours le royaume en coupe réglée. Les *Mémoires* de Pierre de l'Estoile sont remplis de détails sur leurs méfaits. On doit, à plusieurs reprises, engager contre eux une armée. Ainsi lorsqu'ils refusent de combattre les huguenots, causant leur propre perte

Le « Dillon »

5 000 reîtres pour Henri IV

devant le duc de Guise à Auneau, en 1587. Henri III obtient leur départ en décembre 1587. Henri IV fait à nouveau appel à eux, notamment aux Saxons, pour conquérir son royaume : entre 5 000 et 6 000 reîtres sont à son service à la fin de 1591. Louis XIII l'imite en cela, créant même, au profit du colonel Streiff puis de M. d'Egenfeld, une charge spéciale de colonel de la cavalerie allemande. Sous le règne personnel de Louis XIV, nombre de soldats allemands servent encore. De 1671 à la Révolution, ils appartiennent au Royal-Allemand ; à partir de 1709, certains font partie du Royal-Bavière... Les Saxons méritent une place à part : en 1759, ils groupent 10 000 hommes. De plus, le XVIIIe siècle français est particulièrement illustré sur le plan militaire par Hermann Maurice, comte puis maréchal de Saxe.

Les Suédois, moins nombreux, constituent cependant, après les traités de Westphalie, des contingents notables, au point qu'à partir de 1690 il y a un régiment suédois, le régiment de Sparre, qui devient, en 1742, Royal-Suédois : à la veille de la Révolution, son colonel se nomme Axel Fersen ! En 1692, se constitue un régiment hongrois ; en 1706, ils seront deux. Ce sont des régiments de hussards, quasiment homogènes. Le plus célèbre est, à partir de 1722, celui de Ladislas Ignace de Berczeni, plus connu sous le nom de Bercheny. En 1790, il tient encore garnison à Rocroi. D'autres sont plus éphémères : ceux d'Esterhazy, par exemple.

Il apparaît ainsi que les soldats étrangers sont particulièrement nombreux dans les troupes françaises de l'Ancien Régime. Nos légions étrangères comptent toujours plusieurs milliers de soldats : de 15 000 à 20 000 au plus fort des conflits, de 4 000 à 5 000 en permanence. Pour une part, ils sont recrutés parmi de véritables aventuriers qui vont d'un régiment à l'autre. Mais, très largement, ce recrutement est organisé par un capitaine ou un colonel, qui vient se louer avec ses hommes. La paix revenue ou le contrat expiré, ils repartent avec leurs hommes pour un séjour au pays natal, avant de louer, à nouveau, leurs services, au roi de France ou à un autre. Comme on l'a vu, ils furent nombreux à trois époques particulières : pendant tout le XVIe siècle, à la fin du règne de Louis XIV, surtout pendant la guerre de la ligue d'Augsbourg, et au milieu du XVIIIe siècle.

En fait, les Suisses dont on parle tant, à cause de leur rôle sous le règne de François Ier et le jour du 10 août 1792, ne constituèrent jamais qu'une partie de l'immigration militaire, qui atteignit à coup sûr son maximum entre 1692 et 1697. Si ces troupes n'eurent, dans l'ensemble, qu'un rôle d'appoint, leur intervention fut parfois décisive : par exemple pour Henri IV, pour la régente pendant la Fronde ou, plus tard, à Fontenoy. Elles font, en tout cas, intégralement partie du paysage militaire de la France de l'Ancien Régime.

Un réseau de commissionnaires

De même, les colonies étrangères font partie intégrante de la vie commerciale sous l'Ancien Régime. On étudiera leur rôle économique plus loin. Auparavant, essayons d'évaluer leur nombre. Ce qu'il faut dire d'emblée c'est, d'une part, qu'elles ne sont pas plus importantes que les colonies françaises à l'étranger : par exemple, à Cadix, ou bien – pour les Marseillais –, dans les Échelles du Levant ; c'est, d'autre part, que leur fonction est la même : avant les moyens rapides de communication, elles permettent de disposer des indispensables commissionnaires.

Jean-Baptiste Tavernier, grand voyageur de la fin du XVIIᵉ siècle, parcourut le monde. Ses récits de voyages nous emmènent en Turquie, en Perse, en Inde, où il se rendit en qualité de marchand. C'est à Moscou qu'il meurt en 1689. Il est représenté ici en costume persan. La Perse suscita un vif intérêt au XVIIᵉ s. : le voyageur Chardin célébra la beauté d'Ispahan, ses palais, ses caravansérails, ses bazars...

(JEAN-BAPTISTE TAVERNIER, 1724. ARCHIVES NATIONALES, PARIS.)

Si leur présence est permanente, la stabilité n'est pas leur fort. À la domination des Italiens à la fin du Moyen Âge et au XVIe siècle, aux traditionnelles implantations anglaises et écossaises, notamment à Bordeaux, s'ajoute, au XVIIIe siècle, un aspect nouveau : l'installation de groupes jacobite, suisse et allemand. Aux négociants s'ajoutent leur famille, leurs commis et leurs domestiques, ensemble qui, avant le XVIIIe siècle, reste peu important : une dizaine de milliers de personnes au maximum. Ainsi, à Lyon, où ils jouent un rôle considérable : au XVIe siècle, si de 5 000 à 6 000 étrangers fréquentent chacune des quatre foires, les marchands étrangers forment encore une minorité, évaluée, en 1571, par Richard Gascon, à 183. De même, à Bordeaux, à la fin du XVIIIe siècle, les commissionnaires étrangers se répartissent entre 17 Hollandais, 52 Allemands, 4 Suédois ou Danois, 5 Suisses, 33 Anglais ou Irlandais, soit, avec leurs proches ou commis, un demi-millier de personnes. Quant aux ingénieurs, artisans très qualifiés ou industriels qui viennent en France – dont les Hollandais, auxquels nous devons le drainage des marais ou la création de plusieurs industries –, ils ne sont jamais plus de quelques dizaines de personnes.

Le « Grand Tour »

En fait, c'est seulement au XVIIIe siècle que l'immigration est marquante ; difficile à mesurer, elle représente deux ou trois dizaines de milliers de personnes, parfois plus, allant du grand banquier suisse au domestique allemand, des artistes italiens aux nobles polonais venus respirer l'air des Lumières. Il faut ajouter voyageurs et promeneurs, notamment ces riches fils de grandes familles anglaises séjournant dans la capitale à l'occasion du « Grand Tour » qui leur faisait connaître l'Europe. Quant aux Persans, ils ne sont jamais qu'une curiosité.

C'est pourquoi, en dehors du repeuplement rural de l'est du royaume, ne comptent, numériquement, que les soldats et les Juifs. Avec, pour ces derniers, une très grande ambiguïté au XVIIIe siècle : peut-on les considérer comme des Français ou en faire des Français ? La réponse n'est jamais donnée : le problème de l'accueil de l'autre apparaît, en ce qui les concerne, trop difficile à résoudre.

Il y a donc, au sujet de l'immigration en France, un considérable contraste entre son importance numérique, faible, son rôle et le problème de l'accueil.

J.-P. P.

VIII

LES ÉTRANGERS DU ROI

En termes d'aujourd'hui, n'y a-t-il pas un paradoxe à ce qu'une monarchie qui fonde de plus en plus sa puissance sur la maîtrise d'un espace national aille en chercher les premiers agents chez des capitaines et des soldats qui n'en sont point natifs ? □

Seul importe, en réalité, le service du roi, pour lequel compétences et fidélités n'ont pas de frontière, ne s'enferment pas dans le lieu de la naissance. La xénophobie, au sens actuel, est étrangère à l'outillage mental de la monarchie française, qui sait reconnaître les services qu'on lui rend par des privilèges spécifiques et protéger des minorités pour lesquelles le petit peuple n'a pas la même mansuétude. De François Ier à Louis XVI, mieux, c'est à un racolage systématique des talents que la monarchie se livre, ceux des artistes, des ingénieurs, des artisans, des ouvriers spécialistes ; et, surtout, des grands commis de l'État, dont l'éclat est tel que la carrière de nombre d'entre eux finit par s'identifier à sa propre gloire. Plus qu'une difficile pesée numérique, le rôle qu'y jouent certains illustre pleinement cette constance de l'ouverture à l'autre, même si elle se nuance, dans le long terme, des contraintes de la conjoncture politique.

Les rois de France admettent volontiers dans leur entourage des étrangers, drainés à la cour à la suite de mariages royaux : Henri II épouse Catherine de Médicis, Henri IV Marie de Médicis, Louis XIII Anne d'Autriche, Louis XIV Marie-Thérèse d'Espagne, Louis XV Marie Leszczynska et Louis XVI Marie-Antoinette. Chaque souveraine était accompagnée de compatriotes, comme l'illustre le groupe des Médicis, les plus importants. De ce fait, l'enfance des rois ne se déroula jamais dans une atmosphère exclusivement française. On ne saurait d'ailleurs limiter à ces alliances célèbres les échanges avec les dynasties étrangères. Une place doit également être faite aux dauphins et aux frères des souverains : Monsieur, frère de Louis XIV, épouse Henriette d'Angleterre ; le Grand Dauphin Marie-Anne de Bavière ; quant à la préférée de Louis XIV vieillissant, la jeune épouse du duc de Bourgogne, elle est de

La grande famille régnante d'Europe

Fille de Laurent II de Médicis, Catherine épouse en 1533 le futur Henri II. Jusqu'à sa mort, en 1589, et malgré une situation intérieure troublée qu'elle tente de résoudre avec un sens très florentin de la politique, la reine organise fréquemment des fêtes dispendieuses inspirées de celles de sa ville natale.

(CATHERINE DE MÉDICIS. DESSIN ANONYME, 1560. BIBLIOTHÈQUE NATIONALE, PARIS.)

la maison de Savoie. Le dauphin Louis, fils de Louis XV, épouse Marie-Josèphe de Saxe ; les deux frères de Louis XVI s'allient respectivement à Marie-Joséphine et Marie-Thérèse de Savoie. Il y a, à l'évidence (ce sera tout aussi vrai au XIXe siècle : que l'on songe aux alliances et à la descendance de la reine Victoria !), un cousinage européen des familles régnantes. On a parfois souligné, exagérément, la faible proportion de sang français coulant dans les veines des rois de France, ce qui est tout simplement oublier les mariages des filles de France ; les échanges ont lieu dans les deux sens et, par exemple, Philippe II d'Espagne épousa Élisabeth de Valois, fille d'Henri II.

De grands serviteurs

En cette époque de « fidélités », il n'y a rien d'anormal pour un étranger à « se donner » au roi de France ou à l'un de ses ministres, et c'est presque toujours pour le plus grand profit du royaume. L'exemple le plus éclatant est celui de Mazarin, dont la vie et la carrière se déroulent tout entières dans le cadre de fidélités successives : des Colonna aux Sacchetti puis aux Barberini, et de là à Richelieu et au service du roi de France. Dans sa correspondance avec Chavigny, Mazarin désigne Richelieu sous le vocable de « patron ». En 1639, il est naturalisé français et ses sentiments sont très clairs, tels qu'il les exprime alors : « Je ne suis pas né sujet du roi, mais je crois pouvoir véritablement m'imaginer que les déclarations des Espagnols m'ont canonisé Français, en sorte que c'est justement qu'on peut me permettre d'appeler la France ma patrie. » Ainsi, ce fils de Rome, où il a passé toute son enfance et fait ses études, devient-il le maître et très largement l'inspirateur de Louis XIV ! Entre-temps, il est vrai, il avait dû retourner dans sa ville natale en 1637 ; croyant un moment que l'amitié de Richelieu allait lui faire défaut, il avait douté au point d'écrire : « Pour ma consolation, il me reste de savoir qu'au galant homme tout pays est patrie. » Ses premiers patrons (« padroni ») et ceux de son père auparavant, les Colonna, étaient, eux, liés à l'Espagne.

Comment en est-on venu là ? Il faut remonter aux Barberini et à la perte d'influence qu'ils ont subie ; dans ce contexte se situe, le 29 janvier 1630, la première rencontre de Mazarin avec Richelieu, qui lui fait une impression extraordinaire : il le dépeint comme « un génie si élevé ». Pour sa part, Richelieu remarque aussitôt les qualités de ce jeune négociateur de 28 ans, venu représenter les intérêts adverses. Ainsi se nouent les premières relations avec le cardinal-ministre et son entourage. En 1634, le pape envoie Mazarin en France pour tenter de négocier une paix universelle ; c'est l'occasion pour lui de rencontrer Richelieu fréquemment, et sans doute se place-t-il à ce moment-là du côté des intérêts français, ce qui le fera rappeler

Les fidélités de Mazarin

à Rome en 1636. Il est devenu l'ami de Richelieu, qui le garde souvent en sa compagnie ou le prie à dîner, et lui demande d'obtenir de Rome le chapeau de cardinal pour le Père Joseph. Celui-ci meurt le 18 décembre 1638. La France propose alors que le chapeau de cardinal aille à Mazarin, qui se désespère à Rome et supplie qu'on le rappelle à Paris ; il n'est entendu qu'à la fin de 1639. Le 5 janvier 1640, aux pieds du roi et du cardinal, le voilà tout entier Français et au plein service du roi de France. Le 30 décembre 1641, il est fait cardinal. À la mort de Richelieu, en décembre 1642, Louis XIII l'appelle au Conseil aux côtés de Chavigny et de Sublet des Noyers. Peu de temps après, en mai 1643, Anne d'Autriche devenue régente fait de lui le principal ministre. Il sera maître du pouvoir jusqu'à sa mort, en 1661, destin éclatant s'il en fut pour le fils de Pietro Mazarini, dont on ne sait trop s'il fut intendant, homme d'affaires, chambellan ou même valet de chambre des Colonna ! C'est, en tout cas, le plus bel exemple de réussite en France d'un étranger de si médiocre extraction.

Le vainqueur de Fontenoy

Dans d'autres domaines, les carrières de Maurice de Saxe et de Jacques Necker témoignent des possibilités qui, dans le royaume, étaient offertes au plus haut niveau. Fils naturel d'Auguste II de Saxe et d'Aurore de Koenigsmark, dès 1708 Maurice de Saxe part à pied rejoindre, à 12 ans, l'armée du général de Schulenbourg, auquel son père l'a confié pour apprendre le métier des

Fils de l'électeur de Saxe, et très tôt formé à l'art de la guerre, Maurice de Saxe remporta sous la bannière de Louis XV la victoire de Fontenoy en 1745. Ce fin stratège mit au point le principe qui fit de lui un héros français : la défense semi-circulaire.

(MAURICE DE SAXE, MARÉCHAL DE FRANCE. GRAVURE, XVIIIᵉ S.)

armes. Il participe à la prise de Lille, à la bataille de Malplaquet, au siège de Stralsund, en 1711 ; il se conduit si bien que, cette année-là, son père l'autorise à lever un régiment de cavalerie. Commence alors une période aventureuse, au cours de laquelle il se marie, prend part au second siège de Stralsund, à la prise de Belgrade – arrachée aux Turcs par le Prince Eugène –, arrive en 1720 à Paris, où il fait bientôt partie de l'entourage de fêtes du Régent. Ce dernier lui propose d'entrer au service de la France, le nommant d'emblée maréchal de camp. En fait, il continue à courir le monde. On lui propose la couronne de Courlande : il y est élu roi le 28 juillet 1726. La Russie ne lui permettant pas d'asseoir cette ambition, il regagne la France, puis la quitte, avant d'y revenir définitivement. Désormais, son épée est au service du roi de France. Le 6 avril 1744 il est fait maréchal de Saxe et adjoint au maréchal de Noailles, général en chef de l'armée royale. Maurice de Saxe se voit confier l'armée des Flandres. C'est ainsi que, le 11 mai 1745, il l'emporte à Fontenoy, acquérant de son vivant la gloire la plus extraordinaire. Il meurt en 1750 ; ses obsèques ont lieu à Strasbourg. Collé relate dans son journal que : « Le Roi, ne pouvant, à cause de la religion que ce général professait, lui accorder les honneurs funèbres qui ont été décernés à M. de Turenne, ordonna que les frais de son transport et de son inhumation à Strasbourg seraient pris sur son trésor royal et qu'il lui serait en outre élevé un mausolée de marbre qui serait construit et travaillé par le sieur Pigalle, célèbre sculpteur, pour servir de monument à ses services. » Louis XV annonça lui-même sa disparition au roi Auguste III de Saxe : « Je n'ai plus de général, il ne me reste que quelques capitaines. » En fait, Maurice de Saxe symbolise à lui seul ces dizaines de milliers de militaires de tout grade, venus de tous les pays servir le roi de France, tout comme de nombreux Français s'illustrèrent au service de souverains étrangers.

L'exemple de Necker est tout aussi révélateur. Jacques Necker est le fils d'un professeur de droit public germanique à l'Académie de Genève, ville où il est né en 1732. Il arrive à Paris comme simple immigrant, sans grands

Banquier suisse et directeur général du Trésor royal

« Une femme de condition, fouettée pour avoir craché sur le portrait de Monsieur Necker. » Le banquier suisse installé à Paris connaît tour à tour gloire et disgrâce au cours de la seconde moitié du XVIIIe siècle. Il est le père de Mme de Staël.

(GRAVURE ANONYME, 1789. BIBLIOTHÈQUE NATIONALE, PARIS.)

moyens, et débute comme commis dans la Banque Vernet, avant de s'associer, en 1756, avec un autre Genevois, Georges Thobie de Thelusson, dans la Banque Thelusson, Necker et Compagnie, qui fonde ses intérêts sur la Compagnie des Indes orientales et les affaires maritimes en général. Sa réussite dans les activités bancaires le fait connaître. Il passe bientôt pour l'un des meilleurs financiers de Paris et même d'Europe, renommée rapide que sert le salon de son épouse Louise Suzanne Curchod, suisse également, fille d'un pasteur du canton de Vaud qu'il a épousée en 1764. Lorsque le ministre-résident de la République de Genève à Paris meurt en juillet 1768, Jacques Necker pose sa candidature à sa succession ; à l'un de ses amis il écrit à l'époque : « Pensant tout haut devant vous, j'avouerai qu'entre tous les Genevois qui sont ici, je crois être celui qui peut le plus convenir à la place. » Sa candidature ayant été acceptée le 2 août, Necker se retire progressivement des affaires de la Banque, ce qui ne l'empêche pas d'exposer à plusieurs reprises ses vues d'ensemble sur l'économie et les finances. En 1773, son *Éloge de Jean-Baptiste Colbert* remporte un prix de l'Académie française. Necker devient dans ce domaine l'un des hommes les plus en vue du royaume. Cela lui vaut, après l'échec du ministre Turgot, auquel il s'est opposé très vite, notamment dans son *Essai sur la législation et le commerce des grains,* publié en 1775, d'être nommé, en octobre 1776, conseiller des Finances et directeur général du Trésor royal. Le 29 juin 1777, il devient directeur général des Finances. Notre Genevois est ainsi totalement passé au service du roi de France, malgré son origine étrangère et sa religion, le protestantisme, qui firent pourtant obstacle à sa nomination comme contrôleur général des Finances. Ainsi le roi n'a pas hésité à lui confier des tâches d'une importance vitale, et l'on sait qu'au milieu des péripéties du règne de Louis XVI, il devient l'un des hommes les plus célèbres et les plus adulés du royaume.

Voilà donc trois exemples significatifs et fondamentaux : la naissance et la nationalité étrangère n'empêchent nullement, à l'époque moderne, l'accès aux plus hautes fonctions dans le royaume de France. Même quand ledit étranger, tel Mazarin ou Necker, avait défendu contre le roi de France des intérêts étrangers, même lorsqu'il avait combattu, cas de Maurice de Saxe, les soldats du roi ! À l'évidence, nulle xénophobie n'animait le souverain ni la cour.

Le mouvement xénophobe

C'est parmi les populations du royaume que se manifeste parfois un sentiment xénophobe, d'abord contre ces grands d'origine étrangère qui s'élèvent aux plus hautes destinées, contre des groupes tout entiers aussi. Voici, exemplaires, les malheurs de Concini au début du XVIIe siècle, et les difficultés de Mazarin lors de la Fronde.

Catherine de Médicis, caricaturée par Rabelais. De cette politicienne habile, on ne retint longtemps que le double langage et l'opportunisme.

(BIBLIOTHÈQUE NATIONALE, PARIS ; 1560.)

Nous sommes en juin 1610. Marie de Médicis est régente, à l'âge de 37 ans. Or, elle est sous l'influence totale de sa sœur de lait, Leonora Galigaï et de l'époux de celle-ci, Concino Concini, issu de la noble famille (cômoise) des comtes de la Penna. Leonora, née en 1568, entre à son service en 1584 ; aussitôt elle prend sur Marie de Médicis un grand ascendant. Préposée aux soins de sa coiffure, de ses parfums et de sa garde-robe, elle est avant tout sa confidente. Concini entre au service de la reine en 1600. L'année suivante, ils se marient malgré l'hostilité d'Henri IV envers Concini. Leonora est devenue dame d'atour de la reine et son époux premier maître d'hôtel de la reine. Ils s'enrichissent très vite ; presque aussitôt – ce qui a beaucoup d'importance pour la suite – ils sont très mal supportés par les grands. Marie de Médicis fait pourtant de Concini son principal ministre. Le couple reçoit prébendes et abbayes, et Leonora peut acquérir, dès le mois d'août 1610, le marquisat d'Ancre avec de l'argent donné par la reine.

L'hostilité ne cesse de grandir, se propageant hors de la Cour, témoin une chansonnette qui court les rues :

Si la Reine allait avoir
Un poupon dans le ventre
Il serait bien noir
Car il serait d'Ancre.

Noir comme d'Ancre

« Estime qui voudra la mort espouvantable, / Ce dernier jour des miens me semble le plus beau, / Et puis pour faire voir que je l'ay agréable, / Et que ne la crains point, oste-moy ce bandeau. »

(LEONORA GALIGAÏ DÉCAPITÉE ET BRÛLÉE POUR SORCELLERIE EN 1617. BIBLIOTHÈQUE DES ARTS DÉCORATIFS, PARIS.)

N'importe. Concini amasse, pendant plusieurs années, une énorme fortune et ajoute titre sur titre : maréchal de France, lieutenant général de Picardie, entre autres. En 1616-1617, il ne se déplace plus qu'accompagné d'une suite de 40 gentilshommes à ses gages et de 12 soldats costumés en laquais, d'une suite de courtisans et d'une armée privée, recrutée en pays wallon et liégeois. Au début de l'année 1617, l'assemblée des états de Guyenne, réunie à Agen, demande à Louis XIII de mettre fin à ces débordements : nous venons « en vous parlant librement, dire à Votre Majesté que, puisqu'elle l'âge et le cœur d'acquérir des royaumes en faisant le Roi, elle doit sauver celui-ci de la domination des étrangers ». Le 5 mars 1617, les princes et les grands du royaume lancent à leur tour un avertissement : « Les étrangers et leurs fauteurs se sont impatronisés et mis en possession de la personne du roi et de l'administration et absolu gouvernement du royaume, qu'ils occupent injustement et exercent avec une extrême tyrannie et oppression. »

Ces Italiens si bien en cour...

S'agit-il vraiment ici de sentiments de xénophobie ? En un sens, oui. D'une part, parce que revit à cette occasion un sentiment anti-italien qui s'était déjà développé à l'époque de Catherine de Médicis, mais sur un mode mineur. Arrivée en France en 1533, Catherine vécut jusqu'en 1558 dans une atmosphère italienne : son entourage était peuplé de ces bannis de Florence, les *fuorosciti,* ennemis de Cosme de Médicis, avec, au premier rang, ses cousins germains, les quatre Strozzi, auxquels venait s'ajouter un nombre important de serviteurs et de gens de maison italiens, qu'elle conservera toute sa vie près d'elle. On voit dans son entourage aussi bien des aumôniers, tel Marco Sitico, futur cardinal d'Altaemps, que des astrologues, dont Ruggieri ou Simeoni. Ses banquiers, notamment les Gondi et les Zamet, lui étaient indispensables. Certes, ils s'enrichirent énormément, mais, sans son « parti italien », elle n'aurait pu faire face ; les avances consenties par ces financiers lui donnèrent un moyen de gouvernement. Pendant longtemps, ce fut sans conséquence, la fortune des compatriotes de la reine suscitant seulement les ordinaires jalousies. Mais, au moment des guerres de Religion et des luttes farouches qui se déroulèrent alors, tout fut remis en cause. Des pamphlets circulèrent, dont le *Discours merveilleux de la vie, actions et déportements de la reine,* imprimé en 1574 à Lyon ; l'auteur désignait à la vindicte des Français ces Gondi, Birague, Sardini, Zamet, qui s'enrichissaient en ruinant le royaume, et, pis encore, s'anoblissaient et faisaient souche de gentilshommes. La lutte contre Catherine donnait lieu à des manifestations de xénophobie anti-italienne, particulièrement vives chez les protestants, comme on pouvait s'y attendre.

D'autre part, entre 1610 et 1617, il est clair que ce n'est pas seulement le favori ou sa conduite jugée scandaleuse qui est en cause : l'extraction médiocre de Concini, son origine italienne accroissent encore les sentiments de rejet. Aux yeux des grands comme du peuple, tout se passe comme si l'on estimait que les créatures de la reine italienne étaient venues mettre le pays en coupe réglée.

Mais la personne de la reine est très tôt mise hors de cause, comme tout souverain qui a été trompé par de mauvais conseillers. Dans les années

1610, comme dans les années 1570, on se sert des sentiments xénophobes nés de la puissance et de la richesse soudaine des Italiens comme d'une arme dans la lutte pour le pouvoir, en prenant appui sur des réactions populaires ou des jalousies des grands qui auraient aussi bien pu viser des Français de souche – et ce sera le cas, dès 1617-1618, pour Luynes et ses frères, les « trois potirons venus en une nuit », dont on raillait la soudaine importance. L'origine italienne eut pour simple rôle de faciliter une attaque plus violente. Ce serait une erreur d'exagérer, dans cette réaction, la part de la xénophobie.

Il en va de même pour Mazarin, à cette différence près que l'attaque se fait plus globale. On est parti de la raillerie qu'inspiraient l'accent et les manières de celui qui devint dès 1647 « le Mazarin ». Puis tout y passe, et d'abord sa naissance : il est né italien, et même « sujet du roi d'Espagne », d'un père vendeur d'huîtres à l'écaille, à moins qu'il ne soit fendeur de bois, palefrenier, voire banqueroutier ! Après quoi on l'assimile avec le « sieur Conchine », dont tout le monde se souvient qu'il a mis la France au pillage. Le *Dialogue des deux Guépins* met en cause tous ces Italiens qui « n'ont fait que des trébouillements dans la France ; y chassit et accartit tous nos bons princes, comme stiey veut faire ». La mentalité italienne est stigmatisée : « L'humeur italienne flatte pour mieux mordre », elle « sait dissimuler quand il faut », « il n'y a que l'argent qui les fasse parler »... Tout est bon pour dénoncer « le faquin », et le dénoncer comme italien. Ses manières même paraissent bizarres et choquantes : on lui reproche son luxe, sa façon de vivre,

La chasse au faquin

ne Marie Louise d'Or-
ans, duchesse de Mont-
nsier, couramment appe-
e la Grande Mademoi-
lle, prend la tête de
pposition contre le cardi-
l Mazarin au cours des
énements de la Fronde.

GRANDE MADEMOISELLE BALAIE HORS
FRANCE MAZARIN ET SES PARTISANS.
AVURE DU XVII° S. MUSÉE CARNAVALET,
IS.)

jusqu'à l'habitude de faire venir d'Italie « des pommades pour blanchir ses mains ». Il a importé d'Italie les brelans et répand les jeux de carte. Pis encore : les danseurs et comédiens qu'il a fait venir ont figuré devant le jeune roi des actions malhonnêtes « qui n'étaient le plus souvent que maquerellages de l'un et l'autre sexe ». Tous les efforts de Mazarin pour introduire l'art musical italien donnent lieu aux plus vives critiques, car ils se heurtent à l'hostilité des musiciens et amateurs français. Tel est le sort, en 1647, de l'*Orfeo* de Luigi Rossi. Les mazarinades n'en parlent que comme d'une « ennuyeuse comédie qui coûte 500 000 francs au roi de l'argent du peuple » ; quant à Scarron, d'un trait de plume il l'exécute.

Tout, chez le Cardinal, donne lieu à des attaques ; sa religion – « Il nous a fait venir d'Italie les théatins qui, ces jours derniers, attiraient tout le monde par leurs marionnettes » (fin 1648) –, ses nièces – qualifiées de « petites harrengères de Rome ». À la fin, la conclusion s'impose, que délivre perfidement la pièce en vers burlesques intitulée *le Passeport et l'adieu de Mazarin* :

« Adieu donc, pauvre Mazarin,   Par vos excellentes pommades,
Adieu, mon pauvre Tabarin,   Par votre petite calote,
Adieu, l'oncle aux Mazarinettes,   Par votre tête un peu falote,
Adieu, père aux marionnettes,   Par les singes que vous aimez,
Adieu, gentil Sicilien...   Qui, comme vous, sont parfumés,
Ainsi donc, par vos limonades,   Allez sans jamais revenir ! »

Faut-il en conclure à une profonde xénophobie à l'égard des Italiens ? Pour qui analyse en profondeur les invectives qui assaillent Mazarin au moment de la Fronde, il est clair qu'elles ont d'abord des motivations politiques : c'est le ministre qui est visé, dans la lutte pour le pouvoir, davantage que l'Italien, tout comme avait été critiquée, soixante-dix années plus tôt, Catherine de Médicis.

Un courant anti-italien

Or, si ces pamphlets ont une telle portée, c'est en raison de la gravité des événements politiques nationaux qui leur donnent naissance et parce qu'ils reposent sur une opposition franco-italienne très nette à cette époque. Certes, la France s'était mise à l'école de l'Italie au XVIe siècle, mais cela ne s'était pas fait sans résistances. Celles-ci restaient vives dans le domaine culturel et, de l'échec de l'*Orfeo* à la *Querelle des bouffons,* il y a, en musique du moins, un débat de fond qu'il serait peu judicieux de négliger. Il recouvre une grande partie du champ idéologique et culturel. Non seulement les protestants mais aussi une large partie des catholiques refusaient les pratiques religieuses en honneur dans la Péninsule : si, pour les protestants, Rome restait la Babylone moderne, l'exubérance de la Contre-Réforme italienne ne convenait pas non plus à tous les catholiques français. Pour beaucoup de Français, également, nos voisins, dans leur majorité, passaient pour adeptes de mœurs contre nature : le cardinal fut accusé d'avoir été le mignon d'Antoine Barberini et maintes fois traité de « bougre », notamment dans la mazarinade publiée par Scarron en 1651. L'opposition aux idées machiavéliennes que Mazarin était censé défendre n'en était pas moins forte à ce moment où le débat autour de la raison d'État était particulièrement vif ; par la suite, on lui reprochera souvent d'en avoir inspiré le jeune Louis XIV.

À cette opposition franco-italienne s'ajoutent les incompréhensions habituelles entre peuples, renforcées par le rôle majeur qui, depuis le milieu du XVIe siècle, revenait à des Italiens, de Catherine de Médicis à Mazarin, en passant par Marie de Médicis et par les Concini. Avec ces derniers se développe l'idée, facile à répandre, qu'ils étaient venus en France dans le seul but de s'enrichir aux dépens du royaume. Or, depuis un siècle, les banquiers et financiers italiens n'ont cessé de dominer. C'est pourquoi, en 1649, le banquier Particelli d'Emery et ses partisans sont rendus responsables par la presse populaire de tous les malheurs du peuple, et Mazarin avec eux, car il passe pour leur chef. En février 1651, le parlement de Paris lance une enquête contre le cardinal, accusé de « prédation [...] sur les vaisseaux étrangers, dissipation des finances, transport de deniers hors du royaume, empêchement à la paix et mauvaises impressions par lui données au roi ». Ses biens sont saisis et vendus, les banquiers Cantarini et Serantoni entendus.

Toute l'affaire ne s'explique que par l'hostilité d'une opinion largement persuadée que les étrangers s'enrichissent trop vite, aux dépens des Français, et qu'il convient d'y mettre fin. C'est un fait fondamental, même si, comme l'a brillamment écrit Françoise Bayard, ce qui s'est passé en réalité c'est « qu'en 1648, des éléments de l'élite, menacés dans leur suprématie sociale et politique, dirigent l'exaspération populaire contre des boucs émissaires, supposés être étrangers pour faire bonne mesure, qu'on charge de tous les malheurs du royaume ».

De fait, le terrain est préparé à la fois par la hargne contre la fortune dont les Italiens n'avaient cessé de jouir et par ce qu'il faut bien appeler une constante propension populaire à la xénophobie. Celle-ci ayant toujours eu deux cibles : l'enrichissement d'étrangers, la difficulté de cohabiter avec des groupes étrangers. À cela s'ajoute une troisième cible, les minorités rejetées : Juifs et Bohémiens, sans parler des forains, jugés indésirables. Nous avons affaire à un problème éminemment ambigu, caractère que met admirablement en lumière le célèbre passage des *Lettres persanes* : « Comment peut-on être Persan ? » D'un côté, l'engouement pour tout ce qui est étranger, le poids de la curiosité, qui peut se tourner en mode. D'un autre côté, les réactions populaires, donnant lieu, parfois, à de véritables refus.

Le refus et la circonspection

Si des groupes entiers tentent de s'installer, le gouvernement royal se montre circonspect. Un bon exemple en est fourni par les Morisques. Dès 1587, ceux-ci envoient des ambassadeurs à Henri de Navarre pour obtenir son soutien : des pourparlers sérieux reprennent en 1602. Le roi envoie l'année suivante Panissault et Pascal de Saint-Estève ; il cherche simplement à susciter des difficultés au roi d'Espagne. Mais les liens noués alors ont pour résultat que, lorsqu'en 1609 Philippe III décide leur expulsion, les Morisques se tournent tout naturellement vers le roi de France, proposant notamment de s'installer dans les landes de Gascogne.

L'affaire des Morisques

Henri IV refuse de créer un groupe d'allogènes régionalement aussi important ; il décide seulement, par l'ordonnance du 22 février 1610, que ceux qui se convertiront à la religion catholique pourront s'installer dans les régions situées au nord de la Dordogne et de la Garonne, afin de les éloigner du royaume d'Espagne ; les autres seront conduits au Levant par des navires qui les prendront à Agde et à Marseille. On est donc loin de ce que rapporte Richelieu dans ses *Mémoires* : « Henri le Grand, ayant eu avis que plusieurs de ces pauvres gens s'acheminaient vers son royaume, qui est réputé par tout le monde l'asile des affligés, touché de compassion, les accueillit en France. »

Au demeurant, tous ceux des Morisques, juifs ou mahométans, qui prétendent rester se voient poursuivis ou rencontrent les plus grandes difficultés. Dès 1610, le parlement de Toulouse décide de les empêcher de traverser le Languedoc ; à Ollioules, où l'on en découvre 70 en mars 1611, on se dépêche de les embarquer ! Retenons encore cette décision de la jurade de Bordeaux de 1611 : « Est enjoint à tous Mauresques n'ayant obtenu permission du roi ou de MM. les commissaires députés par Sa Majesté de demeurer et s'habituer en son royaume et pays de son obéissance, et qui n'ont fait profession de la religion catholique, apostolique, romaine par devant Monsieur le cardinal de Sourdis, archevêque de Bordeaux... de vider la présente ville, banlieue et juridiction dans un mois. » En fait, les Morisques ont réussi à s'infiltrer en Béarn, Languedoc, Guyenne, à Paris, même. À Bordeaux, les ordres de départ sont répétés pendant plusieurs années, ce qui montre que certains réussissent à rester à demeure : on en trouve encore des traces en 1630 !

D'autres tentatives, émanant de groupes ethniques ou nationaux, pour s'installer dans le royaume ont aussi peu de succès, en dehors des zones de colonisation rurale de l'Est, déjà étudiées. Ainsi Richelieu refuse-t-il l'installation de 400 Hollandais au Havre.

UNE SITUATION FORT PRÉCAIRE

« Les ordonnances des 9 novembre 1617 et 7 décembre 1620 défendent expressément à tous étrangers de quelques qualité et nation qu'ils soient, de s'établir dans une ville, bourg, village et paroisse, qu'ils n'aient auparavant déclaré au greffe de la justice du lieu leur intention, et demandé aux officiers de police la permission de s'y établir, déclaré et donné connaissance du lieu de leur naissance, de leurs vie, mœurs, qualités et professions, et s'être soumis aux charges, lois et coutumes des lieux. »

La Poix de Fréminville, « Dictionnaire ou traité de la police générale des villes, bourgs, paroisses et seigneuries de la campagne », Paris, 1725.

Les Bohémiens ne sont pas mieux accueillis. On sait qu'ils sont appelés « Égyptiens » et qu'ils s'étaient infiltrés en France au XVᵉ siècle. Leur nombre demeure inconnu : un texte du début du XVIIᵉ siècle évalue à 300 familles ceux qui circulent ou résident dans le royaume ; ce nombre est manifestement trop faible, mais c'est tout ce que l'on peut dire. Dès 1504, un édit de Louis XII enjoint aux officiers royaux de les faire partir, ceux qui s'obstineraient à rester devant être envoyés aux galères. Le texte est mal exécuté, comme tous ceux concernant mendiants et vagabonds : son renouvellement à intervalles – par exemple, par François Iᵉʳ en 1539 – le montre clairement. Dans la deuxième moitié du XVIᵉ siècle, Étienne Pasquier écrit : « C'est une chose estrange que ces misérables voyageurs sans assurance de feu et lieu font une véritable profession de mendicité, de larcin, d'oisiveté et encore plus estrange qu'au veu et seu de nos magistrats, ils ont rodé en France par l'espace de cent ou six vingt ans et plus, sans avoir autre adveu de leur pénitence sinon celuy que par une sotte renommée ils avaient imprimé depuis ce temps là dans nos textes disant que ces sept ans de pénitence qui furent ordonnés aux premiers allaient de succession en succession. » Texte auquel fait écho une circulaire du préfet des Basses-Pyrénées du 1ᵉʳ frimaire an XI (23 novembre 1802), portant ces mots : « Le préfet des Basses-Pyrénées, considérant que

*Les Bohémiens
aux galères*

« Vous qui prenez plaisir en leurs parolles, / Gardez vos blancs (deniers), vos testons et pistolles. » Tolérée par le roi, la population instable des Bohémiens tour à tour fascine et suscite crainte farouche.

(LES BOHÉMIENS, GRAVURE DE J. CALLOT, XVIIᵉ S. BIBLIOTHÈQUE DES ARTS DÉCORATIFS, PARIS.)

les Bohémiens répandus dans les arrondissements des sous-préfectures de Bayonne et de Mauléon n'ayant ni domicile ni état autre que le brigandage, ne peuvent être considérés comme citoyens, ni jouir des droits attachés à ce titre... »

De subtilz trompeurs...

Il serait beaucoup trop long de relever tous les actes visant les Bohémiens au cours de ces trois siècles. On les trouve partout, et partout l'on essaie en vain de s'en débarrasser. Les états de Provence, lors d'une session tenue à Nîmes en 1636, se plaignent des violences et dols qu'ils occasionnent. Madame de Sévigné écrit, le 24 juin 1671 : « Nous avons eu de vilains Bohêmes qui nous ont fait mal au cœur. » En 1775, le tiers état de Navarre demande que les mâles soient conduits aux galères et les femmes au dépôt de mendicité... Ils sont sans cesse considérés comme des brigands et voleurs, à l'image de ce texte du *Mercure français* de 1612 : « J'ay veu en Poictou et en Anjou durant ces derniers troubles aucun de ces Égyptiens suivre l'armée conduite par le prince de Conty. C'estoient de subtilz trompeurs, grands voleurs et vendeurs de chevaux : d'un meschant cheval maigre, par le moyen de certaines herbes qu'ils cognoissoient et qu'ilz luy donnoient à manger, ils le faisaient devenir poly et refaict, puis l'alloient vendre aux foires et marchez voisins d'où ils estoient logez, mais ceux qui les achetoient recognoissoient leur tromperie au bout de huit jours. »

Les très diverses destinées des communautés juives

C'est parce qu'ils sont des marginaux aux mœurs bizarres, des errants de nature, que les Bohémiens sont considérés comme dangereux, et parce qu'ils sont étrangers. Là réside la cause essentielle du refus. S'agissant des Juifs, la religion vient ajouter une dimension supplémentaire. Il n'y a pas à vrai dire une communauté juive, mais plusieurs : à la séparation entre sépharades et askhénazes s'ajoutent les origines géographiques. Nous étudierons plus en détail leur condition au XVIIIe siècle. Il convient dès à présent de fixer le contexte dans lequel ils vivent.

Admis par lettres patentes

Les diverses communautés ont des destins très différents : si, en Provence, on les expulse en 1501, dans le Sud-Ouest, au contraire, se développe une communauté destinée à un bel avenir. Dès la fin du XVe siècle, des Juifs de la péninsule Ibérique entrent en France, par suite des difficultés qu'ils subissent et qui culminent en 1492, lorsque, le 31 mars, Ferdinand et Isabelle les expulsent de leurs États, imités en cela par le Portugal en 1496, et par la Navarre en 1498. Dans un premier temps, le problème de leur religion ne se pose pas : officiellement, en effet, ils sont catholiques et considérés comme nouveaux chrétiens. Ce sont donc les textes régissant les étrangers qui s'appliquent à eux : par exemple, les lettres patentes de Louis XI de 1474 qui donnent à tous les étrangers, Anglais exceptés, l'autorisation de venir demeurer à Bordeaux, avec la libre disposition de leurs biens, sans être tenus de prendre des lettres de naturalité. Très vite, une partie d'entre eux atteignent une position en vue, soit intellectuelle, comme l'illustre professeur André de Gouvea, soit commerciale, comme les Lopès. Mais il devient nécessaire de les protéger de l'hostilité des populations par une garantie officielle ; d'où l'importance des lettres patentes d'août 1550, par lesquelles Henri II accorde aux « marchands et autres Portugais appelés Nouveaux Chrétiens... tous les droits et privilèges des habitants des villes où ils demeureront ». Ils n'en sont pas pour autant à l'abri des difficultés : le 10 mars 1574, par un arrêt, le parlement de Bordeaux se voit obligé d'interdire de molester « les Espagnols et Portugais bons catholiques ». C'est sur ces bases que se développent les nations « portugaises » du sud de la France : à Bordeaux, Bayonne, Bidache, Peyrehorade, Dax... À Montpellier ou Toulouse, elles ne subsistent pas en tant que communautés, comme le montre l'autodafé toulousain de 1685, qui condamne au bûcher 7 marranes originaires de Bordeaux. Cependant, certaines familles, telles les Gradis et les Mendès-France, s'implantent pour plusieurs années à Toulouse. À Bordeaux, ils réussissent dans les affaires et sont protégés par les autorités : lorsqu'en 1625 Louis XIII ordonne l'inventaire des biens possédés par les Portugais en Guyenne, les jurats de la ville prennent leur défense. Un raidissement survient au cours des années 1680, parallèle à celui qui touche les protestants : édit d'expulsion de 94 familles portugaises du Sud-Ouest en novembre 1684 ; code Noir de 1685, qui leur interdit l'accès aux îles françaises d'Amérique, suivi de l'édit de 1686, qui ouvre la France à tous les étrangers désireux de s'y établir, de quelque religion qu'ils soient, sous réserve de ne pas célébrer de culte public. Aussitôt, le nombre des Juifs bordelais se développe : 52 familles en 1636, 100 en 1718, 350 en 1734. C'est à la fin du XVIIe siècle qu'ils ont complété l'organisation de leur nation : à partir d'un comité de charité – la Sedaca –, tous les ans, aux environs du 1er nisan, le Conseil des anciens choisit un trésorier ou un syndic, assisté de deux adjoints ; ils sont chargés de recueillir les contributions des membres aisés de la nation et de les répartir entre les coreligionnaires pauvres. Il existe donc désormais une organisation officielle de la communauté juive ; mais il n'est pas sûr qu'elle remplisse son rôle vis-à-vis de l'extérieur : on ne la voit, en effet, intervenir ni en 1700, lorsque les Portugais versent au roi 2 000 livres, plus deux sous par livre, ni en 1723, lorsque, pour obtenir de nouvelles lettres patentes confirmant leurs privilèges, ils versent cent mille livres, plus deux sous par livre, en faveur du « joyeux avènement à la couronne » du nouveau souverain.

On rapprochera cette situation, favorable, de celle qu'ils connaissent dans le Comtat Venaissin, qui ne fait pas alors partie du royaume. C'est là-bas une communauté en recul au cours du XVIe siècle, par suite de la mise en vigueur partielle de bulles d'expulsion, comme celles de 1569 et de 1593, suivies, il est vrai, d'autorisations de revenir : en 1572, par exemple. Ils sont autour d'un millier à la fin du XVIe siècle, ce qui constitue un ensemble de

Les ghettos du Comtat

familles dont les noyaux au moins restent stables, puisque, dans les années 1780, les patronymes sont les mêmes qu'au XVIe siècle. Les pouvoirs urbains leur étaient favorables ; en revanche, les états du Comtat tentèrent à plusieurs reprises d'obtenir leur expulsion. D'où une situation ambiguë et des difficultés d'existence certaines : ils sont relégués dans les carrières, véritables ghettos fermés de portes et de grilles dont ils ne doivent sortir que le jour, munis de sauf-conduits, et astreints à porter un chapeau jaune. La détention de livres en hébreu est soumise à autorisation. Depuis la seconde moitié du XVIe siècle, ils ne peuvent ni pratiquer la médecine, ni posséder des immeubles, maisons et terres en dehors de leur résidence principale. À la fin du siècle, Thomas Platter constate qu'ils « sont presque tous tailleurs, fort habiles à réparer et à raccommoder les vieux vêtements », domaine dans lequel ils se sont spécialisés, car il leur est interdit de faire commerce de marchandises neuves. Ils bénéficient, il est vrai, d'une main-d'œuvre féminine abondante et habile. Ils en viennent naturellement à faire commerce d'étoffes et de draps quand, à partir du milieu du XVIIe siècle, il leur devient possible de vendre des marchandises neuves.

Ils se spécialisent alors dans les draps d'Avignon, les soieries de l'Isle-sur-Sorgue, les serges et filés de coton d'Orange... Ils pratiquent également le commerce du bétail et le prêt à intérêt. Il y eut, certes, à plusieurs reprises, des difficultés avec les populations chrétiennes, mais nulle voie de fait directe, ni à proprement parler d'échauffourées. Seul incident vraiment notable, en 1603 l'évêque Horace Caponi fait élever une croix de pierre devant la cathédrale Saint-Siffrein aux frais de Juifs accusés d'avoir crucifié un homme de paille le vendredi saint.

Metz et l'Alsace
Ailleurs, dans le Sud-Est, leur situation est beaucoup plus défavorable : la Provence et le Dauphiné leur sont pratiquement fermés, tout comme le Languedoc : des colporteurs, infiltrés illégalement à Nîmes et à Montpellier, sont expulsés en 1653. Au contraire, à Metz, où ils sont très rares dans la première moitié du XVIe siècle, leur situation va s'améliorant ; ils sont alors peu nombreux dans le Nord-Est et disséminés dans les villages. C'est l'entrée des troupes françaises, en 1552, qui entraîne leur installation. Malgré quelques péripéties, plusieurs familles s'installent et se rendent indispensables en faisant des prêts d'argent à la garnison. Seuls 4, puis 8 ménages sont autorisés, mais, dès 1595, il y en a 25, avec pour résultat qu'en 1602 l'assemblée des trois ordres, représentative de l'ensemble des habitants, assaille le roi et le gouverneur de plaintes contre leur admission et prolifération. Leur nombre ne cesse pourtant de s'accroître : ils sont 393 en 1637. Les bourgeois messins se résignent à leur présence, mais prennent à leur égard des règlements de plus en plus draconiens : en 1634, il leur est interdit de travailler en public et de circuler dans la ville les dimanches et les jours de fêtes chrétiennes. Un grave incident entraîne en 1669 l'exécution de Raphaël Lévy, que la rumeur accuse d'avoir enlevé un enfant. À cette occasion, une série d'accusations, d'outrages et de blasphèmes sont portés contre les Juifs, ce qui révèle la persistance de sentiments antisémites très nets. Rien n'empêche cependant la communauté d'atteindre 1 200 personnes en 1699 et 3 000 en 1714, les nouveaux venus étant issus d'Allemagne rhénane ou du plat pays messin.

En Alsace, devenue française, ils sont, comme à Metz, placés sous la protection royale (1657). À plusieurs reprises, néanmoins, leur expulsion, décidée, ne sera jamais exécutée, grâce à la protection des intendants. Ce qui est clair, c'est que leur nombre ne cesse de s'accroître : 60 familles en 1618, 300 à 400 en 1650, 587 en 1689. En 1716, ils sont au nombre de 1 348 familles, représentant environ 6 800 personnes.

Au terme de cette analyse, par-delà la complexité des situations et des époques, les choses sont claires. D'une part, au plus haut niveau, celui du roi, de la Cour, de l'État, nulle trace de xénophobie. Simplement, une grande prudence quant à leur greffe éventuelle sur la population du royaume, si des groupes importants se présentent. Mieux même, une protection quasi continue se manifeste par-delà telle ou telle péripétie : si des étrangers nombreux, et des marginaux, comme les Juifs, ont pu demeurer dans le royaume, c'est grâce à la volonté et à la protection royales. Seule exception : les Bohémiens, mais, en l'espèce, le refus concerne les errants qu'ils sont, plutôt que la population d'origine étrangère. D'autre part, des réactions populaires fort peu favorables, quand il ne s'agit pas d'hostilité ouverte et déclarée, visant en particulier les Juifs, mais aussi tout groupe important d'étrangers, et plus encore ceux qui réussissent à accumuler très vite des biens.

Ce fond de xénophobie est permanent. Il n'est pas simplement peur de l'autre, il est aussi rejet et permet toutes les exploitations. Ce qui, au demeurant, n'est nullement une caractéristique exclusivement française : il y a, par exemple, des émeutes anti-irlandaises à Londres au XVIIIᵉ siècle et, dans cette même Angleterre, les attroupements et émeutes anti-catholiques ne sont pas rares !

« Ce sont les félons juifs qui mettent Jésus-Christ en la croix. » Depuis Saint Louis et Philippe le Bel, cet argument est plus ou moins explicitement utilisé contre les Juifs.

(GRAVURE EXTRAITE DES « HISTOIRES PRODIGIEUSES » DE BOAISTUAU, 1560. BIBLIOTHÈQUE NATIONALE, PARIS.)

*Le mythe
du complot juif*

La remarquable analyse des mazarinades par Christian Jouhaud révèle l'antisémitisme qu'elles recèlent. Un fait divers du 15 août 1652, à Paris, le meurtre d'un épinglier, dû à des fripiers du quartier de la Tournellerie, aboutit à une véritable campagne anti-juive. L'origine en est claire : la friperie est une activité de Juifs, donc les fripiers sont des Juifs. Il en résulte une série d'écrits d'autant plus surprenants qu'il y a alors très peu de Juifs à Paris. Quelques textes suffisent, du titre de telle brochure : *Monitoire publié par toutes les paroisses de la ville de Paris. Contre les Juifs de la synagogue, le premier jour de septembre 1652, pour avoir cruellement martyrisé, assassiné et tué un notable bourgeois de ladite ville de Paris,* à tel extrait :

« Nation détestable
Abhorrée des humains,
Chassée de toutes places,
Fallait-il aujourd'huy

Renouveler l'effort
De vos cruautés inouyes,
Lesquelles donneront la mort
Au Dieu de qui nous tenons notre vie. »

ou encore :

« Race des Juifs gens détestables...
Tigres cruels retirez-vous
Indignes de vivre entre nous
Vous fomentez le trouble en France »...

Le complot juif, le mythe juif sont donc redevenus d'actualité. Ils n'ont certes alors débouché sur rien de précis, mais ces textes viennent rappeler la possibilité de réactions antisémites et, plus largement, xénophobes, surgies du vieux fonds populaire sans lequel ils n'auraient pas été publiés. Comme l'a bien montré Jean Delumeau, le Juif est un élément important de la peur en Occident. C'est un des agents de Satan, un des visages du diable : il est « le mal absolu » parce que les Juifs supportent la terrible accusation d'être responsables de la mort du Christ. Le Juif est aussi l'usurier, image que les pièces de théâtre du XVᵉ et surtout du XVIᵉ siècle ne cessent de répandre, et que la littérature a largement reprise. Ronsard écrit :

« Je n'ayme point les Juifs, ils ont mis en la croix
Ce Christ, ce Messies qui nos pechez efface,
... Fils de Vespasian, grand Tite, tu devois,
Destruisant leur cité, en destruire la race
Sans leur donner ny temps, ny moment ny espace
De chercher autre part autres divers endroits. »

J.-P. P.

IX

À L'ÉCOLE DES AUTRES

Sous l'Ancien Régime, la condition des étrangers est souvent synonyme de protection royale, quand ce n'est pas de privilèges spécifiques. Comment en irait-il autrement puisqu'on les a sollicités pour apporter au royaume leur savoir, leur talent, leurs relations ? □

Ce qui est un moment esprit de système avec Colbert marque en fait toute la France de la monarchie lors de son apogée : aucun secteur un peu neuf ne saurait se passer de l'activité industrieuse de spécialistes étrangers. De la banque et du grand commerce au renouvellement des cultures et à l'amélioration des terroirs, ils viennent exercer leur art en France sans rompre avec les pays où ils l'ont appris ; les hommes suivent les techniques et guident les pédagogies, avant de se fondre, à leur tour, dans un royaume qui finit par oublier qu'ils n'en ont pas toujours été.

Le savoir-faire étranger au service de la France

L'assèchement des marais figure au premier rang de leurs réalisations ; forts de leur longue expérience, les Hollandais y jouent un rôle essentiel. Entre Loire et Gironde, l'ensemble des marais ne représente pas moins de 130 000 hectares, auxquels il faut ajouter les terres basses du Médoc et des environs de Bordeaux. Les premières grandes entreprises de dessèchement, au XIᵉ siècle, sont dues aux moines, bénédictins puis cisterciens. Mais les guerres et le recul démographique de la fin du Moyen Âge ruinent leur œuvre dans une large mesure ; plus tard, les guerres de Religion provoquent de nouveaux dégâts. C'est à Henri IV que l'on doit la remise en valeur de ces terres, gagnées puis reperdues, et surtout l'achèvement des travaux. Il est vrai qu'il connaît bien ces pays, où il a guerroyé.

De petites Flandres

Le royaume n'a ni les ingénieurs, ni la main-d'œuvre spécialisée qui convient ; or personne n'ignore la maîtrise des Hollandais en la matière. Le roi fait donc appel à eux, nommant par l'édit d'avril 1599 Humphrey Bradley « maître des digues et canaux du Royaume », avec pour mission d'assécher les marais de France.

Né à Bergen op Zoom, celui-ci a fait ses preuves en France deux ans auparavant en s'attaquant aux marais de Chaumont-en-Vexin. L'article 16 de l'édit de 1599 décide que « ceux des Pays-Bas et autres étrangers qui viendraient trouver ledit Bradley et ses associés seraient réputés [les] vrais sujets du roi » ; au bout de deux ans, ils pourraient être naturalisés sans payer finances. Une société est fondée, qui devient, en 1607, « l'Association pour le dessèchement des marais et lacs de France ». En fait, Bradley favorise la création de sociétés locales, qui prennent le travail en sous-traitance : par exemple, celle de Conrad Gaussen pour les marais de Bordeaux et de Blanquefort (1599) ; ou celle de Josse Van Dale pour les marais de Sacy-le-Grand en Picardie. Quelques Allemands participent à ces travaux qui, pour l'essentiel, sont dus à des Hollandais ; ceci est vrai aussi du financement de l'entreprise, la personnalité la plus notoire étant à cet égard, dans les années 1630-1651, le banquier Jean Hoeufft, lié à Mazarin. Il faut installer des groupes entiers de Néerlandais au point que plusieurs zones prennent le nom de « Petite Flandre » ou de « Polders de Hollande » : le canal qui entoure la paroisse de Queyrac en Médoc s'appelle toujours « Polder de Hollande ». Nombreuses sont les métairies portant le nom de La Haye, Hollande ou Lintzick.

Il y a bien entendu des décalages d'une région à l'autre. Ainsi, dans les pays de la Sèvre, c'est en 1643 seulement que commence le premier grand assèchement, celui du Bas-Poitou : 6 400 hectares, sur les biens de l'évêché de Maillezais et de l'abbaye de Moreilles. Les digues de terre sont massives : 12 mètres à la base, 2,50 m au sommet ; mais, édifiées en continu sur 24 kilomètres, elles permettent de drainer en 3 ans les 15 000 arpents de marais du Petit-Poitou. Il faut construire 51 kilomètres de canaux, 114 ponts de pierre... Travail immense, long et difficile. Au XVIIIᵉ siècle, on appliquera des méthodes plus neuves et plus hardies : ainsi, en 1767, le Flamand Jacobs, riche commerçant installé à Noirmoutier, fait assécher par 1 100 ouvriers, en cinq années, 400 arpents de vase entre l'île de Noirmoutier et le continent. Ces travaux offrent à coup sûr l'un des exemples les plus remarquables de ce que nous devons au savoir-faire d'immigrants étrangers.

Goudron,
sucre
ou résine

Dans un domaine tout à fait similaire, puisqu'il s'agit encore de l'apport de nouvelles techniques, l'industrie du goudron et de la résine en Bordelais et dans les Landes bénéficie également de l'intervention étrangère.

Il s'agit cette fois d'une initiative de Colbert. Le ministre veut créer une grande marine de guerre française et il cherche à la doter des industries annexes indispensables afin qu'elle ne dépende pas de l'étranger. Dans cette optique, créer une manufacture de goudron devient une nécessité pour effectuer le badigeonnage et le calfatage des navires ainsi que pour l'imprégnation des cordages de chanvre. Francis Loirette indique que, selon le père Fournier, hydrographe du roi, il en fallait trente barils pour l'équipement d'un vaisseau de premier rang, douze pour celui d'une frégate, soit, pour l'ensemble de la marine, 10 000 barils par an. Or ce produit était importé de Prusse et surtout de Suède, et l'on en ignorait en France les procédés de fabrication. Dès 1663, l'ambassadeur de France en Suède recrute des « faiseurs de goudron ». La première tentative a lieu dans la forêt de La Teste, fortement boisée en pins maritimes et qui constituait l'un des principaux centres de production de la résine. Les besoins étant très grands, la fabrication ne se limite pas aux abords du bassin d'Arcachon : toutes les parties boisées en pins des actuels départements des Landes et de la Gironde sont mises à contribution. Au chapitre des difficultés, notons la fuite, en 1671, d'un Suédois, Elias Ahl, qui avait été recruté pour ce programme ; il quitte le royaume en emportant 21 000 livres tournois ! Mais l'entreprise est sauvée, et, surtout, réorganisée. En 1672, Colbert décide que le goudron sera produit par les paysans sous le contrôle de l'État ; les marchands, eux, l'achèteront librement et le revendront au roi ou aux armateurs. Dès 1671, il y a 200 fours à goudron, produisant 3 400 barils par an, ce qui, avec la production provençale, permet de satisfaire 50 p. 100 des besoins de la marine de guerre. Cette production, inférieure aux espérances, est pourtant une réussite réelle.

Il est hors de doute que, dans toute une série de secteurs industriels, l'apport étranger est souvent déterminant. Pour rester en Bordelais, on peut citer l'exemple de la première raffinerie de sucre de Bordeaux, construite aux Chartrons par les frères Isaac et Moïse Meerman. Un autre Hollandais, Jérémie Vualens, implante une raffinerie à Rouen, en 1613. Ce sont encore des Hollandais, les Vandeberg, qui créent cette industrie à Orléans en 1653.

Février 1517 : François Ier décide l'ouverture du royaume sur la mer océane. « Nous avons donné plein pouvoir et autorité de faire construire ledit Havre et fortifications. » Le site fluvial et marin séduit ; la ville s'organise autour du bassin du roi.

(BASSIN ET PARC DE LA MARINE AU HAVRE, NAVIRE EN CARÉNAGE. GRAVURE DE MILCENT, 1710. MUSÉE DE L'ANCIEN-HAVRE, LE HAVRE.)

Au-delà des initiatives particulières, on mentionnera bien évidemment les grandes manufactures de l'époque de Louis XIV, à propos desquelles réapparaît la figure de Colbert. C'est une partie essentielle de l'action économique du ministre. On ne saurait trouver meilleur résumé du mercantilisme colbertien que dans le texte de Marc-Antoine Giustiniani, ambassadeur de Venise en France entre 1665 et 1668. L'activité des Van Robais, à Abbeville, en fournit une illustration évidente. Depuis longtemps, cette cité avait une importante activité industrielle, mais elle ne fabriquait pas de draps de première qualité. En 1665, Colbert y fait venir les frères Van Robais, industriels hollandais, qui, amenant avec eux une cinquantaine de compatriotes, y fondent la meilleure manufacture lainière de France. Les lettres patentes royales leur accordent un privilège de vingt ans – renouvelé par la suite – pour la fabrication de draps de première qualité, à l'instar de ceux d'Angleterre et de Hollande. Il y a d'autres manufacturiers à Abbeville, mais, d'après l'enquête de 1692, seule l'entreprise Van Robais utilise exclusivement des laines espagnoles de toute première qualité, les autres travaillant la laine du pays. À cette même date, Abbeville possède 61 métiers à tisser et fabrique chaque année 500 pièces de drap de première qualité. D'après Savary des Bruslons, les produits de Van Robais auraient représenté une valeur de près de 500 000 livres par an, contre 250 000 livres tournois pour les autres productions d'Abbeville prises dans leur ensemble. Par ailleurs, Van Robais permet une amélioration des productions, dont témoigne un

LA FLEUR DE CE QUE PRODUIT
LE MONDE ENTIER

« **m.** Colbert veut rendre le pays entier supérieur à tout autre en opulence, abondant en marchandises, riche en arts et fécond en biens de toutes sortes, n'ayant besoin de rien et dispensateur de toutes choses aux autres États... Il ne néglige rien pour acclimater en France les industries des autres pays. Ce qui se fabrique en Angleterre, ce que la nature y produit de rare, il s'est étudié à l'importer dans le royaume. Pour la confection de certains produits, on est allé jusqu'à donner aux ouvriers amenés d'Angleterre la demeure royale de Madrid, transformant ainsi un palais en atelier. Il essaie de faire tourner à l'anglaise les peaux de bœuf provenant du royaume afin qu'elles servent aux mêmes usages que les cuirs anglais et les remplacent. À la Hollande, on a emprunté sa manière de fabriquer les draps, comme aussi les fromages, les beurres et autres spécialités. À l'Allemagne, on a pris la manufacture des chapeaux et du fer-blanc, et beaucoup d'autres travaux industriels ; à notre pays, les points à jours, les miroirs. Cinq ou six mille femmes, répandues dans la plupart des provinces, y travaillent, et beaucoup de contre-maîtresses de Venise y sont venues. On s'efforce de prendre la fleur de tout ce que produit le monde entier. On a appris de la Perse le travail des tapis, et il s'en fait à Paris de plus beaux et de plus élégants ; on importe et on vend les raretés les plus belles des Indes, et, pareillement, on a pris à l'Afrique la plupart de ses procédés de fabrication. Ce qu'il y a de mieux dans toutes les parties du monde se fabrique à présent en France, et, telle est la vogue de ces produits que, de toutes parts, affluent les commandes pour s'en fournir... Pour éviter un change onéreux, il faut envoyer de l'argent dans le royaume, à l'entière satisfaction des désirs de M. Colbert, qui ne cherche qu'à en dépouiller les autres États pour en enrichir la France. »

Marc-Antoine Giustiniani, ambassadeur de la Sérénissime République de Venise.

rapport de l'intendant de la généralité d'Amiens, en 1713 : « Les serges façon de Londres sont aussi belles que celles d'Angleterre, et le filage en est même plus fin ; elles sont bien croisées, et parfaitement fabriquées, et c'est le filage que les femmes d'Abbeville doivent aux Hollandaises de M. Van Robais. »

Le rôle des immigrés hollandais dans le développement de la manufacture des draps fins en France ne se limite pas à ce seul exemple : les Scalogne, qui ont accompagné les Van Robais, participent en 1681 aux débuts difficiles de la manufacture de Louviers, où les Remacle s'installent aussi dans les années 1680. Ce sont encore deux contremaîtres de Van Robais qui créent la manufacture de la Bouille, près d'Elbeuf, au début du XVIIIe siècle. Des patronymes hollandais se rencontrent à Pont-de-l'Arche, où l'on essaie d'introduire, en 1690, le cordage et le filage à la hollandaise, et également à Villeneuvette, près de Carcassonne, centre en plein essor à la fin du XVIIe siècle... Pourtant, les liens ne sont pas rompus avec le pays natal : Josse II Van Robais, fils du fondateur, reste seigneur de la terre de Rixdorp entre Leyde et La Haye. On remarquera, par ailleurs, que les Van Robais peuvent tranquillement rester protestants après 1685 !

Cette politique est permanente : à la veille de la Révolution encore, le gouvernement royal se préoccupe d'importer individus et procédés de l'étranger. Telle est l'histoire de la naissance du Creusot : William Wilkinson, frère d'un très grand métallurgiste anglais, et Ignace François de Wendel, de la dynastie des maîtres de forges d'Hayange, en Lorraine, ont été chargés de monter une fonderie royale de canons. Ils l'établissent à Indret, sur une île de la basse Loire. Pour la ravitailler en fonte, ils choisissent d'implanter au Creusot des hauts fourneaux au coke. Wilkinson fut amené d'Angleterre par un officier français, nommé La Houillère, qui fit en 1775-1776 un voyage

Les dynasties techniciennes

Au 15-20 du faubourg Saint-Antoine, à Paris, s'est installée une manufacture de rasoirs en acier fondu, la seule en France. La technique en fut importée par des Anglais de Sheffield.

(MANUFACTURE NATIONALE, FABRICATION ANGLAISE DE BONNE RASOIRIE D'ACIER FONDU PAREILLE À CELLE DE SHEFFIELD, GRAVURE XVIIIe S. B. N., PARIS.)

d'études au Royaume-Uni, à la demande des états du Languedoc, afin de rassembler des renseignements sur l'emploi de la houille dans la fonte des minerais ; à cette occasion, il fit la connaissance de John Wilkinson, le « roi du fer » anglais. Ne pouvant quitter son usine, celui-ci persuada son frère William d'aller en France à sa place. Nommé régisseur de la fonderie d'Indret en mars 1777, William présida à la construction du Creusot de 1782 à 1785.

L'appel à Wilkinson participe d'un mouvement très large, très ancien, lié au développement de ce que Pierre Léon a appelé le « parti industrialiste », dont les deux grands moments sont l'époque de Colbert et les années 1765-1790. C'est dans le deuxième que s'inscrit la création du Creusot. Cela tient à la prise de conscience soudaine du fait que la France est en train de prendre beaucoup de retard, au point de vue technique, sur la Grande-Bretagne, alors modèle du temps, comme l'avait été la Hollande sous Louis XIV. Le rôle des hommes de gouvernement – ils se nomment Trudaine père et fils, Bertin, Calonne – est à nouveau décisif. Des missions dont les premières évoquent l'espionnage pur et simple, méthode que la méfiance anglaise obligera à conserver en partie, sont mises sur pied pour se procurer les secrets techniques et recruter les spécialistes étrangers. Bientôt, c'est toute l'Europe qui est ainsi visitée, car les nouveautés techniques ne sont pas l'apanage de la seule Angleterre ; en revanche, celle-ci est alors le seul pays où leur cohérence favorise la naissance de la révolution industrielle. Les résultats sont extrêmement positifs, même si la Révolution française vient trop vite casser cet élan. Comme le dit encore Pierre Léon : « De leur côté, les étrangers accourent en foule. Si les Allemands se rencontrent encore dans les mines et les fonderies, si les Italiens et les Flamands prolongent, dans le textile, une longue tradition, l'on assiste à une large et fructueuse invasion britannique. On voit les Anglais dans toutes les régions et dans toutes les branches. De véritables colonies se forment en Normandie, autour de Bourges et de Brive, à Lyon et dans la région forézienne [...]. Les Britanniques se manifestent d'abord dans le textile cotonnier et lainier ; ils essaiment bientôt dans la soierie, la métallurgie lourde, la quincaillerie, les mines, et même dans la papeterie et la verrerie. Bientôt [...] émergent de grandes figures : un Holker [...], introducteur à Rouen, puis dans toute la France, des mécaniques qu'il produit bientôt lui-même dans ses propres usines ; [...] les Milne, qui lui succèdent et diffusent les assortiments plus perfectionnés, qu'ils produisent dans leurs ateliers de Paris... Alcock, créateur de vastes fabriques de quincaillerie à La Charité et à Roanne. À partir de 1760, ce sont les Suisses qui affluent, spécialisés dans la fabrication des indiennes, ouvriers de grande valeur, comme Oberkampf, ou grands capitalistes, tels que les Fazy, les Pourtalès ou les Senn-Bidermann. »

La croix d'honneur d'Oberkampf

Une partie de ces immigrés sont venus de leur propre initiative pour mettre à profit les possibilités qu'offre le royaume de France, avec souvent des réussites éclatantes.

Né en 1738 dans une famille de teinturiers wurtembergeois des environs de Stuttgart, Christophe-Philippe Oberkampf a derrière lui une solide tradition manufacturière. Son père avait gagné Bâle, puis l'Argovie pour se lancer dans la fabrication des indiennes, et, en 1756, il s'était installé à son compte à

Dès son installation à Jouy-en-Josas, en 1760, Oberkampf s'entoure d'ouvriers originaires de Suisse, les meilleurs d'Europe.
Toujours à la recherche d'innovations techniques, il construit, pour l'impression de ses toiles, la machine à imprimer
à la planche de cuivre, selon les modèles suisses.

(LES TRAVAUX DE LA MANUFACTURE, D'APRÈS UN DESSIN DE J.-B. HUET, 1784 : « OBERKAMPF SALUÉ PAR LES OUVRIERS », MUSÉE OBERKAMPF, JOUY-EN-JOSAS.)

Aarau. Préférant voyager et travailler dans d'autres manufactures, Christophe-Philippe le quitte. Il va d'abord à Mulhouse comme graveur chez Koechlin et Dollfus, puis retourne à Aarau. En 1758, il repart, pour Paris cette fois, car l'avenir de l'indiennage y paraît extrêmement prometteur. Dès 1760, en association avec un huissier du contrôle général, Abraham Guerne, dit Tavannes, il crée une manufacture à Jouy-en-Josas. Après des années difficiles, Oberkampf devient, sous le règne de Louis XVI, un des plus grands entrepreneurs et capitalistes français. Allié par son mariage (1785) avec les Massieu, négociants et armateurs de Caen, il accède à ce qui est déjà, souligne Serge Chassagne, la « H.S.P. », la « Haute Société Protestante » française. La reconnaissance de sa réussite lui est fournie par l'Empereur ; venu à l'improviste visiter la manufacture de Jouy, le 20 juin 1806, il lui remet la croix d'honneur. Napoléon reviendra à Jouy, et Oberkampf recevra en 1810 le prix décennal destiné à récompenser « les ouvrages les plus utiles à l'avancement des sciences et des arts, les inventions les plus utiles aux arts et métiers... ». Il est vrai que la royauté l'avait déjà consacré en lui accordant des lettres de noblesse en mars 1787, ce qui ne l'avait pas empêché, lorsque les nécessités du moment l'avaient voulu, de se proclamer jacobin et sans-culotte ! Au demeurant, ce qui compte, c'est la réussite de cet immigrant arrivé en France sans moyens, et son intégration totale à la société industrielle française de son époque.

Ainsi donc, dans le domaine industriel, l'apport des étrangers est souvent décisif, à la fois par leur activité propre et par l'émulation qu'ils suscitent. Celle-ci, particulièrement vive à la fin du règne de Louis XV et sous celui de Louis XVI, est soutenue par l'action de savants remarquables – les Lavoisier, Berthollet, Réaumur... – et la publication d'une littérature technique considérable. Dans ce domaine, *l'Encyclopédie méthodique,* publiée par Panckoucke, reste le monument, même si le rôle novateur revient à des ouvrages plus précis.

Le gouvernement ne cesse de soutenir cet effort. Il réserve toutes ses faveurs aux étrangers, qu'il lui arrive souvent de faire venir lui-même : prêts de capitaux, avantages fiscaux, naturalisations, anoblissements, honneurs multiples. Louis XVI suit tout particulièrement leur activité, manifestant dans les domaines scientifiques et techniques de réelles connaissances, un grand intérêt et une vive clairvoyance. Dans les années 1780, les entreprises fondées par des étrangers sont souvent importantes : Van Robais emploie 1 800 ouvriers groupés à Abbeville et 10 000 personnes à domicile ; Oberkampf, 800 ; en Alsace, Senn-Bidermann en fait travailler 1 800 et Pourtalès 2 300.

Le profit d'un fiasco

La France des années 1780 est sur la voie du rattrapage économique, comme l'a souligné François Crouzet ; elle le doit largement aux immigrants, même si cela n'est pas toujours apparu en pleine lumière. Parfois des échecs retentissants, tel celui de Law, ont davantage retenu l'attention. En fait, les conséquences de son « Système » ont été largement positives. À la mort de Louis XIV, le royaume souffre de deux faiblesses : une énorme dette publique ; l'absence d'un véritable crédit public. C'est dans ce contexte que se situe la tentative de John Law, alors âgé de quarante-quatre ans. Fils d'un orfèvre d'Édimbourg, il s'était fait connaître en Écosse en 1705 par une publication dans laquelle il préconisait l'émission d'une monnaie de papier garantie par les terres du pays. Il propose au gouvernement du Régent de créer une institution publique de crédit. Une banque générale, à la fois de dépôt et d'émission, serait mise en place. Non seulement elle centraliserait les recettes de l'État, mais encore, par l'émission de billets convertibles en un certain poids d'or, elle assurerait la stabilité monétaire, augmenterait la circulation des moyens de paiement et ferait baisser le taux de l'escompte commercial et de l'intérêt courant. Cette banque est créée le 2 mai 1716, cependant que se développe le Système qui, en effet, constitue bien une théorie générale des mécanismes et de l'expansion économiques. On sait qu'après de brillants succès – création de la « Compagnie d'Occident », en 1717, de la « Banque royale » en 1718, de la « Compagnie des Indes » en 1719 –, le Système s'écroule en 1720. Law reçoit aussitôt le conseil de gagner l'étranger.

Il avait déclenché une énorme vague de spéculation, qui se révéla ruineuse pour beaucoup et il est certain que la mise en place de son Système était prématurée. Néanmoins, ce qui frappe aujourd'hui, ce sont les contreparties positives de l'aventure : l'État a apuré ses dettes, et le Système contribua en quelque sorte à relancer l'économie du royaume. Tout à fait négative, en revanche, est l'une de ses principales conséquences : la méfiance, engendrée pour longtemps dans le royaume, à l'égard de toute organisation du crédit public. Il reste que l'on doit à John Law la seule grande construction économique, théorique et pratique de la France de l'époque moderne. Ainsi, écrit Paul Harsin, « le souvenir s'est conservé d'une spéculation éhontée, d'un débordement des passions, d'un bouleversement des fortunes, d'un amoncellement de ruines particulières, tandis que se perdait rapidement celui de l'audacieuse construction d'un étranger désintéressé et qui demeura en définitive la principale victime de ses aventureux projets ».

Les colonies marchandes et financières

De la venue de ces industriels étrangers, de celle de Law, on tirera la conclusion que, par l'importance de ses ressources, par sa vitalité, ses possibilités, le royaume de France offre de grandes virtualités aux étrangers et que ses ressortissants ne sont pas à même de les exploiter toutes, tant s'en faut. En fait, le royaume ne cesse d'avoir besoin du concours de l'extérieur ; à certains égards, on peut se demander si, sans les nombreux négociants et marchands étrangers, l'économie française ne serait pas restée longtemps en sommeil. Mais, au passif, la France devra subir une domination commerciale pendant longtemps – ce que dénoncent vigoureusement Laffemas, Richelieu et Colbert –, et, plus tard, une présence financière étrangère considérable.

Lyon, l'italienne

La ville de Lyon offre au XVIᵉ siècle un vivant tableau de ces activités commerciales et financières où les étrangers s'imposent. Au demeurant, cette situation s'inscrit dans une tradition médiévale : des « Cahorsins » aux banquiers et marchands italiens, la continuité est évidente. Tout comme le sera l'obsession gouvernementale, de Louis XI à Colbert : développer le commerce français, et, ce faisant, le libérer de l'emprise étrangère.

Celle-ci s'explique assez largement par le fait qu'à la fin du Moyen Âge les centres moteurs de la vie économique nouvelle se situent en Italie et dans les Flandres, et que le royaume, tout à ses difficultés internes, est maintenu en grande partie à l'écart des courants du commerce international. Il faut qu'il s'y réinsère et cela est lié à la montée de Lyon, à son accession au rang de capitale commerciale et bancaire. Or cette ascension est la conséquence directe des besoins italiens : Génois, Vénitiens et Florentins ont intérêt à créer en France un centre de redistribution permettant à la fois de répondre aux demandes de l'important marché de consommation qu'est le royaume grâce à son aristocratie, de plus en plus avide des articles de luxe italiens, et à l'offre que constitue sa production de toiles, draps et denrées agricoles à des prix plus faibles qu'ailleurs. Les Médicis transfèrent leur succursale de

Annexée par Philippe le Bel en 1312, Lyon attire très tôt les négociants de l'Europe entière, les banquiers, les marchands, les « soyeux » italiens. La ville compte environ 100 000 habitants au XVIIIᵉ siècle.

(PLAN SCÉNOGRAPHIQUE DE LYON AU XVIᵉ S. PUBLIÉ À LYON EN 1872-1876. BIBLIOTHÈQUE DU PATRIMOINE, PARIS.)

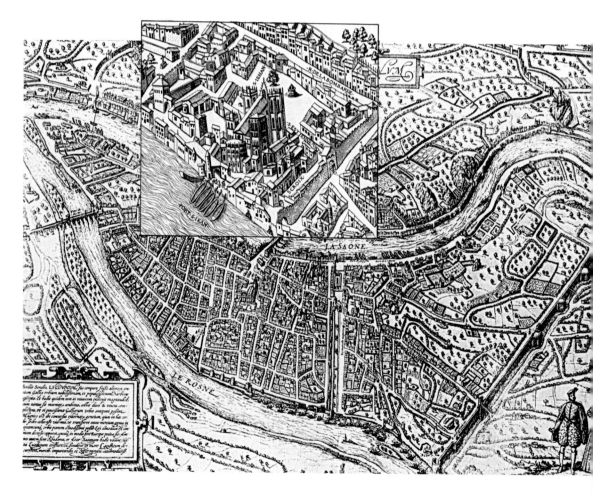

Genève à Lyon en 1465. C'est le signal : dès 1502, les Florentins, à eux seuls, y ouvrent 42 maisons.

Les structures bancaires sont essentielles : sans elles, ni les relations commerciales normales ni les foires n'auraient d'efficacité. Parmi ces banques privées, l'Italie occupe une position dominante : sur environ 120 à 130 maisons autour de 1530, une vingtaine sont allemandes et les autres italiennes pour la plupart, soit une prédominance étrangère écrasante. La hiérarchie bancaire est d'abord celle des « nations » : Florentins, Lucquois, Génois, Milanais, Allemands, mais avec des variations dans le temps. Chaque nation a sa hiérarchie interne, où quelques maisons se placent au-dessus des autres ; toutes cependant ont un caractère familial bien marqué. Leur réseau européen est, dans le cas des plus importantes, en relation avec leurs parentèles : ainsi, les Bonvisi de Lyon avec les Bonvisi d'Anvers et de Louvain et, bien entendu, avec les Bonvisi de Lucques. Ils sont aussi à Marseille et à Toulouse, et entretiennent des relations avec l'Espagne. Ils sont à Lyon de 1504 au moins (peut-être 1466) à 1629 ! Les mariages se font à l'intérieur même des nations, mais cela n'exclut pas quelques alliances avec de grandes familles lyonnaises. Certaines créent des liens aussi nombreux qu'étonnants : ainsi les Salviati, Florentins installés à Lyon de 1505 aux guerres de Religion, sont apparentés aux Capponi, aux Pazzi, aux Gondi et même, grâce à Catherine de Médicis, à la famille de France ! Pour eux, comme pour les Bonvisi et pour d'autres, Lyon n'est qu'une pièce sur un échiquier.

Le nombre de ces marchands-banquiers étrangers approche sans doute à plusieurs reprises les 250 à 260 ; les « nommées » de 1571 en déclarent 183, soit 5,7 p. 100 du nombre des inscrits ; mais cette précieuse source fiscale nous apprend qu'ils paient 28,5 p. 100 des impôts sur les immeubles et sur « le meuble et l'industrie », ce qui est proportionnellement très élevé. À cette date, ils sont 132 Italiens et 22 Allemands, les premiers se répartissant ainsi : 42 Florentins, 36 Milanais, 27 Lucquois et 27 Génois. L'activité lyonnaise de la majorité de ces maisons s'inscrit certes dans la longue durée et ce qui les caractérise, c'est leur prépondérance par rapport au négoce français. C'est à ces étrangers que l'on doit la grande fortune lyonnaise de l'époque.

À Bordeaux, au XVIIIe siècle, les choses sont différentes : la domination étrangère est en baisse. Elle a existé, mais au XVIIe siècle, époque où les Hollandais sont prépondérants : ils enlèvent près des deux tiers des vins exportés, et représentent plus des deux tiers du tonnage des navires sortis du port en 1651. Cette situation ne pouvait convenir à Bordeaux, et Colbert la dénonce avec véhémence. Au XVIIIe siècle, en revanche, les Français, qu'ils soient Bordelais de souche ou immigrés, ont su se faire une place très importante, soit dans le trafic en droiture avec les Antilles, soit dans la redistribution en Europe des produits coloniaux ou des vins. Le fait majeur est la montée des hanséates, le recul des Hollandais et la place de plus en plus grande tenue par les Anglo-Irlandais dans le commerce du vin. Rappelons qu'en 1777 la capitation payée par les armateurs et commissionnaires dénombre 52 Allemands, 17 Hollandais, 33 Anglais. Incontestablement, sans eux le commerce bordelais ne serait pas aussi florissant. Il en va de même à Marseille, où se sont établis, au cours du siècle, 489 étrangers, avec au

Le centre du commerce atlantique

premier rang des Genevois et des Suisses (171), des Italiens (123), puis des Allemands (39) et des Anglais (31). Il faut cependant distinguer ces grands ports des autres : à Saint-Malo, par exemple, le nombre et le rôle des étrangers sont très inférieurs, de même que dans des ports beaucoup moins tournés vers le commerce international, tel Rouen.

Voyage lent et négoce international

Cela nous amène à une réflexion d'ensemble sur ces colonies marchandes étrangères installées dans le royaume de France à l'époque moderne. En premier lieu, le phénomène n'est pas exceptionnel : on retrouve partout des étrangers, et les colonies françaises de Cadix, Lisbonne ou Amsterdam sont l'exacte réplique des colonies anglaises, allemandes ou suisses de Bordeaux ou de Marseille. Les liaisons rapides n'existant pas encore, le négoce international procède selon trois formules seulement.

La première consiste à suivre navires et produits ; le négociant se déplace alors et reste un temps variable, chargeant souvent un représentant d'assurer le règlement final des affaires. Ainsi, au XVIe siècle, à Bordeaux, la plupart des marchands anglais rencontrés par Jacques Bernard dans les minutes notariales accompagnent les marchandises qu'ils importent ou exportent.

On peut aussi, c'est la deuxième formule, créer des filiales en terres étrangères. Cela suppose des moyens financiers importants et une parfaite confiance dans l'agent – ou facteur – installé au loin. Et, sauf s'il s'agit d'une parentèle digne de confiance, l'envoi d'un facteur chargé d'un ensemble d'opérations, pour une période donnée, aussi fructueux, est moins coûteux.

Il en résulte que les négociants ou marchands étrangers présents dans tel ou tel port pendant des mois sont toujours plus nombreux que ne le

laissent croire les chiffres des colonies marchandes. Souvent, d'ailleurs, des capitaines de navires jouent eux aussi le rôle de facteur. Néanmoins, il est commode de disposer d'une antenne à demeure. C'est pourquoi – et c'est la troisième formule – les marchands étrangers installés dans un port travaillent à la fois pour leur compte et comme commissionnaires. Le rôle de ces derniers a été particulièrement bien analysé par Paul Butel et Pierre Jeannin. Comme l'écrit celui-ci, « par l'intermédiaire du commissionnaire autonome, une foule de marchands ayant leur siège hors du royaume y disposaient d'une représentation exactement proportionnée à leurs besoins. Le négociant de Hambourg, voulant acheter dix tonneaux de vin à la source, n'avait qu'à les commander par lettre, alors que son ancêtre, deux siècles auparavant, aurait généralement envoyé un facteur... Dans des conditions normales, tout se réglait par correspondance, les paiements comme la transmission des ordres [...] Si le correspondant du commissionnaire était à la fois fournisseur et client, les échanges se réglaient par compte courant. Dans le cas, le plus fréquent, où ce correspondant achetait sans vendre à la même place, l'expéditeur se remboursait en tirant, dès le départ du chargement, une traite sur le destinataire ou sur le compte qu'avait celui-ci dans une banque d'une autre ville ».

Le système de la commission, par lequel le commissionnaire prélève 2 p. 100, s'est donc développé en même temps que l'usage de la lettre de change. C'est pourquoi l'importance des colonies marchandes étrangères est beaucoup plus grande au XVIIIe siècle qu'au XVIe, époque où la lettre de change n'est pas encore l'instrument universel du commerce international. Cette évolution est particulièrement nette à Bordeaux. Au XVIe siècle, quelques

Au XVIIIe siècle, l'essor du commerce avec les îles rend à Bordeaux une prospérité économique comparable à celle de la période anglaise.
(J. VERNET, « LE PORT DE BORDEAUX, VUE PRISE DU CHÂTEAU-TROMPETTE », 1759. MUSÉE DU LOUVRE, PARIS.)

Anglais y sont installés à demeure ; au XVIIe et au début du XVIIIe siècle, on y voit surtout des Hollandais et, à la fin du siècle, des hanséates ; parallèlement, la colonie anglaise se renforce entre 1691 et 1730-1740. On constate donc des apports successifs, de plus en plus importants, sans que disparaissent pour autant les colonies antérieures : 16 Hollandais en 1711, 17 en 1777, mais, à cette date, les hanséates sont 56, alors qu'ils n'étaient que 22 au début du siècle. Le phénomène est général, en France comme hors de France : il y a 30 étrangers à Marseille au début du XVIIIe siècle, 52 au milieu, 124 à la fin.

Les Martell et les Hennessy

Les membres des colonies marchandes étrangères gardent des liens étroits avec leur pays d'origine, indépendamment des seules relations commerciales. Leurs enfants, en particulier, regagnent la mère patrie pour leurs études, toujours pour plusieurs années : Robert et Hans Delap, âgés de sept et cinq ans, quittent Bordeaux en juillet 1758 pour Dublin, où réside leur grand-père, afin de recevoir une éducation familiale dans le cadre irlandais traditionnel. De même, lors des mariages, on demande le consentement des parents, restés en Allemagne ou en Angleterre. Quant aux visiteurs en provenance des pays d'origine, et qui arrivent souvent munis de longues et multiples lettres de recommandation, ils sont toujours très bienvenus et l'on s'efforce de les satisfaire au mieux ! Mais le maintien de liens familiaux étroits n'empêche nullement une réelle intégration : les mariages d'étrangers avec des filles des meilleures familles françaises sont extrêmement fréquents. À Bordeaux, en

Anvers, Amsterdam, Londres... le banquier de France reçoit dorénavant les lettres de change des négociants de toute l'Europe.

(FRONTISPICE DU « LIVRE DES MONNOYES ÉTRANGÈRES, OU LE GRAND BANQUIER DE FRANCE », DÉDIÉ À MONSEIGNEUR COLBERT, CHEZ BARÊME, FIN XVIIe S. BIBLIOTHÈQUE NATIONALE, PARIS.)

1769, Thomas Clock, « marchand de vin », épouse la fille du conseiller au parlement Paty ; ses deux filles épouseront, en 1780, l'une, un conseiller à la Cour des aides, l'autre, un négociant. En 1763, Pénélope Ainslic, fille d'un négociant écossais venu à Bordeaux en 1713, épouse Messire Lacave de Montbrison, et sa sœur Jeanne, le comte de Montalembert. Les exemples seraient tout aussi nombreux à Marseille ou à Nantes. À l'évidence, l'origine étrangère, les relations étroites avec les familles restées au pays ne constituent en rien un quelconque handicap.

Nombreuses sont, en fait, les familles marchandes qui font souche en France et y créent de véritables dynasties. Nous leur devons quelques très grandes réussites : la création de notre cognac par exemple. Les Martell viennent, en effet, des îles Anglo-Normandes, les Hennessy d'Irlande. L'idée de la bonification de l'eau-de-vie de la région de Cognac par vieillissement en fût de chêne neuf remonte aux dernières années du XVIIe siècle ; elle atteint alors, sur les marchés de Londres et d'Amsterdam, les prix les plus élevés, réservés à la meilleure qualité. On ne sait si des marchands hollandais ou anglais jouèrent alors un rôle direct dans cette création. Mais, ce qui est certain, c'est que la mise au point définitive et progressive du produit d'excellence qu'allait devenir le cognac est inséparable de l'installation et de la fortune commerciale de maisons anglaises : Martell, originaire de Jersey, arrive à Cognac en 1715 ; la maison Ranson et Delamain est fondée en 1723 ; Hine s'installe à Jarnac en 1763 ; Richard Hennessy rejoint Martell à Cognac à la fin de 1765.

Le XVIIIe siècle est bien la grande époque de l'installation des négociants immigrés. Alors commencent à prospérer de nouvelles et grandes maisons de banques étrangères, qui prennent le relais des financiers et partisans italiens des XVIe-XVIIe siècles. Au moment qui nous occupe, il s'agit essentiellement de la banque protestante genevoise. Genève se tourne véritablement vers le négoce et la grande production de type capitaliste grâce aux premiers réfugiés du XVIe siècle. Dans la seconde moitié du XVIIe siècle, on y remarque de plus en plus de négociants qui se disent « banquiers » tout en gardant une activité commerciale traditionnelle, le change n'étant qu'un aspect de leur activité internationale. Celle-ci rejaillit aussitôt sur la France : François Fatio, le plus grand de tous dans les années 1680-1700, est le commissionnaire de la Compagnie du Levant et il possède aussi une entreprise de distillerie d'eau-de-vie en bas Languedoc. La guerre de la Succession d'Espagne permet aux Genevois de se lancer dans de grandes opérations financières et de faire de Genève « une banque extraterritoriale de la France », comme l'écrit Herbert Luthy. Ce dernier souligne également avec raison, comment, la révocation de l'édit de Nantes ayant porté un coup très rude à la banque huguenote française, celle-ci fut remplacée par la banque protestante étrangère, genevoise en l'espèce : « Si la révocation de l'édit de Nantes a chassé des Français protestants du royaume, elle a contribué à faire affluer des protestants étrangers qui venaient prendre leurs places, et qui – surtout dans le cas des Genevois – étaient souvent les fils ou petits-fils mêmes de ces Français réfugiés, mis à l'abri de l'intolérance religieuse par leur nouvelle nationalité et par les privilèges des négociants étrangers. »

Le relais des banquiers italiens

Ce sont donc des Genevois qui reconstituent puis développent la banque protestante parisienne. Dans la première moitié du XVIIIe siècle, le plus représentatif d'entre eux est sans doute Isaac Thellusson, descendant de Lyonnais qui s'étaient réfugiés à Genève au moment de la Saint-Barthélemy. Arrivé à Paris en 1707, pour travailler chez ses compatriotes Tourton et Guigner, Isaac Thellusson réussit si bien qu'en 1715 – il a 25 ans à peine – ceux-ci lui remettent les affaires de leur banque sous la raison sociale de « Thellusson et Compagnie ». Adversaire naturel du catholique John Law, il participe activement à l'agitation politico-financière des années 1719-1720, et tire un grand profit de l'échec du « Système ». Il faut souligner, dans l'évolution de cette banque protestante genevoise, la formation de grandes dynasties bancaires, au premier rang desquelles les Mallet, à partir de l'installation à Paris, en 1711, de l'ancêtre-fondateur Isaac Mallet, descendant de marchands drapiers rouennais qui s'étaient réfugiés à Genève en 1557. Aux Mallet il faut ajouter les La Rive, Lublin, Chabert, Vernet... C'est à l'apogée de cette banque protestante genevoise installée à Paris que correspond l'ascension de Jacques Necker, si proche de celle d'Isaac Thellusson. Entré comme employé dans la banque d'Isaac Vernet, Necker montre de telles qualités que, très vite, son patron, âgé et sans enfants, le prend comme associé. Arrivé en 1747, il est partiellement associé dès 1762, et davantage en 1765, avant d'accéder définitivement à la tête de la banque, en compagnie de Georges Thobie de Thellusson en 1770.

La réussite caractérise l'entreprise bancaire. Entre la fin du XVIIe siècle et les années 1760, de tous les banquiers étrangers installés à Paris, les Genevois ont été les plus nombreux : 12 maisons sur les 50 que nous pouvons connaître. Sans monopoliser la banque, ils constituent à coup sûr un groupe majeur, voire dominant, tissant des liens multiples entre eux, d'abord avec les manufacturiers, puis avec l'étranger. Ainsi Isaac Thellusson se marie en 1722, à Leyde, avec Sara Le Boullenger, fille d'un négociant huguenot venu de Rouen ; le père de Sara, Abraham, avait lui-même épousé, en 1707, Jeanne Van Robais, fille de Josse, directeur de la Manufacture royale de draps d'Abbeville. Les Mallet et les La Rive sont cousins, tout comme les Thellusson et les Cottin. Tous ont des liens de parenté dans tout le grand négoce et la banque en Europe. Dans ce contexte, l'arrivée au pouvoir en France du banquier étranger qu'est Jacques Necker illustre la réussite et le prestige de cette banque « extérieure au régime, mais qui s'impose à lui » (P. Léon). Si leur fortune n'égale pas celle d'un Samuel Bernard, Georges Thobie de Thellusson et Jacques Necker possèdent chacun, en 1776, 7 millions de livres tournois. Malgré le rôle gouvernemental de Necker, force est bien de reconnaître qu'il s'agit d'un groupe aux relations et aux dimensions européennes, d'un groupe extérieur au royaume, cette banque protestante ayant été « dénationalisée par son exil » (L. Bergeron).

La même image de groupe à échelle européenne se retrouve, quoique moins marquée à cette époque, avec les israélites du XVIIIe siècle ou plutôt, il faut le préciser, avec les Portugais, les Juifs tudesques ou avignonnais n'étant pas parvenus aux mêmes résultats. Au XVIe siècle déjà, leur activité économique, importante à Bordeaux et à Bayonne, leur vaut et leur vaudra toujours la protection des autorités, en particulier des intendants. Ils entretiennent des relations nombreuses et importantes avec la péninsule Ibérique, et leur rôle d'intermédiaires est souvent essentiel. C'est pourquoi les privilèges qu'octroie en 1574 Charles IX aux « Espagnols et Portugais de la ville de Bordeaux » rappellent qu'en cette ville comme en plusieurs autres les Espagnols et les Portugais, « dès longtemps habitués en ces lieux pour y conduire et faire le trafic des marchandises », y ont augmenté le commerce et apporté « profit et commodité ». Ce rôle s'accroît encore à partir de la fin du XVIIe siècle, et rejaillit sur la considération dont jouissent les plus riches d'entre eux.

À la fin du XVIIe siècle, en effet, tant à Bayonne qu'à Bordeaux, la « nation » portugaise favorise le commerce et, à ce titre, elle est considérée comme digne d'être protégée et aidée. Dès le XVIe siècle un Antoine Lopes de Villeneuve (Anthony Lopes de Vyllanova) connaît une réussite prodigieuse qui amène l'un de ses fils, Jean, au parlement de Bordeaux. Et Montaigne est petit-fils d'un Louppes ! En 1720, un Joseph Nunez de Pereyre acquiert la seigneurie de la Menaude et la baronnie du Bec-d'Ambès. À la fin du XVIIIe siècle, la partie la plus notable des Portugais accède quasi tout entière à la réussite économique et sociale. Ils le doivent à leurs succès commerciaux, toujours étayés, voire dominés par leur activité financière. La raison essentielle en est l'existence d'une véritable internationale des « marranes », s'appuyant sur Londres, Amsterdam et Hambourg. La maison Azevedo, installée à Bordeaux et à Bayonne, en est un bon exemple. Jacob Azevedo, qui est arrivé à Bordeaux en 1746, nous est bien connu grâce à sa correspondance des années 1770-1772. À cette date, son gendre est à Bayonne, un de ses fils à Amsterdam, ainsi que l'un de ses beaux-frères, et il a un associé aux Antilles. Pour eux, le trafic des espèces et des lettres de change occupe une place de choix, Bayonne rassemblant piastres et pièces portugaises avant de les expédier sur Bordeaux, où elles alimentent le commerce colonial ; à cela s'ajoutent les assurances maritimes et le trafic colonial. Soit un ensemble d'activités qui peut paraître complexe, mais qui est profondément lié. Dans d'autres cas – celui des Peixotto et des Raba –, la banque l'emporte nettement. Avec les Gradis, c'est au contraire l'armement qui tient le premier rôle. Dans les années 1760-1770, Abraham Gradis est le plus grand nom de la nation portugaise. Petit-fils d'un modeste marchand revenu de Toulouse en 1685, héritier d'un père qui a déjà amassé une fortune et l'a pris comme associé en 1728, alors qu'il avait 30 ans, Abraham sait nouer des relations avec les personnalités les plus en vue : les d'Harcourt, les Berryer, le baron de Rochechouart, M. de la Porte, chef du service des colonies en 1738. Il compte parmi ses débiteurs le maréchal de Richelieu, et il est très lié à Maurepas. Durant la guerre de la Succession d'Autriche, il prend une part active aux armements du roi, puis joue un rôle essentiel dans les armements pour le Canada durant la guerre de Sept Ans. C'est ainsi qu'en 1758 il expédie à Québec 134 bâtiments : un seul en revient, le trésor lui devant alors 2 700 000 livres ! Le 13 avril 1762, le duc de Choiseul lui écrit : « Je vais vous confier, mon cher Gradis, une expédition que j'ai extrêmement à cœur et pour le succès de laquelle j'ai besoin de tout votre zèle et de vos ressources... » Il n'est grand personnage de passage à Bordeaux qui ne le visite ; à Paris, il se montre à l'Œil-de-Bœuf. Lorsqu'il tombe malade, sa demeure étant proche de l'Hôtel de Ville, les jurats défendent de faire sonner la cloche et tirer le canon de la tour Saint-Jean ! À sa mort, en 1780, son actif net est supérieur à 4 millions de livres tournois.

Nous connaissons moins bien, faute de documents, les activités des banquiers juifs. La charge était pourtant une activité traditionnelle des Juifs Portugais : en 1784, sur 20 agents de change bordelais, 19 sont juifs dont 18 portugais. Comme souvent, la banque et le négoce vont de pair : c'est le cas des Raba. Leur succès est éclatant et l'un des frères Raba est capable, en 1783, de donner 500 000 livres à son fils pour son contrat de mariage avec une Azevedo. Avec son frère, il fait construire à Talence, dans la banlieue, le « Chantilly » bordelais, un grand château Louis XVI accompagné de communs néoclassiques ; dans la même localité s'élève le château Peixotto. En ville, les hôtels particuliers des Gradis et des Raba rivalisent avec les plus beaux.

C'est au total une réussite incontestable qui tient au talent, mais qui doit aussi beaucoup à l'apport de la communauté internationale. Mais ces étrangers, pour la plupart, ont le sentiment d'appartenir au royaume de France : Abraham Gradis le manifeste à plusieurs reprises durant les conflits de la guerre de Sept Ans, et seules les particularités de leur statut, leur non-intégration officielle et juridique justifient encore à cette date leur place dans cette « histoire des étrangers ». Abraham Gradis n'écrit-il pas, le 27 février 1759 : « Le Seigneur veuille nous conserver nos colonies et nous donner la paix ! »

La plus utile des matières premières

À vrai dire, pour un esprit d'alors, les attitudes ne sont pas toujours nettement tranchées : l'hostilité d'Abraham Gradis envers les Anglais ne l'empêche nullement de conserver son amitié pour ses parents et amis de Londres ! Les banquiers genevois, s'ils servent fidèlement les intérêts du roi de France, n'oublient pas ceux de Genève.

Ces analyses montrent l'apport incontestable des étrangers à la vie économique du royaume. Les bénéfices en sont considérables. Il paraissait tout à fait naturel de rechercher leur concours. Faisant écho à Colbert, Moheau écrivait, en 1778, dans ses *Recherches et considérations sur la population de la France* : « Nous ne répéterons point ici tout ce qu'on a dit et imprimé sur l'introduction des étrangers en France, Barbares, Juifs, Nègres... Il est constant que cette admission augmenterait bien plus efficacement nos forces et nos richesses que tant de mesures vainement prises pour l'introduction des matières premières, tandis que l'homme est essentiellement de toutes les matières premières la plus utile. »

Une des idées principales des pré-mercantilistes et des mercantilistes reste donc bien vivace sous Louis XVI ; il en va de même pour la place des étrangers dans la vie économique ou dans les domaines intellectuel et artistique.

J.-P. P.

X

LE PEUPLE
SANS DROITS

Imaginons un voyageur parcourant la France à la veille de la Révolution : quelle image garderait-il des Juifs français ? □

Une série de vues fortement contrastées. À Bordeaux, il rencontrerait des négociants, armateurs et banquiers tenant le haut du pavé, tels les Raba ou David Gradis, un déiste courtois et philosophe comme Abraham Furtado, aussi bien que des fripiers ou des petits marchands agglutinés dans la rue Bouhaut. À Paris, il verrait, sur la rive gauche, de jeunes sépharades porter l'épée et s'habiller en gentilshommes, tandis que, dans le quartier Saint-Martin, il croiserait des immigrants de fraîche date vivant dans la crainte permanente de la police qui surveille leur colportage de marchandises, leur commerce de vieux vêtements, dont ils ne tirent que de faibles ressources. À Avignon ou à Carpentras, îlot pontifical au cœur du royaume, il serait frappé par les difficiles conditions de vie dans les carrières, devenues ghetto en quelque sorte. Enfin, à Metz, à Nancy ou en Alsace, la plus grande partie des Juifs avec lesquels il pourrait s'entretenir dans un langage judéo-français lui feraient l'impression de mener une existence limitée à l'horizon de la tradition juive.

Ainsi donc, dans tous les domaines, c'est bien la diversité qui domine la condition des Juifs de France. Tolérés et même bien accueillis par certains pour leur utilité économique, ils encourent la colère d'autres qui craignent leur intrusion, leur concurrence et leur nombre croissant. Mettant l'accent sur leur croyance en la venue d'un Messie, leur « caractère national » et leur « soumission » à la loi talmudique, beaucoup songent à entraver leur venue, voire à les expulser. Pour d'autres, l'intégration des Juifs dans l'État français réaliserait les desseins divins. Les Juifs suscitent des interrogations multiples, concernant l'intolérance, la discrimination, l'intégration, et la citoyenneté à part entière, tout comme l'identité juive et leur volonté de la préserver.

Il n'y a donc pas en fait un groupe juif mais des communautés peu liées entre elles, voire hostiles, rassemblant au total environ 30 000 à 35 000 personnes dans les années 1780. Les Juifs ne sont acceptés qu'en tant que membres de communautés officiellement reconnues, dans le Sud-Ouest, le Nord-Est et le Comtat Venaissin. Seuls les Juifs de Paris forment un cas à part. Au sein même de ces communautés, ils constituent des organisations charitables, élisent un corps dirigeant, définissent le programme de leurs écoles, enregistrent leurs naissances, mariages et décès, et, pour tout ce qui concerne leurs relations internes, jugent leurs procès devant leurs propres tribunaux. Sauf lorsque des chrétiens sont impliqués, la répression des membres de la communauté récalcitrants est laissée aux autorités juives.

Sépharades et ashkénazes

S'il existe de réelles similitudes entre ces communautés, leur vie au jour le jour diffère radicalement. Les différences les plus frappantes sont bien entendu celles qui séparent les sépharades, dont la culture et les traditions religieuses témoignent d'un passé ibérique, et les ashkénazes, dont le développement culturel et linguistique s'est déroulé au cours des siècles au sein de petites villes et de petits villages allemands. De plus, les conditions dans lesquelles sépharades et ashkénazes sont entrés en France et y demeurent contribuent à accentuer ces particularités.

La nation de Bordeaux

Au début du XVIIIe siècle, les sépharades peuvent se dire ouvertement juifs, l'édit de 1686 ayant permis l'accès du royaume à tous les étrangers quelle que soit leur religion ; en 1723 enfin des lettres patentes les reconnaissent comme tels. Leur « nation » ne cesse de croître au cours du siècle grâce à un mouvement continu d'immigration que nous connaissons par le biais de leur état civil et d'un recensement de 1751. En réalité, les nouveaux arrivants font partie d'un mouvement complexe qui anime toute la diaspora juive, mettant en relations constantes Bordeaux et Bayonne avec le Portugal et l'Espagne d'un côté, Londres et Amsterdam de l'autre.

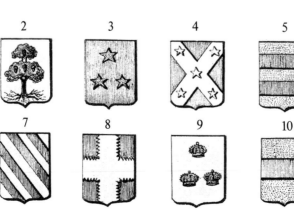

1. Écusson israélite ; 2. Francesco Carvalho, marchand portugais ; 3. Antonio Rodrigues Silva ; 4. Madame Alexandrine, veuve de Portugais ; 5. Louis Mendes Dacosta ; 6. Manuel Voes Olivern, marchand portugais ; 7. Gabriel Pereyre, marchand portugais ; 8. Manuel Gomes ; 9. Fernando Mendes à Accoste ; 10. Jacob Pereyre de Peyrecherade.

(REPRODUCTION D'ARMOIRIES DE FAMILLES JUIVES DE LA COMMUNAUTÉ DE BAYONNE. D'APRÈS H. LEONE, « LES JUIFS DE BAYONNE ».)

Contrairement à ce que l'on a souvent écrit, et même si des flambées de persécution ont lieu, notamment à Bragance, il s'agit d'une mobilité à motivation surtout économique : ce sont les relations commerciales et maritimes qui jouent le premier rôle dans le déplacement des Juifs. C'est pourquoi Bordeaux exerce une telle attraction sur eux : ils y prospèrent comme nulle part ailleurs dans le royaume.

Leur nombre exact à Bordeaux est difficile à préciser. On peut estimer qu'ils sont un millier au début du XVIIIe siècle, et environ 1 500 à la veille de la Révolution, ce qui représente une diminution relative, la population globale de la ville passant alors de 45 000 à 120 000 habitants. Ils ont toujours été assez nombreux pour constituer une très forte communauté, mais pas suffisamment pour faire naître un sentiment xénophobe, encore que celui-ci existât dans les mentalités populaires, comme le montre bien l'incident de 1755. Le 3 janvier, un « écolier » – nous dirions aujourd'hui un étudiant –, rencontrant un jeune homme juif avec lequel il s'était disputé un mois auparavant, manqua de l'assommer avec l'aide de quelques camarades. Le lendemain, les écoliers se rassemblèrent « vers les 7 heures du soir... dans la rue Bouhaut qui est celle où il y a le plus de Juifs » et, « à coups de pierres, cassèrent presque toutes les vitres des maisons soit des Juifs ou des autres ». Le récit contemporain qui nous en a gardé la trace indique que, le lendemain, « sur le soir, l'attroupement fut encore plus violent ; on acheva de casser toutes les vitres qui étaient restées. On vit au-delà de 200 clercs et un grand nombre d'écoliers armés de gros bâtons qui attaquaient tous ceux qu'ils rencontraient dans les rues. Ce vacarme dura jusqu'à huit heures du soir... Le lendemain les clercs s'attroupèrent et, ayant rencontré deux jeunes Juifs, ils les assommèrent à coups de bâtons ».

Cet incident est révélateur d'un fonds anti-juif toujours présent, que craignent les dirigeants de la communauté. Celle-ci, très fortement organisée, a reçu l'aval du pouvoir royal. Cette organisation est officiellement reconnue le 14 décembre 1760, le roi autorisant le règlement proposé par les syndics de la nation juive. La nation est régie par un Conseil de 13 anciens qui entre en fonction chaque année le 1er nisan avant la Pâque ; le premier syndic représente la nation face aux autorités extérieures. Il est, en même temps, trésorier et a pour tâche de collecter les sommes nécessaires à la vie communautaire et les impôts extérieurs évalués en bloc. Aux côtés du Conseil, agissent de nombreuses associations et confréries ; chacune a ses administrateurs, son trésorier et son budget. Les associations charitables sont particulièrement actives, ainsi que la *Hebera,* ou « Compagnie des derniers devoirs », qui se charge des sépultures et de l'entretien des cimetières. L'école, ou Talmud Thora, et les synagogues – 7 en 1734 – sont aussi à signaler. Quant au rôle des rabbins, qui déploient leurs efforts pour contrôler la vie quotidienne, il est circonscrit par les syndics, jaloux de leur autorité. Certes, ils signent les procès-verbaux des conseils, mais, nommés et payés par les administrateurs, ils n'ont guère part à la direction des affaires.

Pour une très grande part, les Juifs bordelais habitent rue Bouhaut, ce qui renforce leurs liens mais les isole quelque peu. En 1751, un dénombrement portant sur 1 447 Juifs portugais indique que 456 habitent rue Bouhaut,

Le Conseil des 13 anciens

238 rue des Augustins, 187 rue Tombeloly, 95 Fossés des Salinières, 88 rue du Mirail, ce qui représente une forte concentration ; sur 149 Avignonnais, 43 habitent rue Bouhaut, 30 rue Tombeloly et 29 rue des Augustins ; les Tudesques, qui ne sont que 73, sont très dispersés. Cependant, les Juifs les plus riches, tels les Raba, les Peixoto ou les Gradis, possèdent de beaux hôtels et d'admirables maisons de campagne. Leur liberté personnelle, leur renom et leur influence sont considérables. Ces armateurs, banquiers ou négociants se caractérisent par leur empressement à respecter les lois et coutumes du royaume en matière de succession, par l'accent mis par eux sur le judaïsme biblique plutôt que sur le judaïsme talmudique ; en un mot, ils sont, par bien des côtés, plus proches de leurs semblables non juifs que de leurs coreligionnaires.

Pourtant, ils se préoccupent réellement de ces derniers, interviennent sans cesse pour les défendre ou les représenter, animent les associations charitables et dirigent la communauté. Parmi leurs préoccupations majeures, il faut rappeler, d'abord, l'effort pour réduire les restrictions visant les Juifs. Ceux-ci ne peuvent pas faire partie de la chambre de commerce, sont exclus des corporations et des fonctions municipales et doivent payer de fortes sommes en échange de leurs privilèges. Dans son mémoire autobiographique, Salomon Lopès-Dubec attire l'attention sur les restrictions : « Je suis né le 28 avril 1743. On me fit apprendre à lire le français et l'hébreu, à écrire l'arithmétique et les opérations de change ; c'était alors la seule instruction qu'on donnait aux enfants israélites qui, se trouvant exclus par les lois du royaume de toutes les professions, même des arts et métiers, pour l'exercice desquels il fallait être de la religion catholique, n'étaient uniquement destinés qu'au commerce. »

On les voit également défendre les Portugais contre les autres Juifs qu'attire la fortune de Bordeaux : Avignonnais d'abord, Tudesques ensuite. Les premiers sont de plus en plus nombreux au cours du siècle : 82 personnes

---

DES JUIFS
DANS LE FAUBOURG DE SAINT-ESPRIT

L'exercice public de leur religion est d'un grand scandale pour les chrétiens, mais rien n'est si pernicieux que l'usage continuel que les Juifs font de se faire servir par de jeunes servantes chrétiennes qui sont de pauvres villageoises du voisinage, dont ils ne manquent jamais de faire leurs concubines ! et les nourrices de leurs enfants, sans que leurs femmes s'en choquent, parce que cela est toléré par la loi.

Il arrive que la plupart de ces jeunes filles perdent insensiblement l'usage de leur religion et ce qu'il y a de plus déplorable c'est que les enfants qui naissent de ce concubinage sont élevés dans le judaïsme !

Les Juifs de Saint-Esprit sont arrivés à un tel point d'impudence qu'ils affectent de venir à Bayonne les dimanches et fêtes, même les plus solennelles, et pendant les offices divins, pour y traiter de leurs affaires... et pour s'y promener par manière de dérision des mystères de notre religion... ce qu'ils n'auraient jamais osé faire autrefois !

« Mémoire du Corps de ville de Bayonne », seconde moitié du XVIIIe siècle.

en 1722, plus de 150 au moment de la Révolution. Déterminés et actifs, ils réussissent même à faire approuver, en 1763, un règlement intérieur de leur nation, calqué sur celui des Portugais ! En réalité, au contraire de ces derniers, ils n'ont jamais droit de police. Quant aux Tudesques, ils ne jouissent jamais de la moindre organisation. En fait, les Portugais, les premiers, se passeraient bien de leur présence. Ils estiment que ces nouveaux venus portent tort à la nation portugaise par leurs activités de colportage ou de commerce de fripes, qui donnent prise aux pires accusations, par leur participation au commerce de l'argent, par la présence parmi eux d'errants et de vagabonds, en un mot par la mauvaise image qui est la leur, et par la concurrence qu'ils représentent pour les plus pauvres des Portugais. D'où une série d'expulsions, à la demande même des anciens de la nation : en 1730, 1734, 1743, 1744 et en 1761 ; cette année-là, il s'agit de 152 Juifs, dont 6 Portugais, qui s'étaient mal comportés. La communauté donne toutefois un viatique aux expulsés. Sa demande s'explique par la crainte d'être elle-même touchée par les expulsions. Lorsque ce n'est plus le cas, après 1770, elle ne renouvelle plus ce type de demande.

Très proche, par ses origines comme par ses activités, est la communauté juive de Bayonne, installée en réalité en face de la ville, dans le faubourg de Saint-Esprit. Sur les 5 000 habitants qu'il abrite à la veille de la Révolution, 1 200 à 1 300 sont juifs, soit une croissance d'un quart par rapport à la fin du règne de Louis XIV. Comme à Bordeaux, ils jouent un rôle commercial actif : 39 d'entre eux sont négociants en 1783 sur un peu plus de 200 négociants bayonnais. Leur organisation est très proche de celle de la communauté de Bordeaux, avec laquelle les liens sont nombreux ; elle a, en fait, été reconnue un peu plus tôt, dès 1753. Des conflits naissent : avec le curé, à propos des processions, avec les chocolatiers, qui veulent leur interdire cette activité. La plupart du temps, il s'agit de concurrence économique, le maire et les échevins de Bayonne prenant parti pour leurs administrés. Les motifs religieux, en revanche, interviennent très peu.

À ces arguments s'en ajoute un autre, tout à fait habituel : si les Juifs réussissent bien dans le commerce en vendant bon marché, c'est en falsifiant les marchandises ou en faisant usage de faux poids et de faux aunages.

À Metz, comme nous l'avons vu, leur installation, pour des raisons militaires, remonte au XVIᵉ siècle, les Juifs devant, à cette époque, procurer des fonds aux bourgeois et aux militaires de la ville et acheter les approvisionnements nécessaires à l'armée d'occupation, ce qui ne cesse d'alimenter une opposition renouvelée des marchands de la ville. *La nation lorraine*

Le commerce des Juifs – si l'on en croit les plaintes des merciers de Metz auprès de la Couronne – « cause la ruine entière de celuy des suplians qui sont les véritables et naturels sujets du Roy ». Toute croissance de la population juive, affirment-ils, réduirait les marchands chrétiens « à la dernière nécessité ». Mais, au grand dam des marchands locaux, le parlement de Metz se fait le défenseur des Juifs, les autorisant à vendre de nouvelles marchandises tout au long de l'année, pourvu qu'elles viennent de l'extérieur de la province.

Tandis que banquiers et fournisseurs continuent à satisfaire les demandes des officiers locaux et de la Couronne, la majorité des Juifs gagnent leur vie en prêtant de l'argent, en faisant le commerce de l'or et de l'argent et celui de la friperie. Dès le début, ils sont confinés dans le quartier Saint-Ferroy. Ils ne peuvent posséder ni louer de biens ailleurs dans la ville. Libérés de l'obligation de porter le chapeau jaune vers la fin du XVIIe siècle, les Juifs de Metz n'en sont pas moins reconnaissables à leurs manteaux noirs, leurs cols blancs et leurs longues barbes.

Au début du XVIIIe siècle, environ 3 000 Juifs vivent à Metz, où ils constituent 15 p. 100 de la population totale de la ville. Ils forment une structure communautaire fortement organisée – la nation – dont une assemblée de 18 membres contrôle l'admission à la résidence, la répartition des impôts et la nomination des nouveaux rabbins. Un Conseil, dont le nombre de membres varie entre 4 et 10 syndics, détient l'autorité législative et exécutive civile. Les syndics disposent d'une multitude d'amendes et, dans les cas extrêmes, du pouvoir d'excommunication.

L'autonomie juridique de la nation de Metz s'accompagne toutefois de taxes onéreuses, dont l'exemple le plus connu est la taxe de Brancas. À l'origine « don » de la nation au duc de Brancas et à la comtesse de Fontaine, la taxe est transformée par les lettres patentes de 1715 en un droit de protection de 40 livres, levé sur chaque famille juive de Metz. Les lettres patentes de 1718 convertissent ce droit en une redevance fixe de 20 000 livres par an. En vigueur jusqu'à la Révolution, la taxe de Brancas impose à la communauté un lourd endettement vis-à-vis des créanciers chrétiens : en 1789, la nation doit approximativement 400 000 livres ! La taxe contribue aussi à la paupérisation croissante de la communauté – beaucoup de bourgeois émigrent – et au déclin numérique de la population juive. À la fin du siècle, il n'y aurait plus que 2 000 Juifs à Metz.

MÉMOIRE

POUR LES JUIFS DE METZ,

Concernant une redevance de 20,000 livres qu'ils payent annuellement au Duc DE BRANCAS, sous le titre de droit d'habitation, protection & tolérance.

De multiples protestations émanent de la nation juive de Metz, témoin ce « Mémoire » : « Les juifs de Metz existoient dans cette ville lorsqu'elle a passé sous la domination française en 1552. Ils sont devenus français au moment où tous les autres habitants de Metz et du pays Messin ont reçu cette qualité.

Ils ne sont donc pas venus en France y chercher habitation, protection ni tolérance, puisque ces droits leur étoient acquis dans le pays qu'ils habitaient, avant qu'il eût été réuni à la France ».

(EXTRAITS DU « MÉMOIRE POUR LES JUIFS DE METZ », CI-CONTRE. XVIIIe SIÈCLE. FAC SIMILÉ.)

Les paysans et les marchands ne sont pas entièrement dénués d'hostilité envers les Juifs. Mais les Juifs de Metz – contrairement à ceux d'Alsace – bénéficient de la protection continuelle du parlement de la ville. Quand les paysans protestent et s'organisent contre l'usure prétendument pratiquée par les Juifs, le parlement les reprend : « La Cour n'a vu qu'avec indignation que sous un prétexte de faire punir le crime d'usure dont on croiroit pouvoir se plaindre, l'on étoit porté à des crimes beaucoup plus graves et plus énormes encore, en employant le complot. »

Les marchands ont beau leur reprocher leur concurrence, dans la vie quotidienne, Juifs et non-Juifs conservent des relations relativement pacifiques. La nation de Metz n'est en aucune façon une communauté scellée de façon hermétique.

Si le statut exact des Juifs de Metz demeure objet de controverse, il n'y a aucun désaccord sur les différences existant entre Juifs protégés par lettres patentes et Juifs étrangers tentant de s'établir dans la ville. Malgré des restrictions diverses souvent rappelées, par exemple en 1719, 1720, 1721 et 1739, les Juifs étrangers continuent à entrer. Sensible aux plaintes des marchands, et par souci d'« infection et de mauvais air », la Couronne promulgue un édit, en 1741, interdisant formellement aux Juifs d'entrer à Metz. Ceux qui viennent pour affaires ou commerce se voient réclamer un certificat de santé et doivent se faire enregistrer auprès des autorités locales. À cela s'ajoute l'interdiction d'épouser un Juif étranger.

Les Juifs étrangers de Metz

La France n'annexe le duché de Lorraine qu'à la mort de Stanislas Leszczynski en 1766. En 1721, un quota de 180 familles juives est fixé ; en 1753, Stanislas le rend moins sévère, en étendant la définition de la famille. Si elle est limitée à une seule maisonnée, chaque famille peut inclure les enfants et tous les descendants mâles. Vers 1766, un ensemble de 52 communautés, dont la plus importante est celle de Nancy, constitue, pour les affaires d'imposition et de discipline, une seule communauté. Un rabbin et trois syndics sont reconnus par le roi.

La population juive de Lorraine s'accroît tout au long du XVIIIe siècle, souvent avec l'approbation tacite des intendants : ainsi, à la veille de la Révolution, le nombre total de familles juives dépasse les 500. À la différence des Juifs de Metz, la communauté de Lorraine demeure libre de toute dette jusqu'en 1787, date à laquelle elle construit une imposante synagogue à Nancy et acquiert un cimetière.

L'ironie veut que l'assimilation peut-être la plus poussée entre Juifs et non-Juifs ait eu lieu dans les bas-fonds du crime. Ainsi, une bande de voleurs, qui réussit à terroriser le curé de Loutzveiller, regroupe des Juifs et des chrétiens du lieu, ainsi que des Juifs de l'Alsace voisine et un nombre important d'étrangers. Les Juifs travaillent aussi la main dans la main avec les chrétiens pour la contrebande du sel, et certains se réunissent pour écouler les marchandises volées. En de telles circonstances, la cour souveraine de Lorraine et la communauté juive officielle réagissent dans le même sens.

C'est sans doute en Alsace que la condition des Juifs est le plus difficile : « L'Alsace, quant à l'intolérance, est à deux siècles des autres provinces du

L'intolérance alsacienne

royaume. Le peuple, en y persécutant les Juifs, croit remplir les décrets du ciel et il y est d'ailleurs excité par son intérêt particulier », écrivit M. Mirbeck, avocat au Conseil d'État, dans son mémoire de 1784. Comme les Juifs d'Alsace constituent plus de 70 p. 100 de la population juive de France, leur statut précaire éclipse souvent la position plus privilégiée des sépharades du Sud-Ouest comme des ashkénazes de Metz et de la Lorraine.

Quand l'Alsace fut annexée à la France, il y vivait déjà environ 587 familles juives, dispersées dans la campagne en de minuscules communautés. Beaucoup de villes refusaient de les admettre. À Strasbourg, par exemple, leur présence pour les affaires de commerce se terminait le soir aux sons des cloches et d'une corne. Pour obtenir le privilège d'entrer à Strasbourg, tout Juif devait acquitter un droit à l'une des trois portes. De plus, le droit de résider dans les villes et villages dépendait pour eux de la décision de plus de 61 autorités locales, autorités dont la Couronne avait promis de confirmer les privilèges. Il dépendait aussi de la capacité de payer le « droit d'habitation ».

La population juive d'Alsace fait plus que doubler au cours du siècle, passant de 10 000 personnes en 1732 à près de 24 000 à la Révolution. Cette croissance renforce la concurrence dans les métiers ouverts aux Juifs et développe une hostilité explosive entre eux et leurs débiteurs paysans. L'affaire des fausses quittances de 1777 – où les paysans refusent de payer leurs dettes en brandissant des reçus dûment signés en hébreu – attire l'attention de toute la France sur l'impécuniosité des paysans d'Alsace et réussit à ruiner la plupart des créanciers juifs de Sundgau. S'ensuit une enquête, faite par une commission royale, qui aboutit à l'abolition du péage corporel dans toute l'Alsace, mais inspire aussi les lettres patentes du 10 juillet 1784. Celles-ci

DÉNOMBREMENT GÉNÉRAL DES JUIFS,

Qui font tolérés en la Province d'Alface, en exécution des Lettres-Patentes de Sa Majefté, en forme de Règlement, du 10 Juillet 1784.

LIEUX qu'ils habitoient à la fin de l'année 1784, par N.os & ordre alphabétique.	Nombre des Familles.	QUALITÉS.	NOMS DES INDIVIDUS.		TOTAUX des Individus.
1. ARTZHEIM. Etat du 21 Décembre 1784.	Unique.	Chef, Femme, Mere, Fils, Filles, Valet, Servante,	Abraham. Schönel. Breinel. Abraham. Malgen Johanna Baden Jofeph. Jachet.	} Abraham.	9
2. AWENHEIM. Etat du 15 Novembre 1784.	Unique.	Chef, Femme, Fils,	Hirtzel Dreyfus. Mümel. Jegel Dreyfus.		3
3. BALBRONN. Etat du 14 Février 1785.	1.ere	Chef, Valets, Servantes,	Samuel Levy. Efther Bloch. Sander. Meyer. Rella. Hanna.		6

Extrait du registre dénombrant en 1784 les familles juives vivant alors en Alsace.

(ARCHIVES NATIONALES, PARIS.)

reconnaissent officiellement l'autorité des syndics et des rabbins, dénient aux autorités locales le droit d'expulser les Juifs résidant légitimement en Alsace, et étendent le champ des activités économiques ouvert aux Juifs. Ils peuvent, par exemple, affermer des exploitations et des vignobles, exploiter des mines, s'engager dans la banque et le commerce et fonder des manufactures. Les lettres patentes de 1784 réclament également l'établissement d'une liste des Juifs autorisés à résider dans la province (un recensement est effectué dans ce but) et fixent les moyens de contrôler tout accroissement ultérieur de la population : les Juifs se voient refuser le droit de se marier sans autorisation royale. Mais la pression des Juifs et, en fin de compte, la Révolution ajournent définitivement le décret du 6 mai 1786 annonçant que les Juifs non enregistrés dans la liste du recensement imprimé auraient un mois de délai pour quitter la France.

Ainsi, en même temps que la Couronne s'applique à améliorer la condition des paysans du nord-est de la France, elle cherche des mesures d'intégration des Juifs d'Alsace : « On les fera bien marcher, en dépit de Moyse et du Talmud », assurait un ministre à un bailli d'Alsace. Mais ni les moyens ni les buts n'étaient clairement énoncés.

La population juive du Comtat Venaissin est difficile à évaluer avant le milieu du XVIIIe siècle. Dans les années 1780, on dénombre 350 Juifs à Avignon, entre 700 et 1 000 à Carpentras, 350 à L'Isle-sur-la-Sorgue et 200 à Cavaillon ; leur nombre a peu augmenté en cinquante ans. Cela tient au fait que, depuis la fin du XVIIe siècle, les Avignonnais ne cessent d'essaimer dans l'ensemble du royaume. On en trouve dès 1674 à Bordeaux ; à Paris, il faut attendre 1755. En 1789, 705 résident à Carpentras et 213 habitent hors du Comtat. Leur émigration a été largement freinée par un accueil souvent hostile, y compris de la part d'autres communautés juives. À l'opposé, rares sont les représentants d'autres communautés qui entrent dans le Comtat.

Les Avignonnais

Les Juifs accrochent sur le mur oriental de leur chambre le mizrah, tableau destiné à orienter la prière vers le Temple de Jérusalem. Celui-ci montre un Juif se rendant à la synagogue, avec à la main une palme et un cédrat.

(MIZRAH DE BOUSCHWILLER. DESSIN GOUACHÉ, FIN DU XVIIIe SIÈCLE. COLL. DE LA SOCIÉTÉ D'HISTOIRE DES ISRAÉLITES D'ALSACE ET DE LORRAINE, STRASBOURG.)

Une série de mesures viennent entraver le libre exercice de leur religion : limitation du nombre de synagogues, obligation d'assister aux sermons de prédicateurs chrétiens, perquisitions pour vérifier qu'ils ne possèdent pas de livres hébreux non autorisés, interdiction d'employer des serviteurs chrétiens...

Ils jouissent d'une organisation interne bien connue grâce aux statuts rédigés à plusieurs reprises, notamment aux XVIe et XVIIe siècles. Avignon a les siens propres et forme une communauté indépendante, qui considère les Juifs du Comtat comme des étrangers. Les habitants des carrières sont répartis, selon leur richesse, en trois classes financières appelées « grades » ou « grazes » ou « mains ». L'organisme dirigeant est le Conseil, formé d'officiers, les baylons, désignés pour un ou deux ans dans chacune des trois classes ; à Avignon, il y a une quatrième classe de pauvres, qui ne peuvent ni entrer au Conseil, ni exercer de charge. Les baylons ont des attributions policières et financières. Dans ce dernier domaine, il leur revient de lever les impôts et de les verser. Ceux perçus par les autorités chrétiennes sont faibles. Quant aux taxes perçues par les baylons, elles ont chacune un objet précis : le « capage », ou capitation, est destiné à l'entretien de la synagogue et du cimetière ; la « quisba » va aux pauvres ; le « translat » frappe ceux qui veulent quitter les carrières ou faire des dons à l'étranger ; certaines taxes sont prélevées en vue de l'aumône – celles sur l'abattage des viandes par exemple –, car les œuvres de bienfaisance sont importantes.

Toutes ces levées d'argent ne suffisent pas : les communautés doivent emprunter, et cet endettement, élevé à la fin du XVIIIe siècle, devient leur principal souci. À Avignon en 1781, les consuls notent que les Juifs de la ville ont 150 000 livres de dettes ; à Carpentras, ils doivent 800 000 livres en 1786, et les intérêts annuels se montent à 30 000 livres.

En bas, à gauche du plan, se dresse un ensemble de 15 immeubles environ, avec, sur les côtés, des portes d'accès : c'est la juiverie d'Avignon ; un peu plus haut, vers la droite, se trouve « la pignotte », le cimetière des Juifs.

(PLAN D'AVIGNON [DÉTAIL], PAR MARCO ANTONIO GANDOLFO, 1618. BIBLIOTHÈ-QUE MUNICIPALE, AVIGNON.)

Il n'y eut jamais plus de 500 à 700 Juifs à Paris jusqu'à la Révolution. *Paris*
Cependant, nulle part ailleurs en France, il n'y eut autant de Juifs et de judaïsmes différents. Les Juifs vivant à Paris sont universellement considérés comme des étrangers, non parce qu'ils viennent de pays étrangers – ce qui est le cas de certains d'entre eux – mais parce qu'ils sont Juifs.

Les sépharades de Bordeaux et de Bayonne paraissent avoir été les premiers à s'établir dans la capitale. Leur réussite conduit, sans aucun doute, les Juifs du nord-est de la France puis, plus tard, d'Allemagne, de Hollande, d'Angleterre, d'Autriche et de Pologne, à suivre leur exemple. Certains s'établissent de façon permanente dans la ville, d'autres y vont pour quelques mois, pour faire des affaires ou pour poursuivre des « études ». Quelques-uns subsistent comme brocanteurs, merciers, fripiers, colporteurs ou « ambulants », tandis qu'un petit nombre regroupe de riches négociants, fournisseurs d'armée ou de la remonte de la cavalerie, banquiers ou changeurs, et fabricants. Certains ont maille à partir avec la loi, un petit nombre défie les autorités avec succès, mais la plupart d'entre eux recherchent l'anonymat. Jusqu'à la Révolution, tous sont sous la surveillance de la police.

Dès 1721, il est prévu un inspecteur de police spécifique chargé de surveiller les activités des Juifs. Dans les cinquante années suivantes, les formes de contrôle varient. Certains inspecteurs méprisent tellement les Juifs qu'ils les emprisonnent ou les expulsent au moindre prétexte ; quelques-uns, dont l'inspecteur Legrand, acceptent des pots-de-vin en échange d'une protection temporaire.

En 1750, à la suite de plaintes auprès du lieutenant général de police, le roi consent à établir des règles. Les Juifs doivent présenter, dans les vingt-quatre heures suivant leur arrivée à Paris, un certificat de leur lieu de résidence. La Bastille, Bicêtre ou Fort-l'Évêque attendent tout Juif « récalcitrant » ou « rebelle ». L'innocence est rarement la garantie d'une prompte relaxe.

Théoriquement, tous les Juifs de la capitale sont soumis à cette procédure. *La protection oppressive*
Dans les faits, les sépharades, plus riches et plus cultivés, trouvent facilement les moyens de se soustraire à la rigueur des règlements. Cependant eux-mêmes sont parfois soumis à un interrogatoire. C'est le cas pour le frère de Jacob Rodrigues-Péreire, arrêté à Paris parce qu'il n'a pas le certificat exigé. Il est venu pour chercher un appartement pour Jacob Rodrigues, qui doit présenter à l'Académie des sciences ses travaux sur les sourds-muets. La police, admettant que son frère est bien Jacob Rodrigues, le relâche « promptement », mais non sans l'avoir laissé une semaine en prison. La majorité des Juifs – ceux originaires d'Alsace, de Lorraine et d'Allemagne – sont soumis à une surveillance plus oppressive encore.

Mais les relations entre Parisiens et Juifs – riches et pauvres – ne se limitent pas aux commissariats de police. Les Juifs pauvres louent des chambres dans les maisons des Parisiens. Les riches sépharades peuvent venir en aide à d'importants hommes d'État à qui, en retour, ils font appel pour témoigner de l'honnêteté de leurs relations juives. Ainsi, M. Leblanc, ministre de la Guerre, le procureur général du parlement de Bordeaux, et M. de Tourny, intendant de Bordeaux, interviennent en faveur de certains d'entre eux.

Subsiste toutefois le désir de la plupart des Juifs de vivre à part, dans leurs communautés particulières. Que ce soit dans la plaisante rue Hautefeuille et rue Mazarine, ou dans les rues venteuses et tortueuses des quartiers Saint-Martin et Saint-Denis, ils sont assurés de trouver des sources d'assistance ou des auberges où ils peuvent manger la viande d'animaux abattus selon les rites. C'est là aussi qu'ils organisent leurs services de prières semi-clandestins.

La surveillance des Juifs de Paris par la police semble s'être relâchée durant le dernier quart du XVIIIᵉ siècle, bien qu'elle n'ait jamais cessé. Une grande partie de l'administration quotidienne est passée aux mains des Juifs, ou plus précisément dans les mains très compétentes et presque désintéressées de Jacob Rodrigues-Péreire. C'est Péreire aussi qui achète le futur cimetière des Juifs de Paris (1780). N'ayant pas l'autorisation – pas plus que les protestants – d'enterrer leurs morts en terre chrétienne, les Juifs ont, jusque-là, utilisé le jardin d'une auberge à la Villette, où, conformément à l'exigence du lieutenant de police, les enterrements ont lieu dans la nuit noire, sans bruit, ni scandale.

Procession des Palmes à l'intérieur d'une synagogue, à Paris, au début du XVIIIᵉ siècle.

(HISTOIRE JUIVE, GRAVURE DE B. PICART, 1724. BIBLIOTHÈQUE NATIONALE, PARIS.)

De la cohabitation ambiguë à l'impossible statut

Les réactions des Français à la présence des Juifs se caractérisent par leur ambiguïté et leur diversité. Tous les Juifs – y compris ceux dont la famille vit en France depuis bien des générations – sont-ils des étrangers ? Sont-ils étrangers dans toutes les régions de France ? Qu'en est-il de l'édit du 23 avril 1615 décrétant que les Juifs doivent quitter la France dans le délai d'un mois ? Qu'en est-il de ces lettres patentes du roi qui accordent des privilèges à des communautés juives et la naturalisation à des Juifs en tant qu'individus ? Les événements qui suivent la tentative du parlement de Metz d'intégrer plus avant les Juifs dans la vie juridique de la ville, les débats qui entourent l'édit de 1767 permettant aux étrangers d'acheter des brevets, les pressions exercées par les sépharades de Bordeaux pour faire enregistrer les lettres patentes du roi à Paris témoignent de la diversité des réactions des différentes communautés juives. Ils mettent également en pleine lumière les contradictions de l'Ancien Régime dans ce domaine.

Certes, les Juifs vivant à Metz ne jouissent pas des mêmes droits et privilèges que les autres habitants. Mais, en même temps, le maintien de leurs propres lois, coutumes et religion n'est ni discriminatoire, ni inhabituel dans une ville où il y a tant de coutumes et de statuts. De plus, les Juifs messins sont juridiquement intégrés – souvent contre les vœux tant des Juifs que des non-Juifs – et, sans égard pour la religion des victimes ou des témoins,

Détail d'un jeu de l'oie, sous la Révolution, où sont illustrés notamment les grands principes de la citoyenneté française.
(V. 1791-1792. MUSÉE CARNAVALET, PARIS.)

ils sont protégés ou punis par le parlement, le bailliage ou la police. Le 7 juin 1731, par exemple, Moïse Lambert cite Jacques Damien et Nicolas Bouillon devant le parlement, se plaignant de ce que ces cochers l'ont insulté. Damien et Bouillon sont condamnés à une amende et la police établit un règlement interdisant aux cochers de molester ou d'insulter leurs clients.

Un « degré d'établissement »

En 1742, le parlement de Metz tente d'intégrer la communauté juive encore plus avant dans le corps politique de Metz. Après avoir d'abord soutenu les intentions du parlement, la Couronne renverse sa position, lui retire son soutien et le réprimande. C'est que celui-ci – comme en donne avis au roi un conseiller royal – en est venu au point de donner aux Juifs « un degré d'établissement qui les approcheroit trop du caractère et de l'état de véritables citoïens ». Quoique sensible à la condition des Juifs depuis leur dispersion, le conseiller recommande de réduire leur statut à « une simple tolérance ».

Allant encore plus avant dans ce sens, marchands et membres des corporations de Sarreguemines, Phalsbourg, Sarrelouis, Thionville et Paris lancent une campagne pour réduire le statut des Juifs à celui de proscrits et pour expulser ceux visés par le décret de 1615. À l'origine de leur hostilité, l'édit royal qui relâche les exigences pour l'entrée dans les corporations et rend accessibles aux étrangers les places récemment créées.

Pierre de Lacretelle, plaidoyer pour les Juifs

Pierre-Louis de Lacretelle plaide devant le parlement de Nancy (en 1775 ?) la cause de deux Juifs qui, ayant recours aux brevets, sont entrés en conflit avec la municipalité et les marchands de Thionville. Prouvant clairement que l'intention de la Couronne est d'augmenter le nombre des artisans et des marchands, de permettre la participation des étrangers et d'enrichir le trésor royal, Lacretelle en vient à la situation particulière des Juifs. Ses arguments sont à la fois éloquents et humanitaires. Ne sous-estimant pas les craintes et les soucis des Français, il n'admet pas pour autant l'intolérance que ces peurs pouvaient susciter. Il fait sans cesse appel aux possibilités de l'homme d'englober ceux qui apparaissent différents. Les Juifs, soutient-il, doivent être soit régnicoles, soit étrangers, « à moins qu'on ne les ravale au-dessous de l'humanité, qu'on n'en fasse des êtres qui n'ont pas même le nom générique commun avec les autres peuples... J'ose soutenir qu'ils peuvent s'honorer du titre de Français, de Régnicoles ». Ainsi établit-il clairement que, tout différents que soient les Juifs, ils n'en méritent pas moins la protection et peut-être en définitive l'affection de leurs compagnons français. Pierre-Louis de Lacretelle perd le procès !

L'avocat des Six Corps (la structure organisée des corporations parisiennes) est plus heureux dans sa défense contre les Juifs d'Avignon qui avaient acquis des brevets de marchands merciers. Après neuf ans d'âpres luttes devant le conseil des Dépêches, les marchands parviennent à empêcher les Juifs d'être admis aux corporations. Leur mémoire, *Requête des marchands et négociants de Paris contre l'admission des Juifs,* devait être publié à nouveau lors des débats de la Révolution, en 1790, pour s'assurer si, « depuis vingt-trois ans, le danger d'admettre les Juifs a diminué ».

Les marchands de Paris redoutent l'édit de 1767 et cherchent à exclure leurs concurrents les plus haïs. Les accusations qui renvoient aux préjugés médiévaux, avec leurs légendes de puits empoisonnés et de monarques assassinés, placent ces Juifs « au-dessous de l'humanité ». Les marchands justifient leurs dires par un argument qui sera repris, un siècle plus tard, par les premiers sionistes : « S'il est une espèce d'homme qui ne connoisse aucun sol fixe, aucune loi d'administration, aucun devoir envers un souverain particulier, dont aucun chef ne puisse être allié, ou ami des autres Souverains pour traiter avec eux, ... il ne peut jamais y avoir entr'elle et les autres nations aucune fraternité, puisqu'elle n'existe pas entre Souverains. »

Les marchands se plaignent de ce que les Juifs désavantagent toujours les « citoyens », car ils ont tendance à travailler ensemble, contraignant ainsi les marchands – selon ces derniers – à renoncer à leurs activités lorsqu'ils doivent faire face à la concurrence des Juifs. Il n'est pas nécessaire de dire que les marchands proposent une solution : « ... Que les Juifs renoncent à leur prétendu Messie [...] qu'ils reconnaissent que toute puissance sur terre a été établie par Dieu, ou qu'ils renoncent à être membres d'aucune société politique. »

Alors que Lacretelle avait envisagé la conversion uniquement comme une éventualité à long terme, les marchands de Paris la présentent comme le seul moyen possible pour éviter l'expulsion du royaume.

Même si les marchands et négociants ne s'attendent pas réellement à l'expulsion de tous les Juifs de France, ils réussissent à alarmer les sépharades de Bordeaux et de Bayonne. Jacob Rodrigues-Péreire, leur agent à Paris, répond sur-le-champ aux allégations contenues dans la *Requête des marchands* pour défendre les Juifs de Bordeaux et de Bayonne qui ont été publiquement calomniés par les marchands de Paris et dont le droit de rester en France a été mis en cause.

Les efforts de Péreire ne seront pas vains, les lettres patentes les plus généreuses de toutes sont en effet promulguées en juin 1776. Libres de demeurer au lieu de leur choix, les Juifs du Sud-Ouest reçoivent les assurances de la Couronne : « Qu'ils soient traités et regardés ainsi que nos autres sujets, nés en notre Royaume, et qu'ils soient réputés tels, tant en jugement que dehors. »

Les sépharades désiraient naturellement que ces droits et privilèges s'appliquent aussi bien à Paris qu'à Bordeaux. Leurs tentatives infructueuses pour convaincre le parlement de Paris d'enregistrer leurs lettres patentes témoignent non seulement de leur position précaire, mais aussi de la détermination de Paris de s'en tenir à ses propres droits et coutumes.

La détermination des Parisiens

Au cours de la décennie suivante, Joly de Fleury, le procureur général, demeure ferme dans sa résistance à leurs pressions subtiles. « Eh ! s'exclament-ils, ne seroit-il pas absurde que les Juifs portugais fussent réputés régnicoles dans une province et étrangers dans une autre province ? »

La réponse est toujours la même : les Juifs les plus méritants pourront recevoir des privilèges particuliers et des lettres de naturalisation. Il est clair que ce qui est en jeu, c'est bien plus que le statut juridique des sépharades de Bordeaux et que l'intérêt évident qu'il y a à imposer le droit d'aubaine à ceux qui pourraient mourir à Paris. « Si l'on veut purger la capitale de ces dangereux habitants, écrit, en 1784, Guichard, substitut du procureur général, on n'y parviendra jamais plus efficacement qu'en maintenant l'exécution des lois qui assujettissent les Juifs au droit d'aubaine. » Les ministres et le parlement de Paris ne veulent laisser de place qu'aux Juifs de Paris semi-tolérés, très hétérogènes et sans existence légale.

Juda contre Jacob

Les Juifs se montrent souvent aussi entêtés que les Parisiens quand on leur demande d'accueillir les indésirables. Craignant la concurrence économique des nouveaux arrivants, ils protègent jalousement l'accès à leurs communautés. Pour ce qui est des sépharades, d'ailleurs, ceux-ci ne laissent passer aucune occasion pour attirer l'attention sur leurs origines uniques et « supérieures »...

Jusqu'en 1785, époque à laquelle les ashkénazes ont acquis leur propre cimetière à Montrouge, tous les Juifs qui meurent à Paris sont enterrés à la Villette. Ce terrain d'entente dans le domaine de la mort va toutefois à l'encontre des affirmations des sépharades disant qu'ils descendent de la tribu de Juda et qu'ainsi ils ne peuvent être confondus ni incorporés avec ceux de la tribu de Jacob. Cela est également en contradiction avec la volonté des sépharades de défendre leur statut et leurs privilèges, y compris aux dépens de la majorité des Juifs vivant en France.

Les Juifs entre eux

Alors que les distinctions entre les sépharades et les ashkénazes sont suffisamment réelles, le besoin d'attirer l'attention sur elles qu'éprouvent les sépharades reflète leurs craintes d'être identifiés aux ashkénazes, moins privilégiés et plus traditionalistes. Conscients d'ailleurs de ce que leur statut repose sur leur « activité » économique, leur responsabilité politique et leur acceptation par la société, les sépharades contrôlent avec soin les membres de leurs propres communautés. Ils sollicitent même l'aide des intendants pour faire expulser des Juifs vagabonds ; ainsi, à Bordeaux, l'ordonnance de 1761 entraîne l'expulsion de cent cinquante-deux Juifs, pour la plupart Avignonnais, pour conduite « irrégulière et répréhensible ». Ces Avignonnais, dont le nombre s'accroît tout au long du siècle à mesure qu'ils fuient les carrières surpeuplées et insalubres de Carpentras et d'Avignon, posent des problèmes spécifiques aux sépharades, qui redoutent la concurrence.

Les Juifs du nord-est de la France, spécialement ceux de Metz et de Nancy, n'exercent pas une surveillance moindre sur leurs propres étrangers, car le bien-être de la communauté tout entière peut être compromis par la mauvaise conduite d'un seul de ses membres. Ils craignent l'esprit rebelle des jeunes arrivants, qui cherchent à se dérober aux stricts règlements internes de la communauté. Ils redoutent aussi le manque d'expérience des nouveaux venus dans les activités économiques, y compris, à l'occasion, leur complicité criminelle avec des non-Juifs. Enfin, mais ce n'est pas là le moindre de leurs soucis, il y a les réactions de leurs voisins non-Juifs qui, menacés par tout accroissement de leur nombre, portent plainte devant la police locale aussi bien que devant le roi.

Les ashkénazes craignent également – contrairement aux sépharades – les manifestations d'acculturation de la part de membres de leurs communautés. Les attraits du XVIIIe siècle, que ce soit les cafés de Metz, les théâtres de Paris ou la littérature des philosophes, posent des problèmes de discipline et remettent en cause une autonomie locale profondément enracinée dans les cœurs et soigneusement protégée. En matière culturelle et sociale, les rares Juifs à porter leurs pas au-delà des limites de leurs quartiers s'exposent à la menace de l'excommunication et souvent se coupent même des membres de leur propre famille.

Si la situation des Juifs dans la France du XVIIIᵉ siècle est diverse, l'attitude des Français à leur égard varie également. À côté des marchands menacés par la concurrence des commerçants juifs et à côté des paysans qui se plaignent amèrement des activités « usuraires » des Juifs, certains hommes d'État envisagent une France libérée des entraves des corporations, des restrictions apportées au commerce et de l'isolement improductif de ceux qui refusent la foi catholique. Également mus par des soucis humanitaires, ces hommes d'État se trouvent confrontés, à la fin du XVIIIᵉ siècle, aux questions de la place à réserver aux Juifs dans les projets de réforme.

Pour Chrétien-Guillaume de Malesherbes, Pierre-Louis Roederer et l'abbé Grégoire, par exemple, les questions cruciales se situent bien au-delà des définitions légales et des passions religieuses. Les Juifs, avec leurs coutumes sociales spécifiques, leurs pratiques religieuses particulières et leur langage propre, sont-ils aptes à devenir des membres productifs de l'État, ou sont-ils destinés – suivant les termes de Malesherbes – à constituer un « imperium in imperiis » ? Pourraient-ils – une fois transformés – devenir des membres à part entière du corps politique ? Plus généralement, les Juifs sont-ils de façon innée, et donc permanente, des étrangers ou bien sont-ils les victimes d'un environnement oppressif ? Nul ne semble avoir de doutes quant au diagnostic touchant la condition présente des Juifs ; seul le pronostic suscite de vives controverses.

Une solution introuvable

Pierre-Louis Roederer, membre d'une des familles parlementaires les plus illustres de Metz, préside en 1787 la session de la Société royale des sciences et des arts de Metz. Il offre un prix pour le meilleur essai répondant à la question : « Est-il des moyens de rendre les Juifs plus utiles et plus heureux en France ? ». En 1787, neuf contributions sont soumises à la Société, mais aucune, aux yeux de Roederer, ne sonde les profondeurs des problèmes soulevés. Retournant les trois meilleurs manuscrits à leurs auteurs pour un travail supplémentaire, Roederer leur demande d'étudier les moyens d'assouplir les lois du royaume, la vigueur et la puissance des passions et préjugés populaires et les moyens d'assurer le bien-être de l'économie nationale, soucis qui réapparaîtront chaque fois qu'il sera question de l'accueil des étrangers. Roederer demande, en outre, si le prix à payer par les Juifs doit être la destruction de leurs institutions et de leurs « vertus » particulières. Son attention au maintien d'un équilibre délicat entre la protection d'un héritage spécifique et l'adoption de la culture dominante n'éveillera que peu d'échos.

Une remise de prix

Après avoir ajourné la remise du prix pour un an, et après la réception des trois essais remaniés, la Société transforme la récompense prévue en trois prix. Les lauréats – à la façon œcuménique alors à la mode – sont un protestant (Claude Thierry), un catholique (l'abbé Grégoire) et un juif (Zalkind

Hourwitz). Les trois essais rejettent le statut et la condition actuels des Juifs, estiment ces derniers susceptibles de devenir des citoyens productifs pour l'État et consignent les conditions nécessaires au succès de l'entreprise.

L'essai rédigé par l'abbé Grégoire, curé d'Emberménil, est sans doute celui qui obtient le plus grand succès auprès de Roederer et de ses collègues académiciens. Pour l'abbé Grégoire, l'unité nationale, l'humanité et même peut-être le salut dans l'au-delà exigent l'acceptation pleine et entière des Juifs sans, toutefois, une grande partie de leur judaïsme. Ils doivent, en effet, abandonner leurs communautés particulières, leur autonomie juridique, leur langage et leurs espoirs messianiques. À l'avenir, ils devront confesser une foi réduite à la croyance en l'unicité de Dieu, l'immortalité de l'âme, la récompense et le châtiment futur.

Par certains côtés, les vues de l'abbé Grégoire comprennent des aspects tout à fait nouveaux. Proposant que les Juifs n'utilisent que le français, même dans la liturgie, il avance l'argument que la destruction des dialectes entraînera la diffusion des Lumières, une connaissance épurée de la religion, l'accomplissement plus facile des obligations de la loi ainsi que le bonheur de la nation et la tranquillité politique. Nul ne lie de façon aussi claire et aussi prophétique la citoyenneté des Juifs à la mort de l'Ancien Régime et à la naissance de l'État-nation en France.

Zalkind Hourwitz partage les critiques de l'abbé Grégoire, tant à propos du judaïsme traditionnel que des institutions de l'Ancien Régime. Né en Pologne et fier d'appartenir à un peuple privé de droits, il conteste toutefois la vision qu'a l'abbé Grégoire d'une égalité résultant de l'éradication de toutes les différences, et il met au jour avec habileté les préjugés de ceux qui ne voient un esprit d'intolérance que chez les Juifs. Les journaux et les rues du Paris révolutionnaire vont bientôt se faire l'écho des mordantes critiques d'Hourwitz.

Si la société de Metz ne peut qu'influencer l'opinion publique, il revient à d'autres de faire passer ces vues dans la législation. À peine six mois plus

DES FRANÇAIS
COMME LES AUTRES

Les Juifs ne sont point étrangers, ni par la nature, ni par leur religion, mais parce qu'on a l'injustice de les regarder comme tels, et de les retrancher de la société. Qu'on leur accorde le droit de citoyen, alors on verra qu'ils sont français comme les autres sujets du royaume. Il est vrai qu'ils ne croient pas rester toujours dans les pays qu'ils habitent actuellement, et qu'ils attendent l'arrivée d'un Messie qui les rétablira dans la Palestine ; mais ils attendent la mort avec encore plus de certitude, cela ne les empêche point, à l'exemple des autres hommes, de bâtir, de semer et de planter partout où on le leur permet. Il est vrai aussi que la prudence ne leur permet pas de se marier avec les autres nations ; mais le noble méprise l'alliance du roturier, la religion défend aux Kwakers et aux Frères moraves de s'allier hors de leur communion, sans que ces gens-là soient réputés étrangers, ni citoyens inutiles !

Zalkind Hourwitz : essai présenté à la Société royale des sciences et des arts de Metz en 1788

À Paris, les Juifs influents n'ont aucun mal à pratiquer leur culte. Portrait d'après nature d'un Juif revêtu du châle de prière et portant les phylactères. (GRAVURE DE B. PICART, 1725.)

tôt, l'« édit concernant ceux qui ne font pas profession de la religion catholique » a accordé une tolérance religieuse limitée aux non-catholiques du royaume, avec la liberté d'exercer leur commerce, arts et métiers et professions. À l'origine, Malesherbes eut l'intention d'appliquer également l'édit aux Juifs. Mais le parlement de Metz en a refusé l'enregistrement, la ville craignant de devenir « une peuplade de Juifs » si ceux-ci étaient compris dans l'édit. Une fois de plus, ils se retrouvent « au-dessous de l'humanité ». Dans un style maladroit, mais cependant émouvant, les dirigeants ashkénazes déplorent leur exclusion officielle de l'édit de 1787 : « La Loi est générale, elle rappelle en France toutes les religions non catholiques, toutes les sectes qui veulent s'établir dans le royaume à leur roi et à leur prince. Enfin le Juif, homme comme tous les autres, doit non seulement ne pas profiter de cette loi clémente, mais devenir encore pour ainsi dire plus avili par cette même Loi qui, en écartant pour jamais l'intolérance sur tous les étrangers, l'appesantit d'autant plus et toute seule sur le Juif. »

Un peuple à part ?

Le roi demande à Malesherbes de préparer une législation en faveur des Juifs. Celui-ci s'adresse à ses amis Pierre-Louis de Lacretelle et Pierre-Louis Roederer pour solliciter leur aide dans cette nouvelle tâche.

Malesherbes laisse peu de pistes inexplorées : il se rapproche des Juifs du Sud-Ouest, du Nord-Est, de Paris, de l'inspecteur de police de Paris et des ministres, tant français qu'étrangers. Il rassemble toute une documentation concernant les lois et les coutumes des Juifs, ainsi que des rapports – sollicités ou non – de leurs amis et de leurs ennemis, pour obtenir la réponse à une question qui englobe toutes les autres : les Juifs de France peuvent-ils et veulent-ils abandonner leur particularisme en échange des droits des Français ? En d'autres termes, les Juifs sont-ils vraiment comparables aux protestants ou bien constituent-ils depuis toujours un peuple à part et potentiellement dangereux ? Plus Malesherbes explore ces questions, moins il espère en obtenir de réponses.

Ni les Juifs du nord-est de la France ni ceux du sud-ouest n'aideront Malesherbes à mettre fin à son indécision. Car, s'ils plaident avec éloquence et passion pour de plus grandes libertés et l'accès à la nationalité française, ils défendent aussi le maintien de l'autonomie de leurs communautés. Quelque poignantes ou pragmatiques que soient leurs raisons, elles rendent difficile une suppression totale des distinctions entre Juifs et Français, tout en maintenant celle entre sépharades et ashkénazes.

Personne, finalement, n'en vient à proposer de solutions définitives. Or, durant l'été 1788, Malesherbes quitte le Conseil. Le roi a perdu de vue le problème des Juifs et toute la France attend la réunion des États généraux. Un siècle de débats, d'arguments, de propositions et l'accumulation d'une énorme documentation laissent irrésolu le problème du statut des Juifs.

F. M. – J.-P. P.

XI

LES INTERNATIONALES DE « L'HONNÊTE HOMME »

Aux XVIe et XVIIe siècles, le domaine français ne se distingue toujours pas d'une Europe artistique et musicale où l'Italie est souveraine. □

Ce n'est plus seulement une affaire d'influence ou d'imitation : c'est la présence même des artistes venus de la Péninsule qui contribue à propager l'héritage italien. À l'inverse des siècles antérieurs, où l'on se contentait de leurs lointaines leçons, tels un Jean Fouquet introduisant leur sens de la perspective géométrique, leur construction de l'espace, leur vocabulaire décoratif, ou les lettrés français avides de lectures italiennes, et d'ouvrages qu'il leur arrive d'aller chercher sur place... L'humanisme français débute en se mettant à leur école, et, avec les guerres d'Italie, c'est au tour des princes et des seigneurs de se laisser séduire par le raffinement de leur culture.

Mais, dans un premier temps, il ne s'agit que d'une manière de placage ; d'ailleurs, en province, l'art médiéval continue à fleurir jusqu'au milieu du XVIe siècle. Certes, Charles VIII, dès la fin de sa première expédition, fait venir artisans et artistes italiens, qui forment sur place leurs premiers élèves. Aussitôt, le décor subit des modifications profondes, par exemple au château des archevêques de Rouen, que fait édifier, à Gaillon, entre 1502 et 1510, Georges d'Amboise ; les Italiens y dessinent un jardin en terrasses vers la Seine, y élèvent une galerie, un immense portique monumental. Mais le parti d'ensemble reste traditionnel. C'est François Ier qui joue un rôle décisif. Dans sa volonté d'être mécène des arts et lettres, il décide d'attirer lettrés et artistes italiens et commence par une opération de prestige : l'accueil de Léonard de Vinci. Lassé de l'incompréhension de ses compatriotes, le vieil artiste et savant arrive à la fin de 1516, apportant avec lui *la Joconde, Sainte Anne, Saint Jean-Baptiste*. Désormais la mode est à l'italianisme, mouvement qui se renforce avec l'arrivée de Catherine de Médicis en 1533 et atteint son apogée vers 1570.

Il ne s'agit plus simplement d'influence italienne, manifestée par la vogue du *Décaméron* de Boccace, édité neuf fois de 1483 à 1541, ou des *Sonnets* de Pétrarque : désormais, des artistes et lettrés italiens sont appelés en France et y montrent l'exemple. Ainsi, en France, comme ailleurs, le Code du courtisan est dû à un Vénitien, Balthazar Castiglione : son *Cortigiano,* publié en 1518, fut traduit aussitôt. Il faut encore citer Scaliger, à qui nous devons des éditions de textes anciens, et le Véronais Paul Émile, qui publie, en 1517, une Histoire de France en latin : *De rebus gestis Francorum.* Cette nouvelle histoire met l'accent sur les événements politiques ; elle cherche surtout la cohérence du récit, chaque événement découlant raisonnablement d'un autre. Les Français bénéficient de très grands auteurs à cette époque, et il est moins facile d'imposer la littérature que l'art. Si Budé, Marot, Marguerite de Navarre, entre tant d'autres, puisent une large part de leur inspiration et de leurs méthodes en Italie, ils développent un humanisme, une pensée et une littérature bien français. Dans sa *Défense et illustration de la langue française,* parue en 1549, Joachim du Bellay et, avec lui, toute la Pléiade revendiquent, à juste titre, une littérature nationale, qu'incarne au même moment François Rabelais. Dans le domaine artistique, en revanche, l'apport se fait sans médiation.

PAYEMENT DES GAIGES
DE CERTAINS OUVRIERS...

Jehan Jocundus, deviseur de bastimens,	562 liv. 10 s.
Dom Passolo, jardinier, item,	375 liv.
Guido Paganino, peintre et enlumineur,	937 liv. 10 s.
Charles Faulcon, orfévre,	600
Dominico de Cappo, faiseur de hardes,	240
Jaques de Dyanno, faiseur de journades,	240
Henard de Saint-Seurin, son compagnon,	240
Maistre Bernardin de Brissac, ouvrier de planchers et menuisier de toutes couleurs,	240
Jerosme Passeret, ouvrier de maçonnerie,	240
Paulus de Oliveris, faiseur de senteurs	340
Domenico de Courtonne, faiseur de chasteaulx et menuisier de tous ouvraiges de menuiserie,	240
Jeronime Nigre, qui garde les papegaulx,	120
Maistre Silvestre Abbast, faiseur d'abillements de dames à l'ytallienne de toutes sortes,	240
Jehan Armenaris, decouppeur de veloux à l'ytallienne,	240
Alphonse Damasse, tourneur d'albastre, qui est serviteur du maistre tourneur,	120
Domino Johanne de Granna, prebstre, faiseur d'orgues,	240
Mess^e Luc Becjeame, jollier et inventeur subtil à faire couver et naistre poulletz,	365
Pierre Faucon et Helene sa femme (orfévre),	240
Pantaleon Conte, ouvrier de broderie, et sa femme, ouvrière de chemises à la façon de Cathelongne,	240
Johannes Lescaris, docteur des pays de Grèce,	400
Jaques Taillandier, commis dessus dict,	306

Compte de « certains ouvriers, gens de métier et autres personnages que ledit Seigneur (Roi) a fait venir de son royaume de Sicile [...] » (29 janvier 1497). Archives de l'art français.

La révolution artistique

On le voit à Fontainebleau. Il s'y trouvait un vieux château, datant des premiers Capétiens et utilisé surtout comme rendez-vous de chasse. Il est rasé, à l'exception de quelques tours, et Gilles le Breton érige, à partir de 1528, un nouvel édifice. Pour sa décoration, qu'il veut éclatante, François Ier charge Jules Romain, successeur de Raphaël à Rome, de recruter pour lui en Italie des artistes disposés à s'établir en France et à y faire école. Jules Romain choisit le Rosso, disciple de Michel-Ange, qui arrive en 1531, à l'âge de trente-sept ans. Le Primatice, 28 ans, le rejoint en 1532, suivi par d'autres artistes de qualité, notamment Nicolo dell' Abate, Vignole, Serlio... Peu à peu l'invention et le *fa presto* des Italiens, liés aux traditions et à la technique de leurs collaborateurs français, donnent naissance à « l'école de Fontainebleau. »

En effet, les nouveaux arrivants sont avant tout des décorateurs rompus aux techniques rapides : la fresque et le stuc. Ils couvrent les murs du château d'un décor remarquable. De fait, Fontainebleau permet à l'art français du XVIe siècle de prendre un visage, d'assumer pleinement la Renaissance. Né du besoin et du caprice, l'art de Fontainebleau, bientôt appuyé et enrichi dans le domaine littéraire par l'école de la Pléiade, c'est « la répudiation totale des formes indigènes, la fin des traditions, l'adoption des ordres antiques, des genres de la Grèce et de Rome, l'entrée d'une compagnie envahissante de divinités, de héros et de figurants dont l'accoutrement, les drapés et la nudité même appartiennent à la Méditerranée » (A. Chastel). Le roi a voulu cela, comme l'exprime en 1547 le latiniste Galland, dans *l'Oraison sur le trépas du roi François,* qu'il prononce à l'Université de Paris : « Nous estions à bien dire comme souches, tronches, busches ou pierres non polyes : mais par sa magnificence et bénignité de nature, maintenant soummes au moyen des lettres réduictz à toute modestie et honneste civilité. Nous voulions sous forme humaine offusquée des ténèbres d'ignorance laide et abominable estre lourdes et grosses bestes à présent par l'institution en toutes bonnes sciences entendons quelque chose et sommes véritablement devenuz hommes. Avant ce roy nous nous amusions seulement à ce qui se présentait à nos senz imbéciles, comme si les organes de nostre raison eussent été fermes, ni plus ni moins qu'ils sont en brutaulx insensez... » « Or, écrit André Chastel, depuis plus de dix ans, on voyait sur la fresque de Fontainebleau le héros vainqueur de l'Ignorance au seuil du temple des dieux. »

L'ordre antique

En fait, si le Rosso – maître Roux – est l'initiateur, sa mort en 1540 laisse toute la direction de l'école de Fontainebleau au Primatice. Ce dernier accepte qu'à partir de 1542 soient gravés les grands décors et diffusés systématiquement encadrements et compositions. L'estampe fait donc beaucoup pour la gloire des artistes de Fontainebleau, et c'est encore une

Fontainebleau : un art tout ornemental

En femme avisée, la belle favorite d'Henri II sut poursuivre dans la grande tradition de Fontainebleau les travaux d'embellissement du château de Chenonceaux, qu'il lui avait offert.

(LE PRIMATICE, « DIANE DE POITIERS EN DIANE CHASSERESSE ». CHÂTEAU DE CHENONCEAUX, XVIᵉ SIÈCLE.)

nouveauté. Ceux-ci peuplent avec succès les thèmes mythologiques représentés à Fontainebleau de nus profanes. L'art religieux lui-même est atteint, les sculptures de Jean Goujon et de Germain Pilon le montrent.

L'école de Fontainebleau livre un art du décor, qui s'exprime à la fois dans de grands ensembles monumentaux et dans le soin avec lequel sont traités tous les points susceptibles d'être ornés. Il s'agit d'une peinture de cour maniériste, au décor chiffré, éloignée de toute simplicité. L'espace y apparaît comme un ordre d'intervalles, ménagés autour de personnages qui tous obéissent à des types et donnent naissance à une infinité de jeux maniéristes, autour des axes de ce semblant d'espace, en une débauche de combinaisons. La vitalité, la profusion du décor sont telles que l'ornement absorbe les figures. C'est l'apparition d'une ère nouvelle de l'ornementique, à laquelle tous les métiers vont réagir, généralisant le découpage en cartouches. Au total, un changement profond de l'art, dû essentiellement à ces artistes étrangers.

L'école poursuivit son activité après 1570, et la disparition du Primatice, dans ce que l'on a appelé la « seconde école de Fontainebleau », à l'époque d'Henri IV. Désormais, des artistes français – Dubreuil, Dubois, Fréminet – y travaillent. L'influence du Primatice et de ses collaborateurs se fait davantage sentir hors du château : peintres et décorateurs, notamment à Paris, ne cessent de reprendre et de diffuser les thèmes mythologiques ou galants de l'art bellifontain. Divertissements de cour, décors de théâtre ou de fêtes continuent de leur faire la plus grande place. À la même époque, la renommée des artistes italiens demeure, et, jusqu'aux environs des années 1670, persistera une tentation italienne extrêmement forte, vivifiée par l'entourage de Catherine de Médicis puis de Mazarin.

On ne saurait réduire la culture italienne aux seuls aspects artistiques ou culturels : elle a aussi pour but de magnifier la personne royale. Le décor dans lequel évolue le souverain doit être le plus beau possible : Versailles est déjà en germe dans les pratiques de François Ier qui a un goût effréné pour la magnificence, le luxe et l'ostentation. On le voit au Camp du Drap d'or ainsi qu'en 1539 lorsqu'il accueille Charles Quint : ce n'est que réceptions magnifiques, dont les plus éblouissantes ont lieu à Fontainebleau, avec, pour grand ordonnateur, le Rosso et les infinies ressources de son esprit inventif.

La tentation espagnole

Avant de revenir à l'art proprement dit, il faut mesurer à quel point les modes étrangères, tour à tour italienne et espagnole, en fonction des choix puis des mariages royaux, dominent dans le royaume jusqu'à Louis XIV, fortes d'un appui existant au plus haut niveau, de François Ier à Mazarin, en passant par Catherine de Médicis, Marie de Médicis, Anne d'Autriche et leur entourage. La tentation espagnole dure un court moment, et ne touche absolument pas le domaine artistique. Elle est sensible à la fin du XVIe siècle et au début du XVIIe, en littérature : la prose, la poésie mondaine ont recours à une langue quintessenciée et artificielle, précieuse en un mot. On la sent encore plus nettement avec *le Cid* : la veine espagnole y est évidente, mais tellement francisée que l'œuvre est la première grande tragédie française. Nombreux en France, les Espagnols favorisent un plus large accès à leur culture, mais, à la différence des Italiens, ils n'ont pas d'influence directe.

On le soulignera d'autant plus que la comédie espagnole du Siècle d'or est très à la mode, grâce, notamment, à d'Ouville, frère de Boisrobert, qui connaît bien les œuvres de Lope de Vega et de Tirso de Molina. S'inspirant de l'exemple d'Ouville, Scarron et Thomas Corneille font jouer plusieurs pièces directement imitées d'œuvres espagnoles. C'est dans ce contexte que s'inscrit *le Cid*. Depuis les années 1630, les pièces de Scudéry, Rotrou ou Rayssiguier empruntent leurs thèmes à la littérature romanesque, notamment à des romans ou à des pièces de théâtre espagnols et italiens. « On y voit, écrit Antoine Adam, des combats singuliers, des filles promises à des champions, des reines qui poursuivent la mort de l'homme qu'elles aiment. » On ne se tue plus sur la scène, mais on continue de s'y battre. L'originalité de Corneille, traitant d'un sujet à la mode, et par là assuré du succès, est d'appliquer la règle des unités à sa tragi-comédie, d'y apporter, surtout, un sens remarquable de l'action dramatique. Sur le fond, pourtant, on est tout près de cette comédie française de type espagnol des années 1640-1650 qui, en dépit de son vif succès, ne produit aucun chef-d'œuvre. Les pièces conservent des noms espagnols, les scènes se passent en Espagne, il est clair que le public veut qu'on le transporte par l'imagination dans ce pays, ce public amateur de drames romanesques, de cape et d'épée, pleins de sentiments et de pathétique si éloignés du théâtre italien.

Le ballet de cour à l'heure italienne

À partir des années 1640-1665 commence une nouvelle période italianisante, liée à la place prééminente du cardinal Mazarin. Certes, de 1530 à 1570, l'influence italienne n'a jamais disparu ; elle continue même de primer, notamment dans le domaine du ballet de cour et du théâtre. Pendant plus d'un siècle, le ballet de cour jouit d'une grande faveur auprès des Valois comme auprès des Bourbons. Catherine de Médicis, Charles IX et ses successeurs lui réservent la première place parmi leurs divertissements. De plus, seigneurs et bourgeois l'ont volontiers considéré comme un véritable « genre national » (M.F. Christout). Pourtant, c'est sous l'influence de maîtres à danser italiens – Pompeo Diabono, Virgilio Bracesco, Fabrizio Caroso, Cesare Negri – qu'il se développe. Le plus célèbre, le *Ballet comique de la reine* (1581), est l'œuvre de Baldassarino da Belgiojoso. À la fin du siècle, il revêt un caractère typiquement français, quoique le souffle italien anime scénographie, décor et architecture au point de remplir tout l'espace. Avec l'arrivée à Paris de Giacomo Torelli, en 1645, on atteint un sommet : c'est l'année de la *Finta Pazza,* et de sa mise en scène, destinée à éblouir les Parisiens. Le ballet est représenté en grande pompe le 14 décembre devant Anne d'Autriche et la Cour, fascinées par d'extraordinaires changements de scène jusque-là inconnus en France. On en arrive, en 1647, au non moins célèbre *Orfeo.* C'est seulement sous le règne personnel de Louis XIV que Lully reviendra au ballet purement français.

Masques, mimes et comédie

Sur le théâtre français, nos voisins ont la même influence. Dans la seconde moitié du XVIe siècle, à la place de la comédie érudite, l'Italie invente la *commedia dell'arte,* genre à peu près affranchi de la littérature, et que l'Europe entière applaudit ; la France lui réserve le meilleur accueil. Dans une sorte de création collective, les auteurs élaborent en commun le texte du spectacle, autour d'un sujet emprunté à quelque comédie ancienne ou moderne. Les personnages, nettement définis, se réduisent à quelques types, que l'on retrouve en chaque œuvre : les deux vieillards (Pantalon et le Docteur), les valets comiques, dits *Zani* (par exemple, Brighella et Arlequin), le Capitaine, la soubrette (Fantesca), le premier et le second amoureux, la première et la deuxième dame... Et leurs masques, surtout ceux des *Zani,* font la popularité de cette *commedia dell'arte :* tout est prévu pour que leur apparition déclenche aussitôt le rire. Tout est joué en italien, mais tous les publics peuvent suivre grâce aux masques et mimiques de convention. À voir l'engouement éprouvé pour les comédiens italiens, la langue ne pose guère de problème. C'est sans doute entre 1600 et 1620 que leur succès connaît un premier apogée. Marie de Médicis raffole de comédie, et plus encore de comédie italienne. En 1613, elle fait venir Arlequin avec sa troupe ; on lui confie la scène de l'hôtel de Bourgogne, où il joue encore durant l'hiver 1614. Louis XIII lui-même y prend un grand plaisir et demande, en 1621, au duc de Mantoue de lui envoyer ses comédiens.

Pourtant, il y a de 1625 à 1639 une véritable éclipse du théâtre italien en France. Pour Guy Boquet, deux raisons l'expliquent : d'une part, la guerre de Mantoue, dont le duc était le principal mécène des comédiens, et le discrédit que jette la journée des Dupes sur les familiers et les compatriotes de Marie de Médicis ; d'autre part, le fait que Richelieu « semble bien avoir voulu réorganiser le théâtre pour le faire servir à la gloire du Roi sans recours à des étrangers ». Il doit obéir aux nouvelles règles de bienséance et de vraisemblance, « soumettre la morale du sentiment au service de l'État monarchique par le truchement de l'histoire romaine qui fournit, après Horace, plus de la moitié des sujets de tragédie jusqu'à la Fronde », enfin proposer aux officiers et juristes « un modèle de sentiments généreux ».

On assiste, en revanche, avec Mazarin à un nouvel afflux de créations et d'artistes en provenance de la Péninsule. Par goût personnel, et peut-être aussi pour lutter contre l'hostilité que suscite sa personne, le ministre ne néglige rien pour favoriser l'influence italienne. Sa politique culturelle repose sur des apports massifs d'œuvres et d'artistes italiens. Sa propre collection ne compte pas moins de 460 tableaux, en 1661 ; la grande majorité sont d'origine italienne et beaucoup – notamment les séries de la Renaissance italienne et de l'école bolonaise du XVIIᵉ siècle – iront, après sa mort, orner le Cabinet du roi, ce qui les laissera à la portée des artistes français.

La scène bénéficie plus encore de l'influence italienne. Depuis la fin du XVIᵉ siècle, les artistes de la *commedia dell'arte* sont connus et appréciés, mais ils suscitent une véritable flambée d'intérêt lorsque Louis XIII appelle, en 1639, une nouvelle troupe : dès lors, la présence des comédiens italiens est presque permanente, puis, en 1660, leur installation est définitive. Attirées tour à tour par Catherine de Médicis, Henri III et Marie de Médicis, les plus célèbres troupes italiennes viennent en France. Les Gelosi, Accesi, Fedeli familiarisent le public français avec les différents masques de leurs spectacles. Après une éclipse de quinze ans, plus rien ne s'oppose à leur retour. Depuis l'essor des troupes françaises et la constitution d'un répertoire conforme aux vœux du cardinal de Richelieu, les Italiens ne sont plus un danger ; du reste, ils sont

« Icy, cette troupe rieuse prodigue les ris et les jeux... »
(COMÉDIENS ITALIENS, GRAVURE, 1645. BIBLIOTHÈQUE NATIONALE, PARIS.)

Scaramouche et Pulcinella

Sous Louis XIV, on remarque souvent dans les ballets un goût prononcé pour l'exotisme.

(« ENTRÉE DE MAHOMET ET DE SES DOCTEURS », DÉTAIL. GRAND BAL DE LA DOUAIRIÈRE DE BILLEBAHAULT, 1629. BIBLIOTHÈQUE NATIONALE, PARIS.)

maintenant ramenés au rang subalterne d'amuseurs. Tout le monde les regrette, à commencer par Louis XIII, qui garde la nostalgie des comédiens transalpins de son enfance ; les habitués des ruelles éprouvent les mêmes sentiments. À tel point qu'en 1638 on tente de jouer une comédie italienne à l'hôtel de Rambouillet. La troupe, appelée en 1639 par le roi, a vraisemblablement pour directeur Giuseppe Bianchi. Repartie en 1641, elle est rappelée par Mazarin en 1644, à la satisfaction d'Anne d'Autriche. La Fronde la chasse de nouveau en 1648, mais, « dès 1653, sous la direction de Locatelli, une nouvelle troupe s'installe au Petit-Bourbon. Leur succès est considérable, à la Cour comme à la ville », écrit Ch. Mazouer. On en vient à introduire des masques italiens dans certains ballets de cour : à sept reprises, entre 1622 et 1636, on met en scène, pour faire rire d'eux, Pantalon, le Docteur, Arlequin et d'autres ; en 1645 et 1660, on les fait encore intervenir dans une dizaine d'autres ballets.

C'est sans doute entre 1651 et 1670 que l'influence du théâtre italien est la plus forte. Les Italiens, installés au Petit-Bourbon à partir de 1653, le quittent en 1659-1660 mais reviennent au Palais-Royal, aux côtés de Molière, et connaissent succès et faveur : quand Molière reçoit 6 000 livres tournois, et l'hôtel de Bourgogne 12 000, quand le Marais ne touche rien du tout, la troupe de Scaramouche reçoit 16 000 livres par an, sans compter des pensions personnelles : 1 200 livres à Trivelin, 2 ou 3 fois plus sans doute à Dominique. La troupe compte en effet des personnalités célèbres : Tiberio Finnelli, dit Scaramouche, mime napolitain extraordinaire qui, à partir de 1644, exerce son talent à Paris ; Domenico Locatelli, arrivé en 1647 pour jouer Trivelin ou Arlequin ; le Bolonais Joseph-Dominique Biancolelli, né vers 1640 et qui est le plus grand Arlequin du siècle : en 1659 Mazarin le fait venir de Vienne. Il leur arrive de jouer des *commedie sostenute* de leur pays, voire des comédies françaises, pièces à machines ou ballets. Mais, le plus souvent, ils improvisent sur un canevas de la *commedia dell'arte* en trois actes qu'ils donnent en italien. Ce n'est qu'une suite de *lazzi,* des bons mots, accompagnés de gambades, grimaces et autres inventions, où, pour amuser le parterre, les acteurs exercent un extraordinaire talent de mimes.

« La Fausse Prude »
et le recul des Italiens

On ne saurait limiter à cela le rôle du théâtre italien. Molière a clairement subi son influence : il lui emprunte des rôles de bouffons, comme celui de Sganarelle, et donne à sa troupe une structure proche de celle des Italiens. Il connaît des œuvres italiennes et s'en inspire souvent, de même Corneille. Il existe d'évidentes affinités entre le canevas de la *commedia dell'arte* et celui de l'*Illusion comique ;* dans *Médée, Polyeucte* ou *Horace,* on sent bien les parentés avec la culture italienne, de même dans *Andromède* ou *Mélite.* Il y a donc un moment italien du théâtre français au XVIIe siècle. À l'opposé, le théâtre de Corneille, de Molière ou de Racine contraint les Italiens à s'orienter de plus en plus vers un jeu mimique quasi exclusif. Progressivement, ils se « francisent » ; après avoir obtenu, en 1680, l'autorisation de jouer en français, ils s'adressent, à partir de 1682, à des auteurs français, comme Fatouville, Dufresny et Regnard, ce qui leur vaut des succès considérables. En réalité, la création, en 1680, de la « troupe du Roi », issue de la fusion de la troupe de Molière et des comédiens du Marais, avec celle de l'hôtel de Bourgogne, fait, par contrecoup, des Italiens la seconde troupe royale de théâtre dramatique ; on les installe à l'hôtel de Bourgogne et, comme les Comédiens-Français, ils passent sous le contrôle des premiers gentilshommes de la Chambre et doivent se plier aux ordres transmis par l'intendant des Menus Plaisirs.

Ainsi la troupe italienne cesse d'être vraiment une troupe de *commedia dell'arte* pour devenir « une sorte de banc d'essai pour les jeunes auteurs français », écrit Guy Boquet. Son activité, cependant, prend fin en 1697 : malgré deux rappels à l'ordre, son directeur, Mezzetin, a l'imprudence de jouer la comédie de *la Fausse Prude,* dans laquelle il est aisé de reconnaître Mme de Maintenon. Le lieutenant de police, d'Argenson, procède à leur expulsion le 4 mai 1697 et ferme leur théâtre. Ils ne reviendront que sous la Régence, lorsque Philippe d'Orléans autorise leur retour.

« Seigneur, par vos bontés pour nous si singulières, délivrez-nous du Florentin ! » Ces mots de La Fontaine évoquent les sentiments d'agressivité que provoqua parfois la brillante réussite du surintendant de la musique, J.-B. Lully. Celui-ci demandera la nationalité française.

(« LES NOCES DE THÉTIS ET PÉLÉE », DE J.-B. LULLY. DÉCOR DE TORELLI. GRAVURE D'APRÈS UN DESSIN DE BERAIN. 1654. BIBLIOTHÈQUE DE L'OPÉRA, PARIS.)

*Lully,
ou la naissance
de l'opéra*

Après avoir adapté des pièces de Molière, Lully confie à Quinault les livrets de ses opéras, parmi lesquels *Armide*, en 1686.

(COSTUME DE BOCQUET POUR LE PERSONNAGE DE RENAUD ; « ARMIDE », DE LULLY, 1761. BIBLIOTHÈQUE DE L'OPÉRA, PARIS.)

L'importance et la continuité de ce succès font contraste avec le peu de réussite du drame lyrique en France : les efforts de Mazarin pour introduire l'opéra florentin se soldent par un échec : avant 1673, l'opéra italien n'est pas « reçu » dans le royaume. C'est l'opéra français qui prévaut, même si l'un des auteurs en est Lully, avec Quinault et Vigarani. En fait, depuis la fin du XVIe siècle, partisans de la musique française et tenants de la musique italienne s'opposent, et l'on sait avec quelle vigueur le conflit reprend au milieu du XVIIIe siècle. Si, dès le début, la musique italienne compte de chauds partisans, elle ne réussit pas à s'imposer. Certes, des artistes – musiciens, décorateurs et librettistes – viennent en France : en 1581, Baldassarino da Belgiojoso fait représenter le *Ballet comique de la reine* ; en 1604-1605, Giulio Caccini et ses filles, cantatrices, séjournent à Paris. Mais le style italien ne marque pas. Il faut attendre le sursaut de 1645-1647, lorsque, à l'instigation de Mazarin, une série de spectacles lyriques italiens est donnée à la Cour : la *Finta Pazza* de Strozzi, l'*Egisto* de Cavalli et surtout le fameux *Orfeo* de Luigi Rossi, représenté devant la reine au carnaval de 1647, « spectacle à machines dont le prix exorbitant allait susciter la fureur populaire à la veille de la Fronde et soulever l'opinion contre comédiens, musiciens et metteurs en scène venus d'Italie ! » (D. Launay). Cette tentative a pour principal effet de stimuler les recherches des Français vers la création d'un spectacle musical chanté en français.

Ici se situe l'œuvre de Jean-Baptiste Lully, né à Florence en 1632, venu en France en 1643. Dès 1652, il a la faveur du jeune roi pour son talent manifeste dans les ballets qu'il danse et les airs qu'il compose. L'année suivante, il devient compositeur de « la musique instrumentale du roi », puis, en 1661, surintendant et compositeur de la musique de la Chambre du roi. Les lettres patentes de 1672 lui confèrent le privilège de l'opéra et, pratiquement, le monopole de tout « le théâtre en musique ». Lully est parti du modèle italien : les ballets qu'il compose dans les années 1650 se dansent sur des airs italiens. Mais, à partir de 1660-1661, il cesse d'être italien et ne veut plus l'être. Son génie est de créer l'opéra français contre l'opéra italien ; c'est plus une synthèse qu'il réalise, en fait, en prenant dans les œuvres italiennes ce que peut apprécier le public français.

À certains égards, c'est le temps des synthèses. Ainsi, les chœurs multiples donnent naissance au grand motet versaillais et Carissimi impressionne Marc-Antoine Charpentier dont les *Histoires sacrées* sont de véritables oratorios

IL N'EST D'HARMONIE
QU'ITALIENNE

Je crois avoir fait voir qu'il n'y a ni mesure ni mélodie dans la musique française, parce que la langue n'en est pas susceptible ; que le chant français n'est qu'un aboiement continuel, insupportable à toute oreille non prévenue... D'où je conclus que les Français n'ont point de musique et ne peuvent en avoir, ou que, si jamais ils en ont une, ce sera tant pis pour eux.

Jean-Jacques Rousseau, « Lettre sur la musique française », 1753.

sur le modèle de ceux de Carissimi. Cependant, école française et école italienne s'opposent toujours. Rien n'est changé depuis les appréciations du père Mersenne, en 1636 : « Les Italiens représentent avec une violence étrange la passion, au lieu que les Français se contentent de flatter l'oreille et qu'ils usent d'une douceur perpétuelle dans leurs chants. » Et si l'on en croit Saint-Évremond : « Les Italiens ont l'expression outrée... profonds en musique, ils nous portent leur science aux oreilles sans douceur aucune. » C'est dans ce contexte que se situe la célèbre « querelle des Bouffons » de 1752. Le 1er août de cette année-là, la troupe italienne des Bouffons fait ses débuts sur la scène de l'Opéra avec *la Servante maîtresse* de Pergolèse : succès éclatant. Or, une campagne étonnante de pamphlets se déchaîne bientôt : une soixantaine de brochures de tendances opposées paraissent entre l'automne de 1752 et l'automne de 1754. Le point culminant est atteint le 15 novembre 1753, avec la *Lettre sur la musique française* de J.-J. Rousseau. Ce dernier accable notre art national, en s'efforçant de démontrer que le français est une langue antimusicale. Le texte de Rousseau est sans effet : Rameau n'a aucun mal à en faire justice et Gluck démontre peu de temps après l'inanité de ses propos. La querelle contribue, certes, à la création de l'opéra-comique français, mais elle entraîne la disparition de notre ancienne tragédie lyrique.

L'Allemand Gluck tient la première place dans la musique française à la fin du XVIIIe siècle. Né en 1714 en Bavière, près de la frontière de Bohême, Christophe Willibald Gluck va en 1734 à Vienne et s'y fait remarquer par

*Gluck
et le renouvellement
du drame lyrique*

Ses nombreuses créations parisiennes permettent à Gluck d'être considéré comme le grand réformateur de l'opéra français ; il resserre la relation entre la musique et le texte afin de mieux sous-tendre l'action dramatique du livret.
(C.W. GLUCK, PORTRAIT ANONYME, XVIIIe SIÈCLE. BIBLIOTHÈQUE DE L'OPÉRA, PARIS.)

ses talents de compositeur, ce qui lui vaut d'être appelé à Milan. Il acquiert alors une notoriété européenne. Devenu maître de chapelle à la cour de Vienne, il s'essaie à l'opéra-comique français. Mais c'est de 1774 que datent ses premières œuvres françaises. Depuis plusieurs années, Gluck est attiré par l'éclat de la vie musicale parisienne ; l'appui de son ancienne élève, Marie-Antoinette, lui permet de réaliser, sur un livret français, une *Iphigénie en Aulide,* d'après Racine. La création a lieu le 19 avril 1774 ; c'est un immense succès, suivi, en août, de celui d'*Orphée.* Viennent ensuite, en quelques années, *Alceste, Armide, Iphigénie en Tauride...* Mais, en septembre 1779, l'échec d'*Écho et Narcisse* le met en rage, et il regagne Vienne. Gluck a complètement rénové le théâtre lyrique français : conception nouvelle de l'ouverture, conçue comme une préparation directe au drame avec lequel elle doit faire corps, recherche de la vérité scénique, réaction contre l'emprise excessive des virtuoses, nécessité de respecter le mouvement dramatique car tout doit se ramener au drame...

Lully, Gluck, deux moments différents, deux tournants essentiels de la musique française, réalisés par des étrangers ! Et, cependant, en dehors du domaine artistique, et passé la Renaissance, l'influence étrangère est beaucoup plus limitée. Le royaume de France sait, dans toutes les branches ou presque, conserver son autonomie.

L'Europe française

La littérature française s'enorgueillit pourtant de grands auteurs étrangers, tel le Genevois Jean-Jacques Rousseau, Genevois de langue française, il est vrai, venu vivre, publier et connaître la célébrité en France.

Pour d'autres, à la même époque, la qualité d'étranger ne fait aucun doute. Ainsi Paul-Henri Thiry d'Holbach, qui joue un si grand rôle parmi les philosophes français du XVIIIe siècle. Né en décembre 1723 à Edesheim, petite bourgade du Palatinat située au nord de Landau, il vient en 1755 rejoindre à Paris son oncle Franciscus Adam – ce dernier y avait fait fortune à la fin du XVIIe siècle, et le roi l'avait anobli en 1722. Le jeune Thiry le quitte pour achever ses études à l'université de Leyde, où il est très sensible à l'influence protestante et déiste. À partir de 1749 il est Parisien ; il se marie l'année suivante. En 1753, il hérite de son oncle des biens considérables. C'est l'époque de sa rencontre avec Diderot, Grimm, Rousseau. Sa liaison avec Diderot, écrit Pierre Naville, « est certainement l'élément capital de la consolidation du noyau encyclopédiste ». Il va plus loin que Diderot dans le naturalisme et le matérialisme, confirmant bien des idées que celui-ci n'avait fait qu'effleurer. Son salon devient un lieu de rencontre exceptionnel. En 1770, il publie le *Système de la nature,* œuvre maîtresse de la philosophie matérialiste du XVIIIe siècle.

En réalité, d'Holbach, Rousseau, Helvétius ont beau être nés hors de France, ils sont, d'emblée, de culture française. D'autres y sont venus peu à peu, sans passer en France toute leur vie, tels Caraccioli ou Galiani. Le premier, ambassadeur de Naples à la cour de Louis XVI, publie, en 1776, l'opuscule : *Paris, le modèle des nations étrangères, ou l'Europe française,* dont une phrase donne le ton : « Jadis tout était romain, aujourd'hui tout est français », au point que de nombreux étrangers préfèrent le français à leur propre langue. Ils contribuent à accroître le rayonnement de la culture française. On se rappellera aussi l'exemple de Frédéric II, le plus célèbre qui soit. Quant à l'abbé Galiani, simple secrétaire de l'ambassade de Naples à Paris, rappelé à Naples en 1769 il se considère en exil ! C'est en français qu'il publie des *Commentaires* sur Horace, et surtout les célèbres *Dialogues sur le commerce des blés* (1770). Double phénomène, donc : des colonies d'étrangers, résidant plus ou moins longtemps à Paris et ayant choisi la langue et la culture françaises ; à l'extérieur du royaume, un nombre étonnant d'élites francisées : par exemple, la colonie italienne de Berlin. Invité à la cour de Frédéric II, l'abbé Carlo Denina publie, en français, en 1788, un *Essai sur la vie et le règne de Frédéric II* et, en 1790, *la Prusse littéraire sous Frédéric II.* Quant à l'Anglais John Moore, en voyage sur le continent, il constate vers 1780 : « La langue allemande est regardée comme un dialecte vulgaire et provincial tandis que la française est considérée comme la seule convenable aux gens d'un certain rang. »

« Il est connu qu'en ce siècle, note René Pomeau, un jeune étranger bien né doit achever son éducation dans quelque salon parisien. La pratique s'en établit vers les années 1740. » Si Mme de Tencin est à l'origine de cet engouement, ce sont surtout les salons de Mme Geoffrin, Mme du Deffand et Mlle de Lespinasse, Mme d'Holbach et Mme Necker qui savent retenir le meilleur monde de l'Europe. Tout personnage important de passage à Paris

Tout était romain, tout est français

Les salons sont les rendez-vous des intellectuels européens. Le plus célèbre se tient à Paris, rue Saint-Honoré, chez Mme Geoffrin. Le prince Poniatowski y côtoie Helvétius, Walpole ou Rousseau, sous l'égide de Voltaire.

(« UNE LECTURE CHEZ MADAME GEOFFRIN », GRAVURE D'APRÈS LE TABLEAU DE LEMONNIER, 1755. MUSÉE CARNAVALET, PARIS.)

se doit de rendre visite à Mme Geoffrin et il s'ensuit une correspondance régulière. Réciproquement, ces salons doivent en partie leur éclat aux étrangers illustres qui les fréquentent : Kaunitz, Stanislas-Auguste Poniatowski, Hume chez Mme Geoffrin ; Galiani, Grimm, Beccaria, Sterne chez les d'Holbach. Leur existence est liée à la présence de ces grands hommes qui, une fois chez eux, renforcent le rayonnement français.

Le « grand tour »
des beaux esprits

Parmi ces personnages s'inscrivent les voyageurs, venus visiter notre pays, tout comme des Français se rendent alors à l'étranger. Ils méritent ici une place. Il n'est pas rare qu'ils s'attardent, et ils se font de plus en plus nombreux après 1730. Ils contribuent au cosmopolitisme des élites françaises et tiennent une place remarquable dans la vie culturelle. À bien des égards, leur présence répond à des besoins sociaux ou personnels, qui sont le prétexte de leur séjour. Ainsi, le prêtre bolonais Sébastien Locatelli, venu en 1664-1665, exploite son voyage pour laisser de lui dans sa ville natale une image qui le met en valeur. « Homme éminemment sociable, c'est pour parfaire son éducation et acquérir un vernis de bel esprit qu'il entreprend un voyage sans but utilitaire immédiat, mais qui doit le mettre au diapason avec une bonne société italienne où les modes françaises se diffusent désormais rapidement, tendant à supplanter les influences espagnoles » (A. Poitrineau). C'est une autre forme de ce que l'on appelle le « grand tour », qui débute dans la première moitié du XVIIe siècle, se développe surtout après la Fronde et atteint son apogée au XVIIIe siècle. L'expression évoque surtout les Anglais, chez qui le tour de l'Europe est considéré comme indispensable à tout fils de bonne famille. Mais on vient de l'Europe tout entière, car la France, à partir du XVIIe siècle, a remplacé l'Italie comme but de voyage. Par exemple, les jeunes de Villers, des Néerlandais, écrivent dans leur journal, en 1656 : Paris est une ville « où l'on peut étudier toutes les autres de l'Europe et où, par l'assemblage de plus d'un million d'âmes qui l'habitent, on rencontre tout ce qui peut façonner l'esprit et le corps et donner de belles lumières à l'un par la conversation et un beau port, de l'adresse et de la vigueur à l'autre, par les exercices qui s'y enseignent parfaitement bien ». On peut en chercher un autre exemple dans le très célèbre ouvrage de Carlos Garcia, paru à Paris en 1617, et réédité : *l'Opposition et conjonction des deux grands luminaires de la Terre*. Il écrit : « Sachant que la France pouvait, par ces choses rares qu'elle contient, contenter les plus rares esprits, j'y dressai facilement ma route, convié par le voisinage et la communication que le commerce y donne. » Utiles d'abord à ceux qui les accomplissaient, ces voyages eurent pour conséquence de répandre à travers l'Europe des créations, manières et coutumes françaises, les jardins à la française, par exemple, que découvrirent les Anglais au XVIIe siècle, et qui eurent chez eux une période de succès à l'époque de la Restauration des Stuarts. On se mit alors à traduire des ouvrages français sur l'art du jardin.

Chez les Anglais, l'Italie reste pourtant le premier pays à visiter. Les Français eux aussi voyageaient. Une sorte de cosmopolitisme éclairé caractérisa l'Europe d'autrefois, tradition qui remonte du reste aux universités médiévales. Ainsi l'élite sociale et intellectuelle est-elle familiarisée avec les étrangers. Une grande partie des guides publiés, parfois en latin, aux XVIIe et XVIIIe siècles leur sont destinés.

Parmi ces voyageurs, certains jouissent d'une grande célébrité : rappelons Benjamin Franklin, arrivé en France en 1776, à l'âge de 70 ans, avec pour mission d'obtenir l'aide de Louis XVI pour les Insurgents. La popularité du « bonhomme Franklin » est considérable. Il la doit à l'intérêt que porte la France à la cause qu'il représente, à son sens remarquable de l'intrigue, et tout autant à cette apparence de simplicité qui fascine la Cour et la ville, et qu'il cultive soigneusement, feignant d'en ignorer les effets : « Habillé très simplement, mes maigres cheveux gris et raides dépassant de mon unique coiffure, un beau bonnet de fourrure qui me descend sur le front presque jusqu'aux lunettes. Songez à l'effet que cela doit faire parmi les têtes poudrées de Paris ! » Trois semaines après son arrivée, chacun a sur sa chemise le portrait de Franklin, son visage apparaît partout, sur les bagues, les bracelets, les tabatières... En fait, nombreux sont, dans la France du XVIIIe siècle, les étrangers adulés, notamment par les philosophes : citons Frédéric II et Catherine II, bien qu'ils ne fassent pas la même unanimité que Franklin. C'est que l'époque est volontiers cosmopolite et croit à « l'internationale de l'honnête homme » (R. Pomeau).

On assiste à un ensemble d'échanges de type culturel dans lesquels la France, après avoir beaucoup imité, devient, au contraire, à partir du règne de Louis XIV, le modèle principal. S'il y a la tentation du Bernin, le roi se tourne presque toujours vers des artistes français. Là est la différence avec l'école de Fontainebleau, voire l'ensemble de l'art décoratif de la Renaissance : à l'époque, on avait fait venir des Italiens pour se mettre à leur école. Au XVIIIe siècle, des étrangers, venus d'eux-mêmes, attirés par l'éclat des Lumières, participent à la vie littéraire et culturelle de la France.

Rares sont alors les domaines où les étrangers jouent un rôle moteur. On n'en trouve pratiquement pas dans les arts plastiques, exception faite des arts décoratifs : dans ce secteur, ils occupent une place importante, encore est-elle loin d'être toujours la première. L'art du meuble, à Paris, au XVIIIe siècle, le montre bien : tous les menuisiers sont français ; il y a, au contraire, environ un tiers d'étrangers parmi les ébénistes, dont certains des plus célèbres, tel le groupe germanisant auquel appartiennent Riesener, Roentgen, Œben ; les

L'influence étrangère en déclin

Venu à Paris en 1778 pour signer un traité d'amitié entre les États-Unis et la France, Benjamin Franklin, coqueluche des Parisiens, incarne la lutte pour la liberté.

(« B. FRANKLIN À SA TABLE » STATUETTE DE TERRE CUITE, XVIIIe S. MUSÉE MUNICIPAL, SAINT-GERMAIN-EN-LAYE.)

autres nationalités sont moins bien représentées, en dépit de la renommée du Flamand Van Risen Burgh ou de l'Italien Crespi. Les autres sont, dans leur énorme majorité, d'origine française, et il y a parmi eux des gens tout aussi célèbres, tels Leleu ou Cressent. Les mariages sont fréquents : Baumhauer épouse la fille du menuisier Chicot ; les Stadler et les Leleu s'allient de la même manière. Parfois aussi, on reste entre étrangers : la veuve de Jean-François Œben épouse Jean-Henri Riesener. Mais ces étrangers, qui se « francisent » – Van der Cruse devient Delacroix ! –, sont attirés en France par la clientèle française et par la qualité que l'art de l'ameublement atteint à partir du règne de Louis XIV : Charles-André Boulle en est le grand fondateur ; Jean-François Œben devient un moment compagnon chez ses fils.

En musique et en littérature, la réalité est plus complexe. À côté de Gluck, d'autres compositeurs exercent leur talent en France, à Paris et en province, en l'espèce les Italiens Duni, Cambini, Frati, Bruni, Fridzeri, Martini, qui cultivent l'opéra-comique entre 1760 et 1789, ou Franz Beck, à Bordeaux. Après Gluck, c'est un Liégeois, Grétry, qui devient le maître de l'opéra-comique parisien. Arrivé en 1767, plusieurs fois reçu à Ferney, ami de Marmontel et de Sedaine, qui lui fournissent des pièces, il est en 1785 au sommet de la gloire. C'est l'année de création de ses deux plus grandes œuvres : *l'Épreuve villageoise* et *Richard Cœur de Lion*. Il y a donc en musique un apport étranger important, auquel il faut ajouter Rousseau lui-même. Le théâtre s'honore du nom de Goldoni. Né en 1707 en Italie, il écrit très tôt mais surtout à partir de 1730, allant de ville en ville ; il devient célèbre à Venise en 1748 et, en 1761, la Comédie-Italienne l'invite à venir à Paris, où il arrive en août 1762, pour n'en plus repartir. La Comédie-Italienne l'avait appelé à cause du succès du *Fils d'Arlequin perdu et retrouvé,* en 1761, mais il fallut attendre, en fait, 1771, et la représentation du *Bourru bienfaisant,* pour atteindre le même niveau en France. Ce n'est pas la réforme du théâtre italien, dont nous lui sommes redevables, qui nous intéresse ici, mais bien le succès de plusieurs de ses œuvres, qui a pour conséquence sa venue en France. Comme beaucoup d'étrangers « installés », il se francise totalement : *le Bourru bienfaisant* est écrit directement en français !

L'étude du rôle des étrangers dans les domaines littéraire et artistique de la fin du XVe siècle à la Révolution française fait apparaître que, dans le domaine littéraire, il s'agit d'abord et avant tout d'une influence : les Français se sont mis à l'école de l'Italie, ont reçu des apports divers en provenance d'Espagne ou d'Angleterre, mais ont assuré pratiquement seuls le développement et l'évolution de leurs œuvres. Au XVIIIe siècle, lorsque viennent de si nombreux étrangers, il s'agit de véritables assimilations. Dans le domaine artistique, la réalité est plus complexe. À une première phase, largement étrangère, caractérisée surtout par la venue d'artistes italiens, fait suite une époque d'autonomie nationale, immédiate en sculpture ou en architecture, beaucoup plus tardive en musique. Puis s'est développé le même processus que dans les lettres : des étrangers sont venus se mettre à l'école française, tels des ébénistes, ou rechercher la clientèle française, par exemple Gluck. Initiateurs et maîtres dans un cas, dans l'autre ils participent seulement à un ensemble dont les résultats apparaissent tout à fait extraordinaires.

J.-P. P.

XII

DE LA GRANDE NATION AU GRAND EMPIRE

Comme en bien d'autres domaines, la période révolutionnaire et ses prolongements napoléoniens, à l'aboutissement d'un XVIIIᵉ siècle marqué, en France comme dans le reste de l'Europe, par le cosmopolitisme, apportent une série de bouleversements. Sans que ceux-ci aillent tous dans le même sens, en un temps cahotique fait d'avancées et de retours successifs. ☐

Qu'en 1789 la présence de l'étranger aille de soi, la preuve en est dans le silence des cahiers de doléances ; sauf en ce qui concerne les Juifs : la question de leur statut est ouvertement posée, et l'historiographie traditionnelle considérait, jusqu'à une période récente, qu'elle avait été justement tranchée au cours de l'inflexion sociale et politique qui marque la naissance de la France contemporaine. La réalité est beaucoup plus nuancée, à l'image d'un temps qui hésite entre l'accueil de tous les « amis de la Liberté » et les craintes que fait naître le « complot de l'étranger », sans cesse renaissant.

La question des Juifs dans la France révolutionnaire

Le problème posé par les Juifs était d'abord de savoir s'ils étaient ou non régnicoles. En fait, les décisions prises et les attitudes qui leur furent liées montrèrent surtout les différences entre les communautés juives. Le secrétaire d'État Villedeuil et le garde des Sceaux Barentin se prononcèrent en faveur d'une participation pleine et entière des Juifs du Sud-Ouest ; David Gradis et Abraham Furtado firent partie des quatre-vingt-dix électeurs du tiers état bordelais, et il ne manqua que quelques voix à Gradis pour devenir l'un de ses quatre députés aux États généraux. C'est pourquoi les sépharades se refusèrent à rédiger un cahier particulier. Ils avaient réussi à se fondre dans la société bordelaise à ce point que, dans les Cahiers de Bordeaux, rien ne les concerne.

Le contraste est total avec ce qui se passe dans le Nord-Est où, partout, s'élèvent des questions touchant la participation des Juifs. À Étain, le lieutenant de mairie et de police écrit : « Nous avons 7 ou 8 Juifs nés en France, vivant ici et payant des impôts... Ont-ils le droit de participer aux assemblées en vertu de l'article 25 ? » La réponse du ministre de la Guerre est négative. Les dirigeants ashkénazes, notamment Cerf Berr et Berr-Isaac Berr, craignent que les Cahiers ne proposent des restrictions supplémentaires aux activités sociales et économiques des communautés juives. À la suite d'une pétition, ils obtiennent finalement du garde des Sceaux le droit de composer un mémoire et d'élire deux députés par province (Metz, la Lorraine, l'Alsace) : réunis à Paris, ils composeraient ensemble un mémoire qui serait présenté au roi, tout cela devant se faire « sans éclats et sans formalité ».

Arrivés à Paris après la prise de la Bastille, les députés ashkénazes préparent leur mémoire dans lequel ils demandent les droits civiques, la liberté de résidence et de travail, l'égalité devant l'impôt, mais aussi le maintien de leurs synagogues, rabbins et syndics dans les formes traditionnelles. Soucieux de sauvegarder leurs privilèges, les sépharades du Sud-Ouest gardent le silence. Le 26 août 1789, ceux de Paris demandent à l'Assemblée nationale « de faire dans (ses) décrets une mention particulière de la Nation juive, et de consacrer ainsi notre titre et nos droits de citoyens ».

Cette diversité ne cesse de se manifester ; alors que les Juifs bordelais participent à la vie municipale, en Alsace, la situation est conflictuelle : persécutions, pillages et même expulsions constituent des menaces quotidiennes pour les Juifs de cette province. Ils s'adressent à l'Assemblée où l'abbé

DISCOURS

Des Députés des Juifs des Provinces des Evêchés, d'Alsace & de Lorraine, prononcé à la Barre de l'Assemblée Nationale, par le sieur BERR-ISAAC-BERR, l'un des Députés de la Lorraine, & l'extrait du Procès-verbal de l'Assemblée Nationale y relatif.

A PARIS,
Chez BELIN, Libraire, rue Saint-Jacques,
Nº. 27.

1 7 8 9.

PÉTITION

DES JUIFS

ÉTABLIS EN FRANCE,

ADRESSÉE

A L'ASSEMBLÉE NATIONALE,

Le 28 Janvier 1790,

SUR L'AJOURNEMENT

DU 24 DÉCEMBRE 1789.

UNE grande question est pendante au tribunal suprême de la France. *Les Juifs seront-ils, ou ne seront-ils pas* CITOYENS ?

Déjà, cette question a été agitée dans l'assemblée nationale ; & des orateurs, dont les intentions étoient également patriotiques, ne se sont point accordés dans le résultat de leur discussion.

A 2

Grégoire défend leur cause, en soulignant la précarité de leur condition : « La vie des Juifs est menacée... les Juifs d'Alsace viennent d'être réduits à la mendicité par le pillage de leurs maisons. »

Finalement, l'Assemblée entreprit de traiter la question des Juifs. Le débat eut lieu du lundi 21 décembre au jeudi 24 décembre 1789. Il ne concerna pas seulement les Juifs mais aussi les acteurs et les protestants. Si ces derniers accédèrent facilement à la qualité de citoyens actifs, pour les Juifs, une enquête supplémentaire fut décidée malgré les interventions en leur faveur de Robespierre et de Clermont-Tonnerre. L'un des principaux responsables de cette décision était Mgr de la Fare, évêque de Nancy, qui avait convaincu la majorité de ses collègues, même s'il ne s'en était fallu que de cinq voix, de mieux connaître la nature de l'identité juive ainsi que les exigences particulières requises pour leur admission dans la nation française.

L'attention du législateur

Pour les sépharades bordelais qui participaient activement à la politique municipale, c'était un recul considérable. Ils envoyèrent donc sept députés à Paris pour convaincre l'Assemblée nationale de l'injustice que représentait la décision du 24 décembre 1789 ; les Bayonnais firent de même. À la suite de l'intervention de Talleyrand, le Comité de Constitution décida, le 28 janvier 1790 – ce qu'entérina l'Assemblée à une majorité des deux tiers –, que : « Tous les Juifs connus en France sous le nom de Juifs portugais, espagnols et avignonnais continueront de jouir des droits dont ils ont joui jusqu'à présent et qui leur avaient été accordés par des lettres patentes. En conséquence, ils jouiront des droits de citoyen actif, lorsqu'ils réuniront d'ailleurs les conditions requises par les décrets de l'Assemblée nationale... »

La Révolution française veut donner les mêmes droits et les mêmes devoirs aux chrétiens et aux Juifs. Un nombre impressionnant de discours, pétitions, proclamations, lois concrétise les aspirations du XVIIIᵉ siècle.

Sous la direction d'un jeune avocat, Jacques Godard, les ashkénazes entreprirent alors une campagne très dure afin de se faire reconnaître les mêmes droits. Ce même 28 janvier 1790, ils présentèrent à l'Assemblée une pétition de 107 pages, intitulée *Pétition des Juifs établis en France* : « Ils paient tous les impôts auxquels le Français est assujetti [...] Les Juifs ne sont donc point des étrangers en France. Ils sont sujets de cet empire ; et, par conséquent, ils sont et doivent être des citoyens. » Suivant en cela l'exemple donné par le district des Carmélites, où résidaient Godard et la majorité des Juifs de Paris, l'un après l'autre, la plupart des districts parisiens vinrent soutenir leur cause. Il en résulta, le 25 février 1790, une députation de la Commune à l'Assemblée nationale.

Malgré ces efforts, malgré le ferme soutien de nombreux députés, l'évolution fut complexe et lente. Les lettres patentes du 20 juillet 1790, d'abord, abolissent tous les « droits d'habitation, de protection, de tolérance et de redevances semblables sur les Juifs ». La Commune de Paris reconnaît ensuite, le 13 janvier 1791, que les Juifs sont compris dans le champ des lois gouvernant tous les citoyens français. Enfin et surtout, il faut évoquer le décret du 27 septembre 1791, pris à l'initiative d'Adrien Duport, décret qui deviendra la loi du 13 novembre 1791 : « L'Assemblée nationale, considérant que les conditions nécessaires pour être français et pour devenir citoyen actif sont fixées par la Constitution, et que tout homme qui, réunissant lesdites conditions, prête le serment civique et s'engage à remplir tous les devoirs que la Constitution impose, a droit à tous les avantages qu'elle assure : révoque tous ajournements, réserves et exceptions insérés dans les précédents décrets relativement aux individus juifs qui prêteront le serment civique, qui sera regardé comme une renonciation à tous les privilèges et exceptions introduits précédemment en leur faveur. » Ce décret englobe aussi les Juifs vivant en Avignon et dans le Comtat Venaissin, annexés à la France le 14 septembre 1791.

L'application de ces mesures ne va pas sans difficultés. Ainsi les habitants de Carpentras refusent d'abord aux Juifs l'octroi de droits civiques et ne s'y résolvent que malaisément. À Metz, il faut un an et demi avant que les Juifs ne soient admis dans la Garde nationale ; et les mesures discriminatoires refleurissent au cœur de la guerre, en grande partie parce que celle-ci permet aux Juifs du Nord-Est de réaliser de grands profits, grâce aux fournitures militaires. Le 9 septembre 1793, le conseil municipal de Metz décide de lever sur les Juifs une contribution spéciale de 20 000 livres dont le montant est identique à celui de la taxe de Brancas ; par ailleurs, à Nancy, les Juifs sont imposés aux trois cinquièmes du montant total de la contribution de la ville.

Comme le souligne à la fin de 1791 Berr-Isaac-Berr, le maintien des particularismes juifs contribue à ces difficultés : la citoyenneté, estime-t-il, suppose une profonde transformation dans l'existence des Juifs, notamment la diversification professionnelle, une éducation plus moderne et l'assimilation linguistique : « Il faut donc, mes chers frères, être frappés de cette vérité que, tout le temps que nous ne changerons pas nos mœurs, nos habitudes, enfin notre éducation totale, nous ne devons pas espérer d'obtenir l'estime de nos concitoyens. » À nouveau, la différence est grande entre la situation des sépharades bordelais, qui participent à la vie sociale et politique, et celle des autres Juifs.

Eux aussi ont cependant à souffrir de la crise de l'an II. Obnubilés par leur lutte contre le « fanatisme », les Jacobins n'épargnent pas les Juifs : à partir de septembre 1793, à l'instar des églises, les synagogues sont fermées et transformées en temples de la Raison ou en clubs. L'observance du sabbat est interdite et l'école talmudique de Metz doit fermer ses portes. Le culte ne peut continuer qu'en secret, dans les maisons privées. Il s'y ajoute des exigences financières ou fiscales : à Bordeaux, Raba doit payer une amende de 500 000 livres, Peixotto un million deux cent mille livres.... Dans l'Est, de nombreux Juifs sont dénoncés et emprisonnés comme suspects, tout particulièrement les banquiers, négociants et fournisseurs des armées. Tel est le cas de Cerf Berr et de Berr-Isaac-Berr. Le peuple de Nancy accuse les Juifs d'être « toujours agioteurs, toujours accapareurs, toujours isolés du reste de la République », et il réclame leur expulsion. En Alsace, le langage est le même et le représentant Baudot, commissaire aux Armées de Rhin et de Moselle, va jusqu'à envisager leur extermination : « On serait en peine pour en compter dix reconnus patriotes dans les départements du Haut- et Bas-Rhin. Partout ils mettent la cupidité à la place de l'amour de la Patrie et leurs ridicules superstitions à la place de la raison. Ne serait-il convenant de s'occuper d'une régénération guillotinière à cet égard ? »

1789 :
de l'accueil universel à la suspicion générale

A l'époque de la Terreur, tout ce qui ne se coule pas dans le moule patriote et jacobin est *ipso facto* suspect. Pourtant, à l'origine, le climat de la Révolution française était très favorable aux étrangers, lesquels vinrent en grand nombre, beaucoup participant activement aux événements. On peut même parler d'un véritable afflux durant l'été et l'automne 1789, avec, notamment, Georges Forster qui vint de Mayence, le poète anglais Wordsworth, l'écrivain russe Karamzine.

Avant même le printemps 1789, la France avait accueilli des proscrits étrangers, notamment brabançons, hollandais et genevois. Le départ de ces derniers est lié à la crise de 1781-1782, tout d'abord marquée par le triomphe des démocrates, bientôt vaincus par les conservateurs avec l'aide de la France. De nombreux membres de l'opposition bourgeoise ayant été bannis, la plupart se réfugient à Paris ou y restent de longs mois, tels le banquier Étienne Clavière, Jacques-Antoine du Rozeray, les pasteurs Étienne Dumont et Étienne Reybaz... Ces exilés jouent un très grand rôle en faisant partie de « l'Atelier de Mirabeau », équipe de publicistes qui ne cesse de l'aider dans la préparation de ses écrits et de ses discours. Clavière mérite une attention particulière, car il est à la fois le principal collaborateur de Mirabeau pour les questions

Le refuge français : 1781-1799

financières et l'ami de Brissot ; rédacteur au *Courrier de Provence* de Mirabeau, il fait aussi partie de la Société des amis des Noirs, avant de devenir membre du Club des Jacobins, puis député suppléant à la Législative, et enfin, grâce à Brissot, ministre des Contributions en mars 1792.

L'immigration politique en France, et d'abord à Paris, est donc une constante des années 1781-1799, l'époque de la Terreur mise à part. Fribourgeois expulsés en 1781, Genevois en 1782, Hollandais en 1787, Belges et Liégeois en 1790, auxquels s'ajoutent ceux qu'enthousiasment les événements révolutionnaires, sont relayés par les Anglais et les Irlandais – par exemple le célèbre Wolfe Tone – puis par les Jacobins italiens, qui viennent à la suite de Filippo Buonarotti ; il y aura, en particulier, un important afflux italien en 1799, à la suite des défaites françaises.

Politique et illuminisme

Pour d'autres étrangers, la venue dans ce Paris de l'époque prérévolutionnaire ou révolutionnaire répond à un véritable enthousiasme pour ce que l'on peut y voir et y vivre, et à l'existence de possibilités que l'on ne peut alors trouver ailleurs. Ainsi s'épanouit l'ésotérisme et même parfois l'illusionnisme, avec Cagliostro ou Mesmer. Le premier, Joseph Balsamo, alias « comte de Cagliostro », apparaît à Londres en 1779, arrive à Strasbourg en 1780, crée la stupéfaction par ses cures merveilleuses, ses connaissances alchimiques et sa magie cérémonielle. Après l'affaire du Collier, quoique innocenté, il quitte la France. On oublie souvent qu'il fait partie d'une franc-maçonnerie mystique existant à l'échelle européenne. Le second, Franz Anton Mesmer, est un médecin souabe qui, installé à Paris de 1778 à 1784, prétend faire des cures merveilleuses grâce au magnétisme. Il se rattache, lui aussi, au grand mouvement ésotérique des Lumières, dont l'importance est trop souvent oubliée. Ce mouvement ne cesse de vouloir faire des grandes capitales européennes des centres actifs de l'ésotérisme européen. Francs-maçons mystiques, rose-croix et Illuminés viennent donc à Paris pour développer l'influence de leur mouvement. Ainsi Johann Joachim Christoph Bode se rend à Paris en 1787, dans un but « apostolique » ; conseiller à la cour de Saxe-Weimar, présent au convent de Wilhemsbad de juillet 1782, il est le chef reconnu depuis 1785 d'une franc-maçonnerie allemande unifiée, inspirée partiellement des idées illuministes. Si, à l'exemple de Joseph de Maistre, une grande partie d'entre eux rompent avec la Révolution française, d'autres, au contraire, adhèrent à ses idéaux. Jean-Gaspard Schweizer en est un bon exemple. Né en 1754 dans une riche famille de négociants et de banquiers de Zurich, il entre au début des années 1780 dans la secte des Illuminés. Ayant appris les spéculations qui ont lieu à Paris durant le ministère de Calonne, il estime qu'en mettant à profit ses considérables capitaux, il sera à même d'acquérir des fortunes énormes qu'il mettra à la disposition des Illuminés. Il pourra ainsi leur donner d'incomparables possibilités et décupler sa philanthropie personnelle. Il arrive donc au cours de l'été de 1786, rencontre l'un des rois de la spéculation, le célèbre abbé d'Espagnac, vicaire général de Sens, collaborateur et ami de Calonne. Par d'Espagnac, il est introduit dans le cercle de Clavière et de ses amis, rencontre Fabre d'Églantine, Dumouriez, La Fayette, Barnave, Mirabeau surtout. Mais les spéculations de la banque Schweizer, Jeanneret et Compagnie s'avèrent très vite imprudentes ;

les sommes confiées à d'Espagnac ayant été perdues sans retour, Schweizer doit réduire ambitions et train de vie. Lorsque, durant l'été de 1789, le bruit circule que l'armée du prince de Condé vient menacer Paris, il est chargé de construire les fortifications et retranchements de Montmartre. Devenu membre des Jacobins, il participe également au Club des patriotes suisses, que des exilés fribourgeois et genevois fondent à Paris. Mais, à partir de 1791, le cours de la Révolution commence à l'effrayer. Le 10 août, la vue des corps des Suisses ensanglantés le remplit d'horreur. Il réussit à sauver plusieurs de ceux qui ont échappé à la tuerie. Les Massacres de septembre le forcent à s'aliter, cependant que tous ses biens à Paris ont fondu comme neige au soleil.

À Zurich, l'hostilité à son égard ne cesse de grandir ; elle se manifeste notamment lors de la mission de rapprochement avec les cantons suisses dont on le charge en novembre 1793. Il apprend avec joie le 9-Thermidor, avant d'accepter, en novembre 1794, une mission pour les États-Unis, mission qui consiste essentiellement à contrôler l'Américain James Swan, chargé d'acheter d'énormes quantités de blé. Il n'y réussit pas mieux et ne rentre qu'en 1801, finissant ses jours en 1811, aux prises avec mille difficultés.

Charles Fox, homme politique anglais, se prosternant devant l'autel chargé de symboles de la Révolution française. Il est caricaturé ici par ses compatriotes, qui lui reprochent son amitié pour les anti-monarchistes.

(CHARLES FOX, CARICATURE ANGLAISE, 1798. MUSÉE CARNAVALET, PARIS.)

Le chef-lieu du globe

Cette histoire montre bien l'extraordinaire attrait que représente le Paris des années 1787 à 1791 pour de nombreux étrangers, dont beaucoup participent directement aux prodromes et au début de la Révolution. Ainsi, le baron Jean-Baptiste de Cloots du Val-de-Grâce, né prussien et millionnaire en 1755, à quelques lieues de la ville rhénane de Clèves, est à Paris dès 1775 et y mène la vie d'homme de lettres, fréquentant les salons littéraires, publiant des ouvrages, prononçant des conférences. Il parcourt l'Europe lorsque commence la Révolution, revient alors à Paris à la fin de 1789, y multiplie les brochures et articles, devient l'un des premiers membres des Jacobins, où il signe : « Cloots du Val-de-Grâce, baron en Allemagne, citoyen en France ». Pour d'autres s'ajoute à leur foi révolutionnaire la nécessité de fuir les poursuites qui les menacent dans leur pays. Tel est le cas du célèbre révolutionnaire anglo-américain, Thomas Paine, dont, en 1792, on brûle les livres en Angleterre alors que ses *Droits de l'homme* connaissent un triomphe en France. Il vient donc à Paris en septembre 1792 et est élu par quatre départements à la Convention nationale.

Plus généralement, nombreux furent les étrangers qui participèrent aux événements prérévolutionnaires ou révolutionnaires, soit dans l'entourage de

Tandis que des cortèges d'aristocrates quittent la France révolutionnaire pour les États monarchiques voisins, les libéraux du monde entier tournent les yeux vers la Révolution française ; certains même, comme Thomas Paine, bien qu'il ne parle pas français, obtiennent un siège à la Convention.

(THOMAS PAINE. PEINTURE DE ROMNEY. NATIONAL PORTRAIT GALLERY, LONDRES.)

ceux qui prirent la tête du mouvement, comme nous l'avons vu pour l'Atelier de Mirabeau, soit comme publicistes, le plus célèbre étant à cet égard Marat, encore un Suisse, dont on rappellera l'*Offrande à la Patrie ou Discours au tiers état de France,* de février 1789, et surtout *l'Ami du peuple, journal politique, libre et impartial,* dont le premier numéro paraît le 16 septembre 1789. En fait, la plupart des étrangers installés en France, et notamment à Paris, suivent avec passion le cours des événements et s'y rallient avec enthousiasme. Les exemples opposés sont rares, même si certains sont célèbres, tel celui du comte Axel de Fersen, familier de Marie-Antoinette. À quelques exceptions près, il s'agit de militaires, lesquels, fidèles à leurs engagements, résisteront, à l'exemple, le 10 août 1792, des gardes-suisses des Tuileries.

Paris devient ainsi le phare des progrès du genre humain et les révolutionnaires reçoivent un soutien cosmopolite, à la fois depuis l'étranger et en France même, soutien qui ne peut que les conforter. Cloots, qui s'était décerné lui-même le titre d'orateur ou d'ambassadeur du genre humain et s'était rebaptisé Anacharsis, agit comme s'il était « le représentant officiel des étrangers accourus à Paris en pèlerins de la Liberté », délivrant des certificats de présence et de civisme, écrit Albert Soboul, qui cite notamment celui-ci : « Au chef-lieu du globe... J'atteste et fais savoir à tous les hommes libres de la Terre que Joseph Cadajar Chamas, membre du souverain opprimé de Mésopotamie, a eu l'honneur d'assister à la Fédération du 14 juillet, en vertu d'un décret émané de l'auguste Sénat français, le 19 juin de l'an premier (de la liberté). Anacharsis Cloots, octobre 1790. »

En fait, son activité, à l'occasion extravagante, n'est que l'une des expressions de l'accueil enthousiaste que veulent réserver les hommes de la Révolution à tous les amis de la liberté. Déjà, le décret du 22 mai 1790 avait proclamé : « La nation française renonce à entreprendre aucune guerre dans la vue de faire des conquêtes et elle n'emploiera jamais ses forces contre la liberté d'aucun peuple. » Cette célèbre « déclaration de paix au monde » a pour corollaire l'accueil des patriotes étrangers. On aboutit ainsi au décret du 26 août 1792 : « L'Assemblée nationale, considérant que les hommes qui, par leurs écrits et par leur courage, ont servi la cause de la liberté et préparé l'affranchissement des peuples, ne peuvent être regardés comme étrangers par une nation que ses Lumières et son courage ont rendue libre... Considérant enfin qu'au moment où une convention nationale va fixer les destinées de la France et préparer peut-être celles du genre humain, il appartient à un peuple généreux et libre d'appeler toutes les lumières et de déférer le droit de concourir à ce grand acte de raison à des hommes qui, par leurs sentiments, leurs écrits et leur courage, s'en sont montrés si éminemment dignes : déclare déférer le titre de citoyen français à Priestley, Paine, Bentham, Wilberforce, Clarkson, Mackintosh, David Williams, Gorani, Anacharsis Cloots, Campe, Corneille Pauw, Pestalozzi, Washington, Hamilton, Madison, Klopstock, Kosciusko, Schiller. » C'est donc ainsi que Thomas Paine devient citoyen français et qu'il est élu, dès septembre 1792, représentant du Pas-de-Calais, alors qu'il est encore en Angleterre ! L'aspect pittoresque de tout cela étant qu'à son arrivée il ne parle ni ne comprend le français !

Tout cela correspond parfaitement au message universel de la Révolution française : il n'y a plus de frontières pour les amis de la liberté qu'unit un même combat. L'accueil enthousiaste que reçoivent les étrangers favorables à la cause nouvelle n'a donc rien d'étonnant. Il s'accompagne dès l'origine d'un grand effort d'information et de propagande de la part des voyageurs étrangers et surtout des patriotes installés en France. Dès 1789 *la Gazette littéraire de l'Europe* répand les idées révolutionnaires. Des journaux destinés spécialement aux étrangers sont fondés : *le Cosmopolite* du Belge Proly, *le Batave* de Dusaulchoy, *la Correspondance des nations* de Desormaz, Dessaix et Grenus. Des appels sont lancés, tels en 1792 celui de l'Espagnol Marchena, *A la nacion española,* et la *Proclamation au peuple des Pays-Bas* de Kock, Van Hoof et Schilge.

Le complot de l'étranger

Dans les principes, la situation des étrangers demeure inchangée au long du processus révolutionnaire. Mais, à la suite de la lutte de factions et de la guerre extérieure, une méfiance générale envers eux s'instaure, liée à la crainte de l'or anglais. Robespierre, notamment, dénoncera une véritable conspiration et l'on aboutira au célèbre décret de la Convention du 1er août 1793 décidant que seraient arrêtés tous les étrangers non domiciliés en France à la date du 14 juillet 1789.

Seuls échappent, dans un premier temps, à la mesure Paine et Cloots – ils sont parlementaires – ainsi que quelques autres révolutionnaires dûment étiquetés. Mais, pris dans les luttes de faction, plusieurs d'entre eux seront emprisonnés ou guillotinés. Trois exemples célèbres nous permettent de préciser notre analyse.

Le premier est celui de Siegmund Gottlob Dobroujka-Schoenfeld, dit Junius Frey. Né à Brno (sud de la Moravie) en 1759, fils d'un financier, il arrive à Strasbourg durant l'été 1791, se présentant comme un réfugié politique obligé de fuir le despotisme autrichien. Il a pris le nom de Frey qui signifie « libre » en allemand ; il participe aux luttes politiques strasbourgeoises aux côtés des Jacobins, puis gagne Paris, où il prend part au 10 août. Il est dénoncé à plusieurs reprises, avec son frère et sa sœur qui l'accompagnent, comme « espions de la première catégorie à la solde de l'Autriche et de la Prusse ». Il faut voir là à la fois la méfiance à l'égard d'étrangers et la conséquence des luttes internes entre les factions révolutionnaires, car il est l'ami de Chabot et de Fabre d'Églantine. Robespierre trouve très suspectes ses prodigalités et finit par dénoncer la « faction autrichienne » à laquelle il assimile Chabot, qui a épousé Léopoldine, sœur de Junius Frey. Alors se noue l'affaire de la Compagnie des Indes qui, à travers Chabot et Fabre d'Églantine, permet de faire tomber les Dantonistes. Les frères Frey sont condamnés avec Chabot, Fabre d'Églantine, l'abbé d'Espagnac, et guillotinés le 6 avril 1794.

Le second exemple est celui de Cloots, que nous avons déjà mentionné. Dès son arrivée à la fin de 1789, il devient célèbre. La fortune de ce « banquier cosmopolite » (A. Soboul) attire autour de lui de nombreux parasites et courtisans qui, au demeurant, se gaussent de son accent étranger. Anacharsis, « orateur du genre humain à l'Assemblée nationale de France », se fait l'apologiste de la guerre révolutionnaire en Europe et prétend exercer une sorte de magistrature politique. Ses liens avec Brissot, son extrémisme lui valent les soupçons de Robespierre. Évincé par Mme Roland, il se venge du couple dans un pamphlet intitulé « Ni Marat ni Roland ». Son extrémisme n'a plus de bornes depuis longtemps : il parle des Massacres de septembre

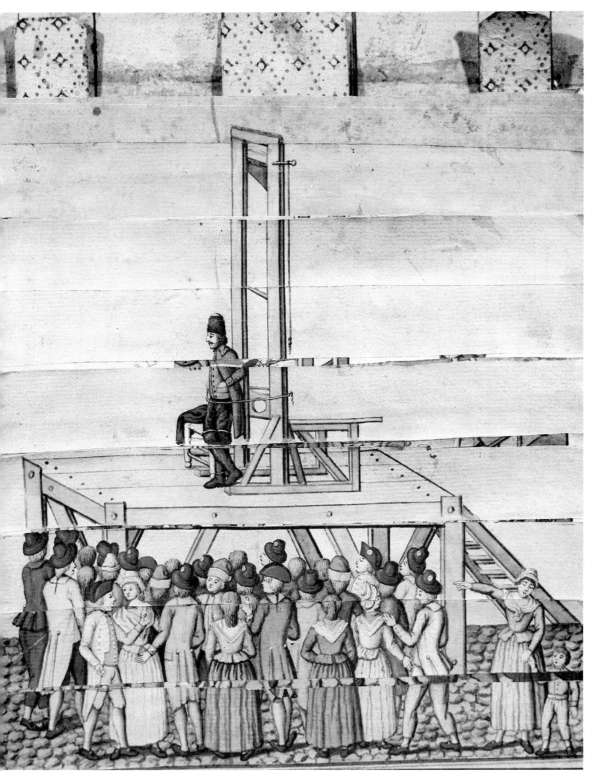

L'écrivain allemand Eulogue Schneider adhère à la Révolution et devient maire de Hagueneau. Accusateur public auprès du Tribunal révolutionnaire, il est arrêté par Saint-Just, puis guillotiné à Strasbourg. Ici, le jeu des bandelettes de papier crée un effet d'optique où l'on croit voir la tête du condamné tomber. (E. SCHNEIDER À LA GUILLOTINE, BANDELETTES DE PAPIER PEINT, XVIIIᵉ S. MUSÉE HISTORIQUE, STRASBOURG.)

comme d'un « scrutin épuratoire dans les prisons », au cours duquel le peuple s'est montré « grand et généreux ». Mais aux soupçons de Robespierre viennent s'ajouter les dénonciations publiques de Marat : dans *l'Ami du peuple* du 5 septembre 1792, celui-ci le désigne comme « le mouchard berlinois ». Lorsqu'il veut parler aux Jacobins, c'est le vacarme : « À la porte le mouchard ! le complice de Roland ! l'agent de Brissot-Brunswick ! Hors d'ici le Prussien ! » Il réussit néanmoins à être quelque temps l'une des figures de proue de la Révolution, jouant un rôle très actif dans la déchristianisation et, porté par cette vague, il devient même président des Jacobins du 11 au 30 novembre 1793. Robespierre lui porte un coup très rude le 22 frimaire (12 décembre) : « Pouvons-nous regarder comme sans-culotte un homme qui a plus de 100 000 livres de rentes ? Pouvons-nous croire républicain un homme qui ne vit qu'avec les banquiers et les contre-révolutionnaires ennemis de la France ? » Dénoncé par Saint-Just en même temps que les Hébertistes comme agent de l'étranger et athée, il est arrêté le 26 décembre 1793, et guillotiné le 24 mars 1794.

Même le célèbre et vertueux Paine n'échappera point à ces périls. Comme il est lié à Brissot et aux Girondins, il manque d'être arrêté en même temps qu'eux et reste suspect. Seule l'amitié de Danton le sauve sans doute. Il avait écrit à ce dernier, le 6 mai 1793, avant donc l'effondrement des Girondins : « Citoyen Danton, comme vous entendez l'anglais, je vous écris sans recourir à la main d'un traducteur. Je suis affligé au dernier point par les désordres, les jalousies, le mécontentement et le malaise qui règnent parmi nous et qui, si cela continue, seront la honte et la ruine de la République... Je désespère aujourd'hui de voir s'accomplir la grande œuvre de la liberté européenne ; et, ce qui cause mon désespoir, ce ne sont ni les puissances étrangères coalisées, ni les intrigues des aristocrates et des prêtres, mais l'incurie tumultueuse avec laquelle on conduit les affaires intérieures de la présente Révolution... » Son attitude envers des amis comme Miranda et Marat, lors de son célèbre procès, en avril 1793, lui vaut d'accumuler les soupçons. Il est arrêté le 27 décembre, ainsi que Cloots, et reste dix mois à la prison du Luxembourg. Il échappe à la guillotine, mais n'est libéré qu'après Thermidor, le 4 novembre 1794 !

Ainsi, après avoir commencé par une ouverture sur l'univers, la Révolution française devient plus que soupçonneuse envers les étrangers. Ces sentiments ne disparaissent pas après le 9-Thermidor, notamment envers les Anglais, ne serait-ce que parce que la guerre extérieure continue.

Les agents de Pitt

Albert Mathiez consacre un chapitre entier de son histoire de *la Révolution française* aux raisons de cette soudaine et violente poussée de xénophobie. Même si l'on ne suit pas toujours son éclairage et si, dans le détail, tel ou tel point paraît aujourd'hui discutable, ces pages permettent de bien saisir les causes de cette explosion. Tout part d'un fait essentiel : le Comité de salut public se sent menacé de toutes parts ; il se croit « environné d'espions étrangers ». Les premiers développements de la Révolution ont largement contribué à la naissance de ce sentiment avec le départ des émigrés, les liens réels et supposés de la famille royale avec les monarchies européennes, le manifeste de Brunswick et l'entrée d'armées ennemies sur le territoire français. Il est hors de doute, par ailleurs, que les réseaux d'espionnage fleurissent alors et qu'ils sont animés de l'étranger, le plus connu étant le réseau d'Antraigues. Dans la capitale même, les émigrés, le comte d'Artois, les gouvernements étrangers bénéficient de nombreux appuis. Certains œuvrent dans la clandestinité, comme l'abbé de Salamon, principale source de renseignements de la papauté. D'autres agissent plus ouvertement, tel l'ambassadeur américain Morris, seul ambassadeur présent durant la Terreur et dont les autorités françaises demandent le rappel dès février 1793 ; malgré sa sympathie déclarée pour la cause royaliste, il ne sera remplacé par Monroe qu'en août 1794, après Thermidor ! De là à voir partout la main de l'étranger, le chemin à parcourir n'est pas long. Robespierre, quant à lui, a toujours montré beaucoup de défiance pour ces étrangers le plus souvent extrémistes et jusqu'au-boutistes qui sont venus fort nombreux.

Pendant longtemps, tout cela ne donne lieu qu'à de virulents articles de presse ou à des discours enflammés, prononcés à la tribune des Assemblées successives ou à celle des clubs. La première grande étape est franchie le 11 juillet 1793, lorsque, dans le grand rapport qu'il prononce au nom du premier Comité de salut public, Cambon affirme que toutes les difficultés, et notamment la crise économique et financière, ont pour cause les manœuvres des étrangers : « Depuis que je vois Pitt toucher 5 millions sterling pour dépenses secrètes, je ne m'étonne plus qu'on sème avec cet argent des troubles dans toute l'étendue de la République. On est parvenu avec un fonds de 120 millions en assignats à faire baisser nos changes. Et Pitt, avec 5 millions sterling, s'est procuré 500 millions en assignats avec lesquels il nous fait une guerre terrible. » Fin juillet, on trouve à Lille un portefeuille qu'aurait perdu un espion anglais, lequel aurait distribué en six mois de l'argent à Lille, Nantes, Dunkerque, Rouen, Arras, Saint-Omer, Boulogne, Thouars, Tours, Caen, villes où, précisément, des désordres ont éclaté. En donnant lecture de ces documents à la grande séance du 1er août, Barère conclut qu'il faut « expulser tous les sujets anglais qui seraient venus en France après le 14 juillet 1789 ». Cambon va plus loin : « Croyez-vous que les Autrichiens qui sont en France ne sont pas, comme les Anglais, des agents de Pitt ? Il suffit qu'on respecte les Américains et les Suisses. »

Ainsi se développe un puissant sentiment de suspicion. Les plus actifs des révolutionnaires étrangers étant liés aux Dantonistes ou aux Hébertistes, ce sentiment ne fait que s'amplifier chez Robespierre et ses amis. L'Incorruptible déteste particulièrement l'extrémisme religieux et l'athéisme de Cloots et de ses amis. À ses yeux, les écouter ne pourrait que profiter aux coalisés, la guerre religieuse étant le meilleur moyen de susciter, parmi le peuple français, des réactions extrêmement néfastes. Au contraire, il faut affirmer que la Convention fera respecter la liberté des cultes, la déchristianisation n'étant qu'une diabolique manœuvre ourdie par les « lâches émissaires des tyrans étrangers » pour « incendier la France et la rendre odieuse à tous les peuples » (A. Mathiez).

Les principaux membres du Comité de salut public voient donc partout la main de l'étranger. Paradoxalement, le nombre d'espions arrêtés est très faible : le Tribunal révolutionnaire n'a à connaître que de la conspiration de Bretagne, au printemps de 1794, et des poursuites liées aux conspirations du baron de Batz.

Parmi les arrestations, il y a, par exemple, celle de la princesse Lubomirska, patriote polonaise qui s'était réfugiée à Paris à la fin de 1792 ; elle avait effectué des voyages à l'étranger pour le compte des royalistes ralliés à Louis XVIII et recevait des agents des émigrés ou des espions anglais. Arrêtée le 9 novembre 1793, elle est exécutée le 12 messidor an II. Il fallut attendre les lendemains du 9-Thermidor pour que cette explosion de suspicion xénophobe, dans certains cas justifiée, prenne fin.

De Thermidor à la fin de l'Empire

A partir des événements de Thermidor, la xénophobie recule notablement. Il n'est plus question d'un vaste « complot de l'étranger » et le climat de suspicion générale ne redevient jamais plus ce qu'il était. On n'en revient pas pour autant à l'accueil chaleureux de l'époque des Lumières ni à l'accueil enthousiaste des années 1789-1790 qui avait permis à certains

À l'époque du Concordat, Bonaparte instaure la « liberté des cultes » et l'égalité de chacun devant la loi. Il est généralement représenté entouré de membres de chacune des religions : catholique, juif, quaker, protestant, orthodoxe, mahométan et bouddhiste.

(« LA LIBERTÉ DES CULTES », GRAVURE, 1802. MUSÉE CARNAVALET, PARIS.)

étrangers de jouer un rôle direct dans les événements nationaux, et même abouti, en la personne de Thomas Paine, à l'élection d'un député à la Convention dont il fallait traduire le discours !

La guerre extérieure a, en effet, puissamment développé le nationalisme et les luttes intérieures ont eu pour résultat que, désormais, plus aucun étranger ne pourra tenir un rôle politique de premier plan, comme à l'époque des clubs et des assemblées révolutionnaires. Mais, avec les annexions de territoires et le développement de l'Empire, de très nombreux étrangers entrent au service de l'administration et de l'armée. À vrai dire, depuis toujours, les étrangers ont été nombreux dans les armées françaises. Dans un premier temps, leur nombre régresse considérablement puisqu'il n'est plus question d'avoir recours à des mercenaires. Cependant, on continue à faire appel à des militaires renommés, y compris aux postes les plus élevés, tel Francisco Miranda, général de brigade dans l'armée de Dumouriez en 1792. Mais il sera arrêté parce que lié à celui-ci et aux Girondins. Un certain nombre de révolutionnaires d'autres pays viendront participer à la lutte du côté français. En effet, en avril 1792, sur la proposition de son comité militaire, la Législative décide la création de six petits corps d'armées qui reçoivent le nom de « légions ». L'idée vient de réfugiés belges et liégeois qui la formulent dès la fin de 1791. On ne la met cependant en pratique qu'après la déclaration

1804, dans la tradition l'Ancien Régime, qui eut ujours dans ses armées gros effectifs étrangers, apoléon forme un esca-on composé essentielle-ent de mamelouks.
MELOUK DE LA GARDE IMPÉRIALE.
VURE, XIXᵉ SIÈCLE.)

de guerre du 20 avril 1792. Elles accueilleront un nombre variable d'étrangers. Il y aura la légion des Belges et des Liégeois, la légion des Américains, la légion des Allobroges qui accueillera des Savoyards, des Valaisans et des Piémontais. D'autres viendront plus tard, notamment la légion germanique et la légion polonaise. Celle-ci mérite une mention particulière. Après l'échec de l'insurrection polonaise de 1794 et le troisième partage de la Pologne, de nombreux militaires quittent leur pays. Dès 1795, un comité de patriotes, réuni à Venise, propose à la Convention de former une légion polonaise. Mais l'échec des légions levées en 1792 rend le Comité de salut pulic circonspect. Il faut donc attendre la fin de l'année 1796 pour que le général Dombrowski puisse, grâce à l'appui de Kléber, obtenir enfin une réponse favorable du Directoire. Au début de 1797, une légion polonaise est formée avec 2 000 hommes ; elle ne cesse de se développer pour atteindre, à l'automne, 7 000 hommes, répartis en deux légions. Les Polonais prennent une part très active à la campagne d'Italie. Kosciusko propose en mars 1799 d'en créer une troisième sur le Rhin. Dans un premier temps il n'est pas suivi, mais, à l'automne, une troisième légion est adjointe à l'armée du Danube, sous le commandement de Kniaziewicz. D'autres Polonais sont parvenus à entrer à titre personnel dans les armées françaises, tel Joseph Sulkowski, prince polonais et jacobin convaincu, aide de camp de Bonaparte durant la campagne d'Italie de 1796 et de 1797, tué le 22 octobre 1798 lors de l'insurrection du Caire.

Quoi qu'il en soit, les effectifs militaires étrangers sont loin d'atteindre la même ampleur que sous l'Ancien Régime. Dès l'été de 1789, de nombreux officiers quittent leurs fonctions. D'autres restent en service jusqu'en 1792, les Suisses en particulier : la plupart des gardes-suisses sont massacrés le 10 août 1792, après une héroïque défense des Tuileries, et surtout après avoir déposé les armes sur ordre du roi, ce qui soulèvera l'indignation dans les cantons suisses.

En fait, c'est seulement avec le Directoire et l'expansion territoriale que l'on retrouve un nombre élevé d'étrangers dans les armées françaises. Certains s'engagent par conviction, tel le prince Joseph Poniatowski, qui, après avoir été colonel au service des Autrichiens, gouverneur de Varsovie sous la domination prussienne, est fait maréchal de France le 16 octobre 1813, avant de se noyer trois jours plus tard à la suite de la bataille de Leipzig. Tel encore le troisième escadron de chevau-légers du capitaine Kozietulski qui force le défilé de Somosierra, le 30 novembre 1808, et ouvre à l'empereur la route de Madrid. D'autres se montrent beaucoup moins enthousiastes, comme on le voit durant la campagne de Russie et surtout en 1813 : on connaît la défection des Saxons à Leipzig.

Il faut, à cet endroit, tenter une vue d'ensemble de la participation étrangère aux armées consulaires et impériales. Depuis 1792, les armées françaises ont toujours compté en leur sein des étrangers ; cependant, une fois éliminés les Polonais et les Italiens, les chiffres restent faibles. Ils n'augmentent que sous le Directoire, avec la création des légions polonaises, la mise sur pied en 1799 d'une armée nationale batave puis des brigades suisses, d'une légion lombarde, d'une armée cisalpine, d'une armée romaine... Autrement dit, les Français favorisent le développement d'armées nationales dans les républiques sœurs. Ces troupes combattent avec les armées françaises et permettent largement de faire face en 1799. Nombre de leurs officiers et soldats passent en fait dans les armées consulaires et impériales. En outre, la campagne d'Égypte amène des bataillons de coptes et de mamelouks. En 1803-1804 sont formés le bataillon irlandais et la légion hanovrienne. Enfin, la capitulation du 27 septembre 1803 permet de renouer avec la tradition des régiments suisses.

À la fin de l'année 1804, environ 3 000 étrangers figurent parmi les troupes françaises. Avec le Grand Empire, leur nombre ne cesse d'augmenter, par le recrutement de prisonniers ou de sujets des États vassaux. Au demeurant, l'extension de l'Empire ne cesse de transformer en sujets français d'anciens étrangers. On en arrive ainsi à 34 000 soldats étrangers au début de 1808, à 51 000 au début de 1809, à 64 000 en 1811. Les pertes en Espagne et surtout en Russie sont considérables. Par ailleurs, l'hostilité envers l'Empire français se développant, les régiments étrangers paraissent de moins en moins sûrs. À Lutzen, en avril 1813, les étrangers ne sont plus que 36 000 ; un an plus tard, ils sont moins de 10 000 et à peine 3 000 pendant les Cent Jours. Leur rôle, très important entre 1808 et 1812, ne l'a été ni avant 1808 ni de 1813 à 1815. Les chiffres atteints par les effectifs étrangers sous l'Ancien Régime ne furent donc dépassés que durant une courte période.

Les voyageurs étrangers disparaissent pratiquement à partir de 1792. *Le retour des voyageurs*
Quelques-uns reviennent sous le Directoire ; ils sont surtout nombreux sous le Consulat, au moment de la paix d'Amiens, ce qui n'a rien d'étonnant. Un bon exemple en est fourni par Lorenz Meyer, un Hambourgeois né en 1760, qui vient à Paris en 1796, publie dès l'année suivante un récit de son voyage, et revient en France en 1801, éditant à Tübingen l'année suivante ses *Lettres de la capitale et de l'intérieur de la France.* Meyer connaît bien la France, où il est venu dès 1783, pour rendre visite, à Bordeaux, à l'un de ses frères. Il est extraordinairement surpris quand il y revient en 1801 : « L'antique splendeur de Bordeaux n'est plus... La dévastation et la perte des colonies ont anéanti le commerce et ruiné du même coup la richesse de la [...] ville [...] Les affaires sont rares [...] L'animation des quais est médiocre, on vit retiré, et la ville ne compte plus que deux équipages, celui du préfet et celui du commissaire général de police. »

À l'image de Lorenz Meyer, un assez grand nombre d'étrangers reviennent en France dès 1795-1796. Parmi eux, les plus célèbres sont sans doute Mme de Staël et Benjamin Constant. Après avoir tenu un salon dans les premières années de la Révolution et avoir été la maîtresse du comte de Narbonne, ministre de la Guerre du 6 décembre 1791 au 10 mars 1792, Mme de Staël quitte la France le 3 septembre 1792, au début des massacres. En dehors d'un court séjour en Angleterre, elle vit à Coppet, et y rencontre, en septembre 1794, Benjamin Constant. En mai 1795, ils décident de revenir à Paris et d'y jouer un rôle politique, par leurs écrits et par le salon qu'elle veut réouvrir. S'ils sont déçus dans leurs ambitions politiques, ils publient néanmoins une série de brochures et de pamphlets du plus haut intérêt, à commencer, dans *le Moniteur* des 1er au 7 mai 1796 (12 au 18 floréal an IV), par *De la force du gouvernement actuel de la France et de la nécessité de s'y rallier.*

Silhouette de Benjamin Constant, 1791.

On n'en conclura pas pour autant que l'Europe des Lumières et son cosmopolitisme sont sur le point de revivre. Toute une part de l'Europe a, désormais, en horreur la « grande nation » et l'état de guerre se prolongera longtemps encore, à l'exception du bref épisode que sera la paix d'Amiens du 27 mars 1802, rompue dès avril 1803. Cela étant, il ne faut pas oublier que, pour les libéraux et jacobins européens, la France garde un très vif attrait et que, jusqu'en 1812, le Grand Empire entraîne de plus en plus d'Européens dans l'orbite française. Mais, en même temps, l'éveil des nationalités joue contre l'influence française, et contre le retour généralisé des étrangers. L'on sait d'ailleurs à quel point furent orageux les rapports de Germaine de Staël et de Benjamin Constant avec le pouvoir impérial...

Les déportés espagnols

En fait, avec l'Empire, c'est l'hostilité croissante des autres peuples envers la domination française qui attire l'attention. Le cas le plus frappant est, bien entendu, celui de l'Espagne. Il entraîne, parmi d'autres conséquences, la déportation de 65 000 Espagnols en France entre 1808 et 1814. La plupart – entre 58 000 et 60 000 – étaient des prisonniers de guerre ; les autres s'étaient réfugiés en France où ils se trouvaient au début du conflit ; il y avait parmi eux des déserteurs, des marins, plusieurs centaines de femmes et d'otages civils. Les prisonniers d'État furent incarcérés à Vincennes, les officiers et soldats dans des forts ou des dépôts disséminés dans tout le pays ; seule une faible partie d'entre eux furent autorisés à exercer une activité. Ce qui frappe, c'est l'extrême dispersion de ces Espagnols que l'on trouve aussi bien dans les forts du Nord et de l'Est, que dans le Jura ou les Alpes, ou encore à Montbrison, Niort et Bayeux... La misère de la plupart d'entre eux ne saurait surprendre. Leur présence ne suscite guère, semble-t-il, de manifestations d'hostilité. Il y eut cependant des disputes et rivalités : par exemple, des bagarres au cours de bals ou après boire. Mais on note également des témoignages de sympathie, souvent suscités par des sentiments anti-napoléoniens plus ou moins avoués, et également par une véritable charité ou amitié. Ainsi se manifestèrent des attitudes favorables à ces étrangers, et contrastant avec les sentiments de suspicion des années 1792 à 1794.

Les Juifs sous l'Empire : citoyens pour le meilleur et pour le pire

Passé 1791, la question juive ne progresse pas et les conditions de vie des Juifs se dégradent même notablement. Par leur action politique, certains d'entre eux, tels Frey ou Pereyra, éveillent la méfiance du Comité de salut public de l'an II. Pereyra, d'origine bordelaise, est guillotiné en mars 1794 avec Danton et Chabot. À l'opposé, Gabriel Pereyra-Suarez devient, à Saint-Esprit-lès-Bayonne, le premier maire juif de France. Après Thermidor, le fait le plus marquant est le décret de février 1795 qui permet de réorganiser le culte et d'ouvrir les synagogues.

Mais la situation de nombreuses communautés se trouve fort critique, beaucoup n'ayant plus de rabbins ni de ressources. Dans l'Est, l'hostilité populaire reste vive, surtout en Alsace où les Juifs ont acheté des biens nationaux. Roland Marx a montré qu'en fait les achats juifs ont été faibles et que l'accaparement juif n'a été qu'un mythe : de 1791 à 1811, les acquisitions de première main opérées par des Juifs ne représentent que 2,12 p. 100 du total ! Il n'empêche que les Alsaciens de l'époque sont persuadés du contraire ; ainsi Reubell, futur conventionnel puis membre du Directoire, mais également antisémite déterminé, écrit dès 1790 qu'il existe « une confédération des Juifs et des agioteurs pour s'emparer de toutes les propriétés » ! Il en résulte un climat très violent d'hostilité envers les Juifs auquel ces derniers donnent quelque peu prise lors des opérations de deuxième main d'achat des biens nationaux, leurs acquisitions triplant pratiquement lors de ces opérations. Certes, au total, les Juifs ont acheté moins de 10 p. 100 des biens nationaux, mais leur rôle essentiel dans la spéculation sur les biens de seconde main, ainsi que l'importance de leurs acquisitions dans des districts comme ceux de Sélestat ou de Rosheim, ont eu pour conséquence un développement encore plus fort des sentiments antijuifs. Les administrateurs alsaciens ne cessent de souligner sous le Consulat et l'Empire que le climat est très tendu et la situation conflictuelle. Il aurait fallu des solutions rapides qui ne vinrent pas. Si, en 1801-1802, les cultes catholiques et protestants sont réorganisés, Bonaparte et son directeur des Cultes, Portalis, estiment que l'on peut attendre pour les Juifs. En fait, ils ne voient guère quelle solution adopter. Au demeurant, les difficultés concernent essentiellement la Lorraine et surtout l'Alsace ; elles sont liées au problème de l'usure ; on le voit clairement en 1805. Napoléon n'aime pas les Juifs, déteste l'usure, et il est excédé par les plaintes des Alsaciens contre les Juifs. Au début, il ne prévoit, semble-t-il, que des mesures de répression à leur égard. Il envisage, dans un premier temps, d'interdire aux Juifs de prendre des hypothèques. Puis il fait appel au Conseil d'État. Sans aboutir à un résultat positif. Cette procédure révèle la grande méfiance de Napoléon envers les Juifs, méfiance qu'il exprime ainsi dans son intervention du 30 avril 1806 : « Le gouvernement français ne peut voir avec indifférence une nation avilie, dégradée, capable de toutes les bassesses, posséder exclusivement les deux beaux départements de l'Alsace... Des villages entiers ont été expropriés par les Juifs ; ils ont remplacé la féodalité ; ce sont de véritables nuées de corbeaux... Il serait dangereux de laisser tomber les clefs de la France... entre les mains d'une population d'espions, qui ne sont point attachés au pays. »

Cette vive hostilité ne disparut pas mais, dans les faits, Napoléon eut la sagesse de comprendre qu'il fallait apporter une solution d'ensemble au problème. Le décret du 30 mai 1806 accorde donc un sursis d'un an aux débiteurs des Juifs de l'Est et convoque à Paris une assemblée de notables juifs. Elle se réunit le 26 juillet ; y participent 95 notables, puis 13 pour les départements transalpins et 16 pour le royaume d'Italie. Leurs débats sont

Le mythe
de l'accaparement juif

Du Grand Sanhédrin
aux décrets de 1808

présidés par Abraham Furtado, devenu en 1787 syndic de la nation portugaise de Bordeaux. En outre est convoqué à l'automne 1806 un Grand Sanhédrin, pour ratifier les décisions de l'assemblée des notables qui poursuit ses travaux jusqu'au 6 avril 1807.

En fait, les projets proposés ne sont l'œuvre que du gouvernement. Trois décrets sont promulgués le 17 mars 1808, qui réorganisent le judaïsme français. La direction spirituelle et l'administration générale du culte sont confiées à un consistoire central et à des consistoires départementaux, formés de laïques et de rabbins choisis parmi les Juifs aisés avec l'agrément de l'État. Pour que soit organisé un consistoire départemental, il faut au moins 2 000 fidèles. Les rabbins sont rémunérés par les fidèles. Le troisième décret entend éviter tout abus de la part des Juifs ; il concerne essentiellement les créances, et impose aux commerçants juifs une patente annuelle et révocable ; toute immigration en Alsace leur est interdite ; tout conscrit juif est soumis personnellement au service militaire. Enfin une série de cas permet de réduire ou d'annuler les créances, ce qui sera un coup très dur pour les petits prêteurs juifs. Un quatrième décret, du 20 juillet, organise l'état civil des Juifs.

À la suite de ces décisions, la communauté juive fut enfin dotée de structures. Les consistoires et leurs délégués s'efforcèrent de restaurer les

Le 30 mai 1806, le premier Grand Sanhédrin, assemblée de notables des diverses communautés juives de France, se réunit à Paris en février et mars 1807 pour étudier le statut juridique des Juifs de l'Empire.

(LE PREMIER GRAND SANHÉDRIN À PARIS. GRAVURE. BIBLIO. DES ARTS DÉCORATIFS, PARIS, 9 FÉVRIER 1807.)

anciennes institutions. Mais, d'une part, les ressources financières étaient insuffisantes, et, d'autre part, les réformes avaient négligé les communautés locales qui étaient pourtant « les vrais centres de la vie juive » (F. Delpech). Surtout, le troisième décret de mars 1808 relevait d'une politique discriminatoire, ce qui eut pour effet de retarder l'évolution des communautés juives et leur assimilation. Il reste que, pour la première fois, sous la Constituante puis sous l'Empire, les Juifs sont définis comme des citoyens français, et disposent d'un cadre légal. Ce n'est pas assez mais c'est déjà considérable. Pourtant, les Juifs sont amers et déçus : les sépharades d'être à nouveau définis comme juifs, les ashkénazes parce que le troisième décret confirme des pratiques discriminatoires dont ils espéraient la totale abolition.

Il est vrai que les sépharades jouissent d'une situation très privilégiée parmi les Juifs. Abraham Furtado est en 1789 l'un des quatre-vingt-dix électeurs de la sénéchaussée de Guyenne ; avec Lopes-Dubec, Pereyre, Azevedo, il est un des fondateurs de la Société bordelaise des amis de la Constitution ; en janvier 1793, il devient conseiller municipal de Bordeaux et, après la désillusion amère que sont pour lui la Terreur et sa proscription, il est réélu conseiller municipal en mai 1797. Comme l'ont bien montré F. Malino et J. Cavignac, les israélites portugais n'ont cessé de faire partie des notables bordelais ; huit d'entre eux figurent dans la liste des 600 contribuables les plus imposés de l'an X, Abraham Dacosta et David Gradis faisant partie des 30 plus imposés. Cette communauté vigoureuse est très intégrée à la ville. Rassemblant 2 063 membres en 1808, elle ne cesse de croître, grâce à une immigration permanente, particulièrement accélérée sous l'Empire. Son activité reste dominée par le commerce, le négoce demeurant l'apanage de quelques grandes familles très intégrées à la haute société bordelaise. Les Juifs bordelais sont peu nombreux en dehors de ces professions, y compris dans les activités libérales. Au total, la communauté n'a pas fondamentalement changé, ni ses conditions d'existence, à l'exception de l'épisode de la Terreur.

De Bordeaux au Comtat Venaissin

Tel n'est pas le cas des communautés du Comtat Venaissin. L'agitation perpétuelle que connaît la région de 1790 à 1795 y rend difficiles les activités commerciales ; de plus, les Juifs du Comtat se voient maintenant offrir la possibilité de s'installer partout en France. Il y a donc un très fort mouvement d'émigration, notamment vers Nîmes, Aix, Marseille et Bordeaux, ainsi qu'un abandon quasi total des carrières ; dès 1791, il n'y a plus de « baylons », plus de propriétés communes, plus d'organisations des secours et de la bienfaisance. En 1811, il n'y a plus que 631 Juifs dans le département de Vaucluse, dont 360 à Carpentras et 130 à Avignon. À Cavaillon, aucune cérémonie publique – supposant la présence d'au moins dix hommes de plus de treize ans – ne peut plus avoir lieu. Dans le même temps, les institutions communautaires ont disparu. Il faudra attendre les réformes napoléoniennes pour voir réapparaître un minimum d'organisation.

Les périodes révolutionnaire et impériale n'ont donc pas eu – loin s'en faut – que des aspects positifs. D'une part, il reste encore beaucoup à faire pour obtenir l'émancipation totale des Juifs. D'autre part, leur situation dans

Un bilan mitigé

le Comtat Venaissin est difficile, et, en Alsace, l'hostilité à leur égard reste très vive, le troisième décret de mars 1808 rendant l'exercice de leurs professions très malaisé. La communauté bordelaise demeure prospère, mais certains de ses membres, notamment parmi les plus en vue, ont subi des pertes sévères, à l'égal des autres négociants et commerçants bordelais. Quant aux réformes napoléoniennes, on ne peut vraiment pas dire qu'elles apportent pour les Portugais de cette ville un progrès réel.

Dans les années 1789-1815, l'histoire des étrangers en France apparaît ainsi totalement remplie de contradictions. On part d'un rêve d'émancipation totale des Juifs, d'accueil universel, pour déboucher très vite sur une mise en place difficile de mesures libératrices pour les Juifs, qui resteront incomplètes longtemps, et en arriver, en 1793, à une suspicion totale envers tous les étrangers. L'Empire prétendra plus tard étendre considérablement la nationalité française et donc intégrer beaucoup d'étrangers ; il aboutira à l'échec que l'on connaît. À l'opposé, les déportés espagnols recevront souvent un accueil qui rappelle le cosmopolitisme des Lumières !

La situation des étrangers à cette époque renvoie ainsi une image très complexe. Il y a certes des acquis, telle la définition des Juifs comme citoyens français, mais la monarchie avait déjà favorablement envisagé cette évolution et n'avait reculé que sous la pression des événements. Il convient donc de ne pas exagérer l'influence libératrice de la Révolution. Par ailleurs, à partir de 1792, la guerre débouche sur « la nation en armes », c'est-à-dire sur un nationalisme qui, par la suite, sera souvent xénophobe ; il est, en outre, bien connu que les armées françaises de la Révolution et de l'Empire n'ont guère œuvré pour le rapprochement des peuples, tant s'en faut !

F. M. – J.-P. P.

IVᵉ PARTIE (XIXᵉ - XXᵉ s.)

TRAVAIL IMMIGRÉ FRANÇAIS DE PAPIERS

Et vous enfin, batteurs de fer, forgeurs d'air...
Visages d'encre et d'or trouant l'ombre et la b...
Dos musculeux tendus ou ramassés, soudai...
Autour de grands brasiers et d'énormes enclu...
Lamineurs noirs bâtis pour un œuvre étern...
Qui s'étend de siècle en siècle toujours plus v...
Sur des villes d'effroi, de misère et de fast...
Je vous sens en mon cœur, puissants et frater...

(E. Verhaeren, « la Multiple splendeur ».)

Sais-je où s'en iront tes cheveux / Crépus comme mer qui moutonne
Sais-je où s'en iront tes cheveux / Et tes mains feuilles de l'automne
Que jonchent aussi nos aveux

(G. Apollinaire, « Alcools ».)

Son teint est pâle et chaud ; la brume enchanteresse
  A dans le col des airs noblement maniérés ;
Grande et svelte en marchant comme une chasseresse,

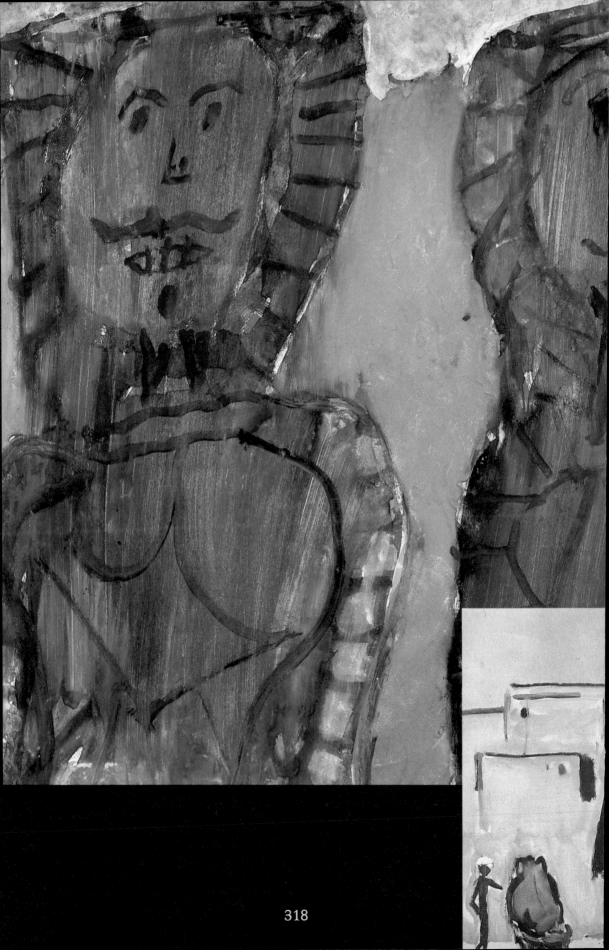

Quand donc cesseras-tu d'être le jouet sombre
Au carnaval des autres
Ou dans les champs d'autrui
L'épouvantail désuet

(A. Césaire, « Ferrements ».)

page 313. – G. Pelizza da Volpedo, « le Quatrième État ». Musée d'Art moderne, Milan.

pages 314-315. – V. Van Gogh, « Mas à Sainte-Marie », 1888. Coll. particulière. – T. Steinlen, « les Ouvrières », 1900. Bibl. des Arts décoratifs, Paris. – F. Léger, « Ouvriers », 1921. Coll. particulière. – E. Pignon, « les Ouvriers », 1952. Nouveau Musée, Le Havre.

pages 316-317. – P. Picasso, « Portrait de Gertrude Stein », 1906. Metropolitan Art Museum, New York. – K. Van Dongen, « Montparna's Blues », v. 1920. Coll. particulière. – B. Biegas, « la Danse sacrée », v. 1910. Coll. particulière. – A. Modigliani, « Portrait de femme ». Musée des Beaux-Arts, Nancy.

pages 318-319. – J. Dubuffet, « Deux Arabes et le désert », 1948. Coll. particulière. – K. Van Dongen, « les Fellahs ». Musée d'Art moderne, Paris. – P. Cézanne, « le Nègre Scipion », v. 1866. Musée d'Art, Sao Paolo.

page 320. – Wilhem Wachtel, « Fuite après un pogrom en Russie », 1915. Culture and Fine Arts Archives.

Introduction

La géographie de la présence étrangère en France porte pendant toute la première moitié du XIXe siècle la trace du Grand Empire. Elle prolonge les courants de l'Ancien Régime, dessinés par les conditions naturelles et la tradition migratoire, qui faisaient fi de frontières assez récemment stabilisées. Elle reflète, toujours, la mobilité et le cosmopolitisme des élites, officiers, publicistes, journalistes, intellectuels, manieurs d'argent, outre les réfugiés politiques qu'amènent les séquelles de la secousse napoléonienne. Mais le monde est en train de changer ; la preuve en est qu'à côté des banquiers et des marchands, ingénieurs, mécaniciens et ouvriers spécialisés commencent eux aussi à parcourir la France en apportant les technologies de l'avance anglaise.

Ce sont les années 1850-1880 qui marquent la rupture, quand la vague devient marée et que commencent à arriver les manœuvres étrangers : déjà s'esquisse la figure contemporaine de l'étranger, celle du travailleur immigré, même si, jusqu'à la fin des années 1920, subsiste une certaine mobilité des savoirs techniques. La France devient, pour longtemps, une zone de dépression démographique, et c'est l'ensemble du marché du travail qui fonde la migration, en trois grandes vagues – 1880-1914, 1920-1931, l'après-Deuxième Guerre mondiale –, pour en faire, un temps, le premier pays d'immigration du monde. La zone d'attraction s'élargit logiquement en cercles concentriques : au cycle belge du XIXe siècle succède un cycle italien, plus morcelé, avant que les années 1920 n'entraînent les autres Méditerranéens, les premiers Slaves, cent autres peuples qui rendent l'étranger de plus en plus étrange.

Dans tel secteur, dans telle région, l'apport prend des allures de véritable transfusion de populations, et la main-d'œuvre étrangère non seulement fonde, par étapes, la croissance économique, mais elle assure, à l'évidence, l'ascension sociale des Français de souche. L'agriculture participe presque autant que l'industrie à ce mouvement, et il existe désormais, au cœur même de la France, une France étrangère toujours renouvelée, à mesure que les étrangers les plus anciens arrivés se fondent dans le corps et le cœur de la nation.

Peu importe que, au fil des décennies, l'exotisme des migrants grandisse. La France révèle un extraordinaire pouvoir d'assimilation, où l'école n'intervient pas seule. Cette capacité est d'autant plus grande qu'on arrive toujours avec le pays natal au cœur, que la chaleur des nostalgies subsiste longtemps, revigorée par les parentèles et les cousinages qui ont guidé le voyage, par l'établissement de communautés et de quartiers d'originaires, qui naissent normalement de l'épaississement des densités. Il faut attendre la deuxième génération pour que l'on se sente Français, alors même que de nouvelles vagues se succèdent.

Pour être changeante, l'image de l'étranger est de plus en plus prégnante, dans une opinion goguenarde qui oublie tout juste le *cloutje* belge quand surgit le *macaroni*, avant le *bicot* et le *Polak*. France terre d'accueil ? Oui, mais au prix d'une constante méfiance et d'une hostilité populaire qui, dès le XIXe siècle, ne demande qu'à renaître dès que l'emploi se contracte. La chaleur quotidienne n'empêche pas les explosions périodiques d'hostilité et les violences, qui culminent dans les années 1880 ; la poussée nationaliste fin-de-siècle y ajoutera une touche de xénophobie, qui déborde de loin le champ de l'économie.

France étrange, dès lors, que celle des années 1920, où une victoire n'empêche pas un frileux repli sur soi et la crainte que l'étranger ne lui fasse perdre son âme. N'est-il pas en train de dénaturer son identité nationale ? Ne va-t-il pas engendrer une guerre civile en important frauduleusement ses querelles ? Le déferlement de haine et de sottise n'épargne pas les esprits les plus distingués, avant de tourner, un peu plus tard, au racisme. Le thème de l'invasion finit par se nourrir d'un antisémitisme virulent qu'avait déjà ravivé l'affaire Dreyfus. Peu importe que le rejet atteigne son paroxysme au moment où, précisément, les derniers arrivés sont déjà sur le chemin de l'assimilation. Les tensions internationales contribuent à l'accentuer : présent derrière chaque scandale, derrière chaque attentat, le visage de l'étranger n'est plus seulement celui du rival, il est aussi celui du profiteur et de l'espion. Le déferlement des Espagnols vaincus, en 1939, persuade les gouvernements français de la nécessité de l'exclusion et de l'expulsion : la législation de Vichy ne fait qu'accentuer une politique qui ne change pas de nature, et va, cette fois-ci, jusqu'à livrer à l'ennemi les étrangers, et aussi ces Français qui ont le malheur d'être juifs ; par là, elle les voue en fait à la mort. Comment s'étonner de la part que les étrangers vont prendre à la Résistance, dans un effort désespéré pour prouver, envers et contre tous, qu'ils sont devenus des Français à part entière ?

XIII

LA TRACE
DE L'ANCIEN RÉGIME

En 1817, la gendarmerie de Loire-Inférieure arrête, au hasard d'une patrouille, deux Hongrois égarés loin en avant de l'avancée maximale des armées d'invasion. Le XIXe siècle débute en effet pour la France par le déferlement d'un million de soldats ; pendant plusieurs années, l'étranger, c'est l'occupant, ses amis et ses parents, qui viennent visiter leurs officiers dans un pays longtemps hostile. ☐

Quand la vague se retire, elle laisse derrière elle traînards et déserteurs. Ils se mêlent facilement à tous ceux que l'aventure napoléonienne y avait déjà amenés : « patriotes » des années révolutionnaires restés sur place ; sujets ennemis surpris par les guerres, et qui ont fini par se fixer ; prisonniers qui ont trouvé sur place femme ou pratique ; et anciens sujets ou alliés du Grand Empire compromis avec le pouvoir napoléonien, Rhénans, Belges, Piémontais, *afrancesados* espagnols, qui ont suivi la déroute de la Grande Armée, Grecs et Levantins ramenés de l'aventure égyptienne, ainsi que les Mamelouks, établis avec leurs familles autour de la place de Castellane à Marseille, où les royalistes cherchent à les lyncher en 1815. La première partie du XIXe siècle va rester marquée par l'événement et ses géographies ; ne manquent même pas les Anglais, qui, pour avoir combattu sans trêve la France, n'ont jamais cessé de la parcourir, même aux pires moments.

Quarante ans plus tard, les cartes de la population étrangère et de ses origines gardent la trace de ces invasions. Mais, finalement, au-delà des turbulences politiques et guerrières du tournant des deux siècles, c'est la continuité avec l'Ancien Régime qui l'emporte longtemps. Par les tracés des cheminements : moins qu'un barrage, la frontière demeure une ligne imaginaire que traversent les grandes coulées traditionnelles des hommes, le long des côtes, vers les noyaux portuaires, au creux des vallées et des grandes plaines pour se sédimenter autour de la capitale et des principales villes de l'intérieur. La continuité l'emporte également par la qualité des arrivants, qui perpétuent la vieille mobilité des élites, simplement nuancée par le différentiel international des croissances économiques et les troubles politiques qui continuent d'agiter la plupart des pays européens.

L'héritage du Grand Empire

Pendant plusieurs décennies, les réfugiés politiques sont les plus voyants. Parce que l'opinion s'enflamme aisément en leur faveur, parce que les autorités leur portent plus d'attention, même si celle-ci change d'objet au gré de la succession des régimes.

L'échec des mouvements révolutionnaires des années 1820 amène en France d'abord des Espagnols de diverses obédiences et des Italiens ; les années 1830 les multiplient d'autant plus que la monarchie de Juillet renoue avec la tradition révolutionnaire d'accueil pour tous les « amis de la Liberté ». D'Allemagne aussi afflue une première vague de « patriotes » fuyant la réaction qu'y inspire Metternich ; elle ne cessera de s'enfler jusqu'à la fin des années 1840 : militants qui veulent échapper à la prison, intellectuels et journalistes qui refusent la censure, comme l'écrivain Joseph Görres, qui s'installe à Strasbourg, et le publiciste Edouard Dürre, qui reste une vingtaine d'années à Lyon. Les uns et les autres, mais aussi des personnalités, tel Henrich Heine ou le poète Georg Herwegh, s'intègrent sans peine à

Les Parisiens sont intéressés pas ces occupants « venus d'ailleurs », installés dans la capitale au lendemain de la capitulation de Paris devant les armées coalisées.

(BIVOUAC DES TROUPES RUSSES AUX CHAMPS-ÉLYSÉES, LE 31 MARS 1814. ES-TAMPE, MUSÉE CARNAVALET, PARIS.)

l'establishment intellectuel de la capitale. De même, les officiers espagnols libéraux de la Restauration vivent largement d'une solde dont ils ont négocié la garantie avant de se rendre aux troupes du duc d'Angoulême. Quant aux Polonais qui arrivent après l'insurrection manquée de 1830, ils appartiennent à la fine fleur de l'aristocratie et deviennent tôt la coqueluche des salons. Renforcés numériquement pendant l'ensemble du siècle par les malheurs de leur patrie, ils finissent par participer d'un milieu partagé entre les deux pays, et quelques autres, mais dont la richesse et la puissance demeurent intactes. Ainsi du prince Adam Czartoryski, descendant des ducs de Lituanie, conseiller du tsar Alexandre Ier avant de présider la Diète de 1830 ; exilé à Paris, il y devient le chef reconnu de la « grande » émigration. Son petit-fils Witold, après être retourné faire ses études à l'université Jagellon de Cracovie, deviendra, à la fin du siècle, actionnaire d'Anzin, du Creusot et de toutes les grandes compagnies ferroviaires d'Europe centrale, tout en possédant d'immenses domaines en Pologne autrichienne ; et il ira se marier à Varsovie. Quant aux carlistes espagnols, qui arrivent après les autres, ils sont tout naturellement fêtés par les milieux de l'opposition légitimiste.

Une base logistique

Aucun d'entre eux ne songe d'ailleurs à rester. La France n'est qu'un refuge temporaire pour mieux préparer un retour victorieux dans leur patrie. Ainsi, en 1821, les opposants au gouvernement de Riego organisent, à l'abri de la frontière, des camps d'entraînement, et les « libéraux » *afrancesados* font longtemps de la vallée de la Garonne un repaire de guérilleros. En 1830, c'est toute une « compagnie franche » de 6 000 à 7 000 volontaires belges qui part du quartier parisien de la Villette pour œuvrer à l'indépendance de la patrie ; en 1848 encore, deux bons milliers de Savoyards armés s'en iront de la Croix-Rousse, à Lyon, pour essayer, en vain, de « révolutionner » Chambéry. Ce sont de petites gens bien sûr, artisans et ouvriers en soie : c'est que l'émigration est plus dure à vivre pour eux, d'autant que les pouvoirs publics n'ont pas l'indulgence qu'ils manifestent envers les grands. La

« Le sol français est l'asile des braves [...]
Avec orgueil, franchissez nos frontières... »
Telles sont les paroles d'une chanson accueillant les Polonais qui arrivent en France après l'échec de la révolution de 1831.
(GRAVURE, 1831. BIBLIOTHÈQUE NATIONALE, PARIS.)

Restauration assigne les Espagnols à résidence et même la monarchie de Juillet les ramène périodiquement au nord de la Garonne. Les Polonais peuvent bien être à la mode, et une certaine littérature populaire larmoyer avec le détachement que l'on a vis-à-vis de Barbares bon enfant – voyez les Polonais de la comtesse de Ségur –, ils n'en sont pas moins concentrés, à partir de 1832, dans des dépôts lointains, à Besançon, à Bourg-en-Bresse, à Bergerac et en Avignon.

Au total, finalement, les réfugiés politiques sont peu nombreux, peut-être 20 000 en tout dans les années 1830-1850, dont une moitié de Polonais, quelques points à peine dans la masse des étrangers qui vivent en France ou la traversent. Ils ne diffèrent souvent pas vraiment de ces frontaliers qui vivent à cheval sur la frontière : les Piémontais et les Italiens demeurent dans le Sud-Est, où on ne les distingue d'ailleurs pas des Savoyards, et la plupart des Espagnols ne s'écartent pas du Bassin aquitain ; et où sont les 2 000 « réfugiés » parmi les 20 000 Italiens qui arrivent en 1832 ? La question se pose avec plus d'acuité encore pour les Allemands de Paris, on le verra, dont l'intense vie associative mêle, de surcroît, artisans et notables autour d'une presse nombreuse et diversifiée – plus de 75 journaux en un demi-siècle, des feuilles strictement politiques et ouvrières aux agences de presse spécialisées, aux revues littéraires et artistiques.

Travailler et créer librement

Pendant toute l'époque romantique, il est tout aussi difficile de séparer ceux qui viennent chercher en France la liberté de penser et d'agir de ceux qui y trouvent celle de créer. C'est particulièrement vrai pour les savants allemands, des Juifs surtout, que la Confédération germanique écarte de ses universités : beaucoup d'orientalistes et de philologues, comme Friedrich Dübner ou Heinrich Weil, qui finira à l'Académie française ; comme l'économiste Moritz Block, qui sera directeur au ministère du Commerce. Des médecins aussi, mal à l'aise dans le conformisme de leur pays, tels Hahnemann, le créateur de l'homéopathie, ou Julius Sichel, fondateur de la première clinique ophtalmologique, et qui sont assez nombreux pour créer en 1844 une « Association des médecins allemands » de Paris. Enfin, le prestige artistique de la France attire écrivains, artistes et musiciens. L'Italien Bosio, sculpteur de cour dans la lignée de Canova, vient construire la chapelle expiatoire de Louis XVI, après avoir façonné le buste de l'Empereur. Cherubini devient surintendant de la Musique, directeur du Conservatoire, et sera membre de l'Institut. Il favorise les débuts français de Rossini, qu'on prime et qu'on pensionne pour chaque nouvel opéra. Le succès des musiciens italiens gagne même la province, Toulouse notamment, qui fête Donizetti en 1844. Le milieu artistique italien forme tout un petit monde de chanteurs, de danseuses, de professeurs de dessin et de chant, que se disputent les meilleures institutions et académies de Paris. La France attire également les Allemands, et parmi ceux-ci le portraitiste Franz Winterhalter, devant lequel défileront toute la ville et la cour du second Empire ; l'architecte Ignaz Hittorff, chargé d'aménager la place de la Concorde en 1834, et qui fera les plans de la gare du Nord. Si Wagner n'obtient pas le succès qu'il escomptait lors de deux séjours, le premier en 1839-1842 et le second en 1849, Meyerbeer parvient à séduire avec ses opéras le public français, et l'on sait le destin, même s'il est plus tardif, d'Offenbach.

Les Anglais, enfin, ne laissent guère de trace littéraire et artistique. Mais ils sont peut-être les plus nombreux à visiter un pays qui les intrigue, annonçant dès la Restauration ce que sera le tourisme cosmopolite de la fin de siècle. Il leur arrive aussi de se mêler de politique, au nom de leur expérience du libéralisme, d'animer la fête la plus équivoque, comme ce lord Seymour des années 1830, devenu le « Milord l'Arsouille » du carnaval et l'idole de la Courtille, en attendant, vers la fin du siècle, l'attirance de la vie parisienne pour les princes de Galles et les grands-ducs moscovites. Sir Richard Wallace, lui, se contente dignement de créer et de présider le Jockey-Club. Et les autres de venir chercher les plaisirs d'une vie de rentier, par familles entières, dans les villes de la côte normande, à Cherbourg, à Avranches, où il y en aurait plus de 800 en 1845. Une de ces Anglaises deviendra comtesse de Lamartine, une autre comtesse de Vigny. La publicité ne s'y trompe pas qui anglicise le nom de ses palaces : le Saint-James, le Windsor, le Bristol..., dans le Paris de la Restauration. À Dieppe, à la fin du XIXe siècle encore, la colonie des vacanciers britanniques fera la fortune de la station. Ce sont aussi des Anglais qui créeront le Football-Club de Paris, et sa section de rugby en 1879, et, à la fin du siècle, c'est en anglais que, gravement, le Tennis-Club de Lyon rédigera les comptes-rendus de ses assemblées. Plus largement, le tourisme étranger fera, dès les années 1880, le succès de la Côte d'Azur : mais les Anglais y seront alors largement minoritaires face aux Russes, aux Américains du Nord et du Sud, et à des gens venus en fait du monde entier.

Les élites du commerce

La marque étrangère sur les pratiques mondaines des élites est cependant de peu d'importance par rapport à l'impulsion que donnent à l'économie nationale des hommes d'affaires qui, dès le XVIIIe siècle, ont pris le chemin de la France et se retrouvent, souvent, aux origines de la révolution industrielle. On sait ce qu'il en est de la banque parisienne dès le premier Empire. Mais celle-ci reçoit, par la suite, outre les Rothschild, les plus connus, le renfort allemand des d'Eichtal, des Worms, des Königswarter, Juifs bavarois dont l'héritier s'installe en France avec son frère en 1830. Bordeaux est depuis longtemps vivifiée par le négoce britannique ; mais la voilà qui accueille, au XIXe siècle, les Cruse, venus du Holstein, les Kressmann, les Franck, dont un représentant écrit, en 1824, le premier *Traité sur les vins du Médoc* ; dans la première moitié du XIXe siècle, plus de 145 maisons de commerce de la ville sont allemandes, établies dans le quartier des Chartrons, assez nombreuses pour y élever une église luthérienne. À Marseille, personne ne dispute plus depuis longtemps leur place en bourgeoisie aux Grecs Zafiri et Zafiropoulo. Et si Lyon est depuis plusieurs siècles une ville franco-italienne, c'est grâce à l'apport des capitaux et des financiers bâlois, lucernois et genevois qu'elle surmonte la crise révolutionnaire ; l'un d'eux, L. Pons, arrivé en 1805 comme commissionnaire en épicerie, se fait ensuite marchand de soie et de coton et ne tarde pas à s'imposer comme l'une des figures les plus en vue de la place de Lyon ; et, dès 1810, le Francfortois Hertz-Reiss compte, avec 350 métiers, sans aucun doute parmi les plus gros employeurs de la Fabrique de soieries.

Des pionniers de la révolution industrielle

Par la suite, aucun secteur, aucune région n'échappe à ces entrepreneurs étrangers, même s'il n'est pas d'étude d'ensemble pour mesurer leur place exacte. Pas même le champagne rémois, avec les Krug, les Heidsieck, les Piper, et ce Mathias-Edouard Werlé devenu, en 1821, actionnaire de Veuve Clicquot, dont il va bientôt prendre la direction. Un secteur attire particulièrement les étrangers, celui des nouvelles industries, notamment celle du textile. Dans le Nord, en 1828, 36 des 312 familles patronales lilloises viennent de Belgique, comme les Vertmann, originaires de Gand, ou ce Franz De Vos, leur compatriote, qui possède une puissante indiennerie à Wazemmes en 1821. Plus tard, ce sont les frères Guillaume, de Nivelle, qui se font, en 1831, filateurs de laine à Tourcoing ; Steverlinck-Delcroix, qui s'enrichit dans le lin à Fives, avant de se faire naturaliser en 1867 ; Derren, l'un des pionniers du tissage mécanique, à Armentières, etc. En Alsace, l'on retrouve d'abord les Suisses, derrière Bovet et Cie, de Neuchâtel, et ils s'associent à Mulhouse aux Badois ; toute une colonie helvétique finit par gagner Le Havre, où l'on débarque le

JAMES DE ROTHSCHILD
EN BARON DE NUCINGEN...

La prospérité de la maison Nucingen est un des phénomènes les plus extraordinaires de notre époque, reprit Blondet. En 1804, Nucingen était peu connu, les banquiers d'alors auraient tremblé de savoir sur la place cent mille écus de ses acceptations. Ce grand financier sent alors son infériorité. Comment se faire connaître ? Il suspend ses paiements. Bon ! Son nom, restreint à Strasbourg et au quartier Poissonnière, retentit sur toutes les places ! Il désintéresse son monde avec des valeurs mortes, et reprend ses paiements ; aussitôt son papier se fait dans toute la France. Par une circonstance inouïe, les valeurs revivent, reprennent faveur, donnent des bénéfices. Le Nucingen est très recherché. L'année 1815 arrive, mon gars réunit ses capitaux, achète des fonds avant la bataille de Waterloo, suspend ses paiements au moment de la crise, liquide avec des actions dans les mines de Wortschin qu'il s'était procurées à vingt pour cent au-dessous de la valeur à laquelle il les émettait lui-même ! oui, messieurs ! Il prend à Grandet cent cinquante mille bouteilles de vin de Champagne pour se couvrir en prévoyant la faillite de ce vertueux père du comte d'Aubrion actuel, et autant à Duberghe en vins de Bordeaux. Ces trois cent mille bouteilles *acceptées*, acceptées, mon cher, à trente sous, il les a fait boire aux Alliés, à six francs, au Palais-Royal de 1817 à 1819. Le papier de la maison Nucingen et son nom deviennent européens. Cet illustre baron s'est élevé sur l'abîme où d'autres auraient sombré. Deux fois, sa liquidation a produit d'immenses avantages à ses créanciers : il a voulu les rouer, impossible ! Il passe pour le plus honnête homme du monde. À la troisième suspension, le papier de la maison Nucingen se fera en Asie, au Mexique, en Australasie, chez les Sauvages. Ouvrard est le seul qui ait deviné cet Alsacien, fils de quelque juif converti par ambition : « Quand Nucingen lâche son or, disait-il, croyez qu'il saisit des diamants ! »

Balzac, « la Maison Nucingen », la Pléiade-NRF t. V, 1952, p. 600-601.

coton pour Zurich. En Normandie, J. B. Keittinger, arrivé du Würtemberg après un détour par Montpellier, est installé là depuis la fin de la Révolution et se fait, sous la Restauration, l'apôtre des plus récentes techniques dans son usine de Bolbec. Voici enfin les Anglais, qui importent la mécanisation de la filature et du tissage. Dans le travail du lin, citons ce Hagwood, de Belfast, qui installe en 1831 à Boulogne machines et métiers. Dans celui du jute, les frères Baxter, des Écossais, fondent en 1843 une usine à Ailly-sur-Somme en Picardie, et James Carmichael créera en 1860 la première filature. Dans celui du coton, on trouve le filateur Heywood dans les Vosges, Morris à Gisors, depuis 1795, et Rawle près de Rouen, dont, au début de la Restauration, l'entreprise est la plus importante du groupe avec 1 200 ouvriers et 18 000 broches. La Normandie ne cesse pas, pendant un siècle, de voir arriver les industriels britanniques du textile, chez qui J.-P. Chaline identifie au moins trois vagues et générations successives. Ils seront, beaucoup plus tard, les premiers à introduire les mécaniques Northrop, et d'autres continueront de venir pour tourner les tarifs protectionnistes de 1892.

L'autre domaine de prédilection des étrangers, c'est la métallurgie, elle aussi bouleversée par le renouvellement des procédés. Voici donc le baron suédois Oscar d'Adelsward, naturalisé dès 1832, qui construira l'une des premières usines de Lorraine avant de devenir l'un des principaux actionnaires des Aciéries de Longwy. On trouve aussi des Suisses, comme le fabricant de faux et de faucilles Jaegerschmitt, en Alsace ; des Belges encore, parmi lesquels David de Weghe, constructeur de machines ; et des Anglais, toujours. Eux non plus ne sont pas vraiment des nouveaux venus : la fin de l'Ancien Régime les avait encouragés à venir, et l'intermède révolutionnaire et impérial

L'ère des laminoirs

Une soirée musicale parisienne avec Henri Herz. Né à Vienne en 1803, installé à Paris, Henri Herz est tenu par ses contemporains pour l'un des plus grands pianistes de son temps. Il possède une école de musique, une salle de concert et une fabrique de pianos, comme son compatriote Ignaz Pleyel.

(LITHOGRAPHIE D'APRÈS UN DESSIN DE A. DEVÉRIA, V. 1834. BIBLIOTHÈQUE NATIONALE, PARIS.)

ne les avait pas arrêtés, tels Aitken et Steel, qui fabriquaient du matériel de minoterie à Paris dès 1801. Par la suite, les étrangers se font plus nombreux : Humphrey Edwards, spécialiste à compter de 1815 des machines à haute pression, Radcliffe en 1823, etc., qui finissent par faire de Paris un centre de constructions mécaniques plus florissant que celui de Birmingham. Se distinguent A. Mamby et D. Wilson, le premier surtout, qui, en 1822, transforme le couvent de Charenton en fabrique de machines à vapeur et de laminoirs, vend son savoir-faire à qui veut l'acheter et s'associe en 1825-1827 avec les Chagot pour mettre en place une forge à l'anglaise d'où va sortir Le Creusot.

Le savoir-faire britannique est encore plus précieux dans le domaine de la fonte et de l'acier, et les Anglais sont, dans cette première moitié du XIXe siècle, les véritables créateurs de la sidérurgie moderne. Ainsi James Jackson, qui après avoir tâté de l'armement maritime, de la filature du coton et de l'aciérie à Birmingham, ouvre en 1814-1815, en plein régime des hostilités, son usine de Trablaine à Saint-Étienne ; Edwards, lié à Anzin depuis 1815, et qui reprend la fonderie de Chaillot en 1827, etc. Sous la monarchie de Juillet enfin, c'est l'ensemble de la construction mécanique qui paraît être un prolongement de l'industrie britannique, avec Dixon, qui depuis 1817

La manufacture de boutons de Weldon et Weil, à Paris, 28, rue de Bercy Saint-Antoine. La mécanisation et la division du travail, ainsi que l'organisation des bâtiments sont un héritage direct de l'Angleterre industrielle.

(BIBLIOTHÈQUE DES ARTS DÉCORATIFS, 1878, PARIS.)

fabrique des machines textiles à Cernay en Alsace ; à la deuxième génération rouennaise se rattachent les fabricants de machines à vapeur Attwood, Powell, Windsor ; Allcard et Butticom, de Petit-Quevilly et de Sotteville, qui livrent wagons et matériel ferroviaire ; les fondeurs Barker et Rawcliff, au faubourg Saint-Sever... Citons également le noyau marseillais des Taylor, des Ridding et des Jeffroy, étendu jusqu'à La Ciotat par les Bennett.

Et puis, au hasard des monographies, peut-on oublier que c'est un Américain, D. Haviland, qui développe l'industrie porcelainière à Limoges : arrivé en 1842, il est le premier à intégrer fabrication et décoration en 1855 ; dans les années 1860, il sera le plus puissant, avec plus de mille ouvriers, et dominera l'ensemble du marché français. Et l'on retrouve des Belges à l'origine de quelques-unes des principales raffineries portuaires de sucre étudiées par J. Fiérain, mais ils ne sont pas toujours chanceux : J. P. Gevers, d'Anvers, arrivé au Havre en 1852 ; son compatriote Florent Emsens, qui achète en 1862 les raffineries de Saint-Louis. Jusqu'à la fin du siècle, on retrouve cette coulée fécondante des capitalistes, puis des managers étrangers : un Laurence Vincent Benet, Américain qui dirige l'usine Hotchkiss de Saint-Denis à compter de 1887 ; un Albert Schmidt, sorti du Polytechnikum de Zurich, qui, après s'être allé former aux États-Unis, prend en main Westinghouse au Havre en 1902 ; et un Armand Deperdussin, Liégeois autodidacte qui fait fortune à Paris dans le courtage de soierie avant de commanditer l'avionneur Louis Bochereau, l'un des meilleurs spécialistes des années 1910, et dont les allures de capitaine d'industrie, dans un secteur à risque, disent la persistance d'une hardiesse qui n'a pas toujours été la qualité principale des entrepreneurs français.

Pour les uns et pour les autres, on a tôt fait d'oublier qu'ils sont venus d'ailleurs, tant leur intégration se fait aisément dans les patriciats français. À Rouen, les Holker et les Garvey figurent dès le début du XIXe siècle, d'emblée, sur les listes de notabilités impériales, et Rawle, à peine installé, épouse une fille du banquier local Thézard. Les Waddington, qui sont depuis 1792 à Saint-Rémy-sur-Avre, ne tardent pas à devenir l'une des familles les plus influentes du patronat textile ; leur fils, Richard, sera député, sénateur, président de la chambre de commerce. Bordeaux est depuis longtemps une ville anglaise, et par elle vont entrer les mœurs d'outre-Manche, la sociabilité des clubs et des cercles, le tennis et le golf et, aussi, une solide fidélité au libéralisme économique. On peut s'arrêter sur quelques cas, qui ont valeur d'exemple. Ainsi les Keittinger, de Rouen : le petit-fils François-Florimond est, dès 1834, le porte-parole des fabricants d'indienne locaux à l'enquête douanière ; il se marie avec une riche drapière d'Elbeuf, entre à la chambre de commerce, est élu maire et conseiller général, se retrouve administrateur de la Banque de France, achète un château en 1853. Ainsi les Jackson : le vieux James est arrivé avec ses quatre fils ; en famille, on continue à parler anglais, à respecter la coutume du thé et du bain quotidien ; mais, si le père repart mourir chez lui, deux des fils entrent à l'école des Mines de Saint-Étienne, s'allient aux Gallois, l'élite des maîtres de forges foréziens, et leurs enfants, plus tard, aux Peugeot ; William est fait chevalier de la Légion d'honneur, en 1834, et quand il se fait naturaliser, en 1845, les Jackson sont

D'honorables étrangers

Une intégration réussie : William Waddington. Fils d'un industriel anglais installé en France, il est tour à tour député, sénateur, ministre de l'Instruction publique, puis des Affaires étrangères. En 1879, il devient président du Conseil.

(W. WADDINGTON, V. 1875. BIBLIOTHÈQUE DES ARTS DÉCORATIFS, PARIS.)

devenus les leaders du patronat métallurgique stéphanois pour la discussion des questions douanières. Ainsi, enfin, les Werlé, de Reims : naturalisé dans les années 1830, Mathias-Edouard est président du tribunal de commerce en 1846 ; il est maire en 1852, député, passe pour la plus grosse fortune de la ville ; et il marie ses enfants dans les familles du duc de Montebello et du ministre Magne. Notons également Jacques-Henri Würstenberg, qui mourra député, pair de France et président de la chambre de commerce de Bordeaux en 1845. Faut-il aussi rappeler la place du baron James de Rothschild dans la société du second Empire ?

Les « mécaniciens »

L a réussite des plus chanceux – ou de ceux qui, chez eux déjà, appartenaient aux élites du pouvoir – fait oublier que, souvent, ils ne sont pas venus seulement avec leur savoir et leur ambition, mais aussi avec leurs ouvriers. Comme ce Dobson, un ingénieur anglais venu en Normandie construire des machines en 1811, avec une vingtaine de compagnons. Le terme de « mécaniciens », employé à la fin de l'Ancien Régime, est équivoque, qui désigne aussi bien les futurs chefs d'entreprises que des ouvriers qualifiés. L'habitude de faire appel aux ouvriers spécialistes étrangers s'inscrit d'ailleurs, elle aussi, dans une tradition : on sait que les meilleurs mineurs, ou les meilleurs métallurgistes sont allemands et, sous la Restauration, on les fait encore venir des pays germaniques en Vendée, quand la découverte de traces de charbon nourrit un temps l'espoir d'en faire un nouveau pays de Galles ; des aciéristes ont été recrutés dans le Nassau et des fabricants de faux en Styrie par les industriels d'Alsace, dans les années 1820 ; les aciéries stéphanoises de la Bérardière emploient une vingtaine d'Allemands, et l'on retrouve sous la monarchie de Juillet des piqueurs belges dans les houillères de La Grand-Combe, où ils enseignent l'abattage aux paysans fraîchement recrutés.

Une aristocratie ouvrière importée

Mais l'avance anglaise a tôt fait de balayer toutes les autres nationalités ; déjà, sous la Révolution, on avait employé des prisonniers de guerre « sortis des fabriques de limes les plus recommandables d'Angleterre ». Et la percée du centre parisien de constructions mécaniques ne se comprendrait pas sans un apport qui, sous la Restauration, devient une émigration de masse, atteignant peut-être à son apogée 60 000 hommes, hautement qualifiés – en tout cas plus que les Français –, dans tous les secteurs et dans toutes les régions. Les « mécaniciens » – les constructeurs de machines – pullulent donc dans la capitale et dans toutes les grandes villes, à Marseille notamment. Les Jackson entretiennent à Trablaine en 1818 une soixantaine de sidérurgistes qu'ils sont allés chercher à Sheffield ; car il n'est pas de patron français faisant le voyage d'outre-Manche qui ne cherche à la fois à connaître les procédés nouveaux et à trouver des spécialistes susceptibles de les adapter en France. Et ils sont présents dans toutes les entreprises soucieuses de modernité et de qualité : autour de Mulhouse, à Fumel, dans le Lot ; à Imphy, à Audincourt, à Châtillon. À Fourchambault, dans le Nivernais, ils sont une trentaine de puddleurs et de lamineurs autour de 1830. Très vite, ils débordent de la métallurgie. En 1821, par exemple, quand il en arrive 1 500 d'un coup des Midlands en crise. En 1846, on en retrouve à La Ciotat, où les patrons anglais les ont amenés plus ou moins clandestinement en même temps que les nouvelles machines. Et ce sont eux, des chefs d'équipe, des perceurs de tunnel, qui dirigent la construction de la voie ferrée Paris-Rouen, dont ils représentent la moitié des 10 000 ouvriers.

À leur manière, ils constituent aussi une sorte d'aristocratie ouvrière, mieux payée, souvent logée, épargnée par les renvois des périodes de morte-saison. Chez Wendel en 1817, ils gagnent 14 francs par jour, et les puddleurs de Manby et Wilson 11,20 francs en 1828-1829, quand les Français n'en touchent que 7. Dans les années 1820, ceux qui viennent des Midlands touchent, en plus, une prime d'installation, et, quand on va les chercher au pays, on leur promet au moins une rémunération égale – calculée en livres sterling – à celle qu'ils perçoivent. Mieux, à Trablaine, les Jackson les paient au tarif de Sheffield, les logent et les chauffent, à condition qu'ils s'engagent pour seize ans à leur service selon des contrats qui ressemblent, en fait, à ceux de petits patrons. Installées à l'écart, jouissant d'une liberté d'allure peu appréciée, ces colonies fraient peu avec les ouvriers français ; si les indigènes souffrent de leur mépris et de leur refus d'intégration, les patrons se plaignent de leur inconduite et de leur ingratitude : certains ne font-ils pas semblant d'ignorer les techniques pour lesquelles on les a recrutés jusqu'à ce que leur salaire soit augmenté ?

Très différente est l'émigration ouvrière allemande, chassée par la crise des campagnes que provoque chez eux la montée des protectionnismes agricoles après 1814, et, surtout, par la contraction des activités artisanales dans un pays à la traîne. Beaucoup d'entre eux ne font d'ailleurs que traverser la France pour aller s'embarquer au Havre vers les Amériques, en des files pitoyables de voitures chargées de vieilles armoires, de lits et de matelas, de vieillards et d'enfants. Mais la grande majorité de ces mouvements se rattache à la mobilité des savoir-faire, qui s'accélère dans les années 1820. Dès 1830, on compte peut-être déjà 30 000 Allemands parmi les 200 000 étrangers vivant en France, dont 7 000 à Paris ; vers 1840, ils seraient 100 000, et 170 000 à leur apogée, à la veille des événements de 1848, parmi lesquels 60 000 dans la capitale. Pas plus que pour les Anglais, il ne s'agit d'une installation, et les semi-sédentaires se distinguent mal des routards ; à l'image de ce Carl Wolfrom repéré par J. Grandjonc qui, en trois années, passe, outre quelques villes allemandes, par Strasbourg, Ribeauvillé, Sainte-Marie-aux-Mines, Mulhouse, Paris, Rouen et Lille. On en retrouve même quelques-uns parmi les insurgés lyonnais de 1834, et la « blondeur filasse » des Germains est légendaire parmi les tailleurs de Paris dans les années 1840 : il faut dire qu'il y aurait deux Allemands sur cinq ouvriers ou artisans du vêtement, et un sur trois bottiers, compagnons ou petits patrons ; mais d'autres sont ébénistes, typographes, forgerons, etc., et, à la veille de 1848,

Les Blonds filasse

Une enquête de la chambre de commerce signale en 1847 que « pour la cordonnerie, le bas prix des façons n'arrête pas l'émigration, et les ouvriers allemands savent se contenter de très faibles salaires ».

(CARICATURE D'UN COMPAGNON BOTTIER ALLEMAND À PARIS, 1840. BIBLIOTHÈQUE NATIONALE, PARIS.)

ils constituent des colonies compactes, à Metz – où ils sont 15 000 –, à Lyon et à Marseille – 1 500 –, à Bordeaux – de 500 à 1 000 –, au Havre.

Dispersés entre les petites entreprises, ils partagent, à l'inverse des Anglais, toutes les incertitudes de la condition ouvrière. Comme les Français, ils développent une sociabilité populaire ancrée sur les cafés, où ils se rassemblent de préférence, le Rebhünel, à Strasbourg vers 1830, Chez le Sieur Haghy, rue des Trois-Mages à Marseille, et, à Paris, l'estaminet Scherzer, le café Gaïsser, tandis que le café Foy, au Palais-Royal, attire plutôt les artistes sous la monarchie de Juillet ; et il y a enfin l'hôtel Schiever, où se réunissent les « communistes ». C'est, en effet, dans le milieu des artisans allemands, sans cesse brassé de nouveaux venus, traversé par ceux qui vont ailleurs, vers Londres notamment, tôt structuré par des sociétés de secours mutuels, à Paris dès 1844, plus tard à Lyon et à Marseille, que commence à se faire la rencontre entre les militants ouvriers et ces journalistes ou intellectuels qui sont venus en France chercher la liberté d'écrire sans censure. Dès 1834-1836, les uns et les autres se rassemblent pour publier à Paris *le Banni,* la première des revues créées pour diffuser les idées de ces cercles. Et c'est au milieu des années 1840 qu'arrivent, à leur tour, Arnold Ruge et le jeune Karl Marx, qui vient d'abandonner *la Gazette rhénane.* La plus connue de ces organisations, c'est évidemment la Ligue des Justes, du tailleur Weitling, qui va devenir la Ligue des Communistes à la veille de 1848 et se doter d'un *Manifeste,* dont on sait la célébrité.

La crise de 1848 a tôt fait de vider ces colonies allemandes, de faire repartir les Anglais et les Belges, à tel point que le recensement de 1851 ne compte que 380 000 étrangers. J. Grandjonc estime, quant à lui, qu'il n'y en avait pas moins de 820 000 vers 1846, au moment où la situation commence à se dégrader, soit quatre fois plus que vers 1830 ; à ce chiffre, il conviendrait peut-être d'ajouter un prolétariat flottant de frontaliers, de manœuvres temporaires et de gens de passage, soit 250 000 personnes. L'inconnue demeure à peu près totale pour les femmes, dont la présence nombreuse est attestée par les sources qualitatives, qu'il s'agisse d'employées de maison, de blanchisseuses... Somme toute, sous la monarchie de Juillet s'esquisse simplement ce mouvement d'arrivées massives qui, à partir de 1850-1860, va dessiner, de plus en plus, l'étranger sous le visage du travailleur immigré.

Y. L.

En mars 1848, deux tailleurs parisiens sur cinq sont des étrangers et plus spécialement des Allemands.

(CARICATURE D'UN GARÇON TAILLEUR ALLEMAND À PARIS, 1840. BIBLIOTHÈQUE NATIONALE, PARIS.)

XIV

L'INVASION PACIFIQUE

En 1851, on recense en France un peu moins de 380 000 étrangers quand on entreprend pour la première fois de les compter. Or, vingt-cinq ans plus tard, les voilà deux fois plus nombreux, plus de 800 000 en 1876 ; et il s'en installe 200 000 autres dans les cinq années qui suivent, soit une progression de 25 p. 100, jamais vue en si peu de temps. ☐

Ils représentent désormais plus de 3 p. 100 de la population de la France, trois fois plus qu'au milieu du XIXe siècle. Leur part recule un peu dans les décennies qui suivent, avec le fléchissement des effectifs entre 1891 et 1906. Mais elle ne descend pas en deçà de 2,7 p. 100, attestant la pérennité des installations, même quand les arrivées se font moins nombreuses. Et celles-ci recommencent à s'enfler à la veille de la Première Guerre mondiale.

Le premier recensement d'après l'armistice, en 1921, confirme la reprise du mouvement au-delà des quatre années du conflit : 1,15 millions d'étrangers vivent alors en France, contre 1,13 en 1911. Puis c'est le raz de marée. Cette fois-ci, c'est en une décennie tout juste que leur nombre double ; ils sont 2,9 millions en 1931, soit 7 p. 100 de la population, les deux tiers du gain étant acquis dès 1926. Si bien qu'au total, en un siècle, ils sont 2,5 millions de plus, sans compter les naturalisés, dans un pays qui n'a gagné que 4 millions d'habitants. Le contraste éclate avec la première moitié du XIXe siècle : dans les années 1920, la France a fini par devenir le premier pays d'immigration du monde, avant les États-Unis ; c'est une véritable « invasion pacifique », pour reprendre le titre d'un libelle de l'époque.

Après les courbes qui tracent les inflexions du temps, voilà les cartes des étrangers dessinées par H. Le Bras. Celle de 1891, au lendemain de la première vague, ne se distingue pas fondamentalement de celle de 1851 ; et celle de 1936, un peu décalée par rapport au grand afflux de 1931, garde un air de famille. Sur tout un siècle, les étrangers sont, pour la plupart d'entre eux, des voisins qui débordent une frontière commune, même si celle-ci s'élargit, dans les années 1920, aux dimensions de la Méditerranée pour ceux

PRÉFECTURE DE POLICE.

1ʳᵉ DIVISION.

4ᵉ BUREAU.   2ᵉ SECTION.

Typographe

N°. 24,134

Paris, ce 9 Décembre 1838

Le sieur Schapper Ch.
âgé de 36 ans, cheveux et sourcils
Chat front haut yeux bleus
nez ordi bouche moy menton rond
visage oval teint ord
taille 1 mètre 86 centimètres
natif de Heubach départe-
ment Duché de Nassau
demeurant à Paris
rue Jacob N° 16
quartier

« L'étranger aura désormais des droits en tant qu'homme et même vocation à l'égalité envers le national. »

(LIVRET OUVRIER DÉLIVRÉ EN 1838 PAR LA PRÉFECTURE DE POLICE POUR LE « SIEUR SCHAPPER », D'ORIGINE ALLEMANDE. ARCHIVES NATIONALES, PARIS.)

que l'on appelle, bizarrement, les « indigènes étrangers ». Simplement, au fil des années, ils sont de plus en plus nombreux à passer la ligne et ils s'aventurent progressivement plus avant dans les profondeurs du pays. Pas au hasard : la géographie de leurs parcours et de leur implantation calque celle des mutations successives de l'économie française et du dynamisme urbain qui les accompagne, avec la croissance soutenue des années 1850-1880, l'essoufflement de la Grande Dépression, la reprise, de la Belle Époque à la crise. La France étrangère respire au rythme du marché du travail. Comment en irait-il autrement pour un pays dont la démographie s'endort à la fin du XIXᵉ siècle, et qui, après les massacres de la guerre de 1914-1918 – 1,4 million de morts, le cinquième des classes 1911 à 1913 –, est, pour reprendre un homme politique cité par J.-Ch. Bonnet, « un sucre qui fond... », « le pays des places vides... », dans un temps où ailleurs, les bras continuent à se multiplier plus vite que les forces productives ? Les retouches de 1936 ne disent pas autre chose ; elles accentuent une mutation seulement esquissée en 1891 : d'effet de voisinage, l'émigration est devenue un mécanisme de reconstitution de la main-d'œuvre ; elle s'impose avec une si impérieuse nécessité que, après avoir été un simple mécanisme, elle devient une politique clairement définie, condamnée à aller chercher des hommes de plus en plus loin quand les réservoirs les plus proches sont taris.

La capillarité des frontières

En 1851, donc, l'étranger demeure un familier : une fois sur trois, c'est un Belge, une fois sur six, un Italien, une fois sur douze, un Espagnol ou un Suisse. Et la progression des nombres ne modifie guère ces grandes répartitions jusqu'à la fin du XIXᵉ siècle. Le flux des Belges ne se ralentit pas pendant quatre décennies, et leur nombre n'est pas loin de quadrupler, jusqu'à atteindre un maximum de 486 000 individus en 1886, date à laquelle la tendance se retourne ; ils représentent, bon an mal an, 38 à 46 p. 100 de la population étrangère ; ils sont presque un sur deux quelque temps, et encore un sur trois – 310 000 – en 1906. Au cours de cette période, la France constitue le déversoir à peu près unique de ceux qui quittent la Belgique, et fait douter certains des responsables belges de la nécessité d'acquérir des colonies en Afrique puisqu'elle en a une à sa porte pour employer sa main-d'œuvre excédentaire. Quant aux Espagnols, en 1876, ils sont deux fois plus nombreux – 62 000 au lieu de 30 000 – qu'en 1851, et trois fois plus – 106 000 – en 1911 ; le nombre des Suisses double en quinze ans, triple en soixante-cinq ans. Restent les Italiens, dont les progrès sont lents jusqu'à la fin du second Empire, mais s'accélèrent ensuite, et sans vraie discontinuité jusqu'à la guerre. En 1901, pour la première fois, ils sont plus nombreux que les Belges – 330 000 contre 323 000 ; et, en 1911, ils représentent 38 p. 100 des étrangers. Récapitulons :

en 1851, 2 étrangers sur 5 sont belges, espagnols ou italiens (59 p. 100) ; dès 1891, ils sont presque 3 sur 4 et, à la veille de la guerre, si l'on prend également en compte les Suisses – en progrès – et les Allemands – à l'étale –, la place de nos plus proches voisins parmi la population étrangère est de 89 p. 100, pratiquement au même niveau (88 p. 100) qu'au milieu du XIXe siècle. Simplement, l'inertie des nombres globaux masque le progressif remplacement du cycle belge par le cycle italien.

Une tradition de qualité

Nombre de nouveaux venus perpétuent la tradition d'échange et de mobilité des ouvriers qualifiés et des artisans. Un *Guide de Paris* de 1867 note la réputation des ébénistes belges parmi les fabricants de fauteuils et de chaises du faubourg Saint-Antoine, qui choisissent volontiers leurs contremaîtres parmi eux. Bien avant 1850, les patrons du textile venus s'installer à Lille avaient amené avec eux leurs meilleurs ouvriers ; entre 1850 et 1880, nombreux sont, dans les tissages du Nord, les « mécaniciens » qui, arrivés de Verviers et de Gand, veillent au montage et à l'entretien des métiers, faisant concurrence à ces centaines d'Anglais qui, à Lille, perpétuent la tradition des spécialistes de la Restauration, comme ces lamineurs que l'on retrouve à Aubin en 1870, à Montataire dans les années 1880. Et le vêtement parisien doit encore beaucoup, à la fin du siècle, à ses tailleurs venus de Londres. Les Borins enfin ont été très tôt appréciés pour leurs qualités d'abatteurs par le patronat charbonnier du Nord : la Compagnie d'Anzin les recrute depuis longtemps du côté du Grand Hornu et de Jemmapes, et elle n'emploie pas moins de 8 000 Belges sur ses 14 000 mineurs en 1879. À Hénin-Liétard, des rues entières sont occupées par ceux que l'on appelle toujours les « Espagnols » et la région de Lens prend des allures de petit Borinage.

1. POURCENTAGE D'ÉTRANGERS VIVANT EN FRANCE EN 1851 PAR RAPPORT À LA POPULATION TOTALE.
2. POURCENTAGE D'ÉTRANGERS VIVANT EN FRANCE EN 1891 PAR RAPPORT À LA POPULATION ACTIVE MASCULINE.

(D'APRÈS H. LE BRAS.)

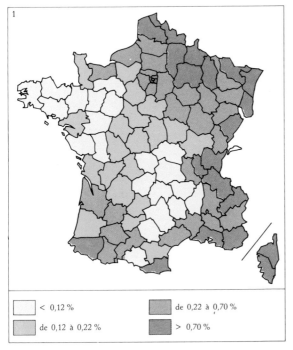

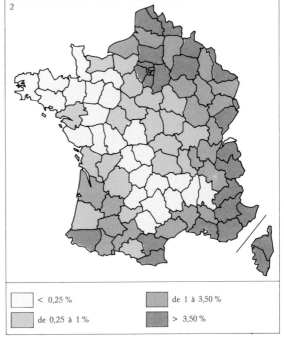

	< 0,12 %		de 0,22 à 0,70 %
	de 0,12 à 0,22 %		> 0,70 %

	< 0,25 %		de 1 à 3,50 %
	de 0,25 à 1 %		> 3,50 %

Le cycle belge

Mais la majorité des 30 000 à 35 000 Belges de Paris sont déjà en 1867 des ouvriers de la grande industrie, de la carrosserie, de la métallurgie et du bâtiment, qui commencent à déborder du vieux noyau originel de la Villette, Charonne et la Roquette, vers les banlieues de Clichy, Levallois, Saint-Ouen et Saint-Denis. Et, surtout, c'est le textile du Nord qui contribue à fixer dans le département 60 p. 100 des Belges de France entre 1851 et 1896, et encore plus d'un sur deux en 1911, alors que leur zone de peuplement s'est élargie vers les Ardennes et le Pas-de-Calais. Presque tous s'ancrent sur l'agglomération lilloise et ses abords. Pendant un demi-siècle, Roubaix est une ville à moitié belge, au sens strict du terme – au début de la IIIᵉ République, 55 p. 100 de ses habitants sont belges. C'est la marée des manœuvres belges qui assure, sous le second Empire, la progression des communes annexées à Lille en 1858 : Fives, Wazemmes (40 p. 100 en 1872) et Moulins-Lille (45 p. 100). En 1896, ils sont encore 40 000 sur les 41 000 étrangers d'une ville qui compte 240 000 habitants. Ils sont comparativement aussi nombreux à Comines, à Warvicq, à Wattrelos et, un peu à l'écart, à Armentières. C'est sur eux que s'appuie, au cours d'un demi-siècle, le boom textile de l'agglomération lilloise et de ses abords, et, de 1861 à 1891, les Belges représentent 30 p. 100 des tisseurs de Roubaix, et même jusqu'à 50 p. 100 des peigneurs, des manœuvres voués aux tâches les plus dures et les moins bien payées.

Encore moins favorisés sont les saisonniers de l'agriculture. Ils avaient pris l'habitude, dès le premier Empire, de venir moissonner les grandes plaines du Bassin parisien. Les effectifs se sont accrus régulièrement dans les années 1820-1830, et le développement de la betterave à sucre leur donne un élan décisif sous le second Empire. La saison s'ordonne au long d'un périple tracé

POURCENTAGE DES BELGES (3) ET DES ITALIENS (4) VIVANT EN FRANCE EN 1851 PAR RAPPORT À LA POPULATION TOTALE.

(D'APRÈS H. LE BRAS.)

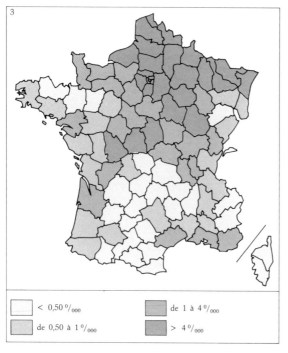

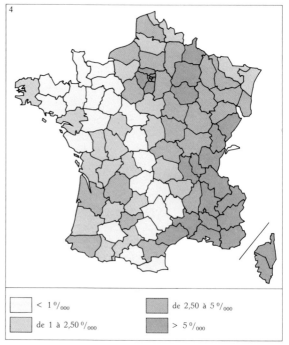

< 0,50 %/₀₀₀	de 1 à 4 %/₀₀₀
de 0,50 à 1 %/₀₀₀	> 4 %/₀₀₀

< 1 %/₀₀₀	de 2,50 à 5 %/₀₀₀
de 1 à 2,50 %/₀₀₀	> 5 %/₀₀₀

selon les besoins locaux, d'un bout à l'autre de la France du Nord. On arrive au printemps pour biner les betteraves, avant d'aller faire la moisson dans la Beauce et la Brie, puis, déjà sur la route du retour, dans l'Aisne et dans la Somme, pour être chez soi fin août-début septembre. Mais on peut aussi s'attarder jusqu'à la fin de l'automne après avoir, en cours de route, aidé au battage et à la récolte des pommes de terre ou, à la frontière, à la cueillette du houblon, à la torréfaction de la chicorée et à l'arrachage du lin. À la Belle Époque, certaines grosses fermes du Bassin parisien comptent parfois deux Belges sur leurs trois ouvriers temporaires, et ce sont plus de 50 000 « Frenschmans » de Flandres et « aoûteux » du Hainaut qui battent la campagne française, peut-être la moitié de tous les saisonniers du pays qui ont fini par pousser au sud de la Loire.

D'autres vont se faire bûcherons dans les Ardennes et, à la fin du siècle, jusqu'au Massif central. Et les uns et les autres entraînent dans leur sillage des briquetiers, qui ne s'éloignent pas trop de la frontière ou cheminent aux côtés de ces terrassiers qu'on rencontre sur tous les grands chantiers de travaux publics du second Empire, sur ceux du plan Freycinet, dans le Cher même, en 1880, où on les trouve bien turbulents, avant d'envahir, un peu plus tard, les chantiers parisiens – ils ont depuis longtemps aussi leurs habitudes dans la capitale – de l'Exposition de 1889.

D'Italie aussi

Ils y croisent de plus en plus, tout naturellement, les Italiens. Pas plus que les Belges, dont le va-et-vient s'est inscrit dans une communauté d'activités remontant bien en deçà du XIXᵉ siècle, ils ne sont de nouveaux venus. On les rencontre vers Lyon, où ils étaient déjà au XVIᵉ siècle, et où ils sont plusieurs milliers à la fin du second Empire ; vers Marseille, où leur nombre double entre 1851 et 1866 ; le long des routes alpines et, naturellement, en Savoie et à Nice où, jusqu'en 1860, ils sont d'ailleurs chez eux. Au-delà, pourtant, ils se dispersent longtemps dans l'étrangeté d'un monde du voyage dont le Signor Vitalis d'Hector Malot est le symbole littéraire. Montreurs d'ours, comédiens ambulants et joueurs d'orgue ne sont pas moins de 3 000 dans la France de la fin du second Empire, qui vont et viennent entre villes et bourgades. Et puis il y a, aussi, tout un monde nomade de petits métiers : savetiers, rémouleurs, tourneurs, vitriers et rempailleurs de chaises, sans compter les vendeurs de statues d'albâtre, les marchands de glace l'été, de marrons l'hiver, et ces petits cireurs napolitains, particulièrement nombreux à Paris. Longtemps, maçons, terrassiers et plâtriers ne s'en distinguent guère, qui franchissent les cols alpins au printemps pour les repasser à l'automne.

La soudaine accélération des arrivées entre 1878 et 1882 ne rompt pas avec une tradition qui s'inscrit dans la mobilité des savoir-faire : dans un premier temps même, elle multiplie les métiers et les diversifie. Dans le Paris fin de siècle, n'y a-t-il pas 2 000 Italiens dans les « métiers artistiques », sculpteurs, « statuaires », musiciens – une dizaine d'orchestres autour de la porte Saint-Martin –, et surtout ces 800 à 850 « modèles » féminins des académies de peinture, presque tous originaires des Abruzzes ? Parmi les nouveaux venus, voici les cochers de fiacre – qui deviendront plus tard chauffeurs de taxi –, particulièrement nombreux à Nice, où ils disputent les

Large chapeau bien enfoncé sur la tête, pantalon de toile épaisse et gilet, tel est le costume de ce Piémontais installé à Paris.

(PIÉMONTAIS DANS LE « TABLEAU DE PARIS » 1852. BIBLIOTHÈQUE DES ARTS DÉCORATIFS, PARIS.)

touristes aux « portraitistes » de la promenade des Anglais. Simplement, leur part recule devant d'autres métiers. Ceux du vêtement : les tailleurs, les chapeliers, comme ces Toscans presque tous concentrés dans le Marais et au Sentier, et qui font la mode parisienne fin de siècle ; les cordonniers – plus de 400 à Lyon vers 1900 et 1 200 à Marseille, pour 600 Français. Ici, les salaisonniers, ailleurs, les orfèvres ou les ébénistes, et, partout, les maçons, les menuisiers, les vitriers et les stucateurs qui, avec les fumistes et les installateurs de calorifères, accèdent à un quasi-monopole.

Maçons, terrassiers ou saisonniers

L'industrie du bâtiment, en effet, demeure un rassemblement occasionnel des métiers. Et c'est la brusque prolifération des uns et des autres qui marque, d'abord, une rupture dans les années 1880. Ceux qu'on appelle de façon générique les Piémontais disputaient déjà la première place aux Limousins dans les villes du Sud-Est et à Paris sous le second Empire. Après 1880, ils sont partout légions, même s'il est impossible de les compter exactement, puisqu'ils vont et viennent au gré des saisons, de la conjoncture et des opportunités locales qui ouvrent et ferment les chantiers. Vers 1900, un étranger sur deux est italien dans un secteur où les Français sont particulièrement peu nombreux, et il y a un Italien pour dix ouvriers du bâtiment.

Au-delà, les spécialistes de la construction sont de plus en plus noyés dans la masse des terrassiers, encore plus insaisissables dans la mesure où, ne sachant rien faire, ils sont capables de tout faire et se confondent avec une déferlante de manœuvres que seul le secteur d'emploi permet de différencier. On saisit très bien cette dérive sur le littoral méditerranéen où un certain univers de la pêche perd progressivement sa spécificité vers un monde plus lâche des activités portuaires : de Naples et de Gaète, les pêcheurs « napolitains » sont venus vers Agde, Sète et surtout Marseille, où, en 1914 encore, la naturalisation obligée de leur statut masque seule l'origine italienne de 3 600 des 5 000 « patrons » de barque. Mais ils ont cédé la première place aux dockers, la moitié de tous ceux qui travaillent sur les quais de la ville, et aussi sur ceux de Sète et de Saint-Louis du Rhône. Leur sens de la communauté n'en coïncide pas moins avec une plus faible qualification qui les met au rang des manœuvres, tout comme ces saisonniers agricoles qui se multiplient à la Belle Époque : ceux qui, à la fin du siècle, ramassent le sel autour d'Hyères, de Saint-Louis et surtout d'Aigues-Mortes ; d'autres ramassent les olives, cueillent les fleurs et les fruits en Provence – ils sont sans doute plus de 30 000 ; d'autres encore – 7 000 peut-être – bûcheronnent dans les Alpes et en Corse ; enfin les Italiens sont de plus en plus nombreux à venir par caravanes et par trains entiers vendanger en Languedoc après la crise du phylloxéra.

Ouvriers de la jeune industrie

Il est donc logique de retrouver une part grandissante d'Italiens dans l'ensemble des activités industrielles. Après 1880, les Piémontaises se font tisseuses dans toute l'aire soyeuse de Lyon, fileuses dans les pays du Rhône moyen ; et Saint-Rambert-en-Bugey, qui crée l'industrie de la schappe, emploie un tiers d'Italiennes dans ses nouvelles usines. Quant aux hommes, ils se font désormais carriers et mineurs : ils sont plusieurs centaines à La

Mure vers 1890, déjà un millier dans la Loire en 1914, et ils constituent la moitié de l'effectif à Gardanne ; les voilà, avec quelle force, en Lorraine et en Normandie à la veille de la guerre ! D'autres deviennent métallurgistes dans les chantiers navals, dont ils se font une spécialité – ils représentent 40 p. 100 des salariés à La Seyne en 1902, le tiers à Port-de-Bouc en 1913 –, et aussi dans la jeune construction automobile parisienne, où débarquent, après 1890, plusieurs centaines d'ouvriers de la région de Brescia. Ils pénètrent enfin en masse dans les différentes fabrications de la nouvelle et diverse industrie chimique ; ils représentent un salarié sur trois dans les stéarineries marseillaises, un sur deux ou presque dans les savonneries, huit sur dix dans les huileries et les raffineries de soufre et de pétrole du bas Rhône, et ils envahissent les usines électrochimiques et électrométallurgiques des Alpes, que, déjà, leurs compatriotes avaient construites : en 1914, le personnel des usines de Saint-Michel-de-Maurienne et d'Ugine est aux trois quarts italien !

Les Italiens, bien que beaucoup plus nombreux, continuent à cheminer le long des routes qu'ils ont toujours suivies, le littoral méditerranéen, jamais loin de la mer et de ses cabotages ; dans les bornes d'une unité méditerranéenne qui fait fi de la frontière, en une longue traînée qui va des Alpes jusqu'au Languedoc et qui concentre, avec la Corse, 65 p. 100 de la colonie. Ils se dirigent – pour 10 p. 100 d'entre eux – par les grands cols et les vallées alpines jusqu'à la région lyonnaise. Puis, par une vallée de la Saône raccourcie par le chemin de fer, vers Paris, qui en accueille un nombre comparable ; et, déjà à la veille de 1914, leur chemin les mène aussi vers les tropismes industriels de la Lorraine et du Pas-de-Calais. C'est au long de ces routes qu'ils s'agglutinent en noyaux urbains, outre la Savoie, où l'héritage d'un royaume jadis à cheval sur les Alpes les fait continuellement pénétrer une population proche, dans laquelle ils se fondent plus aisément.

Méditerranée, Lyon, Paris

La plus forte concentration italienne est celle de Nice, des villes de son comté, Cannes, Antibes, La Turbie et surtout Menton : un pays où, de fait, deux nations débordent l'une sur l'autre en se recouvrant mutuellement. Ces voisins, Piémontais pour 65 p. 100 d'entre eux, Ligures pour 10 p. 100, envahissent l'hôtellerie et la restauration et fournissent, à côté des métiers artisanaux, la bourgeoisie locale en gens de maison et en nourrices. Bien que plus éloignée, Marseille est la plus grande ville italienne de France, où les arrivées se sont multipliées, avec régularité, dès les années 1850. Y vit déjà 11 p. 100 de la population en 1866, une centaine de milliers de personnes en 1911 – soit un quart de la population de la ville. Ce noyau dense se diversifie progressivement autour de la souche des gens de mer et des activités maritimes. À Lyon, et surtout à Paris, la colonie est plus dispersée dans l'ensemble de la population.

Mais voilà que se renforcent, à la fin de la Belle Époque, Sète et l'Hérault, où les effectifs décuplent entre 1872 et 1901, le Nord, dans la vallée de la Sambre et le bassin minier, et, surtout, la Lorraine, autour de Nancy et dans la région de Briey, qui devient une véritable enclave italienne à la veille de 1914, là où l'on ne trouvait encore que quelques dizaines d'individus une décennie avant. Malgré une tendance déjà sensible à la dispersion, la colonie italienne de 1914 demeure fixée, à 85 p. 100, à l'est d'une ligne Nancy-Montpellier qui dit le rôle persistant de la frontière.

*Espagnols, Polonais,
Kabyles déjà*

La force un instant croisée des vagues belge puis italienne estompe les autres groupes nationaux. Il en va ainsi des Espagnols – Basques, Navarrais et Catalans – qui, même s'ils sont trois fois plus nombreux en 1911 qu'en 1851 (106 000 contre 30 000 environ), se dispersent et se fondent dans un Sud-Ouest dont le dynamisme économique est médiocre, et leurs colonies urbaines, même élargies, sont trop familières pour qu'on en soit frappé. C'est seulement dans la décennie d'avant-guerre que s'esquisse un changement, qui joue aussi pour des groupes tout à fait nouveaux, les Kabyles et les Polonais. Les *golondrinas* – les hirondelles – se multiplient alors pour faire la moisson en Aquitaine et surtout les vendanges en Roussillon et en Languedoc. Mais on en repère aussi fort loin des Pyrénées, dans les ferrières (mines de fer) normandes, par exemple. Dans les houillères du Nord, ce sont les Polonais, même s'ils ne sont pas plus de 2 000 en 1914, et, dans le Pas-de-Calais, les Kabyles, déjà, chargeurs de bennes – 903 sur 1 600 étrangers à la seule Compagnie de Courrières. Les premiers sont passés par la colonie polonaise de Westphalie, qui commence à déborder sur la France au moment où des compatriotes apparaissent dans les exploitations agricoles lorraines ; les seconds, qui n'étaient à la fin du XIXe siècle que quelques centaines de soutiers et meneurs de bétail, arrivent au rythme de 5 000 par an à partir de 1911 : s'il en est à ne pas dépasser Marseille, ses docks, ses huileries et ses sucreries, d'autres gagnent directement Paris ou les zones minières de la France septentrionale. Tous annoncent une nouvelle immigration à laquelle les besoins nés de la guerre vont donner un élan décisif en renforçant par une politique volontariste les mécanismes naturels du marché.

« Mme Potard : N'est-il pas vrai..., brave Turco, que vous préférez les Françaises aux Africaines ?...
M. Potard : Chut !... ma bonne..., tu vois bien que tu vas le faire rougir !... »

(CARICATURE DE DAUMIER, MILIEU XIXe S. MUSÉE DE LONGCHAMP, MARSEILLE.)

Emploi : l'esquisse d'une politique

Sans jamais codifier sa pratique, c'est depuis bien longtemps qu'une partie du patronat regardait vers les réservoirs étrangers de main-d'œuvre : pour pallier les insuffisances de l'offre nationale, pour rabattre les « prétentions » des ouvriers français. L'arrivée d'abatteurs belges et piémontais est, dès les années 1840, le résultat d'une politique délibérée de la Compagnie de La Grand-Combe. Et l'on sait que, dans les années 1860, les Houillères du Nord envoyaient déjà des agents recruteurs dans le Borinage. P. Leroy-Beaulieu ne rêvait-il pas quelque temps plus tard des coolies chinois, puisque tout leur idéal aurait tenu dans « une écuelle de riz », en attendant que lès soyeux lyonnais ne vantent les qualités des Italiens, « véritables Chinois de l'Occident », prêts à se contenter d'un peu de polenta.

Jusqu'à la fin du XIXᵉ siècle ne s'était cependant dessinée aucune pratique d'ensemble. On se contentait des intermédiaires traditionnels : tels ces *padroni*,

La traite des bras

« Moi, j'ai trouvé le truc. J'ai installé mon usine à la frontière et je ne fais travailler que des ouvriers belges. »

(« LE PATRON », CARICATURE D'A. DELANNOY POUR « L'ASSIETTE AU BEURRE », Nº 3, 1906. BIBLIOTHÈQUE MUNICIPALE DE LA VILLE DE PARIS.)

souvent brutaux et malhonnêtes, qui racolent, à la Belle Époque, jusque dans le Mezzogiorno, de jeunes Italiennes pour les tissages mécaniques du Lyonnais, quitte à détourner les plus belles vers la prostitution marseillaise ; ou, pire, ces *mestieri gyrovaghi*, qui, à partir de la Basilicate, de la Campanie et de la Molise, entraînent par troupes entières les enfants – peut-être 1 600 à 1 700 par an – que leur commandent les verreries de Rive-de-Gier, de Givors et de la région parisienne : une traite, quasiment, avec ses dépôts clandestins de Lyon et de Fontainebleau, ses contrats fallacieux avec les parents, et qu'un accord franco-italien finit par interdire en 1910. De même, les gros agriculteurs du Bassin parisien prennent langue avec des rabatteurs belges, fixés à Lille ou sur la frontière, pour s'assurer de leurs saisonniers. À compter de 1900, les industriels lorrains installent des bureaux à Modane pour embrigader les Italiens dès leur entrée en France.

C'est dans la décennie qui précède la guerre que se dessine une véritable politique, à la fois chez les propriétaires terriens et dans le patronat minier. En 1907-1908, les premiers prennent des contacts directs en Galicie, par le biais d'un « Office central de placement » du gouvernement de Lvov, qui ouvre des agences à Nancy, puis à Paris ; en retour, la Société des agriculteurs de France crée un « Syndicat français de la main-d'œuvre agricole » et un « Comité d'étude et de contrôle de la main-d'œuvre étrangère » qui proposent des contrats types et commencent à prospecter le marché polonais. Quelques aristocrates francisés jouent les intermédiaires, tel ce prince Czartoryski qu'on retrouve aux côtés des Houillères du Nord-Pas-de-Calais pour essayer, en 1910, d'attirer les mineurs de Westphalie, et le Comité des Forges appointe directement des « mercantis » entre 1911 et 1914, chargés de lui procurer des Italiens. Chaque compagnie joue par ailleurs son propre jeu, comme celle de Saurmont, en Normandie, pour laquelle des intermédiaires lyonnais et marseillais parcourent Piémont, Lombardie et Vénétie, qui fait venir des Espagnols de la province minière d'Almería, et songe elle aussi aux Galiciens.

L'État entre en scène

C'est la guerre qui marque la vraie rupture, avec l'apparition de l'intervention directe de l'État. L'« autre front », celui de l'économie, est aussi important, et la victoire est à ce prix. Or, la guerre commence par dégarnir les rangs des travailleurs étrangers : les premiers Polonais du Nord-Pas-de-Calais se dispersent dans tout le pays, car on les prend pour des Allemands ; les Italiens refluent partout, surtout à partir de 1915, cependant que les arrivées se font rares. Il faut d'abord remplacer les paysans français partis aux tranchées : un « Office » d'État spécialisé commence par récupérer les Polonais qui ont fui la Hollande, et fait venir 150 000 hommes et femmes, des Espagnols pour la plupart. Vers l'industrie, un autre service est créé par B. Nougaro ; rattaché d'abord au secrétariat d'État à l'Artillerie et aux Munitions, puis, en 1917, au Travail, il conclut des accords avec l'Italie, le Portugal, l'Espagne, la Grèce : l'ensemble des pays méditerranéens est mobilisé, 23 000 Portugais, 24 000 Grecs, 15 000 Espagnols… s'engagent pour travailler en France. Ils ne suffisent pas, et voilà que la guerre réalise le rêve d'embauche des « coloniaux » et des Orientaux. Des Algériens, qui sont sujets français, on a d'abord fait des tirailleurs, de gré – 86 000 engagés – et de force – autant d'appelés ; mais bientôt 78 000 autres viennent travailler en

France aux côtés de 55 000 Marocains et Tunisiens, de 50 000 Annamites, de quelques milliers de Malgaches et même de 37 000 Chinois. Au total, 230 000 hommes, dont 100 000 employés aux fabrications de guerre.

C'est bien sûr l'autorité coloniale qui prend en main le transfert, à toutes les étapes : du contrat de travail (en général pour un an) à la sélection sur place et au transport vers les dépôts marseillais, où arrivent également les Grecs. Les autres immigrés passent, eux aussi, par des centres officiels d'accueil d'où les pouvoirs publics les dispersent sur tout le territoire au gré des besoins. La guerre finie, ils mettent autant d'ardeur à renvoyer chez eux les uns et les autres, et les travailleurs « coloniaux » disparaissent aussi vite qu'ils étaient apparus, dans les premiers mois de l'année 1919. Mais la technique a été suffisamment efficace pour désormais s'imposer, les syndicats d'employeurs prenant largement le relais de l'État, dans un pays saigné à blanc alors même qu'il est confronté aux besoins de la reconstruction.

L'initiative, encore une fois, vient du Comité central des Houillères, qui n'a pu faire face, dans un premier temps, qu'avec l'aide des Belges réfugiés et des prisonniers de guerre allemands. Dès janvier 1919, il s'accorde avec Rome pour « importer » 7 000 mineurs italiens et, en août, il prend langue, à Varsovie, avec l'Office polonais d'émigration ; la négociation s'inscrit dans le cadre de l'alliance avec un pays ami, le premier train spécial part le 14 décembre 1919 avec 800 hommes à son bord. Les premiers éléments sont en place de ce qui deviendra, entre les deux guerres, une organisation globale et contrôlée de l'immigration, qui constitue désormais la règle. Il n'empêche que se poursuivent, en se systématisant, des initiatives plus dispersées : ainsi la Société lyonnaise de soie artificielle envoie-t-elle de 1924 à 1926 ses propres

Des initiatives officielles

Les hommes partis au front, les femmes et les étrangers dont le pays n'est pas impliqué dans la guerre viennent les remplacer, comme ces Chinois dans une usine d'armement. (Guerre 1914-1918.)

missions vers les réfugiés arméniens des faubourgs de Salonique et d'Athènes, tandis qu'on retrouve des émissaires des Ateliers de construction de la Drôme, à Valence, du côté de Beyrouth, à Alep et à Damas. Et, s'il y a toujours des arrivées individuelles, elles sont désormais à demi clandestines, à coup de faux contrats et de passeurs douteux ; il n'est guère possible de les évaluer, sauf lorsqu'elles dégénèrent en tragédies, comme pour ces onze passagers clandestins maghrébins que l'on découvre asphyxiés à Marseille, en avril 1926, dans les cales du *Sidi-Ferruch*.

C'est sans doute peu de chose par rapport aux masses que recrute, transporte et répartit la Société générale d'immigration, créée conjointement, en mai 1924, par les compagnies charbonnières, les maîtres de forge et les milieux ruraux. La présence d'anciens hauts fonctionnaires et de parlementaires parmi ses dirigeants – H. de Peyerimoff joue un rôle éminent – en fait un organisme semi-officiel, en prise directe sur la décision politique. En 1925, c'est avec la Yougoslavie qu'elle s'abouche ; elle envoie des missions en Roumanie, en Tchécoslovaquie, en Autriche, en Italie et en Belgique, bien sûr ; elle ouvre des bureaux à Bratislava, à Zagreb, à Vienne et à Prague, entretient des agents à Oslo, Belgrade et Salonique, et songe même à faire venir des Argentins et des Brésiliens ! Elle installe et gère des camps de transit à l'intérieur des pays de départ, reprenant ainsi une idée du Comité des Houillères. En Pologne, celui de Myslowice en haute Silésie finit, en 1928, par concentrer les départs – qui se faisaient jusque-là aussi depuis deux autres points de rassemblement, Wejrehowo, près de la Baltique, et un autre en Posnanie minière. Là, le « travail humain jaillit [...] comme du pétrole », dit un observateur cité par G. Noiriel. Une visite médicale d'abord, puis une sélection professionnelle : on exige deux ans de pratique, dont huit mois d'abattage, pour les futurs mineurs ; des paysans, on se contente de vérifier les mains et le hâle du visage... Tous sont expédiés vers Toul, d'où se fait la redistribution. En 1927-1928, la S. G. I. en est même à imaginer avec le gouvernement Piłsudski un vaste plan de colonisation agraire en Aquitaine... Peu importe qu'il reste à l'état de projet : il dit l'ambition d'un organisme au sommet de sa puissance à la veille de la crise.

Le cap du million   C'est ce volontarisme qui contribue largement à doubler le nombre des étrangers, cette fois-ci en guère plus d'une décennie. Mais, surtout, en allant les chercher au lieu de les attendre, il contribue à bouleverser la carte des recrutements. Parmi eux, de moins en moins de Belges, précisément deux fois moins en 1931 que lors de l'acmé de 1886, malgré une reprise en chiffres absolus dans l'immédiat après-guerre, reprise qui ne fait que traduire la lenteur des réfugiés à s'en retourner chez eux. Guère d'Allemands – la conjoncture diplomatique y est pour quelque chose –, de Suisses ou d'Anglais. Par contre, toujours, les Italiens, en rangs de plus en plus serrés : ils reviennent, dès l'armistice signé, poussés par la crise de 1920-1921, puis par l'avènement du fascisme, des militants vaincus – une minorité – se mêlant aux demandeurs d'emploi. À nouveau, ils sont jeunes – comme dans les années 1890 – et, parmi eux, un tiers sont des femmes. Si bien qu'en 1931 ils sont 808 000, deux fois plus qu'en 1911 ; ils atteignent sans doute même un million si l'on intègre clandestins et nomades. Que les Espagnols se bousculent à leur tour – ils les ont remplacés pendant la guerre et, au nombre de 352 000 en 1931, ils sont trois fois et demi plus importants qu'avant – ne les empêche pas d'être, relativement, les plus nombreux, plus d'un étranger sur quatre (28,5 p. 100) au début des années 30.

Mais, en 1921, la part des Italiens était supérieure à un sur trois (37,1 p. 100 et 38,8 p. 100 en 1911). Le recul traduit, derrière la multiplication des Italiens, l'élargissement des origines géographiques : les étrangers demeurent des proches voisins (Belges, Italiens, Espagnols, Allemands, Suisses), mais pour une très faible majorité (54,7 p. 100), et presque un sur deux appartient à des nationalités qu'on ne repérait, avant 1914, qu'à l'état de traces. Les nouveaux venus sont les Polonais, avant tous les autres ; ils ne sont encore que 46 000 en 1921 ; dix ans plus tard, ils sont onze fois plus, 508 000, et, en part relative, arrivent d'emblée au deuxième rang (17,2 p. 100), à la suite d'un véritable raz de marée. Reste à identifier, encore, plus d'un étranger sur quatre (28,5 p. 100). Parmi plusieurs dizaines de nationalités émergent les Russes (67 000 en 1926), les Arméniens (presque autant), les Tchèques (33 000), les Yougoslaves, les Hongrois, les Grecs... Viennent enfin les Nord-Africains, qui, réputés sujets français, ne sont pas recensés : 300 000 d'entre eux ont appris de la guerre le chemin de la métropole, et reviennent, d'Algérie surtout, plusieurs dizaines de milliers d'entre eux.

L'afflux des travailleurs étrangers ne met pas fin à la mobilité des métiers : enfourneurs italiens, par exemple, dans les tuileries et les briqueteries, tailleurs de pavé, de rebords de trottoirs et de monuments funéraires dans les exploitations de granit et de quartz, fendeurs d'ardoise espagnols et portugais dans les carrières des Pyrénées. De la province de Caserte viennent toujours

Bédouins s'inscrivant pour venir « coloniser les Landes et la Sologne ».

(CARICATURE DE CHAM, MILIEU DU XIXᵉ S. BIBLIOTHÈQUE DES ARTS DÉCORATIFS, PARIS.)

POURCENTAGE DES POLONAIS (1) ET DES ITALIENS (2) VIVANT EN FRANCE EN 1936 PAR RAPPORT À LA POPULATION TOTALE.

(D'APRÈS H. LE BRAS.)

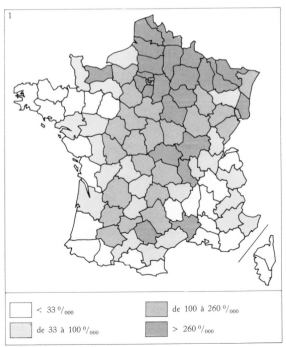

< 33 °/₀₀₀	de 100 à 260 °/₀₀₀
de 33 à 100 °/₀₀₀	> 260 °/₀₀₀

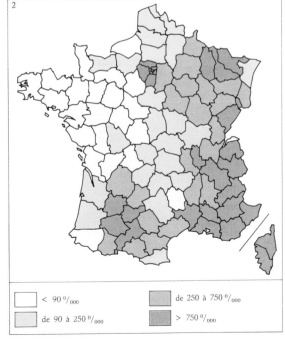

< 90 °/₀₀₀	de 250 à 750 °/₀₀₀
de 90 à 250 °/₀₀₀	> 750 °/₀₀₀

des verriers renommés, qui commencent à rencontrer en France les spécialistes bohémiens. Et les laqueurs indochinois savent se rendre indispensables dans la toute nouvelle construction aéronautique. Le bâtiment, surtout, est toujours le secteur le plus avide de maçons, de menuisiers, de plâtriers, dont on sait le nécessaire savoir-faire. De 1921 à 1925, il accueille un étranger sur trois : dans les zones dévastées du Nord et de l'Est, jusqu'en 1924 ; pour continuer le programme des barrages alpins ; à Paris, pour détruire les fortifications et creuser les nouvelles lignes du métro ; dans toutes les grandes villes pour réaliser les premiers programmes d'H. B. M. et aligner les pavillons des bourgeonnements banlieusards ; enfin pour construire la ligne Maginot. Voici, parmi cent autres, un chantier marseillais en 1928 : il n'occupe que 98 Français sur 1 200 ouvriers ! Presque tous les autres – en dehors des terrassiers – sont des Italiens, qui conservent la primauté dans le secteur du bâtiment : ils sont 90 000 en tout.

La dérobade
des nationaux

C'est cependant, déjà, un autre marché du travail qui s'esquisse au travers de la dispersion des maçons italiens dans la totalité du pays. Les traits habituels de la géographie étrangère demeurent : la proximité d'une frontière – deux Espagnols sur trois vivent dans un grand Sud-Ouest –, la précarité saisonnière des emplois, la médiocrité des qualifications. Mais ils s'estompent au profit de la nature même du travail, de la multiplication des tâches salissantes, pénibles ou dangereuses, de la taille de l'établissement (il faut avoir les moyens d'une politique de recrutement), de la relative nouveauté du secteur : à toutes ces exigences, les Français ne peuvent pas – dans des régions où la pression démographique va s'affaiblissant – ou ne veulent pas répondre. La législation protectrice du travail – la journée de 8 heures en 1919, plus tard la semaine de 40 heures en 1936 – ajoute à la dérobade d'une main-d'œuvre nationale devenue plus exigeante, qui aspire à quitter la condition ouvrière et qui a du mal à adapter sa tradition de savoir-faire à la rationalisation des tâches. Quoi d'étonnant si, à la fin des années 1920, 22 p. 100 des ouvriers de la verrerie sont étrangers ? 33 p. 100 dans les houillères et la sidérurgie ? 50 p. 100 dans les cimenteries ? 50 à 70 p. 100 dans la soie artificielle ? 70 p. 100 dans les mines de fer ? Et, si la diversité de la chimie maintient leur part globale à 16 p. 100, elle s'élève à 35 p. 100 dans le groupe lyonnais de la chimie, à 56 p. 100 dans les Alpes, et à 80 p. 100 à Marseille ! C'est de bras, au sens strict du terme, qu'a besoin l'économie française, et le profil de l'étranger est devenu, majoritairement, celui du manœuvre.

Les campagnes n'échappent pas à ce phénomène, renforcé par l'exode rural. C'est ainsi qu'on opère une véritable recolonisation du Sud-Ouest en faisant venir des agriculteurs italiens. Une opération d'envergure, qui s'amorce en 1921-1922, et s'amplifie en 1925 où, en une seule année, s'installent 25 000 colons. Toscans, Ombriens, Frioulans, Trentinois font revivre tout un terroir, adaptant l'irrigation à la lombarde pour obtenir deux récoltes par an, une de blé, une de maïs. Ils introduisent de nouvelles semences, développent l'ensilage et l'élevage laitier, relancent même un temps la culture du mûrier, abandonnée depuis 1914. Quand l'opération s'achève, vers 1930, ils sont plus de 100 000 Italiens, aux deux tiers en Haute-Garonne et dans le Gers, coulés et fondus au sein d'une paysannerie qui n'en comptait aucun avant 1920.

La restauration des houillères endommagées par la guerre, le développement de la sidérurgie lorraine suivent les mêmes voies, esquissées pour celle-ci dès l'avant-guerre. En 1911, 84 p. 100 des 30 000 Italiens de Lorraine étaient déjà employés dans l'industrie du fer de Meurthe-et-Moselle, et l'accélération des arrivées en avait fixé plus de 46 000, au 1er janvier 1914, dans le seul arrondissement de Briey, un monde de la « frontière », un Klondike, un Transvaal, pour parler comme son sous-préfet, un immense camp pionnier de baraques et de cantines, envahi de célibataires jeunes et turbulents. S'ils partent pendant la guerre, ils reviennent, bien plus nombreux, à partir de 1918. Et, dans les années 1920, l'« homme du fer », c'est le manœuvre italien, indispensable dans les exploitations minières, les hauts fourneaux et les aciéries pour lesquels les populations autochtones éprouvent une véritable répulsion. La carte de leur installation coïncide avec celle de la sidérurgie : 87 p. 100 des étrangers de Meurthe-et-Moselle et de Moselle sont italiens, ainsi que 93 p. 100 de ceux du bassin de Briey, et 60 p. 100 autour de Metz et de Thionville, soit une colonie de 100 000 personnes en 1931. En 1927, 70 p. 100 des 45 000 mineurs lorrains du fer sont italiens ; ils sont même 9 sur 10 à Auboué, à Homécourt et à Trieux. Ils ne suffisent pas aux besoins, mais c'est autour de leur noyau que viennent s'agréger les autres nations : d'abord les Belges, les Allemands, les Luxembourgeois, puis les Russes, les

LA CONFUSION DES LANGUES

mes parents ont émigré pour des raisons économiques. Et c'est devenu une raison politique parce que, pour garder son atelier, on obligeait mon père à adhérer au parti fasciste. Sinon, il était obligé d'arrêter. C'était en 1922. Alors il a dit : « Comment, on nous interdit, les Italiens nous interdisent de parler slovène, on nous interdit de parler autrichien ; ça fait six ans que l'on est italien, on n'est pas heureux du tout, alors on va faire comme les Italiens, on va marcher sur les routes jusqu'à ce qu'on trouve un pays d'accueil. » Là, c'est très facile ; il y avait deux concurrences : les U.S., pour les mines de Pennsylvanie et... Mais alors les autres ont dit : « Écoutez, là-bas en Lorraine, on parle allemand alors vous n'aurez aucune difficulté de langue, puisqu'à Algrange, à Basse-Yutz, on parle allemand, et que votre patois c'est un peu de l'allemand. Les Allemands disent : *Streichhölzer* et les Autrichiens disent *Zündhölzer*. C'est-à-dire le bois à allumer et l'autre, le bois à frotter. Il n'y avait pas de difficulté de langage. »

Je sais seulement ce que ma mère me disait ; les voisins parlaient allemand, donc ma mère parlait allemand avec eux, autrichien. De temps en temps, il y avait des mots qu'ils ne comprenaient pas, alors elle leur expliquait. Mais à la maison, on parlait slovène. Là, les gens se demandaient : « Mais qu'est-ce que c'est, ces gens-là ? » Ma mère savait aussi l'italien. Avec les Italiens on parlait aussi italien. Les braves Lorrains disaient : « Mais non, ce sont des Polacks ». Les Polacks, ce sont, à Basse-Yutz, tous ceux qui étaient étrangers. Évidemment, à l'époque, il n'y avait pas d'Algériens et pas beaucoup de Français... de Français de souche. Ils ne savaient pas ce qu'ils étaient, finalement. Il y avait un bonhomme qui disait : « Le jour de la paie, quand je rentre, je bois de la bière ; alors – la bière est une invention allemande – je chante, quand je suis saoul, le *Deutschland über alles*. Et quand, un jour, je rentre et que je bois du vin – le vin, c'est français – je chante *la Marseillaise*. Un soir, il a titubé dans la rue de la Culture, il avait bu du vin et de la bière, il a dit : « Par quoi je commence ? »

E. Bortignon et al., « les Passagers du Solstice », Metz, éditions Serpenoise, 1987, p. 237.

Ukrainiens, les Polonais, les Slovaques, et enfin les Algériens et les Marocains. Dès les années 1920, 84 p. 100 de la main-d'œuvre est étrangère aux usines métallurgiques de Villerupt, 64 p. 100 dans celles de Senelle, 65 p. 100 à Micheville et 75 p. 100 dans la vallée de la Chiers, dans des villes champignons qui constituent d'authentiques enclaves enkystées dans le monde agricole français.

Les fosses polonaises

Les mêmes causes produisent les mêmes effets dans les houillères du Nord et du Pas-de-Calais. Mais, là, c'est aux Polonais qu'on fait appel pour restaurer une main-d'œuvre qui s'était réduite de moitié pendant la guerre. Dès 1923, on compte 32 000 Polonais sur 108 000 mineurs. On se tourne d'abord avidement vers les Westphaliens, récupérés après un bref retour au pays ou au lendemain d'une étape belge. La plupart arrivent cependant après 1922, quand les presse l'hostilité d'une opinion allemande qui les accuse de collaboration avec les occupants français de la Ruhr ; ils débarquent en France par trains entiers – 2 557 hommes et leurs familles en un seul convoi, en mai 1922 – jusqu'en 1925. Mais, en même temps, on fait venir des Galiciens, originaires des voïvodies de Lvov et de Cracovie surtout, et, en 1926, ce sont plus de 42 000 des 130 000 mineurs du Nord-Pas-de-Calais qui sont polonais, presque tous employés au fond, dont ils constituent, en 1923, 60 p. 100 des effectifs à la Compagnie de Courrières, 69 p. 100 à celle d'Ostricourt et 71 p. 100 à Drocourt ! On comprend que le seul département du Pas-de-Calais concentre 29,4 p. 100 de tous les Polonais alors dénombrés en France et que 9 sur 10 d'entre eux habitent l'arrondissement de Béthune, autour des fosses de Bruay-en-Artois, de Marles, de Lens, de Liévin, de Sallaumines, tandis que les autres se concentrent dans celui d'Arras, autour d'Arras, d'Avion et de Méricourt. Le département du Nord vient logiquement tout de suite après, avec 16 p. 100 des Polonais dans le Douaisis et en Valenciennois. Au total, plus d'un Polonais de France sur deux (55 p. 100) est dans la mouvance du charbon septentrional, où, de surcroît, la proximité du textile permet d'employer filles et épouses des mineurs, même si c'est au prix d'un long déplacement journalier. Et quand les Polonais se déplacent, ils se dirigent tout naturellement vers les autres centres miniers du pays, les sites périphériques du Massif central, Saint-Étienne – ils sont déjà 6 000 en 1927 –, Montceau-les-Mines (3 000), Alès, Albi, Decize, Carmaux, etc., ou vers les potasses d'Alsace. Ne compte-t-on pas alors 83 000 mineurs polonais en France, le tiers de la profession ?

Les itinéraires traditionnels se brouillent

Mais voilà que ces Polonais rencontrent les Allemands – plus de 10 000 – en Moselle, les Italiens bien sûr, les Espagnols, particulièrement nombreux dans le sud du Massif central, les Belges, ainsi que des Tchèques, et des Yougoslaves... Au cours des années 1920 commence à se déliter cette identification entre une nationalité et un secteur, qu'on retrouve encore dans la verrerie, à majorité italo-espagnole, dans la chimie, qui recrute chez les Portugais, les Espagnols et les Maghrébins, dans la soie artificielle, lyonnaise surtout, où Grecs, Italiens et Russes s'agrègent autour d'une majorité arménienne, etc. Mais, à partir des années 1928-1931, tous les Polonais ne se dirigent plus vers les mines : pas plus d'un nouvel immigrant sur deux ne va au charbon, entre juin 1929 et janvier 1931 ; et un sur cinq seulement s'oriente vers les mines de fer. Le reste se dissémine dans l'ensemble du tissu industriel et du territoire français, vers les constructions mécaniques au Creusot, à Rosières et à Dole, les tréfileries du Havre, les chantiers navals de Dunkerque, l'azote de Toulouse et la chimie de Dombasle et de Tavaux.

Déjà s'esquisse la double dispersion des étrangers dans l'espace géographique et sectoriel. Il est aussi des « bowetteurs » (pousseurs de chariots) italiens dans les mines du Nord, et des tisseuses dans le textile, où elles côtoient les épouses des abatteurs polonais. Les Belges retrouvent dans les années 1920 les chemins des terres dévastées de l'Aisne et de la Somme, comme fermiers, et ils poussent maintenant jusqu'en Normandie avec tant de force qu'on y parle d'invasion ; ils se risquent en Bourgogne et même, bien loin de chez eux, dans le Sud-Ouest. Dans les fermes du Bassin parisien, ils rencontrent les Italiens et les Polonais, qu'on finit par retrouver dans les campagnes de 84 départements, soit dans presque toute la France, tandis que d'autres, à Paris, commencent à menacer le monopole italien du bâtiment ! Et que sont devenus les 10 000 orphelins que la mémoire arménienne d'aujourd'hui dit avoir été dispersés en Toulousain et en Bretagne ? N'y a-t-il pas en 1928 des paysans polonais juifs près de Carpentras ? Quant aux Espagnols, que les Italiens ont fini par éliminer des vendanges languedociennes, depuis la guerre, ils se hasardent vers Marseille, le Gard, les Alpes-Maritimes, puis vers la Loire, le Rhône et Paris, où la métallurgie finit par être un mélange de toutes les nationalités.

À l'arrivée, c'est – provisoirement – la banlieue des grandes villes qui, hors des régions industrielles spécialisées, finit par recevoir les travailleurs en chemin : autour de Saint-Étienne, à Beaulieu, Roche-la-Molière et La Ricamarie ; dans la périphérie de Grenoble, à Fontaine et Saint-Martin-d'Hères, au tiers étrangères ; près de Lyon, à Vénissieux où se forme un amalgame d'Italiens, d'Espagnols, de Maghrébins et d'Orientaux à Saint-Fons et, un peu à l'écart, Décines et Saint-Maurice-de-Beynost, devenues des cités arméniennes, où 30 à 55 p. 100 de la population est étrangère ! Et, si on laisse de côté Marseille, Nice (cependant la plus forte concentration étrangère de France, c'est-à-dire 25 p. 100 des habitants, mais qui demeure intra-muros), il faut évidemment mentionner en premier la couronne parisienne : en 1923, n'installe-t-on pas 10 000 Arméniens d'un coup dans des baraques d'Issy-les-Moulineaux ? Si les Orientaux préfèrent la cité elle-même, Italiens, Espagnols et Maghrébins envahissent les communes du Nord et de l'Est, Saint-Denis, Aubervilliers, Boulogne-Billancourt ; le nombre des Italiens progresse de 616 p. 100 dans la Seine-et-Oise en dix ans. Et l'on retrouve des tendances semblables à Bordeaux, à Nancy, etc. Plus que tout autre espace, la grande ville résume une « invasion » que d'aucuns commencent à ne plus juger pacifique ; elle est devenue, pour parler comme *la Voix du peuple*, un journal communiste lyonnais, le 25 mars 1933, une « tour de Babel moderne », où « toute une internationale de prolétaires [qui] anime les rues des cités, se courbe sous la discipline des ateliers, s'entasse dans les logements, Italiens de Vénétie et de Toscane, d'Urbino, de Valstagna ; Hongrois de Gercze, de Sarvar ; Polonais de Vilno et de Lodz ; Autrichiens, Tchèques racolés, amenés

Vers les banlieues

351

par familles, par villages ; Mongols égarés sur la piste d'Attila ; Français... poussés par la crise ; encadrés d'anciens sous-offs et de ci-devant généraux ou barines venus de Sibérie ou du Caucase, avec les débris des bandes de Koltchak et de Petlioura... ».

Le relais des provinciaux

Sur un siècle, les travailleurs étrangers n'ont longtemps fait que se couler dans des mobilités géographiques et sectorielles d'abord inscrites dans la seule population nationale et dans le seul espace national. Vers 1850, les saisonniers belges ne se sont multipliés dans le Bassin parisien que du fait de la seule raréfaction des Normands et des Auvergnats qu'ils y croisaient encore sous la monarchie de Juillet. Ce n'est que peu à peu que les maçons italiens ont remplacé les Limousins, dont la source a fini par se tarir à la fin du XIXe siècle, et dans le Sud-Ouest, en Languedoc, moissonneurs et vendangeurs espagnols sont arrivés quand la trace des Rouergats et des Cévenols a commencé à s'évanouir. Plus tard, c'est parce que les Maures, l'Estérel et la vallée de l'Argens deviennent un désert que tentent de s'y installer des fermiers italiens, et parce que l'Aquitaine est saignée à blanc par l'exode rural qu'ils y parviennent dans le Sud-Ouest, comme les Belges, dans les années 1920, dans l'Yonne, l'Oise et la Seine-et-Marne. Du côté de l'industrie, par vagues successives, les étrangers se sont glissés dans les complexités de l'industrialisation à la française, des ferrières normandes, qu'une province malthusienne ne pouvait approvisionner en bras, à la sidérurgie lorraine, pour laquelle l'agriculture locale ne put en libérer, en passant par les usines électro-techniques installées dans des montagnes alpines déjà vidées de leur population. Vers Marseille, ils sont arrivés sur la trace des gens des Alpes du Sud, vers Lyon sur celle des Savoyards, vers Paris sur celle des Auvergnats puis des Bretons qui, déjà, avaient pallié les carences d'un Bassin parisien épuisé dès la monarchie de Juillet. Plus tard, au XXe siècle, c'est l'ascension sociale des Français qu'ils assurent, en se « chargeant des besognes que nos nationaux refusent... », comme l'écrit un parlementaire en 1906. À leur tour, ils s'y épuisent, à moins que, à l'image des différentes arrivées provinciales et de leur diachronie, ils ne profitent, à leur tour, de la présence des nouveaux venus. Les Belges de la Belle Époque ont déjà des allures de parvenus par rapport aux Italiens, dont beaucoup, entre les deux guerres, ont une assise que n'ont pas les Polonais ; quant aux autres..., G. Noiriel analyse la répartition des emplois aux usines de la Providence, à Rehon, en 1931 : tous les contremaîtres sont français ou belges, comme les employés de bureau d'ailleurs – ceux-ci, logiquement, un peu moins nombreux que ceux-là. Trois Lorrains de souche sur quatre sont ouvriers d'entretien, et tous les autres manœuvres sont étrangers. Une image de l'économie française tout entière ? Le cycle belge est achevé ; le cycle italien en cours ; le cycle polonais encore naissant : est-ce la répétition de ce qui s'est passé, un siècle auparavant, pour les provinciaux et les paysans français ? Avec, au bout, l'intégration et l'ascension sociale... Mais, en attendant ?

Y. L.

XV

L'ÉTRANGETÉ FRANÇAISE

La seule comptabilité des recensements ne peut rendre compte de la place réelle ni de la condition des étrangers en les fixant abusivement en un moment, en un lieu, en un statut. La mesure périodique fait oublier l'incessant va-et-vient des hommes. Cette balance toujours changeante des entrées et des sorties nous fournit un simple instantané, pour reprendre une formule de P. Milza, mais non le mouvement. ☐

À défaut d'une pesée globale, deux flashes : les Belges ? entre 1886 et 1913, il revient de France en Borinage autant d'ouvriers qu'il y a de Borins à partir pour la France ; les Italiens ? on en dénombre 420 000 dans la France de 1911 : mais, de 1873 à 1914, ils sont 1,8 million à y être venus... La condition des étrangers est d'abord une relation entre un ici et un ailleurs, qui peut, lui-même, prendre des formes multiples. À ce jeu de l'espace géographique vient se superposer celui de l'espace social du pays d'accueil et de ses possibilités de promotion ; dès lors, quels sont ceux qui restent à l'écart du tourbillon des mobilités ? les plus faibles ? les plus médiocres ? ou les meilleurs ? et avec quelles chances d'une réussite dont l'espoir seul a poussé à un voyage de plus en plus long et qui reste, pour tous, d'abord une déchirure et une renonciation ?

Les chemins de l'exil

Pour les Belges, on l'a vu, la frontière n'a pas de réalité, elle ne marque en tout cas pas une rupture, ni de l'espace, ni du temps : pour ceux de l'agglomération lilloise, au XIXe siècle, elle appartient au quotidien, et, longtemps, les briquetiers ne s'en éloignent pas au point de ne pas pouvoir rentrer chaque semaine ; quant aux saisonniers, ils « campent plus qu'ils ne logent » en France. Le nomadisme des petits métiers italiens s'inscrit dans une tradition du voyage en un pays familier, pour des étrangers qui sont des proches : en 1914, 80 p. 100 des Italiens de France viennent des provinces du Nord, du Piémont (28 p. 100), de Toscane (22 p. 100) et de Lombardie (12 p. 100) essentiellement, et seule la proximité et la mer expliquent qu'à Nice et à Marseille les Ligures soient relativement plus nombreux. La migration est une capillarité ancienne qui augmente simplement un peu plus à la fin du XIXe siècle. Et la France n'est qu'une périphérie de l'Italie, pour ceux qui, jusqu'à ce qu'ils partent directement de Gênes, s'en vont vers les Amériques, comme ces centaines de garibaldiens qui passent le col de Fréjus en 1866 pour gagner l'Argentine. De 1889 à 1891 encore, 15 000 Italiens traversent le pays pour aller chaque année prendre le bateau au Havre. On y passe et on y repasse aussi, via Anvers, souvent à pied, après l'échec de l'aventure lointaine. Dans un sens comme dans l'autre, il arrive que l'on y flâne, pour augmenter son pécule à l'aller, pour manger au retour, en travaillant quand faire se peut, en mendiant à l'occasion, quelques semaines, voire quelques mois.

En plein XXe siècle, pour les Polonais eux-mêmes, le séjour en France n'est souvent que provisoire, même si, en fait, il va prendre tout le reste

« En ce temps-là, ils partaient des divers villages par bandes de douze ou quinze... On les appelait les Fransmannen, et les gosses les annonçaient de loin, à mesure qu'ils approchaient : les Franchimans ! » (Récit d'un ouvrier flamand évoquant son père.)

(BELGES ARRIVANT À LA GARE DU NORD, DÉBUT DU XXe S. BIBLIOTHÈQUE DES ARTS DÉCORATIFS, PARIS.)

d'une existence, dans la vie de populations habituées à bouger. Plusieurs de ceux qu'a interrogés J. Ponty n'en étaient pas à leur premier voyage. Tel ce Posnanien, arrivé à Bruay-en-Artois en 1922, par la Westphalie, où il vivait depuis 1905 : de 1888 à 1904, c'est-à-dire entre 16 et 33 ans, il était parti chaque été en Allemagne aider aux travaux des champs, les cinq dernières années en compagnie de son épouse. J. Ponty mentionne également ce couple arrivé de Kalisz, en Pologne russe : dès l'âge de 14 ans, le mari s'était rendu régulièrement, avec son père, dans le Mecklembourg et le Brandebourg, puis en Saxe, où la guerre l'avait retenu pendant quatre ans ; sa femme, elle, était partie à 13 ans dans le Hanovre, avec d'autres fillettes de son âge, pour cueillir les asperges, avant de retourner en Posnanie – alors allemande – à chaque saison d'arrachage des pommes de terre. Et les premiers Kabyles à traverser la Méditerranée viennent de montagnes déjà fécondes en tirailleurs et en colporteurs.

Le pays au cœur

Du coup, même quand la migration s'allonge, la patrie n'est jamais loin et, au bout du compte, c'est le retour au pays qui constitue la finalité de l'émigration. Son espoir explique en partie la mobilité des étrangers en France, puisqu'ils n'y ont point de petite patrie, et qu'aucun attachement local ne résiste au souci d'augmenter un salaire, une situation, un pécule qui permettra, justement, de revenir au pays, le vrai. Il est frappant de constater à quel point la colonie italienne de la fin du XIXe siècle intègre la mobilité traditionnelle de ses petits métiers et pérennise ainsi le stéréotype de l'Italien sans feu ni lieu. À tel point que, longtemps, il est même l'une des figures privilégiées du chemineau dont on ne le distingue pas : en 1867, une année difficile, le parquet de Lyon se plaint que la ville soit envahie par des « nuées de mendiants et de vagabonds de toutes les parties de l'Italie », plus sûrement des gens sans travail sur le chemin du retour. Et, du 1er avril 1879 au 30 août 1880, l'on n'y arrête, sous l'inculpation de vagabondage, pas moins de 536 Italiens, alors que la cité n'en compte pas plus de 10 000. Le nomadisme tient, bien sûr, à la jeunesse d'une population de célibataires libres de toutes attaches : en 1901 encore, à Paris, un Italien sur trois a moins de 20 ans ; et l'on compte 177 hommes pour 100 femmes – comme dans les années 1860 –, alors que le rapport est de 139 p. 100 pour les Français. Des Belges, les observateurs lillois avouent qu'ils sont incapables de distinguer ceux qui se fixent de ceux qui ne font que passer. En 1873, la chambre de commerce se plaint de leur permanent renouvellement, et une enquête de F. Lentacker sur plusieurs communes industrielles du Nord, entre 1851 et 1888, estime que sur 1 272 Belges identifiés il n'en est que 603 à avoir vraiment vécu sur place, la moitié d'entre eux conservant une adresse légale en Flandres et dans le Hainaut belges. En 1888 encore, comment s'y retrouver, à Lille et à Roubaix, puisque 4 000 d'entre eux rentrent en fin de semaine, mal distincts des 6 000 qui peuvent ne rester que la journée ! La Belle Époque n'y change rien, ici et là, et surtout pas en Lorraine : nombre de Belges, de Luxembourgeois et de Sarrois y demeurent des demi-frontaliers, que le train amène et ramène aisément, avec leurs provisions de bouche. Sur toute la frontière du Nord, de Lille à Longwy, l'essor des tramways raccourcit le temps et l'espace de la migration à partir de 1880-1890, et, bientôt, viendra le temps des bus, des camionnettes et des autocars. L'arrivée progressive des familles modère la bougeotte des travailleurs italiens à la Belle Époque. Mais les jeunes manœuvres qui suivent les *mercantis* vers le fer lorrain reprennent cette tradition de mobilité, et il est rare qu'ils demeurent là-bas plus de quelques mois.

Changer de lieu, changer de métier

Le mouvement s'accélère encore au lendemain de la guerre, dans une quête jamais terminée d'un travail moins dur ou mieux payé, que l'on va chercher par-delà une autre frontière toute proche, et il reste, en toile de fond, la nostalgie du pays natal. En Moselle, calcule G. Noiriel, entre janvier 1923 et mai 1924, 86 p. 100 des mineurs engagés en Italie ne terminent pas leur contrat, qui n'est pourtant que de huit mois, et 15 p. 100 ne font que passer puisqu'ils déguerpissent dans les quinze premiers jours. À ce phénomène s'ajoute, à l'occasion, l'encouragement du patronat. Celui du Midi, avant guerre, avait vite compris tout le parti à tirer de ce qui apparaissait comme une véritable armée de réserve, d'où l'on tirait ou rejetait, au gré des besoins, des journaliers interchangeables ; celui de Lorraine ne tarde pas à jouer d'une colonie italienne – pour l'essentiel – qui demeure un monde mal fixé, où « artisans » saisonniers et manœuvres d'occasion nomadisent autour d'une minorité en voie de stabilisation, jouant des besoins, des détresses et de l'inégalité des compétences et des exigences. En 1931, le patronat en viendra même à puiser dans les clandestins pour remplacer des Polonais devenus trop coûteux. Et voici l'exemple d'Adriano Rossetti. Il est venu dès l'avant-guerre à Grenoble avec les siens, qu'il a suivis à Châlons-sur-Marne, au Creusot, et à nouveau dans le Dauphiné, pour rentrer une première fois à Mongrando, son village natal, en 1914. En 1918, il revient, seul, à Reims et, en 1923, il rentre au pays pour se marier. Il repart presque aussitôt pour la France, avec son épouse, et il s'installe à Aulnay-sous-Bois pour une année. Suivent six années en Italie, et un quatrième voyage, à partir

de 1930, vers Mulhouse d'abord, puis vers Villeparisis. Toute une vie de mobilité, pour parcourir la France, sans que jamais l'on n'oublie l'Italie ! À l'image des autres Italiens, dont l'existence ne cesse de se partager entre les chantiers et les usines en France et leurs villages du Piémont ou d'ailleurs ?

Rien de tel, apparemment, chez les Polonais, qui font un long voyage. Mais s'ils n'intègrent pas les retours périodiques au pays, les itinéraires français de ceux qu'a interrogés J. Ponty renvoient étonnamment à celui d'A. Rossetti. En voici un premier, passé par Myslowice, arrivé à Aix-les-Bains en juin 1923, dans un chantier de travaux publics. Il le fuit dès janvier 1924, vers Paris, puis Chartres, où il se fait tour à tour terrassier, manœuvre dans une distillerie, domestique agricole. Il lui faut deux ans pour trouver un point de chute, une tréfilerie d'Aubervilliers, où il reste huit ans ; est-ce parce que le travail lui convient ou parce qu'il y a trouvé une compatriote à épouser ? Pawel, lui, se contente de bourlinguer entre les fosses de Bruay-en-Artois, de Lens et de Sallaumines de 1920 à 1924, et un autre élargit l'espace houiller de son errance à une demi-douzaine de localités entre 1922 et 1926, avant de partir vers la métallurgie lorraine, pour se retrouver au bout du compte maître valet de ferme près d'Agen. Comme si le retour à la campagne se substituait aux impossibles retrouvailles avec la patrie. Il est même un Westphalien pour y succomber : après 24 ans de mines, dont 14 en Allemagne et 10 à Bruay, il préfère devenir métayer en Haute-Garonne plutôt que se laisser déclasser au « jour ».

Dans tous les secteurs, on retrouve cette même instabilité. Quoi d'étonnant, dès lors, à ce que, sur 71 600 Polonais entrés entre 1920 et 1925 dans l'agriculture, il n'en reste que 34 000 en janvier 1926 ? Et, dans l'Oise, il suffit de deux ans pour qu'il n'en demeure aucun. Le charbon, dit-on, leur convient mieux, mais les mineurs d'Anzin s'échappent dès qu'ils le peuvent vers la sidérurgie, les constructions mécaniques et les tréfileries, qui

« Chacun se sentait chez soi, vivait comme il lui plaisait ; il était permis de parler, de penser, de rire, de gronder. » (Z. Weig, émigré de l'Est.)

(À GAUCHE, MINEURS POLONAIS À ROCHE-LA-MOLIÈRE, LOIRE, V. 1920. À DROITE, INTÉRIEUR DE MAISON OUVRIÈRE POLONAISE À OSTRICOURT, PAS-DE-CALAIS, V. 1920.)

parviennent à en récupérer un bon tiers. Les compagnies lorraines ont beau faire pour les garder au fond, à partir de 1924, ils préfèrent se faire manœuvres dans les hauts fourneaux de Rombas et de Thionville, aux aciéries de Pont-à-Mousson, de Longwy et de Pompey. Mais, quand on arrive dans la sidérurgie, on imite les Tchèques et les Italiens, quitte à s'enfoncer vers l'intérieur du pays, vers Le Creusot, les aciéries de Saint-Étienne, les fonderies d'Alès et les usines de constructions mécaniques, vers Rosières dans le Berry, par exemple, ou Couëron, où finissent par s'enkyster des noyaux polonais isolés mais stables. La crise des années 1930 accélère la fuite : en 1931, Renault embauche à Boulogne-Billancourt 700 Polonais venus des travaux publics et de l'agriculture, tandis que d'autres, issus de la grande industrie, se font maçons à Paris. Exemplaire, donc, ce Posnanien de Courrières, qui, après avoir été garçon d'hôtel en Pologne et mineur en Allemagne, est tour à tour agriculteur, broyeur de pierre, remblayeur, en France, avant de redescendre à la fosse en 1924 ; et ce fondeur de Rosières, à la fin des années 1920, qui fut bûcheron, carrier et terrassier au pays, puis mineur à Forbach. Le patronat, encore une fois, a sa part de responsabilité dans ces glissements intersectoriels, le débauchage sur place permettant d'éviter les frais du voyage. Mais cela ne suffit pas à expliquer la généralité de cette incessante volonté de changer de lieu, de changer d'emploi.

Un exode de la misère

Il y a tant d'autres raisons... La dureté du travail industriel, la déception quand il ne tient pas les promesses d'un contrat qu'on a parfois signé de l'empreinte de son pouce, l'accueil inégal des Français, plus indifférents qu'hostiles, qu'ils soient patrons ou camarades de chantier et d'usine. Tout ce mal de vivre qui tient à la condition même de l'étranger et fait penser qu'ailleurs, peut-être... et puis, surtout, l'obsession du retour, dont il faut acquérir les moyens financiers. Non pas qu'on idéalise la vie qu'on menait au pays, puisque, justement, on a voulu lui échapper pour un temps : tous les Polonais interviewés par J. Ponty se souviennent, cinquante ans après, de la misère noire qui les avait jetés sur les routes : des familles chargées d'enfants et sevrées de terre, des logements exigus et de la nourriture misérable, des choux, des pommes de terre, du pain de seigle, une jeunesse sans école et sans tendresse... Il n'empêche. Les moissonneurs de Flandre et les terrassiers du Hainaut, tout comme les tisseurs de Lille et de Roubaix, n'étaient déjà venus que contraints et forcés, chassés par la surcharge démographique des campagnes flamandes puis par les contractions périodiques du marché belge du travail et la crise du Borinage à la fin du siècle. Et, s'ils sont restés, dès les années 1840, c'est parce que la misère les y a contraints, estime P. Pierrard, même si la frontière n'était pas loin. La communauté de culture et de langue, l'ancienneté des brassages régionaux ont fait le reste dans un pays où, au quotidien, il était difficile de les distinguer des nationaux.

L'obsession du retour

Mais quand on vient d'Italie ou de Pologne ? L'idée de se constituer un pécule le plus vite possible pour revenir au pays acheter terre ou commerce obsède les Italiens du bassin de Briey avant 1914. Elle n'est pas moins forte chez ceux des années 1920, même quand ils viennent avec leur famille. Et Adriano Rossetti reviendra en 1943 dans son village du Biellese, malgré la longueur de son séjour français et une évidente réussite sociale, pour y mourir en 1963. Les Polonais ne renoncent jamais à l'espoir de revenir un jour dans leur pays, comme ce Stanislas qui, venu rejoindre un beau-frère à Creutzwald, en 1930, passe avec lui une partie de son temps à calculer ce qu'il faut pour rentrer et s'établir. Lui n'arrive pas à économiser assez d'argent, mais son parent y parvient et repart en 1939. Ou encore ce couple, entré en 1920, qui bourlingue dans le Nord, l'Aisne, les environs d'Amiens, et abandonne même un emploi confortable quand surgit l'occasion d'un gain plus élevé ; il rentrera finalement au pays avec les neuf enfants qui sont nés en l'espace d'une vingtaine d'années en France. Quant aux Kabyles, ils reproduisent quasiment le modèle frontalier belge, malgré la largeur de la Méditerranée : en 1929, 75 p. 100 d'entre eux ne restent qu'entre 8 et 18 mois. Et la masse de l'immigration polonaise ne doit pas faire oublier qu'entre 1928 et 1930, s'il en arrive 135 000, plus de 32 000 s'en retournent au pays, en attendant les années 1946-1947, où la spécificité de la situation politique va ramener en Pologne des dizaines de milliers de ceux qui avaient derrière eux quatre décennies de vie française.

Et, quand le retour n'est pas possible, parce que la patrie n'existe plus ou parce que la persécution vous y attend ? En arrivant à Marseille, les Arméniens, quand ils ne gagnent pas Paris, se dispersent en remontant la vallée du Rhône, vers les petits centres sidérurgiques du Sud-Est : le Pouzin, Lorette, Saint-Étienne et, surtout, les bourgades de la filature et du moulinage de la soie, de part et d'autre du fleuve, celles du tissage aussi – Saint-Chamond, Izieux –, qui ont le mérite d'un certain savoir-faire. Les communautés s'esquissent à peine qu'elles se délitent déjà sous l'impact de la crise des années 1930. Mais, loin de s'éparpiller, les Arméniens cherchent à se regrouper pour recréer en France le pays perdu : à Valence, dans l'agglomération lyonnaise, à Saint-Maurice-de-Beynost, où l'ouverture d'une usine de soie artificielle en 1928 en attire de toute la vallée du Rhône. Et l'on cherche aussi à se retrouver entre gens du même village, dont on repère la trace au hasard d'un fait divers ou d'une rumeur, comme celle qui met en marche vers Vienne et Lyon des métallurgistes de Peugeot.

Tout, à vrai dire, et pour presque tous les ouvriers étrangers, associe la résidence française à la réalité charnelle du pays. Des années 1860 aux années 1930, l'immigration italienne s'organise autour de couples qui lient régions de départ et zones d'arrivée. Exemplaire est l'échange, étudié par L. Taravella, qui s'instaure entre le petit village de Rocca, près de Plaisance, et une fraction de l'agglomération parisienne – le XIIe arrondissement et Nogent-sur-Marne. La pauvreté du terroir y avait très tôt habitué les natifs à l'exil épisodique vers le Piémont et la Lombardie. Dans les années 1880, les maçons et les plâtriers de Rocca allongent soudain le chemin jusqu'à Paris : ils y sont désormais accueillis par leurs « pays », dès la gare de Lyon, et logés chez eux – certains sont devenus hôteliers ou restaurateurs –, avant d'entamer avec eux une carrière bien balisée dans le bâtiment : apprentis, puis compagnons, quelquefois tâcherons et même petits entrepreneurs, qui, à leur tour, privilégient l'embauche de ceux qui continuent d'arriver du village. À aucun moment ne fait défaut la solidarité dans ce Rocca-sur-Seine qui

Rocca-sur-Seine

tire sa vie du Rocca d'Italie et la lui insuffle en retour, dans une communauté qui est à la fois d'ici et de là-bas.

Sans qu'on dispose d'autres monographies aussi éloquentes, on devine, chez les Italiens des années 1930 encore, l'incessante résurgence de ces liens entre la terre d'origine et celle d'accueil, phénomène qui marquait cette géographie mi-partie qui guidait déjà les migrations plus limitées des petits métiers et des spécialistes du XIXe siècle. Dès les années 1850-1860, Coni, dans le Piémont, et les Alpes de Haute-Provence avaient fini par constituer un ensemble économique lié par le seul différentiel de la démographie. Et, à la Belle Époque, c'est de la région de Val Roveto, dans les Abruzzes, que l'on venait vendanger et cueillir les fruits dans le Comtat Venaissin, des Alpes bergamasques et de Calabre que l'on venait abattre les arbres en Savoie, des bourgs de Romagne, puis de la province de Pesaro que l'on partait travailler dans les pépinières de Sorgues et d'Entraigues. Si les usines de Sète vont chercher des manœuvres dans le Piémont et en Toscane, les pêcheurs et les dockers sont, comme à Marseille, d'abord des Pisans, des Lucquois, des Napolitains et même des gens de Salerne.

Une logique
des itinéraires

Le développement de la grande industrie n'efface pas la logique de ces cheminements, il tend simplement à la brouiller et à l'estomper sous l'effet du nombre. Entre 1880 et 1930, c'est des deux mêmes villages – l'un, Novacela, dans la province de Turin, l'autre, Pocenia, dans celle d'Udine – que viennent la majorité des Italiens travaillant dans l'électrochimie et l'électrométallurgie à Saint-Michel-de-Maurienne. Des environs du Monte-Gruppo, près de Belluno, arrivent ceux de Chedde, et Cluses s'alimente surtout dans deux petites localités proches de Trévise. Ainsi, on retrouve les mêmes toponymes romagnols, piémontais, mais aussi des Marches, parmi les villages d'origine des manœuvres de la sidérurgie lorraine à la Belle Époque, ceux des régions d'Ivrée, d'Aoste et de Saluces chez les tisseurs de soie de la région lyonnaise, ceux de la province de Caserte, entre les deux guerres, pour les mineurs stéphanois, etc. Vers Lyon, Ph. Videlier retrouve les chemins qui, dans les années 1930, partent du Frosinone et, pour les Espagnols, ceux qui

Défilé, fanfare : les habitants de Puteaux accueillent les travailleurs italiens, main-d'œuvre nécessaire au développement industriel de la région.
(PUTEAUX, VERS 1920.)

viennent de la province d'Almería. Avant 1914, ces itinéraires menaient peut-être vers les nouvelles ferrières de Normandie, où l'on trouvait déjà ces noyaux d'immigrants. Et il faut attendre 1925 pour que commencent à se presser à Grenoble les citoyens de la petite ville de Corato, dans les Pouilles : ils sont déjà 2 500 quelques années plus tard. Parmi eux, combien de frères, de beaux-frères et de cousins ?

Reprenons le cas d'Adriano Rossetti. C'est avec ses parents, donc, qu'il vient une première fois en France de 1909 à 1914 ; la deuxième fois, c'est avec son père et un frère ; puis, à compter de 1923, c'est sa femme qu'il emmène, et, s'il s'installe à Aulnay-sous-Bois, c'est parce qu'il y retrouve nombre de gens de son village. Ensuite, c'est à l'appel d'un parent de sa femme qu'il revient avec fille et épouse en 1930 ; il est bientôt rejoint par un beau-frère, puis par un frère déjà établi au Mans, où il avait été attiré par un cousin du père ! Au nom d'un commun antifascisme, on tient table ouverte pour les compagnons qui arrivent du pays : l'un d'eux a d'ailleurs déjà deux frères à Aulnay ! En août 1932 débarquent une sœur de l'épouse et son mari, un peu avant était arrivé le plus jeune frère. Et, quand Adriano Rossetti s'engage en 1936 dans les Brigades internationales, c'est en compagnie d'un frère, d'un beau-frère, d'un ami du pays et du frère de celui-ci ! Sans doute l'engagement politique commun contribue-t-il, dans son cas, à durcir les réseaux des parentèles, dans lesquels on finit par se perdre. Il n'en reste pas moins que la trajectoire géographique ne cesse de s'appuyer sur des liens familiaux qui, logiquement, coïncident avec les origines.

Pour tous ces immigrés des années 1860-1930, la mobilité ne s'accorde pas seulement avec les besoins des marchés du travail. Elle s'accroche aux fratries et aux cousinages, ceux du sang comme ceux de l'alliance, où l'on trouve information, aide et assistance. Déjà, les Belges qui travaillaient dans le département du Nord logeaient souvent chez des amis et des parents, sous le second Empire. Et, avant 1914, la plupart des noyaux italiens qui se sédentarisent s'organisent autour de parentèles et d'amitiés, à Marseille notamment, partagées entre la France et les villages d'origine. Et, nonobstant l'anonymat apparent du recrutement des Polonais, on retrouve chez eux la trace des liens familiaux. Stanislas, l'un des mineurs cités par J. Ponty, vient de Posnanie à Creutzwald parce qu'un beau-frère déjà installé l'y appelle. Et cet autre, convoqué cependant dans les règles à Myslowice, n'a été repéré que parce qu'un sien cousin, manœuvre aux mines de fer de Piennes, a parlé de lui à son chef. Dans un second temps, l'un et l'autre font venir femme et enfants sans lesquels, disent-ils beaucoup plus tard, ils n'auraient pas pu supporter l'exil. En voici un autre qui arrive en 1918 de Westphalie dans le Pas-de-Calais à l'invitation d'un beau-frère et à la suite d'un fils. Cette femme ukrainienne qui a un cousin dans la Brie le contacte et le retrouve à l'arrivée sur le quai de la gare de Coulommiers : après son mariage en 1930, c'est son époux qui, à son tour, accueille deux frères et une sœur et les case dans une ferme. Un dernier Polonais enfin, isolé et malheureux dans la Lorraine de 1922, a, par chance, deux frères à Bruay-en-Artois, et c'est à eux qu'il s'adresse, avec succès, pour obtenir l'argent qui lui permet de rompre son contrat pour, naturellement, les rejoindre.

La force
des solidarités collectives

Encore une fois, le patronat sait vite reconnaître la force et l'intérêt de ces solidarités familiales, qui suscitent et guident le voyage, puis fournissent aide et protection en cas de difficultés. Les soyeux lyonnais demandent aux premiers réfugiés arméniens relais et adresses en Orient, et leur suggèrent de faire venir les parents et les amis qu'ils y ont laissés. La Compagnie de La Grand-Combe favorise les rapprochements familiaux de ses mineurs tchèques et polonais, dans l'espoir de réduire les mouvements de main-d'œuvre et de faciliter leur intégration dans les Cévennes. Et, à partir de 1930, la Société générale d'immigration elle-même revient au recrutement nominatif pour les Polonais. Tout est en place pour que, en France même, les solidarités collectives s'inscrivent concrètement dans l'espace au-delà du brassage des individus.

C'est le sens déjà de la rigoureuse organisation des saisonniers. À la fin du XIXᵉ siècle, les Belges se déplacent toujours par équipes de cinq ou six, ou en véritables bandes, de 50 à 60 personnes, quand ils vont vers les grandes exploitations. Ces *bende* sont dirigées par des chefs d'équipe, les *ploghaes*, qui recrutent au pays dès le nouvel an et prennent soin d'emmener avec eux quelques femmes pour faire la cuisine : un coin de grange et quelques bottes de paille, une marmite pour les pommes de terre, c'est un coin errant de

Drapeau de l'Union agricole belge en France. Vers 1880. « Chacun pour tous, Tous pour chacun. » La Vierge et l'Enfant bénissent les agriculteurs belges partant travailler en France.

Flandres qui se fixe l'espace d'un été. Les terrassiers et les briquetiers vivent aussi en collectivités nomades, dont le chef négocie les conditions d'emploi. C'est sous la direction d'un *capo maestro* que les équipes italiennes arrivent toutes constituées dans les oliveraies méridionales et dans les fermes du Bassin parisien dans les années 1920 ; c'est en *colles* – c'est-à-dire en groupes fortement structurés – que les Espagnols viennent vendanger le Sud-Ouest, menés par des sous-entrepreneurs, regroupés autour de plusieurs familles unies le temps du voyage. Et, dans le bassin de Briey, à la veille de 1914, on en vient même à soupçonner l'action occulte de la Camorra et de la Mano Negra !

Plus clairement se dessinent, à la fin du XIXe siècle, des quartiers spécifiques, que l'on finit par s'approprier. Non que le phénomène de concentration dans la ville soit récent. En 1858 déjà, à Wazemmes, dans Lille, « on se bat, on chante en flamand... » et les Belges, autour de leurs prêtres et de leurs œuvres, offrent des « réceptions » aux nouveaux venus. Mais les limites du quartier sont plus symboliques que réelles : elles existent surtout dans le regard méfiant des Lillois, qui confondent espace et communauté, sous les couleurs contradictoires de la rudesse, du goût de la bière et du cœur à l'ouvrage. À Bordeaux aussi, il existe un « quartier » espagnol et, à Lyon, s'il est des Italiens dans toute la ville, les chapeliers se rassemblent un moment à Saint-Paul et à Saint-Jean, les marchands ambulants à la Guillotière, rue Montesquieu et rue de la Thibaudière, sans qu'on puisse pour autant parler de « petite Italie ». Le nombre, la densité, l'identité d'emploi ou d'origine ne suffisent pas, en effet, à fonder le quartier, pas plus dans les camps du bassin de Briey, avant 1914, que dans les faubourgs populeux des grandes villes de l'entre-deux-guerres, où les uns et les autres se perdent dans la confusion des banlieues.

La confusion des banlieues

Le quartier marseillais du Vieux-Port, au contraire, annonce, dès les années 1900, autour de l'hôtel de ville, ce qui va se développer un peu partout après 1920. Le cœur de la vieille ville est déjà une véritable « enclave » napolitaine, avec sa communauté portuaire des dockers et des pêcheurs, mais aussi avec ses dialectes, ses fêtes et ses fidélités culinaires et, surtout, avec ses rues entières bondées de magasins et de restaurants qui fleurent, à tous les sens du terme, le Mezzogiorno, et dont le caractère s'affadit au contact des espaces piémontais de la porte d'Aix et du cours Belzunce, plus intégrés à l'ensemble de la ville et de ses populations. Au-delà d'une différence culturelle affirmée et préservée, la colonie « napolitaine » s'inscrit dans toute une organisation commerciale, avec ses boutiques et ses hôtels, ses garnis et ses gargotes où s'accrochent les réseaux de clientèle et de solidarité de tous ordres, autour desquels s'ordonnent les circulations et les sociabilités quotidiennes. En somme, une cristallisation des hommes, des pratiques et des cultures, inscrite dans les pierres de la ville, et qui ne s'esquisse guère alors que dans certains districts miniers du Pas-de-Calais, autour des estaminets kabyles, dont les tenanciers sont aussi intermédiaires et interprètes ; à Paris, aussi, où l'œil bienveillant des pouvoirs publics et des employeurs confond volontiers les négociants et les colporteurs maghrébins de

Marseille-Naples

Montmartre et de la place Maubert avec les indicateurs de police et les rabatteurs de main-d'œuvre.

La guerre, en transplantant en quelques mois des masses d'hommes esseulés, donne un élan décisif au phénomène, et les Kabyles s'agglutinent autour des cafés maures des villes de garnison, Limoges, Clermont-Ferrand, Royan, Arcachon, Alès. Ces cafés ferment une fois les tirailleurs partis, et seule la toponymie conserve le souvenir des Annamites et des Chinois. Mais d'autres ouvrent, avec l'arrivée des travailleurs, en d'autres villes. Ainsi, à Lyon, une « médina » commence à bourgeonner près de la place du Pont, selon l'axe de la rue Moncey, et, à Paris, à la Goutte d'Or et à La Chapelle. À Marseille, à peine esquissée avant 1914 près de la porte d'Aix, une « ville arabe » s'épaissit et s'allonge à la suite des garnis, des souks et des maisons de prostitution de l'avenue d'Arenc, en direction du Vieux-Port.

Quartier, ghetto ?

C'est donc au cœur même des villes que s'individualisent des quartiers étrangers fortement marqués par la prégnance d'une nationalité. Parce que, évidemment, on profite de la médiocrité des loyers dans des zones de taudis que les Français évitent. C'est le vieillissement des immeubles qui guide le rassemblement des Italiens à la Villette, à Charonne, à Picpus, à la Roquette, à Paris, dans la rue Très-Cloîtres et la rue Saint-Laurent, à Grenoble, tandis que les Espagnols s'entassent rue de l'Alma. À Marseille, ce n'est que parce que le centre est saturé qu'ils débordent vers la Belle-de-Mai et l'Estaque. Voici, à leur tour, les Arméniens ouvrant boutiques à Lyon, à l'est de la préfecture, à Vienne, le long de la Gère, et à Valence surtout, dans la rue de la Belle-Image, qu'ils monopolisent véritablement (93 p. 100 des habitants !), avec leurs hôtels, leurs restaurants orientaux, leurs meublés, leurs garnis, leurs boucheries et leurs ateliers de tailleurs. Si le ghetto surgit de l'hostilité des autres, le quartier italien, kabyle ou arménien naît aussi du besoin de se protéger d'un environnement qui est à son tour étranger, et, simplement, de l'impérieux bonheur d'être ensemble. Il suffit, dans la banlieue de Paris, d'une station de taxis où ils travaillent comme laveurs de voitures pour que s'esquissent des façons de quartiers maghrébins, à Levallois ou à Gennevilliers. Même dans les corons bien tracés des communautés minières du Nord, les commerçants polonais – à Bruay-en-Artois par exemple – aident à délimiter un autre espace que celui de la Compagnie, et, en Lorraine, à Tucquegnieux, dans les années 1930, le bus stoppe à un arrêt nommé la « petite Varsovie ».

À la fin des années 1920, G. Mauco peut donc parcourir avec un œil d'ethnologue les quartiers parisiens de l'Hôtel de Ville et du Temple, où se sont entassés 15 000 Orientaux, Russes, Polonais, Grecs, Roumains et Arméniens, un « labyrinthe de petits métiers en chambre et de petit négoce », ou encore les alignements d'hôtels borgnes et de maisons meublées d'Argenteuil, qui empestent l'huile du couscous et le thé à la menthe... Cavanna, lui, se souvient avec émotion de la rue Sainte-Anne, dans le vieux Nogent abandonné des Français, avec ses allures d'impasse, ses murs noirs et ses enfilades de couloirs et de cours, pleines de maçons « blancs de plâtre ou gris de ciment », qui ne se lavent qu'une fois par semaine et vocifèrent en jouant aux cartes. « N'empêche, ils goûtent la vie, les Ritals ! »

Les lignes de l'intégration

Les quartiers étrangers de l'entre-deux-guerres résument toute l'ambiguïté d'une condition : encore d'ailleurs, mais déjà ici. Ils ajoutent leur rôle d'ancrage à celui que jouait avant un cousin, une famille, un noyau de natifs du même pays pour fixer les individus que le tourbillon des mobilités finit par laisser sur place : parce qu'on n'a pas les moyens de repartir, parce qu'on ne veut pas revenir avouer un échec, parce qu'au contraire la chance est à saisir, parce qu'on trouve femme, parce que c'est le pays natal qui finit par devenir étranger, etc. L'insertion passe par mille canaux, qui lient acculturation et mobilité sociale.

Les communautés étrangères, les plus nombreuses du moins, n'ont pas de véritable élite sociale en leur sein. Quant aux autres, qui ne sont plus guère visibles, elles tendent à se réduire, au contraire, aux seules élites. Du côté des Italiens aussi, il existe bien, dès la fin du XIXe siècle, un establishment. Il se retrouve autour de la vieille – elle est née en 1865 – *Societa italiana di beneficenza,* présidée par l'agent de change Ettore Liebman, puis par le duc Melzi d'Eril et, à compter de 1886, à la Chambre italienne de commerce de Paris, d'abord dirigée par Corrado, le responsable du *Banco di Roma*, puis par le restaurateur Pocardi. Mais il s'agit là d'un microcosme strictement parisien de quelques centaines de personnes, des industriels et des négociants exilés depuis longtemps et parfaitement intégrés à la bourgeoisie et à l'aristocratie de la capitale. Et, s'ils accueillent quelques nouveaux riches du commerce de luxe comme, entre les deux guerres, le bottier à la mode Nicola Greco, qui a cinq succursales en province, et le tailleur Antonio Cristani, arrivé de Calabre comme petit apprenti à 17 ans et dont la boutique est devenue, rue de la Paix, le rendez-vous des élégances, ils ont peu de relations avec l'ensemble de la colonie italienne, hors quelques manifestations patriotiques ou fêtes de charité. Ils constituent moins le fait social d'une communauté immigrée qu'un visage du cosmopolitisme des élites.

Le microcosme des élites

En Savoie, au contraire, où P. Milza a tenté une pesée globale dans trois villes, Ugine, Moûtiers et Saint-Jean-de-Maurienne, entre 1860 et 1939, l'ascension sociale n'est pas une brillante exception : 27 p. 100 des nouveaux arrivants italiens, dont 9 sur 10 n'étaient qu'ouvriers, accèdent au patronat. Il est vrai que la frontière est récente, et qu'il faudrait prendre en compte ceux qui n'ont fait que passer et dont le retour dit l'échec, pour apprécier véritablement une réussite qui apparaît malgré tout limitée, et se situe dans le monde de l'atelier et de la boutique surtout, la petite entreprise donc. Pour la France tout entière, presque tous les Italiens classés dans les « activités commerciales et bancaires » (9,4 p. 100 des actifs) sont de très petits commerçants, cafetiers, restaurateurs et marchands de comestibles, de pâtes et de salamis : 6 sur 10 des commerçants italiens lyonnais dédommagés du

De l'usine à la boutique

saccage de leur magasin après l'assassinat du président Carnot sont des « épiciers » ou des tenanciers de « comptoirs » de produits du pays. Les épiciers sont aussi nombreux chez les Espagnols bordelais de la Belle Époque et chez ceux de Marseille. Et G. Noiriel montre leur succès en Lorraine, né de la confusion entre les réseaux de chalandise et ceux des affinités nationales, politiques ou familiales ; tout comme, à Monclar-d'Agenais, évoqué par M. Rouch, où l'ouverture des premières boutiques dans le bourg suit tôt l'arrivée des agriculteurs directement installés au cœur du finage.

Les voies sont les mêmes pour les Polonais, entrés plus tard. Entre 1921 et 1926, il suffit d'un bout de baraquement au milieu des cités minières pour qu'une trentaine d'entre eux étalent leurs marchandises à Sallaumines, et les plus heureux – des bouchers, des boulangers, des épiciers – quittent bientôt le coron pour la rue principale ; ils sont 36 dès 1931, 46 en 1936, certains assez prospères pour embaucher des employés. À Bruay-en-Artois, une épouse de mineur polonais sur trois tient une boutique ou un débit de boissons, plus ou moins légalement, en tournant ainsi les dispositions d'un contrat qui n'engage que les hommes. À travers les reproches que leur adressent leurs

LA BOUTIQUE ITALIENNE

l'odeur de la boutique italienne, c'est compliqué, il y a des tas de choses dedans, et en même temps c'est simple parce que c'est tout des odeurs qui vont dans le même sens. L'accord parfait, quoi, comme quand on chante *la Nuit* de Rameau, à l'école, à quatre voix, et que pour une fois on a pas trop envie de chahuter le prof de chant, ça arrive. Il y a les olives dans leurs tonneaux, il y a les petits poissons salés dans leurs tonneaux aussi, des petits tonneaux plats où les poissons sont rangés bien serrés bien en ordre comme les rayons d'une roue, quelle patience, il y a le concentré de tomate dans la grosse boîte en fer, il y a les champignons secs enfilés sur des fils au plafond, c'est ça qui sent fort, tiens, il y a les morues sèches plates comme des chemises empesées, il y a les salamis et la saucisse, il y a la pancetta roulée, il y a les herbes, les sacs de riz, de lentilles, les grappes de fiasques au ventre de paille, il y a le jambon de Parme sur la machine à faire les tranches « sottilissime » (très, très « subtiles », c'est pas joli ?), ça aussi, ça sent fort et bon, le jambon de Parme... Et il y a le parmesan. L'odeur reine. Le parmesan, l'éléphant des fromages. Les roues de cent kilos, noires, empilées comme des pneus de camion, tel-lement dures qu'il faut les entamer à la hache, séchant et mûrissant doucement dans le coin, parfumant tout de leur incroyable odeur de culotte de petite fille pas très soignée... J'ai faim, soudain. Et justement, papa me propose « oun pétite cache-croûte ». Oh, oui ! Le monsieur coupe la baguette « en sifflet » très aigu, je suis ravi, c'est tellement meilleur. À la maison, maman veut qu'on coupe le pain bien droit, bien perpendiculaire. De biais, « en sifflet », ça fait bistrot, qu'elle dit, c'est pas convenable. Dans mon pain, il glisse des tranches de salami fines comme du papier de soie, « sottilissime ». Maman n'achète jamais de salami, c'est trop cher, elle achète du saucisson de cheval, on s'en coupe des tranches épaisses, c'est bon aussi, mais c'est pas magique comme ici. « Et qu'est-ce que je lui sers, au jeune homme ? » Papa dit : « Un petit turin ». Je bois mon dé à coudre de vermouth, à petites gorgées, les yeux fermés pour bien sentir le goût. Papa se tape quelques coups de postillon en causant du pays, de ceux qui sont morts et de ceux qui sont cocus, il rigole comme il sait rigoler, il s'essuie les yeux, se cale une chique pour affronter la nuit maintenant tombée. « On y va, fiston ? » On y va.

C'est pas des dimanches formidables, ça ?

Cavanna, « les Ritals », Pierre Belfond, 1978, p. 49-50.

concurrents français – ils font travailler leurs enfants, ils ne respectent pas les règles d'hygiène et encore moins les horaires... –, on devine l'ardeur de leur ambition. Dans le Sud-Est, c'est pour les Arméniens que la boutique est, tôt, la voie royale de l'indépendance et de la réussite. Sitôt arrivés, à Marseille, ils s'établissent cordonniers ou tailleurs, dans le quartier Saint-Julien. À Décines, près de Lyon, ce sont des marchands forains qui suivent les premiers ouvriers de la chimie, et leur nombre s'accroît quand interviennent, en 1929, les premiers licenciements de la crise : s'établir marchand de vêtements n'exige guère d'argent, les clients sont tout trouvés, et on ne tarde pas à passer de l'étal forain au magasin. Voici donc le célèbre Napoléon Bullukian, orphelin et ancien esclave. Après avoir d'abord gagné sa vie comme ouvrier à Saint-Chamond puis à Paris, il ouvre un magasin, puis un atelier de chaussures tressées à Lyon, en 1928. Il entame ainsi une brillante carrière qui, dès 1932, fait de lui un promoteur immobilier plein d'intuition. Un autre Lyonnais d'ailleurs, Bahadourian, lui aussi promis au succès, troque sa charrette de forain pour une boutique d'épicerie orientale. Et l'on a vu se dégager une sorte d'élite kabyle de cafetiers et d'hôteliers mêlés aux tenanciers de tripot et aux marchands de sommeil.

Mais la véritable fortune de Napoléon Bullukian et de Bahadourian ne se fera qu'après 1945. Et, à la seconde génération, il n'est plus que 7,4 p. 100 des Italiens savoyards à prolonger l'ascension de leur père : la majorité stagne (55 p. 100), et plus d'un sur trois (37 p. 100) régresse. Et, des Italiens qui s'établissent à Nice en 1924, 35 p. 100 disparaissent dans les trois ans qui suivent ; ce chiffre atteint 46 p. 100 pour ceux qui prennent patente en 1930. Pour les fils, est-ce parce que l'oubli de la pauvreté relâche l'effort de la première génération ? Parce qu'on gaspille de façon improductive les débuts

Le 24 juin 1894, l'anarchiste italien Caserio assassine le président Carnot.
(CASERIO. GRAVURE DE NAVELLIER, 1894.)

L'essoufflement des fils

Dans cette ancienne cave à vin, des émigrés ont ouvert boutique. Les inscriptions en russe gravées de part et d'autre de la vitrine indiquent leur pays d'origine.
(ÉPICERIE RUSSE À PARIS, V. 1930.)

de l'aisance, en terres et en maisons ? Par manque de réserves financières ? Parce qu'on n'a accès qu'aux secteurs les moins fructueux ? Tout aussi significatif est l'échec à s'insérer dans la paysannerie française des petits propriétaires, insertion qui est, cependant, pour beaucoup de ces manœuvres d'origine rurale, le moyen de l'indépendance et le signe de la réussite. L'Aquitaine fait exception, où, justement, ils trouvent l'appui d'un appareil financier fort et bien adapté pour acheter 30 000 hectares et en louer 60 000. Ainsi des Belges, leur migration saisonnière en a laissé derrière elle une quinzaine de milliers dès 1890, selon l'itinéraire classique qui va du commis de maison au chef de culture, puis passe par la prise à bail d'une ferme autour de laquelle viennent s'agréger d'autres Belges au fil des saisons suivantes. Ainsi des Italiens, également, qui reprennent fermes et petites exploitations dans le Sud-Est alpin et littoral, ou dans l'Hérault. Mais aucun d'entre eux ne tire grand-chose de terroirs médiocres. Si la réussite des laitiers toscans de la Côte d'Azur à la Belle Époque, de certains producteurs d'olives et de fleurs de l'arrière-pays est si souvent évoquée, c'est parce qu'elle constitue un contre-exemple typique. Et, si certains Belges du Bassin parisien finissent par compter au rang des plus gros fermiers, il en est peu à parvenir à la pleine propriété ! Quant aux Polonais, l'attraction de la terre ne se dément pas parmi eux, et, en 1930 encore, nombreux sont ceux qui profitent de la crise pour tenter de gagner le monde rural, de la Lorraine vers la plaine de Brie, de la Loire vers le plat pays rhodanien et dauphinois, et depuis le Nord vers le Bassin aquitain et même le pays méditerranéen. Mais ceux qui arrivent à s'installer disent aussi l'échec des autres – la quasi-totalité –, qui demeurent domestiques agricoles, bouviers ou vachers.

Le choc de l'exil

Au bout du compte, à partir des années 1880, l'immense majorité des étrangers restent enfermés dans le monde du travail industriel, dont les possibilités de promotion sociale demeurent forcément limitées. Un univers qui, de surcroît, est de plus en plus étranger, à son tour, à des gens qui viennent de plus en plus loin et, pour l'essentiel, de la paysannerie. L'arrivée en France a de moins en moins la familiarité des voisinages. Les Polonais, notamment, le ressentent au pays même, dès l'entrée au camp de tri : « tragique éloquence », écrit un observateur de 1929, que celle de ces hommes et de ces femmes qu'on « examine, palpe, retourne » pour faire « du raffinage... ». Puis c'est la longue traversée, pour les uns par la Baltique, avec le mal de mer qui l'accompagne, et pour les autres en charrette brinquebalante vers Myslowice, l'entassement dans la promiscuité de dortoirs pouilleux, l'humiliation de l'épouillage, quatre à dix jours de train mal chauffé vers Toul, où l'on rejoint les baraquements, après quatre kilomètres de marche à pied, les bagages à la main. Plus tard, on distribuera bouillon et nourriture, le mauvais état des arrivants frappant, dès 1920, les médecins. Longtemps après, les Arméniens se souviennent, eux que les persécutions et la longue attente en Orient ont écorchés à vif, du transport dans la cale des bateaux et de l'angoisse qui les a saisis au débarquement à Marseille, en entendant, sans les comprendre, les premiers mots de français. Et, pour les Maghrébins, c'est le traumatisme du saut au-delà des mers, traumatisme d'autant plus fort qu'aucun n'imagine que le voyage peut être sans retour.

L'accueil n'aide guère à le faire oublier : les Kabyles, au moins, parlent des rudiments de français, et on les regarde simplement comme d'autres rustauds récemment arrivés des campagnes. Mais les autres ? Les Italiens des années 1880 ont beau être des voisins familiers, les Français s'étonnent de tout ce qui les sépare d'eux : le sens du clan et le clientélisme, la brutalité des mœurs qui les ferait volontiers jouer du couteau, et, surtout, la religion d'un autre temps des *christos,* comme on dit à Marseille, et qui fait désespérer le guesdite *Cri du peuple* de ces « tristes brutes aveuglées de catholicisme ». Quant aux Polonais, dès 1900, les propriétaires terriens de Lorraine s'alarment des 16 fêtes religieuses qu'ils prétendent respecter ! Plus tard, leur piété touche à l'extravagance, même pour les catholiques français, avec leur goût de la procession et du pèlerinage, la rigueur des exercices de carême, l'ostentation de leur foi et cette idéalisation du prêtre, qui est aussi écrivain public et interprète... Les Marseillais, cependant habitués aux turbulences méditerranéennes, ont un haut-le-corps quand ils voient débarquer 10 000 Arméniens d'un coup dans les années 1920, et n'ont de cesse de s'en débarrasser. En 1930, la police de La Voulte, en Ardèche, doit envoyer traduire un tract qu'elle ne sait pas lire, et celle de Saint-Chamond renonce à rendre compte d'une réunion puisqu'elle s'est tenue en langue arménienne. Et quand, en Lorraine, on s'est habitué aux Polonais et à leur catholicisme, voilà qu'arrivent d'autres slaves qui sont uniates ou orthodoxes !

Ils fuient leurs campagnes pour travailler en Europe de l'Ouest, plus urbaine, plus industrielle. Leurs regards inquiets évoquent le traumatisme du voyage et l'appréhension des premiers mois d'installation.
(ÉMIGRANTS À LA GARE ST-LAZARE, 1920.)

369

La bigarrure ethnique

L'exotisme est, bien sûr, à double détente, qui ajoute au désarroi de ces étrangers qui ont tout de l'immigrant. Voici ce couple polonais arrivé en 1920, qui doit communiquer par gestes avec les autres ouvriers agricoles, et ne comprend vraiment ce qu'ils disent qu'au bout de six ans, ou ce Piotr qui, envoyé à l'école, n'y comprend rien, apprend seul le français avant de l'enseigner à ses parents. Comment l'apprendre pour ce Galicien ou ce Posnanien qui, en Lorraine, ne voyaient que des Italiens ? Et ce Stanislas rencontre fort heureusement des Westphaliens à Creutzwald, avec qui il peut au moins parler allemand. Mais, dans le Nord, Posnaniens et Galiciens se tiennent à l'écart des autres Polonais, et, à Fouquières-lès-Lens, les Galiciens de la fosse 9 ne se mêlent pas aux Posnaniens de la fosse 6. À Paris, c'est l'aristocratie kabyle de La Chapelle, de la Bastille et des Gobelins qui ne fraie pas avec les autres Maghrébins. Et, à Marseille, on parle des dialectes différents d'un quartier italien à l'autre, où le mélange avec les dialectes et les anthroponymes corses ajoute à la confusion.

Entre les deux guerres, en effet, maintes communautés étrangères sont devenues des sortes d'amalgames résultant de la rencontre progressive des diverses nationalités ! Cette rencontre s'annonçait simplement dans les années 1910, à l'occasion d'un incident, comme ces bagarres marseillaises de 1912 entre Kabyles, Espagnols et Italiens, et, pendant la guerre, l'hostilité souvent notée entre Maghrébins et Chinois. Dès 1912, le groupe minier normand de La Ferrière-Sormont compte bien 51 p. 100 d'Espagnols, mais aussi 16 p. 100 d'Italiens, 11 p. 100 de Marocains et 17,2 p. 100 d'Orientaux – Albanais, Grecs et Turcs –, presque tous arrivés depuis 1908-1909. Après 1920, la bigarrure devient la règle, même dans les régions d'immigration traditionnelle. Et la fusion qu'elle entraîne reste pratiquement toujours incomplète.

Babel

Prenons au hasard l'exemple du Nord charbonnier. Les Belges n'ont pas cédé toute la place aux Polonais – un mineur sur quatre de l'arrondissement de Béthune –, que comptent déjà les Italiens, les Tchèques et, à la Compagnie d'Anzin, les Kabyles et les Espagnols.

Aux Aciéries de Longwy en 1920, usine de la région où les étrangers sont les plus nombreux (les deux tiers des salariés), on trouve 1 700 Français, 1 030 Italiens, 497 Polonais, 1 194 Belges et Luxembourgeois, 206 Tchèques, Yougoslaves et Russes, et 325 autres encore que l'on peut répartir entre une dizaine d'origines ! Caractéristique est le chassé-croisé qui s'opère dans la ville elle-même, où la population passe de 10 842 habitants en 1896 à 29 000 en 1931 : d'une présence allemande et belge – qui est toujours là, mais moins marquée que par le passé –, on passe à une communauté multinationale, dominée par les Italiens (18 500, donc majoritaires, au lieu de 1 471 en 1896), les Polonais (1 230, alors qu'il n'y en avait aucun) et 2 200 personnes de 21 nationalités « diverses », qui n'étaient que 152, originaires de toute l'Europe et d'une partie de l'Afrique comme le note G. Noiriel.

Cette bigarrure ethnique n'épargne pas les campagnes, comme en ce domaine de Passy-en-Valois, dans l'Aisne, où travaillent, à côté des 50 saisonniers français, 44 Polonais, 16 Belges, 8 Suisses et 4 Tchèques.

Et elle atteint des sommets dans les autres régions nouvellement nées à l'industrie et dans les grandes villes. Saint-Aubin, une bourgade électrochimique des Hautes-Alpes, ne compte pas moins de 15 nationalités, et Ugine plus de 20, dont 600 Russes. Quant au groupe chimique lyonnais, s'il est aux deux tiers espagnol et maghrébin, et si les Arméniens dominent dans la soie artificielle, il emploie aussi des Grecs, des Italiens et des Russes. Grenoble, en 1931, rassemble, pour les deux tiers, des Italiens, mais aussi des Espagnols, des Grecs, des Suisses, 51 nations au total ! Quant à Marseille, où la tradition de cosmopolitisme est cependant ancienne, elle oublie qu'elle fut, avant 1914, simplement une ville italienne ; les Espagnols y déferlent entre 1914 et 1918, et, avec eux, des Maltais et des Maghrébins, dont une partie reste sur place. Puis ce sont les prisonniers allemands. Après 1920, des Italiens continuent d'arriver, avec des Suisses, des Grecs et même des Anglais. Viennent aussi les Arméniens, bien sûr, et les Maghrébins de toutes origines, pour qui le port est la porte d'entrée du territoire français. Au total, un monde de la confusion, où la mobilité va de pair avec toutes les déviances.

Dans le monde des villes et de l'industrie, c'est donc dans un tout autre contexte que s'opèrent assimilation et mobilité sociale. Le premier atout, c'est la connaissance même du français. Pendant la guerre, celle-ci suffit à certains Kabyles pour devenir fraiseurs, ajusteurs, mécaniciens, chefs d'équipe, ou, tout simplement, pour accéder aux mêmes salaires que les manœuvres nationaux. Leur condition résume assez bien le destin de la majorité des ouvriers étrangers : ce sont, pour la plupart, des paysans, ignorants du monde de la technologie industrielle, et qui s'y adaptent tant bien que mal ; plutôt

Les horizons de la condition ouvrière

Journées de travail de l'aube à la nuit, mauvaises conditions de vie : tel est le sort des travailleurs saisonniers dans les campagnes.
(OUVRIERS AGRICOLES NORD-AFRICAINS V. 1939.)

bien d'ailleurs pour les Kabyles, et il est parmi eux des cas de réussite. De même, il faut mettre à part les Polonais passés par la Westphalie : abatteurs bien formés dans les mines allemandes, ils découvrent au contraire avec déception le retard technologique de celles du Nord, du Pas-de-Calais, de Lorraine, où les conditions de travail leur paraissent archaïques : pas de seaux hygiéniques au fond, pas de caisses pour remiser les outils, pas de douches... La minceur des couches les empêche de gagner autant que dans la Ruhr, boisage et roulage leur prennent plus de temps, etc. À l'inverse des Posnaniens, ils n'ont pas beaucoup d'effort à faire pour devenir aides-porions.

Mais les Italiens ? Dans le bâtiment et les travaux publics, ils savent faire valoir une réelle compétence à travers le réseau des clientèles. Ils savent jouer aussi de la diversité du travail pour accéder à des postes de spécialistes – carreleurs, mosaïstes, marbriers – ou de maîtrise – chefs d'équipe ou de chantier. Il n'en va pas de même à la mine, où, en Lorraine, avec l'angoisse du travail souterrain, les chants des Italiens que notent les observateurs ont tôt fait de s'éteindre. Et, dans la sidérurgie, ils accèdent rarement aux emplois qualifiés, qui sont occupés, comme dans les houillères du Nord, par des Français – jusqu'au jour où arrivent, précisément, des Polonais et des Tchèques.

Comme des Auvergnats ou des Bretons...

Après tout, le destin des travailleurs étrangers ne renvoie-t-il pas à ce que fut, d'abord, celui des provinciaux venus au XIXe siècle à la ville et à l'usine, toujours issus de plus loin, toujours plus exotiques même, arrivant par vagues successives dont chacune permet l'assimilation et l'ascension sociale de celle qui l'a précédée ? Elles viennent se fondre, l'une après l'autre, dans la communauté nationale et dans la société industrielle. La prise en compte des étrangers présents au moment des recensements dissimule l'incapacité à se fixer et à s'adapter de ceux qui ne font que passer, fait oublier qu'une part des étrangers est restée étrangère et est repartie, chez elle ou ailleurs. Mais, en sens inverse, l'inventaire des nationalités ne rend qu'en partie compte d'une présence dont, justement, la réussite et l'assimilation font disparaître jusqu'aux traces, signe ultime de la force et de l'efficacité d'un melting-pot à la française. Si le nombre des Belges décline, c'est parce qu'il en est beaucoup qui sont devenus français ; il en va de même pour les Italiens de la première vague, celle des années 1880, et dont l'assimilation est estompée par la force de la seconde, celle des années 1920 ; pour les Polonais et les autres, on sait que, simplement, il faudra attendre l'après-guerre.

Réseaux familiaux, communautés de compatriotes et quartiers étrangers ne seraient-ils que des groupes intermédiaires, des sortes de sas d'acclimation, qui permettent de ne pas totalement rompre avec un pays natal qu'on oublie et un pays d'accueil qui, lui, a le visage de l'étrangeté ? Tel est, à coup sûr, leur rôle, même s'ils ne sont pas vécus comme tels sur le moment, ni par ceux et celles qu'ils entourent et protègent, ni par les Français eux-mêmes. L'opinion des années 1920 est fortement marquée de l'étrangeté grandissante de ces étrangers. Non pas que ce soit là un sentiment nouveau, mais le nombre lui donne une autre dimension, d'autant que la traditionnelle immigration de la main-d'œuvre est, de plus en plus, contaminée par les effets des bouleversements politiques qui suivent la Première Guerre mondiale.

Y. L.

XVI

LE JUIF ERRANT

Dans les années 1880, les Juifs, émancipés depuis la Révolution, désormais acculturés, profondément patriotes, apparaissent dans tous les secteurs de la vie nationale. Mais, au même moment, un ensemble de phénomènes contribuent à redonner à l'anti-judaïsme une vigueur et une ampleur toutes particulières : la révolution industrielle, qui a pour effet d'ébranler et d'effriter progressivement le monde traditionnel, rural et catholique ; l'établissement difficile de la république laïque contre les forces sociales liées à l'Église catholique ; l'élaboration des doctrines socialistes hostiles au capitalisme et à l'argent ; la force des nationalismes européens qui conduit chaque nation à suspecter les étrangers ; enfin l'invention du concept « scientifique » de la race et la diffusion du mythe aryen. □

A la même époque, les Juifs français multiplient les expressions du patriotisme le plus fervent. À leurs yeux, il se trouve alors en accord avec le meilleur des traditions du judaïsme et avec les valeurs universelles de liberté et d'égalité apportées au monde par la Révolution française. Il peut ainsi se glorifier de la double référence à l'universel et au judaïsme. « Les temps du Messie étaient venus avec cette nouvelle société qui, à la vieille Trinité de l'Église, substituait cette autre Trinité, dont les noms se lisaient sur toutes les murailles : Liberté, Égalité, Fraternité » (Maurice Bloch). Et Zadoc Kahn, grand rabbin de France, évoque en ces termes la Révolution française : « On dirait que l'ère annoncée par les prophètes d'Israël a enfin lui sur le monde. » Convertis aux valeurs révolutionnaires, assimilés à toutes les formes de culture française par l'enseignement qu'ils fréquentent avec enthousiasme et qui leur permet de réconcilier le messianisme hérité de leurs pères avec le patriotisme, le respect des valeurs traditionnelles avec la participation nécessaire au monde moderne, les Juifs français ne peuvent alors comprendre le déchaînement de haine qu'ils provoquent. Multipliant dans tous les organes de presse, dans les cérémonies de la synagogue les expressions de leur foi en la France et de leur patriotisme, ils ne peuvent supposer que la France, pour laquelle ils montrent une fidélité éperdument reconnaissante, puisse ne pas reconnaître leurs sentiments. Ce n'est pas un hasard si l'un des « Adieux à l'Alsace » les plus passionnés et les plus fervents fut exprimé par le grand rabbin Isaac Lévy, le 6 juillet 1872, à la synagogue de Colmar : « Mes frères, depuis ma jeunesse j'ai aimé notre patrie d'un amour vif et ardent [...]. Je l'aimais surtout parce qu'elle était grande par le cœur, parce qu'elle était bonne et généreuse, parce qu'elle prenait en main la cause des faibles et des opprimés, parce qu'elle était l'initiatrice du progrès, l'apôtre de la civilisation, parce que sur son sol germaient les nobles idées de tolérance et de fraternité, pour se répandre de là sur l'univers entier, parce que dans les plis de son glorieux drapeau elle a apporté les bienfaits de la liberté et de l'égalité aux peuples mêmes qui, depuis, se sont rués sur elle et l'ont abattue sanglante à leurs pieds. »

On pourrait penser que le patriotisme proclamé dans la presse juive et par les rabbins à la synagogue s'exprimait d'autant plus fortement qu'il était violemment mis en question par certains milieux sociaux. Qu'il y ait eu une part de politique est probable. Mais les témoignages littéraires et les entretiens recueillis aujourd'hui dans les familles juives évoquent spontanément le patriotisme des grands-parents, inscrit dans la tradition familiale. « C'était le pays de la liberté, et puis, quand même, c'était la France qui avait commencé à libérer les Juifs. C'est une chose qui est restée très profondément ancrée dans le souvenir, malgré l'Affaire Dreyfus. Oui, oui, c'est vraiment très profond, une espèce de reconnaissance qui vient de loin. » (D'après l'enquête pour la Mission du patrimoine, 1982.)

Alors que leurs ennemis tendent d'autant plus à les considérer comme des étrangers que beaucoup de Juifs sont alors originaires de Lorraine et d'Alsace, les Juifs alsaciens et lorrains insistent sur leur choix en faveur de la France, sur le traumatisme du départ, les sacrifices consentis par leurs grands-parents pour s'arracher à la région et transmettre précieusement à leurs descendants l'acte d'option pour la France, les déclarations, les anciens passeports : « Toute la famille était installée à Metz et, en 1870, ils ont tous

« Pour la patrie, mort du rabbin Abraham Bloch. Imploré par un blessé catholique, il lui fait embrasser un crucifix et tombe frappé d'un éclat d'obus. »

(IMAGERIE POPULAIRE, XIXe S. BIBLIOTHÈ-QUE DES ARTS DÉCORATIFS, PARIS.)

quitté la Lorraine pour ne pas devenir allemands. [...] Les grands-parents, les parents, toute la famille, les oncles et les tantes, toute la famille est revenue dans la partie française. » Même les membres de la famille qui n'ont pas quitté l'Alsace affirment leurs sentiments français : « Ma grand-tante habitait un petit village, il y avait une mine de pétrole. Avant la guerre de 1914, les propriétaires étaient français. Par permission du gouvernement impérial allemand, quand ils venaient visiter leur propriété, on leur permettait d'attacher des wagons français à la frontière. Eh bien ! ma grand-tante se levait à 6 heures du matin, à 5 heures du matin pour aller à la gare voir un wagon français. » *(Op. cit.)*

Les nouveaux aliments de la pensée antisémite

C'est pourtant à la même époque que se précisent les thèmes de l'antisémitisme qui seront inlassablement repris au cours des années 1880. Ces thèmes ne sont pas nouveaux, ils ont été élaborés et développés tout au long du siècle par les penseurs socialistes. Toutefois, au début de la IIIe République, les milieux conservateurs et catholiques prennent le relais et les diffusent de manière démesurée, sans d'ailleurs que les socialistes les abandonnent pour autant.

Dépassant de beaucoup son maître Fourier, qui assimilait le Juif à la finance mais ne faisait pas de l'action des Juifs le moteur unique et universel de l'histoire humaine, Alphonse Toussenel formule le premier un thème promis à une large diffusion dans son livre, publié en 1845 à la Librairie de l'École sociétaire, *les Juifs, rois de l'époque, histoire de la féodalité financière*. Dénonçant la puissance moderne de la grande banque, il identifie toute la banque aux Juifs et tous les Juifs à la banque. C'est par le biais de la finance qu'ils étendent leur pouvoir à la société tout entière. Mais cette association classique du Juif et de l'argent prend un sens nouveau dans la société moderne. La banque non juive est juive quand même, puisque protestante donc enjuivée. « Tous les liseurs de la Bible, qu'on appelle Juifs ou Genevois, Hollandais, Anglais, Américains, ont dû trouver écrit dans leur livre de prières que Dieu avait concédé aux serviteurs de la loi le monopole de l'exploitation du globe. »
À l'assimilation séculaire du Juif et de l'argent s'ajoute le thème nouveau de l'assimilation du Juif à l'étranger, donc à l'ennemi : le Juif cosmopolite est, par nature, ennemi des patries. « La féodalité industrielle se personnifie dans le Juif cosmopolite. » D'ailleurs, « le trafiquant anglais, américain, hollandais ne tient pas plus au sol que le trafiquant juif ». La traîtrise s'incarne dans l'activité commerçante, industrielle et surtout financière, le Juif devenant l'archétype de ces traîtres. Le vieux mythe du Juif errant, étranger à toute nation, prend une vigueur nouvelle quand la patrie, dans les milieux

Les Rois de l'époque

socialistes, est élevée au rang d'une véritable divinité, remplaçant le Christ. Être apatride, c'est profaner ce que les autres adorent. Or, la finance n'ignore-t-elle pas les frontières ?

Du coup, la traditionnelle « perfidie » des Juifs, héritée du fonds chrétien, se transforme en une véritable conspiration internationale dont la patrie française devient la première et innocente victime. En conséquence, « un Juif citoyen français, l'accouplement de ces deux mots me paraît monstrueux », écrit Toussenel, et, finalement : « Il n'y a plus que deux partis en France : celui des rouges, celui des blancs ; celui des républicains, celui des cosaques ; celui des travailleurs, celui des fainéants ; le parti français, le parti juif. »

Toussenel ne reste pas isolé. L'expression « les Juifs, rois de l'époque » devient bientôt traditionnelle chez les penseurs socialistes du XIXe siècle (Pierre Leroux, par exemple). Leur haine de l'économie moderne les conduit à assimiler les Juifs à leurs ennemis privilégiés, d'abord les Anglais, puis les Allemands. Certains socialistes se distinguent par la violence de leur antisémitisme ; l'un d'eux, Auguste Chirac, dans une lettre ouverte à Drumont, revendique hautement, et d'ailleurs à juste raison, le titre de précurseur : « J'ai ouvert toutes les portes que vous avez enfoncées. » Jaurès lui-même qui, en 1890, avait accusé les antisémites d'être des « charlatans », des « singes malfaisants », écrira plus tard, dans *la Petite République* du 13 décembre 1898 : « Si M. Drumont avait eu la clairvoyance qu'il s'attribue tous les matins, il se serait borné à dénoncer dans l'action juive un cas particulièrement aigu de l'action capitaliste. Comme Marx, qu'il citait l'autre jour à contresens, il aurait montré que la conception sociale des Juifs, fondée sur l'idée de trafic, était en parfaite harmonie avec le mécanisme du capital. Et il aurait pu ajouter sans excès que les Juifs, habitués, par des spéculations séculaires, à la pratique de la solidarité et façonnés dès longtemps au maniement de la richesse mobilière, exerçaient dans notre société une action démesurée et redoutable. Ce socialisme nuancé d'antisémitisme n'aurait guère

Le Juif errant. De nombreuses légendes véhiculent encore au XIXe s. le mythe du Juif sans patrie condamné à errer pour expier sa faute : sa responsabilité dans la mort du Christ.

(ÉTIQUETTE DE LIQUEUR, 1880. BIBL. DES ARTS DÉCORATIFS, PARIS.)

soulevé d'objection chez les esprits libres. » L'assimilation du Juif au capital empêchera longtemps les socialistes de renoncer à leur antisémitisme.

L'opposition fondamentale entre Juifs et Français, brillamment démontrée par Toussenel, devient un thème constant chez les penseurs socialistes. Mais c'est la droite qui lui donne, à partir des années 1880, une diffusion et une ampleur sans précédent.

De la gauche
à la droite

Jeanne d'Arc, « la bonne Lorraine », symbole de l'espérance et de la revanche, devient, à la fin du XIXe s. l'objet d'un culte nationaliste encouragé par l'Église qui la proclame bienheureuse en 1907, puis sainte et patronne de la France en 1920.

(MANIFESTATION DES ÉTUDIANTS CATHOLIQUES DE L'UNION NATIONALE AU MONUMENT DE JEANNE D'ARC. PETIT JOURNAL, 1894.)

Le premier nationalisme français, jusqu'aux années 1870, était étroitement lié aux aspirations libérales, à la fidélité à l'héritage idéologique et sentimental de la Révolution. Il permettait de concilier un certain chauvinisme avec le messianisme humanitaire hérité de l'idéal révolutionnaire. Patriotisme et vision universaliste, au nom des Lumières diffusées par la Révolution, pouvaient tout à fait cohabiter, même s'ils s'accompagnaient de l'expression de la xénophobie et du rejet de l'« Allemand » et plus encore de l'« Anglais ».

La ligne bleue
des Vosges

La défaite de 1870 donne au sentiment national, que Raoul Girardet définit comme « le souci prioritaire de conserver l'indépendance, de maintenir l'intégrité de la souveraineté et d'affirmer la grandeur de l'État-nation », une forme agressive, qui se traduit par la haine et le mépris de l'étranger. La défaite militaire, le traité de Francfort, l'abandon de l'Alsace-Lorraine, la puissance de l'Empire allemand conduisent les Français à passer d'un patriotisme « humanitaire » à un amour exclusif et jaloux pour la patrie humiliée et amputée. Les « intellectuels » proclament haut et fort leur volonté de rompre avec le cosmopolitisme de la période précédente (le mouvement ne s'inversera qu'au début du XXe siècle). On ne peut surestimer l'ampleur de la xénophobie qui s'étend dans l'opinion française au cours des années qui suivirent la défaite de 1870.

L'obsession de l'Allemagne et de la revanche marque la pensée française pendant toute cette période. On connaît les pages célèbres de Renan et de Fustel de Coulanges défendant la conception française de la nation contre la conception allemande. « La patrie, c'est ce qu'on aime. Il se peut que l'Alsace soit allemande par la race et par le langage. Mais par la nationalité et le sentiment de la patrie, elle est française [...]. Elle a partagé nos victoires et nos revers, notre gloire et nos fautes, toutes nos joies et toutes nos douleurs. Elle n'a rien de commun avec vous. La patrie, pour elle, c'est la France. L'étranger, pour elle, c'est l'Allemagne. » (Fustel de Coulanges.)

Dans toutes les provinces françaises et dans tous les milieux sociaux, le nationalisme s'exprime dans d'autres termes, mais avec autant de force. Le rêve de la revanche, la haine de l'étranger et surtout de l'Allemand nourrissent la vie sociale. On en a des témoignages particulièrement vifs en Lorraine, où la tradition patriotique et la proximité des provinces perdues exaspèrent ce sentiment. Le culte de Jeanne d'Arc, qui s'y développe alors, se définit comme l'expression même du patriotisme. Au pèlerinage de Domrémy, on chante de manière significative :

« N'est-ce point là qu'elle a reçu la vie
La noble enfant qui devait nous sauver,
Qu'elle a sucé l'amour de la Patrie
Et respiré l'horreur de l'étranger. »

Le nationalisme devient donc ainsi un mouvement de défense et de repli sur soi.

Cette xénophobie s'exprime à l'égard de tous les pays européens. C'est le moment où s'affirme l'idée d'un antagonisme éternel entre une Allemagne condamnée à une perpétuelle conquête et une France toujours menacée.

L'hostilité envers l'Anglais, dont un manuel de géographie destiné aux enfants des écoles rappelle « l'égoïsme, la rapacité et l'étroitesse de son idéal, trop exclusivement borné à acquérir et à gagner de l'argent », n'est pas moins grande. Les descriptions stéréotypées et les caricatures de l'Italien ne manquent pas, soulignant sa paresse, sa traîtrise, son obséquiosité ou sa malhonnêteté, ainsi que sa prédilection pour les activités parasites qui visent à l'exploitation de l'étranger.

Mais cette xénophobie s'attaque bientôt aux « ennemis de l'intérieur », assimilés aux étrangers : les apatrides, les cosmopolites, les Juifs, manipulés par l'étranger, ne peuvent être que des traîtres, ce qui permet, d'ailleurs, d'expliquer l'inexplicable défaite face à l'Allemagne. Entre le boulangisme et l'Affaire Dreyfus, c'est sur l'ennemi de l'intérieur que se concentre de manière privilégiée la xénophobie. Les Juifs, assimilés successivement, ou en même temps, aux Anglais, aux Allemands ou aux Russes, deviennent l'archétype de l'étranger. Barrès déclarera qu'il a été « à la guerre » au temps de l'Affaire Dreyfus. Il faudra qu'au début du XXe siècle la situation internationale devienne explosive pour que la lutte contre l'ennemi de l'extérieur devienne prioritaire.

L'Affaire Dreyfus ne fera que révéler au grand jour l'antisémitisme latent de la société française à la fin du XIXe siècle. Cette affiche électorale du dessinateur à la mode Adolphe Willette donne une idée de la vigueur des fantasmes antisémites qui se sont emparés de certains esprits.

(1889. BIBL. DES ARTS DÉCORATIFS, PARIS.)

Le catholique, le Juif et le républicain

On sait que le véritable ciment du « parti républicain » est sa volonté de séculariser l'État et la vie sociale. Comme le dit Jules Ferry à la Chambre des députés, le 3 juin 1876, il se montre ainsi fidèle à la Révolution française, dont la « grande passion » est « d'avoir constitué cet État laïque... d'avoir achevé de rendre les organes de la société exclusivement laïques... d'avoir enlevé au clergé son organisation politique, son rôle de corps de l'État ». L'anticléricalisme républicain, exaspéré par l'engagement de l'Église aux côtés des conservateurs sous l'Empire et l'Ordre moral, s'emploie à ôter au clergé son influence sociale et son autorité politique. Des mesures de sécularisation achèvent l'œuvre de la Révolution : suppression de la loi de 1814 interdisant de travailler le dimanche, abolition du caractère confessionnel des cimetières et des funérailles, laïcisation des hôpitaux, enlèvement du crucifix dans les prétoires, vote de la loi Naquet instituant le divorce en 1884, établissement de l'école laïque, gratuite et obligatoire en 1889.

Juif, républicain même combat

C'est dans ce contexte de luttes violentes opposant les républicains et les catholiques qu'il faut comprendre l'assimilation que font ces derniers entre les Juifs et les républicains et le rôle moteur des catholiques dans le développement de l'antisémitisme français. Très attachés à la tradition de la Révolution, qui les avait émancipés et leur avait accordé la citoyenneté, les Juifs commencent à apparaître dans l'administration, dans l'armée et dans la politique au sein du parti républicain. La tentation pour les catholiques, formés par l'enseignement religieux au mépris des Juifs, devient alors grande de les englober dans la haine qu'ils portent aux républicains et, plus encore, d'en faire le symbole même de leurs ennemis.

Il est vrai qu'à partir de 1890 s'amorce le ralliement de l'Église officielle à la République. En novembre 1890, le cardinal Lavigerie admet qu'on doit reconnaître la volonté exprimée par le suffrage universel et accepter les institutions nouvelles. Il affirme également la volonté de l'Église de lutter contre le « péril social » et se réclame du patriotisme devant lequel toutes les autres fidélités doivent céder : « Le moment vient de sacrifier tout ce que la conscience et l'honneur permettent, ordonnent à chacun de nous de sacrifier pour l'amour de la patrie. » L'encyclique du pape Léon XIII *Au milieu des sollicitudes,* en février 1892, consacrera la nouvelle position de l'Église à l'égard de la République. Mais ce ralliement voulu par le pape n'est pas suivi par le monde catholique, où domine la réserve à l'égard de l'initiative pontificale. Seuls deux évêques approuveront le cardinal Lavigerie. L'accueil fait à l'encyclique sera mitigé. La masse du clergé restera violemment antirépublicaine et cette attitude viendra renforcer son antisémitisme traditionnel.

« La Croix » part en campagne

C'est ce que montre le succès énorme du journal *la Croix,* dont l'antisémitisme a été étudié par Pierre Sorlin. *La Croix* constitue alors une sorte de *Journal officiel* de l'Église, qui n'a jamais désavoué ses campagnes antisémites. La première date de 1886 ; au travers de ses articles, l'amiral Gicquel des Touches développe le thème de la guerre que les Juifs, alliés aux francs-maçons, mènent contre l'Église. Il reprend l'argument désormais classique de la richesse des Juifs et du pouvoir qu'elle leur donne. Mais il est le premier, à cette époque, à reprendre la distinction, qu'avait déjà faite Toussenel, entre les Juifs et les Français. « Israël est bien un peuple [...]. Par le fait même de sa nationalité distincte, il n'a aucun titre à partager la nôtre. » Les Juifs, étant des étrangers, devraient rester cantonnés dans des fonctions subalternes. Or, « ils sont à peine 70 000 en France et ils sont représentés dans les ministères, au Sénat, à la Chambre. Ils sont quarante de leur race à l'École polytechnique, ils envahissent à Paris les charges de courtiers. On les retrouve dans toutes les trésoreries générales. Autrefois, ces positions étaient réservées à de vieux serviteurs du pays [...]. Aujourd'hui, pourvu que l'on soit de la *bande* de ceux qui nous dépouillent, peu importe le coin de la Russie ou de l'Allemagne dont on est sorti. On a droit aux lambeaux de la France catholique. » La formule, si souvent répétée, « l'invasion » juive, démontre le caractère étranger, donc ennemi, des Juifs.

Gicquel des Touches reste relativement isolé pendant les cinq mois de sa campagne de 1886. En revanche, lorsqu'en 1889 *la Croix* devient, par sa diffusion, le grand journal du monde catholique, l'antisémitisme y est régulier, quasi permanent : le thème de l'étranger domine. On oppose « les honnêtes gens, les catholiques et les Français », d'une part, aux « voleurs laïcisateurs, persécuteurs, francs-maçons, juifs, prussiens », d'autre part. Sans que le fait soit clairement énoncé, toutes les affirmations impliquent que les Juifs sont exclus de la communauté nationale. On souligne que leurs intérêts coïncident avec ceux de l'Allemagne (24 mai 1889). Les Français, eux, travaillent pour le pays, alors que les Juifs ne cherchent qu'à s'enrichir, et l'on en conclut à l'impossibilité d'intégrer les Juifs. « Les Juifs, forcés par le besoin, se soumettent extérieurement à l'autorité des États non juifs, mais jamais ils ne peuvent consentir à en devenir une partie intégrante » (10 novembre 1889). « Qui croira au dévouement que manifestent pour la monarchie, pour la république comme pour la révision [du traité de Francfort] des Juifs, allemands pour la plupart... ils s'en moquent. »

Le Juif cosmopolite devient également responsable du développement de la finance internationale et de la diffusion du socialisme international. « On ne remarque pas assez l'ingérence du Juif cosmopolite, du Juif allemand surtout, dans le socialisme. » Individuellement pervers et dangereux pour l'équilibre social, les Juifs constituent un véritable péril pour la nation, plus redoutable même que les Allemands, puisqu'ils sont « dans la place » et qu'ils y « pullulent ». « Un peuple étranger a été accueilli, les portes de la cité lui sont ouvertes, l'administration lui a été donnée, il envahit notre armée elle-même : profondément uni aux intérêts de ses compatriotes, il est en Amérique, en Allemagne, en Angleterre, partout. Est-ce que M. Rothschild n'est pas le chef avéré des finances de l'Italie, notre ennemie, en même temps que régent de la Banque de France ? » (12 août 1890). À lui seul, le Juif incarne tous les ennemis de la France.

Le ver dans le fruit

En octobre 1890, le père Bailly cite favorablement dans un article « un homme de cœur qui nous écrit : ne serait-il pas nécessaire de faire une pétition que signeraient tous les Français qui veulent se débarrasser du joug qui les opprime et demander au Parlement 1° que les Juifs, ne pouvant avoir deux nationalités, reprennent en France la situation d'étrangers, 2° que les étrangers qui troublent la paix du pays, qui excitent les diverses classes de citoyens les unes contre les autres, en semant la haine et les divisions, soient expulsés de France. »

L'Affaire

Aussi, lorsqu'éclate la révélation de la « trahison » de Dreyfus, le père Bailly, qui dénonçait auparavant le danger créé par l'entrée des Juifs dans l'armée, triomphe sans modestie : « On savait que l'administration, l'armée, la magistrature comme les finances sont encombrées d'étrangers, Juifs internationaux qui se poussent les uns les autres pour prendre les nations chrétiennes. Par une permission providentielle, un capitaine juif, Dreyfus, a été arrêté. Il s'était introduit dans les bureaux du ministère de la Guerre, s'occupait de mobilisation et envoyait les plans à l'étranger ; bien plus, *il livrait le nom de tous les officiers français qu'il envoyait lui-même à l'étranger pour espionner...* Cet officier était riche et, pour lui, l'argent n'était qu'un surcroît. C'était l'ennemi juif trahissant la France [...]. Puisque la Providence permet de justifier si bien, avec Dreyfus, ce qu'on dénonçait depuis longtemps, nous demanderons, pour la France, un service à nos lecteurs. Nos correspondants nous ont plusieurs fois signalé le danger des fonctionnaires étrangers dans certaines situations près de la frontière ; le moment est venu de dresser leur liste. On s'étonne qu'ils soient parvenus ainsi si nombreux à la frontière, comme on s'étonne de trouver Dreyfus dans les bureaux de la Guerre pour diriger l'espionnage. » En même temps apparaissent quotidiennement dans le journal des caricatures qui occupent jusqu'au quart de la première page et brodent sur le thème de la traîtrise : un Juif vend des papiers à un Allemand ; un couple a deux fils, l'un en uniforme allemand, l'autre en uniforme français, et décide que le troisième sera anglais, etc.

Bien que Dreyfus ait, selon la Bonne Presse, trahi au profit du kaiser, le journal insiste sur le fait que le Juif est vendu à l'Angleterre. « Le Juif anglais a été et est encore plus néfaste pour la France que le Juif allemand. Le Juif allemand s'est mis au service de la philosophie, de l'athéisme et du socialisme allemand ; le Juif anglais sert le protestantisme, le libre-échangisme et la ploutocratie financière de l'Angleterre. Sans nier le péril allemand, il ne faut pas que la France oublie que l'Angleterre est l'ennemie séculaire. » L'hostilité du monde catholique traditionnel et rural à l'égard de la modernité et les rivalités coloniales nourrissent le fantasme d'une Angleterre juive. « Rien de plus judaïsant que la protestante Angleterre, le pharisaïsme, l'esprit de lucre, l'injustice des moyens qui y sont en constante floraison. » Si la France s'appauvrit, c'est que les Juifs travaillent pour la classe financière anglaise : « La France ne s'appartient plus ; elle a été conquise par une bande de Juifs et de francs-maçons venus de l'étranger. »

La nation juive

Par sa campagne, quotidiennement répétée, *la Croix* a progressivement « imbibé », selon le mot de Pierre Sorlin, l'esprit de ses lecteurs de l'idée

Le 5 janvier 1895, le capitaine Dreyfus est dégradé dans la cour de l'École militaire. Le 21 février 1895, il sera déporté à l'île du Diable, en Guyane.

(LE CAPITAINE DREYFUS SORTANT DU TRIBUNAL, 1895. COLLECTION SIROT, BIBLIOTHÈQUE NATIONALE, PARIS.)

que les Juifs forment un peuple inassimilable, souhaitant préserver sa différence. À partir de 1889, le journal ne parle plus que de « nation » juive, sous le nom d'« Israël », qui, au moment où les nationalismes s'exaspèrent, ne peut que s'opposer à la « nation française » et constituer pour elle une grave menace.

Les campagnes de *la Croix* trouvent aussi un écho dans les milieux démocrates chrétiens qui commencent à s'organiser vers 1893-1894. Leur hostilité envers les Juifs, proche dans son inspiration de celle des socialistes, découle de leur anticapitalisme, de leur condamnation du monde des affaires, qu'ils jugent individualiste et jouisseur, profondément antichrétien. Mais ils reprennent aussi le thème dominant de *la Croix* : fondamentalement et définitivement inassimilables, les Juifs forment en France une « nation » étrangère.

Les déracinés

Ce que la presse catholique traduit, de manière passionnée, c'est la protestation de tout un monde antimoderne contre l'Argent et les mécanismes économiques qu'il comprend et maîtrise mal, contre la domination des hommes de la Bourse et de la finance : aristocratie rurale, bourgeoisie provinciale, petits artisans et petits commerçants des grandes villes, responsables des entreprises industrielles dépassés par le progrès technique et menacés de ruine, tous ceux que Maurice Barrès qualifiera de « déracinés ». La dénonciation de la finance juive, héritée du mouvement socialiste, est adoptée par une droite qui recrute de plus en plus dans une petite et moyenne bourgeoisie traditionnelle, hostile au système capitaliste et incapable de s'adapter à la société industrielle ; elle va trouver dans la « finance juive internationale » le bouc émissaire idéal. « Les Rothschild se sont emparés du contrôle souverain de la Banque, de la propriété et du contrôle des principaux chemins de fer, de la propriété et du contrôle des principales compagnies d'assurances, propriétaires anonymes d'une richesse incalculable [...]. Pour tout cela, ils n'ont jamais rendu un service au pays [...]. Je dirais plus, ils ont toujours prêté leur concours aux ennemis de la France et leur fortune provient de nos désastres [...]. Nous citerons ensuite la livraison de Suez aux Anglais : le transfert des actions fut fait dans le bureau et par les soins de Rothschild. Combien a-t-il gagné, pour livrer aux Anglais l'œuvre du travail français et l'Égypte ? » (Morès, *Rothschild, Ravachol et Cie*).

On ne saurait oublier que cette résistance du monde traditionnel à l'économie moderne est renforcée, entre 1885 et 1895, par le malaise économique, la concurrence croissante des produits manufacturés étrangers, l'arrivée d'immigrants d'Europe centrale, autant de facteurs qui contribuent, à leur manière, à nourrir la xénophobie.

Dans le climat de lutte entre l'État laïque et l'Église, le krach de la banque de l'Union générale, qui, précisément, a été fondée sous l'influence de l'Église par ces milieux traditionnels soucieux de « christianiser les capitaux », c'est-à-dire d'arracher les capitaux des mains des Juifs et d'affaiblir le judaïsme, apparaît comme une défaite de la bourgeoisie traditionnelle devant les nouvelles couches dirigeantes, une défaite des monarchistes légitimistes et des catholiques devant les républicains. Les Rothschild et l'ensemble des banques juives sont aussitôt accusés d'en être directement responsables. Plus généralement, l'hostilité atavique des Juifs contre les chrétiens et leur volonté de domination expliqueraient et le krach et le scandale. L'échec de cet effort pour maîtriser les moyens de l'économie moderne alimente encore dans ces milieux l'idéologie antirépublicaine et l'antisémitisme.

Christianiser la banque

Pour ce monde conservateur, le Juif, étranger, est aussi le révolutionnaire. Comme l'écrit l'abbé Chapeauty dans son livre *les Juifs, nos maîtres* (1882) : « À l'heure présente, la Révolution dans toute sa réalité, c'est la nation juive agissant dans le monde entier, par les ordres de ses chefs, en plusieurs corps d'armée et sous plusieurs enseignes, au dehors et à l'encontre de la société catholique et chrétienne. » Le Juif est toujours « au dehors », puisque sa caractéristique, « c'est de demeurer étranger dans tous les pays qu'il habite et de ne pas adopter la patrie qui lui donne asile », d'être « partout en état de campement, toujours étranger ». D'ailleurs, le R.P. Pascal ne craint pas de proposer une loi stipulant dans son article 2 : « Les Juifs sont assimilés aux étrangers ». Une proposition de loi, appuyée par 32 députés, fut déposée sur le bureau de la Chambre des députés en novembre 1891, visant à l'expulsion de tous les Juifs de France.

Sont-ils vraiment français ?

Conseil d'Israël. « Mon pon Roufier, l'archent s'enfuit au boint gue nous n'aurons piendôt blus rien à cradder : c'est à se temanter técitément si cette bolidique te berségutions n'est bas la blus otieuse te dudes les bolidiques. »

La division des populations en races et la reconnaissance des Juifs comme formant l'une de ces races est une vérité acceptée par tous. Les Juifs eux-mêmes l'admettent. Certains affirment que les dimensions du crâne « juif » sont supérieures à celles du crâne « chrétien ». On accepte l'idée qu'il s'agit d'une race « faite pour la lutte », d'une race « militante ». On espère ainsi lutter contre l'idée – alors unanimement acceptée comme vérité scientifique – de l'infériorité des « Sémites » devant les « Aryens ». La notion de race juive permet d'ailleurs à un Juif laïque comme Alfred Naquet de reconnaître sa judéité – « Je suis Juif de race et non de religion » – et d'avancer l'idée « qu'il y avait chez les Juifs, relativement à la race aryenne, une infériorité. Il y a eu par rapport aux Juifs une fécondation intellectuelle par l'Aryen ». Rien n'est plus révélateur de la fascination exercée par l'Aryen que le texte, cité par Léon Poliakoff, d'un journaliste du *Figaro,* évoquant avec admiration, le 28 février 1882, l'arrivée des Prussiens à Paris en 1870 et leur opposant la pitoyable présence des banquiers juifs qui les suivaient : « L'ensemble en était grandiose. Leurs cheveux d'un blond roux, leurs moustaches fortement plantées et d'un jet hardi, leur teint clair et rouge à la fois, leurs yeux d'un bleu de ciel au rayon farouche rappelaient à s'y méprendre le portrait de ces mêmes hommes, tracé autrefois par le burin de Tacite [...]. Derrière ces centaures tout bardés de fer et étincelants d'acier s'avançaient, enfourchés sur leurs chevaux comme des pincettes, des personnages bizarres vêtus de longues houppelandes brunes et ouatées. Mines allongées, lunettes d'or, cheveux longs, barbes rousses et sales, vermiculées en tire-bouchons, chapeaux à larges bords, c'étaient autant de banquiers israélites, autant d'Isaac Laquedem, suivant l'armée allemande comme les

LA LÈPRE

I

DOCTEUR CELTICUS

LES 19 TARES

corporelles visibles

POUR RECONNAITRE UN JUIF

(avec 19 dessins hors texte)

PRIX : 1 franc 50

LIBRAIRIE ANTISÉMITE, 13, RUE VIVIENNE
PARIS

À la suite de l'engouement pour la morphopsychologie, de nombreuses brochures à vocation pseudo-scientifique prétendent définir des traits, voire des « tares », permettant de reconnaître un Juif. Le national-socialisme allemand développera largement le champ de ces prétendues observations scientifiques.

(1903. BIBLIOTHÈQUE NATIONALE, PARIS.)

vautours. À cet accoutrement, il n'était pas difficile de reconnaître leur profession. C'étaient évidemment les comptables ou financiers juifs chargés de l'encaissement de nos milliards. »

Dans les années 1890, les anthropologues, inquiets de l'utilisation de leurs travaux par les antisémites, reviennent sur bon nombre de leurs affirmations. Renan fait devant la Société des études juives une conférence sur le mauvais usage du terme de race à propos des Juifs. Cette conférence sera abondamment citée et utilisée par les intellectuels et les responsables juifs. Mais les mises au point des savants, peut-être suivis par l'opinion la plus éclairée, n'auront guère d'effet sur les manières générales de penser. La meilleure preuve en est que même les Juifs, en principe hostiles à l'idée de race juive, continueront à défendre les qualités de la « race juive » ou de la race « sémite » contre la supériorité toujours affirmée et acceptée de la race aryenne. Ils expriment ainsi tout naturellement leur sentiment d'appartenance ou de fidélité au judaïsme dans le langage familier de l'époque, venu de la biologie. Dès lors, on peut comprendre le mot célèbre de Barrès : « Que Dreyfus soit capable de trahir, je le conclus de sa race. » Le concept de race donne un caractère biologique, donc nécessaire et définitif, aux particularités juives qui, cessant d'être explicables par des conditions historiques, deviennent une nature : la race juive ne peut que rester étrangère. Le darwinisme social et le racisme viennent ainsi ajouter leur dimension propre à l'argumentation historique, religieuse et politique des socialistes et des catholiques.

C'est Édouard Drumont qui aura le « mérite » de faire la synthèse la plus explosive et la plus frappante du courant socialiste et du courant catholique. Les thèmes de *la France juive* n'innovent guère. Si Toussenel eut l'influence la plus directe et la plus forte, toutes les idées de Drumont ont déjà été exprimées et développées par l'abbé Chabaudy, A. Chirac, Regnard, etc. C'est la prolixité de l'auteur, sa verve et surtout son immense succès qui font de *la France juive* un événement : les 2 900 pages qui seront publiées, en six volumes, entre 1886 et 1892, connaîtront un succès sans précédent. De plus, dans les années qui suivent, nombre de brochures (une quinzaine en 1886 et en 1887) ne cesseront d'en diffuser les thèmes.

Dans la synthèse nationaliste et socialiste de Drumont, le Juif devient l'agent de décomposition de la société qu'il tente de dominer et d'asservir, l'ennemi des pauvres et des humbles qu'il ruine, le traître à la patrie. Dans la mesure où il incarne « l'argent », il menace à la fois l'ouvrier révolutionnaire et le conservateur chrétien. « Le seul auquel la Révolution ait profité est le Juif [...]. Ce qu'on ne dit pas, c'est la part qu'a l'envahissement de l'élément juif dans la douloureuse agonie d'une si généreuse nation, c'est le rôle qu'a joué dans la destruction de la France l'introduction d'un corps étranger dans un organisme resté sain jusque-là. » Dans son livre 6, Drumont associe les trois « pouvoirs », les protestants, les francs-maçons et les Juifs, ces derniers dominant le lot. Le chapitre sur les Juifs reprend tous les ragots concernant le crime rituel et l'intolérance religieuse, car « dans l'âme généreuse et large de l'Aryen, la tolérance est une vertu naturelle, partout où l'attaque contre la religion prend un caractère odieux, vous rencontrez le Juif ». Le complot

« La France juive »

Édouard Drumont, fondateur du quotidien antisémite « la Libre Parole ».

judéo-maçonnique contre la patrie, ou « syndicat de la trahison », était promis à un bel avenir.

Action satanique

Fort de son succès, Drumont crée dans la foulée un quotidien, qui tire immédiatement à 200 000 exemplaires, *la Libre Parole*. L'une des deux manchettes du premier numéro, publié le 26 avril 1892, affirme : « Le Juif n'a pas de patrie. À aucun titre, il ne doit être dépositaire du pouvoir public. » La devise du journal était « la France aux Français ». Là encore, les thèmes et leur orchestration sont moins intéressants que l'accueil qui leur fut réservé et l'influence qu'ils eurent sur le monde bourgeois et catholique. La presse catholique fut chaleureuse, comme le montrent les travaux de J. Verdès-Leroux. *La Semaine religieuse de Périgueux* écrit : « Nous souhaitons de tout cœur la bienvenue à cette nouvelle feuille et nous faisons les vœux les plus ardents pour que la campagne patriotique qu'elle entreprend soit couronnée de succès. » Les bulletins diocésains au cours de l'année 1892 adoptent dans leur immense majorité les stéréotypes diffusés par *la Libre Parole,* qui lient la France et le catholicisme et accusent le Juif du péché d'être étranger sur le double plan religieux et national. Toute la littérature catholique ne cesse de dénoncer la franc-maçonnerie et ses complots diaboliques ou l'action satanique des Juifs. Nous avons sur son influence le témoignage d'un François Mauriac ou d'un Philippe Ariès, élevés dans des familles de la bourgeoisie catholique, « spontanément » antidreyfusardes et antisémites, et dont les convictions sur ces sujets résistaient, comme l'écrit François Mauriac, « à toutes les démonstrations et à toutes les preuves ». On comprend la forme démesurée, paroxystique que prirent les passions au moment de l'Affaire Dreyfus.

La France dans l'Europe antisémite

Comment conclure ? L'historien ou le sociologue ne peut que se sentir quelque peu démuni, quand il lit aujourd'hui des textes aussi délirants et découvre des fantasmes sur la vie sociale aussi étrangers à toute réalité. Le psychologue pourrait sans doute apporter un point de vue complémentaire, indispensable à une véritable compréhension du phénomène. Il s'agit d'un mouvement qui s'étendit à toute l'Europe, même s'il prit des formes et des rythmes divers. Ainsi la France fut en retard sur l'Allemagne : l'antigermanisme des Français retarda la poussée de l'antisémitisme, qui apparaissait avant la fin des années 1880 comme un trait propre aux Allemands. Il resta surtout d'ordre idéologique : les violences se développèrent en Algérie, mais la France métropolitaine ne connut pas l'équivalent des pogroms russes. Ce qui caractérise d'abord le mouvement antisémite français, c'est le rôle moteur qu'y joua le monde catholique ; c'est enfin la signification unique de l'Affaire Dreyfus, qui, avec la Révolution, marque définitivement l'imaginaire des Juifs et des non-Juifs en France et dans le monde et sera l'une des origines du mouvement sioniste. Si le thème du Juif comme étranger appartient à tous les pays européens, il existe, de ce point de vue, une spécificité française qui réapparaîtra au moment de la Seconde Guerre mondiale.

D. S.

XVII

« Métissages imprudents » ?

La croissance de leur nombre entre 1850 et 1930 ne change pas seulement la place que les étrangers sont amenés à tenir dans la population et dans l'économie françaises. À long terme, elle assure, sans aucun doute, la mobilité sociale des nationaux en les écartant des tâches les plus rebutantes et en les poussant vers les postes d'encadrement du travail. Mais, à court terme, chaque cahot de la conjoncture fait renaître le spectre de la concurrence étrangère et, sur la fin du siècle, le thème du travail national s'infecte du nationalisme ambiant et vire à une xénophobie que favorisent les tensions internationales. □

Le « melting-pot » français peut bien fonctionner à la Belle Époque : ceux qu'il coule, de plus en plus nombreux, de plus en plus fortement, dans la communauté nationale, attirent d'autant plus l'attention sur ceux qui ne font qu'arriver. L'élargissement géographique des recrutements, entre les deux guerres, accroît l'étrangeté d'étrangers qui, à l'inverse de ceux du XIXᵉ siècle, parce qu'ils vivent en vase clos, parce qu'une patrie dont ils ne cessent de rêver les y incite, tendent à garder en France leur identité nationale. Dans cette relation entre ici et ailleurs qu'est la condition de l'étranger, cet « homme [que le Français] n'a pas cherché et qui est venu le trouver », pour reprendre Drieu La Rochelle, c'est l'ailleurs qui tend à l'emporter, peu à peu, dans l'opinion publique.

L'hostilité récurrente du monde ouvrier envers les étrangers est aussi ancienne que leur présence. Dès 1819, à Lille, des « rassemblements » de travailleurs avaient forcé au départ les Gantois travaillant dans l'industrie textile ; ils seront à nouveau mis en cause en 1846. À Paris, c'est après les Anglais qu'on en avait, comme ceux des forges de Charenton en 1837. On en voulait aussi, surtout, aux Allemands, les tailleurs en 1819, les selliers des ateliers de carrosserie en 1830, et les ébénistes que le faubourg Saint-Antoine moleste en 1839. C'est en 1848 que le rejet se généralise et se concentre, sur les Belges principalement. L'idéal affirmé de la fraternité ouvrière n'empêche pas les Lillois de les menacer et de les brutaliser dès mars 1848 et de saccager la gare de la ville, le 17, pour imposer leur renvoi des ateliers de chemin de fer. Quelques jours plus tard, c'est Aniche qui s'agite, et, d'avril à juin, les incidents sont quasi quotidiens dans toute la région : des bandes houleuses parcourent les chantiers, font des conduites menaçantes aux Belges qui rentrent en les pressant jusqu'à la frontière. À Roubaix, on frôle le pogrom au début de mai, à Halluin, à Denain, dans le plat pays d'alentour, on manifeste au cri de « À bas les Belges », et les troubles persistent jusqu'en 1849 chez les peigneurs de chanvre de l'Avesnois.

Une tradition d'hostilité populaire

Le second centre de l'agitation est à Paris où, logiquement, les cibles se diversifient avec la variété ethnique des étrangers. En mars 1848, plusieurs centaines de manifestants remontent vers Noisy et Bondy le long de la voie de chemin de fer que l'on construit vers Strasbourg, pour chasser les Belges jusqu'à Meaux. En ville, on les bouscule à La Chapelle-Saint-Denis, dans les ateliers métallurgiques, sur la ligne de Saint-Germain. Dans les entreprises de roulage, c'est aux facteurs « savoisiens » que l'on s'en prend. Le trouble gagne les carrières d'Orsay, et, aux approches de la moisson, la couronne agricole proche. En Normandie aussi, on marche sus aux Anglais, derrière le drapeau rouge, de Rouen à Sotteville. Une grève générale est déclenchée à Strasbourg contre les étrangers et l'on manifeste à Marseille.

Dans la France entière, en fait, on houspille les manœuvres belges et piémontais qui construisent les chemins de fer, dans l'Yonne, à Ancy-le-Franc, à Nanteuil-sous-Jouarre, au tunnel de Bloisy, où les Français se conduisent « comme de vrais sauvages... » Et l'hostilité est générale parmi les mineurs de La Mure, de La Grand-Combe et de Graissessac.

La montée de la violence

Si l'on sait peu de choses sur les débuts heureux du second Empire, les 89 incidents xénophobes relevés de 1867 à 1893 par M. Perrot montrent que par la suite, la hargne ne demande qu'à renaître. Il s'agit souvent de mouvements massifs, entraînant plusieurs milliers de personnes : 2 000 à 3 000 lors d'une grève de mégissiers à Annonay contre les Italiens, tandis qu'une pétition bordelaise de 1887 recueille 7 000 signatures. Les Belges ne sont plus seuls en cause : le rival étranger, c'est désormais l'Italien – dans 67 cas –, et la carte des émotions populaires se déplace vers le Midi méditerranéen – à 36 reprises –, outre Paris, le Nord, et les chantiers plus épars du plan Freycinet. Surtout, la brutalité s'accroît – 30 Italiens en meurent de 1881 à 1893 –, peut-être aussi parce que sont en cause des professions plus frustes – 28 fois des terrassiers, 16 fois des dockers, 11 fois des mineurs – et plus promptes à faire un autre usage du manche de pioche. Le pire, c'est évidemment, en 1893, le pogrom d'Aigues-Mortes, où une chasse à l'homme de plusieurs jours fait 10 morts, au cours de scènes de sauvagerie d'un autre âge. Si, ensuite, les actions sont moins meurtrières, elles se poursuivent jusqu'au début du XXe siècle, à Rioupéroux dans les Alpes, en octobre 1897, aux carrières savoyardes de Meillerie, en mars 1898, à Aubagne, où, en juillet 1899, on veut lyncher « les Florentins », en Arles, au printemps de 1900, où seule la présence de la troupe empêche un nouvel Aigues-Mortes, que les émeutiers brandissent comme une menace. En juin 1901 encore, les mineurs de La Mure font la « chasse aux ours » jusque dans les bois, après avoir, avec une rage de destruction rare, saccagé les maisons, brûlé vêtements et paillasses. À chaque fois, c'est par centaines que les Italiens doivent s'enfuir en cortèges misérables et apeurés qui entraînent femmes et enfants.

Pour être moins marquée et désormais plus rare, l'hostilité aux Belges ne désarme pas dans la France du Nord, des troubles politiques de Roubaix dont on les accuse en 1867 à ce mois entier de 1892 où on les persécute dans les corons de Liévin avec assez de méchanceté pour que le Borinage s'en émeuve. Au total, M. Perrot relève une dizaine d'incidents entre les deux dates, et la Belle Époque n'est pas moins agitée, à Drocourt, à Calonne, à Lens en 1901, et, en 1910 encore, à Montigny-en-Gohelle, où l'hostilité et les menaces s'accordent pour célébrer une « saint-lundi » un peu tumultueuse.

1848. Allemands et Français s'unissent dans ce défilé pour une « république universelle, démocratique et sociale ». Mais la révolution débouchera en fait sur l'exaspération des nationalismes.

(LITHO. DE F. SORRIEU, 1848. MUSÉE CARNAVALET, PARIS.)

À vrai dire, ce sont les frontaliers qui fixent le plus fortement le rejet périodique : aux forges ardennaises de Breuilly en 1892, à Jeumont et à Hollain en 1893 et en 1895, à Armentières en 1903, où on les exclut des scrutins syndicaux. De Tourcoing, en 1899 et en 1900, on les reconduit avec vigueur à la frontière, parfois franchie pour aller saccager des chantiers de l'autre côté, comme le font, en 1903, les gens d'Halluin et d'Armentières, drapeau rouge en tête. Et l'on recommence, sur un mode plus persuasif, à Givet en 1904, aux mines de Vieux-Condé en 1906, etc.

La concurrence déloyale

À chaque fois, la colère ne se nourrit cependant pas d'autres arguments que ceux de la concurrence qui étaient déjà ceux de la première moitié du XIXe siècle. En 1819, on reprochait tout simplement aux Belges de Roubaix de faire baisser les salaires et augmenter les prix, et, si les artisans allemands n'étaient pas toujours acceptés, c'est parce qu'ils cassaient les prix de façon. Les Anglais de Charenton, eux, acceptaient trop aisément l'allongement des horaires, et les fumistes italiens de Paris avaient une fâcheuse tendance au monopole. Quant à la grande flambée de 1848, elle s'est inscrite sur un fond de crise économique et sociale générale, de réduction des salaires et de contraction de l'emploi. Et, logiquement, c'est au cœur de la grande dépression, entre 1882 et 1889, que surviennent la majorité – 58 sur 89 – des incidents. Avec les mêmes reproches : les étrangers acceptent des conditions de travail et de rémunération que refusent les Français, ils se tiennent à l'écart de leurs mouvements revendicatifs, ils jouent à l'occasion les briseurs de grève. Le Belge, l'Italien, c'est d'abord le concurrent sur le marché du travail, accepté en temps de presse, rejeté quand vient la morte saison ou un creux conjoncturel. Voici le port de Marseille au printemps de 1897, en plein marasme : cortèges, meetings, brutalités se succèdent pour exiger le renvoi des dockers transalpins ; la reprise qui suit fait retomber l'agitation aussi vite qu'elle s'était développée. Jusqu'à la dernière décennie du XIXe siècle, il est rare que le rejet, même le plus déchaîné, s'inscrive dans un contexte de véritable xénophobie.

Pots d'bure
et boyaux rouges

Peut-être parce qu'après tout ceux que l'on vise sont des voisins et des familiers. Le décalage culturel avec les Belges n'est pas tel qu'on puisse les enfermer dans un stéréotype trop affirmé et trop différent : une pointe d'accent jamais oubliée dans le Paris du second Empire, une certaine tendance à vivre ensemble dans les corons de la fin du siècle. D'ordinaire, on ne les déteste pas. On considère plutôt avec une ironie détachée et méprisante ces « cloutjes » – du nom des sabots qu'ils continuent à porter –, ces « boyaux rouges » – comme ceux des porcs friands de pommes de terre –, ces « pots d'bure » de Roubaix, où, comme le dit une chanson populaire, « y n'a qu'cha ». La crédulité légendaire des filles de Flandres n'est pas un vice, et, si les Belges sont des « brutes », comme l'affirme la police de Jeumont en 1882, il convient de s'en féliciter puisque, du coup, ils s'avèrent insensibles « aux incitations collectivistes... ». Voire. Dès la fin du second Empire, on doit expulser certains de « ces pauvres gens », trop « dociles », qui se laissent entraîner dans des mouvements revendicatifs, et on les retrouve en 1880 dans la grève générale du textile de Roubaix. À compter de 1871, l'influence des socialistes gantois (celle d'Édouard Anseele notamment) déborde la frontière, et ils ne marchandent pas leur appui aux premières coopératives de l'agglomération lilloise. Puis arrivent les militants, comme Émile Fauviau, en 1875, qui devient, avant d'être expulsé, le mentor d'Émile Basly, et Duc, l'un des premiers dirigeants du syndicalisme minier de Bruay. C'est l'influence belge qui prépare le lit du parti ouvrier français, et les succès, en 1886-1887, du socialisme belge ont un grand retentissement dans toute la zone textile, à tel point que, pour le baron Beyens, Jules Guesde serait, tout simplement, le député des naturalisés. Le syndicalisme, avec ses prolongements partisans, joue donc précocement son rôle intégrateur, et le discours d'exclusion se déplace vers les patrons, accusés de favoriser l'emploi des Belges.

Le stéréotype italien, lui, s'était d'abord identifié à celui du baladin nomade. Vite, il se dégrade vers l'image de la délinquance et de la marginalité, inscrites déjà dans l'aspect physique des individus, « à chevelures hirsutes », écrit L. Bertrand à la fin du siècle, « maigres bandits aux prunelles luisantes, enragés de mystère et de fanatisme ». Leur sobriété, leur ardeur au travail, leur docilité ? Autant de signes, aussi, d'un « manque de dignité ». La méconnaissance de l'Italie contemporaine y ajoute : un Émile Zola lui-même n'ignore-t-il pas tout de la langue et de la culture d'un pays d'où son père, un Vénitien, n'est pas arrivé depuis si longtemps ? Et l'hostilité populaire se teinte d'une nuance de xénophobie jusque-là absente des émotions collectives, même les plus vives. On s'en prend bien encore à ces « foutus Belges », au travers d'un placard dunkerquois de 1892, mais ce sont surtout les Italiens que visent ces « commissions d'initiatives » des ouvriers français, qui se multiplient dans les années 1880 et tiennent congrès à Marseille en 1886.

*Le faciès
de la marginalité*

« Un beau jour, on ne sait pourquoi, il faut qu'ils viennent à Paris, il faut qu'ils aient vu cette ville merveille où l'on gagne de si beaux salaires, où l'on s'amuse si bien, où le travail ne saurait manquer. C'est une hantise, un mirage, et ils partent, seuls ou par groupe, célibataires ou mariés, jeunes ou vieux. »

(M. SCHIRMACHEZ, 1907. « LES ÉMIGRANTS », EUGÈNE LAERMANS [1864-1940]. MUSÉE DES MODERNES, ANVERS.)

En même temps, le thème du travail « national » trouve un large écho auprès des masses ouvrières : accuser les « hordes étrangères » assure les ovations dans les meetings, et, en février 1886, c'est J. Guesde lui-même qui dénonce, dans un éditorial du *Cri du peuple*, « l'Invasion ! », ces « 800 000 étrangers qui travaillent à bas prix, font outrageusement baisser les salaires, quand ils ne les suppriment pas complètement pour nos ouvriers expulsés des usines ». Un certain nombre de chambres syndicales révisent leurs statuts pour interdire l'adhésion des étrangers et réserver l'emploi aux nationaux. Et les émeutes de 1901 à La Mure éclatent après qu'une municipalité socialiste et le syndicat des mineurs eurent demandé le remplacement des Italiens par les grévistes de Montceau-les-Mines. La pression ouvrière, si elle ne parvient pas à imposer une loi restrictive, est assez forte pour que certaines entreprises écartent les étrangers, comme les compagnies marseillaises de navigation en 1887. Au lendemain d'Aigues-Mortes, c'est au tour de la municipalité phocéenne de les renvoyer des services municipaux, puis d'interdire qu'ils se livrent à la vente ambulante en 1897. Nice, peu avant, les avait écartés de ses adjudications.

Les Vêpres marseillaises

Cette année-là d'ailleurs, la campagne pour les municipales se fait sur le thème de « Nice aux Niçois ». Car, et c'est là une nouveauté des années 1880-1890, l'hostilité ouvrière commence à déborder le cadre du travail. En 1892, les Lillois en arrivent même à accuser les Belges de contrebande de poivre et de café, et de jouer facilement du couteau, et la presse appuie la création d'une Ligue de défense du travail national par un ex-ouvrier mouleur, ancien responsable de son syndicat. C'est alors même que les Italiens s'intègrent au mouvement ouvrier – dès les années 1880, on les retrouve dans maintes grèves, où il arrive que les Français soient à la traîne et, dans les années 1890, les actions unitaires se multiplient – et alors que leur

« Le navire s'immobilisa. Le drapeau tricolore qui flottait sur son mât représentait pour tous le but à atteindre. On criait : « Vive la France ». (Gérard Noiriel, *le Creuset français.*)

(ÉMIGRANTS ARRIVANT EN FRANCE. VERS 1920.)

particularisme tend à s'atténuer que la xénophobie les prend pour cibles. Il suffit d'une rixe, ou d'un fait divers pour qu'éclatent un mépris et une haine qu'attise une presse enfiévrée de nationalisme. En juin 1881 déjà, les « Vêpres marseillaises » partent de coups de sifflet supposés italiens au défilé des troupes de retour de Tunisie : pendant trois jours, 10 000 personnes se déchaînent contre les biens et les personnes des Italiens. Et, le soir du 24 juin 1894, ce sont plusieurs milliers de Lyonnais qui se ruent sur leurs cafés et leurs magasins quand ils apprennent le nom de l'assassin du président Carnot : l'émeute dure deux jours. Si elle ne fait pas de victimes, elle chasse de la ville, pour longtemps, des milliers de Piémontais. En 1896, à Lyon toujours, on hue les *bersaglieri* d'une revue de music-hall, il faut supprimer le tableau. Quelques mois plus tard, en Arles, c'est d'une banale querelle que naît l'émeute, et, en 1897, on évite de justesse le pogrom aux usines Solvay, en Camargue. À Moutiers, en 1900, on cherche à lyncher trois délinquants.

Le thème de la « pègre » étrangère s'accole à celui de la concurrence, avec le mépris pour ceux « qui nuisent aux vrais ouvriers... » et que l'on cherche, aussi, à humilier : « Embrasse ma botte ! » Les bagarres qui éclatent dans les mines et la sidérurgie de l'Est, comme à Moulaine en 1900 puis en 1902, s'accordent avec l'exaltation d'une « race lorraine » autochtone, empreinte d'anti-industrialisme. M. Perrot note l'éclosion d'un véritable nationalisme ouvrier, même s'il est nourri, d'abord, du chômage : les renégats sont désormais stigmatisés comme des « Kroumirs », des « Sarrasins », des « Bédouins », qui renvoient aux guerres coloniales ; puis bientôt comme des « Uhlans », des « Prussiens » : de cette identification, l'ingénieur Watrin perd la vie en 1886 à Decazeville car on lui reproche ses méthodes de « Prussien ». Ici et là, on refuse d'obéir à des contremaîtres allemands. Et P. Milza de remarquer que les temps forts de la « chasse aux Italiens » correspondent aux moments de tension entre Paris et Rome, et que l'hostilité se relâche après 1900 avec la détente diplomatique. Pour une partie des Français, l'image de l'étranger ne se sépare pas du jeu changeant des alliances internationales. La xénophobie ouvrière s'insère dans les inquiétudes de l'opinion tout entière, énervée par la menace germanique et prompte à voir, dans les travailleurs étrangers, l'avant-garde d'une invasion qui menace l'ensemble de la nation. Philippe Davely, le fondateur de la Ligue de défense du travail national, oppose la misère d'Halluin à l'opulence des villes belges pour en appeler aux ouvriers qui veulent « garder leur travail », aux boutiquiers qui veulent « toujours vivre de leur commerce » et aux propriétaires désireux « de louer leurs immeubles ». Et la puissance de la communauté nationale est au cœur, dans les années 1900, du syndicalisme « jaune » de Bietry, qui, s'il reste globalement marginal, affiche ouvertement le même antisémitisme que les ligues nationalistes poussées avec l'affaire Dreyfus.

Depuis l'affaire d'Aigues-Mortes, les pouvoirs publics sont particulièrement vigilants. L'adhésion au socialisme d'un certain nombre d'Italiens, à Marseille, essentiellement, mais aussi dans plusieurs grandes villes, rend moins étrangers ceux que l'on appelait les « christos », et qui jouent désormais un rôle dirigeant dans les luttes ouvrières de la Belle Époque. Dans le Nord, les « Popols » belges sont bien intégrés, même si la concurrence des frontaliers

Kroumirs, Bédouins, Uhlans ou Prussiens

continue à irriter. Mais, à la veille de la guerre, voilà de nouveaux objets de vindicte : les Polonais, dont on se plaît, justement en Lorraine, à opposer les défauts – ils sont irascibles, querelleurs, paresseux – aux vertus des Belges – sobres, compétents, actifs ; et la plupart d'entre eux ne sont-ils pas sujets allemands ? D'autres n'arrivent-ils pas par le relais de la Westphalie ? Des bagarres éclatent à Lallaing, en pays minier, dès 1911, et *le Réveil du Nord*, bien que socialiste, n'hésite pas à dénoncer « ces Allemands barbares, superstitieux et sales... ».

Le cosmopolitisme des années 1920

Quatre années de combat partagé lavent définitivement les Belges de tout soupçon, même s'ils paraissent un peu attardés, « des Français d'il y a cent ans... » Mais la condescendance n'exclut pas la chaleur des cousinages, et l'on oublie leur goût pour le genièvre et leur susceptibilité d'après-boire. Les Italiens gardent bien un fanatisme religieux suspect – surtout

---

PARIS-BABEL

Le jazz devenait langoureux, les guitares hawaïennes faisaient entendre leurs miaulements, et déjà c'en était fini des premières danses sommaires de l'après-guerre, et l'on se déhanchait à la mode nègre. L'exotisme à bas prix pénétrait les milieux les plus simples : on avait chanté *Nuits de Chine* et *les Jardins de l'Alhambra,* on chantait *Dinah* et *Ukulele-lady,* on dansait le charleston et la upa-upa, et les dominos avaient laissé la place au mah-jong, où l'on jonglait avec les vents et les fleurs. Les mots croisés naissaient, on les présentait alors sous forme de dessin, l'éléphant, le paysage, la libellule, l'araignée. Tristan Bernard en préconisait une forme nouvelle et littéraire, y cachait des secrets et des allusions, et définissait le soir comme « réclamé par la douleur du beau-fils d'un général ». Les femmes portaient la robe au genou, en forme de chemise, la taille basse, les cheveux souvent coupés à « la garçonne », comme on disait alors, car on n'avait pas oublié un scandaleux roman de ce titre, qui paraîtrait aujourd'hui plus ridicule que mé-chant. La Tour Eiffel inscrivait dans la nuit les armoiries d'une grande maison juive. La belote avait remplacé la manille, parfois le bridge, et Mistinguett en consacrait la mode dans une java alors célèbre. Les chansonniers la prenaient pour cible, avec Mme Cécile Sorel, et avec Maurice Rostand, mais elle régnait toujours sur ses escaliers géants, au music-hall, dans ses parades de plumes, ou en pierreuse des faubourgs, comme y régnaient les fantaisies adroites de Maurice Chevalier, cependant que se levait une étoile nouvelle, bien faite pour cette époque : les vingt ans crépus, agiles et noirs, de Joséphine Baker. Aux carrefours de Montparnasse, la foule cosmopolite continuait d'affluer, on montrait aux étrangers la place de Lénine, tous les chauffeurs de taxi étaient princes russes, on avait joué les *Six personnages en quête d'auteur,* on employait à force les expressions « climat » et « sous le signe de », on disait de toute chose qu'elle était « formidable », on découvrait encore la drogue, la pédérastie, le voyage, Freud, la fuite et le suicide.

R. Brasillach, « Notre Avant-guerre », Plon, 1941, p. 4-5.

à gauche – et une certaine brutalité ; ils sont mauvais soldats, amateurs de vin et de femmes, hâbleurs et bavards, mais on leur reconnaît le sens de la famille et une réelle aptitude aux métiers du bâtiment. Pour beaucoup, leur piété devient vertu, puisqu'elle est celle d'une foi catholique partagée par la majorité des Français. Et puis ils sont si séduisants à côté de la grossièreté des Allemands et des Polonais !

Au fait, qu'est-ce que la Pologne ? Il en arrive de grands blonds robustes, alors qu'on rêvait de romantiques frêles et rêveurs : le président Paderewski, comme Chopin, n'est-il pas pianiste ? L'arrivée massive des étrangers dans les années 1920 se produit dans un pays enivré par la victoire et qui ne les voit que sous l'espèce des alliés ou des ennemis. Comment s'y reconnaître dans ce Paris de l'après-guerre, qui tourne au « Cosmopolis », pour reprendre un titre de *la Croix*, en 1923 ? L'étranger est à la mode dans cette ville-Babel d'une bohème internationale venue de partout, celle des peintres – Chagall, Kisling, Foujita – de l'« école de Paris », des écrivains américains de la « génération perdue », des artistes du surréalisme tels Tristan Tzara ou Max Ernst. On applaudit la musique de jazz, les créations de Loïe Fuller et d'Isadora Duncan. Les danses à la mode viennent d'ailleurs, avec le jazz et

Cosmopolis

Le marchand de tableaux d'origine allemande Daniel Henry Kahnweiller, qui fera connaître l'art cubiste en France, a photographié ici son ami Pablo Picasso dans son atelier, 11 bd de Clichy, Paris (XVIIIᵉ). (1912. PHOTO-GALERIE L. LEYRIS, PARIS.)

le tango, et le cinéma fait florès des accents étrangers, celui d'Elvire Popesco comme celui d'Eric von Stroheim. La Sorbonne attire trois fois plus d'étudiants étrangers en 1931 qu'en 1914, et l'on construit pour eux la cité universitaire, en 1925. Sans doute Montmartre et Montparnasse, La Coupole et La Rotonde ne sont-ils pas toute la France, mais c'est souvent à travers eux que la presse et l'opinion découvrent la présence de l'étranger : de 1919 à 1939, recense R. Schor, on ne lui consacre pas moins de 20 000 articles dans les principaux journaux nationaux, et 200 romans ou nouvelles, de même que 50 pièces de théâtre.

Vers un métissage culturel ?

Plus qu'à la sympathie, le ton vire à l'inquiétude : dès 1921, P. Bourget se demande s'il est bien opportun d'apprendre une langue étrangère, tant le français est menacé. On s'en prend au cinéma allemand et américain, accusé d'attenter aux bonnes mœurs et de banaliser la subversion. Voilà qu'apparaît le danger d'un métissage culturel, source de tous les abâtardissements : l'« Internationale du pinceau » déprave le goût et le sens de la mesure du génie national, et les meilleurs esprits vont se laisser aller au doute, de P. Morand à J. Giraudoux. L'homme de la rue n'a pas d'états d'âme : en 1920, il crève les pneus des voitures étrangères à Hendaye. Et, quand le franc s'affaiblit, en 1926, on en accuse les touristes : ils sont hués par la foule parisienne sur les grands boulevards, ainsi qu'à Granville et à Pau ; à Montmartre, on rosse des Américains ivres. *L'Œuvre*, un journal radical, s'en prend à leur insolence et à leur sans-gêne, son directeur, G. Théry, invoquant Jeanne d'Arc pour les bouter hors de France. La très sérieuse *Revue d'économie politique* estime même, en 1924, que c'est leur goût immodéré du thé et des gâteaux qui a fait monter le prix du sucre ! Et l'on commence à traquer le masque des noms francisés qui dissimulent les « métèques » et, bien sûr, les Juifs.

La France, hôpital du monde

Du côté du petit peuple citadin, on pense surtout que les étrangers envahissent les H.B.M., surchargent les hôpitaux et les écoles, menacent la tranquillité des Français. Ne sont-ils pas trois fois plus souvent – 14 p. 100 – illettrés que les Français ? Leur taux d'hospitalisation est double – Paris est devenu l'« hôpital du monde ». Ils portent la syphilis et la tuberculose – deux des hantises du temps – et apportent de redoutables maladies exotiques, jusqu'à la lèpre, dit-on... Même un Albert Londres s'en tient à l'ironie quand il évoque la misère d'un monde de « gourbis, bicots et mouquères ». Et les statistiques sont là : peu importe que le vagabondage et les infractions à sa réglementation y soient pour quelque chose, 20 p. 100 des arrestations dans le département de la Seine en 1926 concernent des étrangers ; ils représentent 15 p. 100 des condamnés en cour d'assises à Paris, le double de leur part dans la population. De l'extrême-droite aux radicaux, on s'effraie de leur dangerosité, de leurs excès passionnels et sexuels. Et, si la presse se déchaîne surtout contre les Nord-Africains, elle fait une place de choix en 1927 au procès des « bandits polonais », accusés de 10 meurtres et de 50 cambriolages. Le cinéma lui-même popularise les rôles de souteneurs et d'assassins, qui ont la mine inquiétante de Jules Berry, le teint olivâtre et les cheveux crépus de Marcel Dalio.

Le stéréotype raciste n'est jamais loin. Il vient puiser sa substance dans l'anthropologie physique, qui connaît alors un grand engouement, ainsi que dans une prétendue psychologie des peuples, que ne renient pas un André Siegfried et un Élie Faure.

Polonais courageux, Espagnols dociles

L'opinion communément admise considère que les Polonais sont courageux, mais ils manquent d'initiative, et ils boivent trop ; peu importe que d'autres notent leur sobriété. À cause de ses malheurs, le Russe est à la mode ; il n'en participe pas moins de ces « insondables mystères de l'Orient », que l'on croit retrouver dans les yeux bridés des Chinois comme dans ceux des Annamites. Pour ce qui est des Espagnols, leur docilité rachète leur indolence. Les Anglais ? Ils passent généralement pour une race usée, malgré ses performances sportives ! Lorsqu'on évoque les Allemands, leur sens de la discipline et de l'organisation ne doit pas pour autant faire oublier leur francophobie foncière. Quant aux Levantins, ils sont aussi laids qu'hypocrites, ce sont des affairistes, des escrocs, des maîtres-chanteurs ; les Arméniens eux-mêmes pâtissent de ce fâcheux voisinage : leur intelligence est certes reconnue, mais elle paraît beaucoup trop subtile pour n'être pas suspecte, et leur triste destin n'empêche pas qu'on soupçonne leur indolence et leur rouerie.

En fait, c'est aux Nord-Africains que l'on commence à appliquer l'image de brutalité – hier belge ou italienne – qui signifie l'arriération culturelle. Le revirement est total : les « tchouk-tchouks » d'avant 1914 étaient de grands enfants effarouchés, suscitant curiosité et sympathie ; la guerre avait révélé,

NOMBRE ET NATIONALITÉ DES ÉTRANGERS VIVANT EN FRANCE DE 1851 À 1936.

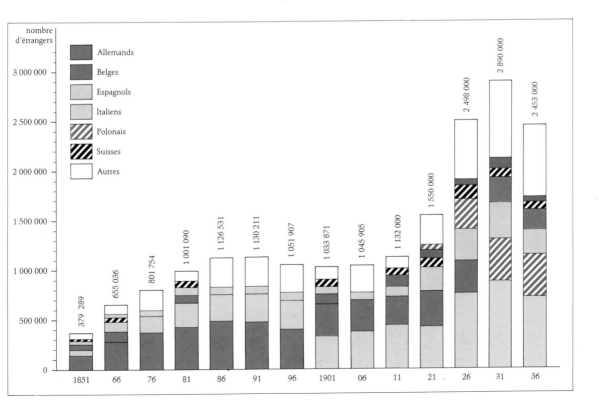

outre leur patriotisme, leurs vertus belliqueuses, et l'on s'attendrissait de leur volonté de mimétisme vestimentaire. Les « Sidis » d'après 1918, en attendant, bientôt, les « bicots », sont maladroits, instables, sales ; ce sont des gens passionnés, dangereux et souvent malades (« un véritable danger pour les femmes et les enfants », écrira la police de Longwy, en 1937), enfermés dans une religion de l'incommunicabilité, des « âmes primitives », d'une « sauvagerie naturelle » (*le Peuple*, organe de la C.G.T., en 1931). Et puis, ils ne savent pas travailler et se retrouvent au plus bas de l'échelle d'une productivité comparée des diverses ethnies que l'on tente d'établir au lendemain de la Première Guerre mondiale.

*Syndicats :
la fermeture*

Les Nord-Africains se retrouvent, tout naturellement, au premier rang des accusés dans une hostilité du monde ouvrier qui ne désarme pas, mais varie simplement au gré de la conjoncture économique. « Place aux Français de la guerre », clame *l'Action française* en 1919, et les mineurs du Nord-Pas-de-Calais font chorus lorsque, en 1920, ils reprochent à l'inexpérience des abatteurs posnaniens de faire baisser les rendements et les salaires ; ou, au contraire, au savoir-faire des Westphaliens d'accaparer les meilleurs postes. Peu importe qu'ils aient participé massivement à leur grève du printemps 1920 : les Westphaliens de Lorraine qui, en 1923, s'en désolidarisent, se font traiter de « jaunes, parasites, poux », et l'échec final leur est imputé. Les « syndicats libres » se ferment aux étrangers, comme la Société des chauffeurs français, qui a 40 000 adhérents, et la chambre syndicale des cochers et chauffeurs de la Seine, qui cherche à se protéger des Russes. Les frontaliers belges suscitent toujours autant d'antipathie en 1925, en 1928, en 1929, et, à Nice, c'est l'hôtellerie qu'on prétend réserver

Poussés par un besoin aveugle de travail, les émigrés polonais ne rechignent pas devant la dureté des tâches ou les maigres salaires. Peu sensibles aux revendications de leurs compagnons de travail, ils seront contraints par ceux-ci à reprendre le chemin de l'errance.

(EXPULSION DE MINEURS POLONAIS, NORD DE LA FRANCE, 1936.)

aux Français, et même le commerce forain. Toute la décennie est émaillée de multiples incidents, quelquefois assez graves pour qu'il y ait mort d'homme. L'opinion ouvrière applaudit aux expulsions, le rejet s'accentuant avec la récession de 1926. La C.G.T. elle-même n'est pas insensible à la concurrence de « ces éléments peu recommandables » qui provoquent, de la base jusqu'aux instances confédérales, un permanent soupçon : le thème de l'invasion est latent dans sa fédération du sous-sol, et les marins de Dunkerque affiliés à la C.G.T. réagissent violemment en 1925, quand les armateurs prétendent engager 600 pêcheurs norvégiens. Mais, l'année précédente, en septembre 1924, ce sont les dockers « unitaires » de Marseille qui ont hurlé « les bicots à la Joliette ». À l'automne 1925, le syndicat parisien du bâtiment en arrive à rompre avec la C.G.T.U. sur la question des « renégats » étrangers qu'elle s'obstine à défendre. Puis c'est, entre autres, au tour de ses chauffeurs de taxi de demander un numerus clausus, de ses militants de Valence d'expulser les Arméniens, pour atteinte à la solidarité de classe. En 1932, l'hostilité dégénère en violence au Havre et à Bordeaux, et le Congrès confédéral reçoit l'écho du mépris des marins pour les travailleurs de couleur et de celui des chauffeurs de taxi pour les laveurs de voiture algériens.

Plus généralement, l'opinion française en arrive à douter que l'on puisse assimiler ces étrangers, comme l'avait fait, à travers l'école, la langue, voire la pratique religieuse, le creuset du XIXe siècle. Ils sont trop nombreux, trop divers et d'ailleurs, au contraire des Belges et des premiers Italiens, ils tiennent à conserver leur identité nationale et s'en donnent les moyens. Avec, désormais, l'aide de leur gouvernement. Ce n'est pas tout à fait nouveau : toute une série de conventions, avec la Belgique en 1896 et en 1906, puis avec l'Italie, en 1901, 1910 et 1913 – laquelle possède depuis 1901 un Commissariat général à l'Émigration – démontraient l'intérêt des pays d'origine pour leurs ressortissants. Ils leur assuraient notamment des garanties matérielles et judiciaires, et leur opinion publique avait toujours été très attentive aux fièvres de la xénophobie française. Mais, à compter de 1919, il s'agit de tout autre chose : l'Italie commence à filtrer le départ de ses ouvriers qualifiés, et le fascisme, outre qu'il cherche à limiter constamment l'émigration, entend bien que ceux qui partent ne soient pas perdus pour la patrie. La Pologne, qui traite directement avec la Société générale d'immigration, surveille étroitement, dès le début, les conditions de voyage, de logement, de l'exécution des contrats. En 1927, Pilsudski refuse le départ des plus jeunes, essaie d'étendre en France même la protection des offices polonais. Les plaintes ne cessent pas lors de la réunion de commisions mixtes, et la presse de Varsovie est aussi peu amène que celle de Rome pour évoquer ce qui se passe en France.

Cette attention des gouvernements correspond à une volonté des nouveaux immigrés de s'enfermer dans une identité nationale qui les coupe du reste de la population. Le partage de la foi catholique n'empêche pas qu'ils se sentent mal à l'aise dans les églises françaises, et qu'ils cherchent à avoir leurs propres prêtres, dont la coexistence avec le clergé paroissial est loin d'être idyllique. La tradition des chapelles nationales n'est pas neuve.

L'impossible intégration ?

Missions et chapelles nationales

À Paris elle remonte, pour les Polonais, à 1826, pour les Flamands, à 1862 et pour les Italiens, à 1899. Mais, hors de la capitale, l'encadrement était resté clairsemé, et c'est aux notables que s'adressaient les « missions ». Or, à partir de 1922, c'est vers la France entière que se tournent les aumôniers polonais, auxiliaires des prêtres paroissiaux mais proposés par le primat de Pologne depuis Varsovie. Les compagnies minières les aident, en les logeant, en les payant et en leur construisant des chapelles. En 1922, un évêque auxiliaire de Paris, Mgr Chaptal, est chargé d'une mission en direction des Italiens. Mais c'est l'Opera Ferreri, qui, depuis la mère-patrie, installe, à compter de 1927, des bibliothèques, organise des réunions, des pèlerinages, ranime la ferveur et entraîne au Sacré-Cœur 20 000 Italiens avec leurs cantiques et leurs bannières, en présence du nonce et de l'ambassadeur. Du côté des orthodoxes russes, les frictions tournent un instant au conflit ouvert avec l'archevêché de Paris, et les incidents sont fréquents entre les aumôniers italiens et surtout polonais – dans une France de la laïcité peu préparée à de telles démonstrations de ferveur – et l'épiscopat, agacé par la mise en cause de fait de son magistère.

Un nouveau
patriotisme italien

L'essor du mouvement associatif va dans le même sens : les colonies italiennes étaient longtemps restées invertébrées, les rares élites étant trop minces, les classes moyennes trop soucieuses d'assimilation pour vouloir maintenir l'italianité, qu'amollissait, de surcroît, une langue nationale mal fixée, du fait de la diversité des origines provinciales. Les tentatives pour regrouper à Paris, autour de 1900, divers clubs récréatifs et des sociétés caritatives n'avaient pas rencontré grand succès. À Lyon, on s'occupait surtout de musique, et les multiples sociétés de secours mutuels de la Belle Époque avaient d'autres buts. Il n'est guère qu'à Marseille que s'était affirmée la volonté de maintenir l'italianité, grâce à un appui ferme du consulat et à l'action de notables, peu nombreux mais très soudés. C'est à Marseille également que la répression anti-ouvrière avait amené des cadres socialistes de haut niveau, avocats et journalistes. Après-guerre, l'*Opera Bonomelli,* fondée en 1900 pour l'assistance aux ouvriers, multiplie en France les « secrétariats » ; ils sont 18 en 1924, avec leurs écoles, leurs infirmeries, leurs caisses d'épargne et leurs bureaux d'embauche. Et, surtout, elle y affirme un esprit patriotique nouveau, que va bientôt reprendre à son compte et répandre dans l'ensemble des associations italiennes le pouvoir mussolinien.

Chorales
et sociétés
de gymnastique

Ce séparatisme marque aussi la communauté arménienne, dont une Union générale de bienfaisance qui s'installe à Lyon en 1925 n'est que la branche française d'une internationale arménienne établie aux États-Unis. Et les Polonais revendiquent haut et fort leur spécificité. À un point tel qu'ils importent de Westphalie, en 1924, un syndicat national, la Société des ouvriers polonais de France (le Z.R.P.F.), qui compte 108 sections et 10 000 adhérents en 1926. Plus généralement, ce sont des centaines d'associations – plus de 400 dans le seul Pas-de-Calais ! – qui s'épanouissent : chorales, fanfares, troupes d'art dramatique, coordonnées au plan local et coiffées, en 1925, d'un Conseil général des unions et sociétés polonaises de France. Les sociétés de gymnastique, les Sokols, sont rattachées à une Union centrale à Varsovie, et les Français ne sont pas admis dans les équipes de football. Chacun trouve sa place, selon son âge, selon ses goûts, dans un vaste complexe de sociabilité qui n'oublie jamais la fête nationale du 3 mai, et saisit chaque occasion pour occuper la rue avec ses processions et ses défilés, sa musique et ses chants, ses bannières et ses costumes traditionnels. Enfin, la presse polonaise ne compte pas moins de 37 titres entre 1920 et 1926, outre les feuilles catholiques et syndicales. On lit surtout le *Wiarus Polski* (« le Brave Polonais »), de centre-droit, qui tire à 10 000-12 000 exemplaires en 1928, et *Narodowiec* (« le National »), de centre-gauche, imprimé à 15 000 exemplaires, deux titres importés eux aussi de Westphalie. À côté des habituelles recettes pratiques, l'un et l'autre jouent, sur un ton très âpre, une fonction tribunitienne pour la communauté tout entière. Ils sont renseignés par un vaste réseau de correspondants et diffusés par colportage. On se les passe de main en main aussi, et c'est souvent dans leurs pages que les enfants apprennent à lire le polonais.

La mise à l'écart des Nord-Africains enfin est d'abord le fait des pouvoirs publics eux-mêmes. Il subsiste des années de guerre toute une action marquée par l'esprit des « affaires indigènes », fortement teintée de paternalisme, et qui se déploie surtout dans la région marseillaise et à Paris, où l'on construit une mosquée, on ouvre des foyers et même un hôpital franco-musulman à Bobigny. Ils y gagnent une double exclusion : celle, effective, due à l'existence d'institutions particulières ; celle d'une opinion publique tentée de voir en elles des foyers d'infection et de mouchardage. Cette exclusion vient renforcer leur refus d'une société et d'un État où ils ne veulent que passer, et qui se fondent sur un individualisme étranger à leurs traditions communautaires.

L'exclusion des Nord-Africains

Témoin vivant de la réalité de la colonie polonaise installée à Angers, le *Wiarus Polski* et le *Narodowiec* côtoient les lames Gibbs et le savon Cadum dans ce bureau de tabac.
(VERS 1930.)

L'Étoile nord-africaine de Messali Hadj qui va devenir le creuset du nationalisme algérien, décontenance même ses amis du P.C. et de la C.G.T.U. Les étrangers ne viennent-ils pas prolonger en France leurs querelles intestines ?

Le refuge politique

La France n'avait pas cessé, dans la seconde moitié du XIXe siècle, de demeurer terre d'asile politique. Pour les Espagnols des dernières convulsions carlistes et des agitations catalanes, pour les vaincus des derniers soubresauts de l'unité italienne, pour les révolutionnaires d'une Europe méditerranéenne et centrale où les luttes sociales gardent longtemps des allures de guerre civile, tels les vaincus des *Fatti di Milano* en 1898. Mais beaucoup d'entre eux ne font que passer, à l'image de ces anarchistes de toutes nationalités nomadisant entre les capitales de la subversion, Turin, Genève, Lyon, Paris, Londres, comme, d'ailleurs, leurs compagnons français. Il en va de même pour ces Juifs arrivant d'Europe orientale au rythme des pogroms tsaristes, et passant par le « Pletzl » – le Marais – de Paris : ils sont plus de 35000, arrêtés dans une migration au long cours que d'autres poursuivent vers l'Amérique, par vagues successives, petits artisans et ouvriers du vêtement, que la fidélité au yiddish et le particularisme de leur sociabilité rendent au moins aussi étranges à la communauté juive parisienne qu'à leurs partenaires « goï ». La présence, dans le Paris de la Belle Époque, des futurs vainqueurs de la révolution russe de 1917 relève de l'anecdote. Au total, les réfugiés politiques ne sont jamais plus de quelques milliers, qui repartent chez eux dès qu'ils le peuvent, les autres se perdant dans l'ensemble de la population française. C'est la Grande Guerre et les reclassements territoriaux

Frappés par le génocide de 1915, les Arméniens, entassés sur des bateaux, arrivent à Marseille. Leur premier logement : un camp.

(BARAQUEMENT DU CAMP ODDO, RÉSIDENCE DES ARMÉNIENS DANS LA BANLIEUE DE MARSEILLE.)

et politiques qu'elle entraîne qui, à la fois, les multiplient et pérennisent leur présence.

Les premiers à arriver sont ceux qui fuient la Russie bolchevique, Russes « blancs » – 2 000 dès 1917, et 64 000 au total à la fin des années vingt – et Ukrainiens de diverses obédiences. Puis ce sont environ 65 000 Arméniens, qui fuient les persécutions de Turquie, même si c'est par l'intermédiaire des agents recruteurs patronaux. Viennent aussi, mais en moins grand nombre, des représentants des minorités religieuses du Moyen-Orient, comme les Assyro-Chaldéens. D'Europe même arrivent, outre les libéraux et progressistes espagnols, les nationalistes catalans fuyant la dictature de Primo de Rivera, les Italiens qui refusent le fascisme, 20 000 peut-être, qui déferlent en trois vagues successives : celle qui suit, au milieu de 1921, la « Marche sur Rome », celle – plus faible – de 1924-1928, celle enfin que provoque, au début de 1927, l'application des lois « fascissimes ».

Or, les uns et les autres apportent avec eux leurs divisions, et les colonies étrangères ne tardent pas à apparaître comme des champs clos où se prolongent les affrontements, parfois même par les armes. Les Arméniens reproduisent dans tout le Sud-Est les oppositions autour du parti Dachnak, au pouvoir chez eux entre 1918 et 1920. Il en va de même pour les Polonais, dont le sens de la patrie s'affirmait déjà si fortement avant 1914 dans le Nord et le Pas-de-Calais par la fidélité au costume et aux festivités de leur pays. À partir de 1926, ils se divisent autour du Mouvement de mai, dont le vainqueur, Pilsudski, essaie justement d'affirmer son autorité sur la colonie en subventionnant une presse sympathisante, comme *Polonia Nova* et l'éphémère *Kurjer Polski*, en créant des « cercles » d'anciens combattants, en pénétrant les plus traditionnelles organisations culturelles et sportives. Le succès du « Bloc du travail national », qui prétend, en 1930, lier l'ensemble de ces initiatives, est limité. Mais la tentative suffit à créer des tensions avec la mouvance polonaise de l'Église catholique, et de violentes polémiques éclatent avec le comité central des Sokols et des chorales, et avec le vieux *Wiarus Polski*, qui finit par être interdit en Pologne. Le débat demeure cependant feutré ; il n'en va pas de même chez les Italiens.

La France est, en effet, la plaque tournante de tous les vaincus du *Biennio Rosso*, une nébuleuse qui va de l'anarchisme au radicalisme modéré, en passant par le communisme et toutes les nuances du socialisme. Si les libertaires sont les plus prompts à l'activisme et essaient même de lever, en 1924-1925, des légions libératrices, aucune des factions ne met en doute la probabilité d'une chute rapide du fascisme : ce ne sont pas, pour reprendre la formule de M. Dreyfus, des partis de l'immigration, mais *dans* l'immigration obligée, même si leur tâche première est d'accueillir et d'assister les nouveaux réfugiés, de leur procurer du travail, notamment au travers d'une série de coopératives installées en région parisienne. Ils finissent par dépasser leurs divisions en créant un Comité d'action et de propagande antifasciste (1924). En 1927, Ils fondent une Concentration antifasciste : Paris est le cœur de l'exil, où se publie l'*Avanti*, journal des socialistes « maximalistes », où arrivent aussi quelques-uns des noms les plus flamboyants de l'anarchisme, comme Malatesta et Fabbri. C'est aussi là que s'installe, en 1928 – avant d'aller à

Les vaincus ne rangent pas leurs armes

405

Sartrouville en 1930 –, le *Centro Estero* du P.C.I. ; il rassemble des communistes, qui sont les plus actifs : dès le début des années 1920, ils se sont dotés en France d'une organisation hiérarchisée appuyée, quelque temps, par des « centuries prolatériennes » à demi clandestines et qui comptent 800 à 1 000 combattants dans la seule région parisienne.

Le fascisme s'exporte aussi
Or, le fascisme lui aussi suit l'immigration : le congrès de 1922 n'a-t-il pas prévu de créer des *Fascii dell'estero* ? Dans un premier temps, on encourage les sympathisants, on cherche à infiltrer ce qui existe déjà, comme l'*Opera Bonomelli*. À partir de 1926-1927, c'est une action plus vigoureuse que mènent, directement, des agents consulaires renouvelés. Le journaliste Nicola Bonservizi, lui-même ami du Duce, anime le *fascio* de Paris, qui compte 2 800 membres en 1928. Un autre *fascio,* depuis Lille, s'étend à toute la banlieue textile et minière. À Marseille, c'est un ancien député de Trente, Barduzzi, qui crée un *fascio* autour d'un journal, *L'Eco d'Italia*. D'autres encore naissent à Nice, à Lyon... : en tout, on recense, vers 1930, 42 « faisceaux » et 131 « sections », dont la géographie reflète celle de la colonie italienne.

On commence par disputer aux *fuorosciti* l'assistance aux immigrés en organisant des « secrétariats sociaux », des bureaux de placement, un accueil direct en gare de Lyon. Par l'intermédiaire d'une Société Dante Alighieri domestiquée, on exalte l'identité nationale à travers l'œuvre de l'Italie nouvelle. On ouvre des *Case degli Italiani*, on crée des écoles, des cours de langue. On incite les femmes à revenir accoucher au pays, on y envoie les enfants en colonie de vacances... Plus provocatrice est déjà la manière que l'on a d'habiller les enfants en *ballilas*, de saluer à la romaine, d'entonner *Giovinezza* et de célébrer chaque année la Marche sur Rome, à grands renforts d'uniformes et d'étendards. Sous prétexte de protection, les consulats reçoivent aussi un certain nombre d'activistes, simples squadristes mais également des policiers déguisés et des agents secrets. Avec les militants antifascistes, il arrive que la confrontation tourne à la guerre ouverte, comme à Nice, où le *fascio* doit se faire oublier, à Marseille et dans cette Lorraine du fer où les deux adversaires sont particulièrement actifs et où la perméabilité de la frontière facilite le passage des clandestins et transforme la région en un morceau d'Italie déchirée par la guerre civile. Il est à noter que sur 13 affaires d'assassinat liées en dix ans au refuge politique, presque toutes mettent en cause des Italiens.

Le métier d'assassin
Le 21 février 1924, c'est Bonservizi lui-même qui est abattu, et ses obsèques emplissent de chemises noires l'église de la Madeleine. Le 12 septembre 1927, c'est au tour du vice-consul Nardini. Le 18 décembre 1928, en Lorraine, c'est l'abbé Caravadossi... En 1926, on découvre une provocation menée par un petit-fils de Garibaldi passé au fascisme, qui met en cause, de surcroît, des réfugiés autonomistes catalans ; pendant ce temps, l'opinion débat du sort à réserver aux anarchistes espagnols Duratti, Ascaso et Jover, dont l'extradition est demandée pour cause d'assassinat par l'Argentine. C'est le 25 mai 1926 qu'a lieu le meurtre de l'hetman ukrainien Petlioura, accusé de pogrom. En juin 1929, le général russe blanc Koutiepov est enlevé, trois fascistes sont tués à Nice en septembre, etc. L'opinion

s'accorde à croire que « la plus basse pègre de tous les pays... » vient régler ses comptes en France et toute la communauté étrangère en est éclaboussée. Les liens qui s'établissent entre les factions étrangères et leurs homologues français ne risquent-ils pas d'entraîner à son tour le pays tout entier dans des désordres qui n'étaient pas les siens ?

Frères en politique

La droite, par tradition de nationalisme politique, se contente d'observer, d'approuver, de condamner. Mais, à gauche, comment ne pas comprendre, aider, voire enrôler des vaincus qui sont des frères ? La Ligue italienne des droits de l'homme, où se retrouve presque tout l'antifascisme, n'a pas de mal à susciter, après l'assassinat de Matteoti, des « comités mixtes antifascistes », qui rassemblent également des Français. Elle s'adresse directement aux pouvoirs publics en 1928 pour attirer leur attention sur la francophobie de Rome. On se côtoie dans les meetings, dans les congrès, dans la presse. Et quand la Ligue tient, en 1929, ses assises à Lyon, ses leaders, Luigi Campolonghi et Turati, fraternisent avec Victor Basch et Ortega y Gasset, avant d'être reçus à l'Hôtel de Ville par Édouard Herriot. Quant aux communistes et aux organisations syndicales, ils voient à juste titre dans les réfugiés un réservoir de militants ardents et disponibles, et l'antifascisme est un thème particulièrement porteur pour mobiliser contre la droite.

Camarades de tous les pays...

Le parti communiste est celui qui pousse le plus loin, au nom de l'internationalisme, la fusion des forces, qui dépassent les seuls Italiens. Après avoir admis, en son sein même, une « fédération » italienne largement autonome, il fait entrer directement les étrangers dans ses organisations, suivant en cela les décisions, en 1924, du IVe congrès de l'Internationale communiste. Et une Commission nationale de la main-d'œuvre étrangère coiffe une série de groupes, dits « de langues », hongrois, yougoslave, juif, etc. Ainsi, en 1927, à l'intérieur du parti communiste, les Polonais sont divisés en 7 districts, qui couvrent 59 départements, même si la majorité des militants est concentrée dans le Nord et le Pas-de-Calais. Le message de violence, d'illégalisme et d'internationalisme du P.C. des années 1920 agit avec une particulière efficacité sur des hommes souvent jeunes, seuls et itinérants. Autour de lui gravite tout un monde de semi-clandestins – dont le rôle dans l'appareil est parfois important –, de colleurs d'affiches, de diffuseurs de journaux, pour lesquels la vie politique est synonyme d'activisme et de solidarité groupusculaire, parmi les Italiens de Lorraine par exemple. Dans certains départements, il est même possible que les étrangers constituent, un temps, la seule base prolétarienne de l'organisation. Et l'influence du P.C. s'étend au-delà des ouvriers européens, vers ces coloniaux que tentent de regrouper, à partir de 1922, une Union intercoloniale et son journal *Le Paria,* dont le principal rédacteur, Nguyen Ai Quôc, deviendra Hô Chi Minh. Le P.C. s'adresse également aux Algériens par le biais de l'Étoile nord-africaine de Messali Hadj. Il soutient aussi les meetings de l'émir Khaled, et tente, de façon éphémère, d'animer, en 1926, un comité de défense de la race nègre.

1920. Un jeune journaliste vietnamien assiste au congrès de Tours : c'est Nguyen Ai Quôc, dit Hô Chi Minh.

(ARCHIVES DE « L'HUMANITÉ ».)

La stratégie des syndicats

Évidemment, il est impossible de séparer du P.C. le syndicalisme « rouge » de la C.G.T.U. En application des directives de l'Internationale syndicale rouge (I.S.R.), elle crée, en 1923, un Bureau central de la main-d'œuvre étrangère, avec ses cinq antennes de Lyon, Marseille, Bordeaux, Lille et Nancy, qui diffusent tracts et journaux. Dans les années qui suivent, le prolétariat étranger est au cœur de la stratégie de l'I.S.R., réaffirmée à son IIIe congrès, en 1925. L'action est coordonnée par des Comités intersyndicaux nationaux, à tous les niveaux : il y en a 13 en 1927, y compris pour les Bulgares, les Ukrainiens et les Chinois. L'emploi des langues vernaculaires ne compte pas pour rien dans leur audience, par exemple chez ces mineurs polonais du Pas-de-Calais qui peuvent aller aux meetings d'abord pour entendre parler polonais. Ce que fait, avec talent et charisme, un Thomas Olzanski, Galicien passé par l'Allemagne d'avant 1914, naturalisé en 1922, devenu secrétaire permanent de la Fédération unitaire du sous-sol, pour

OUVRIERS FRANÇAIS, OUVRIERS ÉTRANGERS

Les travailleurs étrangers constituant une part relativement considérable de la population ouvrière, deviennent un élément important dans la vie sociale. S'incorporant à la structure même de l'activité économique du pays, ils relèvent des lois sociales de protection et d'assistance, participent à la vie syndicale, et constituent, suivant l'expression employée au congrès de la C.G.T.U. en 1925, « un facteur essentiel des possibilités de luttes et de réalisations ouvrières ».

Les rapports entre ouvriers nationaux et étrangers sont en général bons. Ceci est dû, comme nous l'avons vu par ailleurs, à la quasi-absence de concurrence réelle, rendue difficile par l'organisation et le contrôle de l'immigration. Le système des contrats-types qui assurent des salaires minima et l'égalité de traitement à travail égal, les inspections des services de la main-d'œuvre étrangère qui veillent à l'exécution des contrats, les bureaux de placement qui, du municipal au national, en passant par le régional et en étroite liaison entre eux, assurent la répartition judicieuse des travailleurs sur tout le territoire, le contrôle enfin du Conseil national de la main-d'œuvre où sont représentés patrons et ouvriers, permettent de défendre le marché du travail contre les dangers d'une immigration massive et la concurrence des salaires au rabais. Non seulement les intérêts des travailleurs ne sont pas en opposition, mais parfois ils sont complémentaires : l'ouvrier français, grâce à l'ouvrier étranger, peut se réserver les emplois de son choix.

Ce rôle d'ouvrier d'élite, que remplit de plus en plus l'ouvrier français, a, d'ailleurs, des conséquences sociales très importantes. L'immigration déverse sur la France une masse sans cesse accrue d'ouvriers non qualifiés, qui se dirigent surtout vers la grande culture, les mines, les travaux publics, la grosse métallurgie et qui tend à s'opposer aux éléments français cantonnés dans les étapes supérieures de la production et dans les activités de direction. Il se forme ainsi une couche inférieure et une aristocratie ouvrière, dont le développement peut amener de notables changements dans la vie sociale du pays et qui rappellent la situation créée aux États-Unis par l'immigration. Les ouvriers français, quoi qu'en puissent dire leurs dirigeants syndicalistes, ont tendance à se désolidariser des travailleurs étrangers, dont les intérêts peuvent, parfois, différer, notamment en période de crise. Les Français gardent jalousement les droits spéciaux dont ils bénéficient en tant que Français. [...] Les communistes ont, d'ailleurs, parlé de cette évolution comme d'un « tournant historique dans le mouvement ouvrier français » et l'ont accusée d'amener « une complète dégénérescence de l'ancien syndicalisme révolutionnaire ». Aussi bien est-ce vers les travailleurs étrangers que les dirigeants du syndicalisme avancé tournent maintenant les yeux pour « reconstituer la masse de manœuvres ».

G. Mauco, « les Étrangers en France », A. Colin, 1932, p. 475-476.

laquelle il parcourt la France. À Hussigny, en Lorraine, ce sont les Italiens qui dirigent réellement le syndicat, quitte à s'abriter derrière leurs camarades français moins vulnérables. Et, en 1930, on estime à 17 000 le nombre des militants étrangers de la C.G.T.U., dont 12 000 Italiens, 2 500 Polonais, 500 Espagnols, 680 Hongrois...

En face, les pouvoirs publics sont loin de rester inertes. Les réunions politiques étrangères sont étroitement surveillées, et quelquefois dispersées par la police. On dissout les associations trop bruyantes, ou on les réduit au silence, comme les *fascii* de Marseille et de Nice. Les expulsions, surtout, font peser une menace efficace sur les militants : 95 130 étrangers sont reconduits à la frontière entre 1920 et 1930, soit 566 par mois, avec un souci de balancement qui, en 1930 par exemple, fait refouler, presque en même temps, Eisenstein et Marinetti. Il suffit, parfois, d'avoir assisté à un meeting ou distribué des journaux : ce sont l'arrestation et l'expulsion de leurs chefs qui, en 1925-1926, entraînent la dispersion des Centuries prolétariennes italiennes. Le noyau italien communiste de Nice est brisé dans le même temps, et c'est le Français Virgile Barel qui en est réduit à distribuer lui-même *La Riscossa*. En 1926 encore, on n'hésite pas à envoyer des renforts de troupes à Nice à la suite de plusieurs incidents frontaliers provoqués par les fascistes locaux, et, en 1929, c'est toute l'équipe anarchiste de *La Lotta Umana* qui est interdite de séjour.

Au total, l'agitation politique des étrangers est parfaitement contenue, et elle a tendance à retomber à la veille des années 1930. L'influence de la C.G.T.U. demeure très ténue par rapport à la masse des travailleurs auxquels elle s'adresse. Chez les mineurs du Nord-Pas-de-Calais, quelques grèves mal menées – notamment celle, qui se veut générale, du 24 avril 1927 –, sur des mots d'ordre trop politiques, suffisent à l'anéantir : la solidarité ne joue même pas vis-à-vis des meneurs expulsés. En Lorraine, le recul est aussi rapide et révèle la minceur de l'implantation. À Paris même, la Fédération unitaire du bâtiment, assez forte en 1925 pour imaginer un système de closed-shop en faveur des Italiens, a perdu une large part de ses adhérents en 1929-1930. À l'inverse, un nombre grandissant d'étrangers se tournent vers la très modérée C.G.T., longtemps indifférente et décontenancée par leur spécificité. Dans la région parisienne, c'est un Italien socialiste, Ernesto Caporali qui, devenu secrétaire particulier de Léon Jouhaux, lance en 1926 un bimensuel, *L'Operaio italiano*, et anime un Bureau de la main-d'œuvre étrangère. En 1929, les « confédérés » (C.G.T.) immigrés y sont quatre fois plus nombreux que les « unitaires » (C.G.T.U.). Dans le Nord-Pas-de-Calais, le retard est comblé à partir de 1927 grâce au dynamisme d'un responsable polyglotte, Désiré Coine. *La Tribune des mineurs* publie des éditoriaux multilingues, deux Polonais entrent au conseil d'administration du syndicat et, en avril 1927, un congrès des sections polonaises réunit 53 délégués et nomme 7 propagandistes. Les Italiens non plus ne sont pas oubliés. Au total pourtant, le syndicalisme français mord à peine sur la main-d'œuvre étrangère, et, dans les faits, le choix de l'organisation répond moins aux préférences idéologiques qu'à l'implantation locale.

Une certaine indifférence

Les militants se font rares

Le succès des partis politiques auprès des étrangers n'est guère plus grand. On peut bien s'inquiéter de l'influence communiste parmi les Polonais : l'activisme dénoncé, entre autres, en 1925, à Bruay-en-Artois et à Mont-Saint-Martin, est un cas d'espèce. La plupart des militants sont à Paris, c'est-à-dire loin des concentrations ouvrières. À demi clandestins, ils craignent que trop de transparence et de dynamisme n'attire la répression. Que nombre de militants soient juifs suffit d'ailleurs à susciter la méfiance d'une colonie teintée d'antisémitisme. Du côté italien, les *fuorosciti* sont écartelés par la division des factions et affaiblis par leurs querelles internes : en 1933 encore, P. Nenni sera dénoncé à Nice comme un agent du Duce ! Le parti communiste italien, qui arrive à entraîner 4 000 à 5 000 adhérents, surtout parisiens, en 1925, s'érode ensuite à cause du recul général de l'influence communiste. Le découragement devant l'inattendue longévité du fascisme, la gravité de la rupture avec l'anarcho-syndicaliste Bordiga font le reste. Quant aux fascistes eux-mêmes, ils ne rassemblent jamais plus de 30 000 sympathisants, et leur noyau dur est fort réduit. À aucun moment ils n'ont prise sur la masse des ouvriers, qui ne constituent pas plus de 15 p. 100 des adhérents niçois par exemple. Les notables sont tout aussi réticents, qu'effraie la violence du discours fasciste. Si le bottier Nicola Greco se rallie, la chambre de commerce italienne est réticente. L'adhésion de quelques entrepreneurs nancéens et lillois, de négociants et d'employés de commerce marseillais ne fait que mieux souligner la réserve de la majorité des élites. Certains prêtres de la colonie prennent même franchement le parti inverse. Globalement, la masse des travailleurs étrangers reste indifférente au débat politique, elle se tient en tout cas à l'écart de l'engagement. Faut-il enfin noter combien la menace, pour certains, de « 400 000 gardes blancs », « déchets du tsarisme », relève du fantasme ?

La France aux Français

La brutale explosion de xénophobie populaire qui ouvre la crise dès 1931 montre que l'opinion n'en a cure. Lettres haineuses de lecteurs aux journaux, placards anonymes, pétitions, éclosion spontanée de « comités de défense », huées dans les cinémas et les cabarets marquent la rupture. Les manifestations ouvrières s'approprient le vieux slogan de l'extrême droite, « la France aux Français ». Dans le Nord, on redécouvre la concurrence belge : en mai et en juin, on assaille les camions de ramassage des frontaliers, une véritable émeute déferle sur la rue des Longues-Haies, à Roubaix, des ouvriers étrangers sont lapidés, rossés, jetés au canal. La tradition française de refuge, les nécessités économiques, le bon sens même sont balayés en quelques mois par une hostilité qui touche tous les secteurs de l'opinion et toutes les classes de la société. Les pouvoirs publics, longtemps réticents, cèdent à cette inquiétude d'une « dénationalisation de la France », esquissée dès 1913 par P. Leroy-Beaulieu, et que désormais plus personne ne met en doute. Même la période du Front populaire ne fait que marquer une pause, ambiguë d'ailleurs, dans une politique progressive de rejet qui débouchera naturellement sur la hantise des « métissages imprudents », pour parler comme un publiciste de 1938, et sur les persécutions ouvertes du régime de Vichy.

Y.L.

XVIII

LES CHEMINS
DE VICHY

Dès le début de 1931, les pouvoirs publics stoppent l'immigration,
renforcent les contrôles aux frontières, encouragent les étrangers
à repartir, avec l'approbation des instances syndicales qui n'ont
pas d'autre moyen pour contenir la pression de leurs
adhérents. ☐

Au mois d'août 1934, des Polonais « unitaires » (C.G.T.U.)
menacés de licenciement par la Compagnie de l'Escarpelle
s'enferment dans les douches avec des mineurs français,
à Leforest, dans le Pas-de-Calais. La présence – modeste –
d'un certain E. Gierek, dont on sait le destin, fera entrer
l'affaire dans la légende dorée de l'internationalisme
prolétarien. Sur le moment, elle est vécue par les autres mineurs comme une
agression, une séquestration par les « sales Polaks », et l'on déplore que les
122 Polonais qu'on renvoie et les 77 qu'on expulse s'en tirent sans avoir
de comptes à rendre à la justice. Il y a longtemps que la solidarité ouvrière
a volé en éclats.

De fait, le nombre des étrangers recule de 24 p. 100 dans les houillères
du Nord et du Pas-de-Calais de 1930 à 1933, et les renvois s'accélèrent en
1934. Après les Posnaniens, les derniers arrivés, on se débarrasse des précieux
abatteurs westphaliens. En Meurthe-et-Moselle, la baisse est de 30 p. 100,
en Saône-et-Loire de 20 p. 100. Et, en Lorraine, on compte 75 000 manœuvres
étrangers de moins en cinq ans, dont 23 000 Italiens. Chez beaucoup naît
la hantise de toucher un bon de rapatriement en même temps que la feuille
de quinzaine : il faut alors liquider ses biens en deux ou trois jours, puisqu'on
ne peut emporter plus de 30 kilos de bagages si l'on veut bénéficier du
transport gratuit – aux frais de l'État français ou des Compagnies – au moins
jusqu'à la frontière. Les logements vides de ceux qu'on a obligés à partir sont
là pour marquer la permanence et l'imprévisibilité de la menace ; et en janvier
1935, c'est le Service de la main-d'œuvre agricole qui est à son tour supprimé.
En 1936, la France compte, de fait, 400 000 étrangers de moins qu'en 1931,
soit 2 413 000 individus.

Mais l'opinion publique saisit mal cet évident recul numérique. Elle repère mieux ceux qui continuent d'entrer, Tchèques, Hongrois, Allemands bientôt, bien qu'ils soient peu nombreux, que ceux qui s'en vont, Polonais et Italiens. D'autant que la crise contribue à retenir les Algériens, cependant fortement touchés par le chômage : rester sur place épargne les frais d'un voyage transméditerranéen pendulaire, et ils repoussent le retour à des jours meilleurs. Ici et là – en Lorraine –, le patronat continue d'embaucher des clandestins. Pour tous, le départ des célibataires rend plus voyantes les colonies étrangères à travers la présence des familles. La restructuration du marché du travail les disperse, en outre, sur l'ensemble du pays, hors des régions traditionnelles, vers des secteurs d'emplois où, jusque-là, ils étaient rares, à l'image de ces Juifs chassés par la montée de l'antisémitisme en Europe orientale. À contre-courant de la conjoncture générale, l'agriculture continue de faire appel aux journaliers étrangers : à partir de 1931, elle embauche chaque année plus d'Italiens que dans les années 1920.

De la crise à la guerre

Du coup, c'est l'ensemble des activités économiques qui paraissent menacées par la concurrence étrangère. Les professions libérales elles-mêmes sont envahies par « la marée qui vient de l'Est », écrit *l'Écho de Paris*, en avril 1934. Avocats et médecins vivent la crise comme un encombrement de la pratique : peu importe qu'il n'y ait chez eux que 3 p. 100 d'étrangers et que la France arrive au 17e rang du taux d'encadrement médical. Les facultés sont envahies, les amphithéâtres bondés d'étudiants qui ne repartent pas dans leur pays d'origine à la fin de leurs études : comment pourrait-on confier des secrets de famille à des gens si différents ? Sans clientèle, il ne leur reste qu'à se faire avorteurs ou pourvoyeurs de drogue. La presse spécialisée et l'Académie de médecine s'alarment. Les organisations professionnelles poussent à refuser l'avis favorable à la naturalisation des médecins qu'exige une loi de 1933. Au début de 1935, une grève massive déferle, depuis Montpellier, sur les facultés de médecine. À Paris, les futurs dentistes, les juristes, certaines grandes écoles d'ingénieurs descendent dans la rue, où ils forment des cortèges tumultueux et molestent les étrangers qui les croisent, avec l'aide des Jeunesses patriotes et dans une ambiance d'antisémitisme qu'applaudit *l'Action française*. L'aggravation de la loi qu'ils obtiennent ainsi n'empêche pas de rêver que les naturalisations soient repoussées à la deuxième ou à la troisième génération !

Un affairisme sans attaches

Le risque de dépossession n'apparaît pas moins grand chez les commerçants, les industriels, les propriétaires. Les années 1920 s'étaient déjà alarmées de la mainmise étrangère sur les biens, même si une enquête de

1924 avait montré qu'elle ne dépassait pas 1 p. 100 du patrimoine foncier et 0,5 p. 100 de l'immobilier. Plusieurs textes restrictifs taxant les transactions faites par des étrangers n'avaient été retirés que devant la protestation de pays amis, voire alliés. Les scandales financiers qui accompagnent la crise – l'affaire Oustric, l'affaire Stavisky – relancent toute une littérature de dénonciation de l'affairisme étranger – souvent juif –, sans attaches, sans obligations, voire sans nom, malhonnête et spoliateur. Plusieurs projets de loi envisagent de retarder de cinq ans après l'acquisition de la nationalité française l'inscription au registre du commerce, et l'on retrouve parmi les députés qui les déposent, à côté d'une majorité de conservateurs, des radicaux, des démocrates-chrétiens, et aussi des socialistes. En 1932, on propose même de doubler les impôts des entreprises étrangères, de les obliger à conserver leur nom ou leur raison sociale d'origine. Et, au-delà, la crise relance, avec une acuité jamais vue, la question de la place des étrangers dans la communauté nationale, au moment même où, paradoxalement, le recul des effectifs et la pression de la société et de la culture françaises relancent le processus d'assimilation.

En effet, les années 1930 voient d'abord se déliter le particularisme religieux. Cela s'explique, chez les Polonais, par leur dispersion géographique, des tensions internes à la Mission, l'autoritarisme de certains prêtres, les mauvaises relations entre la Mission et le gouvernement de Varsovie ; chez les Italiens, par la confusion des œuvres avec l'infiltration mussolinienne, et l'inefficacité d'une organisation dont le redressement est trop tardif pour porter ses fruits avant la Seconde Guerre mondiale. Du côté de l'école, instrument privilégié du maintien de l'identité nationale et linguistique, les résultats sont

L'assimilation en marche

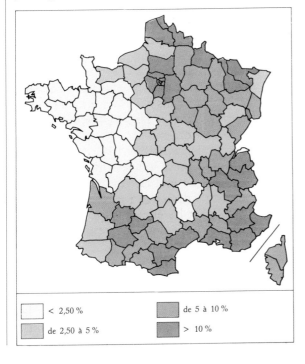

☐ < 2,50 %	▨ de 5 à 10 %
▨ de 2,50 à 5 %	▧ > 10 %

PROPORTION D'ÉTRANGERS DANS LA POPULATION ACTIVE EN FRANCE EN 1936.

(D'APRÈS H. LE BRAS.)

tout aussi médiocres. Les « écoles italiennes » de Paris n'ont jamais eu plus de quelques centaines d'élèves, et les compagnies minières relâchent vite leur soutien, bien onéreux – la faible qualification des « moniteurs » faisant le reste – à l'enseignement polonais, qui n'a jamais attiré plus du huitième des enfants en âge scolaire. Surtout, l'administration française a veillé jalousement au contenu des cours, et finalement, la majorité des enfants d'immigrés se retrouvent à l'école publique, qui joue le même rôle assimilateur que pour les Belges du XIXe siècle – il y a bien longtemps qu'aucun d'entre eux ne parle plus le flamand dans les années 1920. Et, si les premiers arrivés, venus avec leurs parents, ne s'y étaient pas sentis toujours à l'aise – du fait d'une différence plus fortement perçue, d'instituteurs parfois peu indulgents et, bien sûr, de leur méconnaissance du français –, il n'en va pas de même pour la deuxième génération, née en France, et que rebutent au contraire les difficultés du polonais ou l'incohérence du sabir franco-italien qu'on parle encore à la maison. Et il y a, pour les adultes aussi, la réalité et la pérennité de l'exil : le *Wiarus Polski* lui-même parle de moins en moins souvent de la patrie, et de plus en plus de cette France où l'on commence à avoir des souvenirs, où l'on enterre aussi ses morts. Et, si l'on hésite encore à se faire naturaliser, on commence à partager les attitudes françaises devant la vie : à Sallaumines, montre J. Ponty, on se marie toujours entre soi, mais l'on n'a guère plus d'enfants que les autres. Enfin, les retours dus à la crise écrèment les colonies étrangères de leurs célibataires itinérants au profit de noyaux familiaux plus portés à l'enracinement. L'arrivée de nouveaux étrangers, bien que limitée, accentue avec les Français de souche la familiarité et la solidarité de ceux qui sont déjà là, même si ce n'est que depuis une génération.

Le mystère de la greffe

Tout commence à prouver l'efficacité d'un creuset à la française qui ne faisait pas de doute, avant 1930, dans les milieux les plus conservateurs : un Frédéric Mistral évoquait, pour Barrès, « le mystère de la greffe » et la force d'une latinité où même les Allemands finissaient par se perdre. Yves Guyot, publiciste et homme de droite, affirmait, en 1924, « nous sommes tous des métèques ». Les *Semaines sociales* de 1926 reprenaient une idée reçue en remarquant que l'immigration était préférable à l'invasion, et elles espéraient, au lendemain du massacre de 1914-1918, une régénération de la race française par la fécondité des Italiens et des Polonais, catholiques de surcroît. En 1932, en plein délire xénophobe, c'est Paul Reynaud qui souligne que « mettre à la porte des étrangers dont les enfants étaient, en fait, de petits Français, est l'un des signes du manque d'imagination et de courage dont nous souffrons ». L'ouverture du patronat va bien au-delà de la logique purement économique qui avait fait dénoncer par *le Temps*, dès 1897, l'étroitesse et l'aveuglement d'un nationalisme de l'exclusion ; elle pousse les compagnies minières à résister de 1931 à 1934 à la pression gouvernementale qui voudrait les voir se débarrasser de leurs étrangers. C'est d'ailleurs une carte de la France « frileuse » (P. Guillaume), à la traîne du dynamisme économique, que tracent, lors des législatives de 1932, les adhésions au projet d'une législation restrictive. La gauche, les radicaux, les socialistes, les états-majors syndicaux, les dirigeants communistes s'inscrivent tout naturellement dans un jacobinisme qui fait confiance au « melting-pot » à la française et se réfère à la tradition d'accueil du XIXe siècle. La Ligue des droits de l'homme, en plein essor – elle a 180 000 membres en 1932 –, porte elle-même une attention particulière à ces « Français à l'état latent », en inspirant des organisations qui, telles « le Foyer français » (1924) et « l'Amitié française » (1925), veulent aider à l'intégration. « Français de papier... », répond l'*Action française* à propos des naturalisés. « Nous d'abord », proclame une pétition d'ouvriers ardennais. Parmi les partisans de l'exclusion de 1932, si l'on trouve une majorité de candidats de droite, il est aussi près de 40 radicaux ou républicains de gauche, et même six socialistes de la S.F.I.O. Comment résister à une opinion chauffée à blanc par une presse déchaînée, aux millions de lecteurs de *l'Ami du peuple*, par exemple, qui fait de la xénophobie sa ligne la plus constante ?

Jusqu'à la Grande Guerre, la loi avait assuré aux étrangers une évidente liberté de circulation, même s'ils étaient tenus en tutelle. Le XIXe siècle avait eu tôt fait d'oublier passeports et visas imposés en octobre 1833, ainsi que la possibilité établie en décembre 1849 d'expulser les indésirables. Des textes de 1888 et 1893 avaient bien restreint leurs déplacements au nom de la protection du « travail national », mais la loi du 17 mars 1891 rappelait qu'aucun métier ne leur était fermé. Aucune législation restrictive d'ensemble n'avait été concédée, même si un décret Millerand du 10 août 1899 fixait un quota pour les ouvriers étrangers travaillant sur les chantiers de l'État. On ne leur avait marchandé ni le droit de militer dans des syndicats ou des mutuelles, ni celui de profiter de l'assistance publique, de la protection sociale, de l'école. Et les dispositions réglementaires rendaient la naturalisation quasi automatique.

Entre rigueur et laisser-faire

Nonobstant les craintes de l'opinion, la loi du 10 août 1927 assouplit encore les modalités de la naturalisation en abaissant la résidence préalable à trois ans et l'âge à 18 ans. Les travailleurs étrangers, les Italiens surtout, en profitent d'ailleurs largement dans les années qui suivent. Mais il s'agit moins là d'une politique claire que d'une pratique coutumière. Alors même qu'elle proliférait, la France étrangère est restée du domaine de l'administration au quotidien, celle-ci oscillant, au gré des circonstances et des hommes, entre le laxisme et la rigueur, le laissez-faire et les accès d'autorité. De qui relève d'ailleurs cette France ? de l'État ? des entreprises ? des syndicats ? Un éphémère Haut-Commissariat, en 1926, n'a pas tranché. Tout au plus a-t-on commencé à s'accorder sur la nécessité d'une sélection, mais selon quels critères ? ethniques ? démographiques ? professionnels ? médicaux ? voire moraux ?

La crise balaie donc le débat et fait basculer les pouvoirs publics vers une politique exclusivement défensive et d'autant plus brutale qu'elle est nouvelle. La loi du 10 août 1932, qui prévoit un contingentement souple de la main-d'œuvre étrangère, est votée sans opposition. Si l'on ne prend, par branches, que 72 décrets d'application jusqu'en 1934 – les organisations cégétistes veillent d'ailleurs à leur extension –, l'année 1935 voit un durcissement, et l'on en signe 553 en dix-huit mois, qui atteignent, à son tour, la grande industrie du bâtiment, de la métallurgie et de la chimie. Et

Durcissements

c'est un comité interministériel présidé par Édouard Herriot qui inspire le décret du 6 février 1935 : il porte l'exclusion sur un autre plan, puisqu'il conditionne la délivrance d'une carte d'identité au préalable d'un contrat, limite la possibilité de réunion des familles, restreint la liberté de circulation. Du côté des professions libérales, la loi Ambruster, d'avril 1933, aggravée en 1935, impose la naturalisation et la possession de diplômes français pour les médecins, et un texte de juillet 1934 requiert une période probatoire de dix ans pour les étrangers qui veulent embrasser une profession judiciaire. Sur le plan réglementaire, de nouvelles exigences rendent plus difficile l'obtention des pièces d'identité, et le zèle des subalternes ajoute aux tracasseries. L'implication d'étrangers dans l'assassinat de Paul Doumer, en 1932, du roi de Yougoslavie et de Louis Barthou, en 1934, paraît justifier la rigueur policière : les étrangers désertent les organisations syndicales, les meneurs sont impitoyablement expulsés et, symboliquement, le dirigeant unitaire Thomas Olszanski est déchu, dès le 24 juin 1932, de la nationalité française.

L'éphémère embellie du Front populaire

Sur le fond, le Front populaire ne change pas grand-chose aux textes. Est-ce par crainte des provocations ? Par impuissance à distinguer les « bons » étrangers des autres ? L'application de la loi d'août 1932 ne se relâche pas, et la réflexion menée à la fois par la gauche laïque et certains démocrates-chrétiens pour élaborer un véritable statut de l'étranger finit par s'enliser. Ce qui change, encore une fois, c'est une pratique, malgré, d'ailleurs, une certaine mauvaise volonté des exécutants : les contrôles se font moins tâtillons, il n'y a plus d'expulsions, on revient sur certaines dispositions secondaires, pour assouplir la délivrance des papiers, favoriser les retrouvailles des familles, faciliter les déplacements et abolir, entre autres, le contrôle sanitaire que l'on imposait aux Algériens. C'est suffisant pour libérer de la

Par peur de la concurrence étrangère et, par là même, de la dévalorisation de leurs diplômes, les étudiants de la faculté de médecine de Paris descendent dans la rue en 1935.

peur : plus encore que pour les travailleurs français, le Front populaire est, pour les étrangers, un moment privilégié. Ils participent à part entière au grand mouvement revendicatif de juin 1936, et il arrive même, comme à la Compagnie d'Aniche en octobre, que ce soit pour eux qu'on arrête le travail. Ils défilent et dansent avec les autres et, après coup, on mesure la part d'une assimilation qu'avait masquée la méfiance des années précédentes. Les mineurs polonais – au nombre de 100 000 ou peut-être de 120 000 – se ruent vers la C.G.T. réunifiée, et le Z.P.R.F., qui s'était étiolé en 1927-1928, devenant une simple société d'entraide, achève de s'effondrer. L'un de ces mineurs, Walter Zabczyk, devient même secrétaire du syndicat du Nord. Les militants communistes sortent de l'ombre, un peu partout, et l'antifascisme, latent mais refoulé, d'un grand nombre d'Italiens éclate au grand jour, au profit d'une *Unione Popolare Italiana* à vocation unitaire. L'Étoile nord-africaine va bientôt se transformer en Parti populaire algérien, et, un peu partout, les militants étrangers entrent dans les comités locaux du Rassemblement populaire.

Bientôt, ils pèsent sur les forces politiques de gauche elles-mêmes – la S.F.I.O., les radicaux, la Ligue des droits de l'homme – pour les inciter à s'engager aux côtés de l'Espagne républicaine. Il n'en faut pas plus pour que, avec la détérioration de la situation internationale à partir de 1937, renaisse la hantise de la conspiration de l'étranger. Celle-ci n'était-elle pas, pour l'*Action française*, l'*Ami du peuple* et toute une presse d'extrême droite, consubstantielle de l'immigration elle-même : un complot des Allemands, de la finance internationale, des francs-maçons et, naturellement, des Juifs pour substituer

La conspiration de l'étranger

LA FRANCE,
DÉPOTOIR DU MONDE...

Sommes-nous le dépotoir du monde ? Par toutes nos routes d'accès, transformées en grands collecteurs, coule sur nos terres une tourbe de plus en plus grouillante, de plus en plus fétide. C'est l'immense flot de la crasse napolitaine, de la guenille levantine, des tristes puanteurs slaves, de l'affreuse misère andalouse, de la semence d'Abraham et du bitume de Judée ; c'est tout ce que recrachent les vieilles terres de plaies et de fléaux. Doctrinaires crépus, conspirateurs furtifs, régicides au teint verdâtre, polaks mités, gratin de ghettos, contrebandiers d'armes, pistoleros en détresse, espions, usuriers, gangsters, marchands de femmes et de cocaïne, ils accourent précédés de leur odeur, escortés de leurs punaises. Ils arrivent de tous les côtés, sans relâche, sur les océans, par-dessous les montagnes, à pleins trains, à pleins paquebots. Ils arrivent et on les attend. De « gauche » ou de « droite », ils ont toujours des amis. Révolution et coups d'État en offrent l'incessant prétexte. Naguère les Russes, ensuite les Polonais, puis les Grecs, puis les Italiens que suivirent les Allemands, précédant les Espagnols... À qui le tour ? Sous couleur de droit d'asile, on laisse entrer pêle-mêle et sans la moindre précaution réfugiés politiques et condamnés de droit commun – tous d'accord au moins sur un point : le droit qu'ils s'arrogent de nous traiter en pays conquis. Tandis que ceux-ci assomment les ouvriers dont ils volent le pain, ceux-là ne cessent d'insulter à notre patriotisme, dans nos propres journaux.

Henri Béraud, « la France à tout le monde », « Gringoire », 7 août 1936.
in L. Bodin et J. Touchard, « Front populaire, 1936 », A. Colin, 1972, p. 189.

« un nouveau peuple au vieux peuple de France sur cette terre de merveilles ». Le Front populaire en était directement issu, qui aurait facilité les naturalisations pour multiplier ses électeurs. Sa défaite est aussi celle des étrangers, dont un riche bestiaire verbal lie le visage à celui des gouvernants de 1936. Les Houillères du Nord ne tardent pas à licencier les meneurs syndicaux, on revient tôt à la sélection sanitaire des Algériens et la presse à grand tirage dénonce dans les réfugiés politiques autant d'agents du communisme et du terrorisme. L'année 1937 n'implique-t-elle pas des étrangers dans une quinzaine d'attentats – et d'assassinats ? Peu importe que parmi leurs victimes les plus illustres se trouvent les frères Rosselli, deux des grandes figures italiennes de l'antifascisme. À la fin de l'année, l'affaire Weidmann, pour être strictement crapuleuse, augmente encore la tension.

Dans l'ombre
de la clandestinité

Le retour de la pression policière accroît d'ailleurs logiquement le nombre et l'activisme des clandestins. Elle contribue à radicaliser l'antifascisme qui, peu à peu, finit par se confondre, dans les communautés minières et sidérurgiques italiennes, avec le communisme, auquel se rallient les socialistes « maximalistes » italiens. Des responsables naturalisés – comme Angelo Turri et Louis Laï, conseiller municipal de Waziers – couvrent une activité semi-clandestine qui déborde la frontière belge et à laquelle les municipalités communistes ne marchandent pas leur appui, en ouvrant aux militants italiens leurs journaux, en organisant la solidarité ouvrière contre les expulsions. À l'inverse, l'appareil du P.C.F. intègre des militants étrangers, comme Ceretti, le Tchèque Fried, et tant d'autres de moindre importance qui encadrent la « main-d'œuvre immigrée » (M.O.I.). En face, la même rencontre s'opère entre le fascisme, certains milieux patronaux, la police parfois : Rome ne ménage pas ses efforts pour restaurer son influence, sous un masque de respectabilité que favorise, depuis 1935, le rapprochement franco-italien. Même s'il y a dans le succès des *fascii* une part de conformisme – on y adhère « pour quelques kilos de macaronis », dit un de leurs adversaires, ils prospèrent à nouveau en France. Di Vittorio, le nouveau chef de l'organisation parisienne, est parvenu à noyauter la chambre de commerce et à attirer dans la mouvance d'une somptueuse *Casa d'Italia*, installée rue Sédillot, outre 7 000 anciens combattants, la plupart des associations de la capitale et de sa banlieue. À Nice, en 1938, on compte 2 200 fascistes et 1 400 *ballilas*. À Lille, le consul Paolo Vecchietti va jusqu'à échanger des renseignements avec la police, tandis qu'une partie du patronat lorrain, qui y voit une garantie contre l'agitation révolutionnaire, accorde sa sympathie aux *fascii*. À la fin de 1938, plusieurs centaines de familles répondent à l'appel du comte Ciano pour le retour à la mère patrie. Même chez les Polonais du Nord, l'action du vice-consul Kara, pour lutter contre l'influence du P.C., se mène en liaison avec certains éléments anticommunistes de la C.G.T., comme le leader des mineurs Kleber Legay. Et plusieurs affaires, au cours de l'hiver 1937-1938, permettent de découvrir le rôle d'agents de la police secrète italienne qui pullulent dans les consulats.

Complots
et complices

L'agitation et la clandestinité qui accompagnent l'aide internationale à l'Espagne républicaine font renaître la vieille crainte que la France ne devienne le champ clos des querelles de l'étranger. L'*Action française*, sans vraiment renoncer à traquer les espions allemands, découvre aussi l'omniprésence de la police d'État soviétique. À droite, on accuse les antifascistes et les antinazis de fomenter des troubles et de comploter contre le gouvernement français ; à gauche, on dénonce les complices de l'impérialisme fasciste, et, si les rodomontades de Mussolini font rire les élites, elles provoquent la colère dans les cités ouvrières : à chacun son mauvais Italien, son traître polonais, son espion allemand. La prise du pouvoir par Hitler avait déjà entraîné un brutal renouvellement du refuge politique : dès la fin de l'année, il y avait 25 000 Allemands en France et, jusqu'en 1939, s'il n'en reste guère plus à s'y fixer, plus de 50 000 traversent le pays. L'opinion française avait d'abord réagi par la sympathie, de la gauche aux plus hautes autorités religieuses – le cardinal Verdier, le pasteur Boegner – et à la droite – Paul Reynaud, François Piétri. Mais vite, l'opinion s'inquiète du grand nombre de Juifs parmi les exilés, de la présence de responsables politiques générateurs de désordre, de concurrents potentiels pour des professions libérales déjà jugées encombrées. La présence d'intellectuels de haut vol, comme Heinrich Mann, Walter Benjamin, Lion Feuchtwanger, n'avait finalement guère ému, et il y avait même eu quelqu'un pour accuser Albert Einstein d'installer « le communisme au Collège de France ». Et voilà qu'arrivent, après les Sarrois, de 6 000 à 8 000 Autrichiens au lendemain de l'Anschluss, puis les Tchèques d'après Munich et, encore une fois, les dizaines de milliers de Juifs qui fuient la sphère d'influence hitlérienne. Peu de gens, finalement, à côté du « mascaret humain » qui, selon la formule d'Albert Sarraut, déferle bientôt d'Espagne.

Quelque 50 000 Basques à la fin de 1937, une vingtaine de milliers d'Aragonais et de Catalans au printemps de 1938 ne font en effet qu'annoncer le déferlement d'un demi-million d'hommes, de femmes et d'enfants en une dizaine de jours, en février 1939. L'extrême droite elle-même est ébranlée de compassion, même si elle entend distinguer les miliciens des civils, les bourreaux des victimes dans ce reflux de tout « un peuple martyr »

Peuple martyr...

...u printemps 1939, Franco remporte une victoire décisive sur les Brigades internationales. 500 000 Espagnols, fuyant la dictature, se
réfugient en France. (SOLDATS ESPAGNOLS PASSANT LA FRONTIÈRE FRANÇAISE, 1939.)

419

(H. Béraud), talonné par les franquistes dans la neige et la boue de l'hiver. Mais le retournement est rapide, et l'accueil des réfugiés se dégrade en un simple problème technique : les 11 000 blessés sont bien reçus dans les hôpitaux français, et des centaines d'écoles, de casernes, de colonies de vacances sont aménagées pour recevoir les autres dans 77 départements. Comment s'en débarrasser, quand on a compris que le retour espéré vers l'Espagne signifie la mort pour beaucoup d'entre eux ? De bons esprits rêvent de les expédier vers les îles du Pacifique. En attendant, on négocie leur départ vers le Mexique ; mais, en juillet 1939, il en reste encore 325 000.

... ou lie de l'anarchie mondiale

Il a suffi de quelques mois pour que l'hostilité et le mépris succèdent à l'émotion. N'est-ce pas « la lie de l'anarchie mondiale qui est en France », s'interroge le 9 février 1939 l'hebdomadaire *Gringoire* ? Les signes de la misère – la saleté, la maladie – deviennent ceux de la perversion d'un ramassis d'espions et d'assassins, qui imposent leurs déchirements espagnols à la communauté française : la gauche salue dans les miliciens des héros héritiers des communards, elle multiplie les collectes et les galas de solidarité, va les accueillir à la frontière ; la droite, au contraire, mobilise le talent de ses caricaturistes pour s'en prendre à Albert Sarraut, ministre de l'Intérieur de 1938 à 1940, dont pourtant l'action vis-à-vis des réfugiés espagnols couvre le pays de honte, selon *le Populaire*. Le discours xénophobe déborde de loin sa clientèle habituelle pour toucher une opinion qu'énervent les tensions internationales et qui croit d'autant plus à « leurs mœurs de vandales » que les réfugiés cherchent à reconstituer en France leurs organisations politiques, qu'il leur arrive de se prêter à des mascarades antireligieuses et que leur misère les entraîne à multiplier les larcins et les maraudages. Plus prosaïquement, la chambre de commerce des Pyrénées-Orientales s'inquiète pour la saison touristique... Même les radicaux – Albert Sarraut est l'un d'eux –, très puissants dans le Sud-Ouest, s'inquiètent et incarnent l'ambiguïté de l'opinion : s'il n'est pas question de refouler les réfugiés, toute complaisance à leur égard serait coupable.

Réfugiés ou prisonniers ?

La fermeté des pouvoirs publics ne date pas de l'hiver 1939 : de 1936 à 1938, c'est un socialiste, Marx Dormoy, qui tente de renvoyer des réfugiés en Espagne et de disperser les autres au nord de la Garonne. De même, les réfugiés allemands de 1933 ont été concentrés dans des casernes désaffectées de Paris et dans un camp à Saint-Maur, et l'on a vite subordonné la délivrance d'une carte d'identité à une enquête de moralité. Et l'on a tôt fait d'éparpiller les Sarrois, accueillis sans chaleur, dans les marches bretonnes et le Sud-Est, loin de la frontière allemande. Quand les premiers Espagnols se présentent aux frontières, le premier réflexe est de fermer les portes pyrénéennes, et c'est la seule crainte du massacre qui les fait ouvrir, d'abord aux femmes et aux enfants, puis aux combattants désarmés. Et si la bonne volonté gouvernementale est certaine, elle n'empêche pas le mépris et la brutalité des exécutants, gardes mobiles et tirailleurs sénégalais, qui appliquent avec étroitesse les ordres qu'ils ont reçus. De fait, 209 000 miliciens et 165 000 civils se retrouvent dans une quinzaine de camps, à Argelès, à Gurs, au Barcarès... où les miradors, les mitrailleuses et la brutalité des gardes ajoutent à la précarité des conditions matérielles pour faire d'eux plus des prisonniers que des réfugiés.

L'ambiance, il est vrai, n'est guère à l'ouverture des frontières. En mai 1938, une série de décrets a renforcé leur surveillance, durci le renouvellement des titres de séjour, sanctionné plus lourdement les infractions à la police des étrangers ; une autre, en novembre, a restreint les conditions de résidence, enlevé le droit de vote aux naturalisés les plus récents et, surtout, créé des camps d'internement pour les contrevenants. Les services spécialisés de la gendarmerie et de la police ont été renforcés et l'on a reconduit à la frontière un nombre grandissant de militants après l'échec de la grève générale de novembre 1938. Les décrets scandalisent la gauche, une partie des radicaux, certains démocrates-chrétiens ; mais ils sont bien vus d'une opinion publique dont la majorité, avec la droite et l'extrême droite, demande encore plus de sévérité ! Si l'on manifeste, en février 1939, contre l'ouverture d'un camp en Lozère, c'est seulement parce qu'on craint le voisinage de gens « capables de commettre tous les crimes » ; et l'on approuve le zèle des autorités locales qui multiplient rafles et vérifications.

La force d'une opinion publique inquiète

Le contexte international de l'année 1939 ajoute à l'hostilité : on en arrive à s'accorder sur le fait que l'un des plus graves problèmes de l'heure résulte de vingt années de présence étrangère sans retenue. Seule fait exception une minorité de chrétiens, qui, sensible dès 1933 à la détresse des réfugiés antinazis, maintient la tradition évangélique d'accueil : Mgr Verdier, Mgr Maurin, l'archevêque de Lyon, F. Mauriac, J. Maritain surmontent la répulsion que provoque chez eux l'anticléricalisme des « rouges » espagnols et, surtout, rappellent le « devoir d'asile » que l'on doit aux Juifs. Ils ne sont guère entendus d'une France qui, aux griefs ordinaires – la concurrence du travail, l'évasion de la richesse – ajoute la peur de voir des enclaves étrangères se muer en bases d'espionnage – désormais puni de mort – et d'invasion. Cent incidents disent la force d'une hostilité que nourrit la rumeur : on moleste à Draguignan des commerçants italiens accusés de propos antifrançais, à Biarritz des Vénézuéliens qui auraient arboré des insignes nazis. En septembre 1939, on aurait repéré des Italiens en chemise noire. À la gare de l'Est, à Paris, des Polonais et des Russes auraient insulté des réservistes. Même dans la Beauce, des paysans s'inquiètent de la « cinquième colonne », et, en Alsace, on accuse les Juifs de pousser à la guerre. Les Polonais ne sont-ils pas « pour la plupart d'origine allemande » ? Dans les corons du Nord, certains porteraient la croix gammée, et les communistes lorrains de Blagny demandent que l'on se débarrasse de ces « pro-Boches ». Même si elle vise d'autres adversaires, *l'Humanité* d'avril 1939 en arrive, sous la plume de Lucien Sampaix, à affirmer qu'« il faut nettoyer Paris et la France ».

La cinquième colonne

Dans la ligne d'un patriotisme qui avait fait s'engager 30 000 d'entre eux – dont 5 000 Italiens dans une « légion garibaldienne » – en 1914, les réfugiés antifascistes ne cessent, depuis 1937, d'affirmer leur loyauté et leur volonté de se battre, en cas de guerre, aux côtés de la France. Après l'*Unione Popolare Italiana*, qui n'a cessé de dénoncer les ambitions territoriales du Duce,

L'engagement dans la guerre

en septembre 1939, ce sont la Fédération des sociétés juives de France et les organisations des Sarrois, des Allemands et des Autrichiens qui redisent leur engagement, et, quand la guerre éclate, plusieurs dizaines de milliers d'entre eux se présentent aux bureaux de recrutement. On ne va pas tarder à les envoyer rejoindre les républicains espagnols à Gurs, à Rivesaltes, au Vernet, aux Milles, dont beaucoup ne sortiront que pour se suicider ou être livrés à la Gestapo. À peine installé, le régime de Vichy annule 15 000 naturalisations obtenues sous le Front populaire, annonce la révision de toutes celles qui ont été opérées après 1927, interdit l'accès de la fonction publique aux Français de père étranger.

La Révolution nationale

L'effondrement de l'armée et le désastre militaire portent au paroxysme la xénophobie qui n'a fait que croître au cours des années 1930. Tous ceux qui ont vécu les semaines de mai et juin 1940 se sont mal remis du choc qu'ils ont connu. Que les armées allemandes aient pu, en six semaines, traverser le territoire national, personne, pas même Hitler, ne l'imaginait. D'un coup, l'image de la France comme grande puissance s'effondre. Il faut des responsables pour expliquer l'inexplicable.

Le gouvernement de Vichy, installé par la défaite, élabore sans tarder un programme politique pour construire un régime « national ». Le Maréchal s'attaque à la fois au capitalisme, car c'est un « produit étranger importé, que la France rendue à elle-même rejette tout naturellement », et au Front populaire, qui a vu « la monstrueuse alliance du communisme moscoutaire, du radicalisme maçonnique et de la finance juive », alliance des ennemis de l'extérieur et de l'intérieur. L'idée centrale de la Révolution nationale consiste, en effet, à rendre « la France à elle-même ». Cette ambition d'un retour à une « intégrité » originelle conduit à des séries de mesures systématiques contre les étrangers, contre ces Français de fraîche date que sont les naturalisés ou contre les Français « métèques », dangereux pour le sort de la nation, à savoir les francs-maçons et les Juifs. Les deux catégories d'étrangers et de Juifs se recouvrent souvent : les Juifs français ou naturalisés sont considérés comme des étrangers, les étrangers sont souvent juifs. En intervenant ainsi contre les Juifs, le gouvernement de Vichy entend réaliser l'« assainissement » et la « reconstruction » du pays.

Les frontières se ferment

La première disposition est d'empêcher toute nouvelle entrée de réfugiés dans un pays qui s'estime à peine en mesure de nourrir ses nationaux. Le 5 juillet 1940, Adrien Marquet, ministre de l'Intérieur, ferme les frontières, « afin que les étrangers ne puissent troubler l'ordre public ». Pour les étrangers déjà installés en France, Vichy développe les camps établis par le régime précédent, comme le tristement célèbre camp de Gurs, l'un des plus grands, où, dans des « baraques en bois vétustes et branlantes, noircies par les intempéries », selon les termes d'un rapport officiel, viennent s'entasser jusqu'à 18 000 personnes dans un espace prévu pour 15 000, souffrant de la promiscuité, de l'insuffisance de nourriture, de l'angoisse du lendemain.

Les volontaires étrangers qui ont combattu dans l'armée française sont démobilisés et envoyés dans des camps de travail ou internés, jusqu'à ce que, finalement, la plupart soient déportés en 1942. Créant ses propres camps d'internement, Vichy, par la loi du 27 septembre 1940, se donne le droit de recruter autoritairement dans des équipes de travail – les Groupements de travailleurs étrangers – tout étranger de sexe masculin, âgé de 18 à 45 ans, en surnombre dans l'économie française. On interne systématiquement dans ces camps tout étranger ayant reçu dans le passé des secours de l'administration française.

Selon une clause du traité d'armistice, l'article 19, le gouvernement français doit livrer les réfugiés allemands désignés par le Reich. C'est là renoncer au traditionnel droit d'asile. Un détachement de fonctionnaires allemands et d'agents de la Gestapo visitera les camps, avec l'aide de l'administration française : 800 personnes, dont le dirigeant socialiste Rudolf Hilferding et Herschel Grynszpan, qui a assassiné en novembre 1938 un

Les réfugiés étrangers, allemands ou espagnols, étaient déterminés à lutter aux côtés des Français contre les dictatures fascistes. Ils furent immédiatement dirigés vers les camps du Sud-Ouest.
(SEPTEMBRE 1939.)

diplomate allemand pour attirer l'attention de l'opinion mondiale sur la persécution des Juifs en Allemagne, seront livrés à la Gestapo.

Juif français, Juif étranger

Jusqu'en juin 1941, le gouvernement de Vichy s'efforce de distinguer entre les Juifs étrangers et les Juifs français. Sa politique étant essentiellement nationale et xénophobe, il se serait probablement contenté de la discrimination sociale et politique introduite par le statut des Juifs publié le 3 octobre 1940. En revanche, il cède facilement aux demandes allemandes s'agissant des Juifs étrangers. Mais, à partir de juin 1941, la distinction entre les Juifs étrangers et français s'efface, l'internement administratif devient une mesure dirigée contre tous les Juifs.

Les épisodes tragiques sont innombrables. La situation des réfugiés allemands est parmi les plus dramatiques. Le 8 août 1940, William Krüger, commandant de la police allemande à Bordeaux, s'efforce de se débarrasser, en direction de la zone libre, de 1 400 Juifs allemands, que les Français de leur côté considèrent comme des ennemis (beaucoup d'entre eux étaient d'ailleurs d'anciens combattants de la guerre de 1914-1918). Ballotés entre les deux autorités, ils sont finalement débarqués dans un camp d'internement à Saint-Cyprien, dans les Pyrénées-Orientales, d'où les survivants seront déportés en 1942. Le 22 octobre 1940, 6 504 Juifs originaires du pays de Bade et de Sarre-Palatinat sont arrêtés sur l'ordre des gauleiters Bürckel et Wagner, et expédiés à Lyon dans des wagons plombés, sans que les autorités françaises soient averties. À la suite des protestations françaises, ils sont à

Mai 1941. Des Parisiens comme les autres, un jour comme les autres, assistent à une rafle de Juifs organisée dans le quartier du Temple par la police française.

424

leur tour transportés à Gurs. Beaucoup mourront pendant le voyage et les survivants seront finalement déportés en 1942. En 1941, le gouvernement accepte que la police française livre aux Allemands 3 600 Juifs polonais de la région parisienne. Ce ne sont que quelques exemples parmi tant d'autres.

Tout au long de la période qui s'étend de l'armistice à 1942, les Allemands s'emploient à déverser les réfugiés juifs de la zone occupée vers la zone libre, Vichy, de son côté, s'efforçant de les renvoyer de l'autre côté de la ligne de démarcation. À partir de mai 1942, commencent les déportations de Juifs apatrides et étrangers. Le 11 juin, Himmler fixe des quotas : la France doit livrer 100 000 Juifs. C'est cette décision qui conduit à l'arrestation par la police française de 13 000 Juifs étrangers rassemblés dans des conditions inhumaines au « Vel d'hiv », d'où ils sont déportés. Laval continue à essayer de défendre les Juifs français en cédant sur les étrangers. En juillet 1942, il accepte de livrer 10 000 Juifs étrangers de la zone libre, à condition que ne soient pas déportés les Juifs français de la zone occupée, si le chiffre des 100 000 Juifs est atteint avec les seuls Juifs étrangers. Il refuse de promulguer une loi retirant automatiquement la nationalité française à tous les Juifs qui l'ont obtenue par naturalisation depuis 1933, ce qui aurait permis de les déporter immédiatement. En février 1943 encore, il s'efforce de négocier la livraison de Juifs allemands, autrichiens, tchèques, polonais et hongrois pour épargner les Juifs français. Mais la machine infernale ne peut plus guère être maîtrisée. Au total, et malgré le refuge que constitue jusqu'en juillet 1943 la zone d'occupation italienne, de 60 000 à 65 000 Juifs étrangers seront livrés aux nazis et déportés.

L'atmosphère de fin du monde qui préside aux débuts du gouvernement de Vichy, la passion xénophobe nourrie par la crise des années 1930 et l'écroulement militaire expliquent sans doute une mesure sans précédent, contraire à l'un des principes fondamentaux du droit libéral, la non-rétroactivité des lois. Dès le 22 juillet 1940, soit douze jours seulement après que le Maréchal fut devenu le chef de l'État, le ministre de la Justice, Raphaël Alibert, crée une commission chargée de réviser les naturalisations acquises depuis la loi du 10 août 1927 et de retirer la nationalité française à tous ceux qui seraient jugés indésirables. 500 000 dossiers sont examinés ; plus de 15 000 personnes sont privées de la nationalité française, dont près de 7 000 Italiens et plus de 6 000 Juifs, qui, redevenus étrangers, peuvent à tout moment être livrés sans défense aux nazis. Même les naturalisés qui gardent la nationalité française voient leurs droits limités : la loi du 17 juillet 1940 (dix jours après l'installation du nouveau régime !) limite aux citoyens nés de père français l'accès aux emplois des administrations publiques ; la loi du 16 août 1940, instituant un Ordre national des médecins, réserve l'accès à la profession médicale aux seuls Français dont le père était lui-même français ; en septembre 1940, une mesure semblable est prise pour limiter l'accès au barreau. Si ces mesures visent d'abord les Juifs, nombreux dans la fonction publique, la médecine et le barreau, elles n'en atteignent pas moins, en même temps, tous les naturalisés.

Comme le commente à l'époque un jeune agrégé de droit public, fidèle écho de l'idéologie de Vichy : « La raison d'être de l'incapacité des Juifs

L'intérêt
des services publics

d'accéder aux fonctions publiques est la même que celle de l'incapacité frappant les naturalisés : la protection de l'intérêt des services publics. Le nouveau régime reconnaissant à toutes les fonctions publiques un certain caractère politique à côté de leur caractère technique, il a été logiquement conduit à exiger de tous les fonctionnaires non seulement des compétences techniques, mais encore une certaine aptitude politique. On a estimé que les Juifs, comme les naturalisés, ne présentaient pas en général cette aptitude : d'où leur exclusion des fonctions publiques. »

L'État maçonnique

Depuis quarante ans, Charles Maurras, dans *l'Action française*, attribuait inlassablement le déclin du pays à ce qu'il appelait « la confédération des quatre États » à l'intérieur de la France depuis 1789 : l'organisation maçonnique, la colonie étrangère, la société protestante, la nation juive, qui constituaient l'« anti-France ». S'il reconnaissait « chez les protestants un vieux ferment de sang de France », il tenait les Juifs pour l'élément le plus détestable et le plus méprisable des quatre États, les « métèques des métèques », d'autant plus que « l'Église maçonnique et les menues chapelles protestantes » étaient soumises à la « juiverie ». C'est cette perception du monde qui imprègne le milieu de Vichy. De fait, si rien n'est tenté contre les protestants, le gouvernement de Vichy, après s'être attaqué aux étrangers, élabore une politique visant à éliminer les francs-maçons et les Juifs de la communauté française.

Le franc-maçon personnifie pour ce régime « national », qui noue avec l'Église des liens étroits, le petit-bourgeois anticlérical, le républicain militant.

Groupuscule sans lendemain, le Parti Socialiste National est révélateur d'une tendance xénophobe incarnée par des entités marginales qui n'hésitent pas à se rattacher au socialisme. L'équivoque amènera certains militants d'organisations ouvrières, sous l'Occupation, à se faire les défenseurs acharnés de l'Allemagne national-socialiste et de la collaboration.

(AFFICHE ANTISÉMITE, ÉLECTIONS DE 1936.)

Vichy triomphant veut éradiquer ce symbole de la République triomphante. Par la loi du 13 août 1940, Raphaël Alibert supprime les sociétés secrètes et impose aux fonctionnaires de jurer qu'ils n'appartiennent à aucune d'elles. Ces dispositions sont accentuées en août 1941 : on révèle les noms de 14 600 dignitaires maçons. À partir d'octobre 1941, Robert Vallery-Radot publie des *Documents maçonniques*, censés dévoiler les secrets de la maçonnerie sous la IIIᵉ République. Malgré ces dénonciations, les résultats restent dans l'ensemble décevants.

La politique contre les Juifs se révèle plus efficace. Robert Paxton et Michael Marrus ont démontré de manière convaincante qu'elle fut décidée et appliquée par le gouvernement de Vichy avant même que ne s'exercent les pressions allemandes. Il n'existe aucune trace d'une quelconque demande des autorités allemandes portant sur ce sujet au cours des premiers mois du nouveau régime. C'est seulement le 27 septembre 1940 qu'est prise la première ordonnance allemande en zone occupée concernant les Juifs. De lui-même, le gouvernement de Vichy a déjà mis en place son système d'exclusion.

Vichy, l'antisémitisme au cœur

Dès le 27 août 1940, il abroge en effet le décret-loi, pris par Paul Merchandeau, ministre de la Justice, le 21 avril 1939, qui punissait toute attaque par voie de presse « envers un groupe de personnes qui appartiennent par leur origine à une race ou à une religion déterminée, lorsqu'elle aura pour but d'exciter la haine entre les citoyens ou habitants ». L'annulation de ce décret-loi autorise désormais dans la presse le déchaînement d'un antisémitisme virulent. Mais le cœur du dispositif d'exclusion est le statut des Juifs, publié le 3 octobre 1940. Le Juif est défini comme « toute personne issue de trois grands-parents de race juive ou de deux grands-parents de la même race, si son conjoint lui-même est juif ». Les articles 1 à 7 interdisent

Victor Faynsylber est dispensé du port de l'étoile jaune pour bons et loyaux services rendus pendant la guerre de 1939-1940. Pour sa fille, le port de l'étoile jaune est en revanche une obligation depuis l'âge de six ans.

(C.D.J.C., PARIS, 1942.)

aux Juifs ainsi définis d'accéder à l'ensemble des fonctions publiques et de les exercer : haute administration, corps enseignant, armée, professions libérales, fonctions d'officiers ministériels, d'auxiliaires de justice, entreprises culturelles (journaux, radios, etc.). Ils peuvent continuer à exercer des fonctions administratives subalternes s'ils sont titulaires de la carte de combattant 1914-1918, s'ils ont été cités à l'ordre du jour au cours de la campagne 1939-1940 ou s'ils sont décorés de la Légion d'honneur à titre militaire ou titulaires de la médaille militaire. L'article 8 admet quelques mesures individuelles pour des Juifs ayant rendu « des services exceptionnels » à l'État français. De fait, quelques personnalités comme Louis Halphen, Marc Bloch, Robert Debré ou Achille Fould obtiennent du maréchal Pétain le titre d'« aryen d'honneur ». Cette législation sera renforcée par Xavier Vallat au cours de l'année 1941, les interdictions s'étendant à la publicité, à la banque, à la finance, aux entreprises industrielles et commerciales. Ainsi, la loi du 22 juillet 1941 cherchera à « supprimer toute influence israélite dans l'économie nationale ».

Le nomade et le citoyen

L'application de ces décisions reste difficile à évaluer avec précision, dans la mesure où les responsables furent plus ou moins actifs ou enthousiastes. Reste que, indiscutablement, il n'y a, en 1940 et 1941, guère de protestations et que l'administration française, soucieuse avant tout d'assurer le fonctionnement et la continuité de l'État, applique sans sourciller des mesures aussi contraires aux libertés publiques. Les réticences ou les protestations sont discrètes et individuelles. Au début de 1942, Vallat affirme dans un rapport que 1 947 fonctionnaires ont été privés de leur emploi. L'opinion française ne prendra conscience de la véritable dimension de la politique de Vichy et du lien dramatique qu'elle entretient – à mesure qu'avance la guerre – avec la politique d'extermination nazie qu'au cours de l'année 1942. Dans sa majorité, elle sera alors hostile à l'obligation du port de l'étoile jaune ; mais, jusqu'en 1942, les Juifs français se retrouvent seuls face à la politique d'exclusion du gouvernement de Vichy.

Comme le déclare alors Charles Maurras, en approuvant ces mesures, « il ne s'agit nullement de persécution ; il s'agit d'un équilibre à réaliser entre le Nomade et le Citoyen, le Français et l'étranger ». Depuis des générations, les Juifs français ont pu témoigner de leur patriotisme dans leurs discours, dans leur conduite ou sur les champs de bataille, dans l'idéologie maurrassienne qui imprègne le monde de Vichy, ils restent des étrangers. Le maréchal Pétain lui-même avait présenté son programme : « La révision des naturalisations, la loi sur les sociétés secrètes, la recherche des responsables de notre désastre, la répression de l'alcoolisme témoignent d'une ferme volonté d'appliquer, dans tous les domaines, un même effort d'assainissement et de reconstruction. »

Y.L. et D.S.

Pour une introduction au débat contemporain

I
Une approche démographique

Absente de la migration transocéanique qui a marqué les pays européens au XIXe siècle, la France enregistre, dès la seconde moitié du siècle, une immigration étrangère, qui atteint au cours des années 1920-1930 un niveau exceptionnellement élevé. Cette singularité disparaît après la Seconde Guerre mondiale. L'immigration étrangère constitue, dès lors, pour la plupart des pays industrialisés d'Europe, un élément déterminant du changement démographique et économique.

Dans le cadre de cette période, l'année 1974 marque une rupture ; ce qui conduit à distinguer les années de croissance antérieures à la crise pétrolière, la fermeture des frontières en 1974 et la transformation des caractéristiques de la population immigrée qui en est résultée. Désormais, le problème de l'immigration se pose dans des termes nouveaux.

Immigration et croissance économique : les Trente Glorieuses

En Europe occidentale, le recours massif et renouvelé à une main-d'œuvre étrangère s'explique par les conditions historiques de l'après-guerre et notamment par la pénurie de main-d'œuvre résultant de la conjonction d'une demande de travail soutenue – liée aux besoins de la reconstruction et aux perspectives de croissance économique – et d'une offre de travail réduite par le ralentissement démographique et les effets de la guerre. L'importation de main-d'œuvre n'était pas la seule réponse concevable ; elle n'a pas été immédiate. C'est à partir des années 50 qu'elle vient relayer les progrès de productivité, pour devenir au fil des ans l'une des composantes majeures de l'accroissement de la capacité productive.

Au moment où ces politiques d'immigration sont mises en place, une distinction nette semble exister entre deux modèles types dont la France et la République fédérale seraient les cas limites. On oppose ainsi la politique française, qui, par-delà le recrutement des travailleurs pour les besoins de la reconstruction, vise également à favoriser l'immigration des familles et l'établissement des immigrants, à la politique allemande, exclusive de toute intention de « peuplement », qui envisage le recours à une main-d'œuvre étrangère comme une réponse provisoire à des besoins conjoncturels. Dans l'un et l'autre cas, on s'accorde, cependant, pour considérer l'immigration comme une variable de contrôle de la politique économique, le gouvernement ayant la responsabilité de définir les objectifs et les procédures d'introduction des travailleurs, l'administration, en France, ou des institutions tripartites associant les entrepreneurs, les syndicats et l'administration, en République fédérale d'Allemagne, celle de les mettre en œuvre.

La dynamique migratoire a fait éclater cette dichotomie idéalisée. L'une et l'autre politique ont été, tour à tour, confirmées et démenties par les faits. À court terme, les conditions du marché du travail, le rythme de la croissance économique et ses caractéristiques structurelles, en particulier le développement du travail en équipe et du travail posté dans le secteur secondaire, ont été les déterminants des flux migratoires. Le modèle français a été démenti. Les impératifs économiques ont prévalu, et la nécessité de répondre, sans délai, à la demande de travail a relégué au second plan l'intention démographique.

L'évolution à long terme souligne, en revanche, l'illusion du caractère temporaire de l'immigration. Le recours renouvelé aux travailleurs étrangers a induit, avec un décalage variable, une immigration familiale dont les membres sont, à leur tour, arrivés sur le marché du travail. Ceci réfute d'ailleurs la thèse des autorités allemandes qui, jusqu'aux années les plus récentes, se sont refusées à considérer l'Allemagne comme un pays d'immigration. Ce processus constitue probablement l'enseignement majeur de l'expérience européenne au cours des années 1950-1970. Les politiques nationales ont pu influer sur le décalage existant entre les entrées de travailleurs et le regroupement familial, ou retarder l'accès à l'emploi des femmes et des jeunes issus de l'immigration familiale, mais elles n'ont permis à aucun pays d'échapper à cette logique migratoire. Vingt ans d'immigration ont définitivement modifié la composition ethnique des pays demandeurs de main-d'œuvre. Cela conduit à s'interroger sur l'efficacité des politiques quant au contrôle des entrées et de la durée de séjour.

Officiels ou clandestins

Le recours à une main-d'œuvre étrangère découle de l'impossibilité de satisfaire la demande par la main-d'œuvre nationale, ce qui se traduit sur le plan de la procédure par l'exigence d'un contrat de travail préalable au franchissement de la frontière et exclut, du même coup, la possibilité pour un travailleur déjà entré sur le territoire de « régulariser » sa situation. L'exemple français montre comment l'acceptation « exceptionnelle » de cette modalité d'embauche entraîne inéluctablement le dépérissement des procédures régulières, au point que le dispositif de contrôle perd toute signification. Supposons un étranger entré sur le territoire français soit clandestinement, soit comme touriste. Conformément à la réglementation, ce travailleur devrait retourner dans son pays d'origine pour être nominativement sollicité par l'entreprise prête à l'embaucher, par l'intermédiaire des services officiels d'immigration. Dans une situation où la demande de travail ne peut être satisfaite par le recours à la main-d'œuvre nationale, le respect de dispositions conçues pour assurer la protection de la main-d'œuvre nationale apparaît absurde. L'administration a, par conséquent, toléré un contournement de la procédure de recrutement en acceptant de régulariser la situation des travailleurs entrés sans contrat. En pratique, le rejet d'une solution irrationnelle à court terme, à savoir le refus de régulariser la situation d'un travailleur présent, alors même que la pénurie d'emploi a été constatée et que l'entrepreneur est disposé à l'embaucher, conduisait inéluctablement, à terme, au développement de l'immigration irrégulière. Au surplus, l'interaction entre les deux modalités devait se traduire par une substitution de la procédure de régularisation à celle de l'entrée régulière dès lors que, du point de vue des employeurs et des salariés étrangers, les avantages de la première l'emportaient sur la seconde. Ainsi, en France, en 1968, 80 p. 100 des entrées permanentes – Algériens exclus – étaient des régularisations.

Le développement de l'immigration irrégulière ne peut être pour autant considéré comme inéluctable. Au cours de la même période, en effet, l'Allemagne a conservé la maîtrise des flux d'entrées. La France, pour des raisons politiques et institutionnelles, n'était pas à même d'avoir une politique uniforme à l'égard de l'ensemble des pays d'émigration. En particulier, la libre circulation – de fait – des travailleurs algériens interdisait d'apporter des restrictions à l'immigration clandestine portugaise, dans la mesure précisément où un tel contrôle aurait développé l'immigration algérienne, ce qui n'apparaissait pas souhaitable. Il faut attendre 1968 pour que l'accord franco-algérien mette fin à la libre circulation et rende possible un contrôle plus affirmé des entrées, notamment des Portugais. L'exemple français souligne l'absolue nécessité de contrôler l'ensemble du champ migratoire, pour garder la maîtrise des entrées.

Le contrôle des entrées ne garantit pas, pour autant, le contrôle de la durée de séjour. L'exemple de la République fédérale d'Allemagne est, à cet égard, particulièrement significatif. On a longtemps crédité l'Allemagne d'une maîtrise des mouvements migratoires, et il est vrai qu'à la différence de la France, elle n'a jamais connu de développement notable de l'immigration irrégulière. Cependant, en dépit d'une absence d'encouragement au regroupement familial et d'une volonté de maintenir une forte rotation de la main-d'œuvre, les effectifs étrangers se sont considérablement accrus, par suite de l'allongement de la durée de présence et du regroupement familial qui ont marqué, de façon spécifique, certaines nationalités. Ainsi, alors que l'immigration italienne a été beaucoup plus importante que l'immigration turque, l'intensité des retours ayant été nettement plus faible pour les Turcs, leurs effectifs ont enregistré un progrès plus rapide.

En définitive, le développement d'une immigration clandestine en France, la pérennisation des entrées de travailleurs et de leur famille en Allemagne soulignent les limites d'une approche institutionnelle qui surestime l'impact de la variable politique et sous-estime la stratégie des agents économiques dans une économie de marché, qu'il s'agisse des entreprises – et cela vaut davantage pour la France – ou des migrants eux-mêmes – cela s'applique plus à l'exemple allemand.

La durée de séjour

1974 : la fermeture des frontières

L a fermeture des frontières en 1973-1974 par les pays d'immigration marque une rupture. Si l'on excepte la Suisse, dont la politique de limitation des effectifs étrangers remonte aux années 1960, la décision d'arrêter l'entrée de travailleurs étrangers intervient pratiquement au même moment en Belgique (août 1974), en France (juillet 1974) et en Allemagne fédérale (novembre 1973), sans qu'il y ait eu de concertation entre les pays concernés.

Nécessité ou alibi ?

Pour justifier cette mesure d'ordre politique, on a invoqué les changements de l'environnement économique, qu'il s'agisse des conditions de l'offre de travail – accès au marché du travail des générations nombreuses du baby-boom, hausse des taux d'activité féminins et modification du comportement d'offre –, du ralentissement de la croissance économique et de la restructuration industrielle, ou de la hausse du chômage – encore modeste en 1974 et qui s'accélère après le deuxième choc pétrolier. Justifié par la crise, l'arrêt est apparu comme une décision rationnelle par suite d'une réinterprétation de l'incidence de l'immigration sur le système productif. On peut se demander si cette inversion des conclusions est imputable à une analyse nouvelle du phénomène, au changement dans la valeur des paramètres du modèle explicatif ou s'il ne faut pas y voir l'illustration du fait que la complexité des relations en cause et l'incertitude quant à l'évaluation quantitative des effets de la migration autorisent plusieurs interprétations et permettent les conclusions les plus opposées au gré des politiques. Limitons-nous à deux exemples. Au cours des années de forte croissance, la mobilité – plus élevée – des travailleurs étrangers était considérée comme un élément positif contribuant à la flexibilité du système d'emploi. De même, la pression exercée sur les salaires par la possibilité renouvelée d'un recours à l'immigration apparaissait de nature à favoriser la compétitivité de l'économie. Après 1974, on souligne désormais l'accroissement des coûts de gestion de la main-d'œuvre liés à une mobilité trop élevée ; on impute à la pression sur les salaires un effet pervers sur les choix productifs. On en déduit que l'arrêt des migrations devrait faciliter une restructuration du système productif en faveur des industries à forte intensité capitalistique et haute technologie et se traduire par une exportation accrue de biens de production.

La véritable raison du retournement analytique doit être recherchée dans la dynamique du processus migratoire, en particulier le décalage entre les entrées de travailleurs, le regroupement familial et l'accès au marché du travail entraîné par le regroupement familial. C'est surtout lorsque l'immigration étrangère a été envisagée comme une entrée temporaire de travailleurs que le coût social lié au regroupement familial – lui-même accéléré par la fermeture des frontières – a le plus surpris et qu'est apparue de façon soudaine la divergence entre les coûts privés de l'immigration des travailleurs, pour l'essentiel à la charge des entreprises, et les coûts sociaux de l'immigration familiale à la charge de la collectivité. Du fait de sa structure d'âge – jeune –

et de son taux d'activité – élevé – la population étrangère a, au cours des années 1960, contribué davantage aux systèmes de protection sociale (assurance maladie, chômage, vieillesse) qu'elle ne recevait de prestations. De même, elle n'exerçait pas de forte demande sur le système éducatif. Plus le regroupement a été retardé, plus la prise de conscience des coûts sociaux de l'immigration est brutale, comme le montre la comparaison entre la France et l'Allemagne. En outre, la fermeture des frontières a non seulement introduit une rigidité dans le système productif, contournée en fait par le développement d'autres filières migratoires, elle a aussi modifié radicalement les anticipations des immigrés, contribuant à réduire l'incitation au retour, à prolonger la durée de séjour et à envisager pour beaucoup – probablement pour la majorité d'entre eux – un établissement définitif.

La diminution des effectifs étrangers, qu'il s'agisse de la population dans son ensemble ou de la population active, était l'objectif majeur de la fermeture des frontières par les pays d'immigration. Il s'agissait d'arrêter l'entrée de travailleurs, d'inciter au retour et de favoriser l'établissement des étrangers qui ne souhaitaient pas retourner dans leur pays, ce dernier aspect n'étant pas très affirmé en 1974. Dans les faits, la politique de fermeture n'a pas mis fin à l'entrée de travailleurs étrangers, elle n'a pas accéléré les retours, elle n'a pas réduit la présence étrangère. Elle a profondément transformé la nature du problème migratoire.

Le blocage des entrées

Les entrées légales de travailleurs étrangers sont désormais négligeables. Il n'en résulte pas pour autant un blocage des entrées. D'une part, se sont maintenues et développées des filières d'introduction : immigrants clandestins, réfugiés ou définis comme tels, immigrations temporaires – immigration saisonnière dans l'agriculture en France, dans l'hôtellerie en Suisse, contrats de travail temporaires en République fédérale d'Allemagne, etc. D'autre part, le regroupement familial reste important, même si, après avoir atteint un niveau élevé dans les années suivant la fermeture des frontières, il tend naturellement à diminuer. Enfin et surtout, l'accès au marché du travail des étrangers entrés au titre de l'immigration familiale a pris de l'extension. Ainsi en 1986, on enregistre 5 000 entrées de travailleurs non ressortissants de la C.E.E., 5 000 entrées de ressortissants de la C.E.E., 2 000 quasi-réfugiés, 26 000 réfugiés et demandeurs d'asile « inopinés », auxquels s'ajoutent les immigrants clandestins, pour lesquels, par définition, on ne dispose d'aucune estimation. L'immigration familiale concerne aujourd'hui environ 27 000 personnes (principalement d'origine maghrébine). L'accès au marché du travail représente 40 000 personnes – non compris les Algériens et les ressortissants de la C.E.E. En Allemagne fédérale, ces tendances sont encore plus accentuées. Les entrées (y compris en provenance de la C.E.E.) représentent 15 000 personnes en 1984. L'accès au marché du travail de personnes entrées au titre de l'immigration familiale concerne 53 000 personnes en 1982, le nombre des demandeurs d'asile est de 100 000 en 1986, contre 20 000 en 1983.

Clandestins et travailleurs au noir

De tous ces flux, le plus préoccupant est l'immigration clandestine. Le fait n'est pas nouveau ; sa signification l'est davantage. La clandestinité, phase transitoire du cycle de vie du migrant avant 1974, est désormais un état permanent – sauf amnistie –, qui résulte soit d'une entrée irrégulière, soit du dépassement de la durée de séjour autorisée. Depuis 1974, la clandestinité place le travailleur dans une situation d'insécurité, qui peut le contraindre à accepter des conditions de salaire et de travail discriminatoires, susceptibles de concurrencer les travailleurs nationaux les plus défavorisés. À cet égard, la situation actuelle en Europe est proche de celle des États-Unis. Les gouvernements, à défaut de pouvoir maîtriser le développement du travail clandestin, sont contraints à proposer une amnistie, dans l'espoir d'apurer une situation que l'on suppose exceptionnelle. Ce fut le cas de la régularisation française de 1981 et 1982, qui a concerné environ 130 000 migrants. Pour écarter le risque d'un effet d'appel, la politique de contrôle des entrées a été accompagnée de mesures contre « les trafics de main-d'œuvre ». En pratique, le nombre d'infractions est sans commune mesure avec l'importance du phénomène et il y a loin du procès-verbal aux poursuites, et de la condamnation à l'exécution du jugement. Le problème doit être resitué dans le contexte du développement du travail au noir, largement toléré et dont les étrangers n'ont pas l'exclusivité. Le travail clandestin existe et se maintient parce qu'il traduit la convergence d'intérêts de certains employeurs et de certains migrants.

Depuis 1985, on note un renforcement des contrôles : contrôle effectif des conditions de logement pour les candidats au regroupement familial, extension aux familles algériennes des dispositions du droit commun, à cet égard, correctionnalisation des sanctions contre le travail clandestin (loi du 25 juillet 1985), restriction des conditions d'entrée – par l'obligation de justifier de moyens d'existence – et de séjour (loi du 9 septembre 1986), instauration de visas à l'entrée pour les ressortissants de tous les pays, à l'exception de la C.E.E. et de la Suisse (septembre et octobre 1986).

L'aide au retour

L'incitation au retour, deuxième volet des politiques de l'après-1974, a fait l'objet de trois tentatives. La première, qui remonte à 1977, a entraîné le départ de 100 000 personnes, salariés (employés et chômeurs) et leur famille, entre juin 1977 et juin 1981. Ceux qui sont partis ne sont pas ceux que l'on s'attendait à voir partir : un quart sont des Maghrébins, les Espagnols et les Italiens représentent plus de la moitié. La deuxième tentative résulte de l'accord franco-algérien du 18 septembre 1980 ; elle a concerné environ 50 000 personnes (d'octobre 1980 à décembre 1983). Il est intéressant de noter que des trois modalités, exclusives l'une de l'autre, que prévoyait cet accord – une allocation-retour, une formation professionnelle et une aide à la création d'entreprise –, seule la première a eu la faveur des candidats au retour. Enfin les mesures décidées en 1984 entraînent le retour d'environ 50 000 personnes (de mai 1984 à octobre 1986) ; les dispositions concernent les chômeurs et interviennent dans le cadre de conventions de réinsertion passées avec les entreprises. Elles sont liées aux réductions d'effectifs de secteurs touchés par la crise – surtout l'automobile et le bâtiment. Les Maghrébins ont été les principaux bénéficiaires, suivis des Portugais (un quart environ des retours) et des Turcs (10 p. 100).

En définitive, l'incidence des politiques de retour apparaît limitée en France comme en Allemagne. Pour l'ensemble des retours – provoqués et spontanés –, l'ordre de grandeur est probablement de 70 000 par an entre 1975 et 1982, et de 40 000 par an de 1983 à 1986.

On peut s'interroger sur les raisons de cet échec relatif, alors que le projet du migrant semble avoir été, dans la plupart des cas, celui d'une expatriation temporaire. Il faut considérer, à cet égard, l'incidence de la fermeture des frontières sur les anticipations des migrants. La sortie du territoire dépend de la possibilité d'y rentrer à nouveau. Le retour dépend des perspectives d'évolution du pays d'origine, par rapport à celles du pays d'activité. Les migrants qui étaient partis avec l'intention de s'absenter quelques années ont modifié leur attitude en fonction de ces éléments. Les facteurs d'inertie liés à la présence dans le pays d'immigration jouent aussi : la famille, la scolarisation des enfants. Les politiques de retour s'appuient sur l'hypothèse selon laquelle, les migrants ayant l'intention de repartir, une incitation financière à la marge est de nature à accélérer leur décision. Ce n'est plus le cas ; en effet, la situation de l'après-1974 est radicalement différente.

Quelle a été, en définitive, l'incidence de la fermeture des frontières sur les effectifs étrangers ? Que représente actuellement la population étrangère en France ? Si l'incertitude statistique nourrit le débat politique, elle n'autorise pas pour autant les évaluations les plus fantaisistes. *Bilan : une esquisse difficile*

Pour ce qui est de la population totale, nous disposons de deux sources : les recensements de la population et les dénombrements du ministère de l'Intérieur. Le recensement – le dernier date de 1982 – s'appuie sur les déclarations des personnes recensées. Cela entraîne pour la population étrangère une sous-évaluation qui tient à la nature de l'habitat, éventuellement à la clandestinité, etc., mais aussi une surestimation, certains individus juridiquement français pouvant avoir été déclarés étrangers ; tel est le cas, en particulier, des enfants d'origine algérienne. La périodicité des recensements ne permet pas de saisir correctement l'évolution du phénomène en période de changement rapide. Le recensement reste néanmoins la seule référence pour une connaissance fine des structures de la population étrangère.

Le ministère de l'Intérieur dénombre les cartes de séjour au 31 décembre de chaque année. Mais cette statistique a un champ d'application trop restreint et ne retient qu'un nombre réduit de caractéristiques – nationalité, département, type de titre de séjour. On considère généralement que les effectifs dénombrés surestiment la présence étrangère : les sorties définitives du territoire ne donnant pas lieu à un retrait systématique des fichiers, les chiffres ne traduisent pas une présence effective. Inversement, les immigrants clandestins ne sont pas pris en compte, par définition. Mais le problème essentiel a trait aux enfants de moins de 16 ans. La statistique du ministère de l'Intérieur est établie sur la base des titres de séjour, qui ne sont requis qu'à partir de 16 ans. L'effectif des enfants de moins de 16 ans est estimé à partir des déclarations des parents. L'accroissement important des classes d'âge jeunes, comme le montrent les recensements, a fortement accru l'incertitude affectant les données du ministère de l'Intérieur.

Pour ce qui est de la population active, on dispose, outre les recensements, de deux sources statistiques, l'enquête « Emploi » de l'I.N.S.E.E., réalisée chaque année, et l'enquête sur les Conditions d'emploi de la main-d'œuvre (E.C.E.M.O.), effectuée tous les trois ans par le ministère des Affaires sociales. La différence radicale dans la base de sondage ne permet pas de raccorder ces deux séries. Au surplus, dans l'un et l'autre cas, les restrictions du champ de l'enquête – ménages ordinaires pour l'I.N.S.E.E., établissement de plus de 10 salariés, pour le ministère des Affaires sociales qui exclut de son enquête l'agriculture et les entreprises publiques régies par un statut, ainsi que les demandeurs d'emploi – et les insuffisances de la collecte jettent de sérieux doutes sur la qualité des résultats.

Des chiffres

Ces réserves présentes à l'esprit, à combien peut-on estimer l'effectif étranger actuellement ? Quelles sont les perspectives d'évolution ? La population étrangère est de 3,680 millions au recensement de 1982, en augmentation (de 240 000 individus) par rapport à 1975. Sur la base des résultats de 1982 et compte tenu des facteurs faisant varier l'effectif étranger – entrées et sorties d'étrangers, naissances et décès d'étrangers, acquisition de la nationalité française –, on peut estimer la population étrangère au 1er janvier 1986 à 3,8 millions de personnes. Si l'on corrige – à la baisse – les résultats du recensement pour exclure les 280 000 enfants nés de parents algériens et déclarés algériens, alors qu'ils sont français au regard du droit français, la population est à peu près stationnaire depuis 1982, à un niveau proche de 3,5 millions (M. Tribalat, 1988). En revanche, d'un recensement à l'autre (1975-1982), l'évolution des actifs étrangers est à la baisse. La diminution – de l'ordre de 28 000 personnes environ – traduit deux mouvements en sens inverse : une chute des actifs masculins (98 910), une augmentation des femmes actives (+ 70 830, soit une augmentation de 23,7 p. 100). La tendance intercensitaire est confirmée par les statistiques du ministère du Travail. En faisant abstraction des fluctuations conjoncturelles, la comparaison des données d'octobre 1973 et de celles de mars 1982 montre une diminution du nombre des salariés étrangers (appartenant au champ de l'enquête) de 1,226 million en 1973 à 1,091 million en 1976 et 0,913 million en 1982. La diminution est particulièrement nette pour les Espagnols et les Italiens. En ce qui concerne les secteurs d'activité, le bâtiment et le génie civil sont les plus touchés. Le pourcentage des salariés étrangers sur le total des salariés du secteur baisse de 31,1 p. 100 en 1973 à 23,2 p. 100 en 1982. L'enquête de 1985 confirme cette tendance. L'effectif étranger (du champ de l'enquête) n'est plus que de 0,788 million, soit 8,3 p. 100 des salariés.

Les caractères nouveaux de la présence étrangère

La population étrangère a enregistré, au cours des quinze dernières années, des changements profonds. Certains ont été provoqués par la fermeture des frontières, d'autres sont liés à l'allongement de la durée de présence et suggèrent l'amorce d'un processus d'intégration.

La fermeture des frontières a modifié les préférences et les attentes des étrangers. La durée de séjour se prolonge, le regroupement familial se poursuit. Les caractéristiques de la population étrangère se transforment et se rapprochent de celles de la population nationale. Le regroupement familial entraîne une féminisation et une baisse du taux d'activité. En 1982, on compte 1,3 homme (étranger) pour une femme, contre 1,5 en 1975 ; les différences sont cependant plus accentuées dans les classes d'âges de 35-50 ans. Pour la première fois, le taux d'activité des étrangers est inférieur (42,3 p. 100) à celui des nationaux. L'évolution sur la longue période est radicale : le taux passe de 60 p. 100 en 1946 à 50,4 p. 100 en 1962 et à 42,3 p. 100 en 1982. On observe dans le même temps un double mouvement de rajeunissement et de vieillissement : la proportion des jeunes de moins de 24 ans passe de 29 p. 100 en 1962 à 41 p. 100 en 1982 ; parallèlement, la population active vieillit. Les particularités de la structure des ménages et de l'emploi étranger s'atténuent. La progression de l'emploi tertiaire est accentuée par la restructuration de l'industrie automobile et du bâtiment qui touche particulièrement les étrangers. La part de ceux qui travaillent dans les activités de service passe, chez les salariés étrangers, de 17,6 p. 100 en 1973 à 27,5 p. 100 en 1982, progression qui s'opère au détriment de l'emploi industriel et du bâtiment. Il serait prématuré de conclure pour autant à une diffusion de la main-d'œuvre étrangère dans l'ensemble des secteurs.

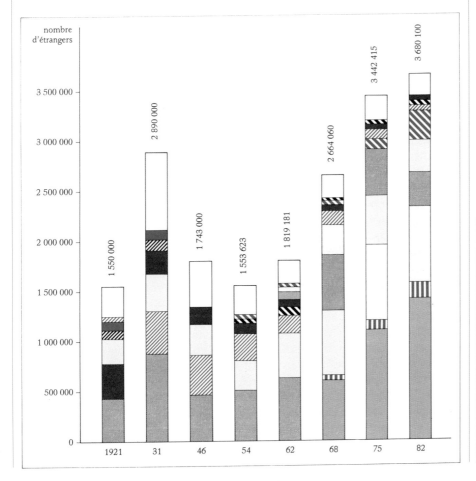

RÉPARTITION DE LA POPULATION ÉTRANGÈRE EN FRANCE PAR NATIONALITÉ DE 1921 À 1982.

Africains du Nord
Autres nationalités africaines
Allemands
Américains
Asiatiques
Belges
Espagnols
Italiens
Polonais
Portugais
Suisses
Autres nationalités

Maghrébins :
le séjour se prolonge

La répartition par nationalité se transforme. La comparaison des recensements de 1975 et de 1982 montre que les Italiens et les Espagnols ne représentent plus que 18 p. 100 du total de la population étrangère en France (contre 28 p. 100 en 1975), que l'effectif portugais est stationnaire (21 p. 100 contre 22 p. 100), alors que la proportion des Africains – originaires du Maghreb et de l'Afrique noire – est en hausse (43 p. 100 en 1982 contre 35 p. 100 en 1975). Ces comparaisons intercensitaires ne reflètent pas nécessairement les tendances migratoires. Elles illustrent, avec force, l'impact différentiel de l'arrêt des migrations, selon la phase du processus migratoire où se situait chaque flux en 1974. En simplifiant, on peut opposer le cas des Espagnols et des Italiens à celui des Maghrébins ; les premiers avaient amorcé, avant 1974, un mouvement de retour que les perspectives d'évolution de l'un et de l'autre pays ont consolidé. Pour ces nationalités, l'arrêt a été réellement suivi d'une baisse des effectifs. À l'inverse, pour les Maghrébins, l'arrêt a eu pour effet de ralentir les retours, de prolonger la durée de séjour et d'inciter au regroupement familial. Un phénomène identique s'observe en Allemagne fédérale. Entre 1973 et 1983, la proportion des Italiens et des Turcs dans la population étrangère passe respectivement de 16 p. 100 à 12,5 p. 100 et de 23 p. 100 à 34 p. 100.

Des aspirations
nouvelles

En ce qui concerne la durée de séjour, l'absence de données fiables contraint de recourir à des procédures d'estimation indirectes, qui donnent une indication relativement précise de l'évolution. Parmi les étrangers recensés en France en 1975, 40 p. 100 environ étaient présents sur le territoire au 1er janvier 1968 ; parmi ceux recensés en 1982, 80 p. 100 se trouvaient déjà en France au 1er janvier 1975. En Allemagne fédérale, la proportion d'étrangers présents depuis 6 ans et plus passe d'environ un tiers des effectifs au début des années 1970 à 70 p. 100 au début des années 1980 (M. Tribalat, 1986). La transformation des préférences des étrangers modifie le projet migratoire. Dans la perspective d'un séjour temporaire en vue d'une amélioration du niveau de vie de la famille restée au pays et d'une promotion au retour, les conditions de salaire étaient déterminantes et les éléments de formation peu valorisés. Avec l'allongement de la durée de séjour, les attentes des immigrés se transforment et se définissent aussi par référence au pays d'accueil. Dans la perspective d'un établissement définitif, la formation professionnelle prend de l'importance. Les enfants dits de la deuxième génération, mais dont beaucoup sont nés en France, ne sont plus disposés à reproduire les spécificités socioprofessionnelles de leurs parents. À certains égards et de façon paradoxale, cette tendance à l'atténuation des différences est source de conflit. Les aspirations nouvelles des migrants prennent consistance alors qu'accèdent au marché du travail les générations nombreuses issues du baby-boom et que les gouvernements sont amenés à envisager des mesures catégorielles en faveur de l'emploi des jeunes. La forte complémentarité de l'emploi étranger et de l'emploi national, caractéristique des périodes de croissance et de suremploi, n'est plus exclusive, désormais, de situations de concurrence. En outre, c'est au moment où davantage d'étrangers songent à s'établir que, par suite des restructurations industrielles, les entreprises cherchent à diminuer l'effectif étranger. Il en résulte que certains indicateurs socio-économiques ont désormais une signification nouvelle. Ainsi en est-il du chômage et des coûts sociaux.

Le chômage des étrangers, traditionnellement bas, est désormais nettement plus élevé que celui des nationaux, surtout parmi les femmes. Ce renversement résulte des bouleversements introduits sur le marché du travail par la suspension de l'immigration – qui a réduit l'incitation au retour – et de la concentration des étrangers dans les secteurs d'activité (automobile, bâtiment) et les catégories de main-d'œuvre (jeunes, ouvriers peu qualifiés) les plus touchées par la crise. Le taux de chômage des étrangers est de 14 p. 100 au recensement de 1982, contre 8,5 p. 100 pour les Français. Le pourcentage des étrangers dans les demandes d'emploi en fin de mois est passé de 8,5 p. 100 à la fin de 1973 à 12 p. 100 à la fin de 1985. On observe une évolution similaire en Allemagne fédérale. L'importance du chômage étranger et de son accroissement depuis 1973 n'autorisent pas à conclure que l'augmentation du chômage des nationaux est due à la présence des étrangers. Pour l'essentiel, le chômage est imputable aux restructurations consécutives à la crise, à la poursuite de la substitution capital-travail en dépit de l'arrivée sur le marché du travail des générations nombreuses du baby-boom, à la hausse du salaire réel, malgré l'accroissement exceptionnel du chômage. Toutefois, les changements intervenus depuis 1974 ont pu atténuer le caractère complémentaire de la main-d'œuvre étrangère et renforcer les tendances à la concurrence et à la substitution.

Chômeurs, souvent

Il en va de même pour les coûts sociaux. Au cours des années de forte croissance économique, le taux d'activité des étrangers était supérieur à celui des Français, et leur répartition par âge plus concentrée dans la classe « adultes ». Ils contribuaient davantage au système de sécurité sociale qu'ils n'en bénéficiaient. Le regroupement familial et l'accroissement du chômage ont modifié la situation. Schématiquement, on peut dire qu'ils « coûtent » en matière d'accidents du travail, de prestations familiales et de chômage ; qu'ils « rapportent » en matière d'assurance-maladie et d'assurance-vieillesse. Alors que la population scolaire totale diminuait de 1,5 p. 100 entre 1975 et 1983, les élèves étrangers s'accroissaient de 25 p. 100. L'évolution de ces indicateurs – pour nous limiter à ces deux exemples – doit être interprétée dans une perspective longitudinale. Les coûts sociaux liés à l'immigration, doivent être rapportés à l'ensemble du cycle migratoire pour avoir une quelconque signification. En toute hypothèse, ils ne sont que la contrepartie des droits associés à l'activité et à la présence sur le territoire national, qu'ils soient financés directement par les cotisations des intéressés et des entreprises ou indirectement par la fiscalité.

L'évolution des coûts sociaux

La transformation des caractéristiques de la population étrangère au cours des quinze dernières années est, pour une large part, imputable à la fermeture des frontières. Cela est particulièrement vrai pour les indicateurs relatifs à l'activité. Mais on enregistre également des changements importants dans les comportements démographiques – nuptialité et fécondité – qui sont généralement considérés comme des indices pertinents de l'intégration des populations immigrées.

La proportion de mariages mixtes dans l'ensemble des mariages en France a augmenté de 6,4 p. 100 à 8,0 p. 100 entre 1981 et 1984. Les mariages dans lesquels l'épouse est française sont plus nombreux que les unions entre un Français et une étrangère. Le mariage mixte est un indicateur difficile à interpréter. En effet, le nombre de mariages conclus en France ne représente qu'une partie des mariages concernant un (ou une) étranger(ère) résidant en France. Il faut tenir compte des mariages célébrés dans le pays d'origine, qui ne sont pas négligeables. Au total, en 1975, 40 p. 100 des mariages d'hommes étrangers ont été célébrés avec une Française. L'importance des mariages mixtes est liée à l'ancienneté de la migration : faible pour les populations d'immigration récente, elle tend à s'accroître avec l'ancienneté de la migration. En toute hypothèse, les mariages mixtes ne représentent que 3 p. 100 des mariages des Français et 5 p. 100 des mariages des Françaises. Les effectifs absolus sont trop faibles pour qu'on y perçoive le signe d'une évolution.

Plus significative est l'évolution de la fécondité. Les étrangers ont un taux de natalité supérieur, ce qui s'explique à la fois par leur structure par âge – plus jeune – et leur fécondité plus forte. D'une nationalité à l'autre, les différences sont sensibles. L'indice synthétique de fécondité, c'est-à-dire le nombre moyen d'enfants par femme, est voisin de celui de la population française en ce qui concerne les Italiennes, les Espagnoles et les Portugaises (de 1,7 à 1,9) ; il est sensiblement plus élevé pour les Maghrébines (de 4,2 à 4,7) et les Turques.

Pour avoir une vue prospective de la situation, il faut considérer la tendance. La fécondité diminue nettement chez les Espagnoles, les Portugaises, les Italiennes. Elle s'est, en vingt ans, sensiblement rapprochée de la fécondité française, elle-même en forte baisse. Dans les années 60, la fécondité des Maghrébines vivant en France était proche de celle des femmes restées au pays. Aujourd'hui, l'évolution de la fécondité des Algériennes, et, à un moindre degré, des Marocaines et des Tunisiennes, suit le mouvement général à la baisse, mais l'écart reste important avec la fécondité nationale.

La fécondité étrangère est au centre du débat auquel les problèmes de l'immigration ont donné lieu dans les pays européens au cours de ces dernières années : risque majeur à long terme pour la cohésion nationale, pour les uns, élément favorable contribuant à maintenir le remplacement des générations, pour les autres, ces craintes nationalistes et ces espoirs natalistes apparaissent également sans fondement. Certes, à l'appui de la première thèse, on peut noter que la proportion des familles de quatre enfants et plus dont le père est étranger passe de 10 p. 100 en 1968 à 30 p. 100 en 1982 (P.A. Audirac et C. Golant, 1987) ; parmi les familles étrangères de 4 enfants et plus, la proportion des Italiens, des Espagnols et des Portugais diminue de 55 p. 100 à 19 p. 100, celle des Tunisiens, des Algériens et des Marocains augmente de 36 p. 100 à 68 p. 100. Mais cet accroissement résulte de la diminution radicale du nombre et de la proportion de l'ensemble des familles de 4 enfants et plus (741 000 en 1968, 347 000 en 1982) ; l'augmentation du nombre de familles étrangères de 4 enfants et plus est, en revanche, relativement faible (102 000 en 1982 contre 76 000 en 1968). Ces 26 000 familles supplémentaires, sur une période de 14 ans, ne sauraient donner crédit au mythe de la famille étrangère prolifique. En fait, au plan national, l'incidence de la fécondité différentielle des étrangers est extrêmement limitée. Elle n'accroît que de 0,1 enfant par femme l'indicateur synthétique de fécondité pour l'ensemble des femmes en 1980-1981 (M. Tribalat, 1988).

La contribution de l'immigration à la croissance démographique de la France depuis la guerre ne peut être saisie par une donnée unique. La population de nationalité étrangère a doublé entre le recensement de 1946 et celui de 1982, passant de 1,743 à 3,680 millions, soit un accroissement de 1,937 million. La croissance de la population étrangère ayant été plus forte que celle des nationaux, la proportion des étrangers a augmenté dans le même temps de 4,4 p. 100 à 6,8 p. 100. Si l'on ajoute les Français par acquisition aux étrangers, la différence entre 1946 et 1982 est de 2,509 millions, et la part des étrangers et des Français par acquisition représente 9,4 p. 100 de la population totale en 1982 (contre 6,5 p. 100 en 1946). Les variations intercensitaires sont le solde d'un ensemble de mouvements qui résultent de l'immigration étrangère (entrées et retours), de la dynamique démographique de la population étrangère résidente (naissances et décès), de l'acquisition

Quelle contribution à la croissance française ?

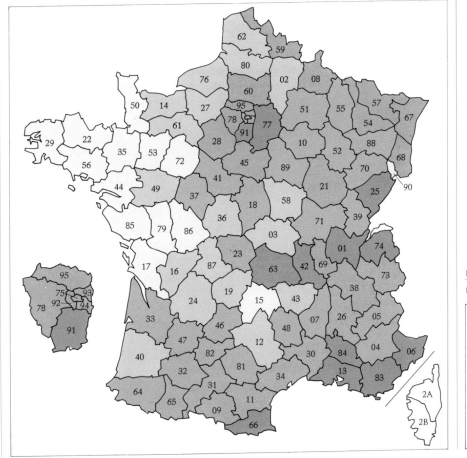

RÉPARTITION DE LA POPULA-TION ÉTRANGÈRE EN FRANCE PAR DÉPARTEMENT EN 1982.

< à 2 %

de 2 à 4 %

de 4 à 6 %

de 6 à 8 %

de 8 à 10 %

10 % et plus

données
non communiquées

de la nationalité française (naissances en France, mariages mixtes, naturalisations, etc.). Elles ne permettent donc pas de mesurer l'impact de la migration étrangère sur la dynamique et les effectifs de la population. Une autre façon d'aborder le problème consiste à s'intéresser au solde migratoire. On peut ainsi considérer l'immigration nette sur l'ensemble de la période 1946-1983. On calcule alors ce que serait devenue aujourd'hui la population recensée en France en 1946 – compte tenu des quotients de mortalité et des taux de fécondité observés au cours de la période – et l'on obtient, par différence entre la population attendue et la population observée en 1983, la contribution de l'immigration nette. Ainsi, la population totale de la France est passée de 40,1 millions en 1946 à 54,6 millions en 1982. Si, de 1946 à 1983, l'immigration avait été nulle, la population observée en 1946 aurait dû être de 49,5 millions en 1982. La différence – soit 5,1 millions – représente l'apport net de l'immigration à la croissance de la population (H. Le Bras, 1987). Ce chiffre inclut les naissances issues d'immigrants, mais il englobe également tous les mouvements migratoires, y compris les rapatriés. L'immigration nette et l'accroissement naturel représentent donc, respectivement, un tiers et deux tiers de la variation entre 1946 et 1982.

Paradoxalement, dans cette approche, l'incidence structurelle de l'immigration est moins accusée. Certes, du fait de la sélectivité de l'immigration, au regard de la répartition par âge, il résulte un rajeunissement de la population, en particulier un gonflement du nombre des 30-40 ans et des moins de 15 ans. Mais, sous le triple effet de la dynamique de l'immigration – entrée de travailleurs, regroupement familial, naissances, allongement de la durée de séjour –, du mouvement des rapatriés, dont la répartition par âge est proche de la population nationale, et des évolutions contrastées de la fécondité avant et après 1964, l'empreinte de l'immigration étrangère sur la structure par âge – en fin de période – est relativement modeste.

Une problématique nouvelle

La question de l'immigration se pose désormais en termes nouveaux. Parmi les étrangers, une grande majorité est appelée à s'établir définitivement dans les pays d'immigration, et, sauf à envisager des mesures coercitives de renvoi, c'est par rapport à ce fait essentiel que le problème doit être considéré. Il en résulte un glissement dans la problématique. Dans les années 1970, on s'interrogeait sur les possibilités de substituer la main-d'œuvre nationale à la main-d'œuvre étrangère. Les limites d'une telle approche, surtout lorsqu'elle s'appuyait sur le présupposé simpliste d'une substitution des emplois à structure productive donnée, sont vite apparues. L'immigration est devenue un problème de société, qui se pose désormais en termes politiques.

Un problème désormais politique

La prise de conscience, progressive, du caractère durable, voire définitif, de la présence étrangère et de ses implications a ouvert un débat sur les règles institutionnelles régissant le statut des étrangers, qu'il s'agisse de l'accès aux services sociaux, des conditions de séjour et de travail, de la participation politique, du droit de la nationalité. Les pays européens sont ici confrontés à des questions d'une extrême complexité, auxquelles ils n'ont pas toujours été préparés. Cela vaut bien sûr pour l'Allemagne fédérale, qui doit affronter le problème, nouveau pour elle, de l'intégration d'une population étrangère, alors que les autorités allemandes ne cessent d'affirmer que l'Allemagne n'est pas un pays d'immigration. C'est vrai aussi pour la France dont la longue histoire migratoire et la tradition assimilationniste semblent constituer un atout, mais qui se heurte au refus, marqué chez certains immigrants, du modèle assimilationniste dans son acception extrême, qui conduit à la perte de toutes les caractéristiques d'origine. C'est vrai enfin pour les pays de l'Europe méridionale – l'Italie, l'Espagne, la Grèce –, traditionnellement terres de départ et qui, devenus à leur tour pays d'immigration, ont d'autant plus de difficulté à maîtriser l'immigration que le cadre institutionnel actuel, conçu dans une perspective d'émigration, est inadapté à la situation nouvelle.

L'alternative n'est pas entre le retour des étrangers et leur établissement définitif dans le pays d'accueil, elle est entre le maintien de leur statut d'étranger et l'intégration. L'intégration est un processus complexe qui ne peut être appréhendé par un critère unique. Au-delà de la querelle terminologique – intégration, adaptation, assimilation, insertion, etc. –, qui traduit davantage les incertitudes du chercheur qu'une typologie des modalités, la question est celle du degré de rapprochement des caractéristiques et des attitudes qui permet de conclure à une assimilation « réussie ». Quels que soient l'ancienneté de la migration et le brassage des populations, il subsiste toujours des particularités qui ne traduisent en rien des comportements « marginaux ». Imaginer l'intégration comme l'« absorption » des étrangers par les nationaux, relève d'une mythologie qui ignore tout de la dynamique socioculturelle d'une population. L'intégration met en jeu aussi bien les populations étrangères que la population « autochtone ». La tradition centralisatrice et assimilationniste française, qui a réussi au cours des siècles à intégrer des flux étrangers d'importance, contribue, lorsqu'elle est mal interprétée, à conforter cette vision.

Quelle alternative ?

Les règles juridiques définissant le statut de l'étranger et les moyens d'accéder à la nationalité française ne garantissent pas la possibilité d'intégration des communautés étrangères ; elles n'en sont pas moins décisives. Pour ce qui est des conditions d'entrée et de séjour, le droit positif défini par l'ordonnance du 2 novembre 1945 n'a pas connu de modification d'importance, si ce n'est la loi du 17 juillet 1984, complétée par le décret d'application de décembre 1984, qui crée un titre unique de séjour et de travail. Il y a désormais deux types de titres : la carte de séjour temporaire, valable un an et renouvelable, et la carte de résident, valable dix ans et renouvelable automatiquement. La carte de résident est renouvelable de plein droit. Des restrictions à son obtention ont été apportées par la loi du 9 septembre 1986. Elle peut être également délivrée si l'étranger justifie de 3 ans de résidence. Les ressortissants de la C.E.E. et les Algériens sont soumis à un régime différent. Pour ce qui est des Algériens, l'avenant à l'accord du

Le statut de l'étranger

27 décembre 1968 prévoit la délivrance d'un certificat de résidence de 10 ans pour les personnes titulaires d'un certificat de résidence de 3 ans et 3 mois, 5 ans ou 10 ans. Par ailleurs, diverses restrictions en matière de droit syndical et de droit d'association ont été supprimées. Les droits politiques sont attachés à la qualité de citoyen. Les États – et la France ne fait pas exception – réservent le droit de vote aux nationaux. Selon l'article 3 de la constitution du 4 octobre 1958, « sont électeurs, dans les conditions déterminées par la loi, tous les nationaux français majeurs des deux sexes jouissant de leurs droits civils et politiques ». L'élection du président de la République et des membres du Parlement est l'affaire des Français. La proportion élevée d'étrangers, résidents de longue date dans certaines communes, justifie-t-elle d'élargir la base du corps électoral ? Le rôle des élus locaux dans la répartition des ressources, en particulier dans le domaine des équipements socioculturels et des logements sociaux, légitime-t-il une modification des procédures d'expression de la souveraineté nationale ? La participation des étrangers aux élections municipales se heurte à une objection juridique : les délégués des conseils municipaux faisant partie du collège électoral des sénateurs, les étrangers participeraient de ce fait à l'élection des membres du Parlement. Au-delà de l'argument constitutionnel, le bien-fondé d'une telle réforme est discutable. Les rares expériences étrangères en ce domaine montrent que la distinction entre le vote local et le vote national est illusoire. Le vrai problème est celui des conditions d'accès à la nationalité française. Dans la tradition juridique française, le fait de réserver les droits politiques aux seuls nationaux a en effet pour contrepartie des modalités libérales d'attribution et d'acquisition de la nationalité française.

Devenir citoyen français   Les dispositions régissant le droit de la nationalité, codifiées pour l'essentiel en 1889, traduisent l'évolution enregistrée au siècle passé, des principes généraux du Code civil aux réformes de 1851 qui renforcent les éléments de *jus soli* en conférant la nationalité française à l'enfant né en France d'un parent « qui y est lui-même né ». C'est de 1889 que date la disposition selon laquelle les enfants nés en France de parents étrangers acquièrent la nationalité française à leur majorité, ce que l'on appelle, par simplification, l'acquisition « automatique », résultant de l'article 44 du Code de la nationalité actuellement en vigueur. Par la suite, le législateur a apporté à plusieurs reprises des aménagements sans que l'esprit général des dispositions soit transformé. Notons, en particulier, la loi du 10 août 1927, l'ordonnance du 19 octobre 1945 portant Code de la nationalité française et la loi du 9 janvier 1973. Dans l'ensemble, les modifications successives ont favorisé l'accès à la nationalité française. La dernière modification en date, la loi du 8 décembre 1983, a supprimé les incapacités qui s'attachaient aux nouveaux naturalisés (exercice de fonctions publiques, éligibilité...).

En pratique, il existe quatre modalités d'attribution ou d'acquisition de la nationalité française. On est français à la naissance, soit parce que l'un des parents est français (art. 17), soit parce que l'un des parents est lui-même né sur le territoire français. L'attribution de la nationalité française à la naissance concerne, à titre principal, trois catégories d'enfants : les enfants légitimes issus de couples mixtes, les enfants nés de parents « ressortissants » de territoires d'outre-mer de la République française qui étaient eux-mêmes français avant l'indépendance, les enfants nés en France après le 1er janvier 1963 de parents algériens eux-mêmes nés en Algérie avant 1962, donc sur le territoire français (art. 23). Dans les deux derniers cas de figure, il est prévu la possibilité de répudiation de la nationalité si l'un des deux parents seulement remplit la condition sus-mentionnée. Par ailleurs, les enfants « d'origine algérienne » sont considérés comme algériens par l'Algérie. La convention franco-algérienne du 1.10.1983 leur laisse le choix du pays où ils souhaitent effectuer leurs obligations militaires.

On devient français automatiquement sans en faire la demande. C'est le cas des enfants nés en France de deux parents étrangers (article 44). Ces enfants sont étrangers à la naissance. Ils deviennent automatiquement français à leur majorité. Ils peuvent anticiper leur changement de nationalité en acquérant la nationalité française par déclaration durant leur minorité. Ils peuvent également décliner la nationalité française par déclaration dans l'année précédant leur majorité. En l'absence de toute manifestation de leur part, ils deviennent automatiquement français. Il existe cependant une possibilité d'opposition, par décret (dans l'année), en vertu de l'article 46 « pour indignité ou défaut d'assimilation ». C'est le cas également des enfants dont les parents acquièrent la nationalité française par décret ou déclaration, dès lors que les enfants sont mineurs et célibataires.

On devient français à la suite d'une déclaration. Il s'agit essentiellement de l'acquisition de la nationalité française par mariage, qui s'applique depuis 1973 à l'un et l'autre époux (femme étrangère ou mari étranger). De plus, les enfants nés de parents étrangers peuvent durant leur minorité se faire reconnaître la nationalité française par déclaration.

On devient français en présentant une demande soumise à l'appréciation discrétionnaire de l'administration. C'est la procédure de naturalisation. L'acquisition de la nationalité est faite par décret. L'autorité administrative apprécie la recevabilité et l'opportunité de la demande. Le taux de refus et de rejet varie sensiblement d'une année à l'autre. En cas de refus, l'intéressé ne peut faire qu'un recours gracieux.

La caractéristique remarquable de la législation française est l'existence de mécanismes institutionnels qui écartent la possibilité d'une croissance auto-entretenue des effectifs étrangers, en assurant, dans tous les cas de figure, l'accès à la nationalité française à la seconde génération, au plus tard, des enfants nés en France. Les modalités libérales d'acquisition de la nationalité française pour les immigrés, par naturalisation, mariage ou, pour ce qui est des enfants, du seul fait de la naturalisation de leurs parents, sont renforcées par l'acquisition automatique de la nationalité française pour les enfants d'immigrés de la seconde génération qui sont nés en France. Ces dispositions ont joué un rôle décisif dans l'intégration des communautés étrangères.

L'avenir des migrations

Si l'intégration de la population étrangère est la priorité du moment, l'éventualité d'une réouverture des frontières ne doit pas être ignorée pour autant. À court terme – jusqu'aux années 1990 – les perspectives et les modalités de la croissance économique des pays « d'accueil », l'évolution prévisible des indicateurs démographiques et d'emploi, et les politiques migratoires ne laissent pas envisager une réouverture des frontières. L'immigration légale devrait être négligeable. La baisse largement amorcée du regroupement familial s'accentuera. C'est la fin du cycle migratoire. Cependant, l'immigration clandestine et l'accueil des réfugiés resteront pour les pays européens un problème récurrent. À long terme, au-delà des années 1990, du fait notamment d'un changement des conditions du marché de l'emploi, avec l'accès au travail des classes creuses issues des années de baisse de la fécondité – amorcée dès 1964 –, on ne peut exclure l'éventualité d'une reprise de l'immigration. Il y a, à cet égard, deux tentations conceptuelles à éviter. L'une serait d'inférer des seules évolutions démographiques comparées des pays européens et des pays du tiers monde méditerranéen et africain le caractère inéluctable d'une reprise migratoire, l'autre d'extrapoler à l'horizon lointain les circonstances présentes qui écartent comme improbable une telle reprise.

Une distinction s'impose entre les pays de la Communauté d'une part, les pays tiers de l'autre. Il est peu probable que les migrations intra-communautaires de salariés connaissent un développement à long terme. Les migrations de l'Europe méridionale vers les pays industrialisés d'Europe, qui ont constitué l'essentiel des déplacements au cours des années 1950-1970, comportaient leur propre autorégulation du fait même de l'interdépendance des économies nationales et du libre échange des produits préalable à la mise en place de la libre circulation. La convergence des évolutions démographiques des pays développés et le rapprochement des niveaux de vie devaient conduire, à terme, à une baisse de l'incitation à émigrer. C'est ce qui s'est passé pour l'Italie, il en sera de même pour l'Espagne et la Grèce, qui sont déjà des pays d'immigration, et l'on ne peut guère attendre de la part du Portugal une offre importante de nouveaux migrants, compte tenu de la situation démographique. La situation des pays du tiers monde vis-à-vis de l'ensemble européen est tout autre. Le potentiel d'accroissement démographique de ces pays restera élevé, quelles que soient l'évolution de leur fécondité et leurs perspectives de croissance économique, incertaines, surtout en Afrique. D'autant plus que les facteurs d'attraction exercés par les pays pétroliers sur l'immigration arabe et turque se sont infléchis.

La nécessité d'une politique européenne

Dans ces conditions, les pays de la C.E.E. ne pourront mener de politiques nationales d'immigration sans référence à leurs voisins. La fermeture des frontières en Allemagne fédérale imposait la fermeture des frontières en France. L'arrêt a renforcé l'interdépendance des marchés du travail. La coordination des politiques entre les pays de la Communauté des Douze s'imposera comme une nécessité. Un long chemin reste à parcourir. Les États sont particulièrement soucieux de leurs prérogatives à cet égard et les tentatives d'harmonisation des politiques ont fait long feu. Plus généralement, l'incidence de la C.E.E. sur les mouvements migratoires apparaît paradoxale, du point de vue de l'intégration politique. Le traité de Rome a développé les échanges intracommunautaires relativement aux échanges avec les pays tiers, il a favorisé la croissance et l'égalisation des niveaux de vie. Il en est résulté une diminution de l'incitation à la mobilité intracommunautaire et un accroisse-ment de l'immigration en provenance des pays tiers. Si l'on envisage la

Communauté comme une simple union douanière, le processus s'est révélé efficace; si l'on ambitionne une véritable intégration économique et politique, dont la libre circulation est un élément décisif, le bilan est plus nuancé. En fait, l'union douanière a favorisé l'immigration et l'établissement de travailleurs originaires des pays tiers. La présence, probablement définitive, de communautés étrangères originaires de pays extérieurs à la Communauté européenne, et l'existence d'une offre de travail des pays du tiers monde, largement excédentaire par rapport à la demande des pays développés, sont l'un des problèmes majeurs auxquels les pays européens auront à faire face dans les années à venir.

G. T.

II

La réflexion d'un historien

« Mais comment voudriez-vous la France abandonner ?
Quand tous les estrangers y veulent séjourner ? »
Ronsard, *Élégies 13*

« Tous les étrangers ne sont pas barbares,
et tous nos compatriotes ne sont pas civilisés... »
La Bruyère

Comment, à la fin d'un tel livre, vouloir encore parler de l'étranger ? Se référer à Ronsard ou à La Bruyère – mais il faudrait aussi évoquer Montesquieu ou Portalis, dont le très beau texte, repris dans la présentation du rapport *Être Français aujourd'hui et demain,* n'est pas sans rappeler Ronsard – c'est privilégier une approche humaniste, et l'esprit de tolérance qui devrait conduire à l'acceptation d'un cosmopolitisme qui paraît non pas inévitable, mais indispensable à notre monde de demain. Mais notre temps, même s'il conserve et retrouve ces valeurs de l'humanisme, parfois maltraitées par l'histoire, se doit aussi d'avoir d'autres références. Comment ne pas évoquer Albert Camus ou Jean-Paul Sartre, qui, dans les tourmentes de la guerre mondiale, donnent une autre dimension au personnage de l'étranger (*l'Étranger* d'A. Camus date de 1942). « L'étranger, c'est aussi l'homme parmi les hommes. C'est enfin moi-même par rapport à moi-même », écrivait J.-P. Sartre à propos du roman d'Albert Camus. Cette confrontation de l'homme avec l'homme est bien le thème central et, à travers elle, ce sont de nouvelles visions de l'homme qui s'imposent. Sans vouloir prendre des exemples trop exotiques, dans d'autres temps, en d'autres lieux, il faudrait sans doute retrouver les premiers récits des navigateurs et des conquistadors du XVIe siècle pour comprendre ce que pouvait être cette vision de l'autre. D'ailleurs, notre culture gréco-romaine, venue des très lointaines civilisations méditerranéennes et moyen-orientales, avait déjà jeté les fondements de cette possible distanciation de l'homme vis-à-vis de l'homme, ou de l'un vis-à-vis de l'autre. Les Grecs, puis les Romains ont parlé de « Barbares » pour désigner l'étranger, mais ils ont aussi eu recours, comme les Égyptiens, à l'esclavage, manière de réduire à un état de moindre humanité ceux qui étaient vaincus et qui leur devenaient soumis. Quand Honoré Daumier, au XIXe siècle, caricature *le Retour des Barbares,* il retrouve cette longue tradition, qui est à la fois dérision, refus de voir, refus d'admettre l'existence même d'une différence. Quand les explorateurs-conquérants espagnols découvrent Hispaniola, puis le Mexique, enfin l'Empire inca, le choc de la conquête est d'abord le choc de l'impossible reconnaissance de la nature humaine dans sa diversité. Ces hommes blancs et barbus, ces chevaux caparaçonnés, sont des dieux plus que des humains ; et pour les Espagnols, les Aztèques ou les Incas, tout comme les Noirs africains, sont des sous-hommes, et pas seulement des étrangers. Depuis le XVIe siècle, un long cheminement, auquel les Français participent au même titre que les autres nations européennes, conduit à d'autres perceptions, à une autre conception de l'autre. Mais tout a-t-il disparu de ces lointaines visions, et l'humanité a-t-elle accepté, dans notre XXe siècle, de se réconcilier avec elle-même ?

La création de l'étrangeté

Je voudrais seulement ici essayer de situer non pas les étapes, mais les conditions de cette création de l'étrangeté dans notre civilisation, pour tenter de comprendre si cette analyse peut permettre de dépasser les contradictions, les incompréhensions et les tensions qui paraissent resurgir, voire s'amplifier aujourd'hui. Mais n'oublions pas que, Français parlant de l'étranger, il nous faudrait toujours analyser l'attitude des étrangers face aux Français, dans notre pays, et ailleurs. Colin Lucas a brillamment expliqué combien la vision des Français par les Anglais doit encore aux stéréotypes issus des siècles passés. On peut aussi évoquer Elias Canetti, l'un de ces témoins du cosmopolitisme viennois si extraordinaire de l'entre-deux-guerres, qui met en scène un pauvre matelot français, ignorant l'allemand, pris à partie par la foule dans un café : « Je me demandais combien de mots étrangers totalement incompréhensibles un homme compressé parmi cent autres était obligé d'entendre avant d'être pris de folie furieuse. » Ne faut-il pas garder en mémoire cet avertissement de Canetti, lors de toute réflexion sur la difficulté de communiquer, une autre forme de l'étrangeté ?

« Le village immobile »

Conscience de l'étranger. Méfiance de l'étranger ? Le niveau le plus élémentaire de cette perception, et d'une première défiance, individuelle et collective, est probablement la communauté villageoise, créatrice d'une culture propre, qui repose en partie sur une exclusion. Quand Gérard Bouchard, historien canadien, décrit, l'un des premiers, la vie collective d'un village français, Sennely-en-Sologne, qu'il appelle « le village immobile », il insiste sur la constitution de cette culture, faite de croyances, de foi, de superstitions plus que de véritable solidarité. Mais cette culture villageoise reste fortement marquée par une xénophobie latente. Toutes les déviations, tous les excès, tous les méfaits sont mis au compte des « forains », que ce soient des bandes organisées de malandrins, que l'on désigne par des surnoms qui insistent sur leur ailleurs, sur leur origine externe au groupe local, que ce soient seulement les jeunes gens du village voisin, ou les agents du fisc, nécessairement aussi venus de loin. Si la maréchaussée et la justice du roi se mêlent d'accuser, voire de condamner et parfois d'exécuter, un enfant du pays, gare à elles. La communauté sait alors faire bloc pour défendre l'honneur des siens, et s'en prendre à ces étrangers qui ne sauraient rendre une bonne justice.

Les historiens d'aujourd'hui ont retrouvé ces cloisonnements, ces particularismes qui sont explicatifs de tant de phénomènes, et qu'une vision nationaliste et centralisatrice de l'histoire avait cherché à minimiser, ou à occulter. Surtout qu'on ne croie pas que l'esprit local soit nécessairement borné, comme l'horizon, dans un monde immobile, mais non figé, et où les personnes restent cependant très itinérantes, au moins pour une partie d'entre elles. Mais la constitution d'un territoire conduit toujours à en marquer les limites, et à en défendre les accès quand on se sent menacé, que ce soit par le modernisme, par l'État ou par des hommes venus d'ailleurs. Dans la Bretagne du XVIIIe siècle, les paysans arrachent la nuit les clôtures que les nobles physiocrates font poser le jour pour améliorer la qualité de leurs troupeaux ou de leurs cultures. On retrouve de semblables révoltes dans les campagnes du XXe siècle, même contre les remembrements qui ne concernent pourtant que la communauté elle-même. Et le *Rapport sur le racisme et les discriminations en France* note que « les conflits quotidiens se focalisent souvent sur les questions de mode de vie ». En effet, même si le village traditionnel s'est progressivement désagrégé au cours des XIXe et XXe siècles du fait de l'urbanisation et de l'industrialisation, il a profondément marqué de son empreinte les mentalités. Une ville n'acquerra un sens, une âme, que si ses quartiers sont autant de « villages », organisés autour de l'église, de la place, de la fontaine ou... de la maison des jeunes. Et toute existence d'un esprit de quartier, preuve d'un sentiment de cohésion sociale et culturelle, est aussi refus du voisin, esprit de clocher, que l'on peut trouver dans les villes comme dans les campagnes, que l'on peut même créer dans les villes nouvelles des banlieues, ou faire renaître dans certaines parties des villes anciennes.

Or il convient de réfléchir à la nature de l'étranger dans de telles petites unités humaines. Les anthropologues nous fourniraient ici d'utiles points de repère, quand ils étudient les populations restées, presque jusqu'à aujourd'hui, à l'écart des agressions de la civilisation contemporaine. Dans toutes ces tribus, que l'on a longtemps, en Occident, qualifiées de « sauvages », la cohésion première, comme l'a décrite par exemple Maurice Godelier chez les Baruyas de Nouvelle-Guinée, est celle de la famille, premier échelon d'un système social cohérent et complexe, mais les systèmes d'alliance et de parenté peuvent conduire à transformer en ennemis les membres de sa propre famille, et à s'allier à des étrangers. Dans le village, la limite de l'étrangeté, ou de l'hostilité qui se traduit par de véritables guerres contre les ennemis, est le besoin de l'échange, la nécessité de la complémentarité. « À la limite, les alliés ne peuvent

Ouverture, fermeture

jamais être totalement des alliés, et les ennemis totalement des ennemis... Qu'est-ce donc qu'un ennemi si l'on peut faire appel à lui pour se débarrasser de ses amis ou de ses frères ? » Et l'auteur montre comment le même homme peut, tour à tour, devenir frère et ennemi, puis revenir dans son clan d'origine, quand sa trahison ne remet pas en cause les assises même de l'ordre de la société et de l'univers. Il y a ainsi des alternances d'ouverture et de fermeture, des périodes où l'on recherche l'accueil de l'autre, où on le provoque, des époques, où pour des raisons démographiques, sociales, économiques, le groupe se ferme sur lui-même, rejette tous ceux qui lui paraissent étrangers. Il est probable que, avec des formes d'échange et d'intégration différentes, le village français de l'Ancien Régime a aussi connu ces pulsions et ces retournements.

Mais il n'est pas interdit de penser que la ville elle-même peut aussi offrir de semblables exemples. Je ne me réfère pas aux situations bien connues de nos actuelles cités des grandes banlieues urbaines, où les concentrations de populations immigrées provoquent des réactions de peur ou de fuite et favorisent des comportements xénophobes, mais bien à la ville d'autrefois. On pourrait remonter aux villes médiévales, qui, tour à tour, invitent, accueillent des marchands étrangers, lombards ou juifs, italiens ou suisses, sans trop se soucier des différences de langue, de religion ou de culture, puis qui, presque dans le même temps, lors de situation de crise, expulsent, menacent, voire massacrent. Mais est-il besoin de se limiter aux étrangers, reconnus comme tels parce que d'un autre royaume ou d'une autre nation ? Dans les grandes villes de la France moderne, à Lyon du XVIe au XVIIIe siècle, à Bordeaux au XVIIIe siècle, à Paris au XIXe siècle, les étrangers sont aussi régnicoles, ou presque. Le *Dictionnaire de Trévoux*, à l'article « étranger », note : « Les Suisses, les Savoyards en France ne sont point réputés étrangers ». Mais survienne une crise urbaine grave, comme lors des troubles de la Ligue ou de la Fronde un demi-siècle plus tard, la première décision des corps consulaires des villes consiste alors à faire un recensement des Savoyards – en comptant les hommes et les femmes, mais aussi les armes et les réserves –, à afficher ces listes, à désigner ces « étrangers du dedans » comme des ennemis, à les livrer à la vindicte, à les emprisonner, très vite à les expulser. Plus tard, au XVIIIe siècle, ces Bourguignons, Bugistes, Auvergnats, Dauphinois, Languedociens et autres Limousins, qui cohabitent dans les grands immeubles locatifs de Lyon, sont-ils vraiment des compatriotes à part entière ? Dès qu'éclate une crise – crise de la soierie, comme en 1737-1744, ou crise sociale comme en 1786 –, les autorités ont tôt fait de désigner les fauteurs de troubles, dont quelques-uns seront exécutés à titre d'exemple, et toujours ce sont ces étrangers à la ville qui sont retenus, ce sont toujours eux, les individus sans feu ni lieu, que l'on exhibe comme coupables. Et, même en temps de paix, dans ces soubresauts, ces paniques ou ces inquiétudes que connaissent les foules urbaines, il y a toujours un étranger qui est reconnu coupable. Quand les femmes de Lyon accusent les chirurgiens de l'hôtel-Dieu et les jésuites d'enlever de concert des enfants, c'est, assurent-elles, pour leur couper un bras et essayer de le greffer sur un jeune « prince étranger ». Quand la fabrique de soieries se plaint de la concurrence des fabriques étrangères, elle interdit l'entrée en apprentissage et l'accès à la maîtrise des jeunes gens qui ne sont pas originaires du strict Lyonnais, tous les autres étant suspects de complicité avec ces ennemis de l'extérieur.

Ainsi peut se dessiner une figure plus ou moins extensive de l'étranger, celui de la maison d'en face, du quartier d'à côté, de la province limitrophe... qui se concrétise toujours, en période de crise, comme le nouveau venu, celui qui est né ailleurs, même quand c'est le cas de la majorité des habitants. Mais, en dehors des crises, qui ne sont plus aussi nombreuses au cours des siècles, se produit un lent phénomène d'intégration, d'assimilation, on serait tenté de dire d'appropriation. Le même processus se déroule au village et à la ville. Quand Laurence Fontaine décrit la tournée du colporteur Jean Eymard dans le Nivernais, au début de la seconde moitié du XIXᵉ siècle, elle montre la naissance de familiarités, de reconnaissances : « Ces noms et ces surnoms traduisent aussi les manières dont les colporteurs pénètrent les villages, s'y glissent presque subrepticement. Leur présence, *d'abord inquiétante,* puis visible et familière, sur les routes ou à l'auberge, *perd ainsi de son étrangeté,* au fur et à mesure qu'ils entrent, grâce à leur savoir sur les habitants, dans le tissu social des hameaux. » Et ainsi naît une nouvelle identité : « Il connaît ces pays aussi bien que celui où il est né, et l'on conçoit que, tout naturellement, il désire s'y fixer : émigration sans traumatisme, longtemps préparée. »

La maison d'en face

Plus paradoxal est le second terrain où me paraît se jouer une partie de la construction de l'étranger, parce qu'il semble relever plutôt du domaine de l'universel : je veux parler du religieux. Il est probablement exagéré de limiter au religieux la formation de la culture, lente association du sacré et du profane, du temporel et du spirituel. Mais, dans la mesure où la religion est le ferment le plus fort de la cohésion d'un groupe, l'histoire offre maints exemples de la dérive de la religion vers l'exclusion, ou peut-être, pour être plus précis, vers des formes de destruction de l'autre, quand il refuse sa conversion à la « vraie foi ». Le positivisme et le rationalisme apparemment triomphants du XIXᵉ siècle, nés à la fois de l'esprit des Lumières et des idées de la Révolution française, auraient pu faire croire que les guerres de Religion étaient des événements du passé, que la domination de la raison avait repoussés définitivement dans les ténèbres de l'histoire. Mais les faits contredisent parfois durement les espérances des hommes. Le XXᵉ siècle, même s'il substitue souvent des idéologies matérialistes ou national-socialistes aux religions, a montré que la guerre sainte n'est pas encore totalement derrière nous.

Les guerres saintes

Mon propos n'est pas de citer les exemples historiques innombrables, depuis les martyrs du christianisme jusqu'aux croisades contre les Infidèles, ou, en France, contre les albigeois, depuis les guerres de Religion du XVIᵉ siècle jusqu'aux affrontements irlandais du XXᵉ siècle, mais d'essayer de distinguer le processus et la justification de ces attitudes. La foi est d'abord croyance à la vérité, et toute personne qui refuse la vraie foi devient une adepte de l'erreur, elle est donc rejetée comme telle. On pourrait penser que, dans ce domaine, l'homme pourrait concevoir qu'il ne lui appartient pas de corriger l'erreur en ce monde, et qu'il y aura un jugement divin, mais c'est compter sans une liaison construite entre la religion et le fanatisme. Depuis l'humanisme jusqu'aux Lumières tente de se construire une vertu de tolérance, qui empêcherait ces luttes internes. Mais, ce qui, dans le phénomène des guerres de religion, nous retiendra, c'est le fait que ce sont d'abord des guerres civiles, où l'ennemi n'est pas l'étranger, mais le frère, dont le seul tort est de ne pas partager l'idéal ou la conviction de son pair. Dans ces explosions de violence, depuis la Saint-Barthélemy jusqu'aux massacres des vendéens pendant la Révolution, celui qui n'a pas les mêmes idées est assimilé à l'ennemi. Et ce phénomène de l'incompréhension des différences religieuses est encore présent dans les comportements d'aujourd'hui, non plus tellement dans l'antisémitisme populaire, presque instinctif, qui resurgit si souvent, mais dans la véritable peur de l'Islam, qui explique fréquemment les phénomènes de rejet de l'immigré maghrébin. Dans les analyses les plus fines des guerres de Religion ou de la Saint-Barthélemy se saisissent bien ces interpénétrations du sacré et du laïque, si le terme n'est pas anachronique pour le XVIe siècle. Mais, quand le peuple de Paris massacre les huguenots, c'est bien au titre du sacré, de la défense de sa religion. Les victimes ne sont pas à proprement parler des étrangers, par leur hérésie, elles sont plutôt ravalées au niveau de la bête, du sauvage, en deçà de l'humain : « Tuons du calviniste ; car morte la bête, mort le venin » cite Emmanuel Le Roy Ladurie. Mais dans cette défaite des convictions humanistes de la Renaissance est écrit un sanglant message qu'on ne doit pas oublier.

L'émergence du nationalisme

Tout aussi étrange est notre troisième plan, qui concerne la naissance du nationalisme. Les valeurs philosophiques du siècle des Lumières sont adoptées dès le début de la Révolution française dans la *Déclaration des droits de l'homme*. La liberté et la fraternité sont des idéaux servant de lien entre les hommes d'un même pays, mais ce sont aussi des symboles que la jeune république française est avide de transmettre aux autres peuples opprimés de la terre. Les études récentes sur la Révolution française montrent bien qu'il y a loin des idéaux à la réalité, et que l'adhésion aux idées nouvelles ne concerne, le plus souvent, qu'une classe limitée de la population. Mais, comme dans le cas des luttes religieuses, les tensions révolutionnaires s'inscrivent dans une double perspective, à la fois interne et externe.

La fidélité au prince

Les guerres anciennes, même si elles peuvent de temps à autre revêtir une forme de guerre nationale, même si ce sont surtout les historiens du XIXe siècle qui, de Michelet à Jaurès, ont voulu leur donner cette couleur, n'opposent pas des nationaux à des étrangers. Dans les armées de métier où figurent beaucoup de mercenaires, dans des coalitions changeantes au gré des alliances princières qui déterminent la politique extérieure, se trouvent face à face, sous des drapeaux différents, des gens d'une même nation, qui ne sont ni ennemis, ni étrangers. Les armées espagnoles qui luttent contre Turenne et Condé pendant la guerre de Trente Ans peuvent ensuite être commandées par l'un ou l'autre, au hasard des revirements et des ambitions ou déceptions. Cinquante ans après Rocroi, les armées espagnoles et françaises sont alliées contre l'Anglais, présenté comme l'ennemi héréditaire. L'époque révolutionnaire et napoléonienne présente deux variantes. Quand les émigrés se joignent aux armées des coalisés, ils obéissent à la logique ancienne qui accorde la primauté à la fidélité au prince, par rapport à l'appartenance nationale. Et, pourtant, ces mêmes princes émigrés et leur suite ne se sentent-ils pas de plus en plus étrangers dans leurs lieux d'accueil, en Allemagne, d'où ils sont progressivement chassés par les avancées de l'armée française, ou en Angleterre ? On a vu, au XVIIᵉ siècle, après la révocation de l'édit de Nantes, beaucoup de protestants français choisir l'exil plutôt que l'abjuration contrainte. Pendant longtemps, dans leur terre d'exil, en Prusse occidentale, en Hesse ou à Berlin, ces communautés huguenotes protègent et défendent leur identité, par l'usage de leur langue, par le maintien de pasteurs choisis parmi eux, par la conservation de solidarités familiales obtenue par la pratique de l'endogamie ; mais, en moins d'un siècle, se dilue fortement cette singularité. Les mariages mixtes deviennent plus nombreux, l'usage de la langue française s'estompe. Dans les registres de l'église française huguenote de Berlin, on voit ainsi s'effacer le caractère français, pour aboutir à une intégration de plus en plus marquée, étape vers une assimilation. On trouve de semblables itinéraires dans les généalogies de ces familles, comme ce Jacques Galland, apothicaire et chirurgien à Veynes, fils de pasteur, qui, après avoir fui les dragons de Louis XIV, s'installe avec sa famille en 1688 à Karlshafen, et dont le biographe note : « D'eux procède le général Galland qui s'illustra dans la Luftwaffe en 1939-1945. »

En devenant patriote et nationale, l'armée de l'an II étonne l'univers, et tout le monde connaît les observations de Goethe à ce sujet, lors de la campagne de France de 1792. Mais, dès la période révolutionnaire, et plus encore à l'époque napoléonienne, la guerre permanente entre la France et l'Europe crée de profondes modifications. L'armée de patriotes sans-culottes, celle des soldats de l'an II, a gardé son prestige et son auréole, mais on sait qu'il n'est pas besoin de gratter beaucoup le vernis pour mettre à nu ses faiblesses, ne serait-ce qu'en observant le nombre considérable de désertions, les refus d'enrôlement, et les mouvements populaires qu'entraînent un peu partout les soi-disant levées en masse. Surtout l'armée victorieuse n'est pas très éloignée des armées de soudards redoutées dans la tradition populaire : la conquête républicaine, même si elle trouve ici et là à s'appuyer sur quelques élites rationalistes, favorise la naissance des nationalismes. « Ravagée par les fonctionnaires français et indignée de ses profanations religieuses, la Rhénanie identifia son combat national à celui pour le catholicisme... Les 'missionnaires bottés' annoncés par Robespierre ont ruiné l'idée de libération et discrédité celle de cosmopolitisme » rappelle Jacques Solé. Quand, pour les besoins de la guerre, Napoléon devra incorporer de plus en plus d'Italiens, d'Allemands, de Belges, de Polonais dans sa Grande Armée, il créera les conditions mêmes de la naissance de résistances nationales. Le rêve d'une humanité fraternelle, sans frontières et sans nation, qu'ont pu nourrir les philosophes du XVIIIᵉ siècle, non seulement les Français, mais aussi Emmanuel Kant, s'évanouit très vite, aussi bien dans la campagne de Russie que dans la guerre d'Espagne, dans les révoltes de Calabre comme dans les embuscades contre les arrière-gardes de la Grande Armée en retraite à travers l'Allemagne, en 1813. Et la notion de l'étranger sort singulièrement renforcée de cette

*De l'an II
à la Moskova*

453

succession d'épisodes. Il n'y a pas d'identification absolue entre les termes « ennemi » et « étranger », mais se répand l'idée qu'une appartenance nationale est véritablement une source de différence considérable d'avec l'autre, qui n'est pas de la même nation. Les annexions territoriales qui suivent les conflits armés, comme celle de l'Alsace-Lorraine en 1871, peuvent alors être assimilées à de véritables amputations d'un membre du corps national, et nourrir à leur tour un regain de patriotisme. Dans les théories agressives du national-socialisme, ce nationalisme est poussé à l'extrême, parce qu'associé au racisme, créant ainsi l'illusion qu'il peut y avoir un nationalisme supérieur à un autre, justifiant ainsi annexions et même exterminations.

Trois temps, trois lieux, trois visages

Trois temps et trois lieux de la création de l'étranger ainsi schématisés, mais aussi trois visages de celui qui est autre. D'abord, celui qui ne partage pas le même horizon, l'inconnu qui n'est pas né dans le pays. Ensuite, celui qui ne partage pas les mêmes croyances, la même foi, et qui, de ce fait, ne peut gagner la confiance ; on voit bien comment on passe du premier plan à ce deuxième. Dans le village, tous sont supposés partager la même foi, et celui qui s'en écarte, même s'il peut parfois attirer, est rapidement mis à l'écart. Dans *le Fromage et les Vers,* Carlo Ginzburg a ainsi conté les tribulations et la vision du monde d'un meunier frioulan, finalement accusé et condamné pour sorcellerie. Mais les analyses si fines de Ginzburg introduisent l'idée que la sorcellerie elle-même se déplace du champ de l'individuel à celui du collectif : l'Inquisition doit rationaliser d'abord les visions des *Benandanti* pour ensuite mieux les combattre. Et je me plais à voir le lien que Ginzburg lui-même établit entre sa recherche de la compréhension des systèmes de pensée villageois et sa propre existence : fils d'un antifasciste en résidence surveillée dans les Abruzzes, en compagnie de Carlo Levi, auteur du *Christ s'est arrêté à Eboli,* il prit conscience que son « choix de la sorcellerie était certainement lié à ses origines juives et au souvenir très vif de la persécution raciale ». On retrouve un même phénomène d'unanimisme dans l'histoire des « Possédées de Morzine », au cœur du XIXe siècle, où les pouvoirs cherchent à expliquer la possession collective par l'intervention de sorciers venus d'ailleurs, des manœuvres de charlatans, et par l'introduction clandestine de livres de magie. Le village tout entier ou presque se défend contre ces accusations. J'insiste à dessein sur cette indispensable cohésion des croyances, parce qu'elle peut aider à comprendre le passage à la Guerre sainte – pas seulement celle des croisades – , quand un rapprochement s'opère entre cette foi collective et le désir d'affirmation nationale.

Le troisième temps, troisième lieu également, qui est celui des conflits entre nations, n'apparaît vraiment qu'au terme d'une évolution du politique, qui a créé cet esprit national, fait de l'adhésion minimale à un certain nombre de valeurs collectives, qui sont supposées définir le compatriote en même temps qu'elles excluent l'étranger, celui qui vit au-delà des frontières. Et il n'est même pas besoin alors de faire intervenir le racisme pour expliquer ces longues guerres nationales, dites ici « d'indépendance », et là « de libération ». N'oublions pas que le terme de « racisme » n'existe pas dans la langue française du XIXe siècle, et qu'il n'est introduit qu'avec la diffusion des théories national-socialistes au début des années 30 du XXe siècle. Mais rappelons-nous quand même les *Lettres persanes* et Montesquieu pour nous convaincre que, hors d'une théorie du racisme, le mépris des autres, à peine regardés commme des êtres humains, a été longtemps un comportement presque unanime.

Le nouveau visage de l'autre

Quelle réalité subsiste aujourd'hui de ces trois plans, que j'ai volontairement un peu embrouillés, tout en mélangeant exemples intemporels et parfois localisés, sans toutefois risquer véritablement une histoire comparative ?

La civilisation occidentale, telle qu'elle résulte aujourd'hui des évolutions qui ont suivi les deux guerres mondiales, semblerait avoir gommé ce qui avait créé les conditions de production de ces images d'un étranger qui est presque toujours un ennemi. J'aime beaucoup la grande déclaration d'universalisme, de tolérance, d'œcuménisme, d'ouverture à l'autre que Fernand Braudel a eu le temps d'insérer dans les pages de *l'Identité de la France.* Je ne parlerai pas ici de mondialisation, laissant ce terme au langage des économistes. Mais les changements de rythme, de durée et l'intensité des voyages, les déplacements permanents mettent, tous les jours, tous les hommes sans cesse en contact avec d'autres. S'ils ne comprennent pas toujours les modes de vie et les pratiques, ils sont cependant amenés à les observer et, bien sûr, à les tolérer. Non pas que les espaces clos n'existent plus, dans le quotidien comme au plan mental. Et l'on peut encore entendre une vieille dame d'un hameau de Haute-Savoie vitupérer tel riche voisin, acheteur d'un grand chalet, mais affublé de toutes les tares de l'étranger, puisqu'il est à la fois sud-américain, juif, et de surcroît suisse ! Le voisin reste étranger, quand il n'est pas d'ici. Mais, à l'opposé, on peut citer ce sondage selon lequel 39 p. 100 des étrangers résidant en France trouvent qu'il y a trop d'étrangers dans leur pays d'accueil. Et comment ne pas sourire quand une femme de ménage tunisienne fait remarquer à ses patrons qu'ils habitent un mauvais quartier, parce qu'il y a trop d'Arabes ! Multiplicité des déplacements, acceptation plus grande de la tolérance, déclin des nationalismes et du chauvinisme, tout concourt, semble-t-il, à créer une société qui accepte mieux l'étranger, qui évolue vers une société pluri-ethnique et pluriculturelle, comme le sont devenus les grands États de l'Amérique, tant du Nord que du Sud, par suite des vagues successives d'immigrants qui les ont peuplés. Et, pendant que s'ouvrent les frontières, que se multiplient les contacts et que tombent les barrières, alors que s'efface cette espèce d'hostilité congénitale au voisin étranger, l'Anglais ou l'Allemand, selon les moments, que se produit-il donc ?

Deux réflexions très succinctes, mais fort riches, de Marc Augé et de Jean-Pierre Vernant, en conclusion d'un colloque tenu en 1986 sur les sociétés pluriculturelles, peuvent aider à comprendre les raisons de ce retournement étrange, qui nous rend plus que jamais sensibles au phénomène de l'immigration et au risque d'une perte d'identité dans la France de cette fin

Des identités de la France...

455

du XXe siècle. Jean-Pierre Vernant, rappelant ses années d'adolescence, juste avant la Seconde Guerre mondiale, écrit : « Notre identité, non seulement idéologique, mais dans notre façon d'être, de vivre, de sentir, ne faisait pas problème. » Les notions de citoyen et de peuple-nation paraissaient une évidence. Et, quand apparaissent ces premières manifestations de xénophobie qui conduisent quelques groupes de trublions à crier, au Quartier latin, « À bas les métèques, à bas les Juifs ! », il suffit de les rejeter dans le clan des fascistes, « des ennemis, des gens absolument haïssables ». Et Vernant rappelle qu'il avait des copains, des amis, des frères, dans toutes sortes de communautés ethniques différentes, et que la guerre, puis la Résistance ont plutôt renforcé cette conviction de l'existence d'une communauté française, niant les différences, puisque appuyée, fondée sur des valeurs qui ne portaient aucune exclusive liée à la naissance et à la race. Il souligne aussi que cette même France unie est cependant multiculturelle, en ce sens que, dans la France des années 30, il y avait des cultures paysannes, des cultures ouvrières, des cultures bourgeoises..., mais que « personne n'a pensé qu'un ouvrier de chez Billancourt ou qu'un paysan basque n'était pas un Français ».

... aux ethnies de la France

Ce qui se passe après la guerre, en fait ce que nous connaissons aujourd'hui des conditions d'accueil des Italiens ou des Polonais dans l'entre-deux-guerres, prouve que le processus de découverte de l'autre avait déjà commencé ; mais, plus que la découverte, c'est la fabrication de cette altérité qui se produit. Il serait trop simple, comme le proposent parfois de façon généreuse, mais quelque peu utopique, tels rapports récents, de réduire cela à des différences culturelles, parce que, comme le souligne Marc Augé, on court alors vite le risque de « réifier la culture ». Dans l'imaginaire collectif et dans le discours commun se sont développés des stéréotypes sur la culture ou la nature des peuples qui sont souvent des infamies. J'ai encore à l'oreille cette déclaration d'un procureur général du début des années 60 apostrophant un prévenu avec ces mots : « Vous faites preuve d'une franchise rare pour un musulman ! », résultat de cette construction d'un autre mythique, chez lequel l'appartenance à un groupe deviendrait marque de caractère. Et il ne suffit pas, bien au contraire, d'évoquer une société pluriculturelle, au sens cette fois de pluri-ethnique, pour faire disparaître cette incompréhension de l'étranger, qui est à la base de toutes les difficultés d'aujourd'hui.

Pourquoi éprouve-t-on à la fois malaise et difficulté devant ce que l'on présente, campagnes politiques aidant, comme une résurgence de comportements racistes et xénophobes et un phénomène de rejet de l'étranger ? N'oublions pas d'abord que, s'il s'agit bien ici d'un thème universel, il existe des situations spatiales et temporelles différentes. Au moment où des nationalismes paraissent s'estomper, d'autres s'éveillent, et des réveils sont toujours possibles. Qui aurait pu prévoir la vigueur du sursaut nationaliste britannique lors de la guerre des Malouines, trente ans après la fin de l'empire colonial anglais ? De même, le lien entre religion et défense de l'identité culturelle nationale apparaît renforcé un peu partout aujourd'hui dans le monde, en Pologne ou en Afghanistan, par exemple. Aussi voudrais-je revenir à la France actuelle, pour essayer de comprendre ce qui pourrait expliquer certaines attitudes de cette fin du XXe siècle.

Si réapparaît, dans les affrontements politiques, mais également dans la réflexion intellectuelle comme dans les comportements individuels ou collectifs du quotidien, un débat sur l'étranger, il faut en chercher les explications et les racines dans ce qui aurait changé au cours de ces quarante dernières années en France. Et le changement est à trouver chez les deux partenaires, chez le Français et chez l'étranger conjointement, seule la dialectique de leurs rapports pouvant amener à saisir les mutations. Georges Tapinos montre comment s'est transformée la population étrangère séjournant en France depuis 1945. À vrai dire, contrairement à beaucoup d'affirmations colportées dans des buts polémiques, souvent pour exciter les passions et aviver les extrémismes, il est sûr que la France actuelle n'est pas plus « submergée » par les étrangers qu'elle ne le fut auparavant. Le Français reste fermé à la statistique, et les données chiffrées sont toujours utilisées comme arguments d'autorité, sans être toujours vérifiées ; elles sont souvent volontairement déformées, amplifiées ou minorées selon les besoins, avec parfois la complicité des statisticiens eux-mêmes. Dans les débats sur le nombre des étrangers, sur le volume de l'immigration clandestine, comme lors de ceux tenus dans les années 1970 sur l'avortement, on continue à jongler avec les nombres, dans des fourchettes d'imprécision qui restent étonnantes. Lors des auditions de la Commission de la nationalité, on a entendu tel responsable de service administratif avouer son incapacité à choisir un chiffre dans un éventail de 1 à 100, et l'imprécision était du même ordre pour l'option choisie par les bi-nationaux pour effectuer leurs obligations militaires entre la France et l'Algérie. Malgré ces réserves, la part de la population étrangère en France n'a pas dépassé la limite de 7 p. 100 au cours de ce dernier quart de siècle, c'est-à-dire le niveau qui était celui de la France de 1931. Mais il faut tout de suite préciser que le discours contre la présence ou l'afflux d'étrangers, tenu en termes assez semblables dans les années 30 et dans les années 80, ne s'explique pas le moins du monde par l'existence d'un quelconque seuil de tolérance, comme cela a été beaucoup dit, mais par la ressemblance de la situation économique à ces deux époques, et par la montée du chômage due à la crise, même si les formes actuelles de celle-ci sont très différentes de celles de 1930.

Si le nombre global n'a pas fondamentalement changé, c'est la structure interne du groupe étranger qui s'est modifiée. Les analyses des démographes sont ici très claires. Jusqu'aux années 1970, la population étrangère est très différente de la population française : elle est plus masculine, concentrée autour de l'âge adulte, elle comprend peu de femmes, peu d'enfants, peu de personnes âgées. L'étranger est majoritairement le « travailleur immigré ». Depuis quinze ans se produit un processus permanent de rapprochement entre la structure de la population nationale et celle de la population étrangère : le développement d'une immigration familiale, la reconstitution des couples, la naissance de nombreux enfants, l'enracinement en France font que structure par sexes et pyramide des âges des deux groupes se rapprochent rapidement. Serait-ce cette unification qui créerait alors un sentiment de rejet ? Le travailleur étranger isolé, sinon solitaire, habitant en foyer ou en garni, envoyant ses économies à sa famille restée en terre étrangère, est perçu comme un individu de passage. Le regard se transforme quand il vit en famille, logé dans le même ensemble immobilier, envoyant ses enfants dans le même établissement scolaire. Dans les interventions des défenseurs les plus chaleureux de la natalité et de la famille, on perçoit bien cette contradiction : la nouvelle dimension familiale de l'émigration est perçue comme plus « dangereuse » pour la nation que l'ancienne, même si cette situation devrait normalement conduire à une plus rapide intégration, voire à une assimilation à la nation française, comme ce fut le cas hier pour les immigrés italiens, espagnols ou polonais.

De nouveaux itinéraires

Mais, plus encore que la structure, la composition ethnique de la population étrangère a été bouleversée au lendemain de la Seconde Guerre mondiale. L'Europe méditerranéenne, à des rythmes différents, s'intègre progressivement à l'Europe du Nord-Ouest, et son développement économique, plus rapide, exige peu à peu le maintien de ses habitants. Depuis longtemps, l'Italie ne fournit plus d'immigrants, l'Espagne a cessé également et le Portugal n'a plus de réserves d'hommes. L'immigration est devenue extra-européenne, comprenant, en fait, trois grands groupes d'importance inégale et d'évolution divergente. Cette immigration étrangère est, en France (comme en Grande-Bretagne, mais non comme en Allemagne), très marquée par le maintien des liens historiques créés aux heures de la colonisation : le Maghreb, l'Afrique noire francophone, l'Asie du Sud-Est en ont fourni les contingents les plus nombreux. Dans l'inconscient collectif, hélas parfois de façon parfaitement consciente, cette origine, ethnique, géographique, historique, des nouveaux flux d'immigrés joue un rôle majeur dans une modification de l'attitude des Français à leur égard. Les commentaires et les slogans des mouvements xénophobes concernent plus directement la population de souche maghrébine, pour de multiples raisons, mais dont la principale tient probablement au caractère tout particulier de la colonisation française en Afrique du Nord, en Algérie principalement. La création d'une société colonisatrice, d'un peuplement européen d'origine française, mais aussi italienne et espagnole, a renforcé les pratiques, non pas d'une véritable ségrégaion, d'un « apartheid » à la mode sud-africaine, mais d'une société duale, où toute une série de valeurs, de droits, est attachée à l'appartenance ethnique et non à la communauté de vie sur un même sol. La violence des guerres de décolonisation – la guerre d'Algérie a beaucoup plus marqué les esprits que la guerre d'Indochine –, le rapatriement en catastrophe de cette population algérienne de souche européenne au lendemain des accords d'Évian ont empêché, empêchent encore probablement pour une partie de l'opinion publique française, de concevoir le Maghrébin, plus encore l'Algérien, comme un étranger semblable aux autres. L'importance des personnes de double nationalité – Algériens ayant opté pour la France ou enfants nés en France de parents algériens – a accru les tensions et l'incompréhension, plus qu'elle ne les a atténuées. Le réveil de l'Islam, la forte coloration nationaliste et politique de certains mouvements islamistes dits intégristes, la culture française restant très peu ouverte à la compréhension des valeurs de l'Islam, malgré l'effort de quelques intellectuels pour faire comprendre le religieux indépendamment du politique, ont fourni aux tendances xénophobes d'une partie de la population française, un nouvel argument dans leur rejet d'une présence étrangère jugée trop nombreuse, et inassimilable du fait de ses particularismes religieux.

Mais les débats de la commission du Code de la nationalité peuvent également faire comprendre que le changement ne concerne pas seulement l'autre, mais aussi la société du pays récepteur. Les recherches de Bruno Étienne et de Mohammed Arkoun, même si elles vont dans des directions différentes, et les discussions avec Hélène Carrère d'Encausse, Pierre Chaunu ou Alain Touraine sont à cet égard fondamentales. Comprendre l'évolution du rapport avec l'étranger imposerait que les réflexions essentielles de ces débats soient largement divulguées, commentées, discutées, dans toutes les instances de la société française. A-t-elle à ce point changé au cours de ce dernier demi-siècle ? Il serait caricatural d'attribuer au retour des pieds-noirs un rôle prépondérant dans cette modification. C'est probablement ailleurs que se situe l'inflexion la plus importante, que nous qualifierons de culturelle, malgré nos réserves précédentes. Deux modifications concomitantes, dépendantes l'une de l'autre, sont d'abord démographiques : la diminution du nombre de jeunes dans la société et l'augmentation parallèle des personnes âgées, le vieillissement résultant à la fois de la faiblesse de la natalité et de l'allongement de la durée moyenne de la vie. Et cette diminution, rapide, du nombre des jeunes, phénomène propre à presque toutes les sociétés occidentales, coïncide avec la crise, parfois l'effondrement, souvent seulement l'évolution incontrôlée, de toutes les institutions ou instances qui encadraient la formation des jeunes, la famille, l'école, l'église, l'atelier ou l'apprentissage, le syndicalisme, la communauté villageoise, la vie associative elle-même : les lieux de l'intégration nationale et sociale, comme le dit Alain Touraine. Devant une mondialisation rapide de la culture − non seulement d'une culture populaire médiatisée, qui atteint autant les jeunes immigrés que les autres, les enfants de la deuxième ou de la troisième génération − se pose véritablement la question du rôle de la nation, comme niveau intermédiaire entre l'individu et cette société mondiale en construction. Peut-être en France serait-il plus exact de parler d'européanisation, bien que subsistent de fortes différences culturelles entre le Nord-Ouest et l'Europe méditerranéenne. La rapidité de l'évolution, l'incompréhension des rythmes nouveaux de la vie sociale sont autant de facteurs qui peuvent recréer des réactions de conservatisme ou de rejet de la part des populations plus âgées. Mais, surtout, l'effondrement des valeurs habituelles, la destruction des formes de relation, du cadre de vie, des pratiques ancestrales de voisinage conduisent à recréer des groupes qui se forgent une identité au moyen de particularismes, et qui se fondent par l'exclusion. Une société inégale, une société égoïste, refuse en partie les devoirs de solidarité et d'accueil. L'intégration scolaire, universitaire, scientifique des jeunes immigrés de la deuxième ou de la troisième génération, Beurs ou Africains, qui précède leur intégration sociale, les rejettent dans des positions de distance qui aggravent l'isolement. Dans la mesure où la famille elle-même devient lieu de conflit, peut-être plus encore pour les jeunes filles et femmes, ce qui est tout à fait nouveau dans la société actuelle, il peut y avoir la tentation, dans les deux populations, de céder

Les mutations de la société française

aux actions militantes qui exaspèrent les différences, dans le désespoir de voir ces différences considérées, non comme un enrichissement, mais uniquement comme un obstacle.

Le bouc émissaire

L'étranger est devenu non pas un être humain, mais un objet utilisé pour trouver un exutoire à la crise, à la décadence, au profond sentiment d'incertitude sur l'avenir. Il ne faut pas outrer les comparaisons avec d'autres périodes et d'autres idéologies, l'histoire n'étant jamais pure répétition. Il serait absurde de prétendre que la situation économique, sociale et morale de la France d'aujourd'hui reflète, en quoi que ce soit, celle de l'Allemagne qui a cédé aux démons du national-socialisme dans les années 30. Mais on peut se demander comment il est possible de faire croire à tant de millions de gens, adultes et responsables, qu'il y aurait des risques de même nature, qui exigeraient un redressement national qui se marquerait d'abord en « boutant les étrangers hors de France », l'image de Jeanne d'Arc étant toujours reprise dans ce symbole du sursaut national. Comment est-il encore possible aujourd'hui de faire croire que les difficultés du quotidien ou les angoisses du lendemain seraient miraculeusement gommées par la seule découverte d'un bouc émissaire ? J'ai déjà évoqué les séquelles de la colonisation, et je croirais volontiers que, dans les discours d'aujourd'hui, il y a comme une revanche verbale, et un désir de revanche physique, de la part de tous ceux qui n'ont pas accepté le phénomène mondial de libération des peuples. Et il y a un humour involontaire à constater que les slogans qui dénoncent pêle-mêle le socialo-communisme et la perte de l'identité nationale s'attaquent en fait au général de Gaulle, symbole à un moment de la réconciliation nationale, et, à un autre, artisan de la décolonisation. Ces wagons bondés qui, dans les années 30, reconduisaient au-delà des frontières des milliers de Polonais, que le même pays était allé chercher pour participer aux efforts de reconstruction, font irrésistiblement penser aux formes plus anciennes de l'esclavage, que ce soit dans les mines du Laurion, dans celles de Potosi, ou, plus près dans le temps, de Johannesburg. On croyait la France incapable de telles pratiques, et pourtant ! L'insuffisance des propositions pour l'avenir, susceptibles de mobiliser les enthousiasmes de la jeunesse, la crainte des personnes plus âgées de se voir réduire à une situation de « petits blancs » dans une société en crise, incapable d'assurer la sécurité physique et sociale de ses membres, ont conduit à retrouver dans l'étranger la cause de tous les maux ; et l'étranger de l'intérieur devient naturellement une cible privilégiée. À la notion vague de « péril jaune », qui a eu ses heures de faveur, s'est substituée une prétendue défense de l'homme blanc, en fait utilisation habile de désarrois réels.

L'avenir en face

Le véritable avenir du troisième millénaire, en France comme ailleurs, réside dans une meilleure compréhension de ces différences, non pour en dénoncer les risques et les dangers, mais pour en célébrer les capacités d'enrichissement. Il est sûr que l'évolution démographique pose un problème. Il est à peu près inconcevable que les pays européens puissent choisir leurs étrangers, comme cela est souvent dit. Ne remontons pas aux Américains du début du siècle, qui ont imposé des lois restrictives à l'immigration, contre les Asiatiques spécialement, mais qui n'ont pu arrêter l'arrivée des Latino-Américains. Le monde de demain ne fermera pas plus ses frontières que celui d'aujourd'hui : les rideaux de fer ou de feu ne sauraient être le rêve de l'humanité future. Il est sûr aussi que la transition démographique en cours dans le monde entier, y compris en Afrique, créera encore des sureffectifs humains dans ces pays pendant une cinquantaine d'années, qui seront attirés par le développement, la richesse, la culture et la relative sous-population de la France. N'oublions pas que, à l'exception de l'Espagne, nous sommes encore le pays le moins densément peuplé de toute l'Europe occidentale. Mais le maintien d'une civilisation implique la capacité de conserver une identité, enrichie par les apports extérieurs. Même aux plus durs moments des invasions prétendues barbares de la fin du monde gréco-romain, la culture méditerranéenne a su résister, et créer une nouvelle civilisation par l'intégration de plusieurs éléments culturels extérieurs. L'avenir de la France est dans sa capacité à conserver une identité dynamique. Deux plans s'associent dans cette quête de la France de demain : retrouver l'harmonie entre le local et le national, que l'entrée dans l'Europe perturbe ; enrichir le national par l'accueil de l'étranger. C'est au niveau local que s'exacerbent les tensions, dans les incidents de la vie de tous les jours. Préserver l'identité nationale impose une dialectique qui soit capable de résoudre ces difficultés localisées, sans céder aux tentations d'exclusion. La seconde moitié du XXe siècle a redécouvert la réalité de cultures différentes : mais il n'y aurait sûrement pas intérêt à faire du Basque, du Corse ou du Breton un étranger dans la France. Il faut se comprendre comme différent et accepter cette différence. Et la France possède dans ce domaine les atouts apportés par une longue histoire. Comme il a déjà été écrit, la France n'est ni une île, ni un isolat. Depuis toujours, la France est terre d'accueil et de contact. Il est aussi absurde de faire des Gaulois des étrangers pour les Romains que l'inverse. Aujourd'hui et demain, il y aurait la même inconséquence à opposer les Français et les étrangers vivant sur le sol de France. Les uns et les autres ne peuvent que profiter de leur coexistence, qui est en même temps une nécessité. La France de demain n'existera pas repliée sur elle-même, car son avenir est aussi l'universel. Et comment peut-elle ne pas adhérer à cette belle maxime qui sert de conclusion à un rapport récent : « Se souvenir tout simplement que l'Homme est l'espérance de l'Homme. »

M. G.

461

Bibliographie

H. Batifol et P. Lagarde, *Droit international privé* (Librairie générale de droit et de jurisprudence, Paris, 7ᵉ éd., 1981).

C. Demangeat, *Histoire de la condition civile des étrangers en France...* (Joubert, Paris, 1844).

C. Jandot-Danjou, *la Condition civile de l'étranger dans les trois derniers siècles de la monarchie* (thèse de droit, Sirey, Paris, 1939).

R. Laprat, *Dictionnaire de droit canonique,* sous la direction de R. Naz (Letouzey et Ané, Paris, 1935).

G. Le Moigne, *l'Immigration en France* (coll. *Que sais-je ?,* P.U.F., Paris, 1986).

J. Mathorez, *Histoire de la formation de la population française. Les étrangers en France sous l'Ancien Régime* (Champion, Paris, 1921, 2 vol.).

P. Mayer, *Droit international privé* (Montchrestien, Paris, 2ᵉ éd., 1983).

Par ailleurs, une information très riche est fournie par divers articles publiés dans les *Recueils de la Société Jean Bodin pour l'histoire comparative des institutions,* t. X et XI : *l'Étranger* (éditions de la Librairie encyclopédique, Bruxelles, 1938-1965).

B. Blumenkranz, *Juifs et Chrétiens dans le monde occidental, 430-1096* (Mouton, Paris-La Haye, 1960).

H.W. Böhme, *Germanische Grabfunde des IV ten bis V ten Jahrhunderts zwischen unterer Elbe und Loire* (t. I et II, C.H. Beck, Munich, 1974).

L. Buchet, édit., *les Phénomènes des « grandes invasions », réalité ethnique ou échanges culturels ? L'anthropologie au secours de l'histoire* (Centre de recherches archéologiques, Valbonne, 1983).

Y.-A. Dauge. *le Barbare. Recherches sur la conception romaine de la barbarie et de la civilisation* (*Latomus,* revue d'études latines, n° 176, Bruxelles, 1981).

E. Demougeot, *la Formation de l'Europe* (Aubier-Montaigne, Paris, 1969-1979, t. I et II).

P. Dockes et J.-M. Servet, *Sauvages et Ensauvagés* (Presses universitaires de Lyon, Lyon, 1980).

L. Fleuriot, *les Origines de la Bretagne. L'émigration* (Bibliothèque historique, Payot, 1982, 2ᵉ éd.).

R. Folz et A. Guilou, *De l'Antiquité au monde médiéval* (P.U.F., Paris, 1972).

F.L. Ganshof, « *l'Étranger dans la monarchie franque* » (*Recueils de la Société Jean Bodin pour l'histoire comparative,* t. X et XI : *l'Étranger,* éditions de la Librairie encyclopédique, Bruxelles, 1938-1965).

D. Hoffmann, *Das Spätrömische Bewegungsheer und die Notitia Dignitatum* (t. I et II, Rheinland Verlag, Düsseldorf, 1969).

E. James, *The Origins of France. From Clovis to the Capetians* (McMillan, Londres, 1982).

A.H.M. Jones, *The Later Roman Empire, a Social, Economic and Administrative Survey* (Oxford University Press, Oxford, 1964, t. I-IV).

S. Lebecq, *Marchands et Navigateurs frisons du haut Moyen Âge* (t. I et II, Presses universitaires de Lille, Lille, 1983).

D. Lohrman et W. Janssen, édit., *Villa-Curtis-Grangia, économie rurale entre Loire et Rhin de l'époque gallo-romaine aux XIIe-XIIIe siècles* (Artemis, Munich, 1983).

F. Lot, *les Invasions germaniques. La pénétration mutuelle du monde barbare et du monde romain* (Bibliothèque historique, Payot, Paris 1939).

L. Musset, *les Invasions* (t. I et II, P.U.F., Paris, 1965).

P. Perin, *le Haut Moyen Âge* (*le Grand Atlas de l'archéologie*, encycl. Universalis, Paris, 1985).

P. Perin et L. Feffer, *les Francs* (A. Colin, Paris, 1987).

O. Perrin, *les Burgondes* (Baconnière, Neufchâtel, 1968).

H. Pirenne, *Mahomet et Charlemagne* (P.U.F., Paris, 1970).

J.-P. Poly, « Guinefort et les Faramans des Dombes » (*les Chemins de l'anthropologie*, n° spécial de *Raison présente*, Paris, 1969).

P. Riché, *les Carolingiens. Une famille qui fit l'Europe* (Hachette, Paris, 1983).

M. Rouche, *l'Aquitaine des Wisigoths aux Arabes, 418-781* (EHESS, Paris, 1979).

E. Salin, *la Civilisation mérovingienne d'après les sépultures, les textes et le laboratoire* (t. I-IV, Picard, Paris, 1949-1959).

O. Seeck, édit., *Notitia dignitatum* (Berlin, 1876).

J.C. Verlinden, *l'Esclavage dans l'Europe médiévale* (Rijksuniversiteit te Gent, Gand, t. I, 1955 ; t. II, 1977).

K.-F. Werner et J. Favier, *Histoire de France, les origines* (Fayard, Paris, 1984).

K.-F. Werner, « Conquête franque de la Gaule ou changement de régime ? » (Vom Frankenreich zur Entfaltung Deutschlands und Frankreichs, Thorbecke, Sigmaringen, 1984).

2ᵉ *partie*

G. Audisio, *le Vaudois du Lubéron. Une minorité en Provence* (1460-1560) [Even, J.-C. Gap, 1984].

J. Baumel, *Histoire d'une seigneurie du midi de la France, naissance de Montpellier* (Causse, Montpellier, 1969).

R.-H. Bautier, « Les Foires de Champagne » (*Recueil de la Société Jean Bodin*, t. V : *la Foire*, édition de la Librairie encyclopédique, Bruxelles, 1953).

C. Beaune, *Naissance de la nation France* (Gallimard, Paris, 1985).

C. Billot, « L'assimilation des étrangers dans le royaume de France aux XIVᵉ et XVᵉ siècles » (*Revue historique*, Paris, 1983).

B. Blumenkranz, *Juifs et Chrétiens dans le monde occidental, 430-1096* (Mouton, Paris-La Haye, 1960).

B. Blumenkranz, édit., *Histoire des Juifs en France* (Privat, Toulouse, 1972).

R. Cazelles, *De la fin du règne de Philippe Auguste à la mort de Charles V* (Nouvelle Histoire de Paris, t. III, association pour la publication d'une histoire de Paris, Paris, 1972).

B. Chevalier, *Tours ville royale (1356-1520). Origine et développement d'une capitale à la fin du Moyen Âge* (C.L.D., Paris, 1983).

Ph. Contamine, *Guerre, État et Société à la fin du Moyen Âge. Études sur les armées des rois de France* (1337-1494) [Mouton, Paris-La Haye, 1972].

N. Coulet, « Mutations de l'immigration italienne en Basse-Provence à la fin du Moyen Âge » (*Strutture familiari, epidemie, migrazioni nell' Italia Medievale*, Naples, 1984).

N. Coulet, « Les Juifs en Provence à la fin du Moyen Âge : les limites d'une marginalité » (*Minorités et marginaux en Espagne et dans le midi de la France*, 1986).

P. Desportes, *Reims et les Rémois aux XIIIᵉ et XIVᵉ siècles* (Picard, Paris, 1978).

J. Dhondt, *le Haut Moyen Âge* ((Bordas, Paris, 1968).

G. Duby, *le Dimanche de Bouvines* (Gallimard, Paris, 1973).

G. Espinas, *Une guerre sociale interurbaine dans la Flandre walonne au XIIIᵉ siècle* (Recueil Sirey, Paris-Lille, 1930).

R.W. Emery, *The Jews of Perpignan in the XIIIth Century* (New York, 1959).

J. Favier, *Paris au XVᵉ siècle, 1380-1500* (Nouvelle Histoire de Paris, t. IV, association pour la publication d'une histoire de Paris, Paris, 1975).

R. Fossier, *Enfance de l'Europe* (P.U.F., Paris, 1982, t. I et II).

E. Fournial, *les Villes et l'Économie d'échanges en Forez aux xiiie et xive siècles* (Klincksieck, Paris, 1967).

A.-L. Gabriel, «Les étudiants étrangers à l'université de Paris au xve siècle» (*Annales de l'université de Paris*, Paris, 1959).

L. Gauthier, *les Lombards dans les deux Bourgognes* (H. Champion, Paris, 1908).

B. Guillemain, *la Cour pontificale d'Avignon (1309-1376). Étude d'une société* (de Boccard, Paris, 1966).

D. Iancu, *les Juifs en Provence (1475-1501). De l'insertion à l'expulsion* (Institut historique de Provence, Marseille, 1981).

Juifs et Judaïsme de Languedoc (Cahiers de Fanjeaux, 12).

E.-R. Labande, édit., *Guibert de Nogent. Autobiographie* (Belles Lettres, Paris, 1982).

J. Lartigaut, *les Campagnes du Quercy après la guerre de Cent Ans* (Publications de l'université Toulouse-Le Mirail, Toulouse, 1978).

Ch.-M. de La Roncière, *Lippo di Fede del Sega : vie et affaires d'un changeur florentin du Trecento* (E.H.E.S., Paris, 1973).

F. Lehoux, «À Paris sous Philippe VI, les opérations d'un Lombard» (*Annales E.S.C.,* Paris, 1954).

M. Lombard, *l'Islam dans sa première grandeur* (Flammarion, Paris, 1971).

R.S. Lopez et I.W. Raymond, *Medieval Trade in the Mediterranean World* (New York, 1955).

M.-Th. Lorcin, « Les voyages ne forment que la jeunesse, ou le voyageur et l'étranger dans les fabliaux » (*Sénéfiances*, Cuerma, Aix-en-Provence, 1976).

J. Mathorez, « Notes sur les Italiens en France du xiiie siècle jusqu'au règne de Charles VIII » (*Bulletin italien,* Bordeaux, 1917).

M. Mollat, *le Commerce maritime normand à la fin du Moyen Âge* (Picard, Paris, 1952).

M.-T. Morlet, « L'origine des habitants de Provins d'après les noms de personne » (*Bulletin philologique et historique,* Bruxelles, 1961).

G. Nahon, « Pour une géographie administrative des Juifs dans la France de Saint Louis » (*Revue historique,* Paris, 1975).

J.-P. Poly, « Coheredes legum Romanorum, la renaissance du droit romain dans le midi de la France » (M.J. Pelaez, édit., *Estudios de Historia de la Iglesia y de las instituciones ecclesiasticas en Europa...,* F. Valls Taberner).

J.-P. Poly et E. Bournazel, *la Mutation féodale* (P.U.F., Paris, 1980).

Recueils de la société Jean Bodin pour l'histoire comparative des institutions, t. X et XI : *l'Étranger* (éditions de la Librairie encyclopédique, Bruxelles, 1938-1965).

Y. Renouard, « Le rayonnement de La Rochelle en Occident à l'aube du xiiie siècle » (*Bulletin philologique et historique,* Bruxelles, 1961).

S. Schwarzfuchs, *les Juifs de France* (Présences du judaïsme, Albin-Michel, 1975).

J. Shatzmiller, *Recherches sur la communauté juive de Manosque au Moyen Âge (1241-1329)* [Mouton, Paris-La Haye, 1973].

J. Shatzmiller, « La solidarité juive au Moyen Âge et ses limites. Histoire et contre-histoire » (*Minorités et Marginaux en Espagne et dans le midi de la France,* 1986).

L. Stouff, *Arles à la fin du Moyen Âge* (Publications de l'université de Provence, Aix-en-Provence, 1986, 2 vol.).

H. Touchard, *le Commerce maritime breton à la fin du Moyen Âge* (université de Nantes, Nantes, 1967).

F. de Vaux de Folletier, *les Tsiganes dans l'Ancienne France* (Hachette, Paris, 1961).

J.-C. Verlinden, *l'Esclavage dans l'Europe méditerranéenne* (Rijksuniversiteit te Gent, Gand, 1955-1977, 2 vol.).

R. Anchel, « Les Juifs à Paris au xviiie siècle » (*Bulletin de la Société d'histoire de Paris et de l'Île-de-France,* Paris, t. 59, 1932).

Annales de démographie historique, numéros spéciaux « Migrations », 1970 et 1971.

Annales historiques de la Révolution française, n° spécial « La Révolution française et les Juifs » (223, janvier-mars 1976).

Id., n° spécial « le Grand Sanhédrin de 1807 » (235, janvier-mars 1979).

J.R. Aymes, *la Déportation sous le premier Empire. Les Espagnols en France (1808-1814)* [Publications de la Sorbonne, Paris, 1983].

F. Barbey, *Au service des Rois et de la Révolution : Suisses hors de Suisse* (Librairie Académique Perrin, Paris, 1914).

F. Braudel et E. Labrousse (sous la dir. de), *Histoire économique et sociale de la France,* t. I, *1450-1660,* et t. II, *Des derniers temps de l'âge seigneurial aux préludes de l'âge industriel (1660-1789)* [P.U.F., Paris, 1970-1977].

P. Butel, *les Négociants bordelais, l'Europe et les Îles au xviiie siècle* (Aubier-Montaigne, Paris, 1974).

J. Cavignac, *les Israélites bordelais au début du xixe siècle* (thèse 3e cycle, université Bordeaux-III, 1986, 3 vol.).

G. Cirot, *Recherches sur les Juifs espagnols et portugais à Bordeaux* (Féret, Bordeaux, 1906).

A. Corvisier, *l'Armée française de la fin du xviie siècle au ministère de Choiseul* (P.U.F., Paris, 1964, 2 vol.).

L.M. Cullen et P. Butel, *Négoce et Industrie en France et en Irlande aux xviiie et xixe siècles* (C.N.R.S., Paris, 1980).

Découverte de la France au xviie siècle (la) [C.N.R.S., Paris, 1981].

J. Delumeau, *la Peur en Occident, xive-xviiie siècle* (Fayard, Paris, 1978).

J. Dupaquier (sous la dir. de), *Histoire de la population française* (Presses universitaires de France, Paris, 1988, t. 1 et 2).

R. Gascon, *Grand Commerce et Vie urbaine au xvie siècle. Lyon et ses marchands* (I.H.E.S., 1971, 2 vol.).

B. Gille, *les Origines de la grande industrie métallurgique en France* (Domat-Montchrestien, Paris, 1946-1948).

J. Godechot, *la Grande Nation* (Aubier-Montaigne, Paris, 2e éd., 1983).

P. Hourmat, « Histoire de Bayonne », t. I, « Des origines à la Révolution française de 1789 » (*Bulletin de la Société des sciences, lettres et arts de Bayonne,* n° spécial, Bayonne, 1986).

L. Kahn, *les Juifs de Paris au xviiie siècle d'après les archives de la lieutenance générale de police à la Bastille* (Histoire de la communauté israélite de Paris, A. Durlacher, Paris, 1894).

J.P. Kintz, « Savoyards et Grand Commerce à l'aube du xviiie siècle. L'exemple de la Compagnie des Trois Frères » (*l'Europe, l'Alsace et la France. Hommage à Georges Livet,* les Éditions d'Alsace, Strasbourg, 1986).

F. Loirette, « Aux origines d'une vieille industrie landaise : la manufacture du goudron de Colbert » (*Bulletin de la Société de Borda,* Dax, 1960).

J. Lovie, « Les petits ramoneurs de Savoie » (*Revue de Savoie,* Chambéry, 1955).

H. Luthy, *la Banque protestante en France, de la révocation de l'édit de Nantes à la Révolution* (SEVPEN, Paris, 1961).

F. Malino, *les Juifs sépharades de Bordeaux. Assimilation et émancipation dans la France révolutionnaire et impériale* (Institut aquitain d'études sociales, Bordeaux, 1984).

F. Malino, « Mémoires d'un patriote proscrit, Abraham Furtado » (*Michaël,* t. IV, 1976).

F. Malino et B. Wasserstein, *The Jews in modern France* (Institut Tauber, Brandeis, Mass., 1985).

J. Markowitch, *Histoire des industries françaises : les industries lainières de Colbert à la Révolution* (Droz, Paris-Genève, 1976).

R. Marx, *la Révolution et les Classes sociales en Basse-Alsace : structures agraires et vente des biens nationaux* (C.T.H.S., Paris, 1974).

J. de Maupassant, *Un grand armateur de Bordeaux : Abraham Gradis (1699-1780)* [Féret et fils, Bordeaux, 1917].

R. Moulinas, *les Juifs du pape en France. Les communautés d'Avignon et du Comtat Venaissin aux xviie et xviiie siècles* (Privat, Toulouse, 1981).

H. Onde, « L'émigration en Maurienne et en Tarentaise » (*Bulletin de la Société scientifique du Dauphiné,* t. 60, 1942).

A. Poitrineau, *Remues d'hommes : les migrations montagnardes en France, xviie-xviiie siècle* (Aubier-Montaigne, Paris, 1983).

R. Pomeau, *l'Europe des Lumières* (Stock, Paris, 1966).

J. Pontet, *Bayonne, un destin de ville moyenne à l'époque moderne* (thèse Paris-Sorbonne, Paris, 1986).

J.-P. Poussou, « Recherches sur l'immigration anglo-irlandaise à Bordeaux au xviiie siècle » (*Bordeaux et les Îles britanniques du xiiie au xxe siècle,* Fédération historique du Sud-Ouest, Bordeaux, 1975).

J.-P. Poussou, « Les mouvements migratoires en France et à partir de la France de la fin du xve siècle au début du xixe siècle : approches pour une synthèse » (*Annales de démographie historique,* 1970).

J.-P. Poussou, *Bordeaux et le Sud-Ouest au xviiie siècle : croissance économique et attraction urbaine* (E.H.E.S.S., Paris, 1983).

M. Serroy et al., *la France et l'Italie du temps de Mazarin* (Presses universitaires de Grenoble, Grenoble, 1986).

A. Soboul, « Anacharsis Cloots, l'orateur du genre humain » (*Annales historiques de la Révolution française,* n° 239, Paris, 1980).

O. Zeller, *les Recensements lyonnais de 1597 et 1636. Démographie historique et géographique sociale* (Presses universitaires de Lyon, 1983).

J. Anglade, *la Vie quotidienne des immigrés en France de 1919 à nos jours* (Hachette, Paris, 1976).

G. Badia édit., *Exilés en France. Souvenirs d'antifascistes allemands émigrés (1933-1945)* [Découverte, Paris, 1982].

P. Birnbaum, *Un mythe politique : la république juive* (Fayard, Paris, 1988).

J.-Ch. Bonnet, *les Pouvoirs publics français et l'Immigration dans l'entre-deux-guerres* (Centre Pierre-Léon d'histoire économique et sociale, Lyon, 1976).

E. Bortignon, D. Laumesfeld, S. Mebarki, J.-P. Ruiz, *les Passagers du Solstice. Mémoire et itinéraires en Lorraine du fer* (Éd. Serpenoise, Metz, 1987).

A. Boudjikanian-Keuroghlian, *les Arméniens dans la région Rhône-Alpes* (Revue de géographie de Lyon, Lyon, 1978).

Commission internationale d'histoire des mouvements sociaux et des structures sociales, *les Migrations internationales de la fin du XVIIIe siècle à nos jours* (Éditions du C.N.R.S., Paris, 1980).

J. Costa-Lascoux et E. Temine, édit., *les Algériens en France. Genèse et devenir d'une migration* (Publisud, Paris, 1985).

G. Cross, *Immigrant Workers in Industrial France (the Making of a New Labouring Class)* [Temple University Press, Philadelphie, 1983].

G. Dupeux édit., *les Migrations internationales de la fin du XVIIIe siècle à nos jours* (C.N.R.S., Paris, 1980).

J.-B. Duroselle et F. Serra (a cura di), *L'emigrazione italiana in Francia prima del 1914* (Franco Angeli, Milan, 1976).

Émigrés français en Allemagne, émigrés allemands en France, 1685-1945 (Institut Goethe, Paris, 1983).

A.M. Faidutti-Rudolph, *l'Immigration italienne dans le sud-est de la France* (Louis Jean, Gap, 1965, 2 vol.).

N. Green, *les Travailleurs immigrés juifs à la Belle Époque* (Fayard, Paris, 1985).

G. Hermet, *les Espagnols en France : immigration et culture* (Éditions Ouvrières, Paris, 1967).

P. Hyman, *De Dreyfus à Vichy* (Fayard, Paris, 1985).

I.H.T.P. édit., *Réfugiés et Immigrés d'Europe centrale dans le mouvement antifasciste et la Résistance en France (1933-1945)* [université de Paris-VIII, Paris, 1986, 2 vol.].

I.N.E.D., *Français et Immigrés. L'attitude française, l'adaptation des Italiens et des Polonais* (*Travaux et Documents,* n° 2, P.U.F., Paris, 1953).

F. Lentacker, *la Frontière franco-belge. Étude géographique des effets d'une frontière internationale sur la vie de relations* (thèse d'État, Giard, Lille, 1973).

C. Lepidis, *l'Arménien* (Le Seuil, Paris, 1973).

M.R. Marrus, *les Juifs de France à l'époque de l'Affaire Dreyfus* (Calmann-Lévy, Paris, 1972).

M.R. Marrus et O. Paxton, *Vichy et les Juifs* (Calmann-Lévy, Paris, 1981).

G. Mauco, *les Étrangers en France* (A. Colin, Paris, 1932).

G. Meynier, *l'Algérie révélée. La guerre de 1914-1918 et le premier quart du XXe siècle* (Librairie Droz, Paris-Genève, 1981).

P. Milza, *Français et Italiens à la fin du XIXe siècle. Aux origines du rapprochement franco-italien de 1900-1902* (École française de Rome, Rome, 1982).

P. Milza (sous la dir. de), *les Italiens en France de 1914 à 1940* (École française de Rome, Rome, 1986).

G. Noiriel, *Longwy, immigrés et prolétaires, 1880-1980* (P.U.F., Paris, 1984).

G. Noiriel, *le Creuset français. Histoire de l'immigration XIXe-XXe siècle* (Le Seuil, Paris, 1988).

J. Ponty, *les Travailleurs polonais en France (1919-1939)* [thèse d'État, Paris-I, 4 vol., 1985 ; sous presse, P.U.F.].

M. Perrot, « Les rapports entre ouvriers français et étrangers (1871-1893) » [*Bulletin de la Société d'histoire moderne,* Paris, 1960].

D. Schnapper, *Juifs et Israélites* (Gallimard, Paris, 1980).

R. Schor, *l'Opinion française et les Étrangers,*

4e partie

1919-1939 (Publications de la Sorbonne, Paris, 1985).

L. Talha et col., *Maghrébins en France, Émigrés ou immigrés ?* (C.N.R.S., Paris, 1984).

L. Valensi et A. Wachtel, *Mémoires juives* (Gallimard, Paris, 1986).

Vingtième Siècle, « Étrangers, immigrés, Français » (n° spécial, 1985).

Postface

E. Alfandary (sous la dir. de), *Immigration et protection sociale* (Sirey, Paris, 1987).

G. Desplanques, « Nuptialité et fécondité des étrangères » (*Économie et statistique,* n° 179, juillet-août 1985).

Être français aujourd'hui et demain (sous la dir. de M. Long) [*la Documentation française,* Paris, 1988].

J.-P. Garson, « Migrations clandestines, régularisations et marché du travail en France : contraintes nationales et internationales » (*Working Paper* n° 24, décembre 1985, Bureau international du travail, Genève).

L'Homme et l'Espérance de l'homme (sous la dir. de M. Hannoun) [Documentation française, Paris, 1988].

« L'immigration en France » (*Supplément au Bulletin mensuel des statistiques du travail,* n° 29, mars 1987, Paris).

« L'immigration maghrébine en France. Les faits et les mythes » (*les Temps modernes,* mars-avril-mai 1984).

H. Le Bras, *The population input from external migration. An overall structural analysis of five OECD countries* (Mimeo, INED, Paris, 1987).

E. Lelièvre, « Migrations définitives vers la France et constitution de la famille » (*Revue européenne des migrations internationales,* vol. 3, n°s 1 et 2, 1987).

A. Le Pors, « Immigration et développement économique et social » (*la Documentation française,* Paris, 1977).

S. Massicot, « la Nationalité française. Attribution et acquisition » (*Population,* n° 2, 1986).

Ministère des Affaires sociales et de la Solidarité nationale, « 1981-1986 : une nouvelle politique de l'immigration » (*la Documentation française,* Paris, février 1986).

F. Munoz-Perez et M. Tribalat, « Mariages d'étrangers et mariages mixtes en France : évolution depuis la Première Guerre » (*Population,* n° 3, 1984).

C. Nguyen Van Yen, *Droit de l'immigration* (Hémis, P.U.F., Paris, 1986).

G. Tapinos, *l'Économie des relations internationales* (Armand Colin – Presses de la Fondation nationale des sciences politiques, Paris, 1974).

G. Tapinos, « L'immigration étrangère en France » (*Cahiers de l'INED,* n° 71, P.U.F., Paris, 1975).

M. Tribalat, « Migrations étrangères en République fédérale d'Allemagne » (*Population,* n° 3, 1986).

M. Tribalat, « Chronique de l'immigration » (*Population,* n° 1, 1987 et n° 1, 1988).

Les cartes et les schémas de cet ouvrage ont été établis d'après les documents suivants :

Les Invasions barbares au Ve siècle, 62 : extrait de *l'Atlas historique* Larousse, 1987, complété par M. Rouche.
Établissement des moines bretons sur le continent, 97 : L. Fleuriot, *les Origines de la Bretagne* (Payot, 1980).
Juifs et « Syriens » en Gaule au VIe siècle, 104 : P. Riché, *Éducation et culture dans l'Occident barbare* (le Seuil, 1973).
Origine des « courtisans », Avignon, 1371, 164 : B. Guillemain, *la Cour pontificale d'Avignon (1309-1376). Étude d'une société* (de Boccard, 1966).
Les Juifs en France au début du XIIIe siècle, 185 : G. Nahon, *la Revue historique,* 1975.
Pourcentage d'étrangers vivant en France en 1851 par rapport à la population totale, 337 : H. Le Bras, *XXe siècle,* juillet-sept. 1985.
Pourcentage d'étrangers vivant en France en 1891 par rapport à la population active masculine, 337 : H. Le Bras, *XXe siècle,* juillet-sept. 1985.
Pourcentage des Belges (1) et des Italiens (2) vivant en France en 1851 par rapport à la population totale, 338 : H. Le Bras, *XXe siècle,* juillet-sept. 1985.
Pourcentage des Polonais (1) et des Italiens (2) vivant en France en 1936 par rapport à la population active, 347 : H. Le Bras, *XXe siècle,* juillet-sept. 1985.
Nombre et nationalité des étrangers vivant en France de 1851 à 1936, 399 : recensements de 1921 à 1936.
Proportion d'étrangers dans la population active en France en 1936, 413 : H. Le Bras, *XXe siècle,* juillet-sept. 1985.
Répartition de la population étrangère en France par nationalité de 1921 à 1982, 437 : recensements de 1921 à 1982.
Répartition de la population étrangère en France par département en 1982, 441 : recensement de 1982.

Index

Des innombrables noms propres cités dans cet ouvrage, seuls les plus connus figurent en index.

Beck (Franz) 290

Beckett (Thomas) 147

Bédouins 395 ; v. Maghrébins

Belges, Belgique 296, 323, 325, 329, 331, 336-339, 346, 347, 351-353, 355, 361-363, 368, 370, 372, 389-392, 394-396, 399, 401, 432, 437

Belgiojoso (Baldassarino da), 280, 284

Benjamin (Walter) 419

Benoît d'Aniane 114

Béraud (Henri) 420

Bercheny 216

Bernard (Samuel) 252

Berr-Isaac Berr 292, 294, 295

Bertram 149

Berwick 11, 215

Beurs 459

Beyens (baron) 393

Biarritz 421

bicots 322, 400

Biennio Rosso 405

Bissipat (Georges) 165

Block (Moritz) 326

Boccace 275

Boccanegra (Guillaume) 162

Bode (J. J.-Ch.) 296

Bodin (Jean) 203

Boegner (pasteur) 419

Bohémiens 22, 192, 229, 231, 232, 235

Bologne 147

Bonaventure (saint) 160

Boniface 25, 85, 96-97

Boniface (saint) 110

Bonnelli (Jean) 160

Bonservizi (Nicola) 406

Bordeaux 214, 218, 230, 233, 238-239, 247-249, 253, 257, 258, 320, 327, 331, 332, 334, 363, 401

Bordiga (Amadeo) 410

Borins 337

Borinage 353, 358

Bosio (François Joseph) 326

Bouffons (querelle des) 285

boulangisme 379

bourgeoisie (droit de) 32, 33, 183

Bourgogne 78, 150, 151

Brabant, Brabançons 139, 178, 295

Bradley (Humphrey) 238

Brancas (taxe de) 260, 294

Breakspear (Nicolas) 149

Bretagne 102, 103 ; Bretagne (Petite) 96

Bretons, 68-70, 79, 97, 102-103, 157, 167, 178

Bruges 33, 151

buccelarii 82

Bulgarus 147

Burgondes 29, 30, 80, 92, 94, 95

Byzance 57, 115

C

Cadix 204, 248

cafés, cafetiers 334, 365, 367

Cagliostro 296

Campolonghi 407

camps 346, 368, 420-425

Caporali (Ernesto) 409

Caraccioli 287

Carinthie (Herman de) 147

carlistes 325

Carmichael (James) 329

Carnot (Sadi) 366, 395

Carolingiens 97, 100

carte d'identité 43

carte de résident 46, 443

carte de séjour 46, 435, 443

Caserte 347

Cassiodore 30

Castellane (Boniface de) 158

Castiglione (Balthazar) 276

Castillans 166

Catalogne, Catalans 102, 116, 149, 158, 406, 419

Cateau-Cambrésis (traités du) 38

Catherine de Médicis 26, 219, 226, 228, 229, 247, 275, 279-281

Catherine II 289

catholiques (les) 96, 369, 375, 380, 385-388

C.E.E. 46, 446, 447

Celtes 5, 28, 68-70 ; v. Bretons et Irlandais

centenier 89

Cerr Berr 294-295

César (Pierre), 172

C.G.T. 401, 409, 417

C.G.T.U. 401, 407, 409, 411

Chabot (François) 300, 308

Chagall (Marc) 397

Chambre italienne de commerce de Paris 365

Champmol (chartreuse de) 167

chantiers navals 330, 341, 351

Charlemagne 98, 100, 107-108, 110, 114, 138

Charles d'Anjou 158

Charles V 16

Charles VIII 275

Charles le Chauve 99, 100, 102

Charles le Téméraire 24, 33

Charles Martel 25

Charles Quint 279

Charpentier (Marc-Antoine) 284

Chaumont-en-Vexin 238

Chedde 360

Cherbourg 327

Cherubini (Luigi) 326

Chester (Robert de) 147

chevage 34

Childebert III 110

Chilpéric 79, 106, 114

Chinois 345, 364, 370, 408

chômage 42, 432, 434, 436, 439

chrétiens 93, 102, 109, 117, 143, 185, 190, 191

chrétienté 57, 58, 97, 98, 159, 160, 187

christianisation 84, 97, 108 v. missions

christos 369, 395

Ciano (comte) 418

circulation 140, 160 ; – (liberté de), 45, 415, 447

citoyenneté 19, 21, 25, 28, 36, 42, 45, 80, 163, 180, 189, 232, 380, 456

citoyen français 39, 299, 444

citoyen romain 28, 30, 80

Città di Castello (Grégoire de) 170

civils (droits) 40, 44

clandestins 230-231, 344, 346, 356, 418-420, 429-436, 446

clercs 117, 146-150, 173 ; v. lettrés

Clock (Thomas) 251

Cloots (baron J.-B. de, dit Anacharsis Cloots) 12, 298-300, 302

Clotaire 76

Clotaire II 77, 96

cloutje 322

Clovis 76, 84, 94, 96

clubs (sociabilité des) 331

Cluny (abbaye de) 151

Cluses 360

Code civil 36-44, 444

Code noir 233

Code théodosien 21, 30, 89, 100, 106

Cognac 251

Colbert 10, 201, 238-240, 242, 245, 247, 320

collèges v. universités

Colomban (saint) 25, 96-98

coloniaux (travailleurs) 345, 458

colonies marchandes 249, 250

colportage 211, 212, 451

Comédie-Italienne 290

commedia dell'arte, 280-283

commerce 103-110, 327-332 ; v. échanges, marchands

commerce (petit) 190, 365-367

commissionnaires 216, 218, 248, 249

Common Law 19

d

e

h

i

j, k

473

n, o

p, q

t

u, v, w, x, y, z

477

Sommaire

Cartes et schémas

Les Invasions barbares au Ve siècle, 62 ; *Établissement des moines bretons sur le continent*, 97 ; *Juifs et « Syriens » en Gaule au VIe siècle*, 104 ; *Origine des « courtisans », Avignon, 1371*, 164 ; *Les Juifs en France au début du XIIIe siècle*, 185 ; *Pourcentage d'étrangers vivant en France en 1851 par rapport à la population totale*, 337 ; *Pourcentage d'étrangers vivant en France en 1891 par rapport à la population active masculine*, 337 ; *Pourcentage des Belges (1) et des Italiens (2) vivant en France en 1851 par rapport à la population totale*, 338 ; *Pourcentage des Polonais (1) et des Italiens (2) vivant en France en 1936 par rapport à la population active*, 347 ; *Nombre et nationalité des étrangers vivant en France de 1851 à 1936*, 399 ; *Proportion d'étrangers dans la population active en France en 1936*, 413 ; *Répartition de la population étrangère en France par nationalité de 1921 à 1982*, 437 ; *Répartition de la population étrangère en France par département en 1982*, 441.

Direction éditoriale
Anne Leclerc
Secrétariat de rédaction
Mireille de Monts
Isabelle Margerin
Secrétariat d'édition
Nicole Rigaudeau
Joëlle Narjollet
Correction-révision
Bernard Dauphin, Annick Valade, Madeleine Soize

Direction artistique
Henri Serres-Cousiné
Mise en pages
Juan Cousiño
Fabrication
Claude Guérin
Documentation iconographique
Brigitte Richon
Cartographie
Léonie Schlosser

crédits photos

J. Bernard, 78, 342 ; Bibliothèque nationale, Paris, 68 g., 68 dr., 106, 111, 176, 191, 206-207, 210 g., 213 g., 213 dr., 220, 224, 256, 281, 282, 325, 383, 391 ; Bibliothèque universitaire de Wroclawia, Pologne, 136 ; Bildarchiv Foto, Marburg, 183 ; N. Bouvier, Genève, 91 ; Bulloz, 169, 174 ; J.-L. Charmet, 85, 207 b. dr., 207 b. g., 207 h., 210 dr., 217, 225, 227, 231, 235, 241, 246, 250, 260, 262, 267, 283, 284, 285, 287, 292 g., 292 dr., 293 g., 293 dr., 297, 304, 307, 310, 330, 331, 333, 334, 336, 339, 343, 347, 354, 374, 376, 377, 379, 386, 387, 397, 407, 427 ; C.R.D.P., Reims, 79, 81 ; G. Dagli Orti, 71, 73, 94, 114, 139, 141 dr., 148, 179, 213 c., 239, 243, 278, 301, 324, 329 ; Édimédia, 83, 96, 160, 168, 172, 186, 385 ; Fleming, 298 ; Giraudon, 65, 102, 132, 153, 162, 248-249, 289 ; Lauros-Giraudon, 161, 175, 187 ; L'Histoire, 145 ; Kalicanin-C.-D. Tétrel, 60, 61 ; J.-M. Labat, 118, 362 ; Larousse, 134, 141 g., 305 ; D. Seymour-Magnum, 426 ; Médiathèque Ceccano, Avignon, 264 ; Musée Alfred Bonno, Chelles, 77 ; Musée des Jacobins, Auch, 105 ; Musée du Bargello, Florence, 87 ; Musée Goya, Castres, 156 ; Éd. Privat, 263 ; Roger-Viollet, 70, 108, 222, 223, 266, 273, 345, 356, 357, 360, 367 h., 367 b., 369, 371, 393, 394, 400, 403, 416, 419, 423, 424 ; Seuil, 159 ; L'Illustration-Sygma, 404 ; Tomsich-Ricciarini, 141 g.

Hors-texte couleur

Bibliothèque nationale, 54 h., 54-55 ; J.-L. Charmet, 200, 317 b. ; G. Dagli Orti, 49 g., 50, 50-51 b., 52 h., 52 b. g., 52 dr., 52-53, 56, 121, 126, 127 h., 128, 193, 194 g., 194 b., 198-199, 313, 314 b., 315 b., 317 h. dr., 319 h. ; Édimédia, 314 h., 315 h., 316, 317 h. g., 318, 318-319 b. ; Giraudon, 124 ; Lauros-Giraudon, 122 b. ; J.-M. Labat, 122-123, 123 ; E. Lessing-Magnum, 49 h., 50-51 h., 320 ; Metropolitan Museum, New York, 127 b. ; Musée dauphinois, Grenoble, 198 h. ; Musée de Trèves, 49 b. ; Musées nationaux, 194-195 h., 195 b., 198 b. ; J.-D. Sudre-Scope, 54 b. ; Staats und Universitätsbibliothek, Hambourg, 125 ; R. Mazin-Top, 196 g., 196-197 h., 197 b., 197 dr.

Photocomposition Maury (Malesherbes) - Photogravure Offset Publicité

Mame Imprimeurs - 37000 Tours
Dépôt légal Octobre 1988 - N de série éditeur 14826.
Imprimé en France (Printed in France) 523114 Octobre 1988.